Die verfahrensrechtliche Neuregelung der Erörterung der Kindeswohlgefährdung in § 157 FamFG

Studien zum deutschen und internationalen Familien- und Erbrecht

Herausgegeben von Martin Lipp, Christoph Benicke, Marina Wellenhofer und Bettina Heiderhoff

Band 26

Zur Qualitätssicherung und Peer Review der vorliegenden Publikation

Die Qualität der in dieser Reihe erscheinenden Arbeiten wird vor der Publikation durch den Herausgeber der Reihe geprüft.

Notes on the quality assurance and peer review of this publication

Prior to publication, the quality of the work published in this series is reviewed by the editor of the series.

Bibliografische Information der Deutschen Nationalbibliothek
Die Deutsche Nationalbibliothek verzeichnet diese Publikation in der Deutschen Nationalbibliografie; detaillierte bibliografische Daten sind im Internet über http://dnb.d-nb.de abrufbar.

Zugl.: Frankfurt (Main), Univ., Diss., 2015

D 30
ISSN 1864-497X
ISBN 978-3-631-66173-4 (Print)
E-ISBN 978-3-653-05804-8 (E-Book)
DOI 10.3726/978-3-653-05804-8

PL Academic Research ist ein Imprint der Peter Lang GmbH.

Peter Lang – Frankfurt am Main · Bern · Bruxelles · New York · Oxford · Warszawa · Wien

Diese Publikation wurde begutachtet.

www.peterlang.com

Carola Berneiser

Die verfahrensrechtliche Neuregelung der Erörterung der Kindeswohlgefährdung in § 157 FamFG

Möglichkeiten und Grenzen der Umsetzung in der familiengerichtlichen Praxis

PL ACADEMIC RESEARCH

Für Louisa und Noel

Vorwort

Die vorliegende Arbeit lag dem Fachbereich Rechtswissenschaft der Johann Wolfgang Goethe Universität Frankfurt am Main im Wintersemester 2014/15 als Dissertation vor. Schrifttum und Rechtsprechung sind bis Dezember 2014, teilweise auch darüber hinaus, berücksichtigt.

Mein besonderer Dank gilt meinem Doktorvater Herrn Prof. Dr. Ludwig Salgo, der die Anregung für die Arbeit gegeben, mich immerwährend unterstützt, motiviert und begleitet hat. Besonders danken möchte ich außerdem Frau Prof. Dr. Marina Wellenhofer für die zügige Zweitkorrektur, die angenehme Disputation und das Bemühen um die Aufnahme in diese Schriftenreihe.

Ebenso danke ich den Verantwortlichen des Fachbereichs Soziale Arbeit der Frankfurt University of Applied Sciences für das Promotionsstipendium und die finanzielle Förderung durch Mittel des Nachwuchsprofessorinnenprogramms des Bundes und der Länder. Besonders danken möchte ich hierfür Frau Prof. Dr. Ursula Fasselt und Frau Prof. Dr. Sibylla Flügge, die sich um das Stipendium bemühten. Für die freundliche Unterstützung bei der Durchführung der Experteninterviews und Sitzungsbeobachtungen möchte ich denjenigen Richterinnen und Richtern sowie Fachkräften der Jugendämter ganz herzlich danken, die mir die entsprechenden Einblicke in die Praxis gewährten.

Mein besonderer Dank gilt außerdem jenen, die zum Gelingen der Arbeit wesentlich beigetragen haben: Ich danke ganz besonders Dipl. Päd. Andrew F. Kmiec M.A. für die vielen spannenden Diskussionen, Prof. Dr. Lena Inowlocki und Prof. Dr. Margitta Kunert-Zier für die wertvollen Anregungen zur Gestaltung der empirischen Untersuchung sowie Henriette von Lenthe, Dr. Arnd Düker, Julia Marschall, Natalie Zindel und Dr. Mériem Diouani-Streek für die Mühen des Korrekturlesens. Für die Transkribierung der Interviews danke ich Anna Ranz und für die tatkräftige Unterstützung bei der Formatierung der Arbeit danke ich Mark Meyer-Eppler und Dr. Peter Gröschke.

Abschließend möchte ich mich bei meiner Familie bedanken, die mir all dies ermöglicht hat.

Frankfurt am Main, im Juni 2015 Carola Berneiser

Inhaltsübersicht

Inhaltsverzeichnis

Abbildungsverzeichnis

Abkürzungsverzeichnis

a.A.	anderer Ansicht
a.F.	alte Fassung
Abs.	Absatz
AG	Amtsgericht
AK	Arbeitskreis
Alt.	Alternative
Anh.	Anhang
Anm.	Anmerkung
AnwBl.	Anwaltsblatt
Art.	Artikel
ASD	Allgemeiner Sozialdienst
BayObLG	Bayerisches Oberstes Landesgericht
BGB	Bürgerliches Gesetzbuch
BGBl.	Bundesgesetzblatt
BGH	Bundesgerichtshof
BGHZ	Entscheidungssammlung des BGH in Zivilsachen
BKiSchG	Bundeskinderschutzgesetz
BMJ	Bundesjustizministerium
BR-Drucks.	Bundesrats-Drucksache
BReg	Bundesregierung
BT-Drucks.	Bundestags-Drucksache
BVerfG	Bundesverfassungsgericht
BVerfGE	Entscheidung des Bundesverfassungsgerichts
BVerwG	Bundesverwaltungsgericht
bzw.	beziehungsweise
ca.	circa
d.h.	das heißt
ders.	derselbe
dies.	dieselbe
DRiZ	Deutsche Richterzeitung
e.V.	eingetragener Verein
EA	Einstweilige Anordnung
EGMR	Europäischer Gerichtshof für Menschenrechte
EMRK	Europäische Menschenrechtskonvention
etc.	et cetera
f.	folgende
FamFG	Gesetz über das Verfahren in Familiensachen und in den Angelegenheitender freiwilligen Gerichtsbarkeit
FamFG-E	Entwurf zum Gesetz über das Verfahren in Familiensachen und in den Angelegenheiten der freiwilligen Gerichtsbarkeit

FamFR	Familienrecht und Familienverfahrensrecht
FamRB	Der Familienrechtsberater
FamRZ	Zeitschrift für das gesamte Familienrecht
FAZ	Frankfurter Allgemeine Zeitung
FF	Zeitschrift Forum Familienrecht
ff.	fortfolgende
FGG	Gesetz für die Angelegenheiten der freiwilligen Gerichtsbarkeit
FGG-RG	Gesetz zur Reform des Verfahrens in Familiensachen und in den Angelegenheiten der freiwilligen Gerichtsbarkeit
Fn.	Fußnote
FPR	Zeitschrift Familie Partnerschaft Recht
gem.	gemäß
GG	Grundgesetz
ggfs.	gegebenenfalls
GVG	Gerichtsverfassungsgesetz
Hrsg.	Herausgeber
Hess. VGH	Hessischer Verwaltungsgerichtshof
Hs.	Halbsatz (mit Nummer) in einem Paragraphen
idR	in der Regel
IKK	Informationszentrum Kindesmisshandlung/ Kindesvernachlässigung
i.S.	im Sinne
IseF	Insoweit erfahrene Fachkraft
i.V.m.	in Verbindung mit
JAmt	Das Jugendamt
Jg.	Jahrgang
JGG	Jugendgerichtsgesetz
JR	Juristische Rundschau
JWG	Jugendwohlfahrtsgesetz
Kap.	Kapitel
KiAP	Landesarbeitsgemeinschaft für Kinder in Adoptiv- und Pflegefamilien
KICK	Kinder- und Jugendhilfe Weiterentwicklungsgesetz
KindRG	Kindschaftsrechtsreformgesetz
Kita	Kindertagesstätte
KiWoMaG	Gesetz zur Erleichterung familienrechtlicher Maßnahmen bei Gefährdung des Kindeswohls
KJHG	Kinder- und Jugendhilfegesetz
KJHR	Kinder- und Jugendhilferecht
KJuG	Kinder- und Jugendschutz in Wissenschaft und Praxis
KKG	Gesetz zur Kooperation und Information im Kinderschutz
KVJS	Kommunalverband für Jugend und Soziales
LT-Drucks.	Landtagsdrucksache

m.w.N.	mit weiteren Nachweisen
n.F.	neue Fassung
NJW	Neue Juristische Wochenschrift
NJW-RR	Neue Juristische Wochenschrift Rechtsprechungs-Report Zivilrecht
Nr.	Nummer
OLG	Oberlandesgericht
OLGR	Oberlandesgerichts-Report
OVG	Oberverwaltungsgericht
RdJB	Recht der Jugend und des Bildungswesens
Reg-E	Regierungsentwurf
RG	Reformgesetz
RGBl.	Reichsgesetzblatt
RPfleger	Der Deutsche Rechtspfleger
RJWG	Reichsjugendwohlfahrtsgesetz
Rn.	Randnummer
RpflG	Rechtspflegegesetz
S.	Satz
S.	Seite
SGB	Sozialgesetzbuch
SGB VIII	Sozialgesetzbuch Achtes Buch, Kinder- und Jugendhilfe
sog.	sogenannte
SorgeRG	Gesetz zur Neuregelung des Rechts der elterlichen Sorge
StGB	Strafgesetzbuch
SRa	Sozialrecht aktuell, Zeitschrift für Sozialberatung
TAG	Tagesausbaubetreuungsgesetz
TOP	Tagesordnungspunkt
u. a.	unter anderem
u. a.	und andere
UJ	Unsere Jugend
UN-KRK	Kinderrechtskonvention der Vereinten Nationen
v.	von/ vom
v.a.	vor allem
VwGO	Verwaltungsgerichtsordnung
VG	Verwaltungsgericht
VGH	Verwaltungsgerichtshof
vgl.	vergleiche
Z.	Zeile
z. B.	zum Beispiel
ZBFS	Zentrum Bayern Familie und Soziales
z. T.	zum Teil
zit.	zitiert
ZJJ	Zeitschrift für Jugendkriminalrecht und Jugendhilfe

ZKJ	Zeitschrift für Kindschaftsrecht und Jugendhilfe
ZKM	Zeitschrift für Konfliktmanagement
ZPO	Zivilprozessordnung
ZRP	Zeitschrift für Rechtspolitik
ZfF	Zeitschrift für das Fürsorgewesen
ZfJ	Zentralblatt für Jugendrecht

Einleitung

„Man kann die Nützlichkeit einer Idee anerkennen und doch nicht recht verstehen, sie vollkommen zu nutzen.“[1]

A. Problemstellung und Erkenntnisinteresse der Bearbeitung

Wie die kindliche Erziehung gestaltet wird, liegt als Bestandteil der elterlichen Erziehungsverantwortung aus Art. 6 Abs. 2 S. 1 GG[2] grundsätzlich im persönlichen Ermessen der Eltern.[3] Die elterliche Vorrangstellung aus Art. 6 Abs. 2 S. 1 GG entspricht im Regelfall den kindlichen Interessen und es ist davon auszugehen, dass die natürliche Verbundenheit zwischen Eltern und Kind die entsprechende Grundlage dafür bietet, dass sich die Eltern verantwortungsvoll um ihr Kind kümmern werden, weil sie im Regelfall die Interessen ihres Kindes besser wahrnehmen können als Dritte oder Institutionen.[4] Die Pflege und Erziehung des Kindes sind nicht nur das „natürliche Recht der Eltern“[5], sondern auch die ihnen obliegende „Pflicht“. Die Pflichtenbindung ist ein wesensbestimmender Bestandteil des Elternrechts, mit dem Auftrag an die Eltern, die Kinder vor Gefahren für ihr Wohl zu schützen.[6] Hierzu ist die überwiegende Zahl der Eltern in Deutschland in der Lage. Nicht nur die Anforderungen, die unsere Gesellschaft an die Familie stellt, sondern auch soziale Probleme und persönliche Belastungen können aber immer wieder zu familiären Krisen führen, die in einer Gefährdung des Kindeswohls münden, wenn dem Familiensystem die Bewältigung der Krise nicht gelingt.[7] Kommen die Eltern ihrer Erziehungsverantwortung[8] in einer dem Kindeswohl entsprechenden Weise nicht nach, tritt der Staat in die Beziehung zwischen Eltern und Kind mit ein. Es bedarf staatlicher Handlungs- und Eingriffsbefugnisse, um die elterliche Vorrangstellung

---

1 *Auswahl von Mario Früh*, Lust auf Goethe. Bedenkliches eines Weltbürgers, S. 72.
2 Art. 6 Abs. 2 S. 1 GG lautet: „Pflege und Erziehung der Kinder sind das natürliche Recht der Eltern und die zuvörderst ihnen obliegende Pflicht“.
3 Vgl. *BVerfG*, Beschluss v. 28.02.2012, 1 BvR 3116/11 = FamRZ 2012, 1127 ff.; Zur *„Entscheidungsverantwortlichkeit“* der Eltern vgl. auch *Jestaedt*, in: Lipp/Schumann/Veit, Kindesschutz, S. 5 (14).
4 *BVerfG* v. 29.07.1968, 1 BvL 20/63; BVerfGE 24, 119 ff. (143).
5 Vgl. Art. 6 Abs. 2 S. 1 GG.
6 *Coester*, in: Lipp/Schumann/Veit, Kindesschutz, S. 19 (25).
7 Beschluss der *Ministerpräsidentenkonferenz* (MPK) v. 19.12.2007 in Berlin, TOP 1.10 Kinderschutz, www.bmfsfj.de (siehe Internetadresse_1).
8 Vgl. etwa *BVerfG*, Beschluss v. 01.04.2008, 1 BvR 1620/04 (juris).

zum Schutz der betroffenen Kinder zu begrenzen, weil jene Kinder des besonderen Beistandes bedürfen.[9]

Im Dreiecksverhältnis zwischen Eltern-Kind und Staat sind Eingriffsbefugnisse, die sich aus dem staatlichen Wächteramt des Art. 6 Abs. 2 S. 2 GG[10] begründen, unter Bezugnahme auf den Grundsatz der Verhältnismäßigkeit darauf gerichtet, Eltern bei der Gefahrenabwehr durch eine Vielzahl von Hilfen zu unterstützen, aber auch, im erforderlichen Falle auf Grundlage der §§ 1666, 1666a BGB in die elterlichen Sorgerechte einzugreifen.[11] Ziel ist der Schutz des Kindes vor pflichtwidrigem Eltern- oder Drittverhalten bzw. Elternversagen.[12] Dabei muss der Staat dem Elternvorrang Rechnung tragen und entsprechend bestimmen sich Art und Ausmaß des Eingriffs danach, was im Interesse des jeweils betroffenen Kindes geboten ist.[13]

In Deutschland erfolgen jährlich etwa 15.000 teilweise oder vollständige Sorgerechtsentzüge[14] im Kontext familiengerichtlicher Verfahren, die eine Gefährdung des Kindeswohls i.S. des § 1666 BGB betreffen.[15] Ein Eingriff in das Sorgerecht setzt eine gegenwärtige oder zumindest unmittelbar bevorstehende Gefährdung des Kindeswohls voraus, wobei die Gefahr in einem solchen Maße vorhanden sein muss, dass sich ohne gerichtlichen Eingriff eine erhebliche Schädigung des körperlichen, geistigen oder seelischen Wohls des Kindes mit ziemlicher Sicherheit voraussehen lässt.[16] Hinzukommen muss die fehlende Bereitschaft oder Fähigkeit der Erziehungsberechtigten zur Gefahrenabwehr.[17] Die Würdigung der Tatbestandsmerkmale des

---

9 *Salgo*, ZKJ 2011, 419 (420).

10 Art. 6 Abs. 2 S. 2 GG lautet: „Über ihre Betätigung wacht die staatliche Gemeinschaft."

11 *Wiesner*, in: Wiesner, SGB VIII, § 8a Rn. 6.

12 *Oberloskamp*, in: Wiesner, SGB VIII, Anh. 3 Rn. 57: Gem. §§ 1626 Abs. 1 S. 2, 1629 Abs. 1 BGB umfasst die elterliche Sorge die Sorge für die Person des Kindes (Personensorge) und das Vermögen des Kindes (Vermögenssorge). Sondervorschriften für die Personensorge sind die §§ 1631b, 1631c, 1666 Abs. 4, 1666a und für den Vermögensbereich die §§ 1638 ff., 1666 Abs. 2, 1667 BGB. Hierzu auch: *Olzen*, in MüKo-BGB (2012), § 1666 Rn. 34 ff.

13 Vgl. *BVerfG*, Beschluss v. 28.02.2012, 1 BvR 3116/11 = FamRZ 2012, 1127 ff.; Referententenentwurf KiWoMaG v. 18.04.2007, S. 1 (Internetadresse_2).

14 Vgl. zuletzt die Kinder- und Jugendhilfestatistik des Statistischen Bundesamtes 2013 (Pflegschaften, Vormundschaften, Beistandschaften, Pflegeerlaubnis, Sorgerechtsentzug, Sorgeerklärungen): 15.067 teilweise oder vollständige Sorgerechtsentzüge im Jahr 2013, www.destatis.de (Internetadresse_3).

15 Die Anzahl der vorläufigen Schutzmaßnahmen oder Inobhutnahmen wird für das Jahr 2011 mit knapp 38.500 Fällen beziffert und hat sich zwischen den Jahren 2005 und 2011 fast verdoppelt, vgl. *Pothmann*, in: KomDat, Heft Nr. 2/12, S. 10.

16 So die ständige Rechtsprechung, *BGH* FamRZ 2005, 344 ff.; *OLG Karlsruhe*, Beschluss v. 25.05.2009, 5 UF 224/08 (juris), Leitsatz und Rn. 20 („*geistiges oder leibliches Wohl*"); *Olzen*, in: MüKo-BGB (2012), § 1666 Rn. 50; Staudinger/*Coester*, § 1666 Rn. 79; *Veit*, in: BeckOK-BGB, § 1666 Rn. 5.

17 *OLG Karlsruhe*, Beschluss v. 25.05.2009, 5 UF 224/08 (juris), Leitsatz und Rn. 20. vgl. auch FamRZ 2009, 1599 f.

§ 1666 BGB und die Gestaltung des familiengerichtlichen Verfahrens im Einzelfall liegen im Kompetenzbereich des zuständigen Familiengerichts.[18] Die Befassung mit den – bekannt gewordenen – Fällen[19] vor den Familiengerichten ist im Regelfall das Ergebnis vorangegangener (vergeblicher) Versuche des Jugendamtes, in der Familie sozialpädagogische Hilfen zu installieren oder mit der Familie gemeinsam einen Weg zu finden, Gefährdungen und Fehlentwicklungen des Kindes abzuwenden.[20]

Ob und inwieweit Eltern ihrer Verantwortung genügen und ab welchem Zeitpunkt und in welcher Art und Weise die staatlichen Akteure – allen voran Familiengericht und Jugendamt –aufgerufen sind, den Schutz des Kindes zu garantieren, hat in den vergangenen Jahren neue rechtspolitische Diskussionen und gesetzgeberische Aktivitäten entfacht.[21] Zahlreiche erschütternde Fälle von Kindeswohlgefährdung[22] haben die öffentliche Aufmerksamkeit auf das Kinderschutzrecht[23] gelenkt. Insbesondere werden die zahlreichen bekannt gewordenen Fälle der Kindeswohlgefährdung auf strukturelle Defizite in der Zusammenarbeit zwischen den Institutionen zurückgeführt. Wiederholt konstatiert werden die fehlende Kommunikation und unzureichende Zusammenarbeit zwischen Jugendamt und Familiengericht, die fehlende Qualifizierung der handelnden Akteure[24], die unzureichende sachliche und personelle Ausstattung sowie die mangelnde Dienst- und Fachaufsicht

---

18 *BVerfG*, Beschluss v. 28.02.2012, 1 BvR 3116/11, ZKJ 2012, 186 ff. = FamRZ 2012, 1127 ff. = FF 2012, 250 ff.

19 Die klassische „Dunkelziffer" in diesem Bereich stellen Familien dar, in denen das Wohl von Kindern gefährdet ist, die aber dem Jugendamt nicht bekannt sind. Hiervon betroffen sind v.a. Säuglinge oder Kleinkinder, die noch keine öffentlichen Einrichtungen besuchen und deshalb durch das Wahrnehmungsregister fallen können, vgl. hierzu: *Münder/Mutke*, in: Sozialpädagogisches Institut im SOS-Kinderdorf (2001), S. 90 (109).

20 Vgl. nur etwa den Fall Benjamin; zur ausführlichen Falldokumentation *Niestroj*, Vom Leidensweg des Benjamin-Pascal S., in: KiAP und AGSP (Jahrgang 2007), www.agsp.de, Internetadresse_5.

21 Vgl. etwa *Salgo* in der Stellungnahme zum Tode des Mädchens Chantal, ZKJ 2013, 150 (151): *„Aus Fehlern lernen"* lautet das Motto der Kinderschutzdebatte der vergangenen Jahre.

22 Vgl. beispielhaft die Todesfälle **Lea-Sophie** aus Schwerin im November 2007 (vgl. Süddeutsche Zeitung vom 21.11.2007); **Kevin K.** aus Bremen im Oktober 2006 (hierzu *Salgo*, Arbeitsgemeinschaft für Sozialberatung und Psychotherapie, Jahrbuch 2007, www.agsp.de, Internetadresse_4); **Benjamin Pascal** aus Schlagenthin im Jerichower Land im Jahr 2005 (*Niestroj*, AGSP, Jahrbuch 2007, Internetadresse_5). **Lara Mia** aus Hamburg (vgl. Spiegel online vom 10.11.2011, http://www.spiegel.de/panorama/justiz, Internetadresse_6).

23 Zum Begriff Kinderschutz *Wiesner*, ZKJ 2008, 143 ff.

24 *Granold*, Beschlussempfehlung und Bericht des Rechtsausschusses (6. Ausschuss) zum Entwurf des KiWoMaG, BR-Drucks. 904/1/07 v. 01.02.2008.

der Jugendämter.[25] Vehement ist ein „konsequenter Perspektivenwechsel" und ein „Rettungspaket im Kinderschutz"[26], eine „Kultur des Hinsehens"[27] und die stärkere Beachtung der Rechte des Kindes vor denen der Eltern gefordert worden. Es wurden außerdem die verstärkte Einbindung der Justiz in die Kindeswohlverfahren[28], die engere Verzahnung von jugendhilferechtlichen und familiengerichtlichen Maßnahmen sowie eine Neubestimmung der Grenzen zwischen der elterlichen und staatlichen Mitverantwortung durch den Ausbau von staatlichen Handlungsmöglichkeiten *im Vorfeld* einer Kindeswohlgefährdung verlangt.[29]

Mit dem „Gesetz zur Erleichterung familiengerichtlicher Maßnahmen bei Gefährdung des Kindeswohls" (KiWoMaG) vom 12.08.2008[30] hat der Gesetzgeber die „*Erörterung der Kindeswohlgefährdung*" in § 50f FGG (a.F.) gesetzlich verankert, welche ein Jahr später überwiegend wortgleich in den § 157 FamFG[31] überführt worden ist. Die Implementierung der Erörterung der Kindeswohlgefährdung, bei der die Familienrichterinnen und Familienrichter[32] zur Abwendung von Gefahren für das Wohl des Kindes[33] in Verfahren nach §§ 1666, 1666a BGB gemeinsam mit dem Jugendamt, den Eltern und in geeigneten Fällen auch mit dem Kind bei Gericht besprechen sollen, wie einer „möglichen" Gefahr für das Wohl des Kindes sinnvoll begegnet werden kann, zielt auf die frühzeitige Aktivierung familiengerichtlicher Ressourcen zur Herstellung von Verbindlichkeit.[34] Neugefasst worden ist mit der Erörterung ein gerichtliches Handlungsinstrumentarium, mit dem in erster Linie auf

---

25 Untersuchungsbericht der Bremischen Bürgerschaft zum Tod von Kevin K. aus Bremen (2007), S. 226 ff., 241 ff. (Internetadresse_32); vgl. zuletzt *Salgo*, in: FAZ v. 27.05.2014, S. 40 (Hochschulressort) sowie die Erklärung zum Tod von Chantal in Hamburg und Zoe in Berlin, Initiative der Deutschen Kinderhilfe e.V. und der Projektgruppe „Strukturanalyse Fremdunterbringung" v. 14.02.2012, www.kinderhilfe.de (Internetadresse_7).

26 *Gern*, in: FR v. 03.07.2009, F5 zur Initiative „Kein Kind darf verloren gehen".

27 Vgl. etwa *Granold* in ihrer Rede vor dem Bundestag zum Entwurf des KiWoMaG, BR-Drucks. 904/1/07 (Empfehlungen).

28 *Mies*, in: FR v. 03.07.2009, F5.

29 *Coester*, JAmt 2008, 1 ff.; *ders.*, in: Lipp/Schumann/Veit, Kindesschutz, 19 ff; *Hampe-Grosser*, FPR 2009, 564 (567); vgl. auch *Hölbling*, ZKJ 2010, 366 (369); *dies.*, ZKJ 2010, 388 ff., die ein „gestuftes Maßnahmenkonzept" zur Erkennung der Gefährdung vorschlägt.

30 BGBl. I 2008, 1188. Das Gesetz hat keine offizielle Abkürzung erhalten. In der Praxis hat sich überwiegend die Abkürzung „KiWoMaG" etabliert; anders: Palandt/*Diederichsen* (2012), § 1666 Rn. 4, der die Bezeichnung „FamMaßnErlG" verwendet.

31 Gesetz über das Verfahren in Familiensachen und in den Angelegenheiten der freiwilligen Gerichtsbarkeit v. 17.12.2008, BGBl. I, S. 2586, 2587, zuletzt geändert durch Artikel 2 des Gesetzes v. 10.10.2013 (BGBl. I, S. 3786).

32 Aus Gründen der besseren Lesbarkeit werden nachfolgend die Personen- und Berufsbezeichnungen einheitlich in der männlichen Form bezeichnet.

33 Gemeint sind nachfolgend Kinder und Jugendliche gleichermaßen.

34 BR-Drucks. 550/07, S. 4; Abschlussbericht der AG KiWoMaG v. 17.11.2006, S. 3.

die Eltern stärker als bisher eingewirkt werden soll, damit diese die entsprechenden öffentlichen Hilfen in Anspruch nehmen.[35]

In der Fachöffentlichkeit[36] hat die Neuregelung einen kontroversen Diskurs ausgelöst. Mit der gesetzlichen Vorgabe werden differenzierte Erwartungen aufgezeigt und unterschiedliche Befürchtungen geäußert. Ein breites Meinungsspektrum zeigt sich hinsichtlich der Frage, aus welchem Grund und auf welche Weise die Erörterung der Kindeswohlgefährdung bei Gericht zum Einsatz kommt und ob sie eine neue Aufgabenzuweisung an den Familienrichter beschreibt.[37] Es stellt sich grundsätzlich die Frage, inwieweit sich die Erörterung in das Aufgabenfeld der Justiz einfügen lässt, die originär eine hoheitlich-entscheidende Funktion erfüllt und sich nicht in Beratungsfunktionen erschöpft. Vermittelt wird ein „neuartiges, anderes" Richterbild[38] und vereinzelt wird sogar die Durchführung der Erörterung, die bei Gericht in der Form eines *Gesprächs an einem Tisch* erfolgen soll, als ein Versuch des Gesetzgebers deklariert, die bislang vorherrschende kontradiktorische Ausrichtung des Gerichtsverfahrens durch eine *„kooperative, kommunikative"* Interaktion mit allen Beteiligten zu ersetzen.[39] So liegt das Kernproblem in der Frage, ob sich die *„frühzeitig"*[40] bei Gericht zu führende Erörterung als Eingriffsmaßnahme in die elterliche Erziehungsverantwortung und damit als Versuch des Gesetzgebers erweist, die staatliche Eingriffsschwelle in elterliche Sorgerechte zu senken.

Die Forschung hat sich noch wenig mit der Thematik beschäftigt. Die nachfolgende rechtswissenschaftliche Untersuchung soll zur Klärung beitragen, wie die in § 157 FamFG normierte Erörterung der Kindeswohlgefährdung in der familiengerichtlichen Praxis umgesetzt wird, wie hierbei Gerichte und Jugendämter ihre Aufgaben wahrnehmen und wie sich ihre Zusammenarbeit gestaltet. Herausgearbeitet wird, ob sich in der Umsetzung des Erörterungsgesprächs bereits gewisse Handlungsmuster herausgebildet haben und ob die Erörterung in der praktischen Wirklichkeit einen Beitrag dazu leisten kann, den Schutz des Kindes besser zu gewährleisten, indem der Kindeswohlgefährdung frühzeitig begegnet wird. Ziel der

---

35 *Schlemm*, in: Bahrenfuss (2013), § 157 FamFG Rn. 1.

36 *Peifer*, NDV 2008, 395 (398 f.); *Knödler*, ZKJ 2010, 135 (139); auf das Erfordernis eindeutiger Definitionen und Abgrenzungen hinweisend: *Götz*, FF/FamFG spezial 2009, 20 (22); *Trenczek*, ZKJ 2009, 97 (104); *Wapler*, RdJB 2009, 21 (22).

37 Staudinger/*Coester*, § 1666 Rn. 264; *Meysen*, JAmt 2008, 233 (239); *Götz*, in: Lipp/Schumann/Veit, FGG-Reform, S. 215 (219); *dies.*, FF/FamFG spezial (April 2009), 20 (22).

38 Vgl. §§ 156, 157 FamFG, §§ 1, 3 Abs. 2 KKG.

39 Vgl. hierzu *Behrend/Jopt*, in: FS für Rudolph, S. 153 (155). Zur traditionellen Rolle und Aufgabe des Familiengerichts in Verfahren wegen Kindeswohlgefährdung vgl. Kap. 1, A.

40 Vgl. die Gesetzesbegründung zum KiWoMaG (BT-Drucks. 16/6815), wonach der Gesetzgeber auffällig häufig das Wort „frühzeitig", „früher" oder „früh" im Kontext der frühzeitigen Anrufung des Familiengerichts durch das Jugendamt als Zielsetzung des Gerichts verwendet.

Untersuchung ist es, Gesetzgeber und Rechtsanwendern konkrete Vorschläge zu unterbreiten, die zu einer effektiven Umsetzung der Vorschrift in der Praxis beitragen.

Untersucht werden sowohl die materiellrechtlichen als auch verfahrensrechtlichen Regelungen zum Verfahren wegen Kindeswohlgefährdung. Der Kontext der Kindeswohlgefährdung erfordert die Auseinandersetzung mit den einschlägigen Bestimmungen des Kinder- und Jugendhilferechts sowie Verfassungsrechts, nicht zuletzt weil die Norm des § 157 FamFG als Bestandteil des Verfahrens wegen Kindeswohlgefährdung nach §§ 1666, 1666a BGB von Wechselbezüglichkeiten geprägt ist. Die isolierte Betrachtung der Vorschrift des § 157 FamFG reicht nicht aus, um den Umfang des Verfahrens in seiner Komplexität und interdisziplinären Konturierung zu erfassen. Als Erkenntnisquelle dienen außerdem die Ergebnisse einer qualitativen Studie unter Verwendung eines Forschungsansatzes, der aus der Sozialwissenschaft stammt, in der Erörterungstermine nach § 157 FamFG beobachtet und Expertengespräche mit Familienrichtern und Fachkräften der Kinder- und Jugendhilfesozialdienste geführt wurden.[41]

B. Gang der Untersuchung und Methodik

Kapitel 1 skizziert zunächst die jeweiligen Aufgabengebiete von Jugendhilfe und Justiz im Verfahren wegen Kindeswohlgefährdung und geht dann auf die Intention des Gesetzgebers zur Implementierung einer Erörterung der Kindeswohlgefährdung als besondere Aufgabenzuweisung an die Justiz ein. Betrachtet werden die Entwicklungsgeschichte des Erörterungsgesprächs vor dem Hintergrund des Gesetzgebungsverfahrens zum KiWoMaG (2008) und die Neuregelungen durch das FGG-RG (2009)[42]. Ebenfalls fokussiert wird die im Wege des KICK (2005) erfolgte Konkretisierung des jugendhilferechtlichen Schutzauftrags in § 8a SGB VIII[43], womit der Gesetzgeber den Versuch unternommen hat, die staatliche Verantwortung für Kinder in ihrer sozialrechtlichen Komponente mit dem justiziellen Verantwortungsbereich durch eine frühzeitige Verschränkung zu präzisieren.[44] Da die überwiegenden Verfahren nach §§ 1666, 1666a BGB auf Anregung der Jugendämter erfolgen, ist es entscheidend, die Anforderungen, die an die Anrufung des Gerichts geknüpft sind, zu betrachten. Das Kapitel endet mit der Frage, inwieweit sich die Erörterung rechtstheoretisch als eine „neue“ Regelung erweist, nachdem bereits nach der bisherigen Rechtslage die Möglichkeit der Gefährdungserörterung nach § 50a Abs. 1 S. 3 FGG a.F. bestand.

Kapitel 2 setzt sich mit den Wortbestandteilen und dem Anwendungsbereich der Vorschrift des § 157 FamFG auseinander. Es erfolgt die kritische Würdigung

41 Siehe hierzu Kap. 3, B. und C.
42 Gesetz v. 17.12.2008, BGBl. I, 2586.
43 Vgl. Wortlaut des § 8a Abs. 2 S. 1, 2. Hs. SGB VIII (§ 8a Abs. 3 S. 1, 2. Hs. SGB VIII a.F.).
44 *Coester*, JAmt 2008, 1.

der Einbindung der Norm in die Gesetzessystematik der §§ 1666, 1666a BGB und §§ 151 ff. FamFG unter Berücksichtigung der jeweiligen Abgrenzungsfragen. Die nicht vollends verständliche Formulierung des Erörterns einer „möglichen" Kindeswohlgefährdung „in" Verfahren nach §§ 1666, 1666a BGB wird einer kritischen Würdigung unterzogen. Die weitere Untersuchung zeigt auf, ob und inwieweit sich die Erörterung von der „Anhörung der Eltern" nach § 160 FamFG und dem „frühen ersten Termin" in § 155 Abs. 2 FamFG unterscheidet, gefolgt von der Betrachtung der Ausgestaltung des § 157 FamFG als „Soll-Vorschrift" und der nur rudimentären Erwähnung des Kindes im Vergleich zu den Eltern.[45] Fraglich ist, unter welchen Voraussetzungen für das Kind ein Verfahrensbeistand obligatorisch hinzuzuziehen ist, ebenso wie ein Verfahrensbevollmächtigter für die Eltern.[46] Inwieweit das Gericht im Rahmen des Erörterungsgesprächs effektiv auf die Annahme öffentlicher Hilfen hinwirken kann, ohne diese entsprechend anordnen zu können, bildet neben der Frage nach den eigentlichen Ergebnissen der Erörterung und der Bedeutung der einstweiligen Anordnung nach § 157 Abs. 3 FamFG den Abschluss des Kapitels.

Um aufzuzeigen, ob und inwieweit sich die Neuorientierungen des Gesetzgebers in der Rechtspraxis widerspiegeln, stellt **Kapitel 3** die Vorgehensweise und Ergebnisse einer hierzu durchgeführten qualitativen Untersuchung dar, die an unterschiedlichen Amtsgerichten/ Familiengerichten durchgeführt wurde und einen exemplarischen Einblick in die Umsetzungspraxis der Erörterungen der Kindeswohlgefährdung geben soll. Mit Hilfe eines aus der empirischen Sozialforschung stammenden Untersuchungsansatzes, der Durchführung explorativer Fallbeobachtungen, wird aufgezeigt, wie Erörterungsgespräche in der familiengerichtlichen Praxis umgesetzt werden. Nachgegangen wird der Frage, wie sich die Situation bei Gericht darstellt, welcher Methodik sich Familienrichter bei der Durchführung der Gespräche bedienen, inwieweit eine Einschätzung der Gefahrenlage erfolgt, wer an der Erörterung beteiligt ist und welche Ergebnisse die Erörterung verzeichnet[47]. Entsprechend der forschungsleitenden Frage der vorliegenden Untersuchung fokussiert der empirische Teil die Rolle des Familienrichters und des Jugendamts sowie ihre Zusammenarbeit unter Berücksichtigung möglicher Effekte auf die beteiligten Eltern und das Kind.

Mit der Methode der Fallanalyse werden ein multiperspektivisches Vorgehen und ein hermeneutischer[48] Zugang gewählt, um sowohl Rahmen als auch Realisationsbedingungen des neuartigen Instruments der Erörterung der Kindeswohlgefährdung zu erfassen. Aus dieser Intention heraus konzentriert sich die Untersuchung zunächst deduktiv theoriegeleitet auf die Beobachtung des Verhaltens der jeweils

---

45 Vgl. § 157 Abs. 1 FamFG: „und in geeigneten Fällen auch mit dem Kind".

46 Siehe hierzu Kap. 2, C. III.

47 D. h. ob und inwieweit die Ergebnisse der Erörterung einer nachträglichen Überprüfung unterzogen werden.

48 Zum Begriff der Hermeneutik als Lehre vom Verstehen und Interpretieren, vgl. *Wuchterl*, S. 100 ff. (Hermeneutik als „Kunstlehre des Verstehens schriftlich fixierter Lebensäußerungen").

handelnden Familienrichter und Mitarbeiter des Jugendamtes im Verfahren vor Gericht, um sodann festzuhalten, wie das Gespräch auf die Beobachterin wirkt, welche Auswirkungen es auf die Beteiligten hat und welche fachliche Interpretation dies auslöst, soweit dies auf dem Weg der Beobachtung zu erkennen ist.[49] Damit außerdem die persönliche Sichtweise der zuständigen Richter in Erfahrung gebracht werden kann, erfolgt zusätzlich die Befragung der Familienrichter im Wege von offenen, leitfadenorientierten Experteninterviews.[50] Zusätzlich werden leitfadengestützte Experteninterviews mit Fachkräften von Sozialrathäusern aus dem Bereich des Kinder- und Jugendhilfesozialdienstes geführt. Die Verknüpfung der unterschiedlichen Zugänge ermöglicht eine umfassende Auswertung des empirischen Datenmaterials.

Kapitel 4 fasst die Ergebnisse der Untersuchung zusammen. Der abschließenden Gesamtwürdigung liegen die Ergebnisse der Beobachtungen und der Expertenbefragungen zugrunde.

Kapitel 5 schließt die Arbeit mit Vorschlägen und einem Ausblick.

---

49 Zu den Ergebnissen der Untersuchung vgl. Kap. 3, B. und C.

50 Vgl. *Schirmer*, S. 194, der in der internen Perspektive des Experten eine sinnvolle Ergänzung sieht, insoweit sie im Forschungsprozess reflektiert und mit externen Perspektiven kontrastiert wird.

Kapitel 1: Die Einführung der Erörterung der Kindeswohlgefährdung

§ 157 FamFG: Erörterung der Kindeswohlgefährdung; einstweilige Anordnung[51]

(1) In Verfahren nach den §§ 1666 und 1666a des Bürgerlichen Gesetzbuchs soll das Gericht mit den Eltern und in geeigneten Fällen auch mit dem Kind erörtern, wie einer möglichen Gefährdung des Kindeswohls, insbesondere durch öffentliche Hilfen, begegnet werden und welche Folgen die Nichtannahme notwendiger Hilfen haben kann.

(2) Das Gericht hat das persönliche Erscheinen der Eltern zu dem Termin nach Absatz 1 anzuordnen. Das Gericht führt die Erörterung in Abwesenheit eines Elternteils durch, wenn dies zum Schutz eines Beteiligten oder aus anderen Gründen erforderlich ist.

(3) In Verfahren nach den §§ 1666 und 1666a des Bürgerlichen Gesetzbuchs hat das Gericht unverzüglich den Erlass einer einstweiligen Anordnung zu prüfen.

Im Wege der „Erörterung der Kindeswohlgefährdung" in § 157 Abs. 1 FamFG[52] soll in Verfahren nach §§ 1666, 1666a BGB einer „möglichen Kindeswohlgefährdung" begegnet werden.[53] Hierzu hat das Familiengericht das persönliche Erscheinen der Eltern zum Termin verbindlich anzuordnen, § 157 Abs. 2 S. 1 FamFG, um gemeinsam mit den Beteiligten und insbesondere mit dem Jugendamt die Gefahrenlage zu besprechen. Mit Blick auf den Wortlaut und die gesetzliche Verankerung des Erörterungsgesprächs als familiengerichtliches Handlungsinstrumentarium in kindschaftsrechtlichen Verfahren[54] wegen Kindeswohlgefährdung, erfolgt nachstehend eine Analyse der Neuregelung des § 157 FamFG unter besonderer Hervorhebung der Aufgabenbereiche für Jugendamt und Familiengericht.

---

51 § 157 Abs. 1 S. 2 FamFG, der eine Ladung des Jugendamtes zum Termin vorsah, ist durch das Gesetz zur Einführung einer Rechtsbehelfsbelehrung im Zivilprozess und zur Änderung anderer Vorschriften v. 05.12.2012 gestrichen worden, weil in § 162 Abs. 2 S. 1 FamFG eine „Mussbeteiligung" des Jugendamtes implementiert worden und das Jugendamt zum Termin zu laden *ist.* In der Sache hat sich nichts geändert. Vgl. BT-Drucks. 17/10490, S. 20 und Kap. 1, A. III.

52 § 157 FamFG in der Fassung v. 01.01.2014 (zuletzt geändert durch das Gesetz v.05.12.2012, BGBl. I, S. 2418).

53 BT-Drucks. 16/6815, S. 12; *Trenczek*, in: Münder u. a., FK-SGB VIII, § 50 Anhang Rn. 30.

54 Zum Kindschaftsrecht vgl. etwa *Wellenhofer*, S. 228 ff.

A. Die Erörterung bei Gericht zur Klärung der Gefahrensituation unter Hinzuziehung des Jugendamts – Interdependenzen zwischen Jugendhilfe und Justiz

§ 157 FamFG bezweckt, die Möglichkeiten einer effektiven Gefahrenabwehr bei Gericht unter der regelhaften Beteiligung des Jugendamtes zu erörtern.[55] Das Erörterungsgespräch führt der Familienrichter, der gezielt auf die Eltern und in geeigneten Fällen auch auf das Kind einwirken soll. Das Erörterungsgespräch ist Ausdruck der besonderen Zusammenarbeit zwischen Familiengericht und Jugendamt durch die Verknüpfung des Leistungs- und Hilfespektrums des Kinder- und Jugendhilferechts nach dem SGB VIII mit der justiziellen Arbeitsweise im Kinderschutzverfahren.[56] Angesichts der dialogischen Ausgestaltung der Vorschrift ist nicht unproblematisch, inwieweit sich Aufgabenbereiche überschneiden und welche Folgen dies hervorruft. Die kritische Würdigung möglicher Schnittstellen zwischen Jugendhilfe und Justiz erfordert zunächst die Auseinandersetzung mit den herkömmlichen Aufgaben im Kinderschutzverfahren.

I. Das Wechselspiel zwischen Jugendhilfe und Justiz in Verfahren nach §§ 1666, 1666a BGB

Das staatliche Wächteramt[57] üben das Familiengericht und das Jugendamt gemeinsam aus.[58] Der Gesetzgeber hat kein einheitliches Gesetzeswerk für den Kinderschutz geschaffen. Vielmehr handeln unterschiedliche Akteure[59] und es liegen dem Kinderschutz unterschiedliche Kodifikationen zugrunde.[60] Diese zeichnen sich durch Interdependenzen aus[61], wie etwa die Verflechtung mit den entsprechenden verfahrensrechtlichen Bestimmungen in §§ 151 ff. FamFG. Fehlt es an der entsprechenden

55 BT-Drucks. 16/6308, S. 238.

56 Zu Rolle und Arbeitsweise der Akteure in Verfahren wegen Trennung und Scheidung vgl. *Dittmann*, ZKJ 2014, 180 ff. (Ergebnisse einer qualitativen Untersuchung).

57 Zum Begriff vgl. ausführlich Kap. 2 A. IV. 2. b.

58 *Coester*, in: Brühler Schriften, 18. DFGT 2009, S. 60 (62).

59 Weitere Akteure im Kinderschutz sind die Polizei, Schule, Ärzte, Gesundheitsämter, Personen und Dienste, die die Beratung, Betreuung oder Therapie von Kindern und Jugendlichen vertraglich übernehmen, vgl. hierzu *Wiesner*, ZKJ 2008, 143 (144).

60 Es finden sich gesetzliche Normierungen im Bürgerlichen Gesetzbuch und im Gesetz über das Verfahren in Familiensachen und in den Angelegenheiten der freiwilligen Gerichtsbarkeit, im Kinder- und Jugendhilfegesetz sowie im Strafgesetzbuch, Jugendgerichtsgesetz, in der Strafprozessordnung und in diversen landesgesetzlichen Bestimmungen. Auch das zum 01.01.2012 in Kraft getretene Bundeskinderschutzgesetz (BKiSchG) enthält kinderschutzrelevante Bestimmungen, die in unterschiedlichen Gesetzen verankert sind.

61 *Heilmann*, in: Elz, S. 89 ff.; *ders./Salgo*, in: Jacobi, Kap. 13, S. 423 (424).

Ausgestaltung des familiengerichtlichen Verfahrens, laufen die materiellrechtlichen Vorgaben der §§ 1666, 1666a BGB leer. Zugleich bedarf es einer konkreten Vorgabe durch das materielle Recht, damit das Verfahren vor den Amtsgerichten/-Familiengerichten in Gang gesetzt werden kann. So wird der Familienrichter in den weit überwiegenden Fällen die Erörterung nach § 157 FamFG erst terminieren, wenn das Jugendamt[62] ein entsprechendes Verfahren angeregt und Tatsachen übermittelt hat[63], selbst wenn es sich um ein von Amts wegen zu führendes Verfahren handelt, das der Richter auch unabhängig von einer Anregung einleiten kann. Auch die Konkretisierung der in § 157 Abs. 1 FamFG (und § 1666a BGB) bezeichneten „öffentlichen Hilfen“[64] erfolgt durch das jugendhilferechtliche Leistungsangebot des SGB VIII.[65] Die Leistungen der Kinder- und Jugendhilfe nach dem SGB VIII stehen zu den zivilrechtlichen Kinderschutznormen nicht in Konkurrenz, sondern verhalten sich dazu komplementär[66]. Auch Regelungen des Strafrechts tragen dem kinderschutzrechtlichen Präventionsgedanken Rechnung. Anders als das zivilrechtliche Kinderschutzverfahren zielen sie aber auf eine Sanktionierung des schuldigen Täters.[67]

Während die Aufgabe der Kinder- und Jugendhilfe im Wesentlichen darin besteht, Schutzmaßnahmen für das Kind unterhalb der Eingriffsschwelle zur Verbesserung der elterlichen Erziehungskompetenzen anzubieten, sind Eingriffe in das elterliche Sorgerecht den Familiengerichten vorbehalten. Überschneidungen zwischen den beiden Institutionen Jugendamt und Familiengericht zeigen sich an vielen Stellen.[68] Auch lassen die unterschiedlich kodifizierten Schutzansätze angesichts ihrer unzureichenden gegenseitigen Abstimmung „Strukturdefizite“ und „Konflikte“ erwarten.[69] Während das Gericht als Entscheidungsträger fungiert, liegen die erforderliche Sachkompetenz, fachliche Qualifikation sowie die Problemvertrautheit

62 Pressemitteilung des Statistischen Bundesamtes v. 14.08.2014 – 288/14, S. 2, www.destatis.de (Internetadresse_8), wonach in 19 % der Verfahren Polizei, Gericht oder Staatsanwaltschaft das Jugenamt auf eine mögliche Kindeswohlgefährdung aufmerksam gemacht haben. In den übrigen Fällen kamen die Hinweise von Bekannten und Nachbarn (14%), Schulen oder Kindertageseinrichtungen (12%) oder wurden anonym gemeldet (11%).

63 *Ernst*, FPR 2011, 195 (199).

64 Mit Blick auf die Gesetzesbegründung ist wohl gemeint, der Gefahrenlage „mit“ Leistungen der öffentlichen Hilfe zu begegnen.

65 Staudinger/*Coester* (2009), § 1666a Rn. 10; *Büte*, in: Johannsen/Henrich, § 157 (2014), Rn. 4. In Betracht kommen insbesondere Leistungen nach §§ 16 ff., 27 ff. SGB VIII.

66 Palandt/*Diederichsen*, § 1666, Rn. 3.

67 Vgl. §§ 170 ff., 174, 176 ff., 108, 225, 235 StGB, §§ 9 ff. JGG.

68 Ausführlich zum Verhältnis von Familiengericht und Jugendamt: *Sommer*, S. 27 ff., 147 ff.; *dies.*, ZKJ 2012, 135 (136); siehe auch *Lack/Heilmann*, ZKJ 2014, 308 (311 ff.).

69 Ausführlich: *Sommer*, S. 154 ff.; *Zenz* (1979), S. 351 ff., 367, mit der Forderung, das Jugendamtshandeln einer dezidierten Kontrolle zu unterwerfen. Auch die Arbeitsbeziehungen zwischen Jugendamt und Verfahrensbeistand werden als konfliktträchtig und durch Konkurrenz geprägt befunden, vgl. zum Verhältnis Jugendamt/ Familiengericht auch *Dittmann*, ZKJ 2014, 180 (182).

und Verfügungsgewalt über die zur Durchführung der Entscheidungen notwendigen Mittel und Einrichtungen trotz Einbindung der Justiz bei den Jugendämtern.[70]

Kollisionen zwischen den Aufgabenbereichen von Jugendhilfe und Justiz offenbaren sich auch in der Neuregelung der Erörterung nach § 157 FamFG, die in Verfahren nach §§ 1666, 1666a BGB als *„Sonderregelung“*[71] bzw. *„Spezialvorschrift“*[72] zur Anwendung gelangt. In erster Linie richtet sich zwar die Norm an den Richter des Familiengerichts und zeigt diesem auf, welche Schritte er bei einer möglichen Kindeswohlgefährdung einzuleiten und durchzuführen hat.[73] Zugleich zielt das Gespräch aber auf die frühzeitige Akzeptanz öffentlicher Hilfen, die wiederum die Jugendämter zur Verfügung stellen.

II. Das traditionelle Aufgabenspektrum des Familiengerichts und die Rolle des Familienrichters in Verfahren nach §§ 1666, 1666a BGB

1. Familiengericht als Letztentscheidungsinstanz

Familiengerichte haben den Auftrag, das Kindeswohl zu sichern. Eingriffe in die elterliche Erziehungsverantwortung auf Grundlage der §§ 1666, 1666a BGB sind dem Gericht vorbehalten, das die Letztverantwortung für den Kinderschutz trägt[74] und in erster Linie als Entscheidungsinstanz fungiert. Verfahren nach §§ 1666, 1666a BGB erfordern die gerichtliche Feststellung einer Gefahr für das Wohl des Kindes, um sorgerechtliche Eingriffsmaßnahmen treffen zu können. Schutzgut ist das Wohl des Kindes und sein Vermögen. Das Familiengericht hat die Maßnahme zu treffen, die zur Abwendung der Gefahr erforderlich ist, wenn das körperliche, geistige oder seelische Wohl des Kindes oder sein Vermögen gefährdet ist und die Eltern nicht gewillt oder in der Lage sind, die Gefahr abzuwenden.[75]

Das Familiengericht ist eine Abteilung des Amtsgerichts[76], dessen sachliche Zuständigkeit aus §§ 111 Nr. 2, 151 Nr. 1 FamFG resultiert. Die örtliche Zuständigkeit richtet sich nach § 152 FamFG.[77] Funktionell zuständig ist gem. § 14 Abs. 1 Nr. 2 RpflG der Richter. Erst im Zuge des FGG-Reformgesetzes (FGG-RG) ist das „große Familiengericht“ etabliert und einer jahrelangen Forderung nach der Bündelung der

70 *Zenz* (1981), S. 351, 365: Abwendung der Kindeswohlgefährdung als *„Verwaltungshandeln in justizförmigem Gewand“*.

71 *Büte*, in: Johannsen/Henrich (2014), § 157 FamFG Rn. 1; *Schlünder*, in: BeckOK-FamFG, § 157 Rn. 1.

72 *Meysen/Finke*, in: Meysen, FamFG (2014), Vorbemerkung § 151 Rn. 1.

73 *Borth/Grandel*, in: Musielak/Borth, FamFG (2013), § 157 Rn. 3.

74 Staudinger/*Coester*, § 1666 Rn. 218; *Gernhuber/Coester-Waltjen* (2010), § 57 IX Rn. 101.

75 Vgl. § 1666 Abs. 1 BGB.

76 Vgl. § 23b GVG. Es entscheidet in Familiensachen, § 23a Abs. 1 Nr. 1 GVG i.V.m. § 111 FamFG.

77 *Büte*, in: Johannsen/Henrich (2014), § 1666 BGB Rn. 73.

familienrechtlichen Verfahren in einem Gericht entsprochen worden.[78] § 1666 BGB konstituiert die materiellrechtliche Zentralvorschrift des zivilrechtlichen Kinderschutzes[79] und ist die einfachgesetzliche Ausprägung und Umsetzung des staatlichen Wächteramtes über die vorrangige Erziehungsverantwortung[80] der Eltern aus Art. 6 Abs. 2 S. 1 GG. Die Vorschrift gilt zugleich als Konkretisierung der in Art. 8 EMRK konstituierten Achtung des Familienlebens.[81] In Ausübung der staatlichen Wächteramtsfunktion wird das Familiengericht verpflichtet, dafür Sorge zu tragen, dass ein Minderjähriger, unabhängig von seiner Herkunft[82], nicht zu Schaden kommt.[83] Als Träger eigener Grundrechte hat das Kind einen Anspruch auf den Schutz des Staates.[84] Es gibt kein gerichtliches Verfahren des Kindes gegen seine Eltern. Während bei objektiver Verhinderung eines Elternteils die §§ 1673–1675, 1678, 1693 BGB eingreifen, erfasst § 1666 BGB die subjektive Nichteignung der Eltern, wonach die Eltern in der angemessenen Reaktion auf die Gefahrenlage ausfallen. Verfahren nach §§ 1666, 1666a BGB sind Kindschaftssachen[85] gem. §§ 111 Nr. 2, 151 Nr. 1 FamFG.[86] Es wird unterschieden zwischen Verfahren im Kontext von Trennung und Scheidung (§§ 156, 165, 166 Abs. 1 FamFG) sowie Verfahren wegen Kindeswohlgefährdung (§§ 157, 166 Abs. 2 und 3 FamFG).[87]

Es obliegt dem Familienrichter in Verfahren nach §§ 1666, 1666a BGB zuvorderst, eine problemergründende und problemanalysierende Haltung einzunehmen, um zu einer in die Zukunft gerichteten Entscheidung zu gelangen.[88] Der staatliche Interventionsansatz ist vorrangig daran auszurichten, die Eltern in die Lage zu

---

78 BT-Drucks. 13/4899, S. 32, 47. Das Vormundschaftsgericht war bis zum 30.06.1998 zuständig. Zur geschichtlichen Entwicklung der Familiengerichtsbarkeit: *Bumiller/Harders*, Einl., Rn. 36.

79 Staudinger/*Coester*, § 1666 Rn. 1; *Oberloskamp*, in: Wiesner SGB VIII, Anh. 3 Rn. 57.

80 Vgl. die ständige Rechtsprechung des *BVerfG* seit BVerfGE 24, 119 (143), FamRZ 1982, 1179 (1182), FamRZ 2003, 816 (819); *Völker/Clausius* (2012), § 1, S. 100 Rn. 139.

81 *EGMR* FamRZ 2002, 1393; *EGMR* FamRZ 2005, 585; *OLG Hamm* FamRZ 2006, 1476; vgl. auch *Jarass*, FamRZ 2012, 1181 ff.

82 *Olzen*, in: MüKo-BGB (2012), § 1666 Rn. 53, 56. Zu den besonderen Anforderungen an kultursensible Beratungen und Erziehungsfragen im interkulturellen Kontext siehe etwa *Uslucan*, ZKJ 2010, 46 ff.

83 Staudinger/*Coester*, § 1666 Rn. 1; *Fieseler/Herborth*, S. 283.

84 *Badura*, in: Maunz/Dürig, GG-Kommentar (2014), Art. 6 Rn. 94.

85 Zum Begriff der Kindschaftssachen: *Herget/Lorenz*, in: Zöller. FamFG (2012), § 151 Rn. 1; *Kroiß/Seiler*, Das neue FamFG, § 3 E., S. 101 ff.

86 *Meysen*, in: Meysen, FamFG (2014), § 151 Rn. 4 und 13: Die in § 151 Nr. 1 bis 8 FamFG aufgezählten Kindschaftssachen sind z. T. miteinander verbunden und einheitlicher Verfahrensgegenstand, wenn es beispielsweise um den Entzug der Personensorge und die Anordnung einer Ergänzungspflegschaft geht.

87 Weitere besondere Verfahrensvorgaben enthalten Verfahren über die freiheitsentziehende Unterbringung (§ 167 FamFG), die Vergütung des Vormunds sowie Verfahren über den Rückgriff beim Mündel (§ 168 FamFG).

88 *Münder/Mutke/Schone*, S. 31.

versetzen, ihre Verantwortung im Interesse des Kindeswohls auszuüben und sie zur Abwendung der Gefährdung zu befähigen.[89] Gerichtliche Entscheidungen sind verbindlich und hoheitlich ausgestaltet. Der Richter hat sich an den Regelungen des geltenden Rechts zu orientieren, ist aber in der Auslegung und Anwendung der rechtlichen Bestimmungen nicht an Weisungen gebunden.[90] Eine Kontrolle richterlicher Entscheidungen findet nur innerhalb des Instanzenzuges im Wege der Überprüfung der Entscheidung durch das nächsthöhere Gericht – bis hin zur Verfassungsbeschwerde – statt.

2. Kenntniserlangung und Verfahrenseinleitungskompetenz

Das gerichtliche Verfahren wegen Kindeswohlgefährdung beginnt mit der Kenntniserlangung eines relevanten Sachverhalts durch das Familiengericht und ist im Regelfall vorrangig und beschleunigt durchzuführen.[91] Verfahren nach §§ 1666, 1666a BGB sind von Amts wegen zu führen, d.h. sie bedürfen keiner gesonderten Antragstellung zum Beginn oder zur Beendigung des Verfahrens. Gleichwohl wird das Verfahren gewöhnlich im Wege einer „Anzeige“, „Anregung“ oder als „Antrag“ initiiert, vgl. § 24 FamFG.[92] Angeregt werden Verfahren wegen Kindeswohlgefährdung beispielsweise von öffentlichen Institutionen wie Schulen, Kindergärten oder Organen der Gesundheitsfürsorge. Auch private Dritte können ein Verfahren wegen Kindeswohlgefährdung anregen, wie Nachbarn, Ärzte, Verwandte oder die Eltern selbst.[93] Das Kind hat nach überwiegend vertretener Auffassung kein eigenes formelles Antragsrecht[94], verpflichtet jedoch das Familiengericht bei entsprechenden Anhaltspunkten für eine Gefahrenlage zur Aufnahme der erforderlichen Ermittlungen. Überwiegend[95] erfolgt die Anregung durch das Jugendamt, dem gem. § 8a Abs. 2 SGB VIII die entsprechende Anrufungspflicht obliegt, wenn es nach seiner fachlichen Einschätzung die Hinzuziehung des Familiengerichts für erforderlich hält, § 8a Abs. 2 S. 1, 1. Hs. SGB VIII oder mangels elterlicher Kooperation das Risiko der Gefährdung nicht abschätzen kann, § 8a Abs. 2 S. 1, 2. Hs. SGB VIII. Auch nach erfolgter Inobhutnahme[96] oder Umplatzierung des Kindes ist das

89 Staudinger/*Coester*, § 1666 Rn. 171.

90 *Mörsberger/Wapler*, in: Wiesner SGB VIII, Anh. 2, Rn. 5; zur strafrechtlichen Verantwortlichkeit vgl. § 339 StGB.

91 Zum Vorrang- und Beschleunigungsgebot Kap. 2, A. V. 2.

92 Auch die Anrufung des Familiengerichts durch das Jugendamt nach § 8a Abs. 2 SGB VIII (n.F.) ist kein Antrag, sondern nur eine Anregung.

93 Staudinger/*Coester*, § 1666 Rn. 261.

94 Staudinger/*Coester*, § 1666 Rn. 262. Dies gilt, obwohl das Kind die Rechtstellung eines formell und materiell Beteiligten hat und nach Vollendung des 14. Lebensjahres gem. § 60 FamFG in allen seine Person betreffenden Angelegenheiten beschwerdebefugt ist.

95 *Münder u.a.*, Die Praxis des Kindschaftsrechts, S. 119.

96 Vgl. § 42 SGB VIII.

Jugendamt verpflichtet, das Gericht anzurufen, wenn die Personensorgeberechtigten dem jugendamtlichen Handeln widersprechen. Das Familiengericht ist nicht verpflichtet, jedem Hinweis nachzugehen. Vielmehr obliegt es der Beurteilung des Richters, zu überprüfen, ob und inwieweit konkrete, gewichtige Anhaltspunkte für eine Kindeswohlgefährdung die Einleitung eines Verfahrens und die Aufnahme weiterer Ermittlungen erfordern.[97] Die geeignet erscheinenden Beweise hat der Richter aufzunehmen. Lehnt er die Einleitung eines gerichtlichen Verfahrens ab, erfolgt die Unterrichtung desjenigen, der die Einleitung angeregt hat, § 24 Abs. 2 FamFG.

3. *Aufklärungsverpflichtung und Amtsermittlungsgrundsatz*

Für die Aufklärung des Sachverhalts gilt gem. § 26 FamFG der Amtsermittlungsgrundsatz. Den Richter trifft ein eigener Ermittlungsauftrag.[98] Das Familiengericht hat von Amts wegen die zur Feststellung der entscheidungserheblichen Tatsachen erforderlichen Ermittlungen anzustellen. Hierunter fällt die Feststellung der Kindeswohlgefährdung, wozu das Gericht die Stellungnahme des Jugendamtes benötigt, § 162 FamFG, § 50 SGB VIII. Wichtige Erkenntnisse geben die Anhörung der Eltern und des Kindes, der Sachvortrag des Verfahrensbeistandes[99], die Vernehmung von Zeugen sowie die Einholung eines Sachverständigengutachtens, das bei der fehlenden Sachkunde des Familienrichters von Amts wegen erfolgt.[100] Will das Gericht von einem Gutachten abweichen, hat es den Nachweis eigener Sachkunde zu erbringen.[101] Die Nichteinholung eines Gutachtens kann im Einzelfall ermessensfehlerhaft sein und einen Verstoß gegen die richterliche Ermittlungspflicht begründen. Hinzu kommt die Durchführung der Erörterung der Kindeswohlgefährdung nach § 157 FamFG, die als besondere Ausprägung der richterlichen Amtsermittlung gilt[102] und sich wiederum aus dem öffentlichen Interesse an einem effektiven Schutz des Kindes legitimiert. In Verfahren der einstweiligen Anordnung sind die Anforderungen an den Umfang der gerichtlichen Ermittlung gesenkt, da hier aufgrund der Eilbedürftigkeit eine bloße Glaubhaftmachung genügt.[103]

---

97 Staudinger/*Coester*, § 1666 Rn. 261.

98 Siehe *OLG Frankurt am Main*, Beschluss v. 09.09.2013, 1 UF 105/13, ZKJ 2014, 31 f. mit Anm. *Gottschalk*, S. 32.

99 Vgl. zum Anwendungsbereich § 158 FamFG und zur Frage der Einbeziehung in das Erörterungsgespräch nachfolgend, Kap. 2, C. III.

100 Sachverständige, Verfahrensbeistände und Umgangspfleger arbeiten im Auftrag des Familiengerichts. Selbst ein lösungsorientierter Gutachterauftrag nach § 163 Abs. 2 FamFG ist ein Auftrag des Gerichts, vgl. zu den jeweiligen Rollen der am Verfahren Beteiligten *Flemming*, FPR 2011, 309 ff.

101 *BVerfG*, FamRZ 1999, 1417.

102 Keidel/*Engelhardt*, FamFG, § 157 Rn. 1.

103 *Büte*, in: Johannsen/Henrich (2014), § 1666 BGB Rn. 76; zu § 157 Abs. 3 FamFG vgl. Kap. 2, F.

Abzuschließen sind die Ermittlungen erst, wenn der entscheidungserhebliche Sachverhalt aufgeklärt ist. Im Allgemeinen sind die Ermittlungen besonders sorgfältig zu führen, angesichts des in Frage stehenden erheblichen Eingriffs in das grundgesetzlich geschützte Elternrecht aus Art. 6 Abs. 2 S. 1 GG, der verfassungsrechtlich verbürgten Rechte des Kindes aus Art. 1 und 2 GG, sowie der Bedeutung des Verfahrens für das Kind, dessen Trennung von der Familie als mögliche Eingriffsmaßnahme nach § 1666 Abs. 3 BGB im Raum steht.[104] Mögliche Tatsachenermittlungen dürfen nicht durch Unterstellungen ersetzt werden.[105] Die Art der Aufklärung sowie der Umfang der Ermittlungen liegen im pflichtgemäßen Ermessen des Familienrichters, § 29 Abs. 1 S. 1 FamFG, wobei der Richter gehalten ist, das Verfahren derart zu gestalten, dass es möglichst zuverlässig die Grundlage einer am Kindeswohl orientierten Entscheidung erkennen lässt.[106] Entsprechend hat sich der Umfang der Ermittlungen auf alle Aspekte zu erstrecken, die für die Voraussetzungen der Maßnahme, ihre Geeignetheit und Notwendigkeit[107], konkrete Umsetzung und ihre Folgen von Bedeutung sind.[108] Weder polizeiliche oder staatsanwaltschaftliche Ermittlungen können das Gericht von einer ggfs. darüber hinausreichenden Ermittlungsverpflichtung entbinden, noch die Berichte des Jugendamtes gem. § 50 Abs. 2 SGB VIII.[109] Das Gericht darf eine eigene Entscheidung nur aufgrund eigener und unmittelbarer Sachanschauung treffen. Gleichwohl sind die Anforderungen an die richterliche Aufklärungspflicht nicht zu überspannen, wonach sich Art und Umfang der Ermittlungen nach der Lage des Einzelfalls richten.[110]

Die richterliche Entscheidungsfindung basiert wesentlich auf dem fachlich begründeten Vortrag des Jugendamts.[111] Das Gericht prüft die Plausibilität der Kindeswohlgefährdung und die Vorschläge des Jugendamts zur Abwendung der Gefahrenlage nach formellen und inhaltlichen Kriterien und hat nur solche Maßnahmen anzuordnen, die geeignet, erforderlich und verhältnismäßig sind, um der Gefahrenlage zu begegnen. Der Familienrichter kann sich allerdings über die fachliche Beurteilung des Jugendamtes hinwegsetzen. Die unterstützende Tätigkeit des Jugendamts nach § 50 SGB VIII enthebt das Gericht nicht von seiner gerichtlichen Ermittlungsverpflichtung nach § 26 FamFG[112] und der Aufgabe, unabhängig vom Jugendamt zu überprüfen, ob und welche sorgerechtlichen Eingriffsmaßnahmen in Betracht kommen, ob etwa öffentliche Hilfen ausreichen oder ob eine Herausnahme und Fremdunterbringung nötig ist. Die Äußerungen des Jugendamtes fließen nur

104 *Ziegler*, in: Weinreich/Klein (2013), § 1666 Rn. 76.
105 *OLG Zweibrücken*, Beschluss v. 24.01.1984, 3 W 8/84, FamRZ 1984, 931.
106 Staudinger/*Coester*, § 1666 Rn. 267.
107 Heiß/*Heiß*, Das Mandat im Familienrecht (2010), Teil 4, V., S. 371 Rn. 62.
108 *Zenz* (1979), S. 152, 328.
109 Staudinger/*Coester*, § 1666 Rn. 268; *Mörsberger/Wapler*, in: Wiesner SGB VIII, Vor § 50 Rn. 63 ff.
110 *BayObLG*, Beschluss v. 15.04.1994, 1 Z BR 17/94, FamRZ 1994, 1411 ff.
111 *Münder/Mutke/Schone*, S. 30/31.
112 *Mörsberger/Wapler*, in: Wiesner SGB VIII, § 50 Rn. 43, 44.

zusätzlich in die Stoffsammlung des Gerichts mit ein.[113] Ist das Jugendamt mit der Entscheidung des Gerichts nicht einverstanden, steht ihm das Rechtsmittel der Beschwerde zur Verfügung.[114] Das Familiengericht fungiert insoweit als Instanz, die sich ebenso wie das Jugendamt mit der Gefahrenlage und der Möglichkeit der Gefahrenabwendung durch die Eltern auseinandersetzt.[115]

4. Der Rückgriff auf außerjuristische Erkenntnisse für die gerichtliche Entscheidungsfindung

Nach der höchstrichterlichen Rechtsprechung[116] bedarf eine gerichtliche Entscheidung über das Sorgerecht einer hinreichenden Prüfung und Darlegung der Gefahrenlage, der Bedürfnisse des Kindes sowie der Notwendigkeit der ergriffenen Maßnahme. Der Begriff des „Kindeswohls“[117], der in unterschiedlichen Bestimmungen des BGB Erwähnung findet[118], wird weder definiert noch im Grundgesetz genannt. Im Kindschaftsrecht wird der Begriff mit unterschiedlichen Zielrichtungen eingesetzt.[119] Während § 1697a BGB auf die bestmögliche Verwirklichung des Kindeswohls i.S. eines positiven Kindeswohlstandards abzielt, orientiert sich § 1666 BGB an der *Gefährdung* des Kindeswohls und verwendet den negativen Kindeswohlstandard als Bezugspunkt der staatlichen Verantwortung.[120] Der Begriff des Kindeswohls wird damit zum Herzstück der Generalklausel des § 1666 BGB und ist Richtpunkt für die Ausübung des staatlichen Wächteramts.[121] Auf der Grundlage eines individuell herausgearbeiteten Sachverhalts obliegt es dem Familienrichter im Einzelfall, den unbestimmten Rechtsbegriff[122] des Kindeswohls auszufüllen und

---

113 *OLG Stuttgart* v. 02.01.1987, 8 WF 46/86, FamRZ 1987, 406.

114 *Unger*, in: Schulte-Bunert/Weinreich, FamFG, § 59 Rn. 36, 39.

115 Zum Problem der fehlenden Steuerungsverantwortung des Gerichts und der Bedeutung für die Erörterung der Kindeswohlgefährdung, vgl. nachfolgend Kap. 2, D.

116 *BVerfG* v. 28.02.2012, 1 BvR 3116/11, FamRZ 2012, 1127; FF 2012, 251 m. Anm. *Clausius*; *OLG Hamm* v. 06.06.2011, II-8 UF 46/11, 8 UF 46/11, FamRZ 2012, 462.

117 Zum Begriff des Kindeswohls siehe *Coester*, S. 135 ff., 143 ff.; *Dettenborn*, S. 47, 61.

118 Vgl. etwa §§ 1626 Abs. 3, 1626a Abs. 2 S. 2, 1629 Abs. 1, 1631d Abs. 1, 1666, 1671 Abs. 1 Nr. 2 BGB.

119 *Coester*, in: Lipp/Schumann/Veit, Kindesschutz, S. 19 (24). Zwischen Wirkungsweise und Adressatenkreis differenziert auch *Schumann*, in: Lipp/Schumann/Veit, FGG-Reform, S. 229 (230).

120 *Coester*, FamRZ 1991, 253 (255).

121 *BVerfG* v. 29.07.1968, 1 BvL 20/63, 1 BvL 31/66, BVerfGE 24, 119 (144); *BVerfG*, Beschluss v. 14.04.1987, 1 BvR 332/86, BVerfGE 75, 201 (218). Das „Kindeswohl“ als Anknüpfungspunkt der staatlichen Eingriffsschwelle: *Coester*, Kindeswohl, S. 135 ff., 143 ff.; zu den Bedürfnislagen des Kindes und den Gefährdungsfaktoren vgl. *Dettenborn*, S. 53 ff.

122 D.h. als Norm, die eine gewisse Grundrichtung vorgibt, die Verantwortung für die Konkretisierung der Norm im jeweiligen Einzelfall aber dem Rechtsanwender (Familienrichter, Jugendamt, freier Jugendhilfeträger etc.) überlässt.

zu konkretisieren.[123] Er hat sich vor Augen zu führen, dass die Kindesinteressen Vorrang vor den Interessen der Eltern haben.[124] Den subjektiven Willen des Kindes gilt es bei der Auslegung des Begriffes zu berücksichtigen[125], der mit zunehmendem Alter des Kindes eine stärkere Bedeutung für die Feststellung des Kindeswohls gewinnt.[126] Die Einholung des kindlichen Willens kann im Wege der mündlichen Anhörung erfolgen bzw. in einem Termin zur Erörterung der Kindeswohlgefährdung.

Angesichts der Unbestimmtheit der Begrifflichkeit bedarf es der zusätzlichen Berücksichtigung der Erkenntnisse außerjuristischer Professionen, um das Kind durch die gerichtliche Entscheidung bestmöglich zu schützen.[127] Von den Richtern wird die Bereitschaft und Fähigkeit erwartet, Wissen und Denken außerjuristischer Disziplinen zu integrieren, ihrer gerichtlichen Entscheidung zugrunde zu legen und den interdisziplinären Ansatz als Grundlage der eigenen Arbeit zu betrachten.[128] Die üblicherweise im juristischen Bereich vorherrschende Subsumtions- und Ableitungstechnik[129] stößt bei der Entscheidungsfindung jedoch an ihre Grenzen. Das Ausfüllen von Tatbestandsmerkmalen, die unbestimmte Gesetzesbegriffe enthalten, lässt sich nur durch ein Abwägen unter Einbeziehung von Fachwissen (Psychologie, Soziologie, Pädagogik, Sozialmedizin etc.) vornehmen.[130] Der Richter hat sich zu fragen, ob bei Zugrundelegung des vollständigen Sachverhalts und unter Einbeziehung von Erkenntnissen aus anderen Wissenschaften das Tatbestandsmerkmal als erfüllt angesehen werden kann. Auch dem Familienrichter kommt damit als Entscheidungsinstanz die Aufgabe zu, humanwissenschaftliche Erkenntnisse zu berücksichtigen und soziale Lebensverhältnisse zu gestalten. Anders als Sozialpädagogen und Sozialarbeiter verfügen die allein juristisch ausgebildeten Richter nicht über fundierte Kenntnisse und Erfahrungen aus den Bereichen der Sozial- und Humanwissenschaften.[131] Selbst wenn Richter häufig über Jahre hinweg mit Jugendämtern zusammenarbeiten, ist ihnen häufig die sozialpädagogische Infrastruktur der

123 *Ziegler*, in: Weinreich/Klein (2013), § 1666 Rn. 2 („Herzstück der Generalklausel des § 1666 BGB"); Staudinger/*Coester*, § 1666 Rn. 66; *Dettenborn*, S. 47 ff. Zur Konkretisierung von Generalklauseln vgl. *Teubner*, in: Generalklauseln als Gegenstand der Sozialwissenschaften (1978), 13 ff.

124 Elterninteressen haben im Kollisionsfalle zurückzutreten; vgl. *Olzen*, in: MüKo-BGB (2012), § 1666 Rn. 44.

125 Grundlegend hierzu: *Zitelmann*, Kindeswohl und Kindeswille, S. 166 ff., 228 f., 340, 393 ff.; *Maywald*, in: Tagungsdokumentation zur Fachtagung Kindeswohl und Kindeswille (2005), S. 12 (13); *Wiedenlübbert*, in: ebda, S. 22 (26); *Coester*, Kindeswohl, S. 255 ff.

126 *BVerfG*, Beschluss v. 05.11.1980, 1 BvR 349/80, BVerfGE 55, 171 ff. = NJW 1981, 217 f.; *OLG Hamm*, Beschluss v. 26.01.2011, 8 UF 228/10, II-8 UF 228/10, FamFR 2011, 239.

127 Staudinger/*Coester*, § 1666 Rn. 268, 281 ff.

128 *Münder/Mutke/Schone*, S. 31.

129 *Buchholz-Schuster*, ZKJ 2010, 17 (19): „subsumtionsorientierte Brille des Rechts".

130 *Buchholz-Schuster*, ZKJ 2009, 470 (473).

131 Hierzu *Sommer*, S. 280 ff.; *dies.*, ZKJ 2012, 135 (139).

Jugendhilfe weder inhaltlich noch in den Verfahrensabläufen, wie etwa hinsichtlich des internen Handlungsablaufs eines Hilfeplanverfahrens nach § 36 SGB VIII, bekannt. Erfahrungswerte und Routinen können aber nur gewonnen werden, wenn Aufgaben häufig vorkommen und über einen längeren Zeitraum hinweg praktiziert werden. Auf Kindeswohlgefährdungsverfahren lässt sich der Grundsatz nicht ohne weiteres übertragen, stellen doch Verfahren nach §§ 1666, 1666a BGB für die meisten Richter nur einen eher kleinen Teil ihres Aufgabenspektrums dar.[132] Das Erfordernis, besonders in kindschaftsrechtlichen Verfahren außerjuristische Erkenntnisse mit einfließen zu lassen, erweckt in den Familienrichtern das Gefühl, sozialpädagogisch und als *„Sozialarbeiter"* tätig werden zu müssen.[133] Die juristische Ausbildung ist hierfür nur wenig geeignet[134] und wird auch von Seiten der Richterschaft nur als wenig hilfereich bewertet.[135]

Besonders im Rahmen der Erörterung der Kindeswohlgefährdung nach § 157 FamFG soll die richterliche Autorität als Unterstützung für pädagogische Hilfeprozesse eingesetzt werden. Als verfahrensrechtliche Bestimmung gewährt sie den Rahmen für verstärktes fachliches „Wägen" und „Entscheiden".[136] Verlangt werden hierfür kommunikative Fähigkeiten und Kompetenzen des Familienrichters, der das Gespräch leitet und die insoweit gesetzlich ausdrücklich normierte Aufgabe hat, auf die Eltern und in geeigneten Fällen auch auf das Kind gezielt einzuwirken und sie zur Annahme einer Hilfe zu bewegen.

Die frühzeitige Hinzuziehung des Familiengerichts zur Durchführung einer Erörterung über Hilfemöglichkeiten nähert die richterliche Sachkompetenz an die des Jugendamtes in besonderer Weise an: Die Fallnähe ergibt sich durch den Kontakt zu den Betroffenen, d. h. zu den Eltern und ggfs. dem Kind. Die frühzeitige Einwirkung bedingt den Vorteil, die Möglichkeiten der Wahrheitsfindung zu verbessern, da die Beteiligten direkt angesprochen und angehalten werden können, die Situation unter Anwesenheit der jeweils anderen Beteiligten umfassend darzulegen. Es schafft Transparenz und das gezielte Nachfragen dient letztlich der Beschleunigung des Verfahrens. Ein mündlicher Vortrag kann die Sichtweise desjenigen, der nicht oder wenig schreibgewandt ist, in besonderer Weise beleuchten. Je mehr der streitgegenständlichen Probleme nur in Sprache vermittelbar sind, desto gewichtiger ist die Präsenz der betroffenen Person.[137]

Die Durchführung des Gesprächs vor Gericht ist zur Abwendung einer Gefahrenlage auch effizient, insoweit der Richter nicht nur ein objektives Bild über die Geschehnisse erlangt, sondern die Möglichkeit erhält, durch die Beschäftigung mit den Beteiligten einen Einblick in die subjektiven Sichtweisen zu erhalten, auf die

132 Siehe hierzu auch die Untersuchungsergebnisse der Expertenbefragungen, Kap. 3, C. VI.

133 *Dittmann*, ZKJ 2014, 180 (182).

134 *Salgo*, FamRZ 1984, 221 (226 f.); *Flügge*, FPR 2008, 1.

135 *Dittmann*, ZKJ 2014, 180 (182).

136 *Buchholz-Schuster*, ZKJ 2010, 17 (19).

137 *Zenz* (1979), S. 418.

es letztlich ankommt, um die fallgebundene Dynamik der Familie zu erfassen. Es bleibt gleichwohl stets der Vorsprung des Jugendamtes ebenso in der Vertrautheit mit dem Umfeld der familiären Situation, als auch hinsichtlich der fachlichen Einschätzung hinsichtlich der verfügbaren Mittel. Sichtbar wird die Verknüpfung mit der Jugendhilfe nicht nur durch § 1666a BGB und § 1666 Abs. 3 Nr. 1 BGB, sondern durch den Verweis in § 157 Abs. 1 FamFG auf die *öffentlichen Hilfen* (wie etwa nach §§ 27 ff. SGB VIII). Die Verantwortung für die Gewährung der Hilfe wird auf diese Weise an die Jugendhilfe delegiert, zuvor aber konkret und im Beisein der Beteiligten unter Verweis auf die Notwendigkeit der Annahme der Hilfe zur Abwendung einer Gefahrenlage für das Kind konkret beziffert. Der Rückgriff auf die sozialpädagogische Einschätzung durch das Jugendamt, das wiederum eine umfassende Berichterstattung in das Verfahren einbringen sollte[138], kann verhindern, dass die auf einem situativen Einblick in die Familie basierende gerichtliche Entscheidung dazu führt, dass das Kind weiterhin in einer prekären Gefahrensituation verbleibt. Nur bei Kenntnis des eigenen Aufgabenbereichs kann § 157 Abs. 1 FamFG eine klare Strukturvorgabe für einen gelingenden Kinderschutz gebieten.

Auf welche Art und Weise der Richter in Kinderschutzverfahren nach §§ 1666, 1666a BGB und im Erörterungsgespräch gesondert seine Aufgaben auszuführen hat, wird im Gesetz nicht näher bestimmt. Den Ablauf und die Gestaltung des gerichtlichen Verfahrens bestimmt er selbst. So zeigen auch die Ergebnisse der Studie von *Münder/Mutke/Schone* (2000)[139], dass das justizielle Handeln in Verfahren wegen Kindeswohlgefährdung trotz des generell gesetzes- und entscheidungsorientierten Ansatzes durch eine gewisse Regelbildung gekennzeichnet ist. Die Unbestimmtheit der Gesetzesnormen im Kontext der Kindeswohlgefährdung schafft für die Richter erhebliche Interpretations- und Gestaltungsspielräume mit der Folge, dass der Verlauf des Verfahrens nicht unwesentlich von der jeweiligen Erfahrung des Richters abhängen wird.

Jedenfalls erfordert der sensible und komplexe Aufgabenbereich des Familienrechts ein gesteigertes Einfühlungsvermögen sowie Sozialkompetenz und persönliche Lebenserfahrung, um die Situation sachgerecht und qualitativ hochwertig einschätzen zu können.[140] Im Unterschied zum herkömmlichen zivilgerichtlichen Verfahren zeichnet sich das familiengerichtliche Kindschaftsverfahren durch die Besonderheiten des Untersuchungsgrundsatzes, des Gegenwarts- und Zukunftsbezuges, der Entscheidung mit Blick auf eine tragfähige zukünftige Verbundenheit der Beteiligten, die häufige Beteiligung von Dritten, komplexe Beziehungsgeflechte sowie insbesondere die Konsensorientierung der Verhandlungs- und Entscheidungsfindung etc. aus.[141] Gerade Familienrichter müssen über ein gutes Gefühl für die

138 *Zenz* (1979), S. 367.
139 *Münder/Mutke/Schone*, S. 209 ff.
140 *Gräfin von Schwerin*, FF 2012, 470 (471) (Interview).
141 Siehe die anschauliche Gegenüberstellung bei *Salgo*, FamRZ 1984, 221 (225 f.).

richtige Entscheidung verfügen.[142] So besteht die Besonderheit des familiengerichtlichen Verfahrens darin, eine Prognoseentscheidung zu treffen, die stets mit größeren Unsicherheiten und Schwierigkeiten verbunden ist, als einen bereits abgeschlossen Lebenssachverhalt bewerten zu müssen.[143]

III. Aufgabe und Rolle des Jugendamtes in Verfahren nach §§ 1666, 1666a BGB

1. Das Jugendamt zwischen ‚Hilfe und Kontrolle'

Die Jugendämter sind als öffentliche Jugendhilfeträger berufen, als staatliche Behörden den Schutzauftrag bei Kindeswohlgefährdung wahrzunehmen.[144] Das Jugendamt hat den gesetzlichen Auftrag, sich mit Fragen der elterlichen Erziehungsverantwortung auseinanderzusetzen und das Kindeswohl zu sichern. Damit gilt es als die zentrale Steuerungsinstanz im System der Kinder- und Jugendhilfe. Als eine Verwaltungsbehörde, die hoheitliche Aufgaben wahrnimmt, unterliegt das Jugendamt einer strikten Bindung an Recht und Gesetz, Art. 20 Abs. 3 GG. Es stützt seine Tätigkeit auf die Rechtsgrundlagen des SGB VIII.[145] Einer Fachaufsicht unterliegt es ebenso wenig wie einer regelmäßigen Überprüfungs- und Evaluationsverpflichtung.[146] Bundeseinheitliche Fachstandards in der Kinder- und Jugendhilfe fehlen.[147] Als Fachbehörde für sozialpädagogische Fragestellungen und als Behörde, die Jugendhilfeleistungen gewährt, hat das Jugendamt das Wohl des Kindes oder Jugendlichen mit Blick auf das in § 1 SGB VIII zum Ausdruck kommende *Programm* der Kinder- und Jugendhilfe zu beachten.

Das SGB VIII unterscheidet sich von anderen Sozialleistungsgesetzen durch die Personenbezogenheit der Leistungserbringung.[148] Fokussiert wird die Dialogorientierung durch die Einbeziehung von Eltern und Kindern in den Hilfeprozess.[149] Nach dem Verständnis des SGB VIII bestimmt sich der Erfolg einer Hilfebeziehung danach, inwieweit die Betroffenen motiviert und bereit sind, als Koproduzenten die

---

142 Interview mit *Willutzki*, FF 2012, 134 (135). Anders: *Gräfin von Schwerin*, FF 2012, 470 (472) (Interview), die das Kriterium der Lebenserfahrung *nicht* an das Alter der Richter knüpft.

143 *Salgo*, FamRZ 1984, 221 (226).

144 Vgl. §§ 1 Abs. 3 Nr. 3, 8a, 42 SGB VIII.

145 *Mörsberger/Wapler*, in: Wiesner SGB VIII, Anh. 2 Rn. 4.

146 Vgl. hierzu den 14. Kinder- und Jugendbericht, BT-Drucks. 17/12200 v. 30.01.2013, S. 380.

147 vgl. etwa die Stellungnahme der Initiative der Deutschen Kinderhilfe e.V. und der Projektgruppe „Strukturanalyse Fremdunterbringung" v. 14.02.2012 zu den Todesfällen Chantal und Zoe (Internetadresse_7); auf die Problematik der Strukturdefizite ebenfalls hinweisend: *Leutheusser-Schnarrenberger*, FPR 2009, 42 (45).

148 *Münder*, in: Münder et. al., FK-SGB VIII, Einleitung Rn. 58.

149 *Wiesner*, in: Münder/Wiesner/Meysen, Handbuch KJHR, Kap. 1.3 Rn. 50; Kap. 3.0 Rn. 18; *Jestaedt*, in: Lipp/Schumann/Veit, Kindesschutz, S. 5 (6).

Hilfe umzusetzen und am Erfolg mitzuwirken.[150] Selbst wenn das Kind gefährdet ist, steht nach dem Grundverständnis des SGB VIII nicht der Eingriff in die Familie im Mittelpunkt, sondern der Auftrag, die Familien zu unterstützen. Entscheidend ist die Förderung der Entwicklung des jungen Menschen *in* der Familie. Mit Blick auf die Betonung der Vorrangstellung der[151] Eltern hinsichtlich der Erziehung ihrer Kinder in § 1 Abs. 2 SGB VIII[152] kommt dem Jugendamt keine mit dem Elternrecht konkurrierende Erziehungskompetenz zu.[153] Vielmehr soll Jugendhilfe dazu beitragen, eine kinder- und familienfreundliche Umwelt zu erhalten oder zu schaffen, § 1 Abs. 3 Nr. 4 SGB VIII.[154]

Gleichzeitig ist das Jugendamt dazu verpflichtet, den verfassungsrechtlich verankerten Schutzaufgaben gegenüber der Familie nachzukommen, wonach Kinder und Jugendliche auch vor Gefahren für ihr Wohl zu schützen sind, § 1 Abs. 3 Nr. 3 SGB VIII. Die in § 2 SGB VIII normierten Aufgaben der Jugendhilfe als Förderungs- und Unterstützungsleistungen einerseits und Schutzaufgaben andererseits bringen die Zweiteilung der Aufgabenstellung der Jugendhilfe zum Ausdruck.[155]

Die doppelte Aufgabenstellung „zwischen Hilfe und Kontrolle“[156] ist geeignet, in der Praxis zu Auslegungsdivergenzen hinsichtlich des Aufgabenverständnisses von Jugendhilfe und damit zu einem Spannungsverhältnis[157] zu führen: Im Regelfall agiert das Jugendamt im Vorfeld des familiengerichtlichen Verfahrens und tritt der Familie mit dem Angebot von Hilfeleistungen und Unterstützungshandlungen gegenüber. Zeichnet sich beispielsweise ein Kind durch massive Verhaltensauffälligkeiten aus und stehen diese in einem Zusammenhang mit einem Defizit an Erziehungsleistungen, besteht ein individueller Anspruch der Personensorgeberechtigten auf Hilfen zur Erziehung.[158] Diese setzen keine Gefährdung des Kindeswohls voraus, sondern kommen gem. § 27 Abs. 1 SGB VIII zum Einsatz, wenn eine dem Wohl des Kindes entsprechende Erziehung nicht gewährleistet ist.[159] Das

---

150 *Münder*, in: Münder/Wiesner/Meysen, Handbuch KJHR, Kap. 3.0 Rn. 19; zur Sozialraum- und Ressourcenorientierung vgl. *Münchmeier*, JAmt/ZKJ Sonderheft 2010, 9 (12).

151 xxx

152 Dies entspricht dem Wortlaut des Art. 6 Abs. 2 GG.

153 Vgl. Art. 7 GG in Abgrenzung zu Art. 6 GG.

154 Vgl. § 1 SGB VIII, der einen festgelegten Programmsatz vorschreibt und der Jugendhilfe als Leitlinie dient. Das vom *BVerfG* vorgegebene Erziehungsziel des Rechts jedes jungen Menschen auf die Förderung seiner Entwicklung und Erziehung zu einer eigenverantwortlichen und gemeinschaftlichen Persönlichkeit kommt zum Ausdruck.

155 Vgl. § 2 Abs. 2 und 3 SGB VIII.

156 *Staub-Bernasconi*, S. 199 f.

157 *Gissel-Palkovich*, in: Goldberg/Schorn, S. 103 (106).

158 Vgl. §§ 27 ff. SGB VIII.

159 *Schmid-Obkirchner*, in: Wiesner, SGB VIII, § 27 Rn. 17 ff.

Angebots- und Leistungsspektrum der Jugendhilfe ist vielfältig.[160] Hilfen werden teilweise über mehrere Jahre hinweg gewährt und von den Eltern freiwillig in Anspruch genommen. Im Recht der Kinder- und Jugendhilfe konkretisiert sich das Kindeswohl nicht erst durch seine Gefährdung aufgrund eines elterlichen Fehlverhaltens- oder Versagens. Leistungen sind unabhängig von einer Gefährdung des Kindeswohls und frühzeitig anzubieten, um Benachteiligungen abzubauen und Integrationschancen zu eröffnen.[161] Die Gründe für die Gewährung erzieherischer Hilfen sind verzweigt. Sie reichen von familiären Konflikten und damit in Zusammenhang stehenden eingeschränkten Erziehungskompetenzen der Eltern über Auffälligkeiten in der Entwicklung und im sozialen Verhalten des Kindes, über schulische oder berufliche Probleme des Kindes, bis hin zu unzureichender Förderung, Betreuung oder Versorgung des Kindes in der Familie.[162] Gewöhnlich erfolgt im Vorfeld der Hilfegewährung die Festlegung der Ziele in einem Hilfeplan, § 36 SGB VIII. Mehrere Fachkräfte wirken im Regelfall zusammen und die Eltern und das Kind sind in die Hilfeplanung mit einzubinden, § 36 Abs. 2 SGB VIII.

2. Die Aufgabe der Sicherung des Kindeswohls

Erziehungsdefizite können auch in eine Kindeswohlgefährdung münden. Bei „gewichtigen Anhaltspunkten für eine Kindeswohlgefährdung"[163] hat das Jugendamt eine eigene Risikoeinschätzung vorzunehmen und ggfs. den Eltern die für geeignet und notwendig befundenen Hilfen anzubieten, § 8a Abs. 1 S. 3 SGB VIII.[164] Das Jugendamt steht vor der pädagogischen Herausforderung, bei den Eltern die Einsicht zu wecken, entsprechende Hilfen anzunehmen und sie für die Mitarbeit am Hilfeprozess zu gewinnen. In den Jugendämtern werden Hilfeplanungen und Aufgaben der Kindeswohlsicherung gewöhnlich, wenngleich nicht flächendeckend[165] von der jeweils gleichen Organisationseinheit (dem Allgemeinen Sozialen Dienst) wahrgenommen. Das Jugendamt hat die Aufgabe, die kindeswohlgefährdende Situation rechtzeitig und umfassend zu erkennen, um das Kind zu schützen. Bei vermuteter

160 BT-Drucks. 11/5948, S. 42.

161 *Trenczek*, in: Münder et. al., FK-SGB VIII, Vor §§ 50–52 Rn. 6.

162 *Egeler*, „Wie leben Kinder in Deutschland?" Pressekonferenz in Berlin am 03.08.2011, Statistisches Bundesamt, www.destatis.de (Internetadresse_9).

163 Zur Bedeutung der gewichtigen Anhaltspunkte vgl. nachfolgend, Kap. 1., B. I. 1. c. bb.

164 Das gerichtliche Gebot, öffentliche Hilfen, wie zum Beispiel Leistungen der Kinder- und Jugendhilfe in Anspruch zu nehmen (z.B. Hilfen zur Erziehung nach §§ 27 ff. SGB VIII), ist eine sorgerechtliche Eingriffsmaßnahme auf der Grundlage des § 1666 Abs. 3 Nr. 1 BGB und erfordert die gerichtliche Feststellung einer Kindeswohlgefährdung, vgl. zum Maßnahmenkatalog des § 1666 Abs. 3 BGB Kap. 2., A. I. 1. d.

165 Regionale Unterschiede sind vorhanden. So unterscheidet ein in der vorliegenden empirischen Untersuchung befragtes Jugendamt zwischen dem Allgemeinen Sozialen Dienst und der Abteilung für Erziehungshilfen.

oder akuter Gefährdung gilt Soziale Arbeit als eine der schwierigsten Aufgaben der öffentlichen Jugendhilfe.[166] Gerade die Beantwortung der Frage, ob und wann eine Gefährdung für das Wohl des Kindes im Einzelfall vorliegt, die eine Gefahrenabwehr erforderlich macht, stellt das Jugendamt vor eine erhebliche Definitionsleistung, die zwar gewöhnlich durch Erhebungsbögen zur Gefährdungseinschätzung strukturiert wird, jedoch nicht zu einer eindeutigen Handlungssicherheit verhelfen kann. Geht es um den Schutz des Kindeswohls, handelt es sich um Situationen, die durch Unklarheiten und Ambivalenzen geprägt sind. Angesichts der Komplexität von Beziehungsgeflechten erfordern die Fallkonstellationen im Einzelfall eine weitere umfassende Recherchearbeit der Fachkraft, um die entsprechenden Gefährdungskontexte zu ergründen. Soziale Arbeit bewegt sich damit stets

> *„auf einer Skala zwischen dem Untersuchen und Bewerten einer möglichen bis zu der Abwehr einer akuten Kindeswohlgefährdung.“*[167]

Das Jugendamt hat stets die strafrechtliche Relevanz des beruflichen Handelns der zuständigen Fachkräfte zu beachten.[168] Erwartet werden von diesen die Kenntnis der strafrechtlichen Voraussetzungen, die eigene berufliche Rolle sowie die Leistungserbringung in fachgerechter Weise, die eine qualifizierte Aktenführung und Dokumentation der wesentlichen Vorgänge mit einschließt.[169]

Mangels eines dahinter stehenden eingriffsrechtlichen Charakters können Leistungen der Kinder- und Jugendhilfe grundsätzlich von den Eltern abgelehnt werden.[170] Anders als das Familiengericht ist das Jugendamt nicht befugt, die entsprechenden Hilfen verpflichtend anzuordnen, selbst wenn es eine Kindeswohlgefährdung festgestellt hat. Hierzu bedarf es der Mitwirkung des Familiengerichts, wie § 8a Abs. 2 SGB VIII verdeutlicht.

Die Inobhutnahme nach § 42 SGB VIII ist die einzige interventionsrechtliche Maßnahme, die das Jugendamt, wenngleich auch nur vorübergehend, zu sorgerechtlichen Eingriffsmaßnahmen berechtigt. Weitergehende Befugnisse des Jugendamtes sind nicht gesetzlich normiert und auch nicht etwa im Wege des KICK (2005) zusätzlich geschaffen worden.[171] Dieses hat zu einer Implementierung von Mindeststandards zur Ausgestaltung des Schutzauftrages geführt.[172] Trotzdem ergeben

---

166 *Gissel-Palkovich*, in: Goldberg/Schorn, S. 103 (106,134).

167 *Gissel-Palkovich*, in: Goldberg/Schorn, S. 103 (106).

168 Zu den haftungsrechtlichen Folgen für das Jugendamt bei unterschätzter Gefahrenlage oder einem zu Unrecht erhobenen Gefahrenverdacht vgl. *Wellenhofer*, FPR 2012, 529 (531) m.w.N.

169 *Gissel-Palkovich*, in: Golberg/Schorn S. 103 (118).

170 *Trenczek*, in: Münder et al., FK-SGB VIII, Vor §§ 50–52 Rn. 6.

171 Zu den wesentlichen Neuregelungen des KICK (2005) und den Auswirkungen auf die Aufgabenstellung des Jugendamts sowie die Schnittstelle zur Justiz siehe nachfolgend, Kap. 1, B., I. 1. c.

172 Vgl. § 8a SGB VIII. Hierzu gehört die Risikoabschätzung im Zusammenwirken mehrerer Fachkräfte, die Beteiligung der Personensorgeberechtigten, Kinder und

sich nicht zuletzt infolge der Neuregelungen durch das BKiSchG (2012)[173] Gestaltungsspielräume unterhalb des gesetzlichen Rahmens in § 8a SGB VIII, wie etwa hinsichtlich der Ausgestaltung des Kooperationsverhältnisses mit der Justiz, sowie mit Blick auf das Verfahren der Risikoabklärung.[174]

Geht es um die Abwehr einer Kindeswohlgefährdung, vollzieht sich das jugendamtliche Handeln in einem „Zwangskontext", d.h. in einem Umfeld, das von Unfreiwilligkeit geprägt ist und das Jugendamt vor große Herausforderungen stellt. Weder darf das Jugendamt durch die zu starke und einseitige Fokussierung auf die Aspekte der Dienstleistung, Förderung, Bildung und Erziehung den Handlungsauftrag der Kindeswohlsicherung verfehlen – Untersuchungen in der Vergangenheit haben aufgezeigt, dass ein zu stark fokussiertes Verständnis von Dienstleistung die Gefahr birgt, die Aufgaben der Kontrolle aus dem Blickfeld zu verlieren[175] – noch darf die Anrufung des Familiengerichts der eigenen Risikoabsicherung dienen, ohne die Notwendigkeit der Intervention umfassend zu interpretieren. Entscheidend ist, den Aufgabenbereich von Hilfe und Kontrolle als Einheit zu betrachten und das eigene Handeln stets sachgerecht und adäquat zu reflektieren, ohne zugleich die Kindeswohlsicherung als zunehmende staatliche Kontrolle und Sanktionierung zu missverstehen.

Die Machtasymmetrie zwischen Klient und Fachkraft kann das Jugendamt im Einzelfall nutzen, indem es den Eltern deutlich macht, dass ihr Verhalten inakzeptabel ist, wenn sie das Kind vernachlässigen, misshandeln oder missbrauchen. Betont das Jugendamt nicht einseitig die negative Seite des elterlichen Handelns, kann es den Versuch unternehmen, die Eigenverantwortung der Eltern zu stärken. Damit schafft es den Grundstein für eine vertrauensvolle Arbeitsbeziehung mit den Eltern des Kindes. Mithilfe der motivierenden[176] und auf Transparenz basierenden Sozialen Arbeit kann der Kreislauf zwischen der mangelnden elterlichen Mitwirkungsbereitschaft und der dadurch bedingten fehlenden Problemeinsicht unterbrochen werden, der in einer fachlichen Defizitzuschreibung der Eltern mündet und zu einer verstärkten Abwehr und Demotivation der Eltern führt.[177] Die Grenzen der

---

Jugendlichen. Hierzu gehören auch die Verpflichtung zum Abschluss von Vereinbarungen mit freien Trägern und die Weitergabe von Daten.

173 Bundeskinderschutzgesetz (BKiSchG) v. 22.12.2011 (in Kraft seit dem 01.01.2012), BGBl. I, S. 2975.

174 *Gissel-Palkovich*, in: Golberg/Schorn S. 103 (104); zum BKiSchG ausführlich: *Meysen/Eschelbach*, BKiSchG; siehe auch nachfolgend, Kap. 1, B., I. 1. c. cc.

175 Hierzu nachfolgend, Kap. 1, B. I. 1. c.

176 Zum Begriff der motivierenden Sozialen Arbeit vgl. etwa *Körkel/Drinkmann* (2002), S. 26 ff. („Wie motiviert man ‚unmotivierte' Klienten? In: Sozialmagazin, Jg. 27, Heft 2, S. 26–34).

177 *Gissel-Palkovich*, in: Golberg/Schorn, S. 103 (112).

Zielsetzung bestehen in der fehlenden Einsicht sowie mangelnden Veränderungs- und Lernbereitschaft der Eltern.[178]

Die Neuregelung der Erörterung der Kindeswohlgefährdung zielt besonders auf die Motivation der Eltern zu aktiver Mitarbeit am Hilfeprozess im Kontext der „Unfreiwilligkeit". Nehmen die Eltern die angebotenen Hilfen nicht an und befindet sich das Kind in einer Situation, die eine weitere Hilfestellung erfordert, benötigt das Jugendamt die Unterstützung der Justiz, damit diese mit ihren hoheitlich ausgestalteten justiziellen Handlungsmöglichkeiten auf die Eltern Einfluss nehmen kann. Selbst wenn das Gespräch bei *Gericht* erfolgen und der *Richter* auf die Kooperation mit dem Jugendamt hinwirken soll[179], besteht das Ziel in der (Wieder-) Herstellung, Förderung und Stabilisierung der elterlichen Erziehungskompetenz. Initiiert werden soll ein sozialpädagogischer Hilfeprozess, der das Jugendamt nicht aus der Verantwortung entlässt. Als Fachbehörde für psychosoziale Fragestellungen obliegt es dem Jugendamt, mit der Familie auf einer fundierten Grundlage in Beziehung zu treten, die zugleich die Basis für die notwendigen Veränderungsprozesse bereithält.

Im Verhältnis zum Familiengericht bleibt das Jugendamt in der Verpflichtung, eine eigene Einschätzung hinsichtlich der Erforderlichkeit der Anrufung des Familiengerichts durchzuführen. Dies gilt auch dann, wenn das Jugendamt die Befürchtung äußert, das Gericht werde eine abweichende Einschätzung treffen. Sichert das Jugendamt den Prozess der Entscheidungsfindung, der zur Einschaltung des Familiengerichts nach § 8a Abs. 2 S. 1 SGB VIII geführt hat, fachlich fundiert und transparent ab, tritt das Jugendamt im familiengerichtlichen Verfahren dem Familiengericht auf Augenhöhe gegenüber.[180]

Die Eltern haben die aus dem verfassungsrechtlich verbürgten Grundsatz der Elternverantwortung resultierende Verpflichtung, an der Gefahreneinschätzung mitzuwirken. Geschieht dies nicht, ist das Jugendamt berechtigt und verpflichtet, das Familiengericht anzurufen. Solange eine Gefährdung des Kindeswohls nicht festgestellt ist oder aber eine ausreichende Fähigkeit und Bereitschaft der Eltern zur Gefahrenabwehr vorhanden ist, sind Jugendämter nicht auf die Unterstützung durch das Familiengericht angewiesen, mit der Folge, dass die Gerichte in die Angelegenheit nicht mit einbezogen werden und die Verfahren zunächst und möglicherweise über einen sehr langen Zeitraum allein im Verantwortungsbereich der öffentlichen Jugendhilfe verbleiben.

3. Die Mitwirkung des Jugendamtes im gerichtlichen Verfahren

Wird das Jugendamt durch das Familiengericht zu einem Verhandlungstermin „geladen", gilt dies als „Einladung", die in Wahrnehmung der gesetzlichen

---

178 *Gissel-Palkovich*, in: Golberg/Schorn, S. 103 (115).

179 Vgl. zur Begründung des Gesetzgebers nachfolgend, Kap. 1, B. I. 3. d.

180 Zum „professionellen Standing" des Jugendamtes vgl. *Gissel-Palkovich*, in: Golberg/Schorn, S. 103 (117).

Anhörungsverpflichtung des Jugendamts erfolgt.[181] Der Mitwirkungspflicht des Jugendamts in familiengerichtlichen Verfahren wird in Form der Anhörung und Beteiligung gem. § 162 Abs. 1 und 2 FamFG Genüge getan.[182]

Der Mitwirkung des Jugendamts kommt eine große Bedeutung zu, da das Jugendamt aufgrund der im Vorfeld solcher Verfahren in der Regel geleisteten Hilfen[183] nicht nur über gute Kenntnisse der jeweiligen Familien verfügt, sondern auch über das nötige sozialpädagogische Fachwissen, das der Richter wiederum für seine Sachentscheidung benötigt. Dementsprechend ist das Jugendamt in Verfahren nach §§ 1666, 1666a BGB obligatorisch *anzuhören*, § 162 Abs. 1 S. 1 FamFG.[184] Das Erfordernis, das Jugendamt im „frühen ersten Termin" anzuhören, ergibt sich aus § 155 Abs. 2 S. 3 FamFG. Eine Konkretisierung der Anhörung, insbesondere hinsichtlich Form, Inhalt und Umfang, steht im Ermessen des Gerichts.[185] Ausweislich § 37 Abs. 1 FamFG entscheidet das Gericht nach seiner freien, aus dem gesamten Inhalt des Verfahrens gewonnenen Überzeugung. Die unterlassene Anhörung ist ein Verfahrensfehler und kann zur Aufhebung und Zurückweisung führen.[186] Unterbleibt die Anhörung wegen Gefahr in Verzug, ist sie unverzüglich nachzuholen.[187]

Darüber hinaus ist das Jugendamt in Verfahren nach §§ 1666, 1666a BGB *notwendig*[188] am Verfahren zu *beteiligen*, § 162 Abs. 2 S. 1 FamFG. Es gilt als *„Muss-Beteiligter"*[189], wonach es über sämtliche Termine Kenntnis erlangen muss und die Entscheidungen des Gerichts bekannt zu machen sind.[190] Die Benachrichtigungspflicht dient der verbesserten Einbindung des Jugendamtes in den gerichtlichen Entscheidungsprozess.[191] Die Ausgestaltung des § 162 Abs. 2 FamFG basiert auf den Vorschlägen der Arbeitsgruppe „KiWoMaG"[192], die gefordert hatte, die Teilnahme des Jugendamtes am gerichtlichen Termin bei Kindschaftssachen, bei denen die

---

181 *Mörsberger/Wapler*, in: Wiesner SGB VIII, Vor § 50 Rn. 67.

182 *Schlünder*, in: BeckOK-FamFG, § 162 Rn. 1.

183 *Münder/Mutke/Schone*, S. 149: nur in 1,6 % der Verfahren gem. § 1666 BGB ist dem Jugendamt die Familie im Vorfeld des gerichtlichen Verfahrens nicht bekannt. In den übrigen Fällen vergehen mehrere Monate bis hin zu Jahren, bis das Gericht eingeschaltet wird.

184 Staudinger/*Coester*, § 1666 Rn. 280.

185 *Schlünder*, in: BeckOK-FamFG, § 162 Rn. 5.

186 *Borth/Grandel*, in: Musielak/Borth, FamFG (2013), § 162 Rn. 2.

187 *Borth/Grandel*, in: Musielak/Borth, FamFG (2013), § 162 Rn. 3.

188 Vgl. die Begründung zur Neuregelung des § 162 Abs. 2 FamFG, Gesetzesentwurf v. 15.08.2012, BT-Drucks. 17/10490, S. 20. (Der Entwurf sieht Klarstellungen und Korrekturen im FamFG vor, S. 16).

189 vgl. § 162 Abs. 2 und 3 S. 1 BGB in der Fassung v. 01.01.2013 durch das Gesetz zur Einführung einer Rechtsbehelfsbelehrung im Zivilprozess und zur Änderung anderer Vorschriften v. 05.12.2012, BGBl. I 2012, Nr. 57 v. 11.12.2012, S. 2418 ff.

190 § 162 Abs. 3 FamFG.

191 Reg-E des Gesetzes zur Einführung einer Rechtsbehelfsbelehrung im Zivilprozess v. 25.05.2012, BR-Drucks. 308/12, S. 31.

192 Abschlussbericht der AG KiWoMaG v. 14.07.2009, (Internetadresse_10).

Expertise des Jugendamtes besonders gefordert sei, verbindlicher und konkreter auszugestalten.[193] Ist das Jugendamt Beteiligter, erlangt es alle Rechte und Pflichten eines Beteiligten[194], die über die Anhörungspflicht des Gerichts zur Aufklärung des Sachverhalts hinausreichen.[195] Hierzu gehört etwa der Anspruch auf Einsicht in die Gerichtsakten (§ 13 Abs. 1 FamFG). Mangels materiell-rechtlicher Ermächtigung kann das Jugendamt keine Sachanträge stellen, sondern nur bestimmte Maßnahmen nach § 24 FamFG anregen.[196] So kann es beispielsweise mangels Verfügungsberechtigung über den Verfahrensgegenstand keinen Vergleich schließen, § 36 Abs. 1 S. 1 FamFG.[197] § 162 Abs. 3 S. 2 FamFG gewährt dem Jugendamt eine von § 59 FamFG unabhängige Beschwerdebefugnis.

Die Vorschrift des § 162 FamFG, die das Familiengericht adressiert, korrespondiert mit § 50 SGB VIII[198], wonach das Jugendamt in Verfahren wegen Kindeswohlgefährdung die *Verpflichtung* der Mitwirkung trifft, § 50 Abs. 1 S. 2 Nr. 1 SGB VIII. Danach hat das Jugendamt das Familiengericht bei allen Maßnahmen, die die Sorge für die Person von Kindern und Jugendlichen betreffen, zu unterstützen, über angebotene und erbrachte Leistungen zu berichten, etc. Nicht abschließend geklärt ist, ob das Gericht inhaltliche Anforderungen an die Unterstützungsmaßnahmen des Jugendamtes stellen kann, wie etwa die Anweisung zu geben, einen Hausbesuch durchzuführen, um sich über die Verhältnisse vor Ort zu informieren[199] oder ob es das Jugendamt anweisen kann, einen konkreten Entscheidungsvorschlag in das Verfahren einzubringen.[200] Überwiegend[201] wird der Aufgabenbereich des Jugendamtes auf die in § 50 SGB VIII beschriebenen Unterstützungshandlungen beschränkt. Zur Begründung wird vorgebracht, dass das Jugendamt das Familiengericht im Verfahren zwar unterstütze, aber eine vom Gericht unabhängige verfahrensrechtliche Stellung behält.[202] Eine unmittelbare Weisungsbefugnis des Familiengerichts gegenüber dem Jugendamt ist nicht vorhanden.[203]

Die bisherige Ausgestaltung des § 157 Abs. 1 S. 2 FamFG und die dort als „Soll"-Vorschrift ausgestaltete Ladung des Jugendamtes zum Termin ist angesichts der Neuregelung der Beteiligung des Jugendamtes in § 162 Abs. 2 S. 1 FamFG aufgehoben

193 BR-Drucks. 308/12, S. 31; BT-Drucks. 17/10490, S. 20.
194 Keidel/*Engelhardt* (2014), § 162 FamFG, Rn. 12.
195 Zur Beteiligtenstellung des Jugendamts vgl. *Lack*, ZKJ 2010, 189.
196 *Katzenstein*, FPR 2011, 20 (21).
197 *Katzenstein*, FPR 2011, 20 (21).
198 *Borth/Grandel*, in: Musielak/Borth, FamFG (2013), § 162 Rn. 2; *Schlünder*, in: BeckOK-FamFG (2013), § 162 Rn. 1, 2.
199 *Schlünder*, in: BeckOK-FamFG (2013), § 162 Rn. 6.
200 *OLG Stuttgart*, FamRZ 2006, 1857 mit krit. Anmerkung von *Bienwald*.
201 *Schlünder*, in: BeckOK-FamFG (2013), § 162 Rn. 6; *Stößer*, in: Prütting/Helms, FamFG, § 162 Rn. 11; *Borth/Grandel*, in: Musielak/Borth, FamFG (2013), § 162 Rn. 4.
202 *Schlünder*, in: BeckOK-FamFG (2013), § 162 Rn. 6.
203 *Stößer*, in: Prütting/Helms, FamFG, § 162 Rn. 17; *Borth/Grandel*, in: Musielak/Borth, FamFG (2013), § 162 Rn. 4.

worden.[204] Der während des Gesetzgebungsverfahrens bereits diskutierte Aspekt, wonach die als „Soll-Vorschrift" ausgestaltete Hinzuziehung des Jugendamts Zweifel an der Gewichtigkeit der Hinzuziehung des Jugendamts aufgeworfen hatte, erweist sich seit der gesetzlichen Neuregelung nicht mehr als problematisch.[205] Begründet worden ist die Streichung des § 157 Abs. 1 S. 2 FamFG mit der *Verpflichtung*, „die Beteiligten zu einem Termin zu laden".[206] Seit der Neuregelung des § 162 FamFG ergibt sich die regelhafte Anwesenheit des Jugendamtes aufgrund der *Mussbeteiligung* des Jugendamtes in Verfahren nach §§ 1666, 1666a BGB und der Benachrichtigungsverpflichtung.[207] Es fehlt nach wie vor die wiederholt geforderte gesetzliche Festschreibung der verbindlichen Terminswahrnehmung durch eine mit der Angelegenheit vertraute Fachkraft des Jugendamtes.[208] Allerdings kann ein einzelner Mitarbeiter des Jugendamtes nicht Beteiligter sein, so dass auch das Erscheinen eines Mitarbeiters des Jugendamtes zum Anhörungstermin auf der Grundlage der bisherigen gesetzlichen Ausgestaltung nicht erzwungen werden kann.[209]

Die Mitwirkung des Jugendamtes im gerichtlichen Verfahren ist eine „andere" Aufgabe gem. § 2 SGB VIII und zugleich Bestandteil der allgemeinen Aufgabenstellung des Jugendamtes.[210] Normadressat des § 50 SGB VIII ist das Jugendamt. Es informiert das Familiengericht im Termin nach § 155 Abs. 2 FamFG über den Stand des Beratungsprozesses, § 50 Abs. 2 S. 2 SGB VIII. Eine Veränderung hat die Vorschrift des § 50 SGB VIII durch das FGG-RG (2009) erfahren. Während es bis zum Inkrafttreten des FamFG zum 01.09.2009 an einer eindeutigen Definition fehlte, wer im Verfahren der freiwilligen Gerichtsbarkeit zu beteiligen ist, ist dies nunmehr in § 7 FamFG normiert.

Das Jugendamt wirkt im gerichtlichen Verfahren als Träger eigener Aufgaben mit, es ist nicht bloßes Hilfsorgan des Gerichts, insbesondere kein Ermittlungsgehilfe.[211] In der juristischen Fachdiskussion besteht mittlerweile ein Grundkonsens, dass das Jugendamt in familiengerichtlichen Verfahren als Partner des Gerichts fungiert[212], jedoch eigenständige Aufgaben wahrnimmt und keinen gerichtlichen

---

204 BGBl. I 2012 Teil I Nr. 57 v. 11.12.2012, S. 2418 (2421).

205 Vgl. hierzu die Stellungnahme des BR v. 21.09.2007, BT-Drucks. 16/6815 (Anlage 3), S. 21; Gegenäußerung der Bundesregierung, BT-Drucks. 16/6815 (Anlage 4), S. 24.

206 BR-Drucks. 308/12, S. 31; BT-Drucks. 17/10490, S. 20.

207 Vgl. § 162 Abs. 2 und 3 FamFG.

208 Vgl. den Vorschlag der Arbeitsgruppe „KiWoMaG" im Abschlussbericht v. 17.11.2006 (Anlage 3, „Teilnahmeverpflichtung des Jugendamtes am gerichtlichen Termin", S. 4), Internetadresse_11.

209 Keidel/*Engelhardt* (2014), § 162 FamFG, Rn. 14.

210 § 50 SGB VIII geht zurück auf die Fassung durch das KICK (2005).

211 *OLG Brandenburg* v. 21.05.2008, 9 UF 53/08, FamRZ 2009, 237, (Das Gericht hat die erforderlichen Nachforschungen selbständig anzustellen); Staudinger/*Coester*, § 1666 Rn. 280.

212 *Mörsberger/Wapler*, in: Wiesner SGB VIII, Vor § 50 Rn. 63 ff.

Weisungen unterliegt[213], wenngleich es ausweislich § 50 Abs. 1 S. 1 und Abs. 2 SGB VIII dem Gericht bei der Rechtsfindung behilflich ist, indem es über angebotene und erbrachte Leistungen unterrichtet und erzieherische und soziale Gesichtspunkte zur Entwicklung des Kindes oder Jugendlichen in das Verfahren miteinbringt.[214] In Verfahren nach §§ 1666, 1666a BGB hat sich das Jugendamt zum Zustand und Verhalten des Kindes, zur Unfähigkeit oder Unwilligkeit der Eltern zur Gefahrenabwendung, zu Verhaltensweisen der Eltern, die sich negativ auf das Kind auswirken können, sowie zu den vom Richter zu ergreifenden Maßnahmen zu äußern, damit es dem Familiengericht möglich wird, sorgerechtliche Maßnahmen am Hilfebedarf auszurichten.[215] Generell hat es zu beachten, dass es dem Gericht Informationen derart aufbereitet, damit dieses die Voraussetzungen des § 1666 BGB juristisch prüfen kann.[216] Gleichwohl obliegt dem Jugendamt ein weiter Interpretations- und Entscheidungsspielraum, *wie* und *auf welche Weise* es seine Mitwirkungspflichten erfüllen möchte. Eine bestimmte Form der Mitwirkung, ob in Form eines Gutachtens oder im Wege einer wertenden Äußerung etc., ist in § 50 SGB VIII gesetzlich nicht normiert.[217] Welche der vorbenannten Informationen im Einzelfall an das Familiengericht weitergeleitet werden, obliegt dem Jugendamt, § 50 Abs. 2 SGB VIII. Setzt das Gericht dem Jugendamt eine Frist zur Stellungnahme, gilt diese als Mitteilung an das Jugendamt, der gesetzlichen Anhörungsverpflichtung zu genügen.[218] Insgesamt schuldet das Jugendamt einen eigenständigen, fachspezifischen sowie sozialrechtlichen Kinderschutz. Im gerichtlichen Verfahren sollte es stets fundiert vortragen, mit welchem Hilfeansatz und welchen Ergebnissen Hilfeversuche in der Familie unternommen worden sind.[219] Es ist zugleich die wesentliche Hilfeinstitution für das Familiengericht *im Vorfeld* des gerichtlichen Verfahrens.[220] Die Doppelrolle des Jugendamtes als Hilfs-, sowie Eingriffsinstitution über das Familiengericht wird deutlich.[221] Schon frühzeitig tritt das Jugendamt den Eltern mit Hilfen gegenüber. Die Hilfebeziehung zwischen den Familien und dem Jugendamt erweist sich nicht immer als effektiv, denn auch die Jugendämter reagieren nicht immer aus eigener Initiative, sondern auf Informationen durch Dritte, wie die Polizei, Schulen,

---

213 Zum Status des Jugendamtes im gerichtlichen Verfahren vgl. *Mörsberger/Wapler*, in: Wiesner SGB VIII, Vor § 50 Rn. 64 ff.

214 *Mörsberger/Wapler*, in: Wiesner SGB VIII, § 50 Rn. 7; *Trenczek*, in: Münder et. al. FK SGB VIII, Vor §§ 50–52 Rn. 12 ff. m.w.N.

215 *Oberloskamp*, in: Wiesner SGB VIII, Anh. 3, Rn. 60 ff.

216 *Lewe*, FPR 2012, 440 (442).

217 *Lewe*, FPR 2012, 440 (442).

218 *Mörsberger/Wapler*, in: Wiesner SGB VIII, Vor § 50 Rn. 68; ebenso *Willutzki*, ZfJ 1994, 202 (203).

219 Vgl. etwa *Kindler*, FPR 2012, 422 (426).

220 *Gernhuber/Coester-Waltjen* (2010), § 57 IX Rn. 102.

221 *Wiesner*, ZfJ 2004, 161 (167).

Kindertagesstätten etc. und entwickeln ebenso wie das Familiengericht im Regelfall nicht von sich aus ein System der Kontaktaufnahme und Überwachung.[222]

IV. Die Zusammenarbeit zwischen Familiengericht und Jugendamt in Verfahren wegen Kindeswohlgefährdung

Die Zusammenarbeit zwischen Jugendamt und Familiengericht geht zurück auf die traditionelle Betrachtung des Vormundschaftsgerichts, das als Vorläufer der Familiengerichte diente und in der Funktion einer „Erziehungsinstanz“ agierte. Im Gegensatz zu Jugendämtern, die erst mit dem RJWG im Jahre 1922 eingeführt und lange Zeit nicht flächendeckend ausgebaut waren, kam Gerichten bereits mit Inkrafttreten des BGB die Aufgabe zu, Erziehungsaufgaben zu bestimmen.[223] Die Aufgaben der Jugendämter beschränkten sich zum damaligen Zeitpunkt auf unterstützende Tätigkeiten – selbst wenn dies auf der Grundlage des damals geltenden RJWG und JWG gesetzlich nicht vorgesehen war.[224] Es herrschte die Einschätzung vor, es komme für das Kindeswohl auf die richtige *Justizentscheidung* an, die erforderlichenfalls durch wissenschaftlich fundierte Gutachten und/ oder die Unterstützung des Jugendamtes als Fachbehörde in Form von Sachverhaltsermittlungen, fachlichen Bewertungen und Hinweisen sowie Entscheidungsvorschlägen zu optimieren sei.[225] Erst seit Einführung des SGB VIII (1990/1991) gilt das Jugendamt als eigenständiger Partner des Gerichts und als Institution, die in Erfüllung eigener Aufgaben handelt.[226] Spätestens seit dem flächendeckenden Ausbau von Jugendämtern in der gesamten Bundesrepublik, obliegt es Jugendämtern und Familiengericht[227] *gemeinsam*, das Kind vor Gefahren für sein Wohl zu schützen: Soweit dem Schutz eines Kindes mit Eingriffen in die elterliche Sorge oder das Umgangsrecht begegnet werden muss, ist das Familiengericht notwendig hinzuzuziehen, denn nur den Familiengerichten obliegt es allein, Eingriffe in das elterliche Sorgerecht vorzunehmen.

Die besondere Schnittstelle zwischen den Institutionen Jugendamt und Familiengericht bildet der Schutzauftrag des Jugendamtes bei Kindeswohlgefährdung nach

222 *Coester*, in: Lipp/Schumann/Veit, Kindesschutz, S. 19 (36); *Rosenboom*, S. 190; § 2 KKG lässt allerdings neue Bewegungen erwarten („Information und Angebot des persönlichen Gesprächs“).

223 *Wiesner*, in: Münder/Wiesner/Meysen, Handbuch KJHR, Kap. 2.3, Rn. 23.

224 Vgl. BT-Drucks. 11/5948, S. 87: nach dem Recht des JWG sollten Jugendamt und Vormundschaftsgericht auf dem Gebiet der Fürsorge für die Person fruchtbar *zusammenwirken*.

225 *Mörsberger/Wapler*, in: Wiesner, Vor § 50 Rn. 14.

226 Regierungsbegründung BT-Drucks. 11/5948, S. 86 f.; *Mörsberger/Wapler*, in: Wiesner, SGB VIII, Vor § 50 Rn. 63: *Lack/Heilmann*, ZKJ 2014, 308 (311); a.A.: *Salzgeber*, Rn. 189 (Jugendamt als Ermittlungsbehörde); ausführlich auch hierzu: *Sommer*, S. 27 ff.

227 Die Zuständigkeit des Familiengerichts für Verfahren nach §§ 1666 ff. BGB besteht seit dem 1.07.1998; bis dahin waren die Vormundschaftsgerichte zuständig.

§ 8a SGB VIII, demzufolge das Jugendamt gem. § 8a Abs. 2 S. 1 SGB VIII das Gericht sowohl dann anzurufen hat, wenn es dessen Tätigwerden *für erforderlich hält* (§ 8a Abs. 2 S. 1, 1. Hs. SGB VIII) sowie dann, wenn die Erziehungsberechtigten nicht bereit oder in der Lage sind, bei der Abschätzung des Gefährdungsrisikos mitzuwirken (§ 8a Abs. 2 S. 1, 2. Hs. SGB VIII). Mit Information des Gerichts tritt dieses zusätzlich in den Gefährdungsabwendungsprozess mit ein. Das Gericht kommt mithin unterhalb der Schwelle der Kindeswohlgefährdung zum Einsatz und dann, wenn zumindest konkrete Anhaltspunkte für eine Kindeswohlgefährdung vorliegen.

Selbst wenn das Gericht nicht unmittelbar durch das Jugendamt Kenntnis von dem Sachverhalt erlangt, stehen die betroffenen Familien in den überwiegenden Fällen bereits mit dem Jugendamt in Verbindung und sind Adressaten verschiedener öffentlicher Hilfen im Vorfeld des gerichtlichen Verfahrens.[228] Zahlreiche Verfahren gelangen (zunächst) nicht zur Kenntnis des Gerichts.[229] Die in § 162 FamFG und § 50 SGB VIII gesetzlich vorgeschriebene Kommunikation und Kooperation zwischen Gericht und Jugendamt dient der wechselseitigen Abstimmung und Verzahnung von zwei unterschiedlichen staatlichen Interventionsansätzen im Rahmen des Wächteramtes: eines sozialpädagogischen, d. h. helfenden und kontrollierenden Ansatzes der Jugendhilfe einerseits, sowie eines justiziellen, auf Rechtsschutz und Rechtseinschränkung gerichteten Ansatzes andererseits.[230] Beide Institutionen haben stets bei ihren Entscheidungen im Hinblick auf das Kindeswohl das verfassungsrechtliche Subsidiaritäts- und Verhältnismäßigkeitsgebot zu beachten, wonach es angesichts der Ausgestaltung des staatlichen Schutzsystems primär die Aufgabe von Jugendhilfe und Justiz sein muss, die Eltern bei der Abwehr von Gefahren für das Wohl des Kindes zu unterstützen und ihre Vorrangstellung hinsichtlich der Erziehungsfragen zu beachten. Sinn und Zweck der Einbindung des Jugendamtes in das familiengerichtliche Verfahren liegt v.a. in der Prüfung der Voraussetzungen für das Vorliegen einer Kindeswohlgefährdung. Da dieses in jeder Entscheidung Vorrang haben und geprüft werden muss, bedarf es eines interdisziplinären Austauschs zwischen Jugendamt und Familiengericht.

Die gerichtliche Tätigkeit beschränkt sich in § 157 FamFG nicht auf den klassischen Fall der Gefahrenabwehr auf der Grundlage des § 1666 Abs. 1 BGB, sondern es erfolgt eine justizielle Kontrolle im Vorfeld der Kindeswohlgefährdung. Dem Familiengericht wird mithilfe des Erörterungsgesprächs ermöglicht, einen eigenständigen Verfahrensabschnitt zu begründen und mit einer Endentscheidung abzuschließen.[231] Damit das Gericht hinreichend gründlich prüfen kann, ob eine Gefahrenlage vorliegt, mit der Folge, dass es Anordnungen nach § 1666 Abs. 3 BGB oder aber die

228 *Münder/Mutke/Schone*, S. 113 ff.

229 *Zitelmann*, in: Lewis et al., Inobhutnahme konkret, S. 75 (86 f.). „In vier von fünf Fällen erfolgt die Entscheidung über die weitere Zukunft des Kindes allein im Rahmen der Hilfeplanung des Jugendamtes."

230 Staudinger/*Coester*, § 1666 Rn. 280.

231 *Schumann*, FPR 2011, 203.

Feststellung treffen kann, dass sich der Verdacht einer Kindeswohlgefährdung nicht erhärten lässt, hat es die Situation sorgfältig zu prüfen.

Eine *Pflicht* zur Zusammenarbeit ist weder im Verfahrensrecht noch in den einschlägigen Kinderschutzvorschriften verankert. Weil das Zusammenwirken von Jugendhilfe und Justiz aber in Verfahren wegen Kindeswohlgefährdung zum Schutz des Kindes erforderlich ist, hat der Gesetzgeber mit der Neuregelung des gerichtlichen Erörterungsgesprächs den Versuch unternommen, die Tätigkeit von Jugendamt und Familiengericht besser zu verzahnen. Jugendamt und Familiengericht sollen eine „*Verantwortungsgemeinschaft*" bilden. Eine Erklärung der Begrifflichkeit fehlt aber ebenso wie die gesetzliche Vorgabe zur jeweiligen Ausgestaltung der Zusammenarbeit.[232] Die Akteure Familiengericht und Jugendamt sind gemeinsam verantwortlich für den Kinderschutz. Der Begriff soll verdeutlichen, dass es darauf ankommt, in verschiedenen Rollen gemeinsam zu handeln und keinen aus der Verantwortung zu entlassen, bis das gemeinsame Ziel einer nachhaltigen Abwendung von Gefahren für das Wohl des Kindes erreicht ist.[233] Im Rahmen ihrer Zuständigkeit müssen die Akteure Familiengericht und Jugendamt unabhängig voneinander bleiben, da ihnen ein jeweils unterschiedlicher Handlungsauftrag zukommt und es überdies dem Grundsatz der Gewaltenteilung entspricht, den Verantwortungsbereich nicht zu überschreiten. Dementsprechend soll das Gericht das Erörterungsgespräch durchführen. Dies erfolgt unter der Beteiligung des Jugendamts.

Besonders kommt der Grundsatz der Verantwortungsgemeinschaft[234] durch die Obligation zur Erörterung gem. § 157 FamFG und die Pflicht zur Änderung oder Aufhebung von Beschlüssen sowie die Pflicht zur Überprüfung der gerichtlichen Entscheidung[235] durch den frühzeitigen Einsatz des Familiengerichts zum Ausdruck.[236] Das Gericht soll prozesshaft agieren. Die Gerichte folgen damit der sozialpädagogischen, systemischen Denk- und Arbeitsweise der Jugendhilfe.[237] Der Richter soll sich nicht nur mit der familiären Situation vertraut machen, sondern auch frühzeitig die notwendigen Ermittlungen über die Eltern und das Kind anstellen.[238] Hierbei soll er – über die Anhörung der Eltern und des Kindes hinausgehend[239] – auf die Eltern und das Kind einwirken und auf eine Kooperation mit dem Jugendamt hinwirken.[240] Gezielt soll die richterliche Autorität zum Einsatz kommen. Das Erörterungsgespräch erfordert mithin bestimmte Kommunikations- und Beratungskompetenzen des Familienrichters. Neben die klassische Aufgabenzuweisung

232 Zur Gesetzesbegründung KiWoMaG siehe nachfolgend, Kap. 1, B.

233 *Flemming*, FPR 2009, 568 (570).

234 Vgl. zum Begriff *Deutscher Verein*, NDV 2010, 206 (207).

235 Vgl. § 166 Abs. 3 FamFG.

236 *Götz*, in: Lipp/Schumann/Veit, FGG-Reform, S. 215 (219); *Fellenberg*, in: Lipp/Schumann/Veit, Kindesschutz, S. 91 (94); so auch Staudinger/*Coester*, § 1666 Rn. 89.

237 *Flemming*, FPR 2009, 568 (570).

238 Vgl. § 26 FamFG.

239 Zur Abgrenzungsproblematik Anhörung – Erörterung vgl. Kap. 2, A. V. 1.

240 *Coester*, in: Lipp/Schumann/Veit, Kindesschutz, S. 19 (36).

an das Jugendamt, zu prüfen, ob Anhaltspunkte für eine Kindeswohlgefährdung vorliegen, muss für eine effektive Ausgestaltung der Erörterung nach § 157 FamFG die Verpflichtung des Jugendamts hinzutreten, das Familiengericht derart hinzuzuziehen, damit ein Einwirken auf die Eltern noch sinnvoll ist. Die verbindliche Anordnung des persönlichen Erscheinens der Eltern durch das Gericht zu einem Zeitpunkt, in dem eine konkrete Gefahr noch nicht festgestellt worden ist, kann sich als hilfreich für den weiteren Hilfeprozess erweisen, wenn die Eltern den Aufforderungen des Jugendamts nicht freiwillig Folge leisten und die Lage bereits derart verfahren ist, dass eine konstruktive Zusammenarbeit zwischen den Eltern und dem Jugendamt nicht mehr gelingen kann. In einer solchen Situation kann mit Hilfe des Erörterungsgesprächs die Verpflichtung, bei Gericht zu erscheinen und die Gefahrenlage zu erörtern, eine Chance für die zukünftige Annahme öffentlicher Hilfen sein.[241] Das Gericht kann als neutrale Instanz mit der nötigen Autorität in den Hilfeprozess eintreten, ohne dass ein Eingriff in die elterliche Sorge erfolgen muss. Dem Jugendamt eröffnet die Erörterung die Möglichkeit der gemeinsamen Verfahrensplanung zur Mobilisierung der jugendhilferechtlichen Ressourcen.[242] Der Vorteil ist, dass es selbst am Verfahren beteiligt ist.

B. Die Entstehungsgeschichte des § 157 FamFG (§ 50f FGG a.F.)

I. Die Implementierung der Erörterung in § 50f FGG (a.F.)

Die Implementierung des § 157 FamFG ist das Ergebnis von Reformbewegungen, die den Zweck verfolgen, einer Kindeswohlgefährdung *„frühzeitig präventiv“*[243] zu begegnen und wächteramtliche Aufgaben zu optimieren. Im Zuge der jüngsten Debatten über die Notwendigkeit, die gesetzlichen Vorschriften der familiengerichtlichen Schutzmaßnahmen zu überprüfen, wurde kontrovers diskutiert, wie und auf welche Weise der familiengerichtliche Verantwortungsbereich im Kindesschutzrecht *vorgelagert* und *präventiv nutzbar* gemacht werden könne, um Kinder nachhaltiger vor Schädigungen ihres körperlichen, geistigen oder seelischen Wohlbefindens zu bewahren.[244] Erstmals ist die effektivere Ausgestaltung der Zusammenarbeit zwischen Familiengericht und Jugendamt gefordert sowie über die Notwendigkeit diskutiert worden, die Erziehungsberechtigten zur Inanspruchnahme von Jugendhilfeleistungen durch den Einsatz *richterlicher Autorität* zu verpflichten.[245]

241 Vgl. etwa *Sommer*, S. 142 f.
242 *Flemming*, FPR 2009, 568 (570).
243 BT-Drucks. 16/6815, S. 11, 14.
244 Pressemitteilung des BMJ v. 11.07.2007, („Besserer Schutz für gefährdete Kinder“), Internetadresse_12.
245 BT-Drucks. 16/6815, S. 7 („Eltern stärker in die Pflicht nehmen“).

1. *Grund und Anlass für Reformen in zivilrechtlichen Kinderschutzverfahren*

Als wesentliche Auslöser für die Reform des Gesetzes zur Erleichterung familiengerichtlicher Maßnahmen bei Gefährdung des Kindeswohls (KiWoMaG)[246], die zur Einführung des Erörterungsgesprächs geführt hat, galten die unzureichende Gefahrenabwendungskompetenz von Erziehungsberechtigten, Versäumnisse in der Zusammenarbeit zwischen Familiengericht und Jugendamt sowie Unsicherheiten bei frühzeitiger Hinzuziehung des Gerichts auf Grundlage des § 8a SGB VIII. Die wenige Jahre zuvor erfolgten Reformen im Kinder- und Jugendhilferecht hatten zu einer Konkretisierung der Wächterfunktion und –verantwortung der Jugendhilfe[247] sowie zu einer neuen Schnittstelle zwischen Jugendamt und Familiengericht geführt.[248]

a. *Unzureichende Gefahrenabwendung der Eltern – Jugenddelinquenz und Vernachlässigung als Gefährdungsmerkmale*

Im Fokus des KiWoMaG-Reformgesetzgebers standen v.a. Kinder und Jugendliche, die nicht nur vernachlässigt[249], sondern delinquent geworden waren und aus diesem Grunde einer besonderen erzieherischen Einwirkung bedurften.[250] Unter Kinder- und Jugenddelinquenz wird das von anerkannten Normen der Erwachsenengesellschaft abweichende Verhalten von Kindern oder Jugendlichen verstanden, das entweder strafrechtsirrelevante Normverstöße (z. B. Schuleschwänzen, Herumstreunen) oder Straftaten umfasst und sich durch „*grenzverletzende*“ und „*entwicklungsbedingte*“ Verhaltensweisen auszeichnet.[251]

So galt die Vernachlässigung als Hauptgefährdungsmerkmal[252] für die Anrufung des Familiengerichts zur Einleitung eines Verfahrens nach §§ 1666, 1666a BGB, gefolgt von der seelischen und körperlichen Misshandlung von Kindern und

---

246 Gesetz v. 04.07.2008, BGBl. I 2008, 1188.

247 Vgl. hierzu etwa die Empfehlungen des *Deutschen Vereins* „Weiterentwicklung der Kinder- und Jugendhilfe im SGB VIII“ v. 27.09.2006, Internetadresse_13.

248 Zu den besonders eklatanten Missbrauchs- und Vernachlässigungsfällen siehe Einleitung (Fn. 20).

249 Bei einer Vernachlässigung werden basale kindliche Lebensbedürfnisse, wie das Essen, Schlafen, angemessene Kleidung etc. nicht berücksichtigt. Ein Mindeststandard an materieller, sozialer und emotionaler Versorgung des Minderjährigen wird nicht gewährleistet.

250 Vgl. BT-Drucks. 16/6815, S. 1 („Fälle wiederholter und erheblicher Kinder- und Jugenddelinquenz“).

251 *Matzke/Fritsch*, FPR 2012, 459 (460).

252 Vgl. ausführlich Kap. 2, A. I. 1. b. Siehe auch die von *Simitis et al.* (1979), Kindeswohl, S. 152 entwickelten Untergruppen der Gefährdungstatbestände.

Jugendlichen.[253] Die häufigste Ursache der Vernachlässigung bestand in der Überforderung der Erziehungsperson.[254] Gestützt wurden die Erkenntnisse auf die Ergebnisse einer bundesweit durchgeführten Studie von *Münder u. a.* aus dem Jahre 2000 zur Arbeitsweise von Jugendämtern und Familiengerichten[255] und Datenerhebungen des Statistischen Bundesamtes zur Anzahl der Anrufungen und den gerichtlichen Maßnahmen zum vollständigen oder teilweisen Entzug der elterlichen Sorge.[256]

Inwieweit Jugenddelinquenz oder Jugendkriminalität die Anrufung der Familiengerichte wegen Kindeswohlgefährdung auszulösen vermochte, wurde gleichwohl nicht mit einschlägigen Untersuchungsergebnissen untermauert.[257] Zwar hatte die *Strafverfolgungsstatistik* des Statistischen Bundesamtes für das Jahr 2006 einen leichten Anstieg der Anzahl der verurteilten *Jugendlichen* in Bezug auf das frühere Bundesgebiet um 6,7% festgestellt.[258] Auch zeigte sich im Hellfeld der polizeilichen Statistiken bei Kindern, die in mehrfacher Hinsicht belastet waren, ein geringfügiger Anstieg bei leichten Körperverletzungen und Verstößen gegen das Betäubungsmittelgesetz. Mehrheitlich handelte es sich jedoch nicht um langfristige Drogenkarrieren, sondern um vorübergehende Episoden von Probierverhalten, die als normaler Vorgang des Erlernens von Normen im Jugendalter eingestuft wurden.[259] Der Rückgang der minderjährigen Tatverdächtigen lässt sich auf die gesteigerten Bemühungen um Kriminalprävention bei Jugendlichen und Kindern in Schulen und Stadtteilen sowie die gestiegene Anzeigebereitschaft in der Bevölkerung zurückführen.[260]

Obwohl die jungen Menschen überwiegend nur kurzzeitig und nicht in schwerwiegenden Formen gegen Normen verstießen, wurden erzieherische Einflussnahmen aus dem Elternhaus und der Gesellschaft als ausreichende Maßnahmen befunden, um dem Delinquenzverhalten der Minderjährigen zu begegnen.

---

253 *Münder/Mutke/Schone*, S. 118 ff.: Von 312 Anrufungen des Familiengerichts in 158 Fällen war die Vernachlässigung als Gefährdungsmerkmal der Grund für die Hinzuziehung des Gerichts.

254 *Münder/Mutke*, in: Sozialpädagogisches Institut im SOS-Kinderdorf (2001), S. 90 (101).

255 Siehe die Ergebnisse der Studie v. *Münder/Mutke/Schone*, S. 99 ff.

256 *Statistiken der Kinder- und Jugendhilfe*, Pflegschaften, Vormundschaften, Beistandschaften, Pflegeerlaubnis, Sorgerechtsentzug, Sorgeerklärungen, in: Statistisches Bundesamt 2011, (Internetadresse_14). Familiengerichtliche Maßnahmen nach §§ 1666 f. BGB können auch die Folge vorläufiger Schutzmaßnahmen nach § 42 SGB VIII sein.

257 Abschlussbericht der AG KiWoMaG v. 17.11.2006, S. 17; Internetadresse_11.

258 Abschlussbericht der AG KiWoMaG v. 17.11.2006, S. 18; BR-Drucks. 296/06, S. 6.

259 Zweiter Periodischer Sicherheitsbericht der Bundesregierung (2006), Kap. 4.1, S. 354 ff.

260 Abschlussbericht AG KiWoMaG v. 17.11.2006, S. 17.

Der verstärkte Einsatz familiengerichtlicher Maßnahmen sollte hierzu einen Beitrag leisten.[261]

Bei den von Verfahren nach §§ 1666 f. BGB betroffenen Familien handelte es sich überwiegend um *Multiproblemfamilien*, die materielle, soziale und familiäre Probleme aufwiesen.[262] Zwei Drittel der untersuchten Familien bezog Hilfen zum Lebensunterhalt oder sonstige Transferleistungen. Der Großteil der Familien zeichnete sich durch familiäre Umbrüche nach Trennung und neuen Partnerschaften der Eltern aus.[263] Die Hälfte der in die Untersuchung von *Münder/Mutke/Schone* (2000) mit eingebundenen Mütter und Väter hatten bereits eigene Erfahrungen mit Hilfen zur Erziehung nach §§ 27 ff. SGB VIII, v.a. mit Formen der außerfamiliären Unterbringung, durchlebt, in deren Folge sich die Situation gerichtlicher Interventionen als eine Wiederholung der eigenen Kindheitserfahrung und Reproduktion der Familiengeschichte zeigte. Jene Erkenntnisse dienten als ein möglicher Erklärungsansatz, den immer wieder beobachteten Widerstand der Eltern in Bezug auf das Hilfesystem und die nötige Vertrauensbeziehung in das Jugendamt zu verstehen.[264] Auch die vielfältigen familiären Belastungen galten als Indiz für die fehlende Bereitschaft oder Fähigkeit der Eltern, eine Gefährdung für das Wohl des Kindes aus eigenem Antrieb oder mit fremder Hilfe abwehren zu können.

b. Versäumnisse in der interinstitutionellen Zusammenarbeit von Jugendamt und Familiengericht

Als prekär und ausbaubedürftig galt schließlich der institutionelle Umgang mit früh auffälligen und hoch belasteten Kindern und ihren Familien, denen verstärkt mit präventiven Maßnahmen begegnet werden sollte.[265] Neben Missständen in der Meldepraxis der Polizei an den Kinder- und Jugendhilfe-Sozialdienst der Jugendämter,

---

261 Abschlussbericht AG KiWoMaG v. 17.11.2006, S. 18 f.

262 *Münder/Mutke*, in: Sozialpädagogisches Institut im SOS-Kinderdorf (2001), S. 90 (96).

263 *Münder/Mutke*, in: Sozialpädagogisches Institut im SOS-Kinderdorf (2001), S. 90 (97).

264 *Münder/Mutke*, in: Sozialpädagogisches Institut im SOS-Kinderdorf (2001), S. 90 (99).

265 Vgl. den Zweiten Periodischen Sicherheitsbericht der Bundesregierung (2006), Kap. 4.1, S. 354 ff., 403 f.: Soweit es nicht um entwicklungsbegrenzende, in Freiheitsrechte eingreifende Interventionen geht, sondern um gezielte Entwicklungsförderung von Kindern und ihren Familien, ist aus wissenschaftlicher Sicht gefolgert worden, dass frühe Prävention von entscheidender Bedeutung sind. Besonders gute Erfolgsaussichten sind aus entwicklungspsychologischer Perspektive Förderprogrammen zugewiesen worden, die bereits vor dem 8. Lebensjahr einsetzen, sich also auf Kinder in Familien, Kinderkrippen, Kindergärten und Grundschulen beziehen. Die Präventionsmaßnahmen sollten sich vor allem auf Faktoren konzentrieren, die sich empirisch als relevante Risikofaktoren einer langfristigen delinquenten Entwicklung erwiesen hätten bzw. auf Resilienzfaktoren, d. h. solche

zeigten sich Missstände in der Zusammenarbeit von Jugendämtern und Familiengerichten, die von einer Zurückweisung jugendamtlicher Anregungen bis hin zu einem vollständigen Versagen der Gerichte im Umgang mit kinderschutzrelevanten Fallkonstellationen reichten.[266] Familiengerichte wurden überwiegend zu spät angerufen und nachdem die Hilfebemühungen der Jugendämter bereits gescheitert waren.[267] Häufig hatte sich die Gefahrenlage für das Kind bereits verdichtet und das Familiengericht sah keine andere Möglichkeit, als mit einem Sorgerechtsentzug zu reagieren.[268] Die jeweiligen Familien waren im Regelfall dem zuständigen Jugendamt bekannt, so dass die Anrufung des Gerichts nicht aus einer akuten Notlage heraus, sondern als Folge einer sich zuspitzenden Gefährdung und in Konsequenz eines fehlgeschlagenen sozialpädagogischen Hilfs- und Unterstützungsangebotes erfolgte.[269] Angesichts des zu langen Zuwartens mit der Anordnung der entsprechenden Maßnahme war dem kindlichen Zeitempfinden nicht hinreichend Rechnung getragen worden.[270]

Von dem Weg zum Gericht erhoffte sich die Jugendhilfe die Beendigung des sozialpädagogischen Handlungsprozesses durch eine gerichtliche Entscheidung. In 79,2 % der Fälle intendierten die Jugendämter einen von vornherein einschneidenden Eingriff in die elterliche Sorge.[271] In nur 4,2% der Fälle ging es darum, das Gericht über einen Zustand zu informieren und das gemeinsame Gespräch bei Gericht zu suchen, um den Eltern *„den Ernst der Lage"* zu verdeutlichen und die Handlungsmöglichkeiten des Gerichts offen zu legen. 8,7% der Fallkonstellationen waren auf Maßnahmen gerichtet, die als milderes Mittel die Kindeswohlgefährdung durch Auflagen gegenüber den Sorgeberechtigten abwenden sollten, etwa durch die gerichtliche Anordnung, eine spezifische Hilfe zur Erziehung anzunehmen, das Kind regelmäßig in die Schule zu schicken oder die Betreuung in einer geeigneten Kindertagesstätte sicherzustellen.[272] Derartige Auflagen erforderten ein Mindestmaß an elterlichen Aktivitäten zur Abwendung der Gefahrenlage. Die fehlende

---

Einflüsse, die dazu beitragen können, die Wahrscheinlichkeit der Realisierung gegebener Risiken zu minimieren.

266 Vgl. etwa den Todesfall Benjamin aus dem Jahr 2005. Vergeblich hatte das Jugendamt sechsmal das zuständige Familiengericht um die Einschränkung des elterlichen Sorgerechts ersucht; hierzu: *Röbel*, in: DER SPIEGEL v. 06.03.2006, S. 50; *Salgo*, ZKJ 2006, 531 (532); *Veit*, FPR 2008, 598 f.

267 *Münder/Mutke/Schone* (2000), S. 119.

268 Siehe den Abschlussbericht der AG KiWoMaG v. 17.11.2006, S. 23; *Münder/Mutke/Schone* (2000), S. 343 ff.

269 vgl. *Münder/Mutke/Schone*, S. 118 f.; Abschlussbericht der AG KiWoMaG v. 17.11.2006, S. 16; *Münder*, FPR 2003, 280 (282).

270 Ausführlich zum kindlichen Zeitempfinden und den Folgerungen für das gerichtliche Verfahren: *Heilmann* (1998), S. 15 ff.

271 *Münder/Mutke/Schone* (2000), S. 121.

272 *Münder/Mutke*, in: Sozialpädagogisches Institut im SOS-Kinderdorf (2001), S. 90 (104 f.).

Befolgung der gerichtlichen Anordnung galt als Indikator für den Fortbestand der Kindeswohlgefährdung mit der Folge, weitreichende Eingriffe in das Sorgerecht in Betracht ziehen zu müssen.

In den überwiegenden Fällen reagierte das Gericht mit einem vollständigen oder teilweisen Entzug des Sorgerechts. Teilentzüge betrafen größtenteils den Entzug des Aufenthaltsbestimmungsrechts. Wurde das Familiengericht angerufen, folgte es der „Anregung" in den überwiegenden Fällen. Regte das Jugendamt in 17 Fällen den Entzug der gesamten elterlichen Sorge an, folgte das Gericht dem Begehren in 13 Fällen.

Die Datenerhebungen des Statistischen Bundesamtes zur Anzahl sorgerechtlicher Maßnahmen bei Gefährdung des Kindeswohls zeigen ebenfalls, dass die Gerichte weitestgehend den Anrufungen zum teilweisen oder vollständigen Entzug der elterlichen Sorge Folge leisteten.[273] Während das Gericht im Jahr 1995 auf 9220 Anrufungen mit 8477 gerichtlichen Maßnahmen zum teilweisen oder vollständigen Entzug der elterlichen Sorge reagierte, kam es im Jahr 2005 bei 9724 Anrufungen in 8686 Fällen zu einem teilweisen oder vollständigen Entzug der elterlichen Sorge.[274] In zwei Dritteln der Fälle kam es zu einem Entzug des Aufenthaltsbestimmungsrechts, des Personensorgerechts oder zu einem Entzug der gesamten elterlichen Sorge. In ca. 17% endete das Verfahren mit Vereinbarungen, Ermahnungen oder Auflagen an die Eltern. Am häufigsten folgte das Gericht der Argumentation beim Entzug der gesamten elterlichen Sorge. 18% der gerichtlichen Entscheidungen blieben hinter den Erwartungen des Jugendamtes zurück, was teilweise auf das Verhalten der Eltern in der Hauptverhandlung zurückgeführt wurde, wenn sich diese im Gerichtsverfahren als kooperativ erwiesen und ihre Mitwirkungsbereitschaft für bestimmte Familien erhaltende Lösungen erklärten.[275]

Es zeigte sich, dass bei Familiengerichten gerade „niedrigschwellige" Maßnahmen, die einen im Vergleich zum Sorgerechtsentzug weniger intensiven Eingriff in elterliche Sorgerechte bedeuten (wie etwa die Erteilung der Weisung, Hilfen nach §§ 27 ff. SGB VIII in Anspruch zu nehmen), in nur untergeordneter Rolle zur Anwendung gelangten. Nicht solche Maßnahmen, die dazu beitragen konnten, Kindeswohlgefährdungen in einem frühen Stadium der Kindeswohlgefährdung abzuwenden, bestimmten den überwiegenden Anteil gerichtlicher Maßnahmen, sondern solche, die in Familien trennende Maßnahmen mündeten.[276]

---

273 Vgl. Statistiken der Kinder- und Jugendhilfe in Deutschland, Entzug der elterlichen Sorge – Zeitreihe, online abrufbar unter: www.destatis.de, Internetadresse_15.

274 Vgl. *Statistiken der Kinder- und Jugendhilfe*, Pflegschaften, Vormundschaften, Beistandschaften, Pflegeerlaubnis, Sorgerechtsentzug, Sorgeerklärungen, in: Statistisches Bundesamt 2011, Internetadresse_14.

275 *Münder/Mutke*, in: Sozialpädagogisches Institut im SOS-Kinderdorf (2001), S. 90 (106).

276 *Münder/Mutke/Schone*, S. 140 („mit 144 von 242 Fällen umfasst die Anzahl 59,5% der Gesamtgruppe"). Zur diesbezüglich veränderten Praxis seit den Änderungen infolge des KiWoMaG (2008) siehe nachfolgend.

Ebenso wenig wahrgenommen wurden alternative Kooperationsformen zwischen den Jugendämtern und der Justiz, etwa in Form von „informellen Gesprächen“[277] oder der „formellen“ Kontaktaufnahme (es wird etwa ein Bericht an das Gericht gesandt, in dem der Sachverhalt geschildert und das Gericht gebeten wird, tätig zu werden, weil das Jugendamt die Familie durch eine Auflage zur Annahme einer Hilfe bewegen möchte).[278] Teilweise gehen die Richter davon aus, dass die Einschätzung des Jugendamtes stets den Tatsachen entspreche und weitere Ermittlungen hinfällig werden.[279] Andere prüfen den Sachverhalt nochmals selbständig und sehen dies als wichtigen Beitrag zu ihrem eigenen Amtsermittlungsauftrag an. Häufig wird in gerichtlichen Verfahren auf Expertendiagnosen zurückgegriffen, wobei es im Wesentlichen um die Frage bereits eingetretener Defizite und/ oder Schädigungen der Kinder geht oder um die Erziehungsfähigkeit von Eltern. Durch den Einbezug von Sachverständigen sucht das Gericht Sicherheit bezüglich der Bewertung von spezifischen Lebenssituationen.[280]

Hinsichtlich der richterlichen Anhörungspflichten wurde festgestellt, dass unterschiedliche Richterstile existieren, da enge Verfahrensrichtlinien im FGG (a.F.) nicht bestanden.[281] Anhörungen von Eltern und Jugendamt laufen i.d.R. nach demselben Muster ab, aber die Anhörung der Kinder gestaltet sich sehr unterschiedlich. Auch die Beteiligung der Betroffenen an Entscheidungen über die entsprechenden Erziehungshilfen[282] ist in der Praxis auf Schwierigkeiten gestoßen, wenn unterschiedliche Vorstellungen in Bezug auf die Gefährdung des Kindeswohls bestehen oder aber die Bereitschaft und Fähigkeit der Eltern zur Mitwirkung an der Gefahrenabwehr in Frage gestellt werden musste. Demzufolge messen die Fachkräfte der Beteiligung der Betroffenen eine große Bedeutung bei. Es ist als schwierig befunden worden, bei den Eltern die entsprechende Motivation der Beteiligung zu wecken, wenn Gefährdungskontexte existierten und die Eltern entweder eine apathische oder abwehrende Haltung gegenüber Hilfeleistungen einnähmen. Derartige Familien erzeugten bei den Helfern das Gefühl der Hoffnungslosigkeit. Die entsprechenden Familien hätten nicht nur Probleme damit, Beziehungen im Umgang mit dem Kind aufzubauen, sondern auch einen Bezug zum Jugendamt zu entwickeln, um die entsprechenden Hilfen akzeptieren zu können, da sie zum Teil nicht in der Lage seien, die Hilfeangebote und die eigene Beteiligungsfähigkeit einzuschätzen.[283] Die

---

277 Dies erfolgt beispielsweise, indem das Jugendamt telefonisch nach der Erfolgsaussicht eines Antrags fragt.

278 *Münder/Mutke*, in: Sozialpädagogisches Institut im SOS-Kinderdorf (2001), S. 90 (116).

279 *Münder/Mutke/Schone*, S. 217 ff., 245.

280 *Stötzel*, FPR 2010, 425 (427).

281 *Münder/Mutke*, in: Sozialpädagogisches Institut im SOS-Kinderdorf (2001), Jugendämter zwischen Hilfe und Kontrolle, S. 90 (123).

282 Vgl. §§ 5, 36 SGB VIII.

283 *Münder/Mutke*, in: Sozialpädagogisches Institut im SOS-Kinderdorf (2001), S. 90 (111).

handelnden Fachkräfte hatten stets ein Bewusstsein für das Erfordernis der Beteiligung. Es fehlte aber an der Entwicklung der entsprechenden Beteiligungsformen. Nicht wurde gezielt nach Vertrauenspersonen der Familie gesucht[284], noch fand eine qualifizierte Beratung und Gesprächsführung in den Jugendämtern statt. Jede Fachkraft entwickelte ihren eigenen Stil. Auch die Art und Weise des Zusammenwirkens der Fachkräfte war unterschiedlich und reichte von einer kollektiven bis hierarchischen Entscheidungsfindung.

In den überwiegenden Fällen ist der Einbezug des Gerichts das Resultat einer nicht zustande gekommenen oder misslungenen Einigung zwischen der sozialpädagogischen Fachkraft und dem Sorgeberechtigten. Hinzu kommt die Feststellung der Eingriffsschwelle in jedem Einzelfall durch die Einschätzung zur möglichen Schädigung sowie zur Bereitschaft oder Fähigkeit der Eltern zur Gefahrenabwehr. Der Einschätzung ist im Regelfall ein längerer kommunikativer Prozess zwischen der fallzuständigen Fachkraft und der Familie vorausgegangen. Die Entscheidung, das Gericht hinzuzuziehen, ist ein „Kontinuum" zwischen dem Nicht-Vorliegen einer Gefährdung und der Feststellung der „höchsten Gefahrenlage" mit der Folge, dass sich die schwierige Lebenslage für den Minderjährigen bereits über einen langen Zeitraum hingezogen hat und möglicherweise erste Schädigungen eingetreten sind. Erst die überwiegend chronischen und schleichenden Formen der Kindeswohlgefährdung haben die Fachkräfte der Jugendämter zur Anrufung des Gerichtes bewogen, nachdem sie von einem nicht mehr veränderbaren Verhalten der Eltern ausgehen.[285] Als ein wesentliches Fazit der Studie von *Münder u. a.* wird festgestellt, dass die klassische Aufgabe der justiziellen Kontrolle von Verwaltungshandeln nur unzureichend wahrgenommen werde. Das Familiengericht trete als notwendiges Kontrollorgan und als rechtsstaatliches Korrektiv gegenüber den Aktivitäten des Jugendamtes nur unzureichend in Erscheinung.

c. Reaktionen auf die Einführung des § 8a SGB VIII im Wege des KICK (2005)

aa. Unsicherheiten infolge des SGB VIII

In Abkehr von den Vorläufern Reichsjugendwohlfahrtsgesetz (RJWG)[286] und Jugendwohlfahrtsgesetz (JWG)[287] folgt das SGB VIII einem neuen Verständnis von Kinder- und Jugendhilfe und hat zu einem „Perspektivenwechsel" im Recht der Kinder- und Jugendhilfe geführt.[288] Das SGB VIII zielt auf ein präventives, Familien unterstützendes und an den jeweiligen Lebens- und Erziehungssituationen

---

284 Anders als etwa im Rahmen der Inobhutnahme nach § 42 Abs. 2 S. 2 SGB VIII.

285 *Münder/Mutke*, in: Sozialpädagogisches Institut im SOS-Kinderdorf (2001), S. 90 (115).

286 Gesetz v. 09.07.1922, RGBl. I, S. 633.

287 Gesetz v. 11.08.1961, BGBl. I Nr. 64, S. 1205.

288 Siehe etwa *Münder*, NDV 2010, 378; *Schindler/Schmid-Obkirchner*, JAmt/ZKJ Sonderheft 2010, 1; vgl. auch *Wiesner*, in: DiJuF 2010, Das Jugendamt der Zukunft, S. 11 (13 ff.).

von Kindern, Jugendlichen und ihren Eltern orientiertes Aufgabenspektrum der Jugendhilfe.[289]

Trotz Konsens über die Bewährung der Neuordnung des Kinder- und Jugendhilferechts (KHJG) von 1990[290] und des daraus hervorgegangenen, in Zielsetzung und Struktur auf den Sozialleistungscharakter und der Wahrung des Erziehungsprimats ausgerichteten SGB VIII[291], ergab sich der Bedarf einer Gesetzesnovellierung[292]. Anlass war der kontroverse Fachdiskurs in Vorbereitung auf das KICK (2005). Während das SGB VIII auf den Dienst- und Sozialleistungscharakter und das verfassungsrechtliche Erziehungsprimat der Eltern[293] und die damit verbundene Freiwilligkeit der Inanspruchnahme von Leistungen fokussiert war, galten die „anderen, hoheitlich ausgestalteten Aufgaben" der Jugendhilfe[294] als mit dem Charakter der Leistungsverwaltung nicht vereinbar. Der in § 1 Abs. 3 Nr. 3 SGB VIII verankerte und als Zielbestimmung[295] normierte Auftrag der „Gefahrenabwendung" wurde teilweise ignoriert.[296]

Daraus resultierte eine Verunsicherung der in der Kinder- und Jugendhilfe tätigen Mitarbeiter.[297] Aufgaben des Kinderschutzes waren aus dem Blickfeld geraten, trotz der ausdrücklichen Beibehaltung der Aufgabenzuweisung in § 1 Abs. 3 Nr. 3 SGB VIII, das Kind auch vor Gefahren für sein Wohl zu schützen.[298] Die Balance zu finden zwischen der Wahrung der Elternautonomie und der Durchsetzung staatlicher Kontrolle stellte sich als schwierig dar, eine Beratung im „Zwangskontext" war unvorstellbar und wurde zu einem „Tabu".[299] Art. 6 Abs. 2 GG normiert sowohl den Grundsatz der Elternautonomie (Art. 6 Abs. 2 S. 1 GG) als auch den Schutzauftrag in Bezug auf das Kind (Art. 6 Abs. 2 S. 2 GG). Die Auslegung der Grenzlinie durch die Fachkräfte führte teilweise zu der Annahme, dass dem Staat nicht die

---

289 *Wiesner*, in: Münder/Wiesner/Meysen, Handbuch KJHR, Kap. 1.3 Rn. 47; *Jestaedt*, in: Lipp/Schumann/Veit, Kindesschutz, S. 5 (6).

290 Kinder- und Jugendhilfegesetz (KJHG) v. 26.06.1990, BGBl. I, S. 1163. Neben dem SGB VIII enthält das KJHG Änderungen weiterer Gesetze sowie Überleitungs- und Schlussvorschriften.

291 Das SGB VIII ist am 01.01.1991 in Kraft getreten. Vgl. auch BT-Drucks. 15/3676, S. 21.

292 BT-Drucks. 15/3676, S. 1.

293 Art. 6 Abs. 2 S. 1 GG.

294 Grundlegend zur „Dienstleistungsdebatte" vgl. *Olk/Otto*, Soziale Dienstleistung (2003).

295 *Meysen*, in: Münder u. a., FK-SGB VIII (2013), § 8a Rn. 1.

296 *Mörsberger, in:* Mörsberger/Restemeier, Helfen mit Risiko, S. 101; kritisch: *Salgo*, ZKJ 2006, 531 (533); *Gissel-Palkovich*, in: Goldberg/Schorn, S. 103 (106 ff.).

297 *Willutzki*, FPR 2008, 488; BT-Drucks. 15/3676, S. 25; *Salgo*, ZKJ 2006, 531 (533); zum Dilemma zwischen Hilfe und Kontrolle und zu den Auswirkungen des KICK auf die Zusammenarbeit zwischen Kinder- und Jugendhilfe und Justiz, *Heilmann* (2006), www.hefam.de, S. 2, Internetadresse_16.

298 § 1 Abs. 3 Nr. 3 SGB VIII.

299 Hierzu ausführlich: *Salgo*, ZKJ 2007, 12 (13).

Befugnis obliege, die Eingriffsschwelle im privaten Raum der Eltern zu senken und diesen der *vorbeugenden Kontrolle* zu unterziehen.[300] Es wurden dramatische Fälle von Kindesmisshandlung und Kindesvernachlässigung bekannt, wie z.B. der Fall „Pascal" aus Saarbrücken, der Anfang des Jahres 2003 in Saarbrücken Opfer eines Kinderschänderringes wurde[301] oder etwa der Fall „Benjamin Pascal", der im März 2005 an Unterernährung verstorben war.[302] Das Jugendamt sah sich verstärkt dem Vorwurf ausgesetzt, zu früh oder zu spät einzugreifen. Die Arbeit der Jugendämter gestaltete sich mühsam, wenn Eltern nicht kooperierten und das Jugendamt trotzdem immer wieder auf diese Kooperation baute.[303]

Die Diskussion um die im Zusammenhang mit der Dienstleistungsdebatte erfolgte Deutung des Begriffes „Kontrolle" war bereits Gegenstand des 10. *Kinder- und Jugendberichts* im Jahre 1998.[304] In diesem Bericht wurde darauf hingewiesen, dass der staatliche Auftrag zum Schutz des Kindes gerade nicht durch die neue Zielesetzung des SGB VIII verdrängt worden sei.[305] Der „doppelte" Auftrag zwischen Hilfe und Kontrolle müsse trotz des auf der Grundlage des SGB VIII herbeigeführten Paradigmenwechsels strikt beachtet werden.[306] Gefordert wurde u.a. bei Interessenkollisionen zwischen Eltern und Kind in Krisensituationen die Schaffung zusätzlicher Konfliktregelungen, um die Position des Kindes zu stärken. In der Jugendhilfepraxis sollten die Zugangswege zu den Eltern verbessert[307] und *Aushandlungsprozesse* zwischen der Fachkraft des Jugendamts und dem Hilfeadressaten optimiert werden, um Eltern und Kinder zu Experten ihrer eigenen Lebenslage zu machen, ohne dem Leistungsempfänger eine unbegrenzte Entscheidungsfreiheit zukommen zu lassen.[308] Die Hinweise aus dem 10. Kinder- und Jugendbericht (1998) führten nicht zu einer Veränderung. Vielmehr führten Impulse aus dem Bereich des Strafrechts vor dem Hintergrund tödlich verlaufender Fälle von Kindesmisshandlung und –vernachlässigung zu einer zusätzlichen Verunsicherung in der Jugendhilfe. Es kamen Strafverfahren gegen Fachkräfte der Jugendhilfe und eine Diskussion zu deren Garantenstellung auf, die in Bezug auf eine möglicherweise

---

300 *Wiesner*, ZKJ 2008, 143 (146).

301 Hierzu: *Saarbrücker Memorandum*, in: DIJuF, Verantwortlich handeln (2004).

302 *Niestroj*, in: KiAP und AGSP (Jahrgang 2007), www.agsp.de, Internetadresse_5.

303 *Salgo*, ZKJ 2006, 531 (534).

304 Vgl. die Unterrichtung durch die Bundesregierung, Bericht über die Lebenssituation von Kindern und die Leistungen der Kinderhilfen in Deutschland – 10. Kinder- und Jugendbericht v. 25.08.1998, BT- Drucks. 13/11368, S. 275 f. und 178, 185, 262.

305 10. Kinder- und Jugendbericht, BT-Drucks. 13/11368, S. 275.

306 auch *Mörsberger* äußerte sich zum Osnabrücker Fall mit der – nicht unproblematischen – Deutung „Jugendamt ist Jugendamt und nicht Wächteramt"; hierzu: *Mörsberger, in:* Mörsberger/Restemeier, Helfen mit Risiko, S. 101; kritisch: *Salgo*, ZKJ 2006, 531 (533).

307 10. Kinder- und Jugendbericht, BT-Drucks. 13/11368, S. 276 f.

308 *Schmidt-Obkirchner*, in: Wiesner SGB VIII, § 27 Rn. 49.

unterbliebene Risikoeinschätzung der Jugendämter diskutiert wurde.[309] Der Reformgesetzgeber sah Handlungsbedarf, um die im Kinderschutz handelnden Fachkräfte vor strafrechtlichen Risiken zu bewahren.[310] Darüber hinaus bestanden in Bezug auf die Anrufung der Gerichte bei Kindeswohlgefährdungen Unsicherheiten im Umgang mit Informationen Dritter und mit der eigenen Wahrnehmung drohender Kindeswohlgefährdung, zumal das Gesetz keine Vorgabe zum Prozess der Informationsgewinnung und Risikoabwägung enthielt.[311] Schließlich stellte sich die Frage, inwieweit die Anrufung des Familiengerichts durch die Jugendämter (nach § 50 Abs. 3 SGB VIII a.F.) eine Verknüpfung mit dem Aufbau einer Hilfebeziehung und der Gewährung von Leistungen nach dem SGB VIII begründen könnte.[312]

bb. Die wesentlichen Neuregelungen des KICK

Das am 03.06.2005 im Bundestag beschlossene und am 01.10.2005 in Kraft getretene Kinder- und Jugendhilfeweiterentwicklungsgesetz (KICK)[313] hat eine grundlegende Weiterentwicklung des Kinder- und Jugendhilferechts nach dem SGB VIII bewirkt, wie einen ersten Anlauf für die Verbesserung des Schutzes von Kindern und Jugendlichen bei Gefahren für ihr Wohl.[314] Wesentliche Aspekte, wie z.B. das Recht des Jugendamts auf Informationsbeschaffung, die Einbeziehung der Eltern in die Gefährdungseinschätzung sowie die Beteiligung dritter Institutionen, bedurften nach der Erkenntnis des Gesetzgebers im Einklang mit der Fachpraxis[315] wegen ihrer Grundrechtsrelevanz einer gesetzlichen Grundlage.[316]

Das KICK verfolgte das Ziel, den Aspekt der Prävention hervorzuheben und die Erziehung „in" der Familie zu stärken, also den Schutzauftrag als *praxisgerechtes Instrument zur Früherkennung von Erziehungsdefiziten und Hilfebedarf* auszugestalten und frühzeitig einzuwirken.[317] Die besondere Problematik der Kinder- und

---

309 Nicht zuletzt die hiermit deutlich zum Ausdruck gekommenen prekären Zustände und Versäumnisse waren Auslöser für die Entwicklung fachlicher Standards und Empfehlungen als Grundlage für das Handeln von Sozialarbeitern; *Salgo*, ZKJ 2006, 531 (533).

310 *Wiesner*, in: Wiesner SGB VIII, § 8a Rn. 7; vgl. jedoch *Bringewat*, ZKJ 2007, 225 ff., wonach die Zahl dramatischer Fälle von Kindesvernachlässigung und Kindestötung auch seit Einführung des § 8a SGB VIII tendenziell angewachsen sei.

311 BT-Drucks. 15/3676, S. 25, 30.

312 Hierzu: *Meysen/Schindler*, JAmt 2004, 449.

313 BGBl. I 2005, S. 2729.

314 TAG – Gesetzentwurf der Bundesregierung v. 06.09.2004, BT-Drucks. 15/3676; *Fieseler/Herborth*, S. 179; *Busch/Fieseler*, Jugendhilfe aktuell 5/2005, S. 254 ff.

315 Zugrunde gelegt wurden etwa die Empfehlungen des *Deutschen Städtetages* zur Festlegung fachlicher Verfahrensstandards in den Jugendämtern bei Gefärdung des Kindeswohls, Internetadresse_13.

316 BT-Drucks. 15/3676, S. 30.

317 Begründung des BT-Ausschusses für Familie v. 01.06.2005, BT-Drucks. 15/5616, S. 22.

Jugenddelinquenz als Kindeswohlgefährdung fand in den parlamentarischen Beratungen durch die Forderung nach der *Bekämpfung der Kinder- und Jugendkriminalität* gesonderte Beachtung: Vorgeschlagen wurde, den Schutzauftrag durch einen *Regelbeispielskatalog* zu erweitern, wonach eine Kindeswohlgefährdung insbesondere vermutet wird, wenn das Kind oder der Jugendliche wiederholt in schwerwiegender Weise gegen Strafgesetze verstoßen hat.[318] Der Gedanke ist als solcher erst wieder durch den bayerischen Gesetzgeber zur Neuregelung des § 1666 BGB im Jahr 2006 aufgegriffen worden („richterliches Erziehungsgespräch als Frühintervention und praxisgerechtes Instrument zur Früherkennung von Erziehungsdefiziten")[319] und diente als entscheidende Grundlage für die Einführung der Erörterung der Kindeswohlgefährdung in § 157 FamFG.[320]

Unter dem Stichwort „*Besserer Schutz für Kinder vor Gefahren für ihr Wohl*" wurde das SGB VIII an insgesamt fünf Stellen reformiert[321] und der Schutzauftrag bei Kindeswohlgefährdung mit § 8a SGB VIII konkretisiert und die Inobhutnahme (§ 42 SGB VIII) systematisch neu geordnet.[322] Entgegen anders lautenden Ansichten brachte die Implementierung des § 8a SGB VIII keine erstmalige Regelung des Schutzauftrages bei Kindeswohlgefährdung hervor.[323] Der aus dem staatlichen Wächteramt des Art. 6 Abs. 2 S. 2 GG abgeleitete, seit Verabschiedung des Grundgesetzes bestehende[324] Schutzauftrag des Jugendamts wurde lediglich einer Konkretisierung und Präzisierung zugeführt; dies unter Berücksichtigung der Einbeziehung der freien Träger der Jugendhilfe in den Schutzauftrag nach § 8a SGB VIII.[325] Der Reformgesetzgeber hob nochmals dezidiert hervor, dass sich „*die Kinder- und Jugendhilfe nicht darauf beschränken (könne), Leistungen nur auf Nachfrage zu gewähren, sondern – jedenfalls bei Anhaltspunkten für eine Gefährdung des Kindeswohls – im Rahmen ihres Schutzauftrages zugunsten von Kindern und Jugendlichen darüber hinaus auch von Amts wegen tätig werden (müsse).*"[326]

318 Vgl. die Begründung des BT-Ausschusses für Familie v. 01.06.2005 zum Entwurf eines *§ 50a SGB VIII n.F.*, BT-Drucks. 15/5616, S. 22 f.

319 Gesetzesantrag des Freistaates Bayern v. 03.05.2006, „Entwurf eines Gesetzes zur Änderung des § 1666 BGB und weiterer Vorschriften", BR-Drucks. 296/06.

320 vgl. nachfolgend, Kap. 1., B. I. 2.

321 Vgl. *Wiesner*, in: IKK-Nachrichten 1–2/2006, 4 (6).

322 Beschlussempfehlung v. 01.06.2005, BT-Drucks. 15/5616, S. 6.

323 Dies etwa fälschlicherweise annehmend *Meysen/Schindler*, JAmt 2004, 449 (450), wonach das TAG „erstmals" eine Vorschrift zum Schutzauftrag bei Kindeswohlgefährdung enthalte.

324 Vgl. den Wortlaut des Art. 6 Abs. 2 S. 1 und 2 GG und § 1 Abs. 3 Nr. 3 SGB VIII: „Jugendhilfe soll zur Verwirklichung des Rechts nach Absatz 1 insbesondere Kinder und Jugendliche vor Gefahren für ihr Wohl schützen." Vgl. zur bisherigen Rechtslage §§ 42, 43 SGB VIII (a.F.) und § 50 Abs. 3 SGB VIII (a.F.), hierzu *Salgo*, ZKJ 2006, 531 (532); *Wiesner*, ZKJ 2008, 143 (145 f.).

325 Normiert wurde der Schutzauftrag der freien Träger zunächst in § 8a Abs. 2 SGB VIII. Seit dem 01.01.2012 befindet sich die Regelung in § 8a Abs. 4 SGB VIII.

326 BT-Drucks. 15/3676, S. 25 f., 30.

cc. Die Konkretisierung des Schutzauftrages in § 8a SGB VIII und die neue Schnittstelle zwischen Jugendamt und Familiengericht

Mit der Einführung von § 8a SGB VIII im Wege des KICK (2005) ist der Schutzauftrag des Jugendamtes konkretisiert und „vor die Klammer“ gezogen worden[327], wobei die Einführung der Vorschrift zum vollständigen Wegfall des § 50 III SGB VIII a.F. geführt hat.[328] Das Jugendamt hat zum Schutz des Kindes eine Gefährdungseinschätzung vorzunehmen, wenn ihm Anhaltspunkte für die Gefährdung des Wohls eines Minderjährigen bekannt werden[329]. Es hat zu prüfen, ob „gewichtige Anhaltspunkte“ für eine entsprechende Gefährdung vorliegen.

Als unbestimmter Rechtsbegriff ist der Begriff „gewichtige Anhaltspunkte“ in seiner Auslegung umstritten. In der Literatur[330] wird vereinzelt hervorgebracht, gemeint seien *tatsächliche Umstände* und *konkrete Hinweise* oder *ernst zu nehmende Vermutungen* für eine Gefährdung, mithin Hinweise, die nicht nur entfernt auf eine potenzielle Gefährdung des Kindeswohls durch Vernachlässigung, Misshandlung, sexuellen Missbrauch, Eltern- oder Autonomiekonflikte etc. hindeuten, sondern von gewisser Gewichtung sind. Es genüge, wenn es sich um Hinweise handelt, die auch in anonymer Form eingehen[331] oder die Gefährdungssituation nicht nur als entfernt möglich erscheinen lassen.[332] Eine reine „Ausforschung“ der Eltern ist mit Blick auf Art. 6 Abs. 2 GG und dem dadurch hervorgerufenen Generalverdacht gegen die Eltern unzulässig.[333] Unstreitig ist aber, dass das Einschreiten des Jugendamts nicht die Gewissheit über eine Gefährdung des Kindeswohls erfordert. Vor dem Hintergrund der überwiegenden Praxisfälle, die weitestgehend nicht mit einer bereits feststehenden Tatsachengrundlage beginnen, hat das Jugendamt auch wenig konkreten und gesicherten Gefährdungsmeldungen nachzugehen, damit auch solche für die Einschätzung einer Gefahrenlage Beachtung finden.[334]

---

327 BT-Drucks. 15/3676, S. 10; BR-Drucks. 586/04, S. 4. Zur Forderung, den Schutzauftrag wegen des hoheitlichen Aufgabengehalts in die „anderen Aufgaben“ nach §§ 42 ff. SGB VIII zu integrieren, vgl. etwa *Sauter*, Deutscher Bundestag, Ausschuss für Familie, Senioren, Frauen und Jugend, Wortprotokoll 40. Sitzung, Protokoll Nr. 15/40, S. 57 f.

328 BT-Drucks. 15/3676, S. 10, 14; BR-Drucks. 586/04, S. 4.

329 *Wiesner*, in: Wiesner SGB VIII, § 8a Rn. 14.

330 *Meysen/Schindler*, JAmt 2004, 449 (451); vgl. auch *Meysen*, in: Münder et al., FK-SGB VIII (2009), § 8a Rn. 12, wonach beispielsweise der Hinweis auf die Unterernährung eines Kindes oder die Depression der Kindsmutter einen gewichtigen Anhaltspunkt darstellt, die Mitteilung eines Nachbarn über ein schreiendes Kleinkind hingegen die Einholung von weiteren Erkenntnissen erfordert; *Wiesner*, in: Wiesner SGB VIII, § 8a Rn. 13, 15.

331 *Willutzki*, FPR 2008, 488 (489); *Meysen*, in: Münder et al. FK-SGB VIII (2009), § 8a Rn. 15; *Salgo*, ZKJ 2007, 12 (14).

332 *Wiesner*, in: Wiesner SGB VIII, § 8a Rn. 13c.

333 *Wiesner*, in: Wiesner SGB VIII, § 8a Rn. 14.

334 *Meysen*, in: Münder et al. FK-SGB VIII (2009), § 8a Rn. 13.

Eine erste Debatte um die mit § 8a SGB VIII erfolgte Begriffsbestimmung der „*gewichtigen Anhaltspunkte*“ war der Auslöser für die Einführung der zumindest gesteigerten Anforderungen an die Eingangsvoraussetzungen für die Wahrnehmung des Schutzauftrages. Die als *neuartig* und *auslegungsbedürftig* angesehene Vorschrift hat in der Folge zahlreiche Deutungs- und Konkretisierungsmuster hervorgebracht.[335]

Der Begriff der Kindeswohlgefährdung knüpft nach der zumindest überwiegend vertretenen Ansicht in der Fachöffentlichkeit[336] an die Generalklausel des zivilrechtlichen Kinderschutzes aus § 1666 BGB an und bestimmt eine höhere Einsatzschwelle als die im SGB VIII im Rahmen der Hilfen zur Erziehung nach §§ 27 ff. SGB VIII normierte *Nichtgewährleistung einer dem Wohl des Kindes oder Jugendlichen entsprechenden Erziehung*.[337]

Die Vorschrift des § 8a SGB VIII liefert Vorgaben zur Ausgestaltung des Verfahrens als „Fahrplan“.[338] In der Phase des Verfahrens beim Jugendamt muss dieses zunächst Hinweisen über eine drohende Gefährdung des Kindeswohls nachgehen, sich weitere Informationen zur Klärung verschaffen und eine Risikoabwägung – im Zusammenwirken mehrerer Fachkräfte nach dem „*Vier-Augen-Prinzip*“[339] – vornehmen. Das Jugendamt hat das im SGB VIII verankerte Gebot der Partizipation von Eltern und Minderjährigen zu beachten. In einzelnen Abschnitten regelt § 8a SGB VIII die Informationsgewinnung und den Vorgang der Gefahreneinschätzung.[340] An den Prozess der Risikoeinschätzung schließt sich die Entscheidung des Jugendamts an, in welcher Form der Gefahrenlage begegnet werden muss. Seit der Neuregelung des § 8a SGB VIII im Wege des BKiSchG (2012) hat sich das Jugendamt zur Bewertung

---

335 Vgl. hierzu *Kindler/Lillig*, IKK-Nachrichten 1–2/2006, 16 (17 f.). Bemängelt wurde u. a. das fehlende Aufgreifen der Systematik verschiedener Fallgruppen der Gefährdung.

336 Vgl. etwa *Wiesner*, in: Wiesner SGB VIII, § 8a Rn. 13a; *Coester*, JAmt 2008, 1 (5); *ders.*, in: Lipp/Schumann/Veit, Kindesschutz, S. 19 (23 ff.); eine a.A. vertritt *Bringewat*, ZKJ 2007, 225 (230), wonach sich der für § 8a SGB VIII maßgebliche Gefährdungsbegriff anders als § 1666 Abs. 1 BGB durch quantitative Strukturen auszeichne und eine Skala von weniger gewichtigen bis gravierenden Kindeswohlgefahren enthalte, wobei den Anfang der Gefährdungsskala eine bestimmte Risikoschwelle als Eingangsvoraussetzung bilde und das Ende durch eine gravierende Kindeswohlgefährdung markiert werde.

337 Vgl. etwa *Meysen*, in: Münder et al. FK-SGB VIII (2009), § 8a Rn. 11.

338 *Katzenstein*, JAmt 2009, 9 (11); *Oberloskamp/Lewe*, FPR 2009, 553 (556). Nach *Bringewat*, ZKJ 2007, 225 (227) wird das „Wie“ der fachpraktischen Umsetzung des Schutzauftrages geregelt.

339 *Salgo*, ZKJ 2013, 150 (155).

340 Der Begriff der „Abschätzung“ ist seit der durch das BKiSchG (2012) erfolgten Neufassung des SGB VIII durch den Begriff der „Einschätzung“ ersetzt worden. Mit Blick auf § 8a Abs. 2 und § 42 Abs. 3 SGB VIII ist nicht erkennbar, dass eine einheitliche Begrifflichkeit konsequent angewendet wird. Hierzu: *Kunkel*, ZKJ 2012, 288 (291); *Wiesner*, in: Wiesner SGB VIII, § 8a Rn. 13; *Oberloskamp*, FPR 2009, 553 ff.

der Gefahrenlage einen unmittelbaren Eindruck von dem Kind beziehungsweise Jugendlichen sowie seiner persönlichen Umgebung zu verschaffen.[341]

Vorgehalten werden in § 8a SGB VIII unterschiedliche Reaktionsmöglichkeiten, die vom Ausmaß des Gefährdungspotenzials und der Bereitschaft der Eltern abhängen, an der Aufklärung der Sachlage mitzuwirken: § 8a Abs. 2 S. 1 SGB VIII (§ 8a Abs. 3 S. 1 SGB VIII a.F.)[342] räumt den Jugendämtern die Möglichkeit ein, das Familiengericht anzurufen. Einerseits muss das Jugendamt das Familiengericht an der Eingriffsschwelle des § 1666 BGB hinzuziehen, wenn es eine Kindeswohlgefährdung und die mangelnde Bereitschaft oder Fähigkeit der Eltern an der Abwendung der Gefährdung i.S. des § 1666 Abs. 1 BGB mitzuwirken festgestellt hat.[343] Andererseits gibt § 8a Abs. 2 S. 1, 2. Hs. SGB VIII den Jugendämtern die Möglichkeit, sich bereits im Prozess der Gefahrenabschätzung *vorgelagert* an das Gericht zu wenden. Umfasst sind Fallkonstellationen, in denen die Eltern schon bei der Klärung des Sachverhalts ihre Mitwirkung verweigern, beispielsweise weil zwischen ihnen und dem Jugendamt ein Dissens besteht hinsichtlich der angebotenen Hilfemöglichkeiten oder weil sie keine Gesprächsbereitschaft zeigen und sich dadurch einer Einflussnahme des Jugendamts entziehen.[344] Auch in dieser Fallkonstellation hat das Jugendamt umfassend zu prüfen, ob die Anrufung des Gerichts erforderlich ist, wobei es die Vor- und Nachteile einer frühzeitigen Anrufung des Gerichts sorgfältig abzuwägen hat.[345] Dem Jugendamt steht ein Bewertungsvorrecht, eine „Einschätzungsprärogative“ (als Beurteilungsspielraum und nicht als Ermessen)[346] hinsichtlich der Frage zu, ob es die

---

341 Vgl. Wortlaut des § 8a Abs. 1 S. 2 SGB VIII in der Fassung seit der Änderung durch das BKiSchG v. 22.12.2011 (BGBl. I, S. 2975). Zur Diskussion über die Aufnahme des „Hausbesuchs“ in den Gesetzestext und die Hervorhebung der Subjektstellung der Kinder vgl. *Meysen/Eschelbach*, BKiSchG, S. 129 ff.; *Coester*, FF 2009, 269.

342 Vgl. § 8a SGB VIII in der Fassung der Bekanntmachung v. 14.12.2006 (BGBl. I, S. 3134), zuletzt geändert durch das Bundeskinderschutzgesetz (BKiSchG) v. 22.12.2011 (BGBl. I, S. 2975). Der Wortlaut des § 8a SGB VIII hat infolge des am 01.01.2012 in Kraft getretenen Bundeskinderschutzgesetzes (BKiSchG) eine Weiterentwicklung erfahren. Absatz 2 der Vorschrift entspricht dem Wortlaut des bisherigen Abs. 3. Die nachfolgende Untersuchung bezieht sich auf die aktuelle Gesetzesfassung in der Fassung durch die Änderung.

343 *Wiesner*, in: Wiesner SGB VIII, § 8a Rn. 13c.

344 Vgl. *Sommer*, S. 142 f. unter Verweis auf ein Fallbeispiel, wonach der Konflikt zwischen Kindsmutter und Jugendamtsmitarbeiterin, von der sich die Mutter bevormundet fühlt und deren Tätigkeit sie als Einmischung empfindet, in der Verweigerung jeglicher Kooperation mit dem Jugendamt mündet.

345 Zur Diskussion über die Bedeutung des Zusatzes *„dies gilt auch“* in § 8a Abs. 2. S. 1, 2. Hs. SGB VIII vgl. *Wiesner*, in: Wiesner SGB VIII, § 8a Rn. 56. Es geht um die Bedeutung der Verknüpfung von S. 1, 2. Hs. mit S. 1, 1. Hs. („dies gilt auch“) und um die Frage, ob bereits die mangelnde Mitwirkungsfähigkeit bzw. – bereitschaft der Eltern die gerichtliche Anrufungspflicht auslösen kann oder ob hinzukommen müsse, dass das Jugendamt die Anrufung *für erforderlich hält*.

346 Vgl. *Salgo*, ZKJ 2007, 12 (15).

Einschaltung des Familiengerichts für „erforderlich hält".[347] Die Entscheidung des Jugendamts ist gerichtlich überprüfbar.[348] Vor dem Hintergrund, dass die Anrufung und Entscheidung des Gerichts in keinem Fall zur Beendigung des Schutzauftrags des Jugendamts führt[349], weist das Gericht auf die Möglichkeit des Jugendamts hin, gegen die Entscheidung des Gerichts die Rechtsmittel der Beschwerde oder Rechtsbeschwerde einlegen zu können.

Deutlich wird, dass das Gesetz in § 8a Abs. 2 S. 1, 1. und 2. Hs. SGB VIII eine Unterscheidung hinsichtlich des Zeitpunkts der Anrufung des Familiengerichts trifft.[350] Neu ist die Möglichkeit der Hinzuziehung des Familiengerichts im Stadium der Gefährdungsabschätzung, d.h. im Vorfeld einer konkret festzustellenden Kindeswohlgefährdung i.S. des § 1666 Abs. 1 BGB, um damit die Eltern zur Mitwirkung am Hilfeprozess zu zwingen. Keine Neuerung im Verhältnis zur bisherigen Rechtslage ist die Verpflichtung des Jugendamtes, eine Gefahrenmeldung an das Gericht vorzunehmen und die Einleitung eines Verfahrens nach §§ 1666, 1666a BGB anzuregen. Mit der Einführung des § 8a Abs. 2 S. 1, 2. Hs. SGB VIII hat das KICK eine neue Schnittstelle zwischen Jugendhilfe und Gericht geschaffen, um *frühzeitig* eine Diskussion über die mögliche Gefährdung des Kindeswohls unter Einbeziehung des Gerichts zu ermöglichen. Die frühzeitige Verknüpfung von Jugendhilfe und Justiz nach erfolgter Feststellung der fehlenden Gefahrenabwendung durch die Eltern dient als Grundlage für die Durchführung der Gefährdungserörterung im Rahmen des § 157 FamFG.

dd. Kontroversen in der Fachöffentlichkeit zur Konkretisierung des Schutzauftrages bei Kindeswohlgefährdung

In der Fachöffentlichkeit[351] hat die Implementierung des § 8a SGB VIII zu einer intensiven Auseinandersetzung geführt, die sehr unterschiedliche Positionen hervorgebracht hat. Die Ansichten reichen von der Betrachtung der Vorschrift als reine Wiedergabe dessen, was fachlich bereits Standard war oder sein sollte[352], über die einschlägige Kritik, der Schutzauftrag begründe zu viel Unsicherheit hinsichtlich seiner Umsetzung, bis hin zum Argument, er greife oftmals zu spät und verdränge den Fokus auf die präventive Ebene der Hilfestellung.[353] Zugleich

---

347 *Wiesner*, in: Wiesner SGB VIII, § 8a Rn. 44.

348 *Wiesner*, in: Wiesner SGB VIII, § 8a Rn. 44; *Salgo*, ZKJ 2007, 12 (12).

349 *Tillmanns*, in: MüKo-BGB (2012), § 8a SGB VIII Rn. 10.

350 *Wiesner*, in: Wiesner SGB VIII, § 8a Rn. 43, 56.

351 Auf weitreichende Veröffentlichungen zu § 8a SGB VIII verweist etwa *Katzenstein*, ZKJ 2008, 148 ff.

352 *Mörsberger*, JAmt 2008, 341 (342); *Oberloskamp/Lewe*, FPR 2009, 553 (556); *Schone*, in: IKK-Nachrichten 1–2/2006, S. 20, der in der Regelung des § 8a SGB VIII keine Neuerung für die öffentlichen Träger erkennt. Siehe auch *Kunkel*, RdJB 2006, 256 ff.: „*Alter Wein in neuen Schläuchen*" und „*rein deklaratorische*" Gesetzesänderung.

353 *Schone*, KJuG 2007, 36 ff.

gilt die Implementierung des § 8a SGB VIII als *„Wegbereiter für die Herausbildung bundesweit einheitlicher Standards im Kinderschutz"* und gilt als *„Brückenpfeiler für Kooperationsbemühungen"*.[354] Vereinzelt wird die Vorschrift als Rückschritt in Bezug auf die beabsichtigte Leistungsfokussierung betrachtet, hin zu einer Eingriffsorientierung, wie sie zu Zeiten des JWG vorgeherrscht habe.[355] Es wird befürchtet, allein das Handeln in Gefahrensituationen bestimme die Perspektive der Fachkräfte und führe zu vorschnellen Eingriffen in die elterliche Erziehungsautonomie.[356] Geäußert werden verfassungsrechtliche Bedenken an der gesetzlichen Fassung des § 8a Abs. 1 SGB VIII, die in Tatbestand und Rechtsfolge zu generalklauselartig und unbestimmt gefasst sei trotz ihrer Grundrechtsrelevanz, wie auch Bedenken hinsichtlich der Vereinbarkeit mit den Vorgaben der UN- Kinderrechtekonvention (UN-KRK), die die kinderschutzrechtlichen Vorgaben auf völkerrechtlicher Ebene liefert.[357]

Unterschiedliche Studien haben etwa die Vereinbarungen und Empfehlungen zwischen Jugendämtern und freien Trägern untersucht[358] und die unbestimmten Rechtsbegriffe des § 8a SGB VIII („gewichtige Anhaltspunkte" u.a.) analysiert.[359] Teilweise wurde die Vorschrift bislang fehlinterpretiert[360], teilweise haben Jugendämter in der gesetzlichen Implementierung des § 8a SGB VIII einen Gewinn an Handlungssicherheit[361] und erfüllten Erwartungen erblickt.[362] Als noch ausbaufähig ist die gesetzliche Verpflichtung zur frühzeitigen Anrufung des Familiengerichts nach § 8a Abs. 2 S. 1, 2. Hs. SGB VIII bezeichnet worden.[363]

Seit der Konkretisierung des § 8a SGB VIII lässt sich jedenfalls ein Anstieg der gerichtlichen Anrufungen erkennen, die auf sorgerechtliche Eingriffsmaßnahmen

---

354 *Katzenstein*, ZKJ 2008, 148.

355 vgl. die Ausführungen bei *Tammen*, in: Evangelische Akademie Bad Boll, S. 3 (Internetadresse_36).

356 *Tammen*, in: Evangelische Akademie Bad Boll, S. 4, Internetadresse_36.

357 *Siegfried*, FPR 2008, 264 (265).

358 *Münder/Smessaert*, ZKJ 2007, 232 ff.; zur Ausgestaltung der Vereinbarungen *Köckeritz/Dern*, Abschlussbericht zur Umsetzung von § 8a SGB VIII in Baden-Württemberg (2012), in: KVJS, Internetadresse_17.

359 *Münder/Smessaert* ZKJ 2007, 232 ff.

360 Vgl. Studie von *Herschelmann/Zeisberg*, KJuG 2010, S. 119 ff. insbesondere in Hinblick auf die Bedeutung und den Aufgabenbereich der „insoweit erfahrenen Fachkraft (IseF)". Nach dem Ergebnis der Untersuchung herrschte vielfach die Vorstellung vor, die IseF komme *„aus den eigenen Reihen"*.

361 Vgl. das Ergebnis der Befragung bayerischer Jugendämter, *Buchholz-Schuster*, ZKJ 2007, 467 (474).

362 z.B. Studie „Kindeswohlgefährdung – Ursachen, Erscheinungsformen und neue Ansätze der Prävention", Internetadresse_18.

363 *Buchholz-Schuster*, ZKJ 2007, 467 (473). Zur Einbeziehung der Eltern in den Prozess der Risikoabschätzung und zur Frage, inwieweit die Eltern selbst Problemakzeptanz, Problemkongruenz sowie Hilfeakzeptanz aufweisen, finden sich gleichwohl zahlreiche Handlungsvorschläge. Vgl. *Kindler/Lillig*, in: Jordan, S. 85 ff.

ausgerichet sind.[364] Bis zu diesem Zeitpunkt unterlag die Zahl der Anrufungen ständigen Schwankungen.[365] Auch die Inobhutnahmen durch Jugendämter gem. § 42 SGB VIII haben zugenommen.[366] Die steigenden Zahlen der gerichtlichen Anrufungen zum vollständigen oder teilweisen Entzug der elterlichen Sorge seit dem Jahr 2005, die in den überwiegenden Fällen auf Initiative der Jugendämter erfolgen, deuten auf ein stärkeres Bewusstsein der Fachdisziplin Kinder- und Jugendhilfe in Bezug auf Gefahrenkonstellationen für Kinder und Jugendliche hin.[367] Verdeutlicht wird die Bedeutung des staatlichen Wächteramts und der Garantenpflicht des Jugendamts.[368] Seit der gesetzlichen Konkretisierung des § 8a SGB VIII lässt sich beobachten, dass die Mehrzahl der Jugendämter Standards, Handlungs- und Verfahrensempfehlungen sowie Richtlinien entwickelt und implementiert hat, insbesondere im Hinblick auf die Zusammenarbeit mit den Gerichten.[369]

ee. Die jüngsten Entwicklungen

Welche Bedeutung den Leistungen der Kinder- und Jugendhilfe vor und nach der Gefahrenabschätzung zukommt, hat erstmals eine Datenerhebung für die Stadt Duisburg aufgezeigt.[370] Danach erfolgt in den überwiegenden Fällen bei festgestellter Kindeswohlgefährdung nicht eine Anrufung des Familiengerichts[371], sondern

364 Vgl. *Statistiken der Kinder- und Jugendhilfe*, Pflegschaften, Vormundschaften, Beistandschaften, Pflegeerlaubnis, Sorgerechtsentzug, Sorgeerklärungen, in: Statistisches Bundesamt 2011, online im Internet unter: www.destatis.de, S. 13 f. (9724 Anrufungen des Gerichts im Jahr 2005, 14952 Anrufungen im Jahr 2008, 16197 Anrufungen im Jahr 2010), Internetadresse_14.

365 Wie etwa in den Jahren 1996/1997 sowie zwischen 1998 und 1999. Im Jahr 1998 ist die Zahl der Anrufungen leicht zurückgegangen, ebenso wie die Zahl der gerichtlichen Maßnahmen. Grund hierfür waren möglicherweise die Änderungen durch das KindRG, die nicht auf Interventionen, sondern auf eine Stärkung der Elternrolle setzten.

366 Vgl. *Pressemitteilung des Statistischen Bundesamtes* v. 13.07.2011 („Mehr Inobhutnahmen durch Jugendämter im Jahr 2010"), ZKJ 2011, 363. (Zuwachs von 40% zwischen den Jahren 2005 und 2010).

367 Vgl. *Statistiken der Kinder- und Jugendhilfe*, Pflegschaften, Vormundschaften, Beistandschaften, Pflegeerlaubnis, Sorgerechtsentzug, Sorgeerklärungen, in: Statistisches Bundesamt 2011, online im Internet unter: www.destatis.de, S. 13 f., Internetadresse_14.

368 *Fendrich/Wilk*, FPR 2011, 529 (534); *Pothmann/Wilk*, in: Rauschenbach/Schilling 2011, S. 87 ff.

369 *Gissel-Palkovich*, in: Goldberg/Schorn, S. 103 (104).

370 Vgl. die Ergebnisse der Datenerhebungen in der Stadt Duisburg für das erste Halbjahr 2011, *Myers/Pothmann*, ZKJ 2012, 20 ff.

371 Die Anrufung des Familiengerichts erfolgt nur in 5 Prozent der Fälle, *Myers/Pothmann*, ZKJ 2012, 20 (25).

es wird eine Einzelfallhilfe der Kinder- und Jugendhilfe für notwendig befunden.[372] Hält das Jugendamt die Anrufung des Familiengerichts für erforderlich, erfolgt in ca. 1/3 der Fälle die Anordnung familienersetzender Erziehungshilfen (z.B. Heimunterbringung nach § 34 SGB VIII oder Vollzeitpflege nach § 33 SGB VIII) und in 1/4 der Fälle die Unterbringung in einer Mutter/Vater-Kind-Einrichtung.[373] Die Fälle beziehen sich hauptsächlich auf die Altersgruppe der 9–15-Jährigen. Die Zahlen verdeutlichen den Stellenwert der Jugendhilfeleistungen und der Hilfen zur Erziehung nach §§ 27 ff. SGB VIII für potenziell gefährdete Kinder und ihre Familien. Aus der Datenerhebung folgt, dass bei festgestellter Kindeswohlgefährdung zunächst der Versuch unternommen wird, der Gefahr mit einer Hilfeleistung zu begegnen, bevor das Familiengericht hinzugezogen wird. Daraus folgt wiederum, dass das Gericht erst angerufen wird, wenn sich das Jugendamt einen Eingriff in das elterliche Sorgerecht erhofft.

Als Folge des KICK haben die Bundesländer „Frühwarnsysteme“ zur Erkennung von Kindeswohlgefährdungen eingeführt.[374] Die Eltern trifft die Verpflichtung, mit ihrem Kind an den spezifischen kinderärztlichen Vorsorgeuntersuchungen U 1 bis U 9 teilzunehmen.[375] Die Durchführung von „Pflicht-Screenings“ soll die engmaschige Begleitung von Familien mit Kindern bewirken, indem bei den kinderärztlichen Pflichtuntersuchungen Kindeswohlgefährdungen frühzeitig erkannt werden.[376] Mittels eines Datenabgleichs werden diejenigen Kinder ermittelt, die nicht an der jeweils anstehenden kinderärztlichen Früherkennungsuntersuchung teilgenommen haben, bei der gleichzeitigen Erinnerung der Personensorgeberechtigten an die Verbindlichkeit der Teilnahme an der Untersuchung. Bleibt die Erinnerung erfolglos, wird die Angelegenheit an das örtlich zuständige Jugendamt abgegeben, um sodann „die geeigneten Maßnahmen zu treffen.“ Die Verpflichtung, an der Untersuchung teilzunehmen, stellt nach der Begründung des Gesetzgebers einen Eingriff in das elterliche Sorgerecht dar. Dieser gilt jedoch als zur Wahrnehmung des staatlichen Wächteramtes nach Art. 6 Abs. 2 S. 2 GG gerechtfertigt.[377] Auch die Übermittlung

---

372 *Myers/Pothmann*, ZKJ 2012, 20 ff: In 66 Prozent der Fälle kam das Jugandamt zu dem Ergebnis, dass eine Kindeswohlgefährdung vorliegt *und* eine anschließende Einzelfallhilfe erfolgen muss. Bei bejahter Kindeswohlgefährdung werden in 45 Prozent der Fälle Beratungsangebote und in 26 Prozent ambulante oder teilstationäre Hilfen eingerichtet.

373 *Myers/Pothmann*, ZKJ 2012, 20 (25).

374 Vgl. *Meysen*, in: Coester-Waltjen/Lipp/Schumann/Veit, Alles zum Wohle des Kindes, S. 156 (161 ff.).

375 Siehe etwa die nordrhein-westfälische Verordnung zur Datenmeldung der Teilnahme an Vorsorgeuntersuchungen (UTeilnahmeDatVO), DIJUF-Rechtsgutachten v. 16.02.2012, JAmt 2012, 161 ff.

376 Vgl. den „Gesetzesentwurf der Landesregierung für ein Hessisches Gesetz zur Verbesserung des Gesundheitsschutzes für Kinder“ v. 18.09.2007, Drucks. 16/7796.

377 Hess. Gesetz zur Verbesserung des Gesundheitsschutzes für Kinder v. 18.09.2007, Drucks. 16/7796, S. 6.

der Daten greift in das Recht auf informationelle Selbstbestimmung nach Art. 2 Abs. 1 i.V.m. Art. 1 Abs. 1 GG (sowohl der Eltern als auch des Kindes) ein. Der Gesetzgeber hält aber auch diesen Eingriff für gerechtfertigt, weil kein milderes Mittel verfügbar sei, um eine Risikoselektion der Verdachtsfälle vorzunehmen.[378] Die Praxis der verpflichtenden kinderärztlichen Vorsorgeuntersuchungen wird mit Blick auf erste Untersuchungsergebnisse zu Art und Ausmaß der Erfassung[379] als noch ausbaubedürftig empfunden. Befürchtet wird die ungenügende Prioritätensetzung im Kinderschutzverfahren.[380]

Die bislang als defizitär[381] ausgestalteten statistischen Datenerhebungen in Deutschland zu Fällen der Kindeswohlgefährdung umfassen erst seit dem Jahr 2012, welche Bedeutung den Leistungen der Kinder- und Jugendhilfe vor und nach der Gefährdungseinschätzung zukommt.[382] Seit den Neuregelungen des BKiSchG (2012) existieren neue Datenerhebungen für den Bereich der Kinder- und Jugendhilfe und den Bereich der Gefährdungseinschätzungen (sog. § 8a-Statistik)[383] für das gesamte Gebiet der Bundesrepublik Deutschland.[384] Generell dient die Kinder- und Jugendhilfestatistik als Instrument der systematischen Beobachtung der Kinder- und Jugendhilfepraxis.[385] Die gesetzlichen Vorgaben für die Datenerhebung ergeben sich aus §§ 98 bis 103 SGB VIII.

---

378 Hess. Gesetz zur Verbesserung des Gesundheitsschutzes für Kinder v. 18.09.2007, Drucks. 16/7796, S. 8.

379 JAmt 2010, 115 ff. zum Hessischen Gesetz zur Verbesserung des Gesundheitsschutzes für Kinder.

380 *Hess. Landkreistag/Hess. Städtetag*, JAmt 2010, 115 (116); von der Bewertung der Verfassungsmäßigkeit des Vorgehens wird abgesehen, um den Rahmen der Bearbeitung nicht zu überspannen.

381 Vgl. *Fendrich/Pothmann*, in: Bundesgesundheitsblatt 2010, 1002, Internetadresse_33.

382 Zurückgegriffen wurde bislang auf Daten der Kriminalstatistik, die jedoch nur Angaben über die Anzahl der Opfer von Vergehen/Verbrechen liefert, ebenso wie die Gesundheitsstatistik, die allein Daten zur Folge von Kindeswohlgefährdungen, etwa zu Misshandlungen und Vernachlässigungen von Minderjährigen, bereitstellt. Nicht statistisch erfasst wurde bislang Art und Umgang der öffentlichen Jugendhilfeleistungen, die in Familien installiert waren, bevor das Gericht eingeschaltet wurde, ebenso wenig, welche Altersgruppen überwiegend in Gefährdungskontexte involviert sind.

383 Zur „8a- Statistik" siehe *Pressemitteilung des Statistischen Bundesamtes* Nr. 251 v. 29.07.2013 („2012: Jugendämter führten 107 000 Gefährdungseinschätzungen für Kinder durch"), www.destatis.de (Internetadresse_19), *Statistisches Bundesamt*, ZKJ 2013, 390; siehe auch *FR* v. 30.07.2013, S. 39 („Hunger und Schläge – Jugendämter stufen 38.000 Kinder als gefährdet ein/ Erste Erhebung").

384 Nur von Hamburg sind keine Daten zur Verfügung gestellt worden, vgl. *Pressemitteilung des Statistischen Bundesamtes* v. 29.07.2013, ZKJ 2013, 390.

385 *Grundmann/Lehmann*, BKiSchG, in: Statistisches Bundesamt 2012, S. 225, Internetadresse_34.

Für das Jahr 2012 haben die Jugendämter erstmals auf der Grundlage eines bundesweit einheitlichen Erfassungsbogens Daten zu Gefährdungsmeldungen erhoben, die das statistische Bundesamt im Sommer 2013 aufbereitet und veröffentlicht hat.[386] Die Erhebungen sollen einen Hinweis auf die Bedeutung des Systems der Jugendhilfe für den Kinderschutz liefern und eine Aussage darüber treffen, welche Hilfen in Familien installiert worden sind, bevor das Gericht eingeschaltet wird.[387] Nach den Ergebnissen der statistischen Erfassung für das Jahr 2012 haben Jugendämter in knapp 107.000 durchgeführten Gefährdungseinschätzungen in den überwiegenden Fällen (64%) „keine" Kindeswohlgefährdung, in 20% der Verfahren eine „latente" und in 16% eine „eindeutige" Kindeswohlgefährdung festgestellt.[388] Ersten Reaktionen der Fachöffentlichkeit[389] zufolge habe die Statistik zur Erfassung

386 Für jedes Kind in einer Familie ist eine separate Meldung abzugeben, Statistiken der Kinder- und Jugendhilfe 2012, Statistisches Bundesamt Wiesbaden 2013, (Erläuterungen zur Statistik, S. 3), www.destatis.de, Internetadresse_20.

387 Hierzu: Statistiken der Kinder- und Jugendhilfe 2012, Statistisches Bundesamt Wiesbaden 2013, Erläuterungen zur Statistik, S. 3: In der Gesamtbewertung hat das Jugendamt vier Antwortmöglichkeiten, wonach es die Gefährdungssituation als eine *„eindeutige"* Gefährdung für das Wohl des Kindes oder als eine *„latente"* Kindeswohlgefährdung bewertet. Eine eindeutige Kindeswohlgefährdung wird angenommen, wenn eine Situation vorliegt, in der eine erhebliche Schädigung des körperlichen, geistigen oder seelischen Wohls des Kindes/Jugendlichen „bereits eingetreten oder mit ziemlicher Sicherheit zu erwarten ist und diese Situation von den Sorgeberechtigten nicht abgewendet wird oder werden kann." Eine latente Kindeswohlgefährdung liegt vor, „wenn zumindest ein Verdacht auf eine Kindeswohlgefährdung besteht oder aber diese nicht auszuschließen ist." Alternativ hat das Jugendamt mitzuteilen, ob es mangels direkter Gefährdung des Kindes zumindest einen Hilfe- oder Unterstützungsbedarf erkennt oder aber ob es weder eine Kindeswohlgefährdung noch einen sonstigen bzw. weiteren Hilfebedarf zu erkennen vermag.

388 Pressemitteilung des Statistischen Bundesamtes v. 29.07.2013, ZKJ 2013, 390. Ein Hilfe- und Unterstützungsbedarf für das Kind wurde in jedem zweiten Verfahren festgestellt. Als wesentliche Ursache für die *latente* oder *akute* Gefährdung (zur Begriffsbedeutung siehe vorstehende Fußnote) wurde die Vernachlässigung genannt (66%), gefolgt von der psychischen (26%) und körperlichen Misshandlung (24%). Anzeichen für sexuelle Gewalt stellten die Fachkräfte in 5% der Verfahren fest. Das Verfahren zur Bestimmung der Gefährdungslage betraf Mädchen und Jungen gleichermaßen. Jedes vierte Kind, für das ein Verfahren zur Einschätzung der Gefährdung des Kindeswohls durchgeführt wurde, hatte das dritte Lebensjahr noch nicht vollendet (25%), gefolgt von Kindern im Alter von drei bis fünf Jahren (20%) und Kinder im Grundschulalter (22%) sowie Kinder im Alter von 10 bis 13 Jahren (18%). Jugendliche waren in 15% der Verfahren beteiligt. Die Meldungen erfolgten überwiegend durch Polizei, Gericht und Staatsanwaltschaft (17%), gefolgt von Hinweisen durch Bekannte oder Nachbarn und Schulen oder Kindertageseinrichtungen (13%).

389 So die vorläufige Einschätzung von *Pothmann*, ZKJ 2014, 8 (10 f.).

der Gefährdungseinschätzungen nach § 8a Abs. 1 SGB VIII zu einer *„verbesserten Wissensbasis"* geführt, insbesondere nachdem bislang nur die *„Spitze des Eisbergs"* zum Vorschein gekommen sei und es den Jugendämtern überlassen war, Gefährdungsmeldungen statistisch zu erfassen.[390] Jedenfalls treffen die neuen Erhebungen eine Aussage darüber, welche Hilfen in Familien installiert werden, bevor das Gericht eingeschaltet wird.

ff. Diskussion und Ergebnis

Mit Blick auf die in § 8a SGB VIII im Wege eines „Fahrplans"[391] gesetzlich implementierte Aufgabenstellung des Jugendamts, hat die Reform des KICK (2005) die eigenständige Wächteramtsfunktion der Jugendhilfe betont und konkretisiert. § 8a SGB VIII verpflichtet das Jugendamt sowohl zur Vornahme einer strukturierten und fachlich fundierten Risikoabschätzung, wenn sich „gewichtige Anhaltspunkte" für eine Gefährdung des Kindeswohls zeigen, als auch zur unmittelbaren Intervention in einer Situation, die ein zügiges Eingreifen des Jugendamts erfordert. Verdeutlicht wird die strukturelle Ambivalenz der Jugendhilfe, indem § 8a SGB VIII das Jugendamt nicht nur darauf beschränkt, Hilfen zu gewähren, sondern den Aufgabenbereich um Befugnisse der Intervention ergänzt, die zum Schutz des Kindes zum Einsatz kommen können und Rechtspositionen der Eltern berühren. Die Neuregelung des § 8a SGB VIII hat die Anforderungen an den Prozess der Einschätzung der Gefahrenlage verdeutlicht[392] und nicht zuletzt aus diesem Grunde eine hohe Akzeptanz in der Fachöffentlichkeit hervorgerufen.[393] Durch die Einbeziehung der Eltern und ggfs. des betroffenen Kindes oder Jugendlichen[394] in das Verfahren kann eine Eskalation der Gefährdung des Kindeswohls vermieden oder abgewendet werden. Die Konzeption der Vorschrift hat zu einer Präzisierung der Aufgaben für im Kinderschutz handelnde Fachkräfte im Jugendamt sowie für Fachkräfte im Bereich der freien Träger der Kinder- und Jugendhilfe geführt.[395] Nicht nur wird die Einbeziehung der Eltern und des Kindes vorgeschrieben, sondern das Zusammenwirken mehrerer Fachkräfte beansprucht, um eine mögliche Gefahr für das Kind einschätzen zu können.[396]

Die gesetzliche Verankerung im allgemeinen Teil des SGB VIII hat die Bedeutung des Schutzauftrags als eines verfassungsrechtlich übergeordneten,

---

390 *Köckeritz*, ZKJ 2014, 11.

391 *Katzenstein*, JAmt 2009, 9 (11); *Oberloskamp/Lewe*, FPR 2009, 553 (556).

392 Vgl. *Büttner/Wiesner*, ZKJ 2008, 292.

393 *Büttner/Wiesner*, ZKJ 2008, 292 (297); vgl. auch Ergebnis des Studie in NRW „Kindeswohlgefährdung – Ursachen, Erscheinungsformen und neue Ansätze der Prävention", Internetadresse_18.

394 Dies gilt, soweit der wirksame Schutz des Kindes oder Jugendlichen nicht in Frage gestellt wird, § 8a Abs. 1 S. 2 SGB VIII.

395 *Oberloskamp/Lewe*, FPR 2009, 553 (556).

396 BT-Drucks. 15/3676, S. 25 f.; siehe auch *Röchling*, FamRZ 2006, 161 f.

allgemeinen Prinzips der sozialpädagogisch ausgerichteten Kinder- und Jugendhilfe hervorgehoben.[397] Den in der Fachöffentlichkeit geäußerten Bedenken, der Schutzauftrag falle zurück in eingriffs- und ordnungsrechtliche Muster, lässt sich entgegnen, dass der konkretisierte Schutzauftrag in § 8a SGB VIII gerade keine rein obrigkeitlichen Vorgaben trifft, sondern die jeweiligen Fachkräfte der Jugendhilfe anweist, Gefährdungsrisiko und Intensität einer Gefährdung des Kindes unter Hinzuziehung nicht nur mehrerer Fachkräfte und ggfs. externer Experten einzuschätzen, sondern unter Hinzuziehung der Eltern und des Kindes selbst. Auch dem Einwand, der Schutzauftrag verdränge den Fokus auf präventive Handlungsmuster, lässt sich entgegnen, dass ausweislich § 8a Abs. 1 SGB VIII Hilfen anzubieten sind, wenn das Jugendamt zu der Einschätzung gelangt, dass diese zur Abwendung einer Gefährdung ausreichend sind. Es obliegt dem Jugendamt, die Eltern für eine Mitarbeit am Hilfeprozess zu gewinnen. Solange Jugendämter von einer hinreichenden Kooperation mit den Eltern ausgehen, sind sie nicht auf die Unterstützung durch das Familiengericht angewiesen.

Bilanziert man die in der Bundesstatistik erfassten Befunde zur Entwicklung der gerichtlichen Anrufungen seit dem Jahr der Implementierung des § 8a SGB VIII in 2005, zeigt dies eine Bewusstseinsänderung sowohl der handelnden Fachkräfte der Jugendämter als auch der Gesellschaft[398] im Umgang mit Gefährdungen für das Wohl von Kindern. Vor dem Hintergrund einer höheren Sensibilität der Fachkräfte haben intervenierende Maßnahmen in Form von vorläufigen Schutzmaßnahmen ebenso zugenommen wie die Anrufungen der Gerichte mit der Anregung, die elterliche Sorge vollständig oder teilweise zu entziehen.[399] Der Gesetzgeber hat ein verbindliches Verfahren entwickelt, das strukturell zwischen einem Präventions- und einem Interventionsbereich differenziert[400] und deshalb zu mehr Handlungssicherheit führen kann.[401] Gleichwohl zeigt die aktuelle „§ 8a- Statistik" deutlich auf –und unterscheidet sich hierbei nicht grundlegend von den Ergebnissen der im Jahr 2011 in der Stadt Duisburg durchgeführten Studie[402] -, dass die Jugendämter in

---

397 *Meysen/Schindler*, JAmt 2004, 449 (450 f.); *Meysen*, in: Münder et. al., FK-SGB VIII (2009), § 8a Rn. 3; *Wiesner*, in: Wiesner SGB VIII, § 8a Rn. 9.

398 Eine Studie zum sexuellen Missbrauch an Kindern und Jugendlichen aus dem Jahr 2011 führt als Grund für einen leichten Rückgang der Missbrauchsfälle an, dass die Gesellschaft aufmerksamer geworden sei, vgl. Studie zum sexuellen Missbrauch, „Kinder und Jugendliche werden seltener Opfer" v. 18.10.2011, www.stern.de/panorama (Internetadresse_21); siehe auch FR v. 30.09.2010, „Kindesmissbrauch auf der Spur".

399 Zur Zahl der Inobhutnahmen, *Statistisches Bundesamt*, Pressemitteilung v. 13.07.2011, ZKJ 2011, 363; siehe auch *Fendrich/Wilk*, FPR 2011, 529 (532 ff.), der ebenfalls Bezug auf die Anzahl der Fremdunterbringungen Minderjähriger nimmt.

400 *Bringewat*, ZKJ 2007, 225 (228).

401 *Katzenstein*, JAmt 2009, 9 (10).

402 Hierzu: *Myers/Pothmann*, ZKJ 2012, 20 (24 f.).

Gefährdungsfällen in erster Hinsicht mit dem Angebot von Einzelfallhilfen[403] reagieren. Die überwiegende Anzahl der Kinderschutzfälle verbleibt damit zunächst im Verantwortungsbereich der Jugendhilfe. Nicht erfasst wird allerdings der *Zeitpunkt* der gerichtlichen Anrufungen und es erfolgt keine Dokumentation der Fallverläufe, auch nicht nach erfolgten gerichtlichen Maßnahmen oder Inobhutnahmen.

Als Fachbehörde für sozialpädagogische Fragestellungen beurteilt das Jugendamt auf der Grundlage eigener Fachlichkeit und Einschätzung, inwieweit die Ressourcen der Eltern zur Gefahrenabwendung ausreichen und ob das Gericht einzuschalten ist. Zugleich erhält das Jugendamt die Befugnis der weiteren Beschaffung von Informationen. Hierzu ist es verpflichtet, die Eltern, die in erster Linie abschätzen können, was für das Wohl ihres Kindes am besten ist, in den Einschätzungsprozess mit einzubeziehen. Der Handlungsschritt folgt wiederum der Erkenntnis, dass die Einschätzung der Gefahrenlage nicht allein anhand von Beobachtungen „von außen" und mit Blick auf Akteninhalte vorgenommen werden kann, sondern die Kontaktaufnahme mit den Betroffenen erfordert.[404] Es kommt nicht alleine darauf an, „objektiv" feststellbare Tatsachen zu bewerten, sondern auch die Hintergründe zu erfahren, um bestimmte Motivationen und Hintergründe, Erklärungsmuster und das Erleben der Betroffenen zu ergründen. Die Betroffenen selbst können diese am besten beschreiben. Eine große Herausforderung besteht gleichwohl darin, in Kontakt mit den betroffenen Familien zu gelangen und in Kontakt mit ihnen zu bleiben. Ein *Zwang* zur Mitwirkung der Eltern an der Einschätzung der Gefahrenlage ergibt sich weder aus dem Verständnis der Jugendhilfe noch dem Wortlaut des § 8a SGB VIII. Nach dem Verständnis des SGB VIII hat das Jugendamt an den Leistungsberechtigten aktiv heranzutreten. Es kann auch auf die Folgen des Handelns aufmerksam machen, aber letztlich ohne Zwang auszuüben.

Die in § 8a SGB VIII zum Ausdruck kommende Grenze des jugendamtlichen Kompetenzbereichs ist die Notwendigkeit der Hinzuziehung des Familiengerichts bereits im Zeitpunkt der fehlenden Mitwirkung der Eltern an der Gefährdungsabschätzung (§ 8a Abs. 2 S. 1, 2. Hs. SGB VIII). Nur über das Gericht können die Eltern zur Mitwirkung gezwungen werden und öffentliche Hilfen (insbesondere nach §§ 27 ff. SGB VIII) im „Zwangskontext" zur Anwendung gelangen. Unter Berücksichtigung der gesetzlichen Vorgabe des § 8a Abs. 2 S. 1 SGB VIII ist das Jugendamt nicht darauf angewiesen, auf die Freiwilligkeit der Eltern zur Mitwirkung an der Gefährdungsabwendung zu hoffen.

Die *Anrufungsschwelle* für die Einbeziehung des Gerichts ist folglich in den Bereich der „Abschätzung des Gefährdungsrisikos"[405] *vorverlegt*. Das Jugendamt erhält die Möglichkeit, das Gericht *im Vorfeld einer konkreten Kindeswohlgefährdung* in den Gefährdungseinschätzungsprozess mit einzubeziehen, damit der Richter die Eltern

---

403 Vgl. §§ 27 ff. SGB VIII.

404 Dies insbesondere bei einer Gefährdungsmeldung durch einen Dritten.

405 Vgl. § 8a Abs. 2 S. 1, 2. Hs. SGB VIII.

ggfs. autoritativ und im Wege eines persönlichen Gesprächs bei Gericht[406] über die Einschätzung der Gefahrenintensität im Zwangskontext beeinflussen kann. Bis auf die Möglichkeit der Hinzuziehung des Familiengerichts nach § 8a Abs. 2 S. 1 und 2 SGB VIII sowie die Inobhutnahme nach § 42 SGB VIII, die als vorläufige jugendhilferechtliche Interventionsmaßnahme eine vorübergehende Eingriffsmaßnahme in elterliche Sorgerechte begründet, sind weitergehende Interventionsbefugnisse des Jugendamtes im Wege des KICK (2005) nicht begründet worden.[407] Abgesehen von den unterschiedlichen Folgen und Reaktionen des Gerichts, die aus der frühzeitigen Anrufungsverpflichtung des § 8a Abs. 2 S. 1, 2. Hs. SGB VIII bei fehlender Mitwirkung der Eltern an der Risikoabschätzung resultieren – und letztlich den möglichen Anwendungsbereich des *Erörterungsgesprächs nach § 157 FamFG* eröffnen, ergibt sich die Möglichkeit des Jugendamtes, das Gefährdungsrisiko gemeinsam mit dem Gericht und bereits in einem frühzeitigen Stadium abzuklären, in dem eine konkrete Gefährdung für das Wohl des Kindes oder Jugendlichen i.S.des § 1666 Abs. 1 BGB noch nicht vorliegen muss.

§ 8a SGB VIII hat folglich eine wesentliche Grundlage geschaffen, um Eltern bereits im *Vorfeld einer Kindeswohlgefährdung* verpflichten zu können, sich am Verfahren zu beteiligen und mit dem Jugendamt zu kooperieren. Mit Blick auf die Möglichkeit der frühzeitigen Hinzuziehung des Familiengerichts in den Einschätzungsprozess der Kindeswohlgefährdung, hat die Vorschrift des § 8a SGB VIII auf jugendhilferechtlicher Ebene den Weg für eine frühzeitige Verschränkung und Präzisierung der sozialrechtlichen Komponente mit der justiziellen geebnet.[408] Die Obligation, das Familiengericht bereits im Falle der fehlenden Mitwirkung der Eltern an der Abschätzung des Gefährdungsrisikos hinzuzuziehen, hat bei den handelnden Akteuren Familiengericht und Jugendamt gleichwohl viel Unsicherheit ausgelöst. Hat das Jugendamt das Gericht angerufen, hat dieses selbstständig im Wege der Amtsermittlung nach Vorgabe des § 26 FamFG zu klären, ob sich der Verdacht der Kindeswohlgefährdung erhärten lässt. Die Anrufungsverpflichtung in § 8a Abs. 2 SGB VIII verstärkt den Gedanken der „Kooperations- und Verantwortungsverschränkung"[409] zwischen Jugendhilfe und Justiz. Zwei unterschiedliche Instanzen haben sehr frühzeitig zusammenzuwirken. Der in der Fachöffentlichkeit vereinzelt geäußerten Kritik hinsichtlich der Unbestimmtheit der verwendeten Begriffsmerkmale ist allein dahingehend zuzustimmen, dass sich nach wie vor und nicht zuletzt aufgrund der Verwendung unbestimmter Rechtsbegriffe

---

406 Vgl. *Salgo*, ZKJ 2007, 12 (15). Unterbreitet wurde bereits damals der Vorschlag, aus Gründen der Verfahrenstransparenz das persönliche Gespräch vor Gericht und unter Beteiligung der Betroffenen einem Telefonat zwischen Jugendamt und Familiengericht vorzuziehen.

407 So etwa auch nicht die Befugnis des Jugendamts, die Eltern unter Zwang zur Hilfeakzeptanz anzuhalten.

408 *Coester*, in: Lipp/Schumann/Veit, Kindesschutz, S. 19 (20); *ders.*, JAmt 2008, 1 (1, 7 f.).

409 *Wiesner*, FPR 2008, 608 (609).

Unsicherheiten in der praktischen Umsetzung ergeben können. Dies betrifft insbesondere die Frage, wie beurteilt werden soll, ob eine Hilfegewährung ausreichend erscheint und wann das Familiengericht hinzuzuziehen ist. Gerade auch die Einbeziehung des Familiengerichts in die Gefährdungseinschätzung erfordert nicht nur die Kenntnis des Handelns des jeweils anderen, sondern auch und gerade die umfassende Kenntnis der eigenen Kompetenzen und Handlungsmöglichkeiten.[410] Studien und Expertisen zu § 8a SGB VIII machen deutlich, dass gerade vielfältige und kontroverse Vorstellungen über die eigene Fachlichkeit die gezielte Bemühung um einen verbesserten Kinderschutz behindern können, solange nicht eine ausreichende Klarheit und Gewissheit über die eigene Handlungsverpflichtung existiert und die Kooperation mit den jeweils zuständigen Institutionen im Kinderschutz besonders fokussiert wird.[411]

2. *Der Einsatz der Arbeitsgruppe KiWoMaG*

Im März 2006 kam es auf Initiative des Bundesjustizministeriums zum Einsatz der Arbeitsgruppe „Familiengerichtliche Maßnahmen bei Gefährdung des Kindeswohls" (AG KiWoMaG), der Experten aus Familiengerichten, der Kinder- und Jugendhilfe sowie Verbänden angehörten.[412] Mit dem Einsatz der Arbeitsgruppe galt es, einen Auftrag aus dem Koalitionsvertrag der Bundestagsfraktionen CDU, CSU und SPD aus dem Jahre 2005[413] zu erfüllen und die Funktion des Familiengerichts sowie die geltenden gesetzlichen Regelungen zu gerichtlichen Maßnahmen bei Gefährdung des Kindeswohls, insbesondere die Vorschriften der §§ 1666, 1666a BGB[414], mit dem Ziel zu überprüfen, familiengerichtliche Handlungsmöglichkeiten zu erleichtern. Den Ausgangspunkt der Überlegungen bildete die Erkenntnis, dass Prävention das beste Mittel zum Schutz von gefährdeten Kindern sei.[415]

Der Gesetzgeber sollte in Erwägung ziehen, die Erziehungsberechtigten zur Inanspruchnahme von Jugendhilfeleistungen verpflichten zu können sowie auf

410 Siehe auch *Köckeritz/Dern*, Abschlussbericht zur Umsetzung von § 8a SGB VIII in Baden-Württemberg (2012), in: KVJS, S. 51, wonach sieben von 40 Jugendämter in Baden-Württemberg eine Unterversorgung an Fachkräften in Kindertagesstätten festgestellt haben, mithin deutlich geworden ist, dass „insoweit erfahrene Fachkräfte" (IseF) nicht hinreichend in die Gefährdungseinschätzung einbezogen werden.

411 *Discher/Schimke*, ZKJ 2011, 12 (13); *Katzenstein*, ZKJ 2008, 148 (151).

412 Von den Landesjustizverwaltungen waren Bayern, Berlin, Brandenburg, Hamburg und Nordrhein-Westfalen, von den Landesjugendbehörden Berlin und Hamburg vertreten.

413 Vgl. Koalitionsvertrag zwischen CDU, CSU und SPD v. 11.11.2005 *„Gemeinsam für Deutschland – mit Mut und Menschlichkeit"*, Abschnitt VIII „Sicherheit für die Bürger", S. 122, Rn. 5972 ff., Internetadresse_22.

414 Gegenstand der Überprüfung waren außerdem die Vorschriften der § 1631b BGB und § 34 JGG.

415 Vgl. den Gesetzesentwurf der Bundesregierung, BT-Drucks. 16/6815, S. 1.

Kinder oder Jugendliche im Wege eines familiengerichtlichen Verfahrens *erzieherisch einzuwirken* und sie erforderlichenfalls unterzubringen.[416] Der Gesetzgeber wurde aufgefordert, einen verbesserten Umgang mit massiv delinquenten Kindern zu begründen.[417] Neben dem Gedanken der erzieherischen Einwirkung stand die Überprüfung von Zusammenarbeit und Informationsaustausch zwischen Jugendamt und Familiengericht sowie Familiengericht und anderen Institutionen im Vordergrund der Beratungen.[418]

Das gleiche Anliegen formulierten die Justizminister der Länder in ihrer Justizministerkonferenz im Juni 2006[419], wonach die geltenden familienrechtlichen Eingriffsmöglichkeiten als Reaktion auf kindliches und jugendliches Fehlverhalten sowie bei Erziehungsversagen der Sorgeberechtigten diskutiert und in einem Beschluss festgehalten wurden. Nach Auffassung der Landesjustizminister erschien es dringend geboten, die gesetzlichen Regelungen zu verschärfen und einen gesicherten Informationsaustausch zwischen allen beteiligten Stellen zu garantieren und eine adäquate Kommunikationskultur zwischen Familiengerichten und Jugendämtern zu etablieren, da „auch das beste rechtliche Handlungsinstrumentarium ins Leere (laufe), wenn der Familienrichter über die einschlägigen Fälle *nicht oder zu spät informiert* (werde)."

Nach Auffassung des Gesetzgebers könne gerade die frühzeitige Einschaltung des Familiengerichtes – anders als Jugendämter dies vermochten – in verpflichtender Weise auf die Eltern einwirken und sozusagen als *„Drohkulisse"* in Erscheinung treten. Für das Jugendamt sollten etwaige „Hürden" bei der Anrufung der Familiengerichte abgebaut und auf die Eltern noch stärker als bisher eingewirkt werden, damit diese die notwendigen Hilfen, die zur Abwendung der Kindeswohlgefährdung erforderlich sind, rechtzeitig annehmen.[420]

Zur Erfüllung des Auftrags, „den Schutz gefährdeter Kinder zu verbessern", fokussierte die Arbeitsgruppe – in der Folge und abweichend von der ursprünglichen Intention – Maßnahmen gegen insbesondere verhaltensauffällige und straffällige Kinder und Jugendliche zu schaffen[421] und die Anrufungsmodalitäten und

416 Abschlussbericht Arbeitsgruppe KiWoMaG v. 17.11.2006, S. 3.

417 Die kompetente Entwicklungs- und Familiendiagnostik sowie die tatsächliche Verfügbarkeit entsprechender Behandlungsoptionen sollten hierbei nicht aus dem Blickfeld geraten.

418 *Schlauß*, ZKJ 2007, 9.

419 Beschluss der Konferenz der Justizministerinnen und Justizminister am 1. und 2.06.2006 in Erlangen zu TOP I. 16, Anlage 2 zum Abschlussbericht der Arbeitsgruppe v. 17.11.2006.

420 BT-Drucks. 16/6815, S. 7; *Fellenberg*, FPR 2008, 125; Rede der Bundesministerin der Justiz Brigitte *Zypries* zum Gesetzentwurf KiWoMaG am 24.04.2008 in Berlin, Internetadresse_23.

421 Vgl. hierzu den Koalitionsvertrag zwischen CDU, CSU und SPD v. 11.11.2005 *„Gemeinsam für Deutschland – mit Mut und Menschlichkeit"*, Abschnitt VIII „Sicherheit für die Bürger", S. 122, Rn. 5972 ff., Internetadresse_22.

Handlungsmöglichkeiten des Familiengerichts zu verbessern. Dies geschah offenbar, weil erkannt wurde, dass individuelle und auf den Jugendlichen zugeschnittene Reaktionen effektiver sind als das Zusammenbringen straffälliger Minderjähriger in einer geschlossenen Einrichtung.[422] Die Experten-Arbeitsgruppe tagte in mehreren Sitzungen bis November 2006 und hörte zahlreiche Experten aus der Praxis an. Fokussiert wurden die verfassungsrechtlichen Vorgaben und die materiell- und verfahrensrechtlichen Ausgestaltungen zum Verfahren wegen Kindeswohlgefährdung.

3. *Ergebnisse und Vorschläge – Vom „richterlichen Erziehungsgespräch" zur „Erörterung der Kindeswohlgefährdung"*

a. *Unzureichende Erörterung von Gefahrenabwendungsmöglichkeiten in der familiengerichtlichen Praxis*

In ihrem Abschlussbericht[423] stützte sich die Arbeitsgruppe im Wesentlichen auf Beobachtungen der familiengerichtlichen Praxis, aus denen sie resümierte, dass die nach der bislang geltenden Rechtslage vorgegebene Möglichkeit des Familienrichters, im Rahmen der Anhörung der Eltern eine Gefahrenabklärung nach § 50a Abs. 1 S. 3, 2. Hs. FGG (a.F.) durchzuführen und auf die Eltern einzuwirken, „*bislang nicht hinreichend genutzt werde*".[424] Wenngleich die Anhörung der Eltern dem Familiengericht die Möglichkeit eröffne, mit den Eltern die Kindeswohlgefährdung umfassend zu behandeln und diese zur Inanspruchnahme öffentlicher Hilfen anzuhalten, beschränke sich das Gespräch überwiegend auf die Feststellung des Sachverhalts.[425] Um die Verhältnismäßigkeit der gerichtlichen Maßnahme zu gewährleisten, habe sich das Gericht zwar stets ein Bild davon zu machen, welche Vorstellungen und Möglichkeiten die Eltern zur Abwendung der Kindeswohlgefährdung haben. Dementsprechend liege der Schwerpunkt des Anhörungsgesprächs auch auf der Feststellung des Sachverhalts. Das Gespräch werde aber in der Praxis nicht hinreichend dazu genutzt, um auf die Eltern *einzuwirken* und sie anzuhalten, die notwendigen öffentlichen Hilfen in Anspruch zu nehmen.[426] Zur Begründung bezog sich die Arbeitsgruppe auf die Untersuchung von *Münder u. a.* (2000)[427], verwies aber nicht auf eine Evaluation der bereits praktizierten Anhörung im Rahmen des § 50a Abs. 1 S. 3 FGG a.F., sondern argumentierte mit einem Umkehrschluss aus den Ergebnissen der genannten Studie, wonach die Gerichte überwiegend mit einem teilweisen oder vollständigen Sorgerechtsentzug reagierten und auch die

---

422 *Dodge/Dishion/Lansford*, ZJJ 2007, 190 ff.; *Meysen*, NJW 2008, 2673 (2674 f.).

423 Abschlussbericht der AG KiWoMaG v. 17.11.2006, S. 34; dazu *Schlauß*, ZKJ 2007, 9 (11).

424 BT-Drucks. 550/07 v. 10.08.2007, S. 8. Zur Rechtslage seit dem KiWoMaG siehe nachfolgend, Kap. 3, B.

425 Abschlussbericht der AG KiWoMaG v. 17.11.2006, S. 34.

426 BR-Drucks. 550/07 v. 10.08.2007, S. 8.

427 *Münder/Mutke/Schone*, S. 139 ff.

Jugendämter bei Anrufung des Familiengerichts ein gemeinsames Gespräch mit den Eltern nur in den wenigsten Fällen suchten.[428]

b. *Unsicherheiten der Familiengerichte bei nicht festgestellter Kindeswohlgefährdung*

Weiter stellt die Arbeitsgruppe Unsicherheiten bei den handelnden Familienrichtern fest, insbesondere wenn sich das Jugendamt in Reaktion auf die in § 8a Abs. 2 S. 1, 2. Hs. SGB VIII implementierte gerichtliche Anrufungsverpflichtung bei fehlender Mitwirkung der Eltern an der Abschätzung der Gefährdung an das Familiengericht wandte.[429] Die befragten Familienrichter äußerten in einem solchen Fall vielfach Bedenken an der Funktion des Gerichts und erklärten, zur Einleitung eines Verfahrens nach §§ 1666, 1666a BGB nur bereit zu sein, wenn sich der Verdacht einer Kindeswohlgefährdung bestätigt habe. Jene Unsicherheiten führten in der Folge dazu, mangels Vorliegens einer konkreten Kindeswohlgefährdung den Anlass für das richterliche Handeln nicht zu erkennen.[430] Sah das Gericht von der Eröffnung des Verfahrens nach §§ 1666, 1666a BGB ab, weil sich der Verdacht einer Kindeswohlgefährdung nicht bestätigen ließe, bestand die Gefahr, dass das Jugendamt das Gericht vergebens angerufen hatte. Die Hinzuziehung des Gerichts ging dann ins Leere mit der möglichen und weitreichenden Folge, die betroffenen Kinder und Jugendlichen weiterhin der Gefahrenlage schutzlos auszusetzen[431] und in den Eltern den Eindruck zu erwecken, sich der Annahme der Hilfeleistungen zu Recht zu verweigern und der Hilfe des Jugendamts nicht zu bedürfen. Neben Unsicherheiten in Bezug auf das justizielle Aufgabenspektrum im Falle der gerichtlichen Hinzuziehung noch im Vorfeld einer bereits konkret festgestellten Kindeswohlgefährdung, berief sich die Arbeitsgruppe auf Einwände der Familiengerichte, oftmals zu spät von den Jugendämtern angerufen zu werden[432]: Teilweise kritisierten die Familienrichter das zögerliche Verhalten der Jugendämter. Es führe zu dem unerwünschten Ergebnis, angesichts der bereits eskalierten Gefahrenlage nicht mehr auf die Eltern einwirken zu können. Häufig könnte nur noch mit einem Sorgerechtsentzug und einer Trennung des Kindes von den Eltern reagiert werden.[433] Der justiziellen Kritik

---

428 *Münder/Mutke/Schone*, S. 139 (in 6 von 242 Fällen suchte das Jugendamt das gemeinsame Gespräch mit den Eltern bei Gericht).

429 Zur versäumten Verpflichtung, die Auswirkungen des KICK einer Evaluation zuzuführen siehe *Schäffner/Reich/Wulf*, ZKJ 2008, 64 (66 f.). Zur Neuregelung des § 8a SGB VIII oben, Kap. 1, B. I. 1. c.

430 *Meysen/Schindler*, JAmt 2004, 449; *Schumann*, FPR 2011, 203.

431 So hatte etwa in dem Todesfall Benjamin Pascal aus Schlagenthin (März 2005) das Jugendamt vergeblich das Familiengericht angerufen; zur ausführlichen Falldokumentation *Niestroj*, Vom Leidensweg des Benjamin- Pascal S., in: KiAP und AGSP (Jahrgang 2007), www.agsp.de, Internetadresse_5.

432 Wenngleich dieses Vorbringen der AG KiWoMaG nicht empirisch belegt worden ist.

433 Abschlussbericht der AG KiWoMaG v. 17.11.2006, S. 23.

begegneten die Jugendämter mit der Feststellung, häufig von einer frühzeitigen Einschaltung des Familiengerichts Abstand nehmen zu müssen, um das notwendige Vertrauensverhältnis zu den Familien nicht zu zerstören.[434] Die frühe Hinzuziehung des Gerichts sei auch dann nicht effektiv, wenn der Richter die Erwartung habe, für die Anrufung des Gerichts die Schwelle der Kindeswohlgefährdung überschritten und öffentliche Hilfen im Vorfeld erfolglos angeboten haben zu müssen.

c. *Anknüpfung an den Gesetzesantrag von Bayern zur Einführung eines „richterlichen Erziehungsgesprächs“*

Parallel zum Einsatz der Arbeitsgruppe zum KiWoMaG wurde in dem Gesetzesantrag von Bayern *zur Änderung des § 1666 BGB und weiterer Vorschriften*[435] der Vorschlag unterbreitet, ein richterliches Gespräch mit den Eltern über die Kindeswohlgefährdung und deren Abwendungsmöglichkeiten einzuführen, um die Eltern stärker in die Pflicht zu nehmen und den Hilfeprozess zu unterstützen. Der Vorschlag basierte bereits auf einem früheren, nicht weiter verfolgten Gesetzesentwurf Bayerns, der mit einem im Jahr 1997 festgestellten Zuwachs polizeilicher Registrierungen strafunmündiger Kinder[436] und der Zielsetzung, „bei strafunmündigen, aber auffällig gewordenen Minderjährigen (...) frühzeitig intervenieren zu müssen“[437] begründet wurde. Auch im Jahre 2006 waren Grund für den Vorstoß des bayerischen Gesetzgebers „aktuelle Vorfälle und Gewalttaten an einer im sozialen Brennpunkt gelegenen Hauptschule in Berlin.“ Die unzureichende „Integration von Kindern und Jugendlichen aus Zuwandererfamilien“ war als problematisch befunden worden.[438]. Erneut begehrte der bayerische Gesetzgeber die Bekämpfung der Jugendkriminalität[439], wenngleich mangels Anstiegs polizeilicher Registrierungen nicht explizit hierauf Bezug genommen wurde.[440]

Unter dem Einsatz richterlicher Autorität sollte auf Kinder und Jugendliche und deren überforderte Eltern eingewirkt werden.[441] Vorgeschlagen wurde, die Vorschrift

---

434 *Schlauß*, ZKJ 2007, 9.

435 Gesetzesantrag v. 03.05.2006, BR-Drucks. 296/06.

436 BR-Drucks. 645/98, S. 1 (A. Zielsetzung) unter Verweis auf die Polizeiliche Kriminalstatistik aus dem Jahr 1997.

437 Entwurf eines Gesetzes zur Änderung des § 1666 BGB und weiterer Vorschriften v. 26.06.1998, BR-Drucks. 645/98, S. 1 (A. Zielsetzung).

438 BR-Drucks. 296/06, S. 1.

439 *Veit*, in: BeckOK-BGB § 1666 BGB Rn. 56.2.

440 Die Zahl der verurteilten Jugendlichen verzeichnete zwischen den Jahren 1999 und 2003 auch lediglich einen Zuwachs von 6,7 %. Die Anzahl der einer Straftat verdächtigen strafunmündigen Kinder war sogar rückläufig, vgl. BR-Drucks. 296/06, S. 6.

441 BR-Drucks. 296/06, S. 1, 5; BR-Drucks. 645/98, S. 5; vgl. auch den zweiten Periodischen Sicherheitsbericht der Bundesregierung (2006), S. 380: Eine für Bayern repräsentative Studie zur Gewalt an Schulen hatte in den Jahren 1994 bis 2004 für die Gruppe der 10- bis 13-Jährigen einen Anstieg des Waffenbesitzes innerhalb der

des *§ 1666 BGB* in Absatz 5 um ein *„richterliches Erziehungsgespräch"* als Instrument der „Frühintervention"[442] zu erweitern, wonach das Gericht mit „den Eltern ein *‚Erziehungsgespräch'* (führt), wenn dies zur *„Klärung einer möglichen Gefährdung des Kindeswohls"* oder *„zur erzieherischen Einwirkung"* (*auf die Eltern*) erforderlich sei. Als Anknüpfungspunkt für die Durchführung des Gesprächs wurde auf den Zeitpunkt der Gefährdungsabschätzung nach § 8a Abs. 2 S. 1, 2. Hs. SGB VIII Bezug genommen und empfohlen, im Gespräch auf die Eltern Druck auszuüben, damit sie mit dem Jugendamt „kooperieren".[443] Der Gesetzesantrag von Bayern ging noch weiter, indem auch das Kind selbst von dem Gericht direkt und aus erzieherischen Gründen angewiesen werden dürfe, der Schulpflicht nachzukommen, an einem sozialen Trainingskurs teilzunehmen, sich zu bemühen, einen Ausgleich mit dem Verletzten zu erreichen (Täter-Opfer-Ausgleich), Arbeitsleistungen zu erbringen oder den Umgang mit bestimmten Personen oder den Besuch von Gast- oder Vergnügungsstätten zu unterlassen.[444]

Ausdrücklich sollte das „richterliche Erziehungsgespräch" bereits zur *Aufklärung* einer Kindeswohlgefährdung durchgeführt werden können und das Familiengericht die Möglichkeit erhalten, *unterhalb der Schwelle des Entzugs der elterlichen Sorge* effektiv auf die Betroffenen (erzieherisch) einzuwirken.[445] Erklärten sich die Eltern nicht bereit, die entsprechenden Beratungs- und Leistungsangebote in Anspruch zu nehmen, sei das Familiengericht gesetzlich befugt, den Eltern und in geeigneten Fällen auch dem Kind gegenüber – ähnlich wie im strafprozessualen Verfahren[446]- eine entsprechende *Weisung* zu erteilen. Die Befolgung der Weisung sollte mit Zwangsmitteln durchgesetzt werden können. Werde die Weisung nicht befolgt, gebe dies Anlass zur Prüfung weiterer Interventionsmöglichkeiten nach § 1666 BGB.[447] Außerdem wurde vorgeschlagen, die Norm des § 1666 BGB um eine gesetzliche Vermutungsregelung zu erweitern. Mit dieser sollte klargestellt werden, dass eine Gefährdung des Kindeswohls *zu vermuten* ist, wenn das Kind wiederholt in schwerwiegender Weise gegen Strafgesetze verstoßen hat oder Anzeichen einer drohenden Abhängigkeit von Betäubungsmitteln oder anderen Suchtmitteln erkennbar werden.[448] Konkrete Rechtsfolgen sollten mit der Vermutung nicht verbunden, aber dem Gericht die Befugnis eingeräumt werden, sämtliche auf der Grundlage des

---

Schule festgestellt. Auch bei strafunmündigen 10- bis 13-Jährigen war für diesen Zeitraum ein Anstieg der Gewalt zu verzeichnen.

442 BR-Drucks. 645/98, S. 3.

443 BR-Drucks. 296/06, S. 5, 10.

444 BR-Drucks. 296/06, S. 2 (§ 1666 Abs. 6 und 7 BGB-E).

445 BR-Drucks. 296/06, S. 5.

446 BR-Drucks. 296/06, S. 12.

447 BR-Drucks. 296/06, S. 5, 6.

448 BR-Drucks. 296/06, S. 2 (§ 1666 Abs. 1 S. 2 BGB-E).

§ 1666 BGB in Betracht kommende Maßnahmen anzuordnen, sollte die Vermutung nicht im Zuge der gerichtlichen Amtsermittlung ausgeräumt werden können.[449]

Begründet wurde das gesetzliche Vorhaben mit aktuellen Vorfällen, die die Notwendigkeit hervorbrachten, Minderjährigen und erzieherisch überforderten Eltern die nötige Hilfestellung bei der Abwehr einer Kindeswohlgefährdung aufzuzeigen. Unter Verweis auf „entsprechende empirische Untersuchungen" – die allerdings weder näher belegt worden sind, noch einen konkreten Bezug zu Verfahren wegen Kindeswohlgefährdung aufgewiesen haben[450]- wurde es als sinnvoll erachtet, besonders auf die Eltern *einzuwirken*,

> *„da auch solche Eltern, die sich Hilfeangeboten anfänglich widersetzt hätten, diesen schließlich überwiegend positiv und aufgeschlossen begegnen könnten, wenn sie auf die Erforderlichkeit der Annahme der Hilfen durch den Richter nachdrücklich hingewiesen worden sind."*[451]

Hervorgebracht wurde außerdem das Argument der bislang nur unzureichend genutzten Möglichkeit der Gesprächsführung bei Gericht als Handlungsinstrumentarium, um Eltern die Bedeutung des Gefahrenabwendungsprimats aufzuzeigen und die nötige Einsicht zu erzeugen, der Gefahrensituation mit öffentlichen Hilfen zu begegnen. Erst die gesetzliche Implementierung eines richterlichen Erziehungsgesprächs ermögliche den Einsatz in der Praxis.[452] Bislang orientierten sich die Gerichte an der hohen Eingriffsschwelle des § 1666 BGB für Eingriffe in die elterliche Sorge.[453]

d. Der Vorschlag der Arbeitsgruppe KiWoMaG

In ihrem Abschlussbericht[454] fasste die Experten-Arbeitsgruppe ihre Empfehlungen zusammen und unterbreitete Vorschläge zu den Neuregelungen der gesetzlichen Vorgaben in Verfahren wegen Kindeswohlgefährdung. Als wesentliche Neuregelung

---

449 BR-Drucks. 296/06, S. 6. Dieselbe Vermutung sollte im Rahmen des *§ 1631b BGB-E* für die Voraussetzungen gelten, unter denen das Familiengericht einem Antrag der Eltern auf Genehmigung einer geschlossenen Unterbringung stattgeben kann.

450 Vgl. hierzu BR-Drucks. 645/98, S. 6, worin beispielhaft auf empirisch belegte Erfahrungen aus dem Bereich der *Trennungs- und Scheidungsberatung* Bezug genommen wird.

451 BR-Drucks. 296/06, S. 5.

452 BR-Drucks. 296/06, S. 10. Im Gesetzesentwurf hatte Bayern zugleich darauf hingewiesen, dass die Einführung des richterlichen Erziehungsgesprächs mit einem finanziellen Mehraufwand durch einen erhöhten Personalbedarf sowie die vermehrte Inanspruchnahme von Angeboten der Jugendhilfe verbunden sein wird; vgl. BR-Drucks. 296/06, S. 3.

453 Vgl. bereits den Entwurf v. 26.06.1998, BR-Drucks. 645/98, S. 5.

454 Abschlussbericht der AG KiWoMaG v. 17.11.2006, www.bmj.bund.de (Internetadresse_11); Siehe dazu: *Schlauß*, ZKJ 2007, 9 (11).

im familiengerichtlichen Verfahrensrecht[455] schlug die Arbeitsgruppe die Neuregelung des Erörterungsgesprächs vor. Gewählt wurde die Bezeichnung „Erörterung der Kindeswohlgefährdung“ und nicht als „richterliches Erziehungsgespräch“, wie von Bayern empfohlen. Der Vorschlag von Bayern wurde abgelehnt mit der Begründung, dass der Familienrichter nicht selbst „Erzieher“ sei und zudem der Begriff des „*Gesprächs*“ sowohl Bedeutung als auch Zielsetzung der gerichtlichen Einwirkung nicht hinreichend zum Ausdruck bringe.[456] Auch den Vorschlag Bayerns, die Regelung als materiellrechtliche Rechtsfolge eines erzieherischen Einwirkens in § 1666 BGB zu verankern, lehnte die Arbeitsgruppe ab.[457] Auf diese Weise trete der Richter als ‚Erzieher‘ in Erscheinung mit der Folge, dass ein Beschluss über die Anordnung des Erziehungsgesprächs mit der Beschwerde angreifbar sei.[458] Vorschlagen wurde die Ausgestaltung und Zielrichtung der Erörterung der Kindeswohlgefährdung als:

- Gerichtliches Instrumentarium zur *Abwehr von Gefahren für das Wohl des Kindes*, das einen eigenen Verfahrensabschnitt im Verfahren nach §§ 1666, 1666a BGB[459] begründe, aber im Vorfeld der Entscheidung in der Sache und zusätzlich zur Anhörung der Eltern und im „frühen ersten Termin“ erfolgen könne[460],
- Handlungsinstrumentarium, um stärker auf die Eltern und in geeigneten Fällen auf das Kind einzuwirken, damit diese Hilfen annehmen und mit dem Jugendamt kooperieren.[461]

Die persönliche Teilnahme der Eltern am Termin sei anzuordnen, um dem Gespräch zu einem sinnvollen Verlauf zu verhelfen. Eine Vertretung der Eltern durch einen Anwalt im Termin sollte deshalb ausgeschlossen werden. Auch die Einbeziehung des Kindes in das Gespräch bei Gericht habe zu erfolgen.[462] Der Minderjährige selbst sollte allerdings nur „in geeigneten Fällen“ an dem Erörterungsgespräch beteiligt werden. Beispielhaft sei der Fall der Drogensucht und der wiederholten

---

455 Vgl. Vorschlag der AG KiWoMaG im Abschlussbericht v. 17.11.2006, S. 34 zur Einführung eines § 165a FamFG n.F.

456 Abschlussbericht AG KiWoMaG v. 17.11.2006, S. 7, 33; der Begriff „Erziehungsgespräch“ findet sich gleichwohl häufig in der Fachliteratur wieder.

457 *Schlauß*, ZKJ 2007, 9 (11).

458 Vgl. Begründung der AG KiWoMaG v. 17.11.2006, S. 35, 36.

459 *Fellenberg*, in: Lipp/Schumann/Veit, Kindesschutz, S. 91 (94).

460 Vgl. § 155 Abs. 2 FamFG.

461 Abschlussbericht der AG KiWoMaG v. 17.11.2006, S. 33; BT-Drucks. 16/6815, S. 11 f., 17; vgl. hierzu die Pressemitteilung des BMJ v. 13.11.2006: (...) „Die Arbeitsgruppe hält es für sachgerecht, durch ein „Erziehungsgespräch“ die Eltern noch stärker als bisher in die Pflicht zu nehmen und auf sie einzuwirken, öffentliche Hilfen in Anspruch zu nehmen und mit dem Jugendamt zu kooperieren. Es ist Aufgabe der Gerichte, in diesem Gespräch den Eltern den Ernst der Lage vor Augen zu führen, darauf hinzuwirken, dass sie notwendige Leistungen der Jugendhilfe annehmen und dass sie auf mögliche Konsequenzen (ggfs. Entzug des Sorgerechts) hinweisen.“

462 Vgl. insoweit auch den Vorschlag von Bayern, BR-Drucks. 296/06, S. 1, 5.

Straffälligkeit des Kindes bzw. Jugendlichen, der Anlass zu dem Verfahren gebe und eine gesonderte Einwirkung auf den Minderjährigen erforderlich mache.[463] Das Jugendamt sei zum Termin zu laden, die Teilnahme sei jedoch nicht erzwingbar.[464] Als sozialpädagogische Fachbehörde „soll" es im Regelfall teilnehmen.[465] Von der Durchführung der Erörterung könne schließlich angesichts der Ausgestaltung als „Soll-Regelung" ausnahmsweise abgesehen werden.

Besonders hervorgehoben wurde der Unterschied zwischen der Anhörung der Eltern zum Zwecke der Sachverhaltsaufklärung nach § 50a FGG (a.F.)[466] und der Erörterung der Kindeswohlgefährdung zum Zwecke des Einwirkens auf die Eltern in § 50f FGG a.F. (§ 157 FamFG). Die Erörterung nehme eine *spezifische Funktion* ein und weise sich durch einen *weiten Teilnehmerkreis* aus. Anders als die Anhörung der Eltern, die der Sachverhaltsaufklärung und der Gewährung rechtlichen Gehörs diene, habe die Erörterung der Kindeswohlgefährdung die Frage zum Gegenstand, wie eine mögliche Gefährdung für das Kindeswohl, insbesondere durch öffentliche Hilfen, abgewendet werden kann.[467]

Abgezielt werde überdies darauf, eine „mögliche Kindeswohlgefährdung" zu erfassen, denn das Jugendamt habe das Familiengericht gem. § 8a Abs. 2 S. 1, 2. Hs. SGB VIII bereits anzurufen, wenn die Eltern bei der Abschätzung des Gefährdungsrisikos nicht mitwirkten.[468] Es handele sich um eine Phase, in der zwar konkrete Anhaltspunkte für eine Kindeswohlgefährdung vorliegen, eine solche aber *noch nicht mit der für eine Anordnung nach § 1666 BGB erforderlichen Sicherheit* feststeht.[469] Erst das Ergebnis des Gesprächs, z.B. die konkrete Weisung, bestimmte öffentliche Hilfen in Anspruch zu nehmen, könne als Rechtsfolge in Form eines Beschlusses gefasst werden.[470]

---

463 Abschlussbericht der AG KiWoMaG v. 17.11.2006, S. 35.

464 Abschlussbericht der AG KiWoMaG v. 17.11.2006, S. 35.

465 Zur bisherigen Problematik und den Änderungen des Wortlauts des § 157 Abs. 1 S. 2 FamFG (a.F.) durch die Neuregelung des § 162 Abs. 2 FamFG, siehe bereits oben, Kap. 1, A., III.

466 Seit dem 1.09.2009 ist die elterliche Anhörungsverpflichtung gesetzlich normiert in § 160 FamFG.

467 Abschlussbericht AG KiWoMaG v. 17.11.2006, S. 34.

468 Vgl. insoweit den entsprechenden Vorschlag im Gesetzesantrag des Freitstaates Bayern, BR-Drucks. 296/06, S. 5, 10.

469 Vgl. *Fellenberg*, in: Lipp/Schumann/Veit, Kindesschutz, S. 91 (94), wonach ausweislich § 8a Abs. 2 S. 1 SGB VIII (§ 8a Abs. 3 S. 1 SGB VIII a.F.) das Jugendamt das Familiengericht bereits anzurufen hat, wenn gewichtige Anhaltspunkte für eine Gefährdung vorliegen und das Jugendamt das Tätigwerden des Familiengerichts für erforderlich hält; was ebenfalls gilt, wenn die Eltern an der Gefährdungsabschätzung nicht mitwirken.

470 Abschlussbericht der AG KiWoMaG v. 17.11.2006, S. 34.

Das Gespräch solle bereits „unterhalb der Schwelle der Kindeswohlgefährdung" und als Ergänzung zu § 8a Abs. 2 S. 1, 2. Hs. SGB VIII auf justizieller Seite erfolgen.[471] Der im bayerischen Gesetzesentwurf verwendete Begriff der *„möglichen Kindeswohlgefährdung"* wurde in § 50f FGG (a.F.) und § 157 FamFG übernommen. Auch in der Rechtsprechung[472] war gefordert worden, das Familiengericht frühzeitig mit einzubeziehen, um die justiziellen Handlungsmöglichkeiten zur Herstellung von Verbindlichkeit bei der Sachverhaltsaufklärung zu nutzen, wenn gewichtige Anhaltspunkte eine Kindeswohlgefährdung als möglich oder wahrscheinlich erscheinen ließen, die Befugnisse des Jugendamts aber nicht ausreichten, um die Gefahrenlage umfassend einschätzen zu können. *Bereits im Vorfeld und unabhängig von Maßnahmen nach § 1666 BGB*[473] könne der Richter den Eltern vor Augen führen, welche gerichtlichen Maßnahmen in §§ 1666, 1666a BGB in Betracht kommen. Es obliege in erster Hinsicht den Eltern, die Gefahr von dem Kind abzuwenden[474] und sei diesen deshalb vor Augen zu führen. Zur Vermeidung inhaltlicher Überschneidungen habe die Streichung der bisherigen gesetzlichen Regelung, die schon nach der geltenden Rechtslage eine Erörterung der Kindeswohlgefährdung ermögliche, zu erfolgen.[475] Die in § 50a Abs. 1 S. 3, 2. Hs. FGG (a.F.) normierte Gefährdungsabklärung mit den Eltern als Bestandteil der Vorschrift zur persönlichen Anhörung in Sorgerechtsverfahren werde nicht in ausreichendem Umfang genutzt.[476]

Im Vorgriff auf die Neuregelung des FamFG, das erst zum 01.09.2009 in Kraft trat, sollten die Vorschriften für das familiengerichtliche Verfahren zum Sorge- und Umgangsrecht mit sofortiger Wirkung in Kraft treten, um Kinder effektiv vor Gefahren für ihr Wohl zu schützen.[477]

e. *Überprüfung der Gefährdungssituation nach Absehen von gerichtlichen Maßnahmen*

In einem unmittelbaren Zusammenhang mit dem Erörterungsgespräch steht die Implementierung einer gerichtlichen Überprüfungsverpflichtung im Falle des Absehens von Maßnahmen nach § 1666 BGB. Die Arbeitsgruppe hat festgestellt, dass es an der gerichtlichen Möglichkeit fehle, bei Absehen von einer Maßnahme nach §§ 1666 ff. BGB die Sachgerechtigkeit der Entscheidung im Nachhinein überprüfen zu können. Gesetzlich normiert sei allein die aus dem Grundsatz der Verhältnismäßigkeit resultierende Vorgabe, familiengerichtliche Maßnahmen aufzuheben, wenn eine Gefahr für das Wohl des Kindes nicht mehr besteht und länger andauernde Maßnahmen das Gericht in angemessenen Zeitabständen zu überprüfen hat, § 1696

---

471 Abschlussbericht der AG KiWoMaG v. 17.11.2006, S. 35.
472 Vgl. etwa *OLG Saarbrücken* v. 20.03.2007, 9 UF 167/06, JAmt 2007, 432.
473 BT-Drucks. 16/6815, S. 17.
474 BT-Drucks. 16/6815, S. 17.
475 Abschlussbericht AG KiWoMaG v. 17.11.2006, S. 35.
476 Abschlussbericht AG KiWoMaG v. 17.11.2006, S. 34.
477 *Wiesner*, RdJB 2009, 13 (15).

Abs. 1 und 2 BGB. Unabhängig davon bestünde weiterhin die Obligation des Jugendamts, das Gericht auf der Grundlage des § 8a Abs. 2 S. 1 SGB VIII anzurufen. Nach den Ergebnissen der Arbeitsgruppe führe in der Praxis der Kinderschutzverfahren das Absehen des Gerichts von einer Maßnahme nach § 1666 BGB jedoch oftmals zu der mit Blick auf das Kindeswohl ungünstigen Folge der Zurückhaltung oder vollständigen Unterlassung des Jugendamts mit einer erneuten Anrufung des Gerichts.[478] Dieses fürchte, auf Widerstand bei den Gerichten zu stoßen. Die Eltern könnten sich außerdem durch die ablehnende Entscheidung des Gerichts darin bestätigt fühlen, der entsprechenden Hilfe des Jugendamts nicht zu bedürfen.[479] Damit die künftige Zusammenarbeit mit den Eltern funktioniere, solle das Gericht seine Entscheidung in einem angemessenen Zeitabstand, in der Regel nach drei Monaten[480], überprüfen, § 166 Abs. 3 FamFG (§ 1696 Abs. 3 BGB a.F.)[481], wenn es von sorgerechtlichen Eingriffsmaßnahmen nach § 1666 BGB abgesehen hat.[482] Im Erörterungstermin nach § 157 FamFG kann das Gericht auf die Notwendigkeit der nachträglichen Überprüfung hingewiesen und in den Eltern der notwendige Druck erzeugt werden, die Hilfen anzunehmen und ihr Verhalten zu verändern.[483] Der Druck auf die Eltern, die Gefahr von dem Kind abzuwenden und mit der Jugendhilfe zu kooperieren, kann durch das Hinzutreten des Familiengerichts aufrecht erhalten werden. Eine Dauerkontrolle der Familie durch das Familiengericht wird gleichwohl nicht bezweckt.[484] Auch sollte die Zuständigkeit der Jugendämter, das Familiengericht in eigener Verantwortung erneut anzurufen, hiervon unberührt bleiben.[485] Zum Zwecke der Überprüfung könne das Gericht das Jugendamt um Mitteilung der Ergebnisse der Hilfeplangespräche und der durchgeführten Hilfen bitten oder die Eltern oder das Kind wiederholt persönlich laden.[486] Die Neuregelung sei schließlich ein *Korrektiv*[487] in Fällen, in denen das Gericht entgegen den Erwartungen des Jugendamtes entschieden und dieses sich nun zurückgezogen habe.

Die Einführung einer gerichtlichen Überprüfungsverpflichtung bei Absehen von Maßnahmen nach § 1666 BGB ist im Schrifttum auf vielfältige Kritik gestoßen.

---

478 Abschlussbericht AG KiWoMaG v. 17.11.2006, S. 36.

479 BT-Drucks. 550/07, S. 8; *Meysen*, JAmt 2008, 233 (240).

480 Zur Kritik des Bundesrates an der Drei-Monats-Regelung vgl. Stellungnahme des Bundesrates v. 21.09.2007, BT-Drucks. 16/6815 (Anlage 3), S. 20 ff. Zur Gegenäußerung der Bundesregierung vgl. BT-Drucks. 16/6815 (Anlage 4), S. 23.

481 Neu geregelt wurde zunächst § 1696 Abs. 3 BGB durch einen neuen Satz 2. Seit dem 1.09.2009 befindet sich die Regelung in § 166 Abs. 3 FamFG.

482 BT-Drucks. 550/07, S. 8; *Meysen*, JAmt 2008, 233 (240).

483 *Willutzki*, ZKJ 2008, 139 (142).

484 BT-Drucks. 16/6815, S. 15.

485 *Schlauß*, ZKJ 2007, 9 (11).

486 Abschlussbericht AG KiWoMaG v. 17.11.2006, S. 36.

487 *Willutzki*, ZKJ 2008, 139 (142).

Vereinzelt wird die Vorschrift als *verzichtbar*[488], *nicht erforderlich*[489] und *marginal*[490] bezeichnet. Es erfolgt der Einwand, nach dem Abschluss des Verfahrens stets ein neues Verfahren in Gang setzen zu können, wenn eine Gefährdung des Kindeswohls festgestellt wird.[491] Mit der Neuregelung dürfe nicht ein vorschneller Verfahrensabschluss angestrebt und ein falsches Signal ausgesendet werden, sondern es müsse sorgfältig überlegt werden, ob nicht generell eine wiederholte Anhörung der Beteiligten erfolgen muss.[492] Andere befürchten einen zusätzlichen Verwaltungsaufwand und damit verbundene Kosten.[493] Bezweifelt wird auch die Vereinbarkeit mit verfassungsrechtlichen Grundsätzen, da Fallkonstellationen betroffen seien, in denen der Familienrichter eine Kindeswohlgefährdung verneint habe und sich im Wege der Nachprüfung ohne konkreten Anlass in das Familienleben erneut einmische.[494] Liege nicht einmal eine mögliche Kindeswohlgefährdung vor, bestünde mit Blick auf Art. 6 Abs. 2 GG keine Legitimation zu einer gerichtlichen Überprüfung der familiären Situation.[495] Die Überprüfung sei außerdem Aufgabe der Jugendämter und nicht der Justiz, dürfe von daher nicht auf die Gerichte verlagert werden.[496] Konträrpositionen[497] erkennen in der Vorschrift wiederum eine sinnvolle Neuregelung. Die gerichtliche Überprüfung der Maßnahme biete sich besonders in einem Verfahren wegen Kindeswohlgefährdung an, wenn die Eltern eine Verhaltensänderung zugesagt hätten und es nunmehr darum ginge zu überprüfen, ob sich Eltern an die Zusage gehalten haben.

Der Gesetzgeber will erreichen, dass das Gericht in einem zeitlichen Abstand das Kooperationsverhalten der Eltern ebenso wie die weitere Entwicklung der Gefahrensituation für das Kind erneut überprüft. Erklären sich die Eltern im Gerichtstermin bereit, mit dem Jugendamt zu kooperieren und die notwendigen Hilfeleistungen in Anspruch zu nehmen, ist es grundsätzlich Aufgabe des Jugendamts, im Falle des Abbruchs der Hilfebeziehung durch die Eltern eine erneute Anrufung des Familiengerichts vorzunehmen, wenn es eine Gefahrenlage für das Kind erkennt.[498]

---

488 Vgl. etwa *Röchling*, FamRZ 2007, 431 (433).

489 *Veit*, FPR 2008, 598 (600).

490 *Röchling*, FamRZ 2008, 1495 (1496).

491 *Röchling*, FamRZ 2007, 431 (433).

492 *Veit*, FPR 2008, 598 (600 f.).

493 *Meysen*, NJW 2008, 2673 (2677).

494 *Rosenboom/Rotax*, ZRP 2008, 1 (2); so auch *Vogel*, FF 2008, 231 (232); *Veit*, FPR 2008, 598 (601).

495 *Coester*, in: Lipp/Schumann/Veit, FGG-Reform, S. 39 (51).

496 *Vogel*, FF 2008, 231 (232); vgl. dagegen *Fellenberg*, FPR 2008, 125 (127), die betont, dass die Gesamtverantwortung des Jugendamts unverändert fortbestehen bleibt und das Gericht lediglich eine zusätzliche Pflicht erhält, die ablehnende Entscheidung zu überprüfen.

497 Vgl. etwa *Willutzki*, ZKJ 2008, 139 (142); *Oberloskamp*, in: Lipp/Schumann/Veit, Kindesschutz, S. 45 (62).

498 So auch *Heilmann*, in: MüKo-FamFG (2013), § 166 Rn. 24.

Der Vorteil der im Vorfeld bei Gericht erfolgten Ankündigung der nachträglichen Überprüfung liegt darin, zwischen dem Jugendamt und den Eltern eine bessere Wirkung des Gefahrenabwendungsprozesses erzielen zu können, wenn das Gericht ankündigt, den Verlauf der Hilfebeziehung zu verfolgen und sich über die Kindeswohlsituation zu vergewissern. Die Zielsetzung, eine erneute gerichtliche Überprüfung vorzunehmen, erscheint insoweit sinnvoll, da eine engmaschige Kontrolle der Situation des Kindes erfolgt und das Gericht bereits mit der Angelegenheit vertraut ist, so dass es erforderlichenfalls mit Eingriffsmaßnahmen in die elterliche Sorge reagieren kann. Allerdings darf die gerichtliche Legitimation, die familiäre Situation einer erneuten gerichtlichen Überprüfung zu unterziehen, unter Berücksichtigung der verfassungsrechtlichen Vorgabe des Art. 6 Abs. 2 S. 1 GG nicht dazu führen, dass sich der Staat in die familiären Lebensverhältnisse integriert und in unzulässiger Weise als drittes Elternteil fungiert.[499] Auch geht weder aus dem Gesetzeswortlaut, noch aus der Begründung des Gesetzgebers hinreichend hervor, wie häufig eine derartige Kontrolle erfolgen darf. Unabhängig davon, dass das Jugendamt stets legitimiert ist, das Gericht erneut anzurufen, wenn Anhaltspunkte für eine Gefährdung des Kindes erkennbar sind und es die Einschaltung des Gerichts für erforderlich hält, ist eine erneute Überprüfung durch das Gericht nur geboten, wenn mindestens *konkrete* Anhaltspunkte für eine Kindeswohlgefährdung bestehen. Um die in der Fachöffentlichkeit geäußerten Zweifel an der Vereinbarkeit der Vorschrift mit verfassungsrechtlichen Vorgaben auszuräumen, sollte in Anknüpfung an den Vorschlag von *Coester*[500] die *Fortdauer* einer möglichen Kindeswohlgefährdung als *ungeschriebenes* Tatbestandsmerkmal in die Vorschrift mit „*hineingelesen*" werden. Alternativ müsste der Tatbestand um die Aufnahme der Berücksichtigung von mindestens *konkreten Anhaltspunkten* für das Vorliegen einer Kindeswohlgefährdung ergänzt werden. Auch die von Vertretern der Fachöffentlichkeit[501] befürchtete Verlagerung von Zuständigkeiten zwischen Jugendamt und Familiengericht wird nicht hervorgerufen, wenn das Jugendamt weiterhin seiner Verantwortung nachkommt und sich für das Kind und die Familie verantwortlich fühlt.

Die eigentliche Bedeutung der nachträglichen Überprüfung von Entscheidungen nach § 166 Abs. 3 FamFG liegt in der „*Vorwarnfunktion*"[502] und „*Wechselbezüglichkeit*"[503] zwischen Jugendamt und Familiengericht. Gerade wenn sich die Eltern infolge des Absehens von sorgerechtlichen Eingriffsmaßnahmen durch das Gericht als *Gewinner* fühlen und mit dem Jugendamt nur noch wenig kooperieren, ist die nachträgliche gerichtliche Überprüfung von erheblicher Bedeutung.

499 *Jestaedt*, in: Lipp/Schumann/Veit, Kindesschutz, S. 5 (17), *ders.*, JAmt/ZKJ Sonderheft 2010, 32 (34).

500 *Coester*, in: Lipp/Schumann/Veit, FGG-Reform, S. 39 (51).

501 Vgl. etwa *Binschus*, ZfF 2008, 112 (115): *Meysen*, JAmt 2008, 233 (239); *Schumann*, FPR 2011, 203 (204).

502 *Wiesner*, RdJB 2009, 13 (17f.).

503 *Meysen*, NJW 2008, 2673 (2677).

4. *Weitere Änderungsvorschläge der Arbeitsgruppe KiWoMaG*

Weitere Änderungsvorschläge der Arbeitsgruppe betreffen die Konkretisierung des Grundtatbestandes des § 1666 BGB.[504] Auf verfahrensrechtlicher Ebene des Reformgesetzes sind neben dem Vorschlag zur Einführung einer Erörterung der Kindeswohlgefährdung und der Einführung einer gerichtlichen Überprüfungsverpflichtung Vorschläge zur Etablierung eines Vorrang- und Beschleunigungsgebotes in §§ 50e, 52 Abs. 3 FGG a.F. (§ 155 FamFG) erfolgt.[505] Die Neuregelungen der verfahrensrechtlichen Vorschriften sollten die Zielsetzung einer frühzeitigen familiengerichtlichen Präsenz in Verfahren wegen Kindeswohlgefährdung zum Ausdruck bringen.[506] In ihrem Abschlussbericht nahm die Arbeitsgruppe außerdem Bezug auf die Bedeutung der fallübergreifenden Zusammenarbeit der Familiengerichte mit Jugendämtern und anderen Stellen in Kindeswohlgefährdungsfällen (Jugendgericht, Jugendstaatsanwaltschaft, Polizei, Rechtsanwaltschaft, Schulen etc.), die durch die Implementierung eines § 81a SGB VIII-E zu „interdisziplinären Arbeitskreisen" und „örtlichen Arbeitskreisen" verbessert werden sollte.[507] Gerade kindschaftsrechtliche Fragestellungen sollten fallübergreifend erörtert werden und es sollten entsprechende Abstimmungen erfolgen. Aufgeführt wurde neben weiteren Vorschlägen[508] außerdem die Forderung, eine Fortbildungsverpflichtung für Richter in Fragen der Human- und Sozialwissenschaften[509] gesetzlich zu verankern und in den gerichtlichen Geschäftsverteilungsplänen Zuständigkeiten zu bündeln.[510]

5. *Konsequenz und Einflussnahme auf das Gesetzgebungsverfahren*

Die Arbeitsgruppe schlug im Wesentlichen vor, den Schwerpunkt der justiziellen Arbeit in das Vorfeld der tatsächlichen Gefährdung zu verlagern und Schutzmaßnahmen zu etablieren, die nicht erst greifen, wenn sich die Gefahrenlage bereits

---

504 Ausführlich hierzu: Kap. 2, A. I.

505 Zunächst ins BGB eingefügt wurde die Verpflichtung des Gerichts zur Überprüfung der Situation des Kindes oder Jugendlichen nach Absehen von gerichtlichen Maßnahmen in § 1696 Abs. 3 BGB a.F., der später im Wege des FGG-RG in § 166 Abs. 3 FamFG und damit in das Verfahrensrecht überführt worden ist; zu den verfahrensrechtlichen Neuregelungen infolge des KiWoMaG siehe etwa *Schmid*, FPR 2008, 618 ff.

506 *Coester*, in: Brühler Schriften, 18. DFGT 2009, S. 60 (63).

507 Abschlussbericht AG KiWoMaG v. 17.11.2006, S. 50; *Schlauß*, ZKJ 2007, 9 (11); *Fellenberg*, FPR 2008, 125 (128); zu § 3 KKG siehe Kap. 4, H. II.

508 Vgl. Abschlussbericht AG KiWoMaG v. 17.11.2006, S. 9, 10. Um eine Ausuferung der Thematik zu vermeiden, werden die weiteren Vorschläge keiner weitergehenden Betrachtung unterzogen.

509 Abschlussbericht AG KiWoMaG v. 17.11.2006, S. 52; BT-Drucks. 16/6815, S. 10.

510 Abschlussbericht AG KiWoMaG v. 17.11.2006, S. 13. Zum Vorschlag der Bildung eines Sonderdezernates für Verfahren wegen Kindeswohlgefährdung vgl. die Ergebnisse der Expertenbefragungen in Kap. 3.

verdichtet hat. Die Vorschläge der Arbeitsgruppe haben vollständig Eingang in den Regierungsentwurf zum KiWoMaG gefunden.[511] Demgegenüber empfahl der Finanzausschuss des Bundesrates[512] in seiner Stellungnahme zum KiWoMaG, die Erörterung der Kindeswohlgefährdung vollständig aus dem Entwurf zu streichen. Zur Begründung brachte er vor, ein Bedürfnis für eine Neuregelung des Erörterungsgesprächs nicht zu erkennen. Bereits nach der bisherigen Gesetzeslage könne eine Erörterung der Gefahrenlage erfolgen, wenn eine entsprechende Meldung bei Gericht eingegangen sei. Erfolgten keine Meldungen bei Gericht, sei dies auf die unzureichende Personalausstattung in den Jugendämtern zurückzuführen. Die Neuregelung führe allein dazu, dass sich diese zukünftig verstärkt frühzeitig und zur eigenen Entlastung an das Familiengericht wandten, wenn sich erste Widerstände der Eltern zeigten. Die Einführung eines separaten Erörterungstermins führe sodann zu steigenden Fallzahlen und Mehrkosten in den Justizhaushalten[513] und könne nicht ohne Anpassung der Personalbedarfsberechnung bewältigt werden.[514] Der Empfehlung des Finanzausschusses leisteten die federführende Bundesregierung und letztlich auch der parlamentarische Gesetzgeber jedoch keine Folge.[515]

Ebenso wie die Arbeitsgruppe betrachtete der KiWoMaG Gesetzgeber die Erörterung als ein unverzichtbares Handlungsinstrumentarium für das Familiengericht. Es sei ein Bestandteil für sämtliche Kinderschutzverfahren nach §§ 1666, 1666a BGB. Betont wurde die Zielsetzung, alle Beteiligten *„an einen Tisch zu bringen“*.[516] Dem Änderungsvorschlag des Bundesrates folgte der Gesetzgeber nur zum Teil: In seiner Stellungnahme[517] hatte dieser vorgeschlagen, die in § 50f Abs. 2 FGG-E FGG a.F. normierte Erscheinensverpflichtung der Eltern zum Termin dahingehend abzuändern, dass auch solche Situationen erfasst würden, die das notwendige persönliche gemeinsame Erscheinen der Eltern zum Termin verhindern könnten.[518] Die aktuelle Ausgestaltung des Gesetzesentwurfs berücksichtige nicht hinreichend die Fälle häuslicher oder familiärer Gewalt. Das Gericht müsse aber gerade in solchen Fällen über die Möglichkeit verfügen, von dem persönlichen Erscheinen eines der Elternteile abzusehen, ohne daran gehindert zu werden, die Erörterung insgesamt durchzuführen. Vorgeschlagen wurde die Ergänzung der Vorschrift durch eine „Soll“

---

511 Vgl. Referentenentwurf KiWoMaG v. 18.04.2007; Pressemitteilung des BMJ v. 11.07.2007, Internetadresse_12.

512 Empfehlung des Finanzausschusses v. 11.09.2007, BR-Drucks. 550/1/07 v. 11.09.2007, S. 5, 6.

513 Empfehlungen des *Finanzausschusses des Bundesrats* v. 11.09.2007 zur Streichung von § 50f FGG-E, BR- Drucks. 550/1/07, S. 6.

514 So die Haltung der Landesjustizverwaltungen und der beteiligten Fachkreise und Verbände vgl. BR-Drucks. 550/07, S. 14.

515 Vgl. hierzu die Ausschussempfehlungen v. 11.09.2007, BR-Drucks. 550/1/07.

516 Referentenentwurf KiWoMaG v. 18.04.2007, S. 14.

517 Stellungnahme des Bundesrates v. 21.09.2007 zum Entwurf des KiWoMaG, BT-Drucks. 16/6815 (Anlage 3), S. 20 ff.

518 Vgl. Entwurfsfassung des § 50f FGG, BT-Drucks. 16/6815 (Anlage 1), S. 6.

Regelung in Abs. 2.[519] Die Bundesregierung folgte der Empfehlung trotz anfänglicher Bedenken. Die Ausgestaltung der Norm als „Muss-Bestimmung“ sei erfolgt, um die Bedeutung der elterlichen Beteiligung in den Mittelpunkt zu stellen. Erscheine eine gemeinsame Erörterung beider Elternteile im Einzelfall nicht sinnvoll, könne von der Erörterung insgesamt Abstand genommen werden, was die Ausgestaltung der Norm als „Soll-Vorschrift“ in Absatz 1 zum Ausdruck bringe; gegebenenfalls müsse einer Gefahrenlage durch Eingangskontrollen oder einen Wachtmeister im Sitzungssaal begegnet werden.[520] Offensichtlich erschien die Begründung der Bundesregierung nicht hinreichend substantiiert. Der Einwand des Bundesrates, dass eine Norm gerade dann einer weiteren Konkretisierung bedürfe, wenn der Schutz eines Beteiligten und insbesondere der Schutz des Kindes dies erfordere, überzeugte. In konsequenter Fortführung der geäußerten Kritik des Bundesrates und der Beschlussempfehlung des Rechtsausschusses des Deutschen Bundestages[521] erfolgte die Ergänzung des § 50f Abs. 2 um Satz 2.[522] Seither führt das Gericht die Erörterung in Abwesenheit eines Elternteils durch, wenn dies zum Schutz eines Beteiligten oder aus anderen Gründen erforderlich ist.

Nach erfolgter Beschlussempfehlung des BT-Rechtsausschusses[523] und Stellungnahme des Bundesrates, ist das KiWoMaG nach Verkündung im Bundesgesetzblatt am 12.07.2008 in Kraft getreten. Die durch das KiWoMaG zunächst im FGG a.F. erwähnten Verfahrensvorschriften erfolgten in Vorwegnahme der Änderungen durch das im Referentenentwurf[524] des *Gesetzes zur Reform des Verfahrens in Familiensachen und in den Angelegenheiten der freiwilligen Gerichtsbarkeit* (FGG-RG)[525] enthaltene Gesetz über das Verfahren in Familiensachen und in den Angelegenheiten der freiwilligen Gerichtsbarkeit (FamFG).[526]

6. *Die Entwicklungen der statistischen Datenlage zur Anzahl der Sorgerechtsentzüge*

Die jüngsten Entwicklungen zeigen auf, dass die Familiengerichte in einem Verfahren nach §§ 1666, 1666a BGB *nicht* mehr überwiegend mit einem teilweisen oder vollständigen Sorgerechtsentzug reagieren, selbst wenn die Anrufung des Gerichts mit der Intention erfolgt, die elterliche Sorge teilweise oder vollständig zur entziehen, sondern auch andere Maßnahmen nach § 1666 Abs. 3 BGB in Betracht

519 Stellungnahme des Bundesrates, BT-Drucks. 16/6815 (Anlage 3), S. 22.
520 Gegenäußerung der Bundesregierung, BT-Drucks. 16/6815 (Anlage 4), S. 24.
521 Beschlussempfehlung und Bericht des Rechtsausschusses (6. Ausschuss) des Deutschen Bundestages v. 23.04.2008, BT-Drucks. 16/8914.
522 BT-Drucks. 16/8914, S. 6, 8.
523 Beschlussempfehlung und Bericht v. 23.04.2008, BT-Drucks. 16/8914.
524 Gesetzesentwurf des BMJ v. 10.05.2007, BR-Drucks. 309/07.
525 Gesetz v. 17.12.2008, BGBl. I, S. 2586.
526 Vgl. Art. 1 des FGG-Reformgesetzes.

ziehen.[527] Besonders deutlich wird die Abweichung zwischen den Anrufungen, die auf den Entzug der Sorge gerichtet sind, und den letztlich angeordneten gerichtlichen Maßnahmen seit dem Jahr 2008. Im Jahr 2008 kam es bei 14 952 Anrufungen, die auf den teilweisen oder vollständigen Entzug der elterlichen Sorge gerichtet waren, in (nur) 12 244 Fällen zu einem vollständigen oder teilweisen Sorgerechtsentzug. Im Jahr 2010 reagierte das Gericht auf 16 197 Anrufungen ebenfalls mit – lediglich – 12 681 teilweisen oder vollständigen Sorgerechtsentzügen.[528] Die veränderte Entscheidungspraxis wird erst deutlich mit Blick auf die Jahre zuvor. Während es etwa im Jahr 2006 insgesamt 10 764 Anrufungen des Gerichts gab, auf die das Gericht mit 9 572 teilweisen oder vollständigen Sorgerechtsentzügen reagierte, kam es auch im Jahr 1995 zu annähernd ebenso vielen gerichtlichen Maßnahmen wie Anrufungen zum teilweisen oder vollständigen Sorgerechtsentzug (**vgl. Abb. 1, Zeitreihe Verhältnis Intention der Anrufung des Gerichts zur Entscheidungspraxis des Gerichts**).

Abbildung 1: (eigene Graphik, *erstellt anhand der Zeitreihe Verhältnis Intention der Anrufung des Gerichts zur Entscheidungspraxis des Gerichts des Statistischen Bundesamtes, Wiesbaden 2012: Zeitreihe (vollständiger oder teilweiser) Entzug der elterlichen Sorge in Deutschland).*

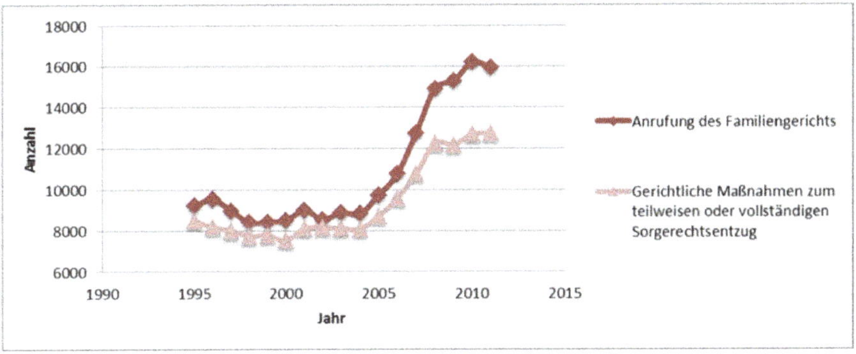

Die zunehmende Divergenz zwischen den Anrufungen des Gerichts zum teilweisen oder vollständigen Sorgerechtsentzug einerseits und den Reaktionen des Gerichts andererseits zeigt eine veränderte gerichtliche Praxis, die die gerichtlichen

527 Vgl. die tabellarische Übersicht, *Statistiken der Kinder- und Jugendhilfe*, Pflegschaften, Vormundschaften, Beistandschaften, Pflegeerlaubnis, Sorgerechtsentzug, Sorgeerklärungen, in: Statistisches Bundesamt 2011, www.destatis.de, S. 14 (Internetadresse_14).

528 Siehe Augsburger Allgemeine Zeitung v. 25.05.2011: „Immer mehr Eltern verlieren das Sorgerecht für ihre Kinder" (Statistisches Bundesamt), wonach zwischen den Jahren 2005 und 2009 die Zahl der Sorgerechtsentzüge um 40% angestiegen ist.

Entscheidungen zunehmend von dem jugendamtlichen Begehren abweichen und – im Verhältnis zur Anzahl der Anrufungen – von einem teilweisen oder vollständigen Sorgerechtsentzug absehen lässt.

Die aktuellen Daten des statistischen Bundesamtes zu den Maßnahmen des Familiengerichts aufgrund einer Kindeswohlgefährdung für das Jahr 2013 zeigen erstmals auf, dass im Verhältnis zu den eingeleiteten Maßnahmen des Familiengerichts in etwas mehr als der Hälfte der Fälle ein teilweiser oder vollständiger Sorgerechtsentzug auf der Grundlage des § 1666 Abs. 3 Nr. 6 BGB erfolgt.[529] Etwa ein Drittel der gerichtlichen Maßnahmen besteht in der Auferlegung der Inanspruchnahme von Leistungen der Kinder- und Jugendhilfe gem. § 1666 Abs. 3 Nr. 1 BGB und somit in Maßnahmen unterhalb eines teilweisen oder vollständigen Sorgerechtsentzugs.[530] Trotz der nach wie vor bestehenden Lücken hinsichtlich der statistischen Datenerfassung[531] ist die veränderte Entscheidungspraxis der Gerichte ein möglicher Indikator für die Durchführung eines Erörterungsgesprächs nach § 157 FamFG im Vorfeld der gerichtlichen Entscheidung.

7. Erster Erfahrungsbericht der AG KiWoMaG zur Umsetzung der Änderungen

Nach Inkrafttreten des KiWoMaG trat die Expertengruppe im Jahr 2008 erneut zusammen, um erste Erfahrungen mit dem KiWoMaG auszutauschen. Das Zusammentreffen diente der Überprüfung, ob das Erfordernis weiterer gesetzlicher Änderungen besteht.[532] Der am 02.09.2009 im Bundeskabinett vorgestellte Abschlussbericht der Arbeitsgruppe konzentrierte sich im Wesentlichen auf die bislang nicht umgesetzten Vorschläge der gesetzlichen Verankerung einer Fortbildungsverpflichtung für Familienrichter, die gesetzliche Festschreibung der fallübergreifenden Zusammenarbeit zwischen den am Kinderschutz beteiligten Institutionen. Aufgegriffen wurde auch

---

529 *Statistiken der Kinder- und Jugendhilfe*, Pflegschaften, Vormundschaften, Beistandschaften, Pflegeerlaubnis, Sorgerechtsentzug, Sorgeerklärungen, in: Statistisches Bundesamt (2014), S. 8, Internetadresse_37: Von ins-gesamt 28 298 gerichtlichen Maßnahmen erfolgt in 15 067 Fällen ein teilweiser oder vollständiger Sorgerechtsentzug.

530 *Statistiken der Kinder- und Jugendhilfe*, Pflegschaften, Vormundschaften, Beistandschaften, Pflegeerlaubnis, Sorgerechtsentzug, Sorgeerklärungen, in: Statistisches Bundesamt (2014), S. 8, Internetadresse_37: In 8 360 Fällen reagiert das Gericht mit der Auferlegung der Inanspruchnahme von Leistungen der Kinder- und Ju gendhilfe.

531 So ist nach der aktuellen statistischen Datenerhebung nicht aufgeführt, wieviele Anrufungen durch das Jugendamt erfolgt sind und worauf diese Anrufungen gerichtet sind. Auch wird nicht aufgeführt, in wievielen Fällen das Gericht von Maßnahmen nach § 1666 Abs. 3 BGB abgesehen hat oder eine Vereinbarung getroffen wurde etc.

532 Abschlussbericht der AG KiWoMaG v. 14.07.2009, S. 10.

die Thematik der Gefährdung des ungeborenen Kindes[533] und die Problematik von Kindern und Jugendlichen in Pflegefamilien.[534] Konkrete Vorschläge erfolgten zur Teilnahme des Jugendamtes an gerichtlichen Terminen und die Sicherstellung der Teilnahme durch eine mit der Angelegenheit vertrauten Fachkraft.[535] Könne sich der jeweilige Mitarbeiter des Jugendamts direkt zu der Sache positionieren und auf die Beteiligten reagieren sowie den Kontakt zu der Familie herstellen bzw. intensivieren, beuge dies der Gefahr einer möglichen Kompetenz- und Finanzierungsstreitigkeit zwischen Familiengericht und Jugendamt vor.[536] Vorgeschlagen wurde außerdem, flächendeckend auf landesrechtlicher Ebene eine allgemeine Fortbildungsverpflichtung für Richter gesetzlich zu verankern, da gerade Familienrichter in Umgangs- und Sorgerechtsangelegenheiten über kinderpsychologische und sozialpädagogische Grundkenntnisse und Gesprächsführungskompetenzen verfügen müssten.[537] Unterbreitet wurde auch der Vorschlag, die Personalbedarfsberechnung anzupassen, um Anreize für die Teilnahme an Fortbildungsveranstaltungen zu schaffen.[538] Die interdisziplinäre Zusammenarbeit zwischen Jugendamt und Familiengericht sollte weiter ausgebaut werden.[539] Zum beobachteten Anstieg der gerichtlichen Maßnahmen zur Entziehung der elterlichen Sorge seit dem Jahr 2005 stellten die Experten fest, dass hiermit keine Rückschlüsse auf die Entwicklung der Häufigkeit von Kindeswohlgefährdungen gezogen werden könnten, da die Zusammenarbeit von Familiengericht und Jugendamt auf einem komplexen Zusammenspiel basiere und davon abhinge, in wie vielen Fällen die Jugendämter Verfahren nach §§ 1666 f. BGB anregten. Um die gestiegene Anzahl familiengerichtlicher Maßnahmen zum vollständigen oder teilweisen Entzug der elterlichen Sorge mit den Auswirkungen des KiWoMaG in Verbindung zu setzen, bedürfe es weitergehender Forschungsvorhaben zum Dunkelfeld von Kindeswohlgefährdungen, einer Untersuchung zu den positiven oder negativen Auswirkungen gerichtlicher Schutzmaßnahmen sowie einer ausdifferenzierten Erfassung sorgerechtlicher Maßnahmen in der Statistik der Justiz.[540]

533 Abschlussbericht der AG KiWoMaG v. 14.07.2009, S. 5, 34 f.; Vorschlag der Erweiterung des SGB VIII um Angebote für werdende Eltern. Vertiefend zur Thematik *Czerner*, ZKJ 2010, 220 ff.

534 Abschlussbericht der AG KiWoMaG v. 14.07.2009, S. 5, 38 ff.

535 Abschlussbericht der AG KiWoMaG v. 14.07.2009, S. 6.

536 Abschlussbericht der AG KiWoMaG v. 14.07.2009, S. 21, 23.

537 Etwa wie folgt: *„Richterinnen und Richter sind verpflichtet, sich fortzubilden.“* Vgl. Abschlussbericht der AG KiWoMaG v. 14.07.2009, S. 23.

538 System der Personalbedarfsberechnung für den richterlichen, staats-/ amtsanwaltlichen und Rechtspflegerdienst in der ordentlichen Gerichtsbarkeit, *„Pebb§y“*.

539 Nach den Feststellungen der Arbeitsgruppe existierte zum damaligen Zeitpunkt eine gesetzliche Regelung zur Bildung von Kooperationskreisen nur in Schleswig-Holstein und Rheinland-Pfalz.

540 Abschlussbericht der AG KiWoMaG v. 14.07.2009, S. 14.

Dezidierte Ausführungen zur Umsetzung der „Erörterung der Kindeswohlgefährdung“ erfolgten nicht, jedoch hat die Arbeitsgruppe auf erste Beobachtungen hingewiesen, wonach seit den Änderungen des KiWoMaG im Bereich der Kinder- und Jugendhilfe ein Arbeitsanstieg befürchtet werde. Angesichts der Neuregelungen bestünde die Hoffnung auf eine verstärkte Kommunikation mit den Familiengerichten.[541] Bei den Familiengerichten sei beobachtet worden, dass der „frühe erste Termin“ nach § 155 Abs. 2 FamFG (§ 50e Abs. 2 FGG a.F.) meist termingerecht, d. h. innerhalb eines Monats nach Beginn des Verfahrens durchgeführt, die Teilnahme des Jugendamts allerdings problematisiert werde, wenn bereits ein schriftlicher Bericht des Jugendamtes dem Gericht vorliege. Schließlich haben die Experten festgestellt – und dies deutet auf eine mögliche Schwierigkeit mit dem Begriffsverständnis der Erörterung der Kindeswohlgefährdung hin -, dass der Unterschied zwischen der *frühzeitigen Anrufung des Gerichts* und der gleich hoch gebliebenen Eingriffsschwelle nach § 1666 BGB zum Teil verkannt werde.

II. Die Neuregelung des § 157 FamFG im Wege des FGG-Reformgesetzes (2009)

Der Reform des familiengerichtlichen Verfahrens ist ein überaus langwieriger Prozess vorausgegangen.[542] Das Nebeneinander von verschiedenen Verfahrensordnungen und Verfahrensgrundsätzen sowie die zahlreichen Hin- und Herverweisungen galten als veränderungs- und reformbedürftig.[543] Die ersten Ausarbeitungen des Entwurfs eines Gesetzes über das Verfahren in Familiensachen und in den Angelegenheiten der freiwilligen Gerichtsbarkeit (FamFG) hatten bereits im März 2003 mit dem Einsatz einer vom BMJ beauftragten Expertengruppe begonnen. Diese kündigte auf dem 15. Deutschen Familiengerichtstag in Brühl die Reform des familiengerichtlichen Verfahrens an. Im Juni 2005 erschien ein erster Referentenentwurf, gefolgt von einem Beschluss des Bundeskabinetts für eine grundlegende Reform des familiengerichtlichen Verfahrens.[544]

Der erste Referentenentwurf zum FGG-RG v. Juni 2005[545] sah noch keine Erörterung der Kindeswohlgefährdung vor. Auch das Vorrang- und Beschleunigungsgebot bezog sich in der Entwurfsfassung des *§ 165 Abs. 1 FamFG-E* nicht auf Verfahren wegen Kindeswohlgefährdung, sondern nur auf Kindschaftssachen, die den Aufenthalt,

---

541 Abschlussbericht der AG KiWoMaG v. 14.07.2009, S. 13.

542 Vgl. zum historischen Hintergrund *Meyer-Seitz/Frantzioch/Ziegler*, FGG- Reform (2009), S. 13 ff.; zum rechtlichen Rahmen des FamFG siehe auch *Balloff*, in: Körner/ Deegener, S. 56 ff.

543 BT-Drucks. 16/6308, S. 162.

544 Ausführlich zum Gang des Gesetzgebungsverfahrens: *Meyer-Seitz/Frantzioch/ Ziegler*, FGG- Reform (2009), S. 13 ff.

545 Referentenentwurf zum FGG-Reformgesetz v. Juni 2005, S. 92, 406; Internetadresse_24.

das Umgangsrecht und die Herausgabe des Kindes betreffen.[546] In Weiterentwicklung der im Wege des Gesetzes zur Reform des Kindschaftsrechts (Kindschaftsrechtsreformgesetz – KindRG) v. 16.12.1997[547] eingefügten Vorschrift des § 52 Abs. 1 FGG a.F. wurde die Verpflichtung mit aufgenommen, die Sache mit den Beteiligten mündlich in einem Termin zu erörtern.[548] Eine Verpflichtung zur „Klärung der Gefahrenlage“ bestand zunächst nur nach *§ 168 Abs. 1 S. 3 FamFG-E* im Rahmen der Elternanhörung und nicht in einer gesonderten Vorschrift zur Erörterung der Kindeswohlgefährdung in Verfahren wegen Kindeswohlgefährdung.[549] Auch der ergänzte Referentenentwurf zum FamFG v. 14.02.2006[550] sah kein Erörterungsgespräch und keine Erwähnung des Verfahrens wegen Kindeswohlgefährdung vor.

Erst infolge der Änderungen im Zusammenhang mit den Beratungen des KiWoMaG erfolgte ein neuer Regierungsentwurf des FamFG[551], der die im Gesetzgebungsverfahren des KiWoMaG aufgegriffenen Vorschläge in das FamFG entsprechend der dortigen Systematik einbaute. Ausweislich der Pressemitteilung des BMJ v. 09.05.2007[552] galt es als Zielsetzung des Familienverfahrensrechts, in Fällen der Kindeswohlgefährdung *„das Gericht früher einzuschalten“*, um dort mit den Eltern ein *„Hilfegespräch“* zu führen und zu *„klären, wie die Familie unterstützt werden kann.“* Erstmals enthielt das FamFG-Entwurfsgesetz einen Vorschlag für die Etablierung einer „Erörterung der Kindeswohlgefährdung“ in *§ 157 FamFG-E,* sowie den Vorschlag, das Vorrang- und Beschleunigungsgebot um Verfahren wegen Kindeswohlgefährdung zu erweitern, *§ 155 FamFG-E.*[553] Seit Inkrafttreten des FamFG zum 01.09.2009 sieht die Neukodifizierung des FamFG abweichend von der bislang in § 50e Abs. 4 FGG (a.F.) normierten gerichtlichen Verpflichtung vor, den Erlass einer einstweiligen Anordnung *„in Verfahren nach den §§ 1666 und 1666a BGB“* zu prüfen. Die gesetzliche Normierung findet sich in § 157 Abs. 3 FamFG. Ausweislich der Regierungsbegründung betrifft die Regelung allerdings *„alle Verfahren, die wegen einer Gefährdung des Kindeswohls eingeleitet werden können, d. h. auch Verfahren, die auf eine Verbleibensanordnung nach § 1632 Abs. 4 BGB gerichtet sind“.*[554] Im Übrigen ist der Wortlaut des § 50f FGG (a.F.) im Wesentlichen wortgleich übernommen und im Wege des FamFG keiner weiteren Neufassung und gesetzlichen Begründung unterworfen worden. Weitere Neuregelungen durch das FGG-RG, die ebenfalls im

546 Referentenentwurf FGG v. Juni 2005, S. 397 ff.; Internetadresse_24.

547 Gesetz v. 16.12.1997, BGBl. I, S. 2942.

548 Referentenentwurf FGG v. Juni 2005, S. 397 ff.; Internetadresse_24.

549 Die Vorschrift entsprach sodann § 50 a Abs. 1 S. 3 FGG a.F.

550 Ergänzter Referentenentwurf zum FGG-Reformgesetz v. 14.02.2006, Internetadresse_25.

551 Zum Gesetzesentwurf des BMJ v. 10.05.2007 vgl. BR-Drucks. 309/07.

552 Pressemitteilung des BMJ v. 09.05.2007 unter dem Titel „Zügige Entscheidungen in Familiensachen“, Ankündigung unter Punkt 3, Internetadresse_26.

553 Vgl. § 155 Abs. 1 FamFG-E im Entwurf v. 10.05.2007, BR-Drucks. 309/07, S. 531.

554 BT-Drucks. 16/6306, S. 238.

Wege des KiWoMaG vorgezogen worden sind, betreffen die Kindesanhörung in § 159 FamFG und die Elternanhörung in § 160 FamFG.[555]

1. Die wesentlichen Zielsetzungen des FGG-Reformgesetzes

Das FamFG sieht die vollständige Neukodifizierung des familiengerichtlichen Verfahrens vor, das in nichtstreitig verlaufenden Angelegenheiten der freiwilligen Gerichtsbarkeit auf eine einfache und rasche Erledigung des Verfahrens abzielt und für streitig verlaufende Angelegenheiten die Beachtung rechtsstaatlicher Verfahrensgarantien sicherzustellen versucht.[556] Das FamFG führt die bislang über verschiedene Verfahrensordnungen verteilten Regelungen[557] in einem Gesetz zusammen.[558] Beibehalten wird die Grundstruktur des familiengerichtlichen Verfahrens mit dem Verbundprinzip und der Unterscheidung zwischen FGG- und ZPO-Folgesachen.[559] Gesetzesaufbau und Gesetzessprache zielen auf eine in der Anwendung freundlichere Ausgestaltung[560] durch eine grundlegende Neuordnung des familiengerichtlichen Verfahrens, das den praktischen Bedürfnissen der Verfahrensbeteiligten gerecht werden soll.[561] Wesentliche Neuerungen betreffen neben der Einführung des großen Familiengerichts[562] die neue Terminologie[563], die Implementierung des Beteiligtenbegriffs in § 7 FamFG sowie die generelle Anerkennung des Vergleichs als Möglichkeit der Verfahrensbeendigung – teilweise selbst in Verfahren über das Umgangsrecht und über Gegenstände, über die die Beteiligten nicht disponieren können (§ 156 Abs. 2 FamFG). Die Neuregelungen enthalten grundlegende Änderungen im Rechtsmittelrecht und im einstweiligen Rechtsschutzverfahren, neue Vollstreckungsregelungen, die in Sorge- und Umgangsentscheidungen nicht mehr Zwangsmittel, sondern Ordnungsmittel vorsehen und anders als Zwangsmittel noch

---

555 Zur Anhörung der Eltern, Kap. 2, C. I. und II.

556 BT-Drucks. 16/6308, S. 163; *Häußermann*, in: Lipp/Schumann/Veit, FamFG-Reform, S. 5 (24 f.): unterschieden werden die drei familienverfahrensrechtlichen Kategorien Ehesachen (§§ 121–150 FamFG), Familiensachen (§§ 151–230 FamFG) und Familienstreitsachen.

557 Dies waren bisher ZPO, FGG, Hausratsverordnung und BGB.

558 Ordnungskriterium ist die Sachnähe des Familiengerichts zum Verfahrensgegenstand; vgl. *Meyer-* Seitz/Frantzioch/Ziegler, FGG-Reform (2009), S. 38.

559 Das Verfahren in ZPO-Familiensachen richtet sich weiterhin nach den Vorschriften der ZPO.

560 BT-Drucks. 16/6308, S. 164; kritisch hierzu: *Schulte-Bunert*, Das neue FamFG (2010), Einl. Rn. 12.

561 BT-Drucks. 1/6308, 164 ff.; *Trenczek*, ZKJ 2009, 97; grundlegend zu den Neuregelungen auch *Coester*, FF 2009, 269 ff.

562 *Kretzschmar/Meysen*, FPR 2009, 1.

563 Die neuen Begriffsbezeichnungen betreffen z. B. die Bezeichnung Verfahren statt Prozess, Antragsteller statt Kläger, Antragsgegner statt Beklagter (§ 113 Abs. 5 FamFG). Anstelle eines Urteils ergeht ein Beschluss (vgl. §§ 38, 116 Abs. 1 FamFG).

wegen Zeitablaufs festgesetzt und vollstreckt werden können und damit eine sanktionierende Funktion entfalten.[564]

Das FamFG zielt auf eine Verfahrensstruktur, die *konsensual*[565] ausgerichtet ist und eine Stärkung von *konfliktvermeidenden* und *konfliktlösenden*[566] Elementen enthält.[567] Der Situation der betroffenen Kinder soll im Vergleich zu der bisherigen Rechtslage mehr Rechnung getragen werden, indem eine Haltungsänderung der Konfliktparteien erreicht werden soll.[568]

Das übergreifende Verfahrensziel des Strebens nach *einvernehmlichen* Lösungsansätzen folgt der Erkenntnis, dass sich Angelegenheiten der Personensorge durch emotionale Konflikte kennzeichnen[569], die großen Einfluss auf die Durchführung sowie die Dauer des Verfahrens nehmen können. Die vorbezeichneten Zielsetzungen der Einvernehmlichkeit und der Beschleunigung haben sich ebenso wie die Ansätze der „Stärkung der Elternverantwortung" und der interdisziplinären Zusammenarbeit in der familiengerichtlichen Praxis an dem – nicht Gesetz gewordenen – Modell der sog. *Cochemer Praxis* als Möglichkeit interdisziplinärer Vernetzung im Familienkonflikt[570] orientiert, um Konfliktsituationen effektiver zu begegnen[571] und die Eltern mit einzubeziehen, um ihnen aufzeigen zu können, dass sie eine zentrale Rolle bei der Lösungsfindung einnehmen. Die Cochemer Praxis, die bereits als Grundlage für die Etablierung weiterer Modellprojekte[572] gedient hat, folgt dem Grundsatz, dass einvernehmliche und gütliche Einigungen dem Kindeswohl dienlicher sein sollten als Entscheidungen, die einen Gewinner und einen Verlierer hervorbringen und weitere Auseinandersetzungen entstehen lassen.[573]

Der Gedanke der Förderung eigener Konfliktlösungsmechanismen und die Fokussierung auf außergerichtliche Streitbeilegungsmethoden, wie etwa Mediationsverfahren, hatte sich bereits im Rahmen des Gesetz zur Reform des Kindschaftsrechts

---

564 *Binschus*, ZfF 2008, 112 (115); *Jacoby*, FamRZ 2007, 1703.
565 Vgl. *Häußermann*, in: Lipp/Schumann/Veit, FamFG-Reform, S. 5 (23).
566 *Jaeger*, FPR 2006, 410; *Trenzcek*, ZKJ 2009, 97.
567 BT-Drucks. 16/6308, S. 164; *Schulte-Bunert*, Das neue FamFG (2010), Einl. Rn. 14.
568 *Rudolph*, FPR 2009, 574 (576).
569 Zur Frage der „Subsumtion von Emotionen" vgl. *Ehler*, FPR 2013, 500 ff.
570 *Rudolph*, FPR 2009, 574 ff.
571 BT-Drucks. 16/6308, S. 164.
572 Vgl. das „*Münchener Modell*", das auf der Initiative von Richtern und Rechtsanwälten basiert, um Verfahren bei Umgang, elterlicher Sorge und Kindesherausgabe zu beschleunigen und zu versachlichen, vgl. *Gartenhof* et al., ZKJ 2011, 285 ff. Der „*Sonderleitfaden zum Münchener Modell*" stellt wiederum deutlich heraus, dass die Sicherung des Kindeswohls und der Opferschutz absoluten Vorrang vor einem einvernehmlichen Konzept haben, so dass das Modell auf Kinderschutzfälle nicht unmittelbar Anwendung findet. Weitere Modellprojekte sind etwa das Ebersberger Modell oder das Augsburger Netzwerk für Trennung und Scheidung (ANTS), Internetadresse_27.
573 Zur Kritik an der Cochemer Praxis als „Allheilmittel" vgl. etwa *Willutzki*, FPR 2009, 327; siehe auch *Salgo*, FPR 2010, 456 (459).

(Kindschaftsrechtsreformgesetz – KindRG) vom 16.12.1997[574] etabliert und ist der Grundannahme entlehnt, die Durchführung von Sorge- und Umgangsregelungen werde von den Beteiligten besser akzeptiert, wenn Eltern die entsprechende Konfliktlösung selbstbestimmt und unter Inanspruchnahme einer Beratung finden und eine Regelung eigenständig treffen.[575] Im Vordergrund des KindRG stand die Stärkung der elterlichen Autonomie und Elternverantwortung. Auf justizieller Ebene entwickelte sich bereits zum damaligen Zeitpunkt der Grundsatz, auf ein Einvernehmen der Beteiligten gerichtlich *„so früh wie möglich“* und *„in jedem Stadium des Verfahrens“* hinzuwirken – ein Grundsatz, der in den Beratungen zum familiengerichtlichen Verfahrensrecht nach dem FamFG (2009) einen hohen Stellenwert eingenommen hat. Familienrichter wurden angehalten, auf die Möglichkeit der außergerichtlichen Beratung durch Beratungsstellen und –dienste der öffentlichen und freien Träger der Jugendhilfe hinzuweisen, § 52 FGG (a.F.)[576]. Zusätzlich erhielt das Gericht die Möglichkeit, das entsprechende Verfahren auszusetzen, wenn die Beteiligten zu einer einvernehmlichen Beratung bereit sind oder nach freier Überzeugung des Gerichts die Aussicht auf ein Einvernehmen der Beteiligten besteht. Nach dem KindRG galt Zwang als kontraindiziert, ließe eine einverständliche Konfliktlösung nicht erwarten und bewirke im Zweifelsfalle eine Verfahrensverzögerung zu Lasten des Kindes. Das KindRG zielte von daher auf eine Stärkung der elterlichen Rechtspositionen und den Schutz der Eltern vor unnötigen staatlichen Eingriffen, soweit dies mit dem Kindeswohl vereinbar sei.[577] Das Jugendamt trat infolge der Erweiterung der Beratungs-, Unterstützungs- und Informationspflichten (insbesondere §§ 52a, 17, 18 SGB VIII) als Kooperationspartner des Gerichts zur Umsetzung von einvernehmlichen Regelungen in Erscheinung, die ebenfalls zu einem Ausbau der elterlichen Beratungsangebote und die Möglichkeit der stärkeren Partizipation der Eltern am Hilfeprozess und am gerichtlichen Verfahren führten.

Die Grundsätze des Hinwirkens auf Einvernehmen und der Einbeziehung der Eltern in den Lösungsfindungsprozess finden sich im FamFG wieder: Auch der Verfahrensbeistand und der Sachverständige haben in Verfahren wegen Kindeswohlgefährdung die Aufgabe, auf die Erzielung einer einvernehmlichen Regelung hinzuwirken, §§ 158 Abs. 4, 163 Abs. 2 FamFG. Besonders hervorgehoben wird die gesetzliche Vorgabe eines gerichtlichen Hinwirkens auf Einvernehmen zwischen den Beteiligten und die Betonung der außergerichtlichen Konfliktlösung in § 156 FamFG, die im Wesentlichen dem bisherigen § 52 Abs. 1 S. 1 und 2 FGG a.F.[578] entspricht, wonach das Gericht so früh wie möglich und in jeder Lage des Verfahrens auf ein Einvernehmen der Beteiligten hinwirken und auf die Möglichkeiten der

574 BGBl. I, S. 2942; vgl. BT-Drucks. 13/4899 v. 13.06.1996.

575 BT-Drucks. 13/4899, S. 75; *Proksch*, Rechtstatsachenforschung, S. 203; *ders.*, ZKM 2010, 39; zu Überlegungen zur Sorgerechtsmediation vgl. *Marx*, ZKJ 2010, 300 ff.

576 Hierzu: BT-Drucks. 13/4899, S. 75.

577 *Proksch*, Rechtstatsachenforschung, S. 24; BT-Drucks. 13/4899, S. 1.

578 § 52 Abs. 1 FGG in der Fassung bis zum KiWoMaG v. 04.07.2008, BGBl. I, S. 1188 mit Wirkung v. 12.07.2008.

Beratung hinweisen soll, damit ein einvernehmliches Konzept für die Wahrnehmung der elterlichen Sorge und der elterlichen Verantwortung entwickelt werden kann, soweit dies dem Kindeswohl nicht widerspricht.[579] Das Gericht hat auf die Möglichkeiten der Beratung durch Beratungsstellen und – dienste der Träger der Kinder- und Jugendhilfe hinzuweisen. Die Eltern können verpflichtet werden, an einer Beratung teilzunehmen und eine Bestätigung hierüber vorzulegen, womit einer Empfehlung des Deutschen Familiengerichtstages aus dem Jahre 2005 entsprochen worden ist.[580] Die Durchführung der Beratung ist allerdings nicht mit Zwangsmitteln durchsetzbar.

Die Norm des § 156 FamFG bezieht sich gleichwohl *nicht* auf Verfahren wegen Kindeswohlgefährdung nach §§ 1666, 1666a BGB, sondern gilt für Angelegenheiten, die die elterliche Sorge bei Trennung und Scheidung, den Aufenthalt des Kindes, das Umgangsrecht oder die Herausgabe des Kindes betreffen.[581] Es wird hierzu vertreten[582], der Grundsatz des Hinwirkens auf Einvernehmen, der im gesamten Familienrecht übergreifend gelte, gewinne auch in Verfahren wegen Kindeswohlgefährdung an Bedeutung. Dies nicht nur, weil die in § 156 FamFG genannten Kindschaftssachen Berührungspunkte zu § 1666 BGB aufwiesen, sondern auch, weil es in erster Hinsicht den Eltern obliege, die Gefahr von dem Kind abzuwenden und diese deshalb notwendig an der Gefährdungserörterung beteiligt werden müssten. Nach *Coester*[583] lässt sich das „*Befriedungspotential*“ einer einvernehmlichen Problemlösung auch in Verfahren wegen Kindeswohlgefährdung sinnvoll nutzen, dies insbesondere im Rahmen der Erörterung der Kindeswohlgefährdung nach § 157 FamFG[584], indem das Gespräch zu einem Zeitpunkt geführt wird, in dem eine Gefahr für das Kind noch nicht sicher feststeht und eine besondere und konstruktive Mitwirkung der Eltern an der Gefährdungsabwendung in Form einer Gefährdungserörterung noch erfolgen kann. Besonders hingewiesen wird allerdings darauf, dass die handelnden Professionen in Verfahren wegen Kindeswohlgefährdung beachten müssten, im Streben nach einem Konsens die Interessen der Kinder nicht in den Hintergrund zu drängen.[585] Insbesondere muss außer Frage stehen, dass die Sicherheit des Kindes vorrangig und von Amts wegen zu berücksichtigen ist. Ist eine akute Kindeswohlgefährdung festgestellt, besteht kein Raum für langwierige Verhandlungen zur Steigerung der Hilfeakzeptanz[586], wie dies bereits in vergangenen Kindesschutzfällen

579 Demzufolge soll etwa in Fällen häuslicher Gewalt ein Hinwirken auf Einvernehmen unterbleiben.

580 Empfehlungen des Vorstandes (AK 10), in: Brühler Schriften, 16. DFGT 2005, S. 175.

581 § 156 FamFG gilt als Konkretisierung der generellen Pflicht in § 36 Abs. 1 S. 2 FamFG, auf eine gütliche Einigung hinzuwirken.

582 Vgl. etwa *Coester*, in: Lipp/Schumann/Veit, FGG-Reform, S. 39 (52).

583 Staudinger/*Coester*, § 1666 Rn. 260.

584 Staudinger/*Coester*, § 1666 Rn. 260, 266.

585 Vgl. hierzu: *Willutzki*, ZKJ 2008, 139 (142).

586 *Salgo*, FPR 2010, 456 (458).

praktiziert wurde und zu einer Verschlechterung der Situation für das Kind bis hin zu Todesfällen geführt hat.[587]

2. *Die Auswirkungen der FGG-Reform auf das Verständnis der Erörterung der Kindeswohlgefährdung*

Die FGG-Reform hat eine neue Schwerpunktsetzung deutlich gemacht. Das gesamte familiengerichtliche Verfahrensrecht nach dem FamFG ist von dem Bemühen um einvernehmliche Lösungen der Eltern zu Gunsten des Kindeswohls geprägt.[588] Das als *eines der bedeutendsten Reformgesetze der letzten Jahrzehnte*[589] oder gar *Jahrhundertreform*[590] bezeichnete Reformgesetz setzt die Fokussierung außergerichtlicher Streitbeilegungsmechanismen auf der Ebene des Verfahrensrechts fort und betont Konflikt vermeidende und Konflikt lösende Elemente.[591] Bedeutsam ist, dass anders als noch im Rahmen des KindRG (1998) nunmehr auch in Verfahren wegen Kindeswohlgefährdung auf die verstärkte Einbeziehung der Eltern im gerichtlichen Verfahren abgestellt wird. Zwar nimmt der Grundsatz des Hinwirkens auf Einvernehmen in § 156 FamFG auf solche Kindschaftssachen Bezug, die das Verfahren wegen Kindeswohlgefährdung nach §§ 1666, 1666a BGB nicht betreffen[592] und die gesonderte verfahrensrechtliche Bestimmung für Verfahren nach §§ 1666, 1666a BGB findet sich in der Bestimmung des § 157 FamFG. Jedoch gewinnt die besondere Zielsetzung des übergreifenden Verfahrensgrundsatzes eines Hinwirkens auf Einvernehmen auch in Verfahren nach §§ 1666, 1666a BGB an Bedeutung. Auch die Erörterung der Kindeswohlgefährdung nach § 157 FamFG erfordert ein *„Einwirken"* auf die *Eltern* und nur in geeigneten Fällen auch auf das Kind.[593]

Die Verpflichtung, die Gefahrenlage mit den Eltern und ggfs. dem Kind gemeinsam zu erörtern, trägt dem verfassungsrechtlich normierten Elternrecht aus Art. 6 Abs. 2 S. 1 GG Rechnung, wenn die elterliche Vorrangstellung hinsichtlich der Pflege, Erziehung und Gefahrenabwendung im Termin beachtet wird. Besteht die Möglichkeit, auf die Eltern (und ggfs. das Kind) gerichtlich einzuwirken, um im Wege einer „gemeinsamen Suche" der Gefahrenlage für das Kind wirksam zu begegnen und erfolgt dieser Versuch im Vorfeld einer Kindeswohlgefährdung mit der Möglichkeit, von familiengerichtlichen Eingriffsmaßnahmen in elterliche Sorgerechte abzusehen, wird der Gefahrenabwendungsprimat der Eltern zur Geltung

---

587 Wie etwa im „Osnabrücker Fall", hierzu: *Bringewat*, Tod eines Kindes (1997).
588 *Willutzki*, FPR 2009, 327.
589 Vgl. *Wieser*, JR 2009, 353 (354).
590 *Reinfelder*, BLJA Mitteilungsblatt Sonderdruck 2009, 1.
591 *Häußermann*, in: Lipp/Schumann/Veit, FamFG-Reform, S. 5 (23).
592 Vgl. Wortlaut des § 156 Abs. 1 FamFG.
593 BT-Drucks. 16/6308, S. 238; *Hüßtege*, in: Thomas/Putzo ZPO, § 157 FamFG, Rn. 3; *Schlünder*, in: BeckOK-FamFG, § 157 Rn. 1.

gebracht.[594] Dies entspricht dem Verständnis des FGG-Reformgesetzgebers, auf einvernehmliche Konfliktlösungen hinzuwirken, um zu einer tragfähigen Lösung der Konfliktlage in der Zukunft zu gelangen.

Das Wechselspiel zwischen der Verfahrensbeschleunigung, dem Hinwirken auf Einvernehmen und der Erörterung der Kindeswohlgefährdung, stellen nicht nur das Gericht, sondern auch die anderen Verfahrensbeteiligten[595] vor neue Herausforderungen. Eine zu starke Fokussierung auf den Vorrang einer „gemeinsamen" Konsensfindung zwischen den Beteiligten, im Regelfall sind dies Eltern, Jugendamt und Gericht, birgt die Gefahr, kindliche Belange nicht hinreichend zu beachten und das Wohl des Kindes in den Hintergrund zu drängen.[596]

III. Kritik der Fachöffentlichkeit hinsichtlich der Einführung der Erörterung der Kindeswohlgefährdung, Stellungnahme und Ergebnis

1. *Kritische Stimmen der Fachöffentlichkeit*

Die Einführung einer Erörterung der Kindeswohlgefährdung in § 50f FGG a.F. (§ 157 FamFG n.F.) hat in der Fachöffentlichkeit viel Diskussion und Aufmerksamkeit ausgelöst.[597] Teilweise[598] ist die Einführung einer gerichtlichen Erörterungsverpflichtung als insgesamt positiv begrüßt worden. In Reaktion auf den bereits erfolgten Ausbau des jugendhilferechtlichen Kinderschutzes infolge des KICK (2005) sei die familienrechtliche Seite durch die Implementierung des § 157 FamFG gefolgt.

Begrüßt wird die Abkehr von der Begriffsverwendung des *richterlichen Erziehungsgesprächs*, die noch der Entwurf aus dem Gesetzesantrag von Bayern vorgesehen hat.[599] Vor dem Hintergrund der Terminologie Bayerns wird zum Teil befürchtet, der Familienrichter müsse in Umsetzung des richterlichen „Erziehungsgesprächs" eine Wandlung vom *Entscheider zum Erzieher* vollziehen.[600] Vereinzelt[601] wird in

594 Vgl. Staudinger/*Coester*, § 1666 Rn. 260, wonach sich der Vorrang einvernehmlicher Gefährdungsabwendung materiell-rechtlich aus dem Gefahrenabwendungsprimat der Eltern und verfassungsrechtlich aus der darauf aufbauenden Gefährdungserörterung gem. § 157 FamFG ergibt.

595 Wie etwa Rechtsanwälte und Jugendämter.

596 *Willutzki*, ZKJ 2008, 139 (142); *Salgo*, FPR 2010, 456 (458).

597 Vgl. etwa *Fellenberg*, in: Lipp/Schumann/Veit, Kindesschutz, S. 91 ff.; *Oberloskamp*, ebenda, S. 45 (59 ff.); *Rosenboom/Rotax*, ZRP 2008, 1 (2); *Veit*, FPR 2008, 598 (601 f.); *Willutzki*, ZKJ 2008, 139 (141 ff.); *Wiesner*, FPR 2008, 608 (612 f.).

598 *Willutzki*, ZKJ 2008, 139 (141, 143); *Fellenberg*, in: Lipp/Schumann/Veit, Kindesschutz, S. 91 (97).

599 Vgl. etwa *Rosenboom/Rotax*, ZRP 2008, 1 (2); *Willutzki*, ZKJ 2008, 139 (141).

600 *Neumann*, DRiZ 2007, 65 (66); kritisch auch *Flügge*, FPR 2008, 1 ff.; *dies.*, FPR 2006, 1 ff.

601 *Fellenberg*, in: Lipp/Schumann/Veit, Kindesschutz, S. 91 (94, 97).

der Erörterung der Kindeswohlgefährdung ein Instrumentarium erblickt, das zu einer Vereinheitlichung der Rechtslage führen könne. Hiernach sei die Vorschrift angesichts der Verpflichtung zur Durchführung („soll"), ihrer Zielsetzung und der Regelung zur Ladung der Beteiligten zum Termin eine *„gewinnbringende Konkretisierung der bisherigen Gefährdungserörtung gem. § 50a Abs. 1 S. 3 FGG (a.F.)"*.[602] Die gemeinsame Erörterung bei Gericht könne für mehr Transparenz sorgen, sich positiv auf die Motivation der Eltern auswirken, den Eltern und dem Kind den Ernst der Lage besser vor Augen führen und die Bereitschaft erhöhen, mit dem Jugendamt zu kooperieren und die notwendigen Hilfen anzunehmen.[603] Die Durchführung einer Erörterung der Kindeswohlgefährdung, insbesondere in verfahrensrechtlicher Reaktion auf die frühzeitige Anrufung des Familiengerichts gem. § 8a Abs. 2 S. 1 SGB VIII, biete den Eltern die *„letzte Möglichkeit"*, sich doch noch freiwillig zu einer Mitwirkung an der Gefährdungseinschätzung bereit zu erklären und gemeinsam mit dem Jugendamt und ggfs. dem Familiengericht nach einer vergleichsweise niedrigschwelligen Maßnahme unterhalb der Eingriffsmaßnahmen nach § 1666 BGB zu suchen.[604] Im Gegensatz zur bisherigen Regelung im Rahmen der „Anhörung" liege der Schwerpunkt der „Erörterung" erstmals auf der *„Kooperation"* und der gemeinsamen Verantwortung von Gericht und Jugendhilfe, mithin weniger auf der Sachverhaltsaufklärung als auf der *„gemeinsamen Suche nach Möglichkeiten zur Abwehr der Kindeswohlgefährdung"*, mit der Folge einer effektiveren Ausgestaltung der Zusammenarbeit von Jugendamt und Familiengericht im Kinderschutzverfahren.[605] Das Familiengericht ziehe die Entscheidungsverantwortung auch nicht völlig an sich, sondern übe eine flankierende Funktion aus, nachdem der Hilfe- und Gefährdungseinschätzungsprozess in der Regel bereits vom Jugendamt initiiert worden sei.[606] Im Wesentlichen fuße die Erörterung anders als eine sozialpädagogische oder psychologische Beratung auf der Autorität des Richters.[607]

Den überwiegenden Stimmen der Fachöffentlichkeit[608] zufolge hat die Regelung gleichwohl zahlreiche Fragen hinsichtlich Anlass, Funktion und Sinnhaftigkeit der Erörterung der Kindeswohlgefährdung aufgeworfen, etwa dahingehend, was in der Familie über den Erörterungstermin beim Familiengericht bewirkt werden soll, auf welche Weise es in verfahrensrechtlicher Hinsicht zur Anwendung gelangen kann und welche Rolle hierbei Familiengerichten und Jugendämtern zukommt und ob dem Familienrichter im Wege der Erörterung nicht sogar eine ganz neue Aufgabe zuteil werde. Die neu implementierte Bestimmung der Erörterung

---

602 *Fellenberg*, in: Lipp/Schumann/Veit, Kindesschutz, S. 91 (94, 97).
603 *Willutzki*, ZKJ 2008, 139 (141).
604 Vgl. *Czerner*, ZKJ 2012, 246 (251).
605 Etwa *Fellenberg*, in: Lipp/Schumann/Veit, Kindesschutz, S. 91 (94, 97); vgl. auch *Röchling*, FamRZ 2008, 1495 (1497).
606 *Wiesner*, RdJB 2009, 13 (17).
607 *Wagner*, FPR 2008, 605 (606).
608 *Fellenberg*, in: Lipp/Schumann/Veit, Kindesschutz, S. 91; *Meysen*, JAmt 2008, 233 (239); Staudinger/*Coester*, § 1666 Rn. 264.

der Kindeswohlgefährdung lasse insoweit viel Raum für Deutungen[609], mit der möglichen Folge einer überaus unterschiedlichen Interpretation der Vorschrift in der Praxis, die wiederum Chancen, aber auch Risiken eröffne.[610]

Überaus kritisch angemerkt haben Stimmen der Fachöffentlichkeit[611], dass der Verweis auf die „mögliche" Kindeswohlgefährdung und die Verknüpfung mit dem Verfahren nach §§ 1666, 1666a BGB in § 157 Abs. 1 FamFG (§ 50f FGG a.F.) nicht hinreichend deutlich zum Ausdruck bringe, inwieweit die Gefährdungserörterung eine *Herabsetzung der staatlichen Eingriffsschwelle*[612] bzw. *Vorverlagerung der Interventionsschwelle*[613] bedinge.[614] Mangels Konkretisierung der Begrifflichkeiten wird dem Gesetzgeber vorgeworfen, *„die Konturen zwischen einer möglichen und einer tatsächlichen Kindeswohlgefährdung zu verwischen"*.[615] Überdies äußern kritische Stimmen[616] die Gefahr einer unzulässigen *Verlagerung von Verantwortlichkeiten*, die erfolge, wenn das Jugendamt im Wege der frühzeitigen Einschaltung des Gerichts eine eigene Entlastung zu erreichen versuche und die Verantwortung an die Justiz abgeben wolle. Indem das Gericht bereits im Stadium der *Gefährdungsabschätzung* hinzugezogen werde, wird dies als *„unzulässige Erweiterung der Anhörung"* gesehen, die Anforderungen an den Familienrichter stellt, die dieser mangels pädagogischer Kenntnisse nicht erfüllen kann.[617] Das generelle Problem der Ressourcenknappheit haben zahlreiche Vertreter der Fachöffentlichkeit als Gefahr und Grenze der gesetzgeberischen Zielsetzung postuliert.[618]

Diskutiert wird schließlich die richterliche Verpflichtung, auf die Inanspruchnahme öffentlicher Hilfen hinweisen zu müssen, ohne zugleich sicherzustellen zu können, dass derartige Hilfen auch installiert werden. Halte der Richter etwa im Verlauf einer Erörterung der Kindeswohlgefährdung eine bestimmte Hilfe zur Erziehung nach §§ 27 ff. SGB VIII für geeignet und notwendig, komme es aber sodann zu Diskrepanzen zwischen Familiengericht und Jugendamt, könne das Erörterungsgespräch zum *„Schauplatz von Auseinandersetzungen zwischen*

---

609 Vgl. *Meysen*, NJW 2008, 2673 (2675).

610 *Meysen*, JAmt 2008, 233 (239).

611 Vgl. etwa *Meysen*, JAmt 2008, 233 (239); *Fellenberg*, in: Lipp/Schumann/Veit, Kindesschutz, S. 91 (95 f.).

612 *Czerner*, ZKJ 2012, 246 (251); *Rosenboom/Rotax*, ZRP 2008, 1 (2); *Veit*, FPR 2008, 598 (602).

613 *Wiesner*, RdJB 2009, 13 (17).

614 Zum Streitstand siehe ausführlich Kap. 2, A. III. und IV.

615 *Röchling*, FamRZ 2008, 1495 (1496, vgl. Fn. 25); zu Bedeutung und Reichweite der „möglichen" Kindeswohlgefährdung, vgl. Kap. 2, A.

616 Vgl. etwa *Meysen*, JAmt 2008, 233 (239): Gefahr des frühzeitigen Delegierens der Mitverantwortung auf das Familiengericht, um eine eigene Entlastung zu erreichen.

617 *Neumann*, DRiZ 2007, 65 (66); *Flügge*, FPR 2008, 1.

618 *Vogel*, FF 2008, 231 (233); *Veit*, FPR 2008, 598 (602); so im Ergebnis auch: *van Els*, FF 2009, 157 (159); *Willutzki*, FPR 2008, 139 (143) und *Meysen*, JAmt 2008, 233 (241 f.).

Familiengericht und Jugendamt“[619] werden. Der Hilfeprozess werde dadurch unnötig belastet und erschwert. Die Vorschläge reichen von der Änderung des § 36a SGB VIII[620] bis hin zur generellen Übertragung der Steuerungskompetenz hinsichtlich der öffentlichen Hilfen auf die Familiengerichte, insbesondere in Fällen, in denen das Jugendamt aus anderen als sozialpädagogischen Gründen öffentliche Hilfeleistungen ablehnt oder die Gewährleistung gebotener Hilfen unterlässt.[621]

2. Stellungnahme und Ergebnis

Durch die Bezugnahme auf die Vorschrift des § 8a Abs. 2 S. 1, 2. Hs. SGB VIII[622] in den Gesetzesmaterialien wird deutlich, dass der Gesetzgeber auf familienverfahrensrechtlicher Ebene an die im Wege des KICK erfolgte Konkretisierung des Schutzauftrags und die Obligation des Jugendamts, bereits bei fehlender Mitwirkung der Eltern an der Abschätzung des Gefährdungsrisikos das Familiengericht einzuschalten, anknüpfen möchte. § 157 FamFG steht damit in einer Wechselbeziehung mit § 8a SGB VIII, wonach die Handlungsmöglichkeit des Familiengerichts nach § 157 FamFG die frühere Anrufungsmöglichkeit des Jugendamts nach § 8a SGB VIII bedingt. Dem Jugendamt eröffnet die Vorgabe in § 157 FamFG die Möglichkeit, im Konflikt mit den Eltern das Familiengericht als Unterstützung herbeizurufen.[623] Sind die Erkenntnismöglichkeiten des Jugendamts zur Einschätzung der Gefahrenlage erschöpft, gilt es, wenn sich die Eltern als beratungsresistent erweisen[624], die weitergehenden justiziellen Handlungsmöglichkeiten zum Einsatz zu bringen, um der Gefahrenlage für das Kind wirksam zu begegnen. Die Reaktion des KiWoMaG-Gesetzgebers erscheint von daher konsequent, das „funktionale Äquivalent“[625] für § 8a Abs. 2 S. 1, 2. Hs. SGB VIII auf familienverfahrensrechtlicher Ebene hervorzubringen und dem Familienrichter die jeweiligen Handlungsbefugnisse und Reaktionsmuster aufzuzeigen. Während § 8a Abs. 2 S. 1 SGB VIII vorsieht, das Familiengericht anzurufen, weil eine weitere Abklärung des Gefährdungsrisikos notwendig ist, ergibt sich dies aus § 157 FamFG nicht explizit.

Einen weiteren Problembereich eröffnet der Wortlaut des § 157 Abs. 1 FamFG und die Fokussierung auf die *„mögliche“* Kindeswohlgefährdung: Hat das Jugendamt das Familiengericht im Falle des § 8a Abs. 2 S. 1, 2. Hs. SGB VIII frühzeitig angerufen, hat das Gericht die Gefahrenlage festzustellen und zu entscheiden, ob

619 *Willutzki*, ZKJ 2008, 139 (141).

620 *Vogel*, FF 2008, 231 (233): Das fehlende Einvernehmen zwischen Familiengericht und Jugendamt soll durch eine familiengerichtliche Entscheidung über anzuordnende Hilfemaßnahmen ersetzt werden können.

621 *Vogel*, FF 2008, 231 (233).

622 BT-Drucks. 16/6815, S. 17.

623 *Coester*, in: Lipp/Schumann/Veit, FGG-Reform, S. 39 (50). Familiengericht als „großer Bruder“.

624 *Seier*, FPR 2008, 483 (485).

625 Staudinger/*Coester*, § 1666 Rn. 265.

und inwieweit die Schwelle der Kindeswohlgefährdung überschritten ist, um Maßnahmen nach §§ 1666, 1666a BGB anordnen zu können. Das Erörterungsgespräch soll im Vorfeld einer Kindeswohlgefährdung bleiben, wenngleich es „in“ Verfahren nach §§ 1666, 1666a BGB zur Anwendung gelangt. Der Gesetzgeber betont, die Gefährdungsschwelle in § 1666 Abs. 1 BGB als Voraussetzung für die Anordnung familiengerichtlicher Maßnahmen nicht herabgesetzt und eine Vorverlagerung staatlicher Eingriffsbefugnisse nicht unternommen zu haben.[626] Diese gilt weiterhin als Demarkationslinie zwischen der elterlichen Zuständigkeit und der staatlichen Eingriffsbefugnis.[627] Zugleich soll aber die Erörterung der Kindeswohlgefährdung dem Richter – *bereits im Vorfeld und unabhängig von Maßnahmen nach §§ 1666, 1666a BGB* – als Instrument dienen, um auf die Eltern und die Kinder einzuwirken und die Verbindlichkeit eines vom Träger der öffentlichen Jugendhilfe aufgestellten Hilfeplans zu verdeutlichen.“[628] Die gezielte und frühzeitige *Einwirkung* auf die Eltern zur Wiederherstellung ihrer Elternkompetenz entspricht der Zielsetzung des Gesetzgebers.[629] Die Begründung des Gesetzgebers erscheint an dieser Stelle jedoch nicht hinreichend konsequent, denn schließlich legitimiert der Erörterungstermin den Richter, das persönliche Erscheinen der Eltern zum Termin anzuordnen und ggfs. durchzusetzen sowie ggfs. auf das Kind Einfluss zu nehmen[630], ohne eine konkrete Kindeswohlgefährdung festgestellt haben zu müssen. Dies wirft die Frage auf, ob und inwieweit die Erörterung der Kindeswohlgefährdung die staatliche Eingriffsschwelle dennoch in das Vorfeld einer konkreten Kindeswohlgefährdung verlagern kann.[631] Hinreichend deutlich wird mit der gesetzlichen Begründung allein, dass die Erörterung frühzeitig vorgenommen werden soll, damit der Gefahrenlage noch mit öffentlichen Hilfen begegnet werden kann.[632] Die Bedeutung der Begriffsverwendung „mögliche Gefährdung“ und insbesondere zu welchem Zeitpunkt die „mögliche“ Gefährdung des Kindeswohls beginnt[633], bleibt angesichts der nicht erfolgten Begriffsbestimmung durch den Gesetzgeber hingegen offen und begründet unterschiedliche Auslegungsmodalitäten.

Trotz Abkehr von der Bezeichnung „Erziehungsgespräch“ während den parlamentarischen Beratungen zum KiWoMaG, lässt sich der erzieherische Charakter der Vorschrift nicht leugnen. Die Eltern sollen an ihre Elternpflichten erinnert werden. Der neue Gedanke des FamFG, einvernehmliche Konfliktlösungsmechanismen zu fördern, spiegelt sich hier wider, indem die Eltern in die Gefährdungserörterung einbezogen werden und der Richter die Gefahrenlage erörtert. Angesichts der

626 BT-Drucks. 16/6815, S. 17.
627 BR-Drucks. 550/07, S. 6 ff.; BT-Drucks. 16/6815, S. 1, 10 f., 14 ff.
628 BT-Drucks. 16/6815, S. 17.
629 BT-Drucks. 16/6815, S. 1.
630 Die Anordnung des persönlichen Erscheinens des Kindes ist gesetzlich nicht vorgesehen.
631 Kap. 2, A. III. und IV.
632 *Reinfelder*, BLJA Mitteilungsblatt 4/09, S. 1 (13).
633 *Schumann*, in: MüKo-FamFG (2013), § 157 Rn. 5.

Gesetzessystematik lässt sich der in § 156 FamFG gesetzlich verankerte Grundsatz des Hinwirkens auf Einvernehmen nicht unmittelbar auf Verfahren wegen Kindeswohlgefährdung nach §§ 1666, 1666a BGB übertragen. Vielmehr gelten für jene amtswegig zu führenden Verfahren die Vorgaben in § 157 FamFG.

Nicht hinreichend deutlich wird zudem die Einbeziehung des Kindes. In Vergessenheit geraten ist der eigentliche Anlass des KiWoMaG, in Fällen von delinquenten Kindern und Jugendlichen eine verstärkte Verantwortungsgemeinschaft zwischen Jugendhilfe und Gericht zu befördern.[634] Der Abschlussbericht der Arbeitsgruppe KiWoMaG und die parlamentarischen Beratungen legten den Fokus in erster Hinsicht auf Fälle vernachlässigter Kinder. Die Einbeziehung des Kindes in den Erörterungstermin soll gleichwohl unter Bezugnahme auf Fälle von Delinquenz und Straffälligkeit in der Gesetzesbegründung[635] nur „in geeigneten Fällen" erfolgen. Nicht zuletzt, weil statistische Daten sowie einschlägige Untersuchungsergebnisse zur Frage der Delinquenz und Straffälligkeit von Kindern fehlen und überdies sowohl die polizeiliche Kriminalstatistik[636] als auch der Sicherheitsbericht der Bundesregierung[637] keinen Zuwachs an tatverdächtigen Kindern und Jugendlichen verzeichnen[638], lässt sich feststellen, dass konkrete Angaben zur hinreichenden Berücksichtigung des Kindes im Erörterungstermin nach § 157 FamFG fehlen.

Jedenfalls entspricht die Möglichkeit, frühzeitig mit den Eltern die Abwendung einer Kindeswohlgefährdung vor Gericht zu besprechen, der gesetzgeberischen Intention einer effektiveren Einbindung von Jugendhilfe und Justiz zum präventiven Schutz gefährdeter Kinder. Auch die Zielsetzung, alle Beteiligten zusammenzuführen, soll die Akzeptanz der Eltern für eine Entscheidung fördern und erscheint geeignet, eine Verhaltensänderung der Eltern und des Kindes zu erwirken. Eine förmliche gerichtliche Entscheidung ist ggfs. entbehrlich. Das Jugendamt ist regelhaft am Termin zu beteiligen.[639] Der Auftrag des Familiengerichts als verfahrensgestaltendes Organ ist stärker *„prozesshaft"* orientiert. Der Familienrichter ist nicht nur verpflichtet, ein Gespräch bei Gericht über das Vorliegen und die Begegnung einer Gefahrenlage zu führen, sondern er hat auch seine Entscheidung von Amts wegen zu überprüfen, § 166 Abs. 3 FamFG (§ 1696 Abs. 3 BGB a.F.), womit die Verantwortungsgemeinschaft zwischen Jugendamt und Familiengericht stärker betont und deutlich wird, dass § 157 FamFG der vernetzten Einwirkung von Jugendamt und Familiengericht auf die Eltern in einer Phase dient, in der die Gefährdung des Kindeswohls noch nicht feststeht, aber doch konkret möglich ist.

---

634 *Kurz-Adam*, in: AFET-Veröffentlichung Rn. 71/2011, S. 23 (27).

635 BT-Drucks. 16/6815, S. 1, 7; so auch der Abschlussbericht der AG KiWoMaG v. 17.11.2006, S. 17.

636 *Bundeskriminalamt*, Polizeiliche Kriminalstatistik BRD, Berichtsjahr 2005, Internetadresse_28.

637 Zweiter Periodischer Sicherheitsbericht der Bundesregierung (2006), Kap. 4.1; Internetadresse_29.

638 Abschlussbericht AG KiWoMaG v. 17.11.2006, S. 17.

639 Zur Mussbeteiligung des Jugendamtes siehe bereits oben, Kap. 1, A. III.

IV. Die Zielsetzung des Gesetzgebers

Mit der in § 157 FamFG normierten Erörterung der Kindeswohlgefährdung verfolgt der Gesetzgeber nach alledem unterschiedliche Zielsetzungen und Funktionsbeschreibungen, die im Folgenden erläutert werden:

1. Frühzeitiges Gespräch bei Gericht über die Gefährdungssituation und die Möglichkeit der Gefahrenabwehr

Nach der Vorstellung des Gesetzgebers[640] dient die Erörterung der Kindeswohlgefährdung der *Klärung* der Gefahrenlage.[641] Der Richter macht sich im Erörterungstermin mit der familiären Situation vertraut. In Anknüpfung an § 8a Abs. 2 S. 1, 2. Hs. SGB VIII kann sich das Jugendamt frühzeitig im Falle eines Konflikts mit den Eltern an das Familiengericht wenden, wenn die Eltern nicht bereit oder in der Lage sind, bei der Abschätzung des Gefährdungsrisikos mitzuwirken.[642] Die frühe Einbindung des Familiengerichts soll die Vornahme weiterer Ermittlungen durch das Gericht ermöglichen.[643] Ein wesentlicher Bestandteil der Neuregelung soll darin bestehen, dass der Richter im Rahmen der Erörterung – und über die *Anhörung* hinausgehend[644] – auf die Eltern und in geeigneten Fällen auch auf das Kind oder den Jugendlichen *einwirkt* und sie anhält, die erforderlichen öffentlichen Hilfen anzunehmen.[645]

2. Hinwirken auf Kooperation mit dem Jugendamt

Schließlich soll mit Hilfe des Erörterungsgesprächs bei Gericht gezielt die richterliche Autorität zum Einsatz kommen, um den Hilfeprozess unter der fachlichen Verantwortung des Jugendamtes frühzeitig beginnen oder wieder in Gang setzen zu können. Die Erörterung soll dem gerichtlichen Hinwirken auf Hilfeakzeptanz dienen.[646] Den Beteiligten ist das Gefühl zu vermitteln, an der Auswahl der Maßnahmen beteiligt zu sein und eine Mitverantwortung für das Gelingen der Hilfemaßnahme

640 BT-Drucks. 16/6815, S. 12.

641 Zur „Klärungsfunktion" der Erörterung siehe den Abschlussbericht der AG KiWoMaG v. 17.11.2006, S. 33; BR-Drucks. 550/07, S. 12; BT-Drucks. 16/6815, S. 1, 7, 9, 11, 13, 15; Pressemitteilung des BMJ v. 24.04.2008 und 11.07.2007; *Fellenberg*, FPR 2008, 125 (127).

642 BT-Drucks. 16/6815, S. 17; BT-Drucks. 16/6308, S. 237.

643 Zum Amtsermittlungsgrundsatz vgl. bereits oben, Kap. 1, A. II. 3.

644 Zur Abgrenzungsproblematik Erörterung – Anhörung siehe nachfolgend, Kap. 2, A. V. 1.

645 Gesetzesentwurf KiWoMaG v. 10.08.2007, BR-Druck. 550/07, S. 10; *Coester*, in: Lipp/Schumann/Veit, Kindesschutz, S. 19 (36).

646 Vgl. BT-Drucks. 16/6815, S. 12: *„Es ist Aufgabe der Gerichte, ... auf mögliche Konsequenzen hinzuweisen und darauf hinzuwirken, dass die Eltern notwendige Leistungen der Jugendhilfe annehmen und mit dem Jugendamt kooperieren."*

zu tragen. Das persönliche Erscheinen der Eltern zum Termin ist sicherzustellen.[647] Die anhaltende Kooperation ist ebenso wie die Kindessituation nachträglich durch das Gericht zu überprüfen, wenn das Gericht von der Anordnung sorgerechtlicher Eingriffsmaßnahmen nach § 1666 Abs. 3 BGB abgesehen hat, § 166 Abs. 3 FamFG.

3. *Aufzeigen der rechtlichen Konsequenzen bei Nichtannahme der notwendigen Hilfen*

Als eine weitere Funktionsbeschreibung sind die Eltern und in geeigneten Fällen auch das Kind *stärker in die Pflicht zu nehmen*.[648] Das Gericht hat im Wege der Erörterung die möglichen rechtlichen Konsequenzen im Falle der Feststellung einer möglichen Kindeswohlgefährdung darzulegen. Hierzu zählt der Hinweis auf die förmliche Anordnung von Ge- oder Verboten bis hin zur Einschränkung der elterlichen Sorge für den Fall, dass eine Kindeswohlgefährdung festgestellt wird.[649] Den Eltern ist klar vor Augen zu führen, welche Folgen drohen, wenn die Annahme der staatlichen Hilfen unterbleibt.[650]

4. *Gemeinsames Gespräch „an einem Tisch"*

Schließlich ist die Erörterung der Kindeswohlgefährdung auf „Kooperation" gerichtet.[651] Mit den Eltern und in geeigneten Fällen auch dem Kind soll nach Möglichkeiten zur Abwehr einer Kindeswohlgefährdung gesucht werden. Gemeinsam sollen Familiengericht und Jugendamt Verantwortung für den Schutz des Kindes tragen. Das Gericht soll frühzeitig mit den Beteiligten „an einem Tisch" erörtern, wie der Gefahrenlage begegnet werden kann.[652] Im erforderlichen Fall soll der Familienrichter zwischen Eltern und Jugendamt vermitteln, verfügt aber weiterhin über sein justizielles Handlungsinstrumenarium. Die Erörterung findet bei Gericht statt und der Richter tritt auch weiterhin als Entscheidungsorgan in Erscheinung, falls die Eltern die erforderliche Hilfeakzeptanz nicht aufbringen.

---

647 § 157 Abs. 2 FamFG; zur Problematik und Reichweite der Anordnung des persönlichen Erscheinens zum Termin, Kap. 2, C. I.

648 *Coester*, in: Lipp/Schumann/Veit, Kindesschutz, S. 19 (37); BT-Drucks. 16/6815, S. 12.

649 *Hüßtege*, in: Thomas/Putzo ZPO, § 157 FamFG, Rn. 3; *Schlünder*, in: BeckOK-FamFG, § 157 Rn. 1.

650 *Völker/Clausius*, in: Kemper/Schreiber, HK-FamFG (2012), § 157 Rn. 2.

651 *Fellenberg*, in: Lipp/Schumann/Veit, Kindesschutz, S. 91 (94).

652 Vgl. die Ausführungen des KiWoMaG-Gesetzgebers zu § 50f FGG a.F. in BT-Drucks. 16/6815, S. 17; zu § 157 FamFG, vgl. BT-Drucks. 16/6308, S. 238.

V. Fazit zu den wesentlichen Neuregelungen des KiWoMaG und Ergebnis zur Einführung der Erörterung der Kindeswohlgefährdung

Als Fazit zu den wesentlichen Neuregelungen des KiWoMaG (2008) lässt sich festhalten, dass der Gesetzgeber den Versuch unternommen hat, das staatliche Wächteramt zugunsten von Kindern und Jugendlichen weiter zu konkretisieren und effektiver auszugestalten.[653] Die auf jugendhilferechtlicher Ebene mit dem KICK (2005) begonnene Reformbewegung hat das KiWoMaG fortgeführt mit dem Ziel, auf wesentliche Probleme in der Praxis der Familiengerichte und auf Unsicherheiten im Umgang mit Verfahren wegen Kindeswohlgefährdung zu reagieren. Die Expertenarbeitsgruppe hat verschiedene Präventionsmaßnahmen zur Verbesserung des Schutzes gefährdeter Kinder entwickelt, die zur Förderung der frühzeitigen Hinzuziehung des Familiengerichts in den Gefährdungseinschätzungsprozess und zu einer Neuregelung der Möglichkeiten einer verstärkten Einwirkung auf die Eltern und das Kind im Vorfeld einer Kindeswohlgefährdung führen sollen.

Trotz der vereinzelt hervorgebrachten Kritik, die Änderungen durch das KiWoMaG hätten „nichts Neues“[654] bewirkt und Instrumentarien geschaffen, die geeignet seien, „in das geschützte Familiengefüge kontrollierend einzugreifen“ oder in „althergebrachte Muster der Fürsorgetradition zurückzufallen“[655], könnten ein „Überreagieren der Jugendämter befördern“[656] und zielten auf eine „Kontrolle elterlicher Erziehung im Vorfeld einer Kindeswohlgefährdung“ ab, wobei die Begründung vordergründig auf Medienberichte und nicht auf empirisch fundierte Untersuchungen Bezug nehme[657], sind die Neuregelungen zum KiWoMaG in der Fachöffentlichkeit überwiegend auf positive Resonanz gestoßen. Überwiegend werden die materiell- sowie verfahrensrechtlichen Normierungen zum familiengerichtlichen Verfahren bei Gefährdung des Kindeswohls als Chance für eine verbesserte Kooperation

---

653 BT-Drucks. 16/6815, S. 1; *Veit*, FPR 2008, 598.

654 *Van Els*, FF 2009, 157 (158); *Röchling*, FamRZ 2008, 1495 (1497).

655 Stellungnahme des *Bundesjugendkuratoriums*, „Schutz vor Kindeswohlgefährdung – Anmerkungen zur aktuellen Debatte“, ZKJ 2008, S. 200 ff.; siehe auch *Hildebrandt*, ZKJ 2008, 396.

656 *Hildebrandt*, ZKJ 2008, 396.

657 *Schumann*, in: Behrends/Schumann, S. 169 (181 f.). Im Abschlussbericht der BMJ-Arbeitsgruppe KiWoMaG erfolge ein Verweis auf die polizeiliche Kriminalstatistik aus dem Jahre 2005, jedoch keine Aussage darüber, in welchem Umfang die Eltern verantwortlich für die Kindeswohlgefährdung waren; dies bestätige der Zweite Periodische Sicherheitsbericht der Bundesregierung von 2006, der nicht aufführe, dass Eltern die Ursache des delinquenten Verhaltens ihrer Kinder sind. Die Anzahl der Kindstötungen durch die Eltern sei in den letzten 25 Jahren um 1/3 gesunken. In absoluten Zahlen seien im Jahr 2005 insgesamt 17 Kinder gestorben, vgl. auch *Fuchs-Rechlin*, in: Komdat Jugendhilfe, Sonderausgabe 2006, 3 (4).

und ein Verfahren betrachtet, das *stärker am Kindeswohl orientiert* ist[658] und *„einen kleinen Meilenstein“* auf dem Weg zu einem besseren Kinderschutz begründet.[659] Nur vereinzelt[660] erfolgt der Hinweis, dass trotz fehlender statistischer Daten, einschlägiger Untersuchungsergebnisse und sogar eines deutlichen Rückgangs der tatverdächtigen Kinder in den letzten 10 Jahren, die Begegnung jugenddelinquenter Kinder und Jugendlicher als Grund für die Gesetzesinitiative genannt worden sei.[661] Kritisiert wird die Unzulänglichkeit der Begründung des Gesetzgebers, da dieser die erforderlichen Anhaltspunkte für die Brutalisierung junger Menschen nicht bewiesen habe. Die Kritik ist berechtigt, aber letztlich nicht von ausschlaggebender Bedeutung. Im Verlauf der parlamentarischen Beratungen hat der Gesetzgeber die Fälle von Jugenddelinquenz nicht in den Vordergrund gestellt.

Während das SGB VIII noch in Abkehr von einem auf Eingriffs- und Ordnungsdenken orientierten JWG die elterliche Autonomie und Einbeziehung in den Hilfeprozess zu fokussieren versucht hat, und das KindRG (1998) zusätzlich die Konkretisierung von Beratungskontexten betont hat – fokussieren die jüngsten Reformen wieder die *Stärkung* von staatlichen Kompetenzen durch den präventiven Ansatz gerichtlicher Arbeit. Betont werden Schutzmaßnahmen, die nicht erst eingreifen dürfen, wenn sich die Gefährdungsaspekte bereits verdichtet haben. Der Fokus liegt auf der Intensivierung der Zusammenarbeit von Jugendamt und Familiengericht.[662] Die Eltern werden stärker als bisher zur Wahrnehmung ihrer Elternverantwortung angehalten.

Ausdrücklich abgegrenzt werden soll die „Erörterung“ von der „Anhörung“ der Eltern[663] und es wird betont, die Erörterung bilde einen *eigenen Verfahrensabschnitt*, der nunmehr *neben* der Pflicht zur persönlichen Anhörung der Eltern zur Anwendung gelange.[664] Eine weitere Abgrenzung zur Anhörung unterbleibt, mit der Folge, dass die gesetzgeberische Vorstellung hinsichtlich der Unterscheidung nicht hinreichend zum Ausdruck kommt.

---

658 *Willutzki*, ZKJ 2008, 139 (143). *Raack*, ZKJ 2008, 181.

659 *Rosenboom/Rotax*, ZRP 2008, 1 ff.

660 *Schumann*, in: Behrends/Schumann, S. 169 (181 f.).

661 *Bundeskriminalamt*, Polizeiliche Kriminalstatistik BRD, Berichtsjahr 2006, Wiesbaden 2007, S. 74, 76. Die Zahl sank 2006 auf den niedrigsten Wert seit 1993. Im Zeitraum 1998 bis 2006 ging die Zahl von 150.000 auf 100.000 Fälle pro Jahr zurück. Auch bei tatverdächtigten Jugendlichen (14–18 Jahre) sind die Zahlen (leicht) rückläufig, lediglich der Anteil der Verurteilungen von Jugendlichen hat zugenommen.

662 *Sommer*, S. 17.

663 Während sich die *Erörterung* auf die Frage beziehe, wie eine mögliche Gefährdung für das Kindeswohl abgewendet werden könne, diene die *Anhörung der Eltern* in erster Linie der Aufklärung des Sachverhalts und der Gewährung rechtlichen Gehörs; vgl. BT-Drucks. 16/6815 v. 24.10.2007, S. 12; BT-Drucks. 16/6308 v. 07.09.2007, S. 237.

664 BT-Drucks. 16/6308 v. 07.09.2007, S. 237.

Anders als bei einem Hinwirken auf Einvernehmen geht es darum, das Kindeswohl zu sichern.[665] Die Einbeziehung der Eltern und des Kindes in die Gefährdungserörterung, deutet allerdings darauf hin, den im FamFG übergreifenden Verfahrensgrundsatz des richterlichen Hinwirkens auf einvernehmliche Konfliktlösungsmechanismen auf den Bereich der Kindeswohlgefährdung übertragen zu wollen. In gewisser Weise manifestiert sich in der Obligation, die Gefahrensituation gemeinsamen mit den Eltern und ggfs. dem Kind zu behandeln, der Grundsatz des Hinwirkens auf Einvernehmen in der Gefährdungserörterung.[666] Das Erörterungsgespräch soll die Möglichkeit eröffnen, einer Gefahrenlage mit öffentlichen Hilfen zu begegnen, bevor sich die Gefahrenlage verdichtet hat und dieser nur noch mit einem Sorgerechtsentzug begegnet werden kann.[667] Dem Gespräch kommt damit eine gewisse „Warnfunktion" zu, wenngleich das Familiengericht stets weitergehende Maßnahmen zu überprüfen und anzuordnen hat, wenn die Eltern nicht entsprechend reagieren.[668] Den Eltern kann das Gefühl vermittelt werden, an der Auswahl der Maßnahme beteiligt zu sein und Mitverantwortung für das Gelingen des Hilfeprozesses zu tragen.[669] Dies ermutigt die Eltern zur Akzeptanz der getroffenen Entscheidung und ist geeignet, eine Verhaltensänderung zu fördern.

Gegenstand der Erörterung ist erstmals und ausweislich des Wortlauts der Normierung die Begegnung einer *„möglichen"* Gefährdung des Kindeswohls, die vom Gesetzgeber erstmals als Begrifflichkeit verwendet wird und mangels unterbliebener Konkretisierung neue Problembereiche eröffnet.[670] Das Familiengericht ist verpflichtet, seine Entscheidung von Amts wegen zu überprüfen, § 166 Abs. 3 FamFG, womit die Verantwortungsgemeinschaft zwischen Jugendamt und Familiengericht noch stärker betont wird. Trotz der erfolgten Änderungen im materiellen Recht und Verfahrensrecht im Wege des KiWoMaG ist eine Änderung des Begriffs der Kindeswohlgefährdung i.S. des § 1666 Abs. 1 BGB nicht erfolgt.

Letztlich soll die Erörterung der frühzeitigen, vernetzten Einwirkung von Jugendhilfe und Justiz auf die Eltern im Vorfeld einer konkret festgestellten Kindeswohlgefährdung gem. § 1666 Abs. 1 BGB dienen.[671] Die Norm lässt einen Schutzansatz erkennen, der in Verfahren nach §§ 1666, 1666a BGB auf *präventives* Handeln des Staates ausgerichtet ist. Wesentlich wird auf die zeitnahe Tätigkeit des Familiengerichts abgestellt. Im Fokus stehen Fallkonstellationen, in denen die Eltern nicht ausreichend mit dem Jugendamt kooperieren.

---

665 *Büte*, in: Johannsen/Henrich (2014), § 157 FamFG, Rn. 1; *Völker/Clausius*, in: Kemper/Schreiber, HK FamFG (2012), § 157 Rn. 1.
666 So etwa Staudinger/*Coester*, § 1666, Rn. 260.
667 *Reinfelder*, BLJA Mitteilungsblatt 4/09, S. 1 (13).
668 Vgl. *Seier*, FPR 2008, 483 (485).
669 *Willutzki*, ZKJ 2008, 139 (141).
670 Vgl. hierzu ausführlich nachfolgend, Kap. 2, A. II.
671 *Coester*, in: Lipp/Schumann/Veit, FGG-Reform, S. 39 (49).

C. Erörterung der Kindeswohlgefährdung – eine „neue" Regelung im familiengerichtlichen Verfahren?

Die Gesetzesbegründung gibt vor, dass bereits die bisherige Rechtslage die Möglichkeit geboten habe, die Eltern in Verfahren nach §§ 1666 und 1666a BGB persönlich anzuhören, um mit ihnen zu klären, wie die Gefährdung des Kindeswohls abgewendet werden kann.[672] Inwieweit die Erörterung der Kindeswohlgefährdung als eine „neue" Regelung angesehen werden kann, beschäftigt die Fachöffentlichkeit seit dem Zeitpunkt ihrer Entstehung.[673]

I. Die bisherige Rechtslage nach dem FGG

Bereits im Vorfeld der Änderungen durch das KiWoMaG (2008) traf das Gericht die gesteigerte Verpflichtung, in Verfahren nach §§ 1666, 1666a BGB die Eltern persönlich *„anzuhören"*, um mit ihnen die *Gefahrenlage zu klären.* § 50a Abs. 1 S. 3 FGG a.F.[674] lautete:

„(...) In den Fällen der §§ 1666 und 1666a des Bürgerlichen Gesetzbuchs *sind* die Eltern stets persönlich anzuhören, um mit ihnen zu klären, wie die Gefährdung des Kindeswohls abgewendet werden kann."[675] Die Anhörung der Eltern diente der Aufklärung des Sachverhalts sowie der Ausübung des richterlichen Fragerechts. Sie sicherte bei Beteiligung der Eltern das rechtliche Gehör und ihre Rechtsstellung als Subjekt des Verfahrens.[676] In Verfahren nach §§ 1666, 1666a BGB hatte die Anhörung der Eltern zwingend persönlich, d. h. *mündlich*, zu erfolgen, da es besonders wichtig erschien, einen persönlichen Eindruck von den Betroffenen zu gewinnen und diese zu Wort kommen zu lassen.[677] Nur in Ausnahmefällen[678] erfolgte die Anhörung

---

672 BT-Drucks. 16/6815, S. 9; BT-Drucks. 16/6308, S. 237.

673 *Fellenberg* in: Lipp/Schumann/Veit, Kindesschutz, S. 91 (94 f.).

674 § 50a FGG a.F. ging wiederum zurück auf das Gesetz zur Neuregelung des Rechts der elterlichen Sorge (SorgeRG) mit Wirkung vom 01.01.1980 und hatte die bis dahin im materiellen Recht normierte Pflicht zur Anhörung der Eltern nach § 1695 Abs. 1 BGB (a.F.) ersetzt.

675 Vgl. BT-Drucks. 16/6815, S. 5; erst im Wege des KiWoMaG wurden in § 50a Abs. 1 S. 3 nach dem Wort „anzuhören" die Wörter „um mit ihnen zu klären, wie die Gefährdung des Kindeswohls abgewendet werden kann" gestrichen.

676 Jansen/*Zorn*, FGG, § 50a Rn. 1; zur Gegenüberstellung des § 50a FGG a.F. zu § 160 FamFG vgl. *Kemper*, Synopse, S. 160.

677 Jansen/*Zorn*, FGG, § 50a Rn. 2.

678 *BayObLG*, Beschluss v. 27.01.2000, 1Z BR 112/99, FamRZ 2000, 1097 (nicht zu ermittelnder Aufenthalt des Elternteils); vgl. auch *BayObLG*, Beschluss v. 30.04.1993, 1 ZBR 104/92 (von vornherein keine hinreichenden Anhaltspunkte für die Annahme einer Kindeswohlgefährdung).

schriftlich oder telefonisch.[679] Das persönliche Erscheinen der Eltern zur Anhörung konnte nach § 33 FGG (a.F.) erzwungen werden.[680]

Vor dem Hintergrund des Schutzbereichs von Art. 6 GG diente die Anhörung der Eltern zusätzlich zu dem Bedürfnis nach Sachverhaltsaufklärung und der Gewährung rechtlichen Gehörs dazu, *mit den Eltern die Gefahrenlage zu klären.*[681] Teilweise nutzten die Richter die sogenannte Gefährdungserörterung, um die Eltern darauf hinzuweisen, dass diesen ein normales Verfahren drohe, wenn sie nicht täten, was man ihne sage.[682] Es galt mithin auch bereits nach der bisherigen Rechtslage der Grundsatz, dass staatliche Eingriffe erst dann zum Einsatz kommen dürfen, wenn die gemeinsame Suche nach Lösungen nicht ausreichend ist.[683] Nach den Ergebnissen der Studie von *Münder u. a.* empfanden die Richter die Gefährdungserörterung zum Teil als *„Gespräch ohne offizielles Verfahren"*; andere wiederum äußerten die Hoffnung, die Eltern würden der gerichtlichen Autorität mehr Glauben schenken als dem Jugendamt.[684] Vereinzelt gaben die Richter an, der Anhörungstermin diene immer dazu, „die Folterwerkzeuge des Gerichts" vorzuzeigen und nicht dazu, aufzuklären, was eigentlich vorgefallen sei.[685]

II. Unterschiede zwischen der Neuregelung des § 157 FamFG und der bisherigen Vorschrift des § 50a Abs. 1 S. 3 FGG (a.F.)

Um die Besonderheit des Einwirkens auf die Eltern in Abgrenzung zur Anhörung der Eltern hervorzuheben, hat sich der Gesetzgeber unter Streichung des § 50a Abs. 1 S. 3 FGG (a.F.)[686] für eine eigenständige Normierung einer „Erörterung" entschieden, die nicht nur die Eltern, sondern „in geeigneten Fällen" auch das Kind als einen Beteiligten des Gesprächs adressiert. Die *Anhörung der Eltern* ist seither gesetzlich in § 160 Abs. 1 S. 2 FamFG normiert. Das persönliche Erscheinen der Eltern zum Termin hat das Gericht anzuordnen, § 157 Abs. 2 FamFG. Laut Gesetzesbegründung ist die Erörterung überdies abweichend von der bisherigen Rechtslage

679 § 50a Abs. 3 FGG (a.F.) lautete: „Das Gericht darf von einer Anhörung nur aus schwerwiegenden Gründen absehen. Unterbleibt die Anhörung allein wegen Gefahr im Verzuge, so ist sie unverzüglich nachzuholen."

680 Hoppenz/*Bassenge*, § 50a Rn. 2.

681 Jansen/*Zorn*, FGG, § 50a Rn. 2, 17; *Oelkers*, FamRZ 1995, 1097 (1107).

682 *Münder/Mutke*, in: Sozialpädagogisches Institut im SOS-Kinderdorf (2001), S. 90 (116).

683 *BayObLG*, Beschluss v. 21.07.1980, BReg 1 Z 56/80, FamRZ 1980, 1150; *OLG Oldenburg*, Beschluss v. 01.10.1997, 5 W 159/97 (zu § 50a FGG a.F. und § 1666 BGB), FamRZ 1999, 35; Jansen/*Zorn*, FGG, § 50a Rn. 17.

684 *Münder/Mutke*, in: Sozialpädagogisches Institut im SOS-Kinderdorf (2001), S. 90 (116).

685 *Münder/Mutke*, in: Sozialpädagogisches Institut im SOS-Kinderdorf (2001), S. 90 (116).

686 BT-Drucks. 16/6815, S. 5.

als „gesonderter Verfahrensabschnitt" ausgestaltet, der mit der Anhörung verbunden werden kann und Bezug auf die Erörterung einer „möglichen" Kindeswohlgefährdung nimmt, wonach die Erörterung bereits in der Phase der Klärung und im Vorfeld einer konkreten Kindeswohlgefährdung erfolgen kann.[687] Ausdrücklich normiert ist überdies der gerichtliche Hinweis auf die Folgen bei Nichtannahme der notwendigen Hilfen und gesondert betont wird die gerichtliche Anordnung zum Erscheinen der Eltern im Termin. Auch der Kreis der Beteiligten ist erweitert. So findet das Kind Erwähnung und ist in geeigneten Fällen zu der Erörterung hinzuzuziehen. Anders als die Anhörung hebt die Erörterung überdies hervor, mit den Eltern und ggfs. mit dem Kind zu erörtern, wie einer „möglichen" Gefährdung des Kindeswohls begegnet werden kann. Die Neuregelung soll verdeutlichen, dass die Abwendung einer Kindeswohlgefahr primär die Pflicht der Eltern und damit ein „*Mehr*" zu einer Anhörung ist. Trotz der Unterschiede ist nicht offensichtlich, inwieweit sich die Erörterung *inhaltlich* von der bisherigen Obligation des Gerichts unterscheidet, wonach „in den Fällen der §§ 1666 und 1666a BGB die Eltern stets persönlich anzuhören (*sind*), um mit ihnen zu klären, wie die Gefährdung des Kindeswohls abgewendet werden kann".

III. Konträrpositionen zur „Neuartigkeit" der Erörterung

Überwiegend wird es als „nicht neu" betrachtet, eine entsprechende Erörterung der Kindeswohlgefährdung in Verfahren wegen Kindeswohlgefährdung durchzuführen.[688] Es sei den Familienrichtern bereits im Vorfeld der Neuimplementierung des Erörterungsgesprächs kraft ihres Amtes möglich gewesen, einen Appell an die Eltern zu richten, um eine Verhaltensänderung anzustoßen.[689] Es sei allein die Gelegenheit der Durchführung einer Erörterung in der Praxis nicht hinreichend genutzt und umgesetzt worden.[690] Die Möglichkeit, die Eltern und das Kind anzuhören, um mit ihnen nach Lösungen zu suchen, und der Gefahrenlage zu begegnen, damit ein Eingriff in die elterliche Sorge möglichst gering gehalten werden könne, habe bereits bestanden, entspreche dem bisherigen Recht[691] und sei daher nicht erneut zu regeln.[692] Hieran anknüpfend wird vertreten, als neuartig gelte allein die gesondert

687 BT-Drucks. 16/6815, S. 17.

688 Vgl. Staudinger/*Coester*, § 1666 Rn. 264.

689 *Wagner*, FPR 2008, 605 (606); *Röchling*, FamRZ 2008, 1495 (1496, dort: Fn. 25).

690 BT-Drucks. 550/07 v. 10.08.2007, S. 8.

691 Vgl. *Röchling*, FamRZ 2008, 1495 (1496, dort: Fn. 25), der auf die Pressemitteilung des BMJ v. 24.04.2008 verweist, wonach das Gesetz die Erörterung der Kindeswohlgefährdung als „neuen" Bestandteil des familiengerichtlichen Kinderschutzverfahrens einführt. Dass die Vorschrift bezogen auf den Tatbestand der Kindeswohlgefährdung in § 50a FGG (a.F.) bereits bestanden habe, sei in diesem Zusammenhang verschwiegen worden.

692 Empfehlungen des Finanzausschusses des Bundesrates, BR-Drucks. 550/1/07, S. 5 f. („Erörterung der Kindeswohlgefährdung ist überflüssig.").

geregelte Einwirkungspflicht des Richters *schon im Vorfeld* von Maßnahmen nach § 1666 BGB.[693]

Vereinzelt[694] wird die Erörterung der Kindeswohlgefährdung als neuartig empfunden, insoweit die Verpflichtung zur Durchführung der Erörterung *gesondert* normiert sowie Zielsetzung und Gegenstand bezeichnet und die Bedeutung der Erörterung hervorgehoben werde. Insbesondere betone die Obligation des persönlichen Erscheinens der Eltern zum Termin gem. § 157 Abs. 2 FamFG die Bedeutung der Erörterungsverpflichtung. Im Vergleich zur bisherigen Anhörung nach § 50a Abs. 1 S. 3 FGG (a.F.) liege der Schwerpunkt des Erörterungsgesprächs weniger auf der Sachverhaltsaufklärung, als auf der *gemeinsamen Suche* nach Möglichkeiten zur Abwehr der Kindeswohlgefährdung.[695] § 157 Abs. 1 FamFG habe mithin eine „Konkretisierung" der Gefahrenerörterung bewirkt. Überdies werde die gemeinsame Verantwortung von Gericht und Jugendhilfe für den Schutz des Kindes betont. Dies alles sei ein „Mehr" im Vergleich zur bisherigen Regelung. Die Einführung einer (bundes)gesetzlich normierten Pflicht zur Durchführung einer Erörterung eröffne die Möglichkeit einer einheitlichen Handhabung.[696]

IV. Stellungnahme und Ergebnis zur Frage der Neuartigkeit der Erörterung

Die Diskussion um die Frage der Neuartigkeit und des Erfordernisses einer Neuimplementierung der Erörterung der Kindeswohlgefährdung in § 157 FamFG erinnert an die Diskussion um die Konkretisierung des Schutzauftrages in § 8a SGB VIII im Wege des KICK (2005). Die Entwurfsvorlage zur Neuregelung des § 8a SGB VIII hatte eine ähnliche Debatte ausgelöst, nachdem im Wesentlichen vertreten wurde, die Notwendigkeit einer gesetzlichen Neuregelung nicht zu erkennen.[697] Ein möglicher Erklärungsansatz für die zahlreichen Reaktionen auf die Neuregelung des § 8a SGB VIII ist das *„professionelle Gewand"*[698], das der Gesetzgeber dem Schutzauftrag der Jugendhilfe mit § 8a SGB VIII verliehen hat. Neben der zunehmenden Einbeziehung von Schule und Gesundheitshilfe in die Gefährdungsabklärung, die Implementierung von landesrechtlichen Kinderschutzgesetzen und die Einführung einer verbindlichen Wahrnehmung von kinderärztlichen Vorsorgeuntersuchungen, hat die Ausgestaltung des Schutzauftrages nach dem Vorbild des § 8a SGB VIII mittlerweile sogar zur Einführung des länderübergreifenden Kinderschutzgesetzes (KKG) geführt.[699]

---

693 Staudinger/*Coester*, § 1666 Rn. 264.

694 *Fellenberg*, FPR 2008, 125 (127); *dies.*, in: Lipp/Schumann/Veit, Kindesschutz, S. 91 (95).

695 *Fellenberg*, in: Lipp/Schumann/Veit, Kindesschutz, S. 91 (94).

696 *Fellenberg*, FPR 2008, 125 (127).

697 Zum Diskussionsstand vgl. oben, Kap. 1, B. I. 1. c.

698 *Katzenstein*, JAmt 2009, 9 (12).

699 Vgl. v.a. die gesetzliche Ausgestaltung des § 4 KKG.

Unstreitig hat es eine gesetzliche Normierung zur gerichtlichen Gefahrenerörterung mit den Eltern bereits nach der bisherigen Rechtslage in § 50a Abs. 1 S. 3 FGG (a.F.) gegeben. Entsprechend kann die Neuregelung des § 157 FamFG – ebenso wie der Schutzauftrag der Jugendhilfe in § 8a SGB VIII – nicht als vollends „neu" bezeichnet werden. Gestützt wird diese Rechtsauffassung durch die nach der bisherigen Rechtslage vorhandene Möglichkeit, das persönliche Erscheinen der Eltern anzuordnen[700] und in Verfahren nach §§ 1666, 1666a BGB gezielt mit den Eltern und dem Kind nach Lösungen zu suchen, um Eingriffe in die elterliche Sorge möglichst gering zu halten. Dass eine Gefährdungserörterung bereits nach der bisherigen Rechtslage durchgeführt worden ist, bestätigen auch die Ergebnisse der Untersuchung von *Rosenboom*[701], wonach die Anhörung insbesondere dazu diente, *abzuklären* und zu *erfragen*, inwieweit die Kindseltern auch *zukünftig kooperationsbereit* sind. Darüber hinaus ist der Richter im Bedarfsfalle „ermahnend" in Erscheinung getreten und hat die Eltern auf die möglichen *Konsequenzen* einer unzureichenden Mitarbeit bei der Problembewältigung hingewiesen.[702]

Insoweit der KiWoMaG-Gesetzgeber die Einführung des Erörterungsgesprächs damit begründet hat, ein Instrumentarium etabliert zu haben, das die Eltern stärker in die Pflicht nehmen, sie stärker in den Hilfeprozess einbinden und die Konsequenzen im Falle der Nichtannahme der Hilfe aufzeigen soll[703], lässt sich nach alledem ein Unterschied zur bisherigen Rechtslage *nicht* erkennen. „Neu" ist gleichwohl die erstmals gesonderte Normierung in § 157 FamFG als Sonderregelung in Verfahren nach §§ 1666, 1666a BGB und in Abgrenzung zu den anderen, in § 155 Abs. 1 FamFG genannten Verfahren. Besonders unterschieden wird die Erörterung von dem Hinwirken auf Einvernehmen nach § 156 FamFG.[704] Anders als in § 160 FamFG ist die Anordnung des persönlichen Erscheinens der Eltern zum Termin in § 157 Abs. 2 FamFG gesondert normiert. Neu ist die Erwähnung des *Kindes*[705] ebenso, wie die Aufzählung, wer am Gespräch teilzunehmen hat und dass einer bereits „möglichen" Gefährdung des Kindeswohls mit insbesondere öffentlichen Hilfen begegnet werden soll.

Dass die vom Gesetzgeber intendierte Konkretisierung ein ebenso professionelles Format wie der Schutzauftrag in § 8a SGB VIII erhalten hat, lässt sich gleichwohl nur bedingt erkennen. Die Begründung des Gesetzgebers ist ebenso unzureichend wie der Wortlaut der Normierung. Ausgegangen wird von Missständen in der bisherigen Praxis, ohne diese präzise zu beleuchten.[706] Soweit das Erörterungsgespräch mit einem „verstärkten" Einwirken auf die Eltern zu rechtfertigen versucht wird, das

---

700 Vgl. § 33 FGG a.F.

701 *Rosenboom*, S. 148 ff. Es handelt sich um eine qualitative Studie, die im Zeitraum Oktober 2004 bis Juni 2005 in Hamburg durchgeführt wurde; *dies.*, ZKJ 2007, 55 ff.

702 *Rosenboom*, S. 148.

703 Vgl. BT-Drucks. 16/6815, S. 17.

704 Zu § 156 FamFG vgl. oben, Kap. 1, B. II.

705 § 157 Abs. 1 S. 1 FamFG.

706 Vgl. hierzu ausführlich bereits oben, Kap. 1, B. I. 3.

über die Sachverhaltsermittlung im Rahmen der Anhörung der Eltern hinausreiche, fehlen die entsprechenden Ausführungen in der Gesetzesbegründung, die den Anwendungsbereich der Neuregelung beschreiben. Ausführungen zu den Gründen einer Verbindung der Anhörung mit einer Erörterung unterbleiben ebenfalls.[707] Resümierend verfolgt § 157 FamFG eine inhaltliche Schwerpunktsetzung, die über die bisherige Gefährdungserörterung nach § 50a Abs. 1 S. 3 FGG a.F. hinausgeht. Die Neuregelung des § 157 FamFG ist der Versuch des Gesetzgebers, eine besondere Verständigung zwischen den jeweils am Verfahren beteiligten Personen im Wege eines dialogischen Prozesses und unter Betonung des Zusammenwirkens der Beteiligten herbeizuführen, um eine Gefahrenlage möglichst frühzeitig abzuwenden. Die Regelung ist trotzdem nicht vollends neu, weil sich der Familienrichter immer schon in Ausübung des Amtsermittlungsgrundsatzes ein umfassendes Bild von der Gefahrensituation zu machen hatte. Auch im Rahmen der Verhältnismäßigkeitsprüfung, wonach nur solche Maßnahmen zulässig sind, die geeignet sind, die Gefahrenlage für das Kind abzuwenden und hierbei das mildeste Mittel begründen[708], obliegt es dem Richter seit jeher, in Verfahren nach §§ 1666, 1666a BGB den Eltern „den Ernst der Lage" vor Augen zu führen.[709] Ob sich das Instrument der Erörterung der Kindeswohlgefährdung als „neuartig" erweist, kann erst der Umgang mit der Neuregelung in der Praxis der Verfahren nach §§ 1666, 1666a BGB aufzeigen. Unterbleibt die entsprechende Umsetzung in der von dem Gesetzgeber intendierten Weise, wird die Rechtslage der bisherigen entsprechen.

---

707 *Wapler*, RdJB 2009, 21 (28).
708 *Völker/Clausius* (2012), § 1 Rn. 139, 145 ff.
709 BT-Drucks. 16/6815, S. 12.

Kapitel 2: Wortlaut und Anwendungsbereich des § 157 FamFG – Inhalt, Gegenstand, Beteiligte und mögliche Ergebnisse der Erörterung der Kindeswohlgefährdung

Die nachfolgende kritische Würdigung der Normbestandteile und Begriffsmerkmale der Vorschrift erfolgt, um in Anknüpfung an die nur unzureichend ausgestaltete Gesetzesbegründung eine weitergehende Bewertung der Neuregelung vorzunehmen. Beleuchtet werden die mit der Neuregelung verbundenen Problembereiche. Es wird aufgezeigt, ob und inwieweit die Zielsetzung einer ‚frühzeitigen' Gefahrenabwendung im Wortlaut der Normierung sowie in der Einbindung in die Gesetzessystematik zum Ausdruck kommt und welche Folge die Hinzuziehung der Justiz in die Gefährdungsabklärung auslöst. Die einzelnen Tatbestandsmerkmale werden in der Reihenfolge ihrer Erwähnung im Gesetz erörtert und beurteilt.

A. Erörterung „*in*" Verfahren nach §§ 1666, 1666a BGB, wie einer „*möglichen*" Kindeswohlgefährdung begegnet werden kann

I. Problemaufriss – die rechtliche Einordnung des § 157 FamFG in das Verfahren nach §§ 1666, 1666a BGB

Die Erörterung, die als besondere Regelung für Verfahren wegen Kindeswohlgefährdung durch die persönliche Einbindung der Eltern stärker als bisher dazu beitragen soll, diese zur Inanspruchnahme öffentlicher Hilfen zu gewinnen[710], soll *in* Verfahren nach den §§ 1666, 1666a BGB zur Anwendung gelangen[711], ausweislich der Begründung des Gesetzgebers zugleich aber „*im Vorfeld und unabhängig von Maßnahmen nach §§ 1666, 1666a BGB*" erfolgen.[712] Die gesetzliche Begründung erscheint widersprüchlich, nachdem die Erörterung auf die *frühzeitige* Abwendung von „*möglichen*" Gefahren für das Wohl des Kindes und die Annahme von öffentlichen Hilfen Bezug nimmt, während sie zugleich als Bestandteil des Verfahrens wegen Kindeswohlgefährdung gilt, das als Eingriffsschwelle für Sorgerechtsmaßnahmen das Vorliegen einer „*konkreten*" Kindeswohlgefährdung verlangt. Die ambivalente gesetzliche

710 *Schlemm*, in: Bahrenfuss (2013), § 157 FamFG Rn. 1.
711 BT-Drucks. 16/6815, S. 17; Saenger/*Kemper*, ZPO (2013), § 157 FamFG Rn. 2.
712 BT-Drucks. 16/6815, S. 11; zur Begründung des Gesetzgebers ausführlich bereits oben, Kap. 1, B.

Vorgabe des § 157 FamFG bedingt die nachfolgende Auseinandersetzung mit der rechtlichen Einordnung der Erörterung in das Verfahren nach §§ 1666, 1666a BGB.

1. *Tatbestand und Rechtsfolge des § 1666 BGB*

Tatbestand und Rechtsfolge des § 1666 BGB haben infolge des KiWoMaG (2008) eine Neugestaltung erfahren. Als Bezugsrahmen für die Erörterung der Kindeswohlgefährdung haben die Neuregelungen des § 1666 BGB unmittelbare Auswirkung auf das Verständnis der Erörterung der Kindeswohlgefährdung nach § 157 FamFG.

a. Die Neufassung des § 1666 BGB infolge des KiWoMaG

Eingriffe nach § 1666 BGB setzen eine Gefährdung des Kindeswohls *und* die fehlende Bereitschaft oder Fähigkeit der Eltern zur Gefahrenabwehr voraus. Die Arbeitsgruppe zum KiWoMaG hatte den Vorschlag unterbreitet, den Tatbestand des § 1666 Abs. 1 BGB um die Modalitäten des elterlichen Erziehungsversagens zu reduzieren. Als Begründung hat sie vorgebracht, dass die Vorschrift des § 1666 Abs. 1 BGB in der bisherigen Ausgestaltung zu Problemen in der Praxis führe, wenn erst ein Fehlverhalten oder Versagen[713] der Eltern nachgewiesen werden müsse.[714] Angeknüpft worden war an eine Diskussion, die bereits während der parlamentarischen Beratungen des Gesetzes zur Neuregelung des Rechts der elterlichen Sorge (SorgeRG) geführt wurde.[715] Dieses hatte zwar nicht die Kürzung des Tatbestandes bewirkt, aber zur erstmaligen Implementierung des Auffangtatbestandes des *unverschuldeten Versagens* der Eltern und zur Berücksichtigung des Tatbestandsmerkmals der *Gefährdung durch Dritte* geführt.[716] Die Merkmale des *ehrlosen oder unsittlichen Verhaltens* des § 1666 BGB a.F.[717],

---

713 Vgl. die bisherigen Eingriffsmodalitäten missbräuchliche Ausübung der elterlichen Sorge, Vernachlässigung des Kindes, unverschuldetes Versagen der Eltern, Verhalten eines Dritten in § 1666 Abs. 1 BGB in der Fassung durch das Gesetz v. 16.12.1997, BGBl. I, S. 2942.

714 Abschlussbericht der AG KiWoMaG v. 17.11.2006, S. 27; hierzu: *Röchling*, FamRZ 2007, 431.

715 Gesetzentwurf der Fraktionen der SPD, FDP, Entwurf eines Gesetzes zur Neuregelung des Rechts der elterlichen Sorge vom 10.02.1977, BT-Drucks. 8/111, Internetadresse_30.

716 *Schumann*, in: Behrends/Schumann, S. 169 (172).

717 Vgl. den Wortlaut des § 1666 BGB in der Fassung von 1900: „Wird das geistige oder leibliche Wohl des Kindes dadurch gefährdet, daß der Vater das Recht der Sorge für die Person des Kindes mißbraucht, das Kind vernachlässigt oder sich eines ehrlosen oder unsittlichen Verhaltens schuldig macht, so hat das Vormundschaftsgericht die zur Abwendung der Gefahr erforderlichen Maßregeln zu treffen. Das Vormundschaftsgericht kann insbesondere anordnen, daß das Kind zum Zwecke der Erziehung in einer geeigneten Familie oder in einer Erziehungsanstalt oder einer Besserungsanstalt untergebracht wird."

der für Eingriffe in die *väterliche Gewalt*[718] regelmäßig ein *Verschulden* des Vaters erforderte und damit den Eindruck erweckte, elterliches Fehlverhalten zu sanktionieren[719], wurden gestrichen. Das SorgeRG führte außerdem zur Implementierung der Tatbestandsmerkmale der *mangelnden Bereitschaft oder Fähigkeit des Sorgeberechtigten zur Gefahrenabwehr.*[720] Auch im Zuge der parlamentarischen Beratungen des Gesetzes zur Reform des Kindschaftsrechts (*Kindschaftsrechtsreformgesetz* – KindRG)[721], wurde die Zielsetzung der Tatbestandsreduktion des § 1666 Abs. 1 BGB um das elterliche Erziehungsversagen aufgegriffen. Betont wurde, dass der zivilrechtliche Kinderschutz nicht das Ziel verfolge, das elterliche Verhalten zu sanktionieren, sondern der eigentliche Interventionsgrund darin bestünde, das Kind vor Gefahren für sein Wohl zu schützen. Es gelte, den Tatbestand des § 1666 Abs. 1 BGB auf das Vorliegen der Kindeswohlgefährdung zu reduzieren, um zu verhindern, dass die Gerichte die erforderlichen Maßnahmen deshalb nicht treffen, weil ein Verschulden der Eltern oder das gefährdende Verhalten eines Dritten nicht nachgewiesen werden könne.[722] Unter Verweis auf das in der Verfassung in Art. 6 Abs. 2 S. 1 GG verankerte Elternrecht, den Schutz der Familienautonomie und das Merkmal des „unverschuldeten Versagens", das den Eltern bereits hinreichend verdeutlichen könne, dass nicht ihr Verschulden, sondern die Gefährdung des Kindes als Auslöser für die sorgerechtlichen Eingriffsmaßnahmen zur Anwendung gelange[723], wurde die begehrte Kürzung abgelehnt.

Die Expertengruppe hat die Forderung nach einer Kürzung des Tatbestandes des § 1666 Abs. 1 BGB erneut aufgegriffen und sich im Wesentlichen auf die Schwierigkeit gestützt, die Kausalität zwischen dem konkreten Fehlverhalten der Eltern und der Gefährdung für das Wohl des Kindes nicht nachweisen zu können. Die fehlende Kausalität führe dazu, im Einzelfall die Tatbestandsvoraussetzungen des § 1666 Abs. 1 BGB nicht zu erkennen und von sorgerechtlichen Eingriffen Abstand nehmen zu müssen. Die erforderliche Prüfung des elterlichen Versagens in § 1666 Abs. 1 BGB erweise sich als *„Hürde"* und verhindere die frühzeitige Einschaltung

---

718 Gem. § 1631 Abs. 2 S. 1 BGB in der Fassung von 18.08.1896 durfte der Vater als *Familienoberhaupt* „kraft des Erziehungsrechts angemessene Zuchtmittel gegen das Kind anwenden".

719 *Münder/Ernst*, Familienrecht, S. 163; zum Verschuldensmaßstab siehe etwa *BGH* v. 02.05.1956, IV ZB 40/56, BGHZ 20, 313 ff.: (Aberkennung der Erziehungseignung der Mutter wegen Verlassens der häuslichen Gemeinschaft); zur historischen Entwicklung des § 1666 BGB siehe *Münder*, FPR 2003, 280 (§ 1666 BGB als polizeirechtliche Generalklausel des allgemeinen Sicherheits- und Ordnungsrechts).

720 *Büte*, in: Johannsen/Henrich (2014), § 1666 BGB Rn. 2.

721 Gesetz v. 16.12.1997, BGBl. I, S. 2942; vgl. Entwurfsbegründung v. 13.06.1996, BT-Drucks. 13/4899.

722 BT-Drucks. 13/4899, S. 64 f.; *Büte*, in: Johannsen/Henrich (2014), § 1666 Rn. 2.

723 BT-Drucks. 13/4899, S. 65; auch die Landesjustizverwaltungen hatten sich gegen die Kürzung ausgesprochen, da die wichtige Vorschrift des § 1666 BGB nicht zu allgemein gefasst sein dürfe.

des Familiengerichts.[724] Dic Prüfung des elterlichen Verschuldens zwinge außerdem zu vergangenheitsorientierten Ermittlungen und lenke von den eigentlichen und damit für die Intervention maßgeblichen Umständen ab.[725] Der Vorwurf des elterlichen Verschuldens wirke sich negativ auf die Kooperationsbereitschaft der Eltern in Bezug auf die Akzeptanz und Mitwirkungsbereitschaft im sozialpädagogischen Hilfeprozess aus.[726] Das Verhältnis zu den Eltern könne durch die gesonderte Prüfung des elterlichen Erziehungsversagens eine weitere Anspannung erfahren.[727]

Verzichtet wurde in der Folge auf sämtliche gesetzlich formulierten Erscheinungsformen der Kindeswohlgefährdung in § 1666 Abs. 1 BGB als Ursache für die Gefährdung. Entscheidend ist seither, ob das körperliche, geistige oder seelische Wohl des Kindes oder sein Vermögen gefährdet ist und die Eltern nicht gewillt oder in der Lage sind, die Gefahr abzuwenden. Von der Einführung einer gesetzlichen Vermutungsregelung der Kindeswohlgefährdung bei wiederholtem Verstoß gegen Strafgesetze oder bei Anzeichen drohender Betäubungsmittelabhängigkeit auf der Grundlage des Vorschlags von Bayern[728] wurde mangels Erkennbarkeit eines praktischen Bedürfnisses abgesehen. Wiederholte Verstöße gegen Strafgesetze begründeten stets einen Hinweis auf eine Kindeswohlgefährdung[729] oder seien Ausdruck einer drohenden Verwahrlosung des Kindes.[730] Außerdem beziehe sich die Vermutung allein auf zwei Fallgruppen der Kindeswohlgefährdung und unterlaufe anderweitige Konstellationen schwerwiegender Kindeswohlgefährdung. Schließlich werde durch die Vermutungsregelung ein *unbestimmter Rechtsbegriff* eingeführt, dessen Auslegung in der Praxis zu neuen Problemen führe.[731]

Im Zuge des KiWoMaG ist die Vorschrift des § 1666 BGB darüber hinaus um eine beispielhafte, nicht abschließende Aufzählung möglicher Rechtsfolgen in § 1666 Abs. 3 BGB erweitert worden.[732] Die Konkretisierung wurde für notwendig befunden, nachdem in der Kommentarliteratur auf das breite Spektrum familiengerichtlicher Maßnahmen hingewiesen wurde, die Praxis hiervon aber nur wenig bis keinen Gebrauch gemacht hatte, wie rechtstatsächliche Untersuchungen gezeigt und veröffentlichte Gerichtsentscheidungen bestätigt haben.[733] Hiermit

---

724 BT-Drucks. 16/6815, S. 9, 10, 14; BT-Drucks. 16/8914, S. 12; Abschlussbericht der AG KiWoMaG v. 17.11.2006, S. 5, 27.

725 BT-Drucks. 550/07, S. 7; siehe auch die Argumentationsgrundlage des Regierungsentwurfs zum KindRG v. 13.06.1996, BT-Drucks. 13/4899, S. 65.

726 Staudinger/*Coester*, § 1666 Rn. 60.

727 Vgl. die Anmerkung von *Röchling* zum Abschlussbericht der Arbeitsgruppe, FamRZ 2007, 431.

728 Gesetzesantrag des Freistaates Bayern v. 03.05.2006, BR-Drucks. 296/06.

729 Vgl. etwa die Empfehlungen des AK 18 des 13. Deutschen Familiengerichtstags: *Willutzki*, NJW 2000, 1464 (1466).

730 Vgl. *BVerfG*, Urteil v. 16.01.2003, 2 BvR 716/01, BVerfGE 107, 104 (118).

731 Abschlussbericht der AG KiWoMaG v. 17.11.2006, S. 30.

732 Bislang waren im Gesetzeswortlaut nur „erforderliche Maßnahmen“ erwähnt.

733 *Münder/Mutke/Schone*, S. 120 ff., 139. *Ernst*, FPR 2008, 602 (603).

ist außerdem die dringende Notwendigkeit begründet worden, der vorherrschenden Auffassung der Jugendämter entgegenzuwirken, *„man könne sich nur dann nach § 1666 BGB an das Familiengericht wenden, wenn das Kind aus der Familie herausgenommen werden müsse.“*[734] Vorgeschlagen wurde, die jeweiligen Maßnahmen gleichwertig nebeneinander zu stellen, was nicht bedeute, zunächst mildere, *niedrigschwellige* Maßnahmen[735] anzuordnen, bevor stärkere in das Elternrecht eingreifende Maßnahmen zur Anwendung gelangten.[736] Alleine der Grundsatz der Verhältnismäßigkeit entscheide über die Erforderlichkeit und Notwendigkeit der Maßnahme.[737] Insgesamt verfolgte der Gesetzgeber das Ziel einer verstärkten Fokussierung der weniger eingriffsintensiven Maßnahmen[738] durch die Implementierung eines umfangreichen Maßnahmenkatalogs in § 1666 Abs. 3 BGB.[739] Die Aufnahme einer beispielhaften Aufzählung möglicher Maßnahmen unterhalb eines Sorgerechtsentzugs wurde auch deshalb für notwendig befunden, um dem in Jugendhilfe und Justiz vorherrschenden Missstand und der unzutreffenden Annahme zu begegnen, die Anrufung des Gerichts erfordere stets ein völliges Ausschöpfen aller in Betracht kommenden Hilfemaßnahmen.[740] Der Maßnahmenkatalog sollte den Beteiligten mehr Orientierung bieten und die Jugendämter ermutigen, die Gerichte frühzeitiger anzurufen.[741] Die Hervorhebung eines breiteren Handlungsspektrums liege im Interesse der Kinder, wonach die Trennung des Kindes von den Eltern und der Entzug der elterlichen Sorge nicht der Regelfall sein sollte, sondern *„die letzte Möglichkeit“*.[742]

b. Gefährdung des körperlichen, geistigen oder seelischen Wohls des Kindes

Die Gefährdung des Kindeswohls i.S. des § 1666 Abs. 1 BGB muss gegenwärtig sein oder zumindest unmittelbar bevorstehen. Die Fortdauer der Gefahrenlage muss mit ziemlicher Sicherheit zu einer erheblichen oder nachhaltigen Schädigung des körperlichen, geistigen oder seelischen Wohls des Kindes führen.[743] Eine erst

734 *Ernst*, FPR 2008, 602 (603).

735 Zur Kritik an der Begriffsverwendung „niedrigschwellig“ als „neues Zauberwort“, *Coester*, in: Lipp/Schumann/Veit, Kindesschutz, S. 19 (32).

736 *Ernst*, FPR 2008, 602 (605).

737 Abschlussbericht der AG KiWoMaG v. 17.11.2006, S. 33.

738 Beispielsweise das Gebot, Hilfen zur Erziehung nach §§ 27 ff. SGB VIII anzunehmen, vgl. § 1666 Abs. 3 Nr. 1 BGB.

739 Abschlussbericht der AG KiWoMaG v. 17.11.2006, S. 31; BT-Drucks. 16/6815, S. 11, 15.

740 *Fellenberg*, FPR 2008, 125 (126).

741 Abschlussbericht der AG KiWoMaG v. 17.11.2006, S. 31; BT-Drucks. 16/6815, S. 15; *Willutzki*, ZKJ 2008, 139 (141); *Meysen*, JAmt 2008, 233 (234).

742 *Zypries* zum Gesetzesentwurf KiWoMaG am 24.04.2008 in Berlin, Internetadresse_23.

743 So die ständige Rechtsprechung des *BGH* v. 14.07.1956, IV ZB 32/56, *BGH*, Beschluss v. 17.02.2010, XII ZB 68/09; *OLG Karlsruhe*, Beschluss v. 25.05.2009, 5 UF

„künftige Gefährdung" berechtigt nicht zur Intervention.[744] Auf das Vorliegen konkreter Verdachtsmomente darf nicht verzichtet werden und es reicht keine abstrakte Gefährdung aus, um einen Sorgerechtseingriff auf der Grundlage des § 1666 BGB zu rechtfertigen.[745] Die Gefährdung des Kindeswohls muss „aktuell" vorliegen, damit dem gerichtlichen Eingriff nach § 1666 BGB nicht die Tatsachengrundlage fehlt.[746] Liegt eine „aktuelle" Gefährdung des Kindeswohls nicht vor, handelt sich um eine unzulässige Präventionsmaßnahme des Staates.[747]

Ähnliche Anforderungen stellt die Literatur[748] an das Vorliegen einer Kindeswohlgefährdung. Entscheidend für die Beurteilung einer Gefährdung des Kindeswohls ist hiernach, ob unabhängig von allen Bemühungen der Eltern oder der Jugendhilfe für die Zukunft eine Gefährdung des Kindeswohls anzunehmen ist, wobei es nicht entscheidend ist, ob die Entwicklung des Kindes bei den Eltern bestmöglich verläuft, sondern ob das Kind – unter Berücksichtigung der milieubedingten Gegebenheiten – in seiner Entwicklung gefährdet ist.[749] Hiernach ist eine Kindeswohlgefährdung die ungenügende Berücksichtigung der kindlichen Bedürfnisse in seinen Lebensbedingungen, ohne negative körperliche und/ oder psychische Folgen zu bewältigen. Eine Kindeswohlgefährdung ist die Überforderung der Kompetenzen des Kindes.[750]

Der Begriff der Kindeswohlgefährdung ist kein objektiv subsumtionsfähiger Begriff, sondern kennzeichnet die Grenzlinie zwischen elterlicher und staatlicher Verantwortung für das Kind, die im Einzelfall zu konkretisieren ist.[751] Um die autonome Steuerung des elterlichen Erziehungsverhaltens durch den Staat zu verhindern, bedarf es klarer Vorgaben für die Demarkation zwischen den Verantwortungsbereichen. Die Feststellung der Kindeswohlgefährdung ist keine Beschreibung von Tatsachen, sondern eine hypothetische (Risiko-)Einschätzung einer Situation auf der Grundlage relevanter Informationen. Sie ist eine aus Fakten abgeleitete fallbezogene Hypothese über die Wahrscheinlichkeit des Auftretens von erheblichen

224/08, NJW 2009, 3521 = FamRZ 2009, 1599. Der Entzug der *Vermögenssorge*, der in der vorliegenden Untersuchung nicht vertiefend behandelt wird, setzt die Gefahr einer erheblichen Schädigung für das Vermögen des Kindes voraus. Ein kausaler Bezug zwischen Vermögensgefährdung und elterlichem Verhalten ist nicht erforderlich.

744 Staudinger/*Coester*, § 1666 Rn. 82.

745 *OLG Karlsruhe*, Beschluss v. 25.05.2009, 5 UF 224/08, OLGR Karlsruhe 2009, 575 ff.

746 *BVerfG*, Beschluss v. 17.06.2009, 1 BvR 467/09 Rn. 39.

747 *BVerfG*, Beschluss v. 17.06.2009, 1 BvR 467/09, Rn. 39; Staudinger/*Coester*, § 1666 Rn. 82.

748 Hierzu etwa *Kunkel*, in: LPK-SGB VIII, § 1 Rn. 11; *Dethloff*, § 13 Rn. 102.

749 *Flemming*, FPR 2009, 568 (569).

750 Zum Begriff der Kindeswohlgefährdung: *Dettenborn*, S. 57 f.

751 *Coester*, in: Lipp/Schumann/Veit, Kindesschutz, S. 19 (20, 32); andere Normen, die den Begriff verwenden, beziehen sich idR auf § 1666 BGB, vgl. §§ 1632 Abs. 4, 1682 BGB, § 8a Abs. 1 und 2 SGB VIII.

Schädigungen für das Kind.[752] Die befürchteten Schädigungen müssen ernsthaft und nachhaltig sein, um Eingriffe in die elterliche Sorge zu rechtfertigen.[753]

Die Gefährdung kann sich aus einem Missbrauch[754] der elterlichen Sorge oder einer Vernachlässigung[755] des Kindes ergeben. Sie kann auf einer Erkrankung oder einer der religiösen Überzeugung entsprechenden Handlung beruhen.[756] Auch wird eine Kindeswohlgefährdung angenommen, wenn die Erziehungsfähigkeit der Eltern nicht besteht oder erheblich eingeschränkt ist; dies etwa bei Drogensucht eines Elternteils.[757] Als Orientierungshilfe und zur Verdeutlichung der kinderschutzrechtlichen Problemstellung für Einzelfragen, ob das körperliche, geistige oder seelische Wohl des Kindes gefährdet ist, haben Rechtsprechung und Rechtslehre Fallgruppen entwickelt, die unterschiedliche Kindeswohlgefährdungen unterscheiden. Im Einzelfall können sich die Fallgruppen überlagern.

Die häufigsten Gründe, die zu einer Schädigung des Kindeswohls führen und die Jugendämter zu einer Gefährdungsmitteilung veranlassen, sind die Gefährdungstatbestände der Misshandlung und Vernachlässigung[758], wobei quantitativ und insbesondere bei kleinen Kindern die Vernachlässigung überwiegt.[759] Es wird unterschieden zwischen der *physischen* (körperlichen) und *psychischen* (seelischen) Kindesmisshandlung[760], die als schwerwiegender Eingriff in das Wohl des Kindes zur Anwendbarkeit des § 1666 Abs. 1 BGB gelangt.[761] *Physische* Misshandlungen sind Handlungen, die durch Anwendung von körperlichem Zwang oder Gewalt zu

---

752 *Schone*, in IKK-Nachrichten, 1–2/2006, S. 20.

753 *Coester*, in: Lipp/Schumann/Veit, Kindesschutz, S. 19 (24); *ders.*, JAmt 2008, 1 (2).

754 Dies ist z. B. die körperliche Misshandlung, Einsperren, Anhalten zu Straftaten, sexueller Missbrauch, rücksichtsloses Erziehungsverhalten der Eltern etc.; siehe hierzu *Dethloff*, § 13 Rn. 102.

755 Dies geschieht etwa durch Unterernährung oder Verwahrlosung des Kindes; die Verweigerung des regelmäßigen Schulbesuchs; die gebotenen ärztlichen Behandlungsmaßnahmen unterbleiben. Hierzu: Palandt/*Diederichsen* (2012), § 1666 Rn. 16 ff.

756 *OLG München*, Beschluss v. 11.03.2004, 26 UF 1439/03, FamRZ 2004, 1597 (psychische Erkrankung).

757 *OLG Bremen*, Beschluss v. 21.03.2011, 4 UF 31/11, S. 4; Palandt/*Diederichsen* (2012), § 1666 Rn. 14; *Völker/Clausius* (2012), § 1 Rn. 160.

758 Zu den Ergebnissen der Studie von *Münder u. a.* aus dem Jahr 2000 siehe oben, Kap. 1, B. I.1.

759 Vgl. *Kindler*, Gefährdungsmitteilungen und Schutzmaßnahmen, Hilfen sowie Verletzungen von Kindern ein Jahr später (2012); *Münder/Mutke/Schone* (2000), S. 101.

760 Bei *psychischen* bzw. seelischen Misshandlungen wird dem Kind wiederholt vermittelt, wertlos, voller Fehler, ungeliebt oder ungewollt zu sein. Eine Sonderform der Kindesmisshandlung ist der sexuelle Missbrauch von Kindern, der neben körperlicher Verletzung des Kindes eine seelische Verletzung aufzeigt und überwiegend im Familienkontext verbreitet ist, hierzu: *Olzen*, in: MüKo-BGB (2012), § 1666 Rn. 61.

761 *Olzen*, in: MüKo-BGB (2012), § 1666 Rn. 58.

erheblichen physischen oder psychischen Beeinträchtigungen des Kindes und seiner Entwicklung führen oder vorhersehbar ein hohes Risiko solcher Folgen bewirken.[762] Stets sind das Alter des Kindes, Beginn und Ausmaß sowie Dauer und Häufigkeit der Misshandlung zu beachten.[763] Auch Fälle der Vernachlässigung[764] haben das Potenzial, eine nachhaltige Schädigung des Kindeswohls zu bewirken, selbst wenn sie weniger schwerwiegend sind, da die Vernachlässigung kumulativ schädigen kann, wenn sie einen chronischen Verlauf annimmt.[765] Meist lassen sich die fehlenden Sorge- und Betreuungsmaßnahmen der Eltern auf erhebliche Probleme im eigenen Persönlichkeitsbereich zurückführen oder sind das Resultat eines mangelnden Wissens und einer unzureichenden Wahrnehmung der kindlichen Bedürfnisse.

Praktische Probleme bereiten die sozialpädagogische Vorbeugung einer Gefahrenlage ebenso wie die tatsächliche Feststellung einer Kindeswohlgefährdung.[766] Ist eine Gefährdung festgestellt, ist es entscheidend, die effektive Maßnahme zur Begegnung der Gefahrenlage aufzufinden; liegt etwa ein Fall der Vernachlässigung vor, steht die Förderung von Elternfähigkeit im Zentrum des staatlichen Interventionsinteresses.[767] Die Schwierigkeit in der praktischen Handhabung besteht darin, das mögliche Schädigungspotenzial der Vernachlässigung sachgerecht einzuschätzen, damit nicht wiederholt mit der geeigneten und notwendigen Hilfe zugewartet wird. Besonders treten bei Fällen der Vernachlässigung nicht die konkreten Ursachen ihres Entstehens in Erscheinung, sondern zeigen sich Entwicklungsrückstände oder Verhaltensauffälligkeiten bei den von Vernachlässigung betroffenen Kindern. Vereinzelt[768] wird deshalb vorgeschlagen, verschiedene Befunde zusammenzutragen und systematisch einzuschätzen, welche öffentliche Hilfe mit Blick auf den weiteren Lebensweg die Situation des Kindes verbessern kann. Hierzu gehört es etwa, die psychische Gesundheit oder das Verständnis der Eltern für die Übernahme der Fürsorgerolle zu ermitteln, die Gestaltung der Interaktion zwischen Eltern und Kind zu fokussieren oder etwa, den Entwicklungs- und alltäglichen Pflegezustand

---

762 Weitere Möglichkeiten des Gerichts, die Kindeswohlsituation zu bewerten, sind das rechtsmedizinische Klassifikationsraster für die Beurteilung von Hämatomen und Brandverletzungen, das Analyseverfahren zur Exploration kindlicher Erfahrungen im Umgang mit Misshandlungs- und Missbrauchserlebnissen sowie das Verfahren zu psychiatrischen Störungsbildern bei Eltern, das Aussagen über die elterliche Fürsorgefähigkeit und die Entwicklung des Kindes treffen kann, vgl. hierzu: *Kindler*, FPR 2012, 422 (425) m.w.N.

763 *Alle*, S. 16.

764 Zum Begriff der Vernachlässigung siehe bereits oben, Kap. 1. B. I. 1. a.

765 *Kindler*, FPR 2012, 422 (425).

766 Vgl. insoweit auch die Entscheidungen des *BVerfG* v. 10.09.2009, 1 BvR 1248/09, JAmt 2009, 626 und v. 29.01.2010, 1 BvR 374/09, FamRZ 2010, 713, die zu dem Ergebnis kommen, dass die Fachgerichte in dem jeweiligen Fall die Kindeswohlgefährdung nicht überzeugend nachgewiesen haben.

767 *Coester*, FPR 2009, 549 (550).

768 *Kindler*, FPR 2012, 422 (425).

des Kindes in seinem Lebensumfeld und dessen Fähigkeit zur Selbständigkeit und Weltkenntnis zu betrachten.

c. *Die mangelnde Bereitschaft oder Fähigkeit der Eltern zur Gefahrenabwehr*

Die zweite Tatbestandsvoraussetzung des § 1666 Abs. 1 BGB ist die Unwilligkeit oder Unfähigkeit der Eltern, die Gefahr von dem Kind abzuwenden. Die Subsidiarität des staatlichen Handelns kommt zum Ausdruck.[769] Der Unwille der Eltern, die Gefahr abzuwenden, steht der Unfähigkeit zur Gefahrenabwendung gleich, d.h. erfasst werden *sowohl* die Eltern, die willig, aber unfähig sind, die Gefahr von dem Kind abzuwenden, *als auch* diejenigen Eltern, die unwillig, aber in der Lage sind, die Gefahr abzuwenden.[770] Ein Verschulden der Sorgeberechtigten ist nicht erforderlich.

Mögliche Gründe für die mangelnde Fähigkeit der Eltern zur Gefahrenabwehr sind festgestellte geistige, psychische oder sonstige Krankheiten, die die Eltern an der Wahrnehmung ihrer Sorgeverantwortung hindern. In Betracht kommt auch die Unfähigkeit eines Elternteils, die Kindesmisshandlung durch den anderen Elternteil abzuwehren oder aber die mangelnde Fähigkeit, ambulante Hilfen effektiv umzusetzen.[771] Besonders bei einem wiederholten Einsatz von ambulanten Hilfen ist stets die Effektivität der Hilfe zu kontrollieren, damit chronische Gefährdungsverläufe und die Kontinuität der Gefahrenlage vermieden werden können.

Eine fehlende Bereitschaft der Eltern zur Gefahrenabwehr liegt vor, wenn Eltern sich der Annahme und Umsetzung der für notwendig befundenen öffentlichen Hilfen verweigern. Die Prüfung der Bereitwilligkeit erfordert eine sehr dezidierte Würdigung der Gesamtumstände, nachdem gerade die elterliche Motivation die verantwortliche Gefahrenabwendung konstituieren kann.[772] Das Gericht darf sich demzufolge nicht auf bloße Willenserklärungen oder Versprechen der Eltern verlassen, Misshandlungs- oder Vernachlässigungsereignisse zukünftig unterbinden zu wollen[773], sondern hat die Sachlage umfassend zu ermitteln. Insbesondere, wenn die Fallgeschichte ernsthafte Zweifel an der Beständigkeit des elterlichen Verhaltens erkennen lässt, ist die umfassende Einschätzung des Gerichts notwendig.[774] Erst wenn zur Überzeugung des Gerichts feststeht, dass die Entschlossenheit der Eltern zur Gefahrenabwehr auf einer inneren Einsicht in die Verantwortung beruht, kann das Gericht von Eingriffsmaßnahmen in die elterliche Sorge absehen.[775] Ebenso sind

769 *Olzen*, in: MüKo-BGB (2012), § 1666 Rn. 116.
770 *Veit*, in: BeckOK-BGB, § 1666 Rn. 27.
771 Siehe Staudinger/*Coester*, § 1666 Rn. 173 m.w.N.
772 Staudinger/*Coester*, § 1666 Rn. 174.
773 Staudinger/*Coester*, § 1666 Rn. 174.
774 Siehe etwa *OLG Frankfurt*, 20 W 744/82, FamRZ 1983, 530 f. (Drogenabhängigkeit der Eltern).
775 *BVerfG*, 1 BvR 374/09, FamRZ 2010, 713 (714); Staudinger/*Coester*, § 1666 Rn. 174.

keine Maßnahmen zu ergreifen, wenn die Eltern bereit sind, das Jugendamt mit der Ausübung der elterlichen Sorge zu betrauen.[776]

Grundsätzlich ist nicht die Ursache der Gefährdung entscheidend[777] und von wem sie herrührt, d. h., ob von den Eltern selbst[778], von Dritten[779] oder durch höhere Gewalt.[780] Vielmehr impliziert das Vorhandensein einer Gefährdung, das die Eltern ihrer Schutzfunktion nicht genügen.[781] Mit Blick auf das Erfordernis festzustellen, ob die Eltern die Gefahr abwenden können ist entscheidend, ob die elterliche Primärverantwortung auch für die Zukunft als *„Schutzschild für das Kind“* ausfällt.[782] Die Eltern müssen zukünftig ihren Pflichten genügen und die Gefahrenlage abwenden. An der Bewertung der Bereitschaft und Fähigkeit zur Abwehr vorhandener Gefahren wird deutlich, dass dem zivilrechtlichen Kindesschutz eine Zukunftsorientierung zugrunde liegt.[783]

Das elterliche Fehlverhalten in der Vergangenheit spielt eine ebenso bedeutende Rolle. Insoweit hat das *OLG Brandenburg*[784] nochmals betont, dass die begründete Besorgnis zukünftiger Schädigungen des Kindes regelmäßig aus Vorfällen in der Vergangenheit resultiert. Das Gericht hat mithin auch vergangene Umstände zu ermitteln, die zu der Gefahrenlage geführt haben, um die Aussichten der elterlichen Gefahrenabwendung in der Zukunft, v.a. hinsichtlich der Annahme sozialpädagogischer Hilfen, einschätzen zu können.[785] Erst die Feststellung des elterlichen Ausfalls auch für die Zukunft – aus welchem Grund auch immer – berechtigt das Familiengericht zur Anordnung von Eingriffsmaßnahmen.[786]

d. Rechtsfolgen der §§ 1666, 1666a BGB und der Grundsatz der Verhältnismäßigkeit

Bei Vorliegen der Tatbestandsvoraussetzungen des § 1666 Abs. 1 BGB hat das Familiengericht die zur Gefahrenabwendung erforderlichen Maßnahmen zu treffen. Welche Maßnahme das Gericht treffen darf, regelt § 1666 Abs. 3 BGB. Das Spektrum der Rechtsfolgen familiengerichtlicher Eingriffsmaßnahmen in die elterliche Sorge nach §§ 1666, 1666a BGB, das in § 1666 Abs. 3 BGB im Wege eines Regelbeispielkatalogs und nicht abschließend die möglichen gerichtlichen Maßnahmen

---

776 *OLG Saarbrücken*, 6 UF 24/10, ZKJ 2010, 371 (373).
777 *OLG Brandenburg*, 9 UF 105/07, FamRZ 2008, 1556 = BeckRS 2010, 00920.
778 *BayObLG*, Beschluss v. 26.02.1998, 1Z BR 198/97 = FamRZ 1998, 1044.
779 Zur Partnerschaftsgewalt in der Familie mit Auswirkung auf das Kind siehe etwa *Weber-Hornig/Kohaupt*, FPR 2003, 315 ff.
780 Staudinger/*Coester*, § 1666 Rn. 58, 60, 173.
781 Staudinger/*Coester*, § 1666 Rn. 169.
782 Staudinger/*Coester*, § 1666 Rn. 173.
783 *Oberloskamp/Borg-Laufs/Mutke*, 6. Kapitel, S. 138; *Ziegler*, in: Weinreich/Klein, § 1666 Rn. 32.
784 *OLG Brandenburg*, Beschluss v. 31.03.2010, 13 UF 41/09 = NJW-RR 2010, 872 (873).
785 BR-Drucks. 550/07, S. 1; Staudinger/*Coester*, § 1666 Rn. 64; *ders.*, JAmt 2008, 1 (3).
786 Staudinger/*Coester*, § 1666 Rn. 169; *Wiesner*, RdJB 2009, 13 (15).

zur Gefahrenabwendung aufführt[787], reicht von niedrigschwelligen Maßnahmen in Form von Ermahnungen, Ge- und Verboten, bis hin zum Entzug der gesamten elterlichen Sorge und der Trennung des Kindes von seiner Familie.[788] Der Entzug der gesamten elterlichen Sorge erfordert sowohl die Begründung für den Entzug der Personen- als auch der Vermögenssorge.[789] Auch bei weniger schwerwiegenden Eingriffen, wie etwa Auflagen oder Geboten i.S. des § 1666 Abs. 3 Nr. 1 oder Nr. 2 BGB, müssen die Tatbestandsmerkmale des § 1666 BGB erfüllt sein.[790] Auch jene Maßnahmen sind Ausdruck des Grundsatzes der Verhältnismäßigkeit nach § 1666a BGB und des Gebots, das Grundrecht des Kindes zu schützen und das staatliche Wächteramt effektiv auszugestalten.[791]

Der Staat soll immer zunächst versuchen, das Ziel der Sicherung des Kindeswohls durch helfende, unterstützende oder auf Wiederherstellung eines verantwortungsgerechten Verhaltens der Eltern gerichtete Maßnahmen zu erreichen, deren Ziel die Wiederherstellung der elterlichen Erziehungsfähigkeit ist.[792] Nur soweit eine (Wieder)herstellung der elterlichen Erziehungskompetenzen nicht möglich ist, darf und muss der Staat den Eltern die Erziehungs- und Pflegerechte vorübergehend oder sogar dauerhaft entziehen und andere Erzieher einschalten.[793] Können Eltern ihrer Erziehungsverantwortung gerecht werden, dürfen keine das Elternrecht beschränkenden Maßnahmen nach Art. 6 Abs. 2 S. 2 GG ergriffen werden – dies verdeutlicht auch die Ausgestaltung des Schutzauftrags der Jugendhilfe in § 8a SGB VIII.

Der Grundsatz der Verhältnismäßigkeit kommt in der unselbständigen und auf § 1666 BGB aufbauenden Normierung des § 1666a BGB zum Ausdruck und gilt für jede Maßnahme nach § 1666 BGB.[794] § 1666a BGB gebietet etwa die Begrenzung richterlicher Gestaltungsfreiheit bei besonders schweren Eingriffen, wie etwa bei Trennung des Kindes von den Eltern oder bei dem Entzug der gesamten elterlichen Sorge.[795] Steht etwa definitiv fest, dass der teilweise Entzug der elterlichen Sorge nicht ausreicht, um eine Gefährdung des Kindeswohls abzuwenden, kommt der vollständige Entzug der Sorge in Betracht. Eine Trennung des Kindes von der Familie ist zulässig, wenn mildere Mittel nicht ausreichen, um die Gefahr für das Kind abzuwenden. Eine sofortige Herausnahme eines Kindes aus der Schule, dem Kindergarten oder der Familie, verbunden mit der Unterbringung in einer Pflegefamilie

787 Zur Kritik an der Neuregelung des § 1666 Abs. 3 BGB vgl. Kap. 2, A. I.
788 Wobei die räumliche Trennung des Kindes von seinen Eltern nicht notwendig auch den Entzug der elterlichen Sorge voraussetzt.
789 Vgl. Staudinger/*Coester*, § 1666 Rn. 207.
790 Vgl. etwa *OLG Nürnberg*, 11 UF 1594/10, FamRZ 2011, 1306.
791 *Ernst*, FPR 2008, 602.
792 *BVerfG*, Beschluss v. 11.11.1988, 1 BvR 585/88, FamRZ 1989, 145 (146).
793 *Jestaedt*, in: Münder/Wiesner/Meysen, Handbuch KJHR, Kap. 1.5 Rn. 21.
794 *BVerfG*, Beschluss v. 17.06.2009, 1 BvR 467/09, FamRZ 2009, 1472 (1473); *Olzen*, in: MüKo-BGB (2012), § 1666 Rn. 153; Staudinger/*Coester*, § 1666a Rn. 1; *Muscheler*, S. 349.
795 Staudinger/*Coester*, § 1666 Rn. 206.

oder einem Verbot des Kontaktes mit den Eltern ist ohne weitergehende Prüfung von milderen Hilfemaßnahmen nicht verhältnismäßig.[796] Das *BVerfG*[797] verlangt, bei der Prüfung der Verhältnismäßigkeit die möglichen schädlichen Folgen mit einzubeziehen, die die Schutzmaßnahme auslöst (wie etwa die Belastung des Kindes, die dieses infolge der Trennung von den Eltern erfährt). Die Erwägung zum Schutzbedarf des Kindes soll mit den Abwägungen zum Risiko stark eingreifender Schutzmaßnahmen verbunden werden. Öffentliche Hilfen nach dem SGB VIII[798] sind stets vorrangig zu berücksichtigen.[799] Das bedeutet nicht, dass öffentliche Hilfen zunächst unbegrenzt zur Anwendung gelangen müssen.[800] Auch dass ein Kind in eine günstigere Umgebung verbracht werden kann, rechtfertigt nicht die zwangsweise Trennung von seinen Eltern. Die Dauer familiengerichtlicher Maßnahmen hat sich ebenfalls am Grundsatz der Verhältnismäßigkeit zu orientieren. Familiengerichtlich angeordnete Maßnahmen dürfen nur so lange aufrechterhalten bleiben, wie eine Gefahr für das Kindeswohl vorhanden ist, § 1696 Abs. 2 BGB.

Ob öffentliche Hilfen erfolgversprechend sind, muss das Familiengericht letztlich in eigener Verantwortung beurteilen, wozu es sich eine zuverlässige Entscheidungsgrundlage zu beschaffen und diese in seiner Entscheidung auch darzulegen hat.[801] Das Gericht hat stets alle Umstände des Einzelfalles zu prüfen und das Vorliegen der einzelnen Tatbestandsmerkmale des § 1666 Abs. 1 i.V.m. § 1666a BGB konkret zu begründen. Allgemeine Ausführungen reichen nicht aus.[802] Zwar bestimmt der Richter selbst aufgrund der ihm obliegenden Amtsermittlungspflicht über Art und Umfang der Ermittlungen. Er hat jedoch alle Erkenntnisquellen zu nutzen, die die verfahrensrechtlichen Normierungen hierzu vorhalten. Unterlässt das Gericht die Nutzung der erforderlichen Erkenntnisquellen, muss es seine eigene Sachkunde,

---

796 So auch die Rechtsprechung des Europäischen Gerichtshofs für Menschenrechte, vgl. *EGMR*, FamRZ 2005, 585. Bei der Prüfung der in Betracht kommenden Maßnahmen zur Abwendung einer Kindeswohlgefährdung ist Art. 8 EMRK zu beachten, wonach das Recht auf Achtung des Familienlebens garantiert wird und Eingriffe des Staates nur unter engen Voraussetzungen zugelassen sind. Zwar steht die EMRK in der Normenhierarchie der Bundesrepublik Deutschland unterhalb der Verfassung des GG und hat den Rang eines einfachen Rechts. Durch die Ratifikation der EMRK hat sich das deutsche Recht aber an europäischen Standards auszurichten und darf nicht gegen europäisches Gemeinschaftsrecht verstoßen.

797 *BVerfG* v. 28.02.2012, 1 BvR 3116/11, BeckRS 2012, 48175 = FamRZ 2012, 1127 = ZKJ 2012, 186.

798 Dies sind etwa Hilfen zur Erziehung gem. §§ 27 ff. SGB VIII.

799 *BayObLG* v. 19.04.1991, BReg. 1 Z 23/91, FamRZ 1991, 1218.

800 unter Bezugnahme auf die Vollzeitpflege und einen damit verbundenen Herausgabekonflikt vgl. etwa *OLG Brandenburg*, Entscheidung v. 27.08.2003, 9 UF 145/03, JAmt 2003, 603 = ZfJ 2004, 114.

801 Vgl. zuletzt *BVerfG*, Beschluss v. 24.03.2014, 1 BvR 160/14 = ZKJ 2014, 242 ff.

802 Vgl. etwa *BVerfG*, Beschluss v. 29.01.2010, 1 BvR 374/09, FamRZ 2010, 713 ff.

insbesondere seine psychologische Fachkunde, konkret darlegen.[803] Entscheidungen in Angelegenheiten der elterlichen Sorge müssen erkennen lassen, dass sich das Gericht der hohen verfassungsrechtlichen Bedeutung des Elternrechts und der Beachtung des Verhältnismäßigkeitsgrundsatzes bewusst ist, nachdem dem Gericht die Verfahrensgestaltung, Feststellung und Würdigung des Sachverhalts sowie die Auslegung des einfachen Rechts obliegt.[804]

2. *Kritik der Fachöffentlichkeit hinsichtlich der Neuregelungen des § 1666 BGB*

Die Kürzung des Tatbestandes des § 1666 Abs. 1 BGB um die Voraussetzungen des „elterlichen Erziehungsversagens" hat zu einem kontroversen Fachdiskurs geführt. Als Kritik ist im Wesentlichen vorgebracht worden, im Wege der Streichung der Merkmale die Blickrichtung auf den auslegungsbedürftigen unbestimmten Rechtsbegriff der „Kindeswohlgefährdung" beschränkt und dem Rechtsanwender die Orientierung an den bislang genannten Anhaltspunkten genommen zu haben.[805] Gerade die Konkretisierung einer Vorschrift fungiere als Auslegungshilfe. Überdies könne den Eltern, die uneinsichtig blieben, aufgezeigt werden, dass ihr Verhalten im Gegensatz zu ihrer Elternverantwortung steht. Indem die Kindeswohlgefährdung sprachlich betont neben die Fähigkeit oder die Bereitschaft der Eltern getreten sei, die Gefährdung abzuwenden, wird vereinzelt[806] vertreten, die Kürzung des Tatbestandes habe lediglich eine *punktuelle Veränderung* hervorgebracht, das Verhalten der Eltern fließe weiterhin in die Beurteilung der Gefährdung mit ein. Auch habe sich die Norm durch die Streichung des elterlichen Erziehungsversagens nicht allzu sehr verändert, denn die Rechtsprechung ziele auch bislang auf das „unverschuldete" Versagen ab.[807]

Teilweise wird die Streichung des „elterlichen Erziehungsversagens" wiederum begrüßt, dessen Berücksichtigung in den gerichtlichen Verfahren einen *„unnötigen Prüfschritt"*[808] und eine *„Tatbestandshürde"*[809] hervorgebracht habe. In der Vergangenheit seien notwendige Kinderschutzmaßnahmen wiederholt zu lange hinausgeschoben und die Balance zwischen Elternrecht und staatlichem Schutzauftrag

803 *BVerfG*, Beschluss v. 10.09.2009, 1 BvR 1248/09, FamRZ 2009, 1897 (1898 f.), wonach die Einholung der erforderlichen Erkenntnisquellen unterblieben ist.
804 *Diwell*, in: Schulz/Hauß, Art. 6 GG Rn. 73.
805 *Röchling*, FamRZ 2007, 431 (433).
806 *Meysen*, NJW 2008, 2673 ff..
807 *Van Els*, FF 2009, 157 (158); *Veit*, FPR 2008, 598 (599 f.), mit Verweis auf *BayObLG*, Beschluss v. 22.04.1980, BReg 1 Z 26/80, FamRZ 1980, 1062; *OLG Koblenz*, Beschluss v. 11.05.2005, 13 WF 282/05, NJW-RR 2005, 1164, FamRZ 2006, 57 (Teilentzug der elterlichen Sorge wegen Fernbleibens von der Schule).
808 *Vogel*, FF 2008, 231; *Fellenberg*, FPR 2008, 125 (126); BT-Drucks. 16/6815, S. 14.
809 BT-Drucks. 16/6815, S. 9, 10, 14; *Willutzki*, FPR 2008, 488 (491).

verkannt worden.[810] Es mache einen großen Unterschied, ob das *elterliche Versagen* ein kumulatives, konstitutives Element der Eingriffslegitimation des § 1666 Abs. 1 BGB begründe oder ob es nur Teil des aufzuklärenden Sachverhalts sei, in dessen Kontext es um die Beurteilung der Kindeswohlgefährdung und deren Abwendung geht.[811] Bei Feststellung einer konkreten Kindeswohlgefährdung sei stets von einem Ausfall der Eltern auszugehen[812] und es bedürfe deshalb nicht der gesonderten Prüfung einer Kausalität. Vor dem Hintergrund der veränderten Anforderungen an den Nachweis der Tatbestandserfüllung wird schließlich ein *„revolutionärer Akt"* des Gesetzgebers erblickt.[813]

Auch die Wirkung des Rechtsfolgenkataloges in § 1666 Abs. 3 FamFG wird in der Fachöffentlichkeit unterschiedlich eingeschätzt: Überwiegend wird es als positiv hervorgehoben, dass mit der Konkretisierung des § 1666 Abs. 3 BGB die möglichen Schutzmaßnahmen für das Kind unterhalb des Sorgerechtsentzugs betont und der Fokus des Rechtsanwenders nicht auf die besonders einschneidenden Maßnahmen des teilweisen oder vollständigen Sorgerechtsentzugs gelenkt, sondern die sozialrechtlichen Hilfeansätze mit dem familiengerichtlichen Interventionsansatz verknüpft werden.[814] Vereinzelt wird die beispielhafte Aufzählung von Einzelmaßnahmen als *„völlig überflüssig"* und *„allein für die Mitarbeiter des Jugendamtes sinnvoll"*[815], *„keineswegs neu"*[816] oder als *„unnötige Normenvermehrung"*[817] bezeichnet. Ein breites Maßnahmenspektrum gerichtlicher Maßnahmen habe auch im Vorfeld des KiWoMaG zum *„Handlungsbesteck des Familiengerichts"*[818] gehört. Nach dem Grundsatz der Verhältnismäßigkeit sei das Gericht stets verpflichtet, das mildere Mittel anzuwenden, bevor es den schwerwiegenderen Eingriff in die elterliche Sorge einsetzen dürfe, wenngleich der Maßnahmenkatalog für die Fachkraft des Jugendamtes unter Umständen eine veränderte Blickrichtung auf die möglichen in Betracht kommenden Maßnahmen begründe, die bei Anrufung des Gerichts angeregt werden können.[819] Darüber hinaus wird angeführt, dass die in der Vergangenheit beobachtete Tendenz, in den überwiegenden Verfahren den teilweisen

---

810 Staudinger/*Coester*, § 1666 BGB Rn. 59; zu bisherigen Ausbildungs- und Kompetenzdefiziten in Jugendamt und Familiengericht als Hindernis *Salgo*, ZKJ 2006, 531 (533, 535); *ders*, ZKJ 2007, 12 (13, 16).

811 Staudinger/*Coester*, § 1666 Rn. 61.

812 Vgl. *Rosenboom/Rotax*, ZRP 2008, 1: „Eine Kindeswohlgefährdung, die das Familiengericht zum Handeln zwingt, kann nur vorliegen, wenn die Eltern als Schutzinstanz ausfallen."

813 *Czerner*, ZKJ 2012, 246 (247).

814 *Ernst*, FPR 2008, 602 ff.; *Fellenberg*, FPR 2008, 125 (126); *Schlauß*, ZKJ 2007, 9 (10);

815 *Vogel*, FF 2008, 231 ff.

816 *van Els*, FF 2009, 157 (158): Neu sind allenfalls die dem Gewaltschutzgesetz entlehnten Schutzmaßnahmen.

817 *Rosenboom/Rotax*, ZRP 2008, 1 (2).

818 *Van Els*, FF 2009, 157 (158); *Röchling*, FamRZ 2008, 1495.

819 *Vogel*, FF 2008, 231 (232).

oder vollständigen Sorgerechtsentzug anzuregen, nicht notwendig die Folge von Unkenntnis der möglichen Maßnahmen sei.[820] Ein Grund könnte auch sein, dass sich Jugendämter unter Druck gesetzt fühlten, das Wohl des Kindes zu schützen, und deshalb dazu neigten, die Kinder vermehrt in Obhut zu nehmen und Anträge auf Sorgerechtsentziehung und Trennung der Kinder von den Eltern zu stellen.

In Bezug auf die erfolgte Konkretisierung der Rechtsfolgen in § 1666 Abs. 3 BGB wird kontrovers diskutiert, ob die gesetzgeberische Zielsetzung der Förderung einer *frühzeitigen Anrufung* des Familiengerichts durch die Anordnung *niedrigschwelliger Maßnahmen*[821] erreicht worden ist bzw. mit der Neuregelung erreicht werden kann. Ein Teil der Fachöffentlichkeit[822] weist bereits auf Missverständnisse und Unklarheiten hin, die der Begriff der *„Niedrigschwelligkeit"* auslöse[823], nachdem eine Senkung der Eingriffsschwelle vom Gesetzgeber ausdrücklich abgelehnt worden und nicht eindeutig sei, was der Begriff bedeute.[824] Hiernach sei jedenfalls die frühzeitige Anrufung des Gerichts nicht geeignet, als Instrument zur Durchsetzung von Hilfevorstellungen des Jugendamts gegenüber den Eltern zu dienen.[825] Vereinzelt[826] wird von der geringeren Eingriffsintensität der Auflagen und Gebote auf eine niedrigere Eingriffsschwelle geschlossen.

3. Stellungnahme zu den Neuregelungen und Auswirkungen auf die Erörterung der Kindeswohlgefährdung

a. Diskussion und Stellungnahme zu den Neuregelungen des § 1666 BGB

Der Kritik an der Kürzung des Tatbestandes des § 1666 Abs. 1 BGB ist zuzugeben, dass eine Norm greifbar wird und verständlicher erscheint, wenn sie tatbestandliche Konkretisierungen enthält. Auf diese Weise wird dem Rechtsanwender die Vorschrift verdeutlicht und die Prüfungsschritte werden aufgezeigt.[827] Die Diskussion um die Neuregelung des Schutzauftrags des Jugendamts und die daraufhin implementierte Vorschrift des § 8a SGB VIII verdeutlichen die Bedeutung der Konkretisierung. Mit Blick auf einen effektiven Schutz des Kindes darf eine Norm keine Tatbestandsmerkmale enthalten, die den Verlauf des Verfahrens behindern können. Die Nichtfeststellbarkeit des „elterlichen Erziehungsversagens" darf nicht bedingen, dass eine Schutzlücke für das Kind entsteht.

---

820 *Van Els*, FF 2009, 157 (158).
821 Vgl. BT-Drucks. 16/6815, S. 11.
822 Vgl. *Coester*, JAmt 2008, 1; *Wiesner*, RdJB 2009, 13 (16); *Röchling*, FamRZ 2007, 431 (433).
823 *Wiesner*, RdJB 2009, 13 (16); *Veit*, FPR 2008, 598 (600).
824 Vgl. BT-Drucks. 16/6815, S. 14; BT-Drucks. 16/8914, S. 15.
825 Vgl. *Röchling*, FamRZ 2007, 431 (432).
826 *Röchling*, FamRZ 2007, 431 (433); *Rosenboom/Rotax*, ZRP 2008, 1 (3).
827 *Röchling*, FamRZ 2007, 431 (433).

Zur Gewährleistung eines effektiven Kindcrschutzes darf es auch nicht von ausschlaggebender Bedeutung sein, aus welchen Gründen sich die Eltern nicht um ihr Kind kümmern und das elterliche Verhalten zu einer Kindeswohlgefährdung geführt hat, wenn anderenfalls der Schutz des Kindes nicht gewährleistet ist. Im Verfahren nach §§ 1666, 1666a BGB geht es um die staatliche Schutzverantwortung für ein Kind und die Bedürfnisbefriedigung des Kindes.[828] Diese wird nun infolge der Konkretisierung des Tatbestandes und die Hervorhebung der Kindeswohlgefährdung, die eine Prognose einer Gefahr für die Befriedigung der Bedürfnisse des Kindes erfordert, betont. Die gerichtliche Prüfung hat sich deshalb auf die Abwehr von Gefahren von dem Kind zu konzentrieren.

Nach der Konzeption des staatlichen Wächteramtes ist es nicht die Aufgabe des Staates, elterliches Verhalten zu kontrollieren oder bereits geschehenes Verhalten aufzuarbeiten.[829] Die Eltern sind nicht als „Versager" zu stigmatisieren, sondern sie sind in die Überlegungen zur Gefahrenabwendung mit einzubeziehen. Im Vorfeld sorgerechtlicher Eingriffsmaßnahmen auf Grundlage des § 1666 BGB hat sich der Richter die Frage zu stellen, ob es die Eltern alleine schaffen können, die Gefährdung abzuwenden, ob sie es nur mit öffentlichen Hilfen[830] bewältigen können oder ob sie überhaupt nicht in der Lage dazu sind, der Gefahrenlage zu begegnen.[831] Die gezielte Fokussierung auf die Notwendigkeit, eine Gefahrenlage von dem Kind abzuwenden und nicht die Versagensmomente der Eltern aufzudecken, bietet die i.S. eines verbesserten Kinderschutzes wünschenswerte Möglichkeit der gesteigerten Akzeptanz der Eltern, die Erforderlichkeit der Hilfe anzuerkennen und die Hilfe anzunehmen. Die Bereitschaft der Eltern zur Annahme der Hilfe wird dabei größer sein, wenn die Eltern die Erforderlichkeit der Hilfe nicht als persönliches Versagen empfinden.[832]

Ob und inwieweit die Kürzung der Tatbestandsvoraussetzungen des § 1666 Abs. 1 BGB in der praktischen Wirklichkeit zu einer erleichterten richterlichen Prüfung und insgesamt zu einem Wegfall von „Tatbestandshürden" führen, ist gleichfalls bedenklich. Nach wie vor erscheint es unumgänglich, zu prüfen, ob und inwieweit die Eltern fähig oder willig sind, an der Gefahrenabwehr mitzuwirken. Sind beispielsweise Eltern wiederholt ihrer Verpflichtung nicht nachgekommen, dafür Sorge zu tragen, dass ihr Kind regelmäßig die Schule besucht, ist es notwendig, die Gründe für die vergangenen Versäumnisse zu erfahren, um einschätzen zu können, ob der Situation mit einer bloßen Verwarnung begegnet werden kann, ob niedrigschwellige Maßnahmen ausreichen, oder ob ein Sorgerechtsentzug erfolgen muss. Der Verschuldensvorwurf wird nicht völlig ausgeblendet, wenn im Rahmen der Eruierung der Gefahrenabwendungskompetenzen der Eltern in diesen der Eindruck

---

828 *Meysen*, NJW 2008, 2673 (2673).

829 Staudinger/*Coester*, § 1666 Rn. 63; *Grabow*, in: AFET-Veröffentlichung Nr. 71/2011, S. 29.

830 Vgl. § 1666a BGB.

831 Staudinger/*Coester*, § 1666 Rn. 62.

832 *Völker/Clausius*, in: Kemper/Schreiber, HK FamFG (2012), § 157 Rn. 2.

geweckt wird, in der Erziehung versagt zu haben.[833] Dies wird verstärkt durch die Verpflichtung, die Gefährdungssituation vor Gericht zu erörtern, Erziehungsfragen zu klären und sich ggfs. Gutachten und Stellungnahmen über die eigene Erziehungsfähigkeit aussetzen zu müssen.[834] Wird eine Gefährdung für das Kind und die mangelnde Gefahrenabwendung durch die Eltern festgestellt, liegt hierin der Vorwurf des *„Ausfalls in der elterlichen Schutzfunktion"*.[835] Das Verhalten der Eltern oder Dritter in der Vergangenheit ist insoweit nach wie vor von Bedeutung.[836] Die Prüfung, ob eine Kindeswohlgefährdung vorliegt, erfordert mithin die umfassende Kenntnis der Ursachen der Gefährdung, nicht zuletzt, um eine effektive Gefahrenabwendungsmaßnahme i.S. des Kindeswohls anzuordnen und durchführen zu können. Die Gründe des elterlichen Versagens sind trotz erfolgter Tatbestandsreduktion weiterhin zu prüfen. Wird die Ursache der Gefährdung nicht erkannt, besteht die Gefahr, dass sich die Kindeswohlgefährdung nicht dauerhaft abwenden lässt und sich das erzieherische Fehlverhalten der Eltern wiederholen wird.

Die Hervorhebung der niedrigschwelligen Maßnahmen in § 1666 Abs. 3 BGB zeigt angesichts des Wortlauts sowie mit Blick auf die Begründung des Gesetzgebers deutlich, dass die dort aufgeführten Auflagen und Gebote mit einer geringeren *Eingriffsintensität* verbunden sind, d.h., dass sie weniger intensiv als etwa ein teilweiser oder vollständiger Sorgerechtsentzug gem. § 1666 Abs. 3 Nr. 6 BGB wirken. Es handelt sich trotzdem um Eingriffsmaßnahmen in die elterliche Sorge, denn die Auflage, in der Familie eine Familienhilfe für mehrere Stunden wöchentlich zu installieren oder die Verpflichtung der Eltern, für den Schulbesuch ihres Kindes zu sorgen, der etwa durch die Hinzuziehung eines Ergänzungspflegers sicherzustellen ist, ist ein Eingriff in die elterliche Sorge.[837] Eine niedrigschwellige Maßnahme darf dementsprechend nicht zu einer schnelleren Eingriffslegitimation führen.[838] Hält das Gericht (lediglich) eine Auflage oder ein Gebot zur Gefahrenabwehr für geeignet und erforderlich, muss es dennoch prüfen, ob die Tatbestandsvoraussetzungen

833 *Wiesner*, RdJB 2009, 13 (15).

834 *Lack*, S. 175, 185 f. Zum Vorschlag, den Tatbestand des § 1666 Abs. 1 BGB um Regelbeispiele zu ergänzen, siehe S. 188 ff.

835 BT-Drucks. 16/6815, S. 14: (...) „der eigentliche Vorwurf des elterlichen Versagens besteht darin, dass die Eltern in Anbetracht der Gefährdung ihres Kindes ihre Schutzfunktion nicht erfüllen"; vgl. hierzu Staudinger/*Coester*, § 1666 Rn. 169; *ders.*, in: Brühler Schriften, 18. DFGT, 2009, S. 60 (65).

836 *Meysen*, NJW 2008, 2673 (2673); siehe auch *Schlauß*, ZKJ 2007, 9 (10); *Hannemann*, UJ 2008, 337 (338).

837 Vgl. *OLG Köln*, 14 UF 134/01, Beschluss v. 18.02.2002, JAmt 2003, 548; *OLG Koblenz*, Beschluss v. 11.05.2005, NJW-RR 2005, 1164 = FamRB 2005, 358; *Raack*, FPR 2012, 467 (468, 470).

838 *Wiesner*, in: AFET-Veröffentlichung Nr. 71/2011, S. 11 (15); a.A. *Bergmann*, ZKJ 2009, 404, wonach die Eingriffsschwelle für richterliches Handeln in § 1666 Abs. 1 BGB infolge des KiWoMaG „herabgesetzt" worden sei.

erfüllt sind, d.h. ob das Wohl des Kindes gefährdet ist und die Eltern nicht gewillt oder in der Lage sind, die Gefährdung abzuwenden.

In der praktischen Anwendung kann es sich als eine besondere Herausforderung erweisen, die Effektivität einer niedrigschwelligen Maßnahme zutreffend einzuschätzen. Nicht nur ist bereits problematisch, dass das Gericht den Eltern Auflagen und Gebote erteilt und von ihrer Befolgung ausgeht, nachdem es unmittelbar zuvor nicht nur eine Kindeswohlgefährdung, sondern ebenfalls den mangelnden Willen und die mangelnde Bereitschaft der Eltern zur Gefahrenabwendung festgestellt hat. Eine Herausforderung für das Gericht ist es stets festzustellen, ob und inwieweit sich die Eltern den richterlichen Geboten beugen werden und derartige Maßnahmen sinnvoll zum Einsatz gelangen.[839] Zwar mag die Autorität des Gerichts bei manchen Eltern eine Verhaltensänderung bewirken. Es ist jedoch fraglich, woher das Gericht die Gewissheit nehmen kann, dass Eltern auch nachhaltig bereit sein werden, ihr Verhalten zu ändern mit der Folge, dass die Gefahrenlage für das Kind nicht sicher abgewendet werden kann. Die Anwendung niedrigschwelliger Maßnahmen darf nicht zu dem für das Kind ungünstigen Ergebnis führen, dass sie ungeeignet sind, der Gefahrenlage zu begegnen und das Kind ungeschützt in der Gefahrenlage verbleibt.[840] Auch die Drohung mit Zwangsmitteln wird auf jene Eltern keine Wirkung haben, die zur Zahlung von Zwangsgeld nicht in der Lage sind.[841] Auflagen und Gebote dürfen jedenfalls nicht „versuchsweise“ zur Anwendung gelangen, nur weil sie sich als weniger eingriffsintensive Maßnahmen erweisen.

Das Jugendamt ist trotz der gerichtlichen Entscheidung nicht von seiner Verantwortung für die Familie und das Kind entbunden.[842] Das Gebot, öffentliche Hilfen, wie beispielsweise Leistungen der Kinder- und Jugendhilfe nach Maßgabe des SGB VIII in Anspruch zu nehmen, setzt in der Regel eine fachkundige Entscheidung hinsichtlich der Geeignetheit und Notwendigkeit der Hilfe voraus. Ist die Entscheidung bereits im Vorfeld des gerichtlichen Verfahrens und im Zusammenwirken mit den Eltern und dem Kind im Wege eines Hilfeplanverfahrens nach § 36 SGB VIII erfolgt, hat das Jugendamt das Ergebnis in das Verfahren einzubringen.[843] Das Gericht hat sodann die Eltern aufzufordern, mit dem Jugendamt zu kooperieren und die notwendige Hilfe anzunehmen. Die effektive Verknüpfung zwischen niedrigschwelliger Hilfe und effektiver Gefahrenabwehr durch die familiengerichtliche Intervention lässt sich nur erreichen, wenn hinsichtlich der geeigneten und notwendigen Hilfe Klarheit besteht, d.h. mit Blick auf die jeweilige Aufgabenverteilung ein Konsens

---

839 *Wiesner*, RdJB 2009, 13 (16); *Veit*, FPR 2008, 598 (600).

840 *Wiesner*, RdJB 2009, 13 (17).

841 *Wiesner*, in: AFET-Veröffentlichung Nr. 71/2011, S. 11 (16).

842 Zu Rolle und Aufgabenspektrum des Jugendamts siehe bereits oben, Kap. 1, A. III.

843 *OLG Bremen*, Beschluss v. 02.11.2009, 4 UF 83/09, *Wiesner*, in: AFET Nr. 71/2011, S. 11 (16).

besteht[844] und die Angelegenheit zu einem Zeitpunkt zur Kenntnis des Gerichts gelangt, zu dem noch auf die Annahme öffentlicher Hilfen hingewiesen werden kann und Familien-trennende Hilfen (noch) nicht angezeigt erscheinen.

b. Auswirkungen auf die Erörterung der Kindeswohlgefährdung in § 157 FamFG

Wie bereits aufgezeigt[845], erfolgt die Anrufung des Familiengerichts durch das Jugendamt, wenn eine Gefährdung festgestellt wird, diese durch das Angebot von jugendhilferechtlichen Leistungen jedoch nicht abgewendet werden kann (§ 8a Abs. 2, S. 1, 1. Hs. SGB VIII), wenn eine fundierte Risikoabschätzung mangels Kooperation der Eltern nicht möglich ist (§ 8a Abs. 2 S. 1, 2. HS SGB VIII) oder wenn die Eltern eine vom Jugendamt für notwendig erachtete Hilfe ablehnen.[846] Eine Folge des Erörterungsgesprächs kann es sein, im Einzelfall von gerichtlichen Eingriffsmaßnahmen nach §§ 1666, 1666a BGB abzusehen. Das Erörterungsgespräch kann auch den Eltern die letzte Möglichkeit eröffnen, sich doch noch freiwillig zu einer Einschätzung der Gefährdung des Kindes bereit zu erklären, nach Lösungsmöglichkeiten zu suchen und der Gefahrenlage wirksam zu begegnen.[847] Insoweit sich der Wortlaut des § 157 Abs. 1 FamFG ausdrücklich auf *„Verfahren nach den §§ 1666, 1666a BGB“* bezieht, ist jedoch nicht auszuschließen, dass aus Sicht des Jugendamts eine tatsächlich bestehende und aufgrund der mangelnden Abwendungsbereitschaft oder –fähigkeit der Eltern nicht anders abwendbare Kindeswohlgefährdung angenommen wird, mit der Folge, dass sich das Jugendamt nicht im Vorfeld einer konkreten Kindeswohlgefährdung an das Familiengericht wenden wird.[848] Es wird nicht immer eindeutig sein, inwieweit das Jugendamt eine Kindeswohlgefährdung bereits konkret annimmt und inwieweit es sie für „möglich“ erachtet.[849] Überdies deutet nicht jede Weigerung der Eltern, Angebote der Jugendhilfe anzunehmen, auf eine (mögliche) Kindeswohlgefährdung hin[850] mit der Folge, dass das Jugendamt das Familiengericht möglicherweise erst einschalten wird, wenn seine eigenen Ressourcen nicht ausreichen, um der Gefahrenlage zu begegnen.[851]

---

844 Zum notwendigen Konsens zwischen Jugendamt und Familiengericht: *Ernst*, FPR 2008, 602 (604); zur Zusammenarbeit zwischen Jugendamt und Familiengericht bereiten oben, Kap. 1, A. IV.

845 Kap. 1, B. I. 1. c.

846 *Willutzki*, FPR 2008, 488 (489); Staudinger/*Coester*, § 1666 Rn. 17.

847 *Büte*, in: Johannsen/Henrich (2014), § 157 Rn. 4; *Horndasch*, in: Horndasch/Viefhues, § 157 Rn. 2; *Czerner*, ZKJ 2012, 246 (251).

848 Kritisch insoweit auch *Knödler*, ZKJ 2010, 135 (139); zu den Voraussetzungen der §§ 1666, 1666a BGB aus der Sichtweise des Jugendamts: *Trenczek*, Inobhutnahme (2008), S. 181; *ders.*, ZKJ 2009, 97 (104); *ders.*, in: Münder et. al. FK SGB VIII (2009), Anhang zu § 50 Rn. 33.

849 Vgl. auch *Meysen*, JAmt 2008, 233 (239).

850 Staudinger/*Coester*, § 1666 Rn. 83 ff.

851 *Meysen*, JAmt 2008, 233 (239); *Trenczek*, ZKJ 2009, 97 (104).

Gerade im Rahmen des Erörterungsgesprächs werden das elterliche Verhalten und die Bereitschaft, öffentliche Hilfen anzunehmen in besonderer Weise betont. Das Gericht soll auf die Annahme von öffentlichen Hilfen besonders „hinwirken". Hierbei fokussiert die Erörterung die Ermittlung von geeigneten öffentlichen Hilfen zur frühzeitigen Abwendung einer Gefahrenlage, die die Kenntnis der Ursachen der Gefährdung erfordert. In der Folge muss zumindest erörtert werden, welches Verhalten den Anlass zu dem Verfahren gegeben hat. Das Gericht hat sich besonders sorgfältig mit der Bereitschaft der Eltern zur Annahme der Hilfen auseinanderzusetzen, um das Kind nicht schutzlos in der Gefahrenlage zu belassen. Ein weiterer Fokus der Erörterung liegt insoweit auf der Zukunft, denn erarbeitet werden sollen ein „Maßnahmenplan" sowie die Möglichkeiten der Überprüfung.[852]

In Abgrenzung zu § 1666 Abs. 3 Nr. 1 BGB weist das mit der Erörterung intendierte Einwirken auf die Eltern, deren Inpflichtnahme und die Veranlassung zur Inanspruchnahme von öffentlichen Hilfen eine gesetzliche Unschärfe auf.[853] Der Unterschied zu § 1666 Abs. 3 Nr. 1 BGB, wonach das Gericht die Möglichkeit hat, Gebote zur Inanspruchnahme von Leistungen der Kinder- und Jugendhilfe auszusprechen und den Eltern gegenüber anzuordnen, ist nicht offensichtlich. Die Erörterung erfordert weder die Feststellung der Kindeswohlgefährdung noch die der mangelnden Bereitschaft oder Fähigkeit der Eltern zur Gefahrenabwehr. In der Folge darf sich das Erörterungsgespräch nur auf nicht-förmliche Anordnungen beschränken, wie etwa die Gefährdungssituation zu klären, unter dem Einsatz richterlicher Autorität auf eine Kooperation mit dem Jugendamt hinzuwirken oder die Eltern auf die Folgen hinzuweisen, die drohen, wenn sie die Annahme notwendiger Hilfeleistungen verweigern. Geht es beispielsweise um die Einhaltung der Schulpflicht, ist es denkbar, nach einem wiederholten Versäumnis und einer Meldung der Schulbehörde, das Gebot zu erteilen, für die Einhaltung der Schulpflicht zu sorgen, § 1666 Abs. 3 Nr. 2 BGB. Hierzu kann ein Ergänzungspfleger bestellt werden, der den Schulbesuch sicherstellt. Denkbar ist es aber auch, im Erörterungsgespräch auf das wiederholte Fernbleiben von der Schule hinzuweisen und mit einer Verwarnung zu reagieren. Der Schulbesuch könnte in der Folge durch eine engmaschige Kontrolle des Jugendamtes und die Ankündigung einer nachträglichen gerichtlichen Überprüfung der Situation überprüft werden. Das Fallbeispiel zeigt die unterschiedliche Intensität der jeweiligen Entscheidung auf. In der praktischen Wirklichkeit stehen die handelnden Akteure vor der Herausforderung festzustellen, ob die Gefahrenlage *konkret* oder nur *möglich* ist, wobei es sich um zwei unbestimmte Rechtsbegriffe handelt, die der Ausfüllung und dezidierten Unterscheidung bedürfen, um nicht in unzulässiger Weise in elterliche Sorgerechte einzugreifen.[854] Besonders die

852 *Müller-Magdeburg*, in: FS für Rudolph, S. 86 (89).

853 *Peifer*, NDV 2008, 395 (398 f.); *Knödler*, ZKJ 2010, 135 (139); *Trenczek*, ZKJ 2009, 97 (104); *Wapler*, RdJB 2009, 21 (22).

854 Ausführlich zum Begriff der möglichen Kindeswohlgefährdung nachfolgend, Kap. 2, A. II.

Abgrenzung zu § 1666 Abs. 3 Nr. 1 BGB zeigt das Erfordernis klarer Definitionen und Abgrenzungen[855], damit die Grenzen nicht verschwimmen. Deutlich wird schließlich auch, dass zusätzlich zur Feststellung der Kindeswohlgefährdung das elterliche Verhalten besonders berücksichtigt und den Eltern vor Augen geführt wird.

Es bleibt festzuhalten, dass die gesetzliche Begründung zur Einordnung des § 157 FamFG „in" das Verfahren nach §§ 1666, 1666a BGB nur dann nicht widersprüchlich ist, wenn die Erörterung als justizielles Handlungsinstrumentarium und Bestandteil des Verfahrens nach §§ 1666, 1666a BGB anerkannt wird, das als ein Verfahrensschritt im Vorfeld einer Entscheidung nach §§ 1666 BGB auf die Eltern einwirken soll. Selbst wenn es der KiWoMaG-Gesetzgeber angestrebt hat, eine „frühzeitige Anrufung des Familiengerichts" zu fördern[856], hierbei das Reformgesetz damit beworben hat, „ein frühzeitiges *Eingreifen* des Familiengerichts bei abgesenkter Eingriffsschwelle" etabliert zu haben und „die Eltern stärker in die Pflicht nehmen zu wollen", betont der Gesetzgeber, dass eine Absenkung der Eingriffsschwelle des § 1666 Abs. 1 BGB *nicht* beabsichtigt sei.[857] Das Erörterungsgespräch ist keine anzuordnende Maßnahme gem. § 1666 Abs. 3 BGB, sondern ein eigener Verfahrensabschnitt.[858] Die wesentliche Zielrichtung der Vorschrift ist die Abwehr einer Kindeswohlgefährdung, wozu es der umfassenden Ermittlung der Gefahrenlage bedarf.

II. Der Begriff der *„möglichen Kindeswohlgefährdung"*

1. Problemaufriss

Die amtliche Regierungsbegründung verknüpft den Begriff der *möglichen* Kindeswohlgefährdung allein mit der Vorschrift des § 8a Abs. 2 S. 1 SGB, wonach *„das Erörterungsgespräch bereits in der Phase der Klärung stattfinden kann"*.[859] Vorausgesetzt wird nicht, dass eine Gefährdung des Kindeswohls bereits feststeht.[860] Weitergehende Erläuterungen zum Begriff der „möglichen" Kindeswohlgefährdung erfolgen nicht.[861] Verwendet wird stattdessen ein unbestimmter Rechtsbegriff, der angesichts seiner Unbestimmtheit und der fehlenden Erklärung des Gesetzgebers geeignet ist, in der praktischen Handhabung für Unsicherheiten in der Auslegung zu sorgen.[862]

855 *Götz*, FF/FamFG spezial 2009, 20 (22).
856 BT-Drucks. 16/6815, S. 7.
857 BT-Drucks. 16/6815, S. 14, 16.
858 BT-Drucks. 16/6308, S. 237.
859 BT-Drucks. 16/6815, S. 17.
860 BT-Drucks. 16/6308, S. 237; BT-Drucks. 16/6815, S. 17 (zu § 50f FGG a.F.).
861 Kritisch hierzu: *Schumann*, in: MüKo-FamFG (2013), § 157 Rn. 5; *dies.*, in: MüKo-ZPO (2010), § 157 FamFG Rn. 5.
862 *Röchling*, FamRZ 2007, 431 (433); *Meysen*, JAmt 2008, 233 (239); *Götz*, in Lipp/Schumann/Veit, FGG-Reform, S. 215 (219); *dies.*, FF/FamFG spezial (April 2009), 20 (22).

2. *Auslegung und Verständnis der möglichen Kindeswohlgefährdung in der Fachöffentlichkeit*

Vereinzelt[863] wird vertreten, der Begriff der möglichen Kindeswohlgefährdung beschreibe lediglich eine Situation, die sich in jedem familiengerichtlichen Verfahren nach einer Anrufung ereigne, wenn die Gefährdung noch nicht zur Überzeugung des Gerichts feststeht. Eine Thematisierung der Begrifflichkeit unterbleibt. Im öffentlichen Meinungsdiskurs[864] wird überwiegend vertreten, die „mögliche Kindeswohlgefährdung" betreffe eine Situation, die zwar konkrete Anhaltspunkte für eine Kindeswohlgefährdung voraussetze, aber noch im Vorfeld einer bereits festgestellten Kindeswohlgefährdung i.S. des § 1666 Abs. 1 BGB anzusiedeln sei. Demzufolge habe die Erörterung der Kindeswohlgefährdung auch im Vorfeld von Sorgerechtseingriffen stattzufinden. Um dies zum Ausdruck zu bringen, setze der Gesetzgeber in Abkehr von § 1666 BGB nicht bei der Schwere der drohenden Schädigung des Kindes an, sondern bei der Umschreibung der „Gefährdung" als Vorstufe der eigentlichen Schädigung.[865] Statt einer „gegenwärtigen, mit ziemlicher Sicherheit vorauszusehenden Schädigung des Kindes", wird das Vorliegen einer „*konkret möglichen Schädigung*"[866] verlangt. Im Wege des § 157 FamFG werde insoweit nicht die Eingriffsschwelle des § 1666 Abs. 1 BGB relativiert, sondern ein „anderer" Begriff als „mögliche Kindeswohlgefährdung", „*Gefährdung light*"[867], „Gefahr der Gefahr"[868], „fakultative Gefährdung"[869], *Vorstufe*[870], „*potentielle*" Kindeswohlgefährdung[871] oder etwa als Gefahr, die lediglich „*nahe*" liegt, vorgeschaltet.[872] Auch der Gesetzgeber zeige auf, dass die Erörterung zu einem Zeitpunkt erfolgen soll, in dem der Einsatz sozialpädagogischer Hilfs- und Unterstützungsangebote zur Gefahrenabwehr noch geeignet ist.[873]

Als nicht unproblematisch erweist sich allerdings die wenig präzise Abgrenzung zum Begriff der *konkreten* Kindeswohlgefährdung in § 1666 Abs. 1 BGB – wonach sich der Schadenseintritt mit hinreichender Wahrscheinlichkeit abzeichnen muss[874]

---

863 *Meysen*, in: Meysen, FamFG, § 157 Rn. 6; *Horndasch*, in: Horndasch/Viefhues (2014), § 157 Rn. 4.

864 Vgl. etwa *Veit*, in: BeckOK-BGB, § 1666 Rn. 56; Staudinger/*Coester*, § 1666 Rn. 265; Fellenberg, FPR 2008, 125 (127); Keidel/*Engelhardt*, § 157 Rn. 2; *Schumann*, in: MüKo-FamFG (2013), § 157 Rn. 5; *dies.*, in: MüKo-ZPO (2010), § 157 FamFG Rn. 5.

865 Staudinger/*Coester*, § 1666 BGB Rn. 86.

866 *Coester*, in: Lipp/Schumann/Veit, Kindesschutz, S. 19 (37).

867 *Coester*, JAmt 2008, 1 (8).

868 *Schumann*, FPR 2011, 203 (206).

869 *Czerner*, ZKJ 2012, 246 (251); *Fest*, in: Haußleiter, § 157 Rn. 5.

870 *Peifer*, NDV 2008, 395 (398).

871 *Grabow*, in: Menne/Weber (2011), S. 25 (28).

872 *Völker/Clausius*, in: Friederici/Kemper, § 157 Rn. 2.

873 BR-Drucks. 550/07, S. 16.

874 Zu den Begriffen Kindeswohl und Kindeswohlgefährdung siehe bereits oben, Kap. 2, A. I. 1.

– und den übrigen, in den Regelungswerken des SGB VIII verwendeten Begrifflichkeiten der *„gewichtigen Anhaltspunkte"* in § 8a Abs. 1 SGB VIII und *„einer dem Wohl des Kindes oder Jugendlichen nicht entsprechenden Erziehung"* in § 27 Abs. 1 SGB VIII. Entsprechend wird vertreten[875], der Tatbestand des § 157 Abs. 1 S. 1 FamFG setze voraus, dass in einem Verfahren nach §§ 1666, 1666a BGB ein Sachverhalt vorliege, bei dem aufgrund des *Verdachts* einer Kindeswohlgefährdung das Gericht angerufen werde, sich dann aber im Verlauf des Termins herausstelle, dass die Schwelle des § 1666 BGB nicht erreicht sei. Unter Verweis auf die Begründung des Gesetzgebers[876] und ‚Tendenzen' in der Entscheidungspraxis der Gerichte[877], handele es sich bei der möglichen Kindeswohlgefährdung um eine Gefahrenlage, die der Gefährdung i.S. des § 1666 Abs. 1 BGB vorgelagert sei und das familiengerichtliche Gegenstück zu § 8a Abs. 2 S. 1, 2. Hs. SGB VIII begründe[878] und sich *„an der Grenze zur Kindeswohlgefährdung"* befinde.[879] Unterschieden wird die *mögliche Kindeswohlgefährdung* von dem Tatbestand des § 27 SGB VIII. Das Erörterungsgespräch gelte allein als verfahrensrechtliche Ergänzung zu § 8a Abs. 2 S. 1 SGB VIII[880] und solle verhindern, dass das Jugendamt das Familiengericht „umsonst" anruft.[881] Die Gefährdungsintensität sei eine andere, denn anders als nach der Grundnorm der Hilfen zur Erziehung nach § 27 Abs. 1 SGB VIII, wonach das Jugendamt zum Angebot von Hilfen verpflichtet werde, eine Pflicht der Eltern zur Annahme der Hilfen jedoch nicht bestünde[882], halte die Vorschrift des § 8a Abs. 2 S. 1, 2. Hs. SGB die Obligation des Jugendamts vor, bei gewichtigen Anhaltspunkten für eine Kindeswohlgefährdung das Gericht anzurufen. Die Eltern könnten daraufhin vom Gericht verpflichtet werden, vor Gericht zu erscheinen und sich der Erörterung der Probleme und den Ermahnungen des Gerichts zu stellen.[883] In jener *Klärungsphase*, d. h. in der Phase zwischen dem Vorliegen von Anhaltspunkten für eine erhebliche Gefahr der Schädigung und einer tatsächlich vorhandenen Kindeswohlgefährdung nach § 1666 Abs. 1 BGB, komme das Erörterungsgespräch in Betracht.[884]

---

875 *Schumann*, in: MüKo-FamFG (2013), § 157 Rn. 5; *dies.*, in: MüKo-ZPO (2010), § 157 FamFG Rn. 5.

876 BT-Drucks. 16/6308, S. 237.

877 *OLG Frankfurt*, Beschluss v. 11.02.2010, 1 WF 11/10, FamRZ 2010, 1094 f. = FF 2010, 322 f.

878 So etwa *Peifer*, NDV 2008, 395 (398); auch Staudinger/Coester, § 1666 Rn. 265.

879 *Schumann*, in: MüKo-FamFG (2013), § 157 Rn. 5.

880 Dies vertritt gleichwohl die überwiegende Meinung, vgl. etwa Staudinger/*Coester*, § 1666 Rn. 265; Keidel/*Engelhardt* (2014), § 157 Rn. 2; *Schlünder*, in. BeckOK-FamFG, § 157 Rn. 3.

881 *Schumann*, in: MüKo-FamFG (2013), § 157 Rn. 5.

882 Vgl. etwa *Götz*, FF/FamFG spezial (April 2009), 20 (22).

883 *Götz*, FF/FamFG spezial (April 2009), 20 (22).

884 *Götz*, in Lipp/Schumann/Veit, FGG-Reform, S. 215 (219); *Fellenberg*, in: Lipp/Schumann/Veit, Kindesschutz, S. 91 (94); siehe auch Staudinger/*Coester*, § 1666 Rn. 89.

Auch die Konträrposition[885] siedelt den Begriff der möglichen Kindeswohlgefährdung zwischen dem positiven Kindeswohl und der Kindeswohlgefährdung an. Betont wird die generelle Notwendigkeit, den bewusst als Generalklausel konzipierten Begriff der Kindeswohlgefährdung wertgeleitet und zielorientiert einer Konkretisierung in jedem Einzelfall zuzuführen.[886] Unternommen wird gleichwohl der Versuch, den Begriff zu deuten, indem die Bestandteile des Gefährdungsbegriffs unter Bezugnahme auf die Auslegung des Gefährdungsbegriffs durch die höchstrichterliche Rechtsprechung[887] einer differenzierten Betrachtung unterzogen werden. Hiernach sei eine Gefährdung *„die gegenwärtige, in einem solchen Maße vorhandene Gefahr, dass sich bei der weiteren Entwicklung eine erhebliche Schädigung mit ziemlicher Sicherheit voraussehen lässt.“* Verlange der Gesetzgeber für die Durchführung des Erörterungsgesprächs nach § 157 FamFG lediglich eine Gefahrenlage, die „im Vorfeld und unabhängig von Maßnahmen nach §§ 1666, 1666a BGB“ zu einem Einwirken auf die Eltern berechtigte[888], würden offensichtlich geringere Anforderungen an die zeitliche Nähe und die Wahrscheinlichkeit des Eintritts einer Schädigung des Kindes gestellt.[889] Die Gefährdung bezeichne die zeitliche Vorstufe der Schadensverwirklichung und betone die Bedeutung des Staatlichen Wächteramts. Dieser Auffassung zufolge stehen die Begriffe Kindeswohl, Schadenswahrscheinlichkeit und Eingriffsintensität in einem engen Zusammenhang und beeinflussten die Konkretisierung des Gefährdungsbegriffes.[890] Das Merkmal der Schadenswahrscheinlichkeit präge die präventive Ausrichtung des staatlichen Kinderschutzes[891] und untergliedere sich in ein *zeitliches* und ein *kausales* Element: Je größer die Wahrscheinlichkeit eines Schadenseintritts ist, umso eher hat ein staatlicher Eingriff zu erfolgen, oder je höher das Schadenspotenzial ist, umso niedriger hat der zu fordernde Wahrscheinlichkeitsgrad konkreter Schädigung auszufallen.[892] Steht andererseits ein Schadenseintritt *nicht* mit ziemlicher Sicherheit bevor und müsse der Situation nicht mit sorgerechtlichen Eingriffsmaßnahmen begegnet werden, könnten staatliche Handlungsmöglichkeiten zum Einsatz gelangen, die nicht die

---

885 Vgl. etwa Staudinger/*Coester*, § 1666 Rn. 86 f.; vgl. auch *Hölbling*, ZKJ 2010, 388 ff.; *dies.*, ZKJ 2010, 366 (369) („erweiterte Auslegung staatlicher Handlungsbefugnis“); *Veit*, in: BeckOK-BGB, § 1666 Rn. 56.1.

886 *Coester*, JAmt 2008, 1 (4 f.).

887 *BGH* FamRZ 1956, 350 (351), *BVerfG*, FamRZ 2010, 713 (714) Rn. 41; zum Begriff der Kindeswohlgefährdung siehe bereits oben, Kap. 2, A. I.

888 BT-Drucks. 16/6308, S. 237.

889 Staudinger/*Coester*, § 1666 Rn. 87.

890 *Coester*, in: Lipp/Schumann/Veit, Kindesschutz, S. 19 (34) m.w.N.

891 Zum Wahrscheinlichkeitsgrad für eine Kindeswohlgefährdung siehe *OLG Karlsruhe*, Beschluss v. 25.05.2009, 5 UF 224/08, OLGR Karlsruhe 2009, 575 ff. = FamRZ 2009, 1599 ff. (Gefahrenanzeichen bei einer Beschneidung bzw. Genitalverstümmelung und Verzicht auf konkrete Verdachtsmomente).

892 *Coester*, JAmt 2008, 1 (6).

elterliche Sorgerechtssubstanz tangieren.[893] Hierzu gehört dieser Auffassung zufolge die Durchführung einer Erörterung der Kindeswohlgefährdung mit dem Versuch einer autoritativen Beeinflussung des Elternverhaltens[894], wodurch in nur abgeschwächter Form auf die Eltern eingewirkt werde. Familiengerichtliche Maßnahmen nach § 1666 Abs. 3 BGB erforderten weiterhin die Prüfung, ob eine *konkrete* Kindeswohlgefährdung vorliegt.

Mangels Klarstellung des Schnittstellenbereichs zwischen einer *konkret möglichen* und einer *konkreten* Kindeswohlgefährdung, befürchten einzelne Stimmen der Literatur[895] die frühzeitige Delegation der Verantwortung durch die Jugendhilfe auf das Familiengericht, wenn dieses zur eigenen Absicherung früher in die Mitverantwortung genommen werde.[896] Hervorgerufen werde ein Rückzug des Jugendamts hinter die richterliche Unabhängigkeit. Tritten etwa Eltern frühzeitig an das Jugendamt heran, weil sie Hilfen zur Erziehung nach §§ 27 ff. SGB VIII für ihr Kind begehrten und kooperierten sodann nicht in der vom Jugendamt gewünschten Weise, könne sich das Jugendamt frühzeitig an das Gericht wenden, um die Situation „überprüfen“ zu lassen. Die frühzeitige Inanspruchnahme von öffentlichen Hilfen nach §§ 27 ff. SGB VIII könne, obwohl diese ein freiwillig in Anspruch zu nehmendes Hilfeangebot der Jugendhilfe auslösten, Nachteile für die Eltern hervorbringen, wenn die Einschaltung des Gerichts ohne sorgfältige Prüfung der Gefahrenlage erfolge. Das Jugendamt könne angesichts der gerichtlich angeordneten „Mitwirkungspflicht“ der Eltern an der Risikoabschätzung die gewünschten Hilfen verpflichtend anordnen (lassen) und damit die elterliche Erziehungsautonomie unzulässig beschränken.[897] *Konträrpositionen*[898] wenden gegen die Befürchtung der unzulässigen Beschränkung elterlicher Interessen ein, das Jugendamt werde durch die Anrufung des Gerichts nicht aus seiner Verantwortung entlassen. Überdies werde das Vertrauensverhältnis zu der Familie, das die Grundlage einer gelingenden Hilfebeziehung begründe, durch die Hinzuziehung des Gerichts stark belastet. Das Jugendamt werde sich gründlich überlegen, ob die Einschaltung des Gerichts Erfolg versprechend ist, da es im Regelfall an einem gelingenden Hilfeprozess interessiert sein sollte und aus diesem Grunde das Gericht hinzugezogen hat.

3. Diskussion, Stellungnahme und Ergebnis

Mit Blick auf die Gesetzesmaterialien soll das Erörterungsgespräch im Vorfeld einer Kindeswohlgefährdung zum Einsatz kommen.[899] Der Gesetzgeber bringt dies mit der Begriffsbestimmung „mögliche“ Kindeswohlgefährdung zum Ausdruck, die den

893 *Coester*, in: Lipp/Schumann/Veit, Kindesschutz, S. 19 (35).
894 Staudinger/*Coester*, § 1666 Rn. 87.
895 *Schumann*, FPR 2011, 203 (204).
896 Kritisch: *Salgo*, ZKJ 2007, 12 (15).
897 *Schumann*, FPR 2011, 203 (204).
898 *Götz*, FF/FamFG spezial (April 2009), 20 (22).
899 BT-Drucks. 16/6308, S. 237; BT-Drucks. 16/6815, S. 17.

gerichtlichen Handlungsspielraum eröffnet, auf die Eltern *noch im Vorfeld einer konkreten Kindeswohlgefährdung* einzuwirken. Unbestritten hat es der Gesetzgeber unterlassen, eine Begriffsbestimmung zu liefern und mitzuteilen, wann die mögliche Kindeswohlgefährdung beginnt. Mit Blick auf die Ausführungen des Gesetzgebers und das Verständnis der Norm in der Fachöffentlichkeit, zielt die „mögliche" Kindeswohlgefährdung offensichtlich auf eine weniger intensive Gefahrenlage als die Kindeswohlgefährdung i.S. des § 1666 BGB. Die Durchführung des Erörterungsgesprächs soll „unterhalb der Eingriffsschwelle des § 1666 BGB" erfolgen. Anschaulich lässt sich die Erörterung oberhalb der schlichten Erziehungsdefizite (als ein „Mehr") und unterhalb der konkreten Kindeswohlgefährdung (als ein „Weniger") einordnen[900]: Unterschieden wird demzufolge zwischen einem *schlichten Erziehungsdefizit*, das einen Rechtsanspruch auf Hilfen zur Erziehung nach §§ 27 ff. SGB VIII unterhalb der Eingriffsschwelle des § 1666 Abs. 1 BGB eröffnet, der *konkret möglichen Gefährdung*, die noch keine Gefahr i.S. des § 1666 Abs. 1 BGB begründet und deshalb zur Durchführung einer gerichtlichen „Erörterung der Kindeswohlgefährdung" berechtigt, sowie der *aktuell drohenden, erheblichen Gefahr* für das Kind, die einen Eingriff in elterliche Sorgerechte i.S. des § 1666 Abs. 1 BGB erlaubt.

Als Instrumentarium der frühzeitigen Begegnung der Kindeswohlgefährdung ist das Erörterungsgespräch nach § 157 FamFG das familiengerichtliche Gegenstück zu § 8a Abs. 2 S. 1 SGB VIII, wonach das Jugendamt dazu verpflichtet wird, das Gericht anzurufen, wenn die Eltern an der Gefährdungsabschätzung nicht mitwirken und die Situation für das Kind nicht umfassend eingeschätzt und beurteilt werden kann und dann, wenn die Kindeswohlgefährdung feststeht, aber das Kind ohne Gericht der Gefahr ausgesetzt bleibt, zu deren Abwendung die Eltern trotz des Angebots von Hilfe nicht bereit oder in der Lage sind. Das Familiengericht kann mit seinen weitergehenden justiziellen Handlungsmöglichkeiten, wie insbesondere der Ladung der Eltern zum Erörterungstermin, dazu beitragen, der Gefahrenlage frühzeitig effektiv zu begegnen. Es ist insoweit zweckmäßig, mit Blick auf den neuartigen Terminus der „möglichen" Kindeswohlgefährdung die drei Einsatzstufen der *schlichten Erziehungsdefizite*, der *konkret möglichen Kindeswohlgefährdung* sowie die *konkret vorliegende Kindeswohlgefährdung* i.S. des § 1666 Abs. 1 BGB klar zu unterscheiden[901], wenn auch zu beachten ist, dass hinreichende Anhaltspunkte für eine Gefährdung bestehen müssen, die über eine abstrakte Gefährdung hinausreichen. Allein verständlich ist demzufolge ein Erklärungsansatz, der die Gefährdungserörterung eindeutig der Gefährdungsfeststellung vorlagert. Justizielle Handlungsmaßnahmen finden eine Grenze in der verdachtsunabhängigen „mitlaufenden" Erziehungskontrolle, da dem Staat ein lediglich „nachrangiges" Erziehungsmandat zukommt.[902]

900 Vgl. hierzu auch *Weisbrodt*, JAmt 2010, 53 (57); Staudinger/*Coester*, § 1666 Rn. 89.

901 Siehe auch *Coester*, in: Lipp/Schumann/Veit, Kindesschutz, S. 19 (39).

902 Zur Bedeutung ausführlich: *Jestaedt*, in: Lipp/Schumann/Veit, Kindesschutz, S. 5 (16 f.).

Wenig eindeutige Abgrenzungen eröffnen jedoch stets einen weiten Auslegungsspielraum. Es ist zutreffend, dass die unterschiedlichen Begriffsverwendungen in den Regelungsbereichen des FamFG, SGB VIII und BGB dazu führen können, die Demarkationslinie für staatliche Sorgerechtseingriffe in unzulässiger Weise zu überschreiten, insbesondere, wenn die sorgfältige Prüfung der jeweiligen Anforderungen an die Gefahrenlage unterbleibt.[903] Bereits die Ausgestaltung des § 1666 Abs. 1 BGB und die dort benannten Tatbestandsvoraussetzungen haben in der Rechtspraxis wiederholt aufgezeigt, dass die Prüfung der Kindeswohlgefährdung bzw. die Darlegung der Lebensumstände der Betroffenen gar nicht oder nicht hinreichend erfolgt ist.[904]

Besonders die Umschreibung der möglichen Kindeswohlgefährdung als „an der Grenze zur Kindeswohlgefährdung“[905] bietet Raum für ein (weiteres) breites Auslegungsspektrum. Der Gesetzgeber verwischt angesichts der wenig konkretisierten Gesetzesbegründung und Ausgestaltung des § 157 FamFG die Grenzen zwischen möglicher und tatsächlicher Kindeswohlgefährdung. Der in § 157 FamFG verwendete Begriff der möglichen Kindeswohlgefährdung erscheint vor diesem Hintergrund als zu unbestimmt gefasst. Gestützt wird diese Erkenntnis durch die fehlende Abstimmung mit den Vorgaben des SGB VIII, auf die der Gesetzgeber in seiner Begründung Bezug nimmt.

III. Erörterung als neuer Interventionsansatz – Vorverlagerung der staatlichen Eingriffsschwelle?

Angesichts der gerichtlichen Obligation, das mit Ordnungsgeld belegte persönliche Erscheinen der Eltern zum Erörterungstermin[906] anzuordnen, um dort eine Gefahrenlage zu erörtern und die Eltern im geeigneten Falle zu einer Kooperation mit dem Jugendamt anzuhalten, ist fraglich, ob und inwieweit die Erörterung einen neuartigen „Interventionsansatz“ begrundet, wenn die Erörterung zu einem Zeitpunkt erfolgt, in dem die Voraussetzungen für eine Maßnahme nach § 1666 BGB nicht vorliegen. Die überwiegenden Stimmen der Fachöffentlichkeit[907] erkennen in der Erörterung einen Ansatz, mit dem der Gesetzgeber den staatlichen Wächter

---

903 Vgl. zuletzt die Entscheidung des *BVerfG* v. 24.03.2014, 1 BvR 160/14, ZKJ 2014, 242 ff., BeckRS 49403; kritisch: *Heilmann*, NJW 2014, 2904 ff.; *ders.*, FamRZ 2015, 92 ff.

904 Ausführlich *Lack*, S. 232 ff. m.w.N. und Verweisen auf die einschlägigen Entscheidungen des BVerfG aus den Jahren 2005 bis 2010 über Verfassungsbeschwerden der Eltern, denen die Personensorge nach § 1666 BGB entzogen worden war; *dies./Heilmann*, ZKJ 2014, 308 (310).

905 Vgl. *OLG Frankfurt*, Beschluss v. 11.02.2010, 1 WF 11/10, FamRZ 2010, 1094 und *Schumann*, in: MüKo-ZPO (2010), § 157 FamFG Rn. 5.

906 Vgl. §§ 157 Abs. 2 S. 1 i.V.m. 33 Abs. 3 FamFG.

907 *Schumann*, FPR 2011, 203 ff.; *Weisbrodt*, JAmt 2010, 53 (56); *Zorn*, in: Bork/Jacoby/Schwab, FamFG (2009), § 157 Rn. 6.

offenkundig „*näher an die Familie*" heranzuführen versucht. Aufgeworfen wird in diesem Kontext die Frage, ob zukünftig für *einen Eingriff* in die elterliche Sorge eine Gefahrenlage ausreiche, die lediglich „droht".[908] Im Wesentlichen werden die nachfolgenden Positionen vertreten:

1. Konträrposition: „neue" Eingriffsschwelle – der Staat als „Miterzieher"

Einem Teil der Fachöffentlichkeit zufolge[909] wird in dem neuen Handlungsinstrumentarium des § 157 FamFG und der dadurch hervorgerufenen „Mitwirkungspflicht" der Eltern bei der Gefahrenermittlung, der Pflicht zur Wahrnehmung des Termins zur Erörterung bei Gericht, sowie der Pflicht zur Wiederholung eines solchen Termins im Rahmen des § 166 Abs. 3 FamFG, ein „*staatlicher Eingriff*" in das Elternrecht durch die Vorverlagerung der staatlichen Interventionsgrenze erblickt, selbst wenn sich dieser als nur geringfügig[910] erweise.[911] Der KiWoMaG-Gesetzgeber habe eine Norm etabliert, die auf verfahrensrechtlicher Ebene die Grenzziehung zwischen der elterlichen Erziehungsautonomie und der staatlichen Wächteramtsfunktion unterlaufe.[912] Der Staat nehme im Rahmen der § 8a SGB VIII und § 157 FamFG unterhalb der Schwelle der Kindeswohlgefährdung und damit außerhalb der ihm durch das Grundgesetz zugewiesenen Aufgabe auf die elterliche Erziehung Einfluss, trete als „Miterzieher" in Erscheinung[913] und kontrolliere die Ergebnisse dieser Einflussnahme im Wege des § 166 Abs. 3 FamFG.[914]

2. Konträrpositionen: Hervorhebung der Verfahrenseinleitungsschwelle

Konträrpositionen der Fachöffentlichkeit[915] zufolge führe die Befugnis, ein Erörterungsgespräch im Vorfeld einer Kindeswohlgefährdung vornehmen zu können, zu einer Herabsetzung der *Verfahrenseinleitungsschwelle* und bedinge als verfahrensrechtliche Inpflichtnahme der Eltern[916] eine „Vorverlagerung des staatlichen

---

908 *Oberloskamp*, in: AFET-Veröffentlichung Nr. 71/2011, S. 37 (44 f.).

909 Vgl. etwa *Schumann*, FPR 2011, 203 (206 f.); *dies*, in: Lipp/Schumann/Veit, FGG-Reform, S. 229 ff.; *Czerner*, ZKJ 2012, 246 (251); *Röchling*, FamRZ 2007, 431 (432); *ders.*, FamRZ 2007, 1775 (1777).

910 *Wapler*, RdJB 2009, 21 (22).

911 *Veit*, in: Lipp/Schumann/Veit, Kindesschutz, S. 1 (4); *Rosenboom/Rotax*, ZRP 2008, S. 1 (3).

912 *Rosenboom/Rotax*, ZRP 2008, 1 (3).

913 *Schumann*, in: Lipp/Schumann/Veit, FGG-Reform, S. 229 (238).

914 *Schumann*, FPR 2011, 203 (207).

915 Vgl. etwa *Coester*, in: Lipp/Schumann/Veit, FamFG-Reform, S. 39 (49); *ders.*, FF 2009, 269 ff.; Horndasch, in: Horndasch/Viefhues, § 157 Rn. 1, 3 (Erörterung mit Überprüfungsfunktion).

916 Staudinger/*Coester*, § 1666 Rn. 265; *Zorn*, in: Bork/Jacoby/Schwab, FamFG (2009), § 157 Rn. 5; *Ziegler*, in: Schulte-Bunert/Weinreich, § 157 Rn. 6; Keidel/*Engelhardt* (2014), § 157 Rn. 3.

Wächteramts auf *verfahrensrechtlicher* Ebene“.[917] Damit sei die Erörterung zwar ein *neuer Interventionsansatz*. Gesenkt werde aber nicht die Eingriffsschwelle (des § 1666 BGB), sondern konkretisiert werde die Verhandlungsschwelle[918] bzw. die Verfahrenseinleitungsschwelle[919] für die Durchführung der Erörterung zur Ermittlung der Gefahrenlage und Einwirkung auf die Eltern nach Einleitung eines Verfahrens nach §§ 1666, 1666a BGB.[920] An die Durchführung der Erörterung würden besondere Anforderungen gestellt und es müssten konkrete oder stichhaltige Anhaltspunkte für eine Kindeswohlgefährdung vorhanden sein. Dem Gericht sei es angesichts der substantiellen Bedeutung von Kinderschutzverfahren generell untersagt, Ermittlungen „ins Blaue hinein“ und ohne jeglichen Anlass vorzunehmen. Die Erörterung eröffne nur die gerichtliche Befugnis, die Eltern anzuhalten, an der Gefährdungsaufklärung und -einschätzung mitzuwirken und werde auf die Verpflichtung der Eltern beschränkt, vor Gericht zu erscheinen und sich der Problemerörterung und etwaigen Ermahnungen des Gerichts zu stellen.[921] Die Erörterung sei insoweit „Teil des Verfahrens nach § 1666 BGB“[922] und kein „*Eingriff in der Sache*“.[923] Etabliert werde mit der Erörterung eine „*Einwirkungsschwelle*“ bzw. „*Befassungs-* oder *Kontrollschwelle*“ in Abkehr von der „*Eingriffsschwelle*“ des § 1666 BGB.[924]

3. *Stellungnahme und Ergebnis*

Es ist den Ansichten zuzustimmen, die in der Erörterung eine durchaus zulässige familienverfahrensrechtliche Möglichkeit erkennen, im Wege der gerichtlichen Amtsermittlung und bereits unterhalb der Schwelle der Kindeswohlgefährdung nach § 1666 Abs. 1 BGB im Wege von *vorgelagerten Aufklärung- und Einwirkungsmöglichkeiten* den Einwirkungsbemühungen der Jugendhilfe zur Seite zu treten und eine Verbindlichkeit herzustellen, dies auch gerade dann, wenn das Jugendamt das Familiengericht angerufen hat, weil die Eltern an der Gefährdungsabschätzung nicht

---

917 *Coester*, in: Lipp/Schumann/Veit, FGG-Reform, S. 39 (49); *ders.*, FF 2009, 269 (273); *Zorn*, in: Bork/Jacoby/Schwab, FamFG (2009), § 157 Rn. 6.

918 *Wiesner*, in: AFET-Veröffentlichung Nr. 71/2011, S. 11 (19).

919 Staudinger/*Coester*, § 1666 Rn. 88, 261, 265.

920 Staudinger/*Coester*, § 1666 Rn. 265; *ders.*,in: Lipp/Schumann/Veit, Kindesschutz, 19 (36).

921 *Coester*, in: Lipp/Schumann/Veit, Kindesschutz, S. 19 (37); *Ziegler*, in: Schulte-Bunert/Weinreich, § 157 Rn. 6; *Schlemm*, in Bahrenfuss (2013), § 157 FamFG Rn. 2; Keidel/*Engelhardt* (2014), § 157 Rn. 3.

922 Vgl. etwa *Heilmann*, NJW 2012, 16 (19); *ders.*, in: MüKo-ZPO, § 166 FamFG Rn. 25; *OLG Frankfurt a. M.*, Beschluss v. 11.02.2010, 1 WF 11/10, FamRZ 2010, 1094 = BeckRS 2010, 16370.

923 *OLG Saarbrücken* v. 19.10.2009, 6 UF 48/09, JAmt 2010, 196; *Coester*, JAmt 2008, 1 (8); *Münder/Trenczek*, Kinder- und Jugendhilferecht, S. 154.

924 Vgl. etwa *Nahrwold*, in: Goldberg/Schorn, S. 143 (156); *Weisbrodt*, JAmt 2010, 53 (56); Staudinger/*Coester*, § 1666 BGB Rn. 86 ff., 265.

mitwirken können oder wollen.[925] Die Erörterung wird dem Subsidiaritätsgrundsatz des § 1666a BGB gerecht, in dem der Versuch unternommen wird, die Eingriffe in elterliche Sorgerechte möglichst gering zu halten. Es ist die konsequente Folge der jüngsten gesetzgeberischen Bemühungen in Reaktion auf die Konkretisierung des jugendhilferechtlichen Schutzauftrags seit dem KICK (2005). Mit dem Erörterungsgespräch ist das Pendant bzw. das „funktionale Äquivalent"[926] hierzu geschaffen worden. Es ist überdies der Versuch, die Familiengerichte bereits in den präventiven Schutzansatz staatlicher Wächteramtsfunktion mit einzubinden.

Das Erörterungsgespräch ermöglicht die sinnvolle Vernetzung der öffentlichen Jugendhilfe mit dem Familiengericht, um auf die Eltern in einer Phase einzuwirken, in der eine Gefährdung des Kindeswohls zwar noch nicht feststeht, aber doch konkret möglich ist. Durch die rechtzeitige Einschätzung der Gefahrenlage und das Aufzeigen der möglichen Modalitäten der Gefahrenabwendung kann verhindert werden, dass sorgerechtliche Eingriffe zur Anwendung gelangen. Die Möglichkeit, Informationen über eine Gefahrenlage schnellstmöglich nach Kenntniserlangung zu erhalten, ist die wesentliche Grundlage für eine effektive Begegnung der Gefahrenlage und für die Ausübung des staatlichen Wächteramtes.[927] Da dieses auf den zuvörderst präventiven Schutz des Kindes abzielt, muss es auch dem Familiengericht möglich sein, bereits im Vorfeld einer konkreten Schädigung des Kindes die Entscheidung zu treffen, den Schutz des Kindes zu garantieren.

Obwohl das Familiengericht nicht erst ab der Gefährdungsgrenze des § 1666 Abs. 1 BGB zum Einsatz kommen soll[928], darf es gleichwohl nicht als „Miterzieher" in Erscheinung treten und die Eltern kontrollieren.[929] Es ist den geäußerten Stimmen insoweit zuzugeben, dass bereits die Verpflichtung der Eltern, zum Erörterungstermin zu erscheinen und sich dort zur Annahme von öffentlichen Hilfen bereitzuerklären, als Beschränkung ihrer elterlichen Autonomie aus Art. 6 Abs. 2 S. 1 GG und damit als Eingriff in ihr verfassungsrechtlich verbürgtes Recht erweisen kann. Es ist gleichwohl zu beachten, dass der Staat generell als wachende, unterstützende und kontrollierende Instanz unterhalb einer Kindeswohlgefährdung in Erscheinung tritt.[930]

Der Richter trägt im gerichtlichen Verfahren die Letztentscheidungsverantwortung und hat, da es letztlich um eine Prognoseentscheidung geht, die Tatsachen hinreichend zu ermitteln und festzustellen. Hierfür hat er frühzeitig die Gefahrenlage im Wege des Erörterungsgesprächs zu klären. Das Familiengericht darf angesichts der

---

925 Staudinger/*Coester*, § 1666 Rn. 88; *Czerner*, ZKJ 2012, 246 (251).

926 Staudinger/*Coester*, § 1666 Rn. 265.

927 *Jestaedt*, in: Lipp/Schumann/Veit, Kindesschutz, S. 5 (17) unter Verweis auf das im Hessischen Gesetz zum Kindesschutz und der Gesundheitsförderung verankerten „Frühwarnsystems".

928 *Coester*, in: Brühler Schriften, 18. DFGT 2009, S. 60 (69 f.).

929 *Jestaedt*, in: Lipp/Schumann/Veit, Kindesschutz, S. 5 (17).

930 Siehe hierzu nachfolgende Ausführungen zur Vereinbarkeit mit den verfassungsrechtlichen Vorgaben, Kap. 2, A. IV.

Vorgabe, den Bestand der Familie zu fördern und zu schützen, nicht darauf verwiesen werden, abzuwarten, bis das Kind gefährdet ist.[931] Es gilt, zwischen dem gerichtlichen Handeln, das (noch) der Aufklärung dienen und möglicherweise letztmalig die Eltern zu einem Umdenken bewegen soll sowie jener Vorgehensweise zu unterscheiden, die bereits durch gezielte sorgerechtliche Maßnahmen die elterliche Sorgerechtssubstanz tangiert und die Erziehungsautonomie zu beschränken versucht.

Vor diesem Hintergrund lässt sich das Erörterungsgespräch chronologisch in den Verfahrensablauf integrieren, um die Unterschiedlichkeit hinsichtlich der in Betracht kommenden Gefährdungsstufen hervorzuheben:[932]

Abbildung 2: (Phasenmodell Gefährdungs- und Interventionsstufen, eigene Graphik*).*

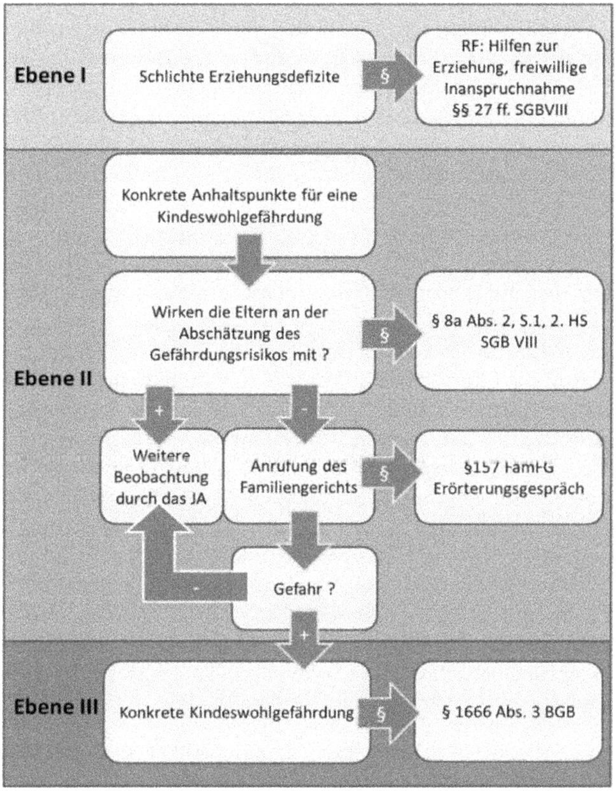

931 Zum Zusammenhang zwischen Art. 6 Abs. 1 GG (Förderpflicht) und Art. 6 Abs. 2 S. 2 GG (Staatliches Wächteramt) vgl. *Kannengießer*, in: Schmidt-Bleibtreu/Klein, Art. 6 Rn. 7.

932 Vgl. hierzu Abbildung 2.

Anschaulich werden die unterschiedlichen ‚Interventionsstufen' auch unter Heranziehung des Phasenmodells nach *Schumann*[933]: In der *ersten Phase*, der *„Angebotsphase"*, habe das Jugendamt den Eltern konkrete Hilfen anzubieten. Kooperierten die Eltern nicht mit dem Jugendamt in der gewünschten Weise, werde das Jugendamt zur weiteren Aufklärung des Sachverhalts verpflichtet. Die Eltern treffe gem. § 8a Abs. 2 S. 1, 2. Hs. SGB VIII eine Pflicht zur Mitwirkung an der Aufklärung. Hieran knüpfe die *zweite Phase*, die *„Mitwirkungsphase"* an. Kooperierten die Eltern wieder nicht hinreichend, rufe das Jugendamt das Familiengericht an, das nun von Amts wegen den Sachverhalt aufzuklären habe. Die Befugnisse des Jugendamts seien insoweit erschöpft, da dieses nicht berechtigt sei, die Annahme von Hilfen zu erzwingen. Erweise sich der Verdacht der Kindeswohlgefährdung als „nicht völlig unbegründet"[934], führe der Richter mit den Eltern in der *dritten Phase*, der *„Warnphase"*, ein „Erörterungsgespräch" nach § 157 FamFG, das eine Warnfunktion entfalte, indem der Richter mit den Eltern und in geeigneten Fällen auch mit dem Kind persönlich die Gefahrenlage bespreche und sodann auf die Folgen der Nichtannahme staatlicher Hilfen hinweise. In der daran anknüpfenden *vierten Phase*, der *„Kontrollphase"* erfolge die Überprüfung nach § 166 Abs. 3 FamFG[935], ob die Eltern die Warnung ernst genommen und sich die Situation für das Kind verbessert habe.

In der Praxis der Rechtsanwendung gilt es nach alledem mit Blick auf die vorbezeichnete Darstellung zwischen *Eingriff* und *Kontrolle* zu unterscheiden. Die Erörterung hat sich in familiengerichtlichen Maßnahmen unterhalb der Eingriffsschwelle des § 1666 BGB zu erschöpfen, etwa in einer sorgfältigen Erforschung und Analyse der bisherigen Hilfebeziehung und den Gründen für das Scheitern des Hilfeverfahrens. Mithilfe des Erörterungsgesprächs kann die Erkenntnis gewonnen werden, inwieweit die Eltern zu einer Mitwirkung am Hilfeprozess in der Lage sind und für eine kooperative Problembewältigung gewonnen werden können.[936] Die Vorgehensweise ist auch geeignet, den Eltern ihre Verantwortung aufzuzeigen, die Bestandteil ihrer verfassungsrechtlich verbürgten Vorrangstellung ist. Angesichts der Intention der Vorschrift und der Notwendigkeit, die Grenze zwischen staatlicher Bevormundung und elterlicher Erziehungsautonomie zu bewahren, ist die genaue Differenzierung unverzichtbar.[937] Der kontroverse Fachdiskurs in der Fachöffentlichkeit zeigt deutlich, dass Unklarheiten hinsichtlich der Bedeutung der Normierung bestehen. Offenbar hat der Gesetzgeber für die „frühzeitige" Anrufung des Gerichts zur Durchführung einer Erörterung der Kindeswohlgefährdung eine Schwelle festgelegt, ohne klarzustellen, dass diese Schwelle *nicht* mit der Eingriffsschwelle des

---

933 *Schumann*, FPR 2011, 203 (206); *dies.*, in: MüKo-ZPO § 157 FamFG, Rn. 13.

934 Nach *Schumann* handelt es sich um einen Fall, der nicht weit im Vorfeld einer Kindeswohlgefährdung liegt, vgl. *Schumann*, FPR 2011, 203 (206); *dies.*, in: MüKo-ZPO (2010), § 157 FamFG, Rn. 13.

935 Zur Neuregelung des § 166 Abs. 3 FamFG vgl. Kap. 1, B. I. 3. e.

936 *Weisbrodt*, JAmt 2010, 53 (58).

937 *Coester*, in: Lipp/Schumann/Veit, Kindesschutz, S. 19 (38); *Götz*, FF/FamFG spezial (April 2009), 21 (22).

§ 1666 BGB identisch ist, die unverändert erst dann zum Einsatz kommt, wenn eine Kindeswohlgefährdung konkret festgestellt ist.[938] Hierbei vermag das Argument, die Erörterung finde als Verfahrenseinleitungsmaßnahme im Vorfeld einer Kindeswohlgefährdung statt und habe sich in der „verfahrensrechtlichen Inpflichtnahme“ der Eltern zu erschöpfen, nicht die gesetzliche „Unschärfe“ der Normierung zu rechtfertigen. Eine solche liegt indes vor, insoweit der Gesetzgeber den Begriff der „möglichen“ Kindeswohlgefährdung in das Verfahren nach §§ 1666 und 1666a BGB implementiert, es aber gleichwohl unterlässt, den Begriff näher zu bestimmen. Der Gesetzgeber nimmt Auslegungsdivergenzen in Kauf und beugt der Gefahr nicht hinreichend vor, dass die Vorschrift „frühzeitig“ und damit „rechtzeitig“ zur Abwendung einer Gefahrenlage erfolgt.

IV. Vereinbarkeit mit verfassungsrechtlichen Vorgaben?

1. Problemaufriss

Mit Blick auf die verfassungsrechtliche Vorgabe in Art. 6 Abs. 2 GG ist problematisch, ob und inwieweit der Staat berechtigt ist, im Stadium der Klärung der Gefahrenlage, d. h. im Vorfeld einer konkret festgestellten Kindeswohlgefährdung, die Eltern zum Erscheinen vor Gericht zu verpflichten und auf eine Kooperation mit dem Jugendamt hinzuwirken. Die gesetzliche Begründung erscheint angesichts der fehlenden Konkretisierung der Reichweite der Vorschrift ebenso problematisch wie „*rechtssystematisch unscharf*“.[939]

2. Die verfassungsrechtliche Konzeption bei Kindeswohlgefährdung

a. Elternrecht und Kindeswohl, Art. 6 Abs. 2 S. 1 GG

Art. 6 Abs. 2 S. 1 GG hebt deutlich hervor, dass die Erziehung des Kindes primär in die Verantwortung der Eltern gelegt ist, wobei dieses Recht den Eltern als „natürliches Recht“ nicht vom Staat verliehen worden ist, sondern vom Staat als vorgegebenes Recht anerkannt wird.[940] Hiernach können die Eltern grundsätzlich frei von staatlichen Einflüssen und Eingriffen nach eigenen Vorstellungen die Pflege und Erziehung ihrer Kinder gestalten.[941] Auch das Recht, sich nicht vor staatlichen Stellen für die eigene Erziehungsmethodik rechtfertigen oder Informationen über das Eltern-Kind-Verhältnis preisgeben zu müssen, wird verfassungsrechtlich über

---

938 Vgl. hierzu auch *Oberloskamp*, in: AFET-Veröffentlichung Nr. 71/2011, S. 37 (45).

939 Vgl. etwa *Knödler*, ZKJ 2010, 135 (139).

940 *BVerfGE* 24, 119 (150); *OLG Köln*, Beschluss v. 08.02.2011, 4 UF 228/10, BeckRS 2011, 04523; *Mörsberger*, SRa 2009, 90; zum „*Interpretationsprimat der Eltern*“ vgl. auch *Jestaedt*, in: Lipp/Schumann/Veit, Kindesschutz, S. 5 (13); zum historischen Kontext *Hölbling*, ZKJ 2010, 366 ff.

941 *Burschel*, in: Prenzlow, S. 64 Rn. 354.

Art. 6 Abs. 2 S. 1 GG geschützt.[942] Generell erfolgt die jeweilige Festlegung von Erziehungsleitbildern und Erziehungsstilen unabhängig von staatlicher Einflussnahme und vorbehaltlich des staatlichen Erziehungsauftrages des Art. 7 Abs. 1 GG[943] mit Vorrang vor anderen Erziehungsträgern.[944] Grundrechtsträger des Art. 6 Abs. 2 S. 1 GG sind angesichts der fehlenden Implementierung eines Art. 6 GG vergleichbaren ‚Kindergrundrechts' im GG[945] – die Eltern, also Vater und Mutter eines Kindes, die mit ihrem Kind in einer Familiengemeinschaft leben.[946] Die Eltern sind ihrem Kind gegenüber zu einem kindeswohlorientierten Handeln verpflichtet. Vom Schutz des Elternrechts sind die wesentlichen Elemente der elterlichen Sorge umfasst.[947]

Das Recht der Eltern steht nicht in Konkurrenz zu dem des Kindes, sondern soll es verwirklichen. Die Beziehung zwischen Eltern und Kindern wird innerhalb der Familie einem besonderen Regelungskonzept unterworfen, wonach die Verfassung das Elternrecht schützt und sich auf die Erkenntnis stützt, dass *„in aller Regel Eltern das Wohl des Kindes mehr am Herzen liegt als irgendeiner anderen Person oder Institution“*.[948] Art. 6 Abs. 2 S. 1 GG ist ein Recht zum Schutz des Kindes. Als *Elternverantwortung*[949] wird den Eltern kein Machtanspruch ihrem Kind gegenüber verliehen, sondern die Pflichtenbindung zeigt auf, dass auch das Kind selbst Träger von Grundrechten ist[950], ein Recht auf Leben und körperliche Unversehrtheit hat, welches in erster Linie von den Eltern zu garantieren ist.[951] In der Beziehung zum Kind muss das Kindeswohl die oberste Richtschnur der elterlichen Pflege und Erziehung sein. Der Begriff des Kindeswohls kommt in der Verfassung nicht direkt zum Ausdruck, steht jedoch im Zentrum der verfassungsrechtlichen Vorgabe und ergibt sich aus dem Pflichtengehalt („zuvörderst ihnen obliegende *Pflicht*“)

---

942 *Diwell*, in: Schulz/Hauß, Art. 6 GG Rn. 55.

943 *Kannengießer*, in: Schmidt-Bleibtreu/Klein, Art. 6 Rn. 8; zum Verhältnis zu Art. 7 GG vgl. Rn. 8c.

944 *Mörsberger*, SRa 2009, S. 90.

945 Zur Forderung nach der Implementierung eines Kindergrundrechts, vgl. etwa *Hohmann-Dennhardt*, FPR 2012, 185 (186 f.).

946 *Diwell*, in: Schulz/Hauß, Art. 6 GG Rn. 50, 58: Art. 6 Abs. 2 GG trifft keine Aussage zur Verteilung zwischen Vater und Mutter, wenn diese nicht zusammenleben etc.

947 *BVerfG*, Urteil v. 29.01.2003, 1 BvL 20/99, 1 BvR 933/01, BVerfGE 107, 150 (173).

948 *BVerfG*, Urteil v. 09.02.1982, 1 BvR 845/79, BVerfGE 59, 360 (376); *BVerfG*, Urteil v. 03.11.1982, 1 BvL 25/80, 1 BvL 38/80, 1 BvL 40/80, 1 BvL 12/81, BVerfGE 61, 358 (371). Diesen Grundsatz hat das *BVerfG* in unterschiedlichen Grundsatzentscheidungen wiederholt zum Ausdruck gebracht; zur *Kritik* an dieser Aussage: *Gottschalk/Heilmann*, ZKJ 2013, 113 (114) unter Berufung auf die Entscheidung des *BVerfG* v. 29.11.2012 zur Frage des Umgangskontaktes des Kindes mit seinen leiblichen Eltern.

949 Zum Begriff der Elternverantwortung vgl. *BVerfGE* 24, 119 (143); *Jestaedt*, in: Münder/Wiesner, Handbuch KJHR (2007), Kap. 1.5 Rn. 11 ff. (Elternverantwortung als Grundrechtstreuhand).

950 Das Kind ist Träger des Grundrechts aus Art. 1 und 2 GG.

951 *BVerfGE* 24, 119 (144), NJW 1968, 2233 ff.

des Elterngrundrechts, das sich hierdurch von nahezu allen anderen Grundrechten unterscheidet.[952]

b. Das staatliche Wächteramt, Art. 6 Abs. 2 S. 2 GG

Zeigen sich die Eltern nicht willens oder in der Lage, ihr Kind vor Gefährdungen zu schützen, muss die staatliche Gemeinschaft zum Schutz des Kindes eingreifen, Art. 6 Abs. 2 S. 2 GG, da auch das Kind selbst Grundrechtsträger ist. Im jeweiligen Kompetenzbereich bedeutet „staatliche Gemeinschaft“ Bund, Land oder Stadt/Kreis/ Gemeinde, sowie Legislative, Exekutive und Judikative.[953]

Wenngleich die Verfassung den Eltern einen Freiraum zugesteht, auf welche Weise sie ihrer elterlichen Verantwortung gerecht werden wollen, schützt sie nicht jene Eltern, die dieser Verantwortung nicht nachkommen.[954] Das Erziehungsprimat der Eltern endet dort, wo die Kindeswohlgefährdung beginnt. Der Staat kann sich seines Auftrags nicht entziehen, das Kind vor Gefahren für sein Wohl zu schützen.[955] Den Eltern des Kindes verbleibt das Recht, rechtliche Schritte gegen die staatliche Handlung einzuleiten.[956]

Das staatliche Wächteramt zieht mithin den Staat in die Eltern-Kind-Beziehung mit ein. In der staatlichen Wächteramtsfunktion, die nicht etwa die Aufgabe einer *Behörde*, sondern einen verfassungsrechtlichen Auftrag umschreibt und einer Konkretisierung durch einfaches Recht bedarf, manifestiert sich die Verpflichtung, das Kind vor Beeinträchtigungen seiner psychischen und/ oder physischen Unversehrtheit zu schützen, damit es sich zu einer eigenverantwortlichen Persönlichkeit der sozialen Gemeinschaft entwickeln kann.[957] Die Grenzen zwischen Erziehungsprimat und Kindeswohlgefährdung sind nicht starr und können nicht zuletzt aufgrund der sich verändernden gesellschaftlichen Vorstellungen eine Neujustierung erfahren.[958]

Überdies dürfen Kinder ausweislich Art. 6 Abs. 3 GG gegen den Willen ihrer Erziehungsberechtigten nur aufgrund eines Gesetzes von diesen getrennt werden, wenn diese versagen oder wenn die Kinder aus anderen Gründen zu verwahrlosen drohen. Nach der Neufassung des § 1666 BGB im Jahr 2008 als einfachgesetzliche Konkretisierung des staatlichen Wächteramtes, muss eine Kausalität zwischen dem Erziehungsversagen und der Kindeswohlgefährdung nicht mehr festgestellt

---

952 *Böckenförde*, in Essener Gespräche, S. 68.

953 *Heilmann*, in: ZBFS, BLJA Mitteilungsblatt 1/2002, S. 2 (Internetadresse_35); *Willutzki*, FPR 2008, 488; ebenso: *Bundesjugendkuratorium*, ZKJ 2008, 200.

954 *BVerfGE* 24, 119 (144); *Mörsberger*, SRa 2009, 90.

955 *Wapler*, RdJB 2009, 21 (23); *Diwell*, in: Schulz/Hauß, Art. 6 GG Rn. 59.

956 *Diwell*, in: Schulz/Hauß, Art. 6 GG Rn. 58.

957 *BVerfGE* 24, 119 (144).

958 Vgl. das Recht des Kindes auf gewaltfreie Erziehung in § 1631 Abs. 2 BGB; die Beschneidung männlicher Kinder ist unter bestimmten Voraussetzungen erlaubt, § 1631d BGB; siehe auch *BVerfG* v. 21.07.2009, 1 BvR 1358/09, NJW 2009, 3151 zur Schulpflicht, die trotz abweichender Vorstellungen der Eltern zur Sexualerziehung ihres Kindes in der Schule besteht.

werden[959], sondern entscheidend ist sowohl die Frage, ob die körperliche, seelische oder geistige Entwicklung des Kindes gefährdet ist, als auch die *Diagnose*, ob diese Gefährdung oder eine bereits eingetretene Schädigung des Kindes erheblich ist. Schließlich hat das Gericht zu prognostizieren, ob und inwieweit zu befürchten ist, dass die Eltern nicht gewillt oder in der Lage sind, die Gefahr abzuwehren.[960]

Nicht jede Nachlässigkeit oder jedes Versagen der Eltern hat staatliche Maßnahmen zur Folge. Auch können Erziehungsaufgaben nicht ohne weiteres unter Ausschaltung der Eltern übernommen werden.[961] So hat auch im Hinblick auf das Erziehungsprimat der Eltern selbst eine nicht optimale Elternbetreuung Vorrang vor einer qualifizierten Fremdbetreuung.[962] Gegenstand des staatlichen Wächteramtes ist es nicht, das Wohl des Kindes i.S. eines Optimums an Erziehungsleistung und Wohlbefinden zu garantieren, sondern dem Kind ausreichenden Schutz seiner fundamentalen Interessen zu gewähren.[963] Insbesondere ist der Staat nicht berechtigt, den Eltern eine bestimmte Lebensführung vorzuschreiben.[964] Unterhalb der Gefährdungsgrenze müssen die Kinder etwaige Nachteile ihrer Erziehung hinnehmen.[965] Adressaten für darüber hinausgehende Hoffnungen und Ansprüche des Kindes sind nur die Eltern.[966] Art. 6 Abs. 1 und 2 GG begrenzt auch sozialstaatliches Handeln: Solange das Kindeswohl nicht gefährdet ist, ist eine Förderung des Kindes gegen den Willen der Eltern verfassungsrechtlich weder zulässig noch geboten.[967] Der Staat darf nur eingreifen, wenn es gesetzlich erlaubt und im Hinblick auf das Elternrecht verhältnismäßig ist.[968] Da es keinen Anspruch des Kindes auf „Idealeltern" gibt, gehört es zum Schicksal des Kindes, inwieweit die Eltern die Bereitschaft und Fähigkeit zur Verwirklichung einer optimalen Erziehung zeigen.[969] Ein Eingriff des Staates in das Erziehungsrecht der Eltern ist zulässig und erforderlich, wenn das elterliche Verhalten ein Ausmaß erreicht, das eine Gefahr für das Kindeswohl darstellt.

Familiengericht und Jugendamt üben das staatliche Wächteramt gem. Art. 6 Abs. 2 S. 2 GG gemeinsam aus, wenngleich mit unterschiedlichen Ressourcen und

959 Siehe hierzu ausführlich bereits oben, Kap. 2, A. I. 1.
960 *Burschel*, in: Prenzlow, S. 65 Rn. 364.
961 *Jestaedt*, in: Münder/Wiesner, Handbuch KJHR, S. 113 Rn. 14.
962 *Jestaedt*, in: Münder/Wiesner/Meysen, Handbuch KJHR (2. Auflage), Kap. 1.5 Rn. 21.
963 *Coester*, FPR 2009, 549.
964 Vgl. *Burschel*, in: Prenzlow, S. 65 Rn. 370.
965 *Schumann*, in: Lipp/Schumann/Veit, FGG-Reform, S. 229 (231).
966 *Coester*, FPR 2009, 549 (550).
967 *Hoffmann*, Soziale Gerechtigkeit für Kinder, S. 166 ff.; *Schumann*, in: Lipp/Schumann/Veit, FGG- Reform, S. 229 (248).
968 *Veit*, in: BeckOK-BGB, § 1626 Rn. 7.
969 Siehe hierzu auch *OLG Hamm*, Beschluss v. 12.07.2013, 2 UF 227/12, FamFG 2013, 455 (kein Anspruch des Kindes auf die bestmöglichen Eltern).

Kompetenzen.[970] Aufgelöst wird die traditionelle Betrachtung der Aufgabenzuweisung durch § 157 FamFG, indem das Gericht frühzeitig intervenieren und besonders auf die Eltern einwirken soll. Das Gericht erhält die Befugnis, die Erörterung in der sogenannten „Grauzone“[971] zwischen der „Nichtgewährleistung einer dem Wohl des Kindes entsprechenden Erziehung“ i.S. des § 27 Abs. 1 SGB VIII und einer „konkreten Kindeswohlgefährdung“ i.S. des § 1666 Abs. 1 BGB vorzunehmen. Demzufolge wird kontrovers diskutiert, inwieweit sich die Ausgestaltung der Erörterung als Eingriff in die elterliche Sorge erweist.

3. *Die Anordnung des persönlichen Erscheinens zum Termin als Eingriff?*

Besonders die mit Ordnungsgeld[972] durchsetzbare Pflicht der Eltern, persönlich zum Erörterungsgespräch vor Gericht zu einem Zeitpunkt zu erscheinen, zu dem die Voraussetzungen für eine Maßnahme nach § 1666 BGB mangels Kindeswohlgefährdung noch nicht vorliegen, hat in der Fachöffentlichkeit ebenso Kritik wie die Frage aufgeworfen, inwieweit die Erscheinensverpflichtung einen Eingriff in das Elternrecht aus Art. 6 Abs. 2 S. 1 GG bedeutet. Der Gesetzgeber betont die Notwendigkeit des persönlichen Erscheinens der Eltern mit der Begründung, die persönliche Teilnahme der Eltern verhelfe dem Gespräch zu einem sinnvollen Ergebnis.[973] Ausführungen zur Verfassungskonformität der Anordnung des persönlichen Erscheinens erfolgen jedoch nicht.

Teilweise[974] wird in der Ladung der Eltern zur Erörterung und der dadurch begründeten Pflicht, bei Gericht zu erscheinen, um an der Gefahreneinschätzung mitzuwirken, ein Eingriff in das Elternrecht erblickt, da die Eltern die Verpflichtung treffe, vor Gericht zu erscheinen, wenngleich eine Kindeswohlgefährdung nicht festgestellt worden sei. Mit der Ladung gebe das Gericht zwar den Eltern die Möglichkeit, ein Gespräch zu führen, um die Bereitschaft zur Mitarbeit und Verhaltensänderung zu fördern, Perspektiven der Verständigung zu erarbeiten[975] und einer Gefahrenlage zu begegnen. Zeigten die Eltern im Erörterungstermin aber etwa keine Bereitschaft, die entsprechenden Hilfen anzunehmen und mit dem Jugendamt zu kooperieren, könne das Gericht Maßnahmen nach § 1666 BGB in Erwägung ziehen[976], mit weitreichenden Auswirkungen auf das Verhältnis zwischen den Eltern und dem Kind. Besonders durch die Drohkulisse, die die Anordnung des persönlichen

970 *Coester*, JAmt 2008, 1 (5); *Willutzki*, FPR 2008, 488; zum Aufgabenbereich der Jugendhilfe siehe bereits oben, Kap. 1, A.
971 *Wapler*, RdJB 2009, 21 (24).
972 Vgl. § 33 Abs. 3 FamFG.
973 BT-Drucks. 16/6815, S. 17.
974 *Veit*, in: BeckOK-BGB, § 1666 BGB Rn. 56.1; *Rosenboom/Rotax*, ZRP 2008, 1 (2 f.); siehe auch *Wapler*, RdJB 2009, 21 (27).
975 *Proksch*, JAmt 2010, 215 (222).
976 *Rosenboom/Rotax*, ZRP 2008, 1 (2); *Willutzki*, ZKJ 2008, 139 (141).

Erscheinens bei Gericht entfalte, werde der elterliche Autonomiebereich in verfassungsrechtlich nicht unproblematischer Hinsicht tangiert.

Vereinzelt wird sogar vertreten, es übe im Vorfeld einer Kindeswohlgefährdung generell das Jugendamt und nicht das Familiengericht gegenüber den Kindern das staatliche Wächteramt aus.[977] Defizite bei den Jugendämtern, die sich darin zeigten, dass sie Hilfemaßnahmen nicht verpflichtend anordnen könnten, dürften nicht durch *„Gesprächsrunden“* beim Familienrichter beseitigt werden.[978]

Die Konträransicht[979] sieht in der Erscheinensverpflichtung der Eltern zum Erörterungstermin keinen Eingriff in die elterlichen Sorgerechte nach §§ 1626 ff. BGB. Vielmehr sei der Eingriffsbefugnis nach § 1666 BGB eine sogenannte *Kontrollschwelle* vorgelagert, die das Gericht berechtige, die notwendigen Erkenntnisse zu gewinnen und als Vorstufe zum Sorgerechtseingriff auf die Eltern einzuwirken.[980] Die vorverlagerte Einwirkung auf die Eltern rechtfertige sich als *„Einwirkungs- oder Aufklärungsmöglichkeit“* bzw. als sogenannter *„Gefahrenerforschungseingriff“* des Staates, um der Gefahrenlage zu begegnen.[981] Im Polizei- und Ordnungsrechts liegt ein solcher vor, wenn in die Grundrechte einer Person eingegriffen wird, um Informationen über eine mögliche Gefährdung eines Rechtsguts zu ermitteln.[982] Der Eingriff wird für zulässig erachtet, soweit ein *Gefahrenverdacht* besteht, der wiederum das Vorliegen *konkreter* Anhaltspunkte für das Bestehen einer Gefahrenlage voraussetzt.[983] Der Gefahrenerforschungseingriff, der verhältnismäßig sein muss, dient allein der Gewinnung von Informationen, um einer möglichen Gefährdung eines Rechtsguts zu begegnen.[984]

Vereinzelt[985] wird auch vertreten, die elterliche Mitwirkungsverpflichtung zur Abschätzung des Gefährdungsrisikos im Rahmen des § 8a Abs. 2 S. 1, 2. Hs. SGB VIII ergebe sich aus der in Art. 6 Abs. 2 S. 1 GG verankerten verfassungsrechtlichen Ausgestaltung des Elternrechts als elterliche Pflicht, an der Abwendung einer Gefährdung mitzuwirken („Mitwirkungspflicht“). Die Einschätzung der Gefährdung im Kontext einer Kindeswohlgefährdung sei Bestandteil eines professionellen Diagnose- und Verstehensprozesses und die Einbeziehung der Eltern und ggfs. des Kindes in die fachliche Beurteilung, die zur weiteren Klärung einer potenziellen

---

977 *Mörsberger, in:* Mörsberger/Restemeier, Helfen mit Risiko, S. 101, hierzu bereits oben, Kap. 1, B. I. 1. c.

978 *Neumann*, DRiZ 2007, 65 (66).

979 Vgl. etwa Staudinger/*Coester*, § 1666 Rn. 88, 265; *Seier*, FPR 2008, 483 (486).

980 Staudinger/*Coester*, § 1666 Rn. 88.

981 Staudinger/*Coester*, § 1666 Rn. 88; nach *Horndasch*, in: Horndasch/Viefhues, § 157 Rn. 1, 3 nimmt die Erörterung eine „Klärungs- und Prüfungsfunktion“ ein.

982 *Wapler*, RdJB 2009, 21 (25).

983 *Rachor*, in: Lisken/Denninger, Handbuch Polizeirecht, Rn. E 177, 178; *Pieroth/ Schlink/Kniesel*, Polizei- und Ordnungsrecht, § 4 Rn. 50 ff.

984 *Wapler*, RdJB 2009, 21 (25).

985 *Bringewat*, in LPK-SGB VIII, § 8a Rn. 54; *Meysen*, in: Münder et al., FK-SGB VIII, § 8a Rn. 30.

Gefährdung an erster Stelle die Einbeziehung der Familienangehörigen zu berücksichtigen habe, gehöre untrennbar zur Hilfebeziehung dazu; sie sei das entscheidende Merkmal sozialpädagogischer Qualität.[986] Die Mitwirkungsverpflichtung der Eltern an der Abschätzung des Gefährdungsrisikos sei gerechtfertigt, wenngleich die ausdrückliche und generelle Normierung von Mitwirkungspflichten auch hiernach auf Bedenken stößt. Es ergeht der Hinweis zu beachten, dass es im Rahmen der Informationsgewinnung nach dem SGB VIII auf eine Vertrauensbeziehung ankomme, die sich grundlegend von einer rein polizeilichen Ermittlung unterscheide.[987]

Generell unzulässig erachtet und vom staatlichen Wächteramt nicht gedeckt werden Maßnahmen, die verdachtsunabhängig erfolgten und wie „mitlaufende Erziehungskontrollen"[988] wirkten. Demzufolge überschreite es das verfassungsrechtlich zulässige Maß staatlicher Prävention, dass eine Eltern-Kind-Beziehung gläsern und für den Staat sichtbar geführt werden muss.[989] Es verbiete sich, Eltern unter einen Generalverdacht zu stellen und als Träger eines abstrakten Gefahrenpotenzials anzusehen, die einer turnusmäßigen Überwachung, vergleichbar eines *„Elternführerscheins"* oder einer *„TÜV-Untersuchung"*[990], bedürften. Das staatliche Wächteramt enthielte eine „Gewährfunktion"[991] und habe gewisse Aufsichtspflichten zu übernehmen, die über die reine Verletzungsabwehr hinaus auch das Einholen von Informationen, Beobachtungen, Hilfe- und Unterstützungsleistungen, die vorbeugende Abwehr drohender Gefahren, sowie eine bestimmte Kontrollfunktion umfassten.[992] Der Staat habe nicht nur auf interventionsrechtliche Maßnahmen zurückzugreifen, sondern könne „vorausblickend beobachtend" agieren und bereits im Vorfeld eingetretener Verletzungen Schäden und Gefahren von dem Kind abwenden. Auch präventive Maßnahmen hätten aber den Elternvorrang zu respektieren.[993]

Die Erscheinens- und Mitwirkungsverpflichtung der Eltern zum Erörterungstermin nach § 157 FamFG ist jener Auffassung zufolge vom staatlichen Wächteramt gedeckt. Nach der Vorstellung des Gesetzgebers erfolge das Erörterungsgespräch erst dann, wenn gewichtige Anhaltspunkte für eine Kindeswohlgefährdung bestünden und das Jugendamt das Gericht angerufen hat, nachdem die Eltern an der Abschätzung des Gefährdungsrisikos nicht mitgewirkt haben[994], § 8a Abs. 2 S. 1,

---

986 *Meysen*, in: Münder et al., FK-SGB VIII, § 8a Rn. 27.

987 Wie etwa die Pflicht zur Mitwirkung i.S. einer ordnungsrechtlichen Sichtweise und im Wege eines Rechtsbefehls, vgl. *Meysen*, in: Münder et al., FK-SGB VIII (2009), § 8a Rn. 27.

988 *Jestaedt*, in: Lipp/Schumann/Veit, Kindesschutz, S. 5 (17).

989 *Jestaedt*, in: Münder/Wiesner/Meysen, Handbuch KJHR, Kap. 1.5 Rn. 23.

990 Vgl. *Jestaedt*, in: Münder/Wiesner/Meysen, Handbuch KJHR, Kap. 1.5 Rn. 24.

991 *Salgo*, ZKJ 2007, 12 (13).

992 *Jestaedt*, in: Münder/Wiesner/Meysen, Handbuch KJHR, Kap. 1.5 Rn. 23.

993 *Jestaedt*, in: Münder/Wiesner/Meysen, Handbuch KJHR, Kap. 1.5 Rn. 22.

994 Die Anrufung des Gerichts sollte überdies auch möglich sein, wenn das Jugendamt die Einbindung des Familiengerichts in eine schwierige Risikoabschätzung für

2. Hs. SGB VIII.[995] Die Verbindung mit § 8a Abs. 2 S. 1 SGB VIII stehe nicht entgegen, denn die Pflicht zur Anrufung des Familiengerichts im Wege der Gefährdungsmitteilung des Jugendamtes habe noch keinen Eingriffscharakter, sondern sei Teil des Klärungsprozesses, den das Jugendamt durch die Hinzuziehung des Gerichts intendiere.[996] Im Wege der Erörterung erfolge auch eine nur abgeschwächte Einwirkung auf die Eltern, die der Aufklärung der Sachlage ebenso diene wie der Gewinnung der notwendigen Informationen, um der Gefahrenlage zu begegnen. Zwar erfolge die Einwirkung unter dem gezielten Einsatz der richterlichen Autorität. Diese werde aber eingesetzt, um die Gefahrenlage zu diagnostizieren und die notwendigen Schutzmaßnahmen zu ergreifen. Es sei notwendig, dass das Familiengericht den Sachverhalt stets umfassend und von Amts wegen ermittelt. Die Eltern müssten sich im Termin *nur* über das Gefährdungsproblem und dessen Abwendung auseinandersetzen und der Staat werde in allein aufklärender, warnender und kontrollierender (§ 166 Abs. 3 FamFG) Funktion tätig. Letztlich diene die Erörterung dazu, mit *„informellen Mitteln"* zu verhindern, dass eine Gefährdung für das Kind noch weiter eskaliert.[997]

Von Kritikern als Gegenstandpunkt und unter Verweis auf die im allgemeinen Gefahrenabwehrrecht geltenden strengen Anforderungen an eine Verdachtsaufklärung, erfolgt der Einwand, nicht jeder Verdachtsfall begründe eine elterliche Mitwirkungsverpflichtung und rechtfertige staatliches Handeln.[998] Auch der Kinderschutz habe zur Aufklärung eines Verdachtsfalls die verfassungsrechtlichen Grenzen zu beachten und dürfe nicht in unzulässiger Weise und zur reinen Gefahrenermittlung in die Grundrechte der Eltern eingreifen. Hierzu gehöre es nicht nur, über die Grundsätze und die konkrete Ausgestaltung der Erziehungsgrundsätze frei von staatlicher Reglementierung zu entscheiden. Die Eltern hätten auch das Recht, sich nicht vor staatlichen Stellen – sei es das Jugendamt oder aber das Familiengericht – über die eigene Erziehung rechtfertigen oder Informationen über das Eltern-Kind-Verhältnis preisgeben zu müssen.[999] Auch die Grenzziehung zwischen Eingriff und Kontrolle sei schwer greifbar mit der Folge, dass sich die Kontrolle als Eingriff erweisen könne.[1000]

---

erforderlich hält, nicht nur in Fällen, in denen die Eltern an der Risikoabschätzung nicht mitwirken. Hierzu: *Coester*, JAmt 2008, 1 (8).

995 Siehe auch *Hornikel*, in: Lipp/Schumann/Veit, FGG-Reform, S. 207 (209); *Veit*, in: BeckOK-BGB, § 1666 Rn. 56.1, die letztlich die Erscheinensverpflichtung zur Erörterung als verfassungsrechtlich unbedenklich erachten.

996 Siehe auch *Hess. VGH*, Beschluss v. 07.11.2012, 10 B 1973/12, ZKJ 2013, 82 (83).

997 *Weisbrodt*, JAmt 2010, 53 (55 f.).

998 Siehe hierzu etwa *Wapler*, RdJB 2009, 21 (25); *Schumann*, in: Behrends/Schumann, S. 169 (179).

999 *Wapler*, RdJB 2009, 21 (25).

1000 *Veit*, in: BeckOK-BGB, § 1666 Rn. 56.1.

4. *Einwirkung auf die Eltern, öffentliche Hilfen (verpflichtend) anzunehmen als Eingriff?*

Problematisiert wird auch, inwieweit sich das gerichtliche Hinwirken auf die Zusammenarbeit mit dem Jugendamt als mit verfassungsrechtlichen Vorgaben vereinbar erweist. Vertreten wird, die Pflicht der Zusammenarbeit diene nicht der Aufklärung, sondern übe Zwang auf die Eltern aus und sei ein Eingriff in das Elternrecht, ohne dass eine konkrete Gefahr für das Kind vorhanden sei.[1001] Ein Einwirken auf die Eltern, deren Inpflichtnahme und die Veranlassung zur Inanspruchnahme von öffentlichen Hilfen ließe sich nur rechtfertigen, wenn eine Kindeswohlgefährdung tatsächlich vorliegt.[1002] Ansonsten werde der Unterschied zu § 1666 Abs. 3 Nr. 1 BGB nicht deutlich, wonach das Gericht die Möglichkeit habe, Gebote zur Inanspruchnahme von Leistungen der Kinder- und Jugendhilfe anzuordnen, hierfür aber die positive Feststellung der Kindeswohlgefährdung erforderlich sei. Problematisch ist gleichwohl, dass die Mitwirkungspflicht der Eltern auch darin bestehen kann, das Gericht zu überzeugen, dass eine Kindeswohlgefährdung nicht besteht. Kommt es zu einer gerichtlichen Terminierung, müssen die Eltern das Gericht überzeugen, alles richtig gemacht zu haben. Tatsächlich wird dieser Eindruck verstärkt mit Blick auf beispielsweise die Verpflichtung der Eltern, Jugendamt und Gericht im Einzelfall davon überzeugen zu müssen, dass Erziehungsprobleme nicht vorhanden sind, wenn eine kinderärztliche Vorsorgeuntersuchung unterblieben ist und das Jugendamt deshalb eine Gefahrenmeldung an das Gericht unternommen hat. Zwar ist die Nichtteilnahme an einer kinderärztlichen Vorsorgeuntersuchung noch nicht der Beleg für das Vorhandensein einer Kindeswohlgefährdung.[1003] Gleichwohl kann das Jugendamt das Familiengericht hinzuziehen und das Gericht einen Erörterungstermin anberaumen.[1004]

Vereinzelt[1005] wird vertreten, das Jugendamt habe einen Beurteilungsspielraum, der sich gem. § 8a Abs. 2 S. 1 SGB VIII nicht auf die Klärung einer kindeswohlgefährdenden Situation oder die Voraussetzungen der Hilfen zur Erziehung nach §§ 27 ff. SGB VIII beziehe, sondern (allein) auf die Frage, ob es bei Vorliegen einer kindeswohlgefährdenden Situation erforderlich sei, das Familiengericht anzurufen, um das Kind nicht in der Gefahrenlage zu belassen. Liege eine Kindeswohlgefährdung nicht vor, sei für eine Erörterung vor dem Familiengericht unterhalb der Schwelle

---

1001 *Veit*, in: BeckOK-BGB, § 1666 Rn. 56.1; *Wapler*, RdJB 2009, 21 (25).

1002 *Peifer*, NDV 2008, 395 (398). *Schumann*, in: MüKo-ZPO, § 157 FamFG Rn. 5 (unzureichende Beachtung des Elternprimats aus Art. 6 Abs. 2 S. 1 GG).

1003 *OLG Köln*, Beschluss v. 28.02.2012, 26 L 203/12, ZKJ 2012, 239 ff. = FamRZ 2012, 1177.

1004 *VG Frankfurt*, Beschluss v. 11.05.2012, 7 L 1079/12.F, ZKJ 2012, 406 ff. = NJW 2012, 3528 f. = FamRZ 2012, 1679; *Sommer*, ZKJ 2013, 68 ff.; zur Vereinbarkeit des behördlichen Einladungs- und Erinnerungsverfahrens mit Art. 6 Abs. 2 S. 1 GG vgl. *VerfGH Rheinland-Pfalz* v. 28.05.2009, VGH B 45/08, NJW-RR 2009, 1588 ff.

1005 *Trenczek*, ZKJ 2009, 97 (104).

der Kindeswohlgefährdung kein Raum. Eine Erörterung könne allenfalls dann in Betracht kommen, wenn die festgestellte Kindeswohlgefährdung nicht von den Eltern abgewendet werden kann.

Konträransichten[1006] zufolge ist der verstärkte Hinweis auf Hilfeangebote der Jugendhilfe im Vorfeld einer Kindeswohlgefährdung, verbunden mit dem Hinwirken auf eine Verhaltensänderung, weil ansonsten und bei zunehmender Gefahrenverdichtung eingriffsrechtliche Maßnahmen i.S. des § 1666 BGB drohten, noch kein Eingriff in die Sorgerechtssubstanz. Es handele sich „noch" um eine gerichtliche Handlungsmaßnahme im Vorfeld eines Sorgerechtseingriffs, die sich als bloße ‚verfahrensrechtliche Inpflichtnahme" und verhältnismäßiges Mittel zur Begegnung einer Gefahrenlage für das Kind erweise. Im Ergebnis sei es zulässig, wenn sich die Eltern selbst bereit erklären, die entsprechende Hilfe in Anspruch zu nehmen. Als Ergebnis der Erörterung könne die Hilfebeziehung aber nicht verbindlich angeordnet werden, ohne Feststellung einer konkreten Kindeswohlgefährdung, da sonst eine Umgehung der Eingriffsschwelle des § 1666 BGB in unzulässiger Weise erfolge.[1007] Auch diese Auffassung weist dezidiert darauf hin, dass die Eingriffsschwelle des Familiengerichts gem. § 1666 Abs. 1 BGB nach wie vor die Kindeswohlgefährdung ist. Erst dann wären die Eltern aus ihrer Elternverantwortung verpflichtet, geeignete Hilfen zur Abwendung der Gefährdung anzunehmen.[1008] Im Umkehrschluss bedeute dies, dass bei nicht vorliegender Kindeswohlgefährdung das Familiengericht auch keine Maßnahmen verbindlich anordnen dürfte.[1009]

5. Diskussion, Stellungnahme und Ergebnis

Um den verfassungsrechtlichen Anforderungen zu genügen, bedarf es stets einer sorgfältigen Bestandsaufnahme der jeweiligen Situation und Intensität der Gefahrenlage: Liegt eine Fallkonstellation vor, in der dem Jugendamt lediglich ein Hinweis auf eine das Wohl des Kindes bedrohende Entwicklung vorliegt, ohne zugleich die Gewissheit über das Vorliegen einer Gefährdung zu haben – oder hat das Jugendamt den Eindruck, bei einer weiteren Weigerung der Eltern in Bezug auf die Annahme der notwendigen Hilfemaßnahmen, in absehbarer Zeit eine Kindeswohlgefährdung zu erkennen, befindet sich das Jugendamt in der Phase der Gefahrenermittlung und ist versucht, durch präventive Maßnahmen eine Kindeswohlgefährdung zu verhindern. Gleiches gilt, wenn das Familiengericht von Amts wegen von einer derartigen Fallkonstellation Kenntnis erlangt hat und ebenfalls das Vorliegen konkreter Gefahrenaspekte nicht aktuell erkennt. Nach der Vorstellung des Gesetzgebers sind das die Fallkonstellationen, die den Anwendungsbereich der Erörterung nach § 157 FamFG eröffnen. In der Phase der Aufklärung soll es Aufgabe der staatlichen Institutionen Jugendamt und Familiengericht sein, ersten Hinweisen und Anhaltspunkten

---

1006 *Zorn*, in: Bork/Jacoby/Schwab, § 157 Rn. 6; Staudinger/*Coester*, § 1666 Rn. 87.
1007 *Götz*, in: Lipp/Schumann/Veit, FGG-Reform, S. 215 (219).
1008 Staudinger/*Coester*, § 1666 Rn. 87.
1009 So auch *Wapler*, RdJB 2009, 21 (30).

für eine (mögliche) Kindeswohlgefährdung weiter nachzugehen und den Sachverhalt zu ermitteln. Dies erfordert die gründliche Überprüfung und Bewertung der Lebensbedingungen des Kindes.

Das staatliche Wächteramt ermächtigt Familiengericht und Jugendamt auch zu Präventionsmaßnahmen im Vorfeld einer Kindeswohlgefährdung.[1010] Art. 6 Abs. 2 S. 2 GG sieht ein differenziertes, am Grundsatz der *Verhältnismäßigkeit* ausgerichtetes Reaktionsschema bei Kindeswohlgefährdung vor[1011], wonach Kinderschutzverfahren auf den Schutz der Fundamentalbedürfnisse des Kindes und die möglichst frühzeitige Gefahrenabwehr abzielen und nicht auf die Bestrafung für eingetretene Schädigungen des Kindes.[1012] Dass der staatliche Kinderschutz bereits im Vorfeld einer Kindeswohlgefährdung nach § 1666 Abs. 1 BGB zum Einsatz kommen muss, zeigt sich bereits in der Ausgestaltung der Angebote zur Schulausbildung oder Gesundheitsfürsorge, die unabhängig von der jeweiligen familiären Situation zum Einsatz gelangen[1013] und stets einen latenten Bezug zur Kindeswohlgefährdung aufweisen. Verweigern die Eltern etwa den Schulbesuch ihres Kindes, ist dies eine Gefährdung des geistigen Kindeswohls. Es droht der Eingriff in die elterliche Sorge nach § 1666 BGB.[1014] Der Staat tritt der Familie auch dann gegenüber, wenn bereits Betreuungs- oder Erziehungsdefizite bestehen, § 27 Abs. 1 SGB VIII. Das Jugendamt trifft die Verpflichtung, über Hilfen aufzuklären und die familiäre Situation weiter zu verfolgen. Auch bloße Erziehungsmängel können dazu führen, dass staatliche Hilfen angeboten, aber sodann engmaschig begleitet und damit in gewisser Weise staatlich kontrolliert werden.[1015] Die Übergänge zwischen dem Autonomiebereich der Eltern und der staatlichen Interventionsbefugnis können nach alledem fließend verlaufen. Um Kinder effektiv vor Gefahren für ihr Wohl zu schützen, kann der Staat nicht darauf verwiesen werden, bis zum Eintritt einer Kindeswohlgefährdung zu warten[1016], um erst dann mit Interventionen zu reagieren.[1017] Vielmehr hat der Staat auch als „wachende", d.h. unterstützende und kontrollierende Instanz in Erscheinung zu treten.[1018] Bestehen begründete Anhaltspunkte für eine Kindeswohlgefährdung, hat auch das Familiengericht die entsprechenden Ermittlungen durchzuführen. Soll die Anrufung des Familiengerichts dazu dienen, die Eltern

---

1010 *Coester*, JAmt 2008, 1 (2); *Jestaedt*, in: Münder/Wiesner/Meysen, Handbuch KJHR, Kap. 1.5 Rn. 22.

1011 *Jestaedt*, in: Münder/Wiesner/Meysen, Handbuch KJHR, Kap. 1.5 Rn. 22.

1012 Coester, JAmt 2008, 1 (2).

1013 *Coester*, JAmt 2008, 1 (2).

1014 Siehe zur Problematik der Schulverweigerung *OLG Köln*, Beschluss v. 18.02.2002, 14 UF 134/01, JAmt 2003, 548; *Raack*, FPR 2012, 467 (468); hierzu bereits oben, Kap. 2 A. I. 3. a.

1015 *Coester*, in: Lipp/Schumann/Veit, Kindesschutz, S. 19 (36).

1016 *Coester*, in: Lipp/Schumann/Veit, Kindesschutz, S. 19 (23); *ders.*, in: JAmt 2008, 1 (2).

1017 *Proksch*, JAmt 2010, 215 (222).

1018 *Coester*, in: Lipp/Schumann/Veit, Kindesschutz, S. 19 (23). Vgl. auch *Nahrwold*, in: Goldberg/Schorn, S. 143 (145).

zur Bereitstellung der entsprechenden Informationen zu verpflichten, um das Gefährdungsrisiko für ein Kind einschätzen zu können, handelt es sich um eine rein präventive Handlungsmaßnahme zur konkreten Gefahrenabwendung, die zulässig ist, wenn bereits *konkrete Anhaltspunkte* für eine Kindeswohlgefährdung vorliegen.

Wird eine Gefahrenlage frühzeitig vor Gericht erörtert, lässt sich hiergegen zwar einwenden, dass dies mit einem Eingriff in die elterliche Autonomie einhergeht.[1019] Die Duldungspflicht der Eltern, die Frage nach dem Vorliegen einer Kindeswohlgefährdung einer weiteren Klärung und möglichen gerichtlichen Einwirkung zuzuführen, ergibt sich jedoch aus der inneren Pflichtenbindung der Eltern sowie aus der Verpflichtung des Staates zum effektiven Rechtsschutz für das Kind gem. Art. 6 Abs. 2 S. 2 GG.[1020] Es obliegt dem Staat, bei Vorliegen konkreter Anhaltspunkte für eine Kindeswohlgefährdung die Sachlage weiter zu ermitteln und dies unter Hinzuziehung der Eltern und ggfs. des Kindes vorzunehmen. Nach der insoweit zutreffend vertretenen Ansicht[1021] hat das staatliche Wächteramt nicht erst dann einzusetzen, wenn das Wohl des Kindes bereits gefährdet ist, um nicht zu einem „*Nachtwächteramt*" zu degradieren.[1022]

Dient mithin das Erörterungsgespräch als Instrument der Sachaufklärung, ist es verfassungsrechtlich unbedenklich. Die Ladung stellt zwar einen Eingriff in das Elternrecht dar. Der Eingriff ist aber angesichts der Notwendigkeit der Tatsachenermittlung sachlich gerechtfertigt und in der Ausgestaltung auch verhältnismäßig – vorausgesetzt, vor der Anrufung des Familiengerichts haben tatsächlich konkrete Anhaltspunkte für eine Kindeswohlgefährdung nach § 8a SGB VIII vorgelegen.[1023] Es ist daraus zu schließen, dass die Erörterung der Kindeswohlgefährdung nach § 157 FamFG das Vorliegen von konkreten Verdachtsmomenten erfordert, die über den bloßen Gefahrenverdacht hinausgehen. Beziehen sich die gerichtlichen Handlungsmaßnahmen (allein) auf die Gesprächsführung, die Einholung weiterer Informationen und wird die Eingriffsschwelle für gerichtliche Maßnahmen nach § 1666 BGB beachtet, sind verfassungsrechtliche Bedenken nicht geboten.[1024]

Eine andere Betrachtungsweise verlangt die Verpflichtung der Eltern zur Zusammenarbeit mit dem Jugendamt. Diese ist in verfassungsrechtlicher Hinsicht nicht unbedenklich, da das Hinwirken auf die weitere Zusammenarbeit mit dem Jugendamt nicht der weiteren Aufklärung der Gefahrenlage dient, sondern die gezielte *Anweisung* enthält, eine Zusammenarbeit mit dem Jugendamt aufzunehmen. Die Abgrenzung zu § 1666 Abs. 3 Nr. 1 BGB ist nicht eindeutig. Die Eltern werden angehalten, Hilfen anzunehmen, ohne dass eine konkrete Gefahr für das Kindeswohl

1019 *Wapler*, RdJB 2009, 21 (22).

1020 *BVerfG*, Urteil v. 24.03.1981, 1 BvR 1516/78, 1 BvR 964/80, 1 BvR 1337/80, BVerfGE 56, 363 (382); Staudinger/*Coester*, § 1666 Rn. 88.

1021 *Coester*, in: Lipp/Schumann/Veit, Kindesschutz, S. 19 (23); *Hölbling*, ZKJ 2010, 388 (390).

1022 Vgl. *Coester*, in: Lipp/Schumann/Veit, Kindesschutz, S. 19 (23).

1023 Vgl. *Wapler*, RdJB 2009, 21 (27).

1024 *Jestaedt*, in: Lipp/Schumann/Veit, Kindesschutz, S. 5 (17 f.).

besteht. Rechtfertigt die vorhandene Tatsachenlage aber noch nicht die Prognose einer hinreichenden Wahrscheinlichkeit des Vorliegens einer Gefahrenlage, wird der elterliche Autonomiebereich in unzulässiger Weise beschränkt.[1025] Die verfassungsrechtlichen Bedenken lassen sich nur dann ausräumen, wenn das Familiengericht im Erörterungstermin lediglich darauf hinweist, Hilfen des Jugendamts annehmen zu müssen und es die Eltern aufklärt, dass bei einer Verschlechterung der Situation für das Kind Eingriffe in das Sorgerecht drohen.

Der gezielte Einsatz richterlicher Autorität mag im Einzelfall nicht nur sinnvoll sein, sondern ist verfassungsrechtlich gerechtfertigt, wenn gewichtige Anhaltspunkte für eine Kindeswohlgefährdung vorhanden sind. Die Sorgerechtssubstanz ist noch nicht tangiert, wenn die Eltern freiwillig zu einer Zusammenarbeit mit dem Jugendamt bereit sind, selbst wenn dies erst auf Nachdruck des Richters erfolgt. Es bleibt gleichwohl die Frage, ob die auf diese Weise etablierte Kooperation mit dem Jugendamt Bestand haben wird, da der Erfolg einer Hilfeleistung Vertrauen in die Hilfebeziehung voraussetzt.[1026] Dieser vermag gerade dann verloren gegangen zu sein, wenn das Jugendamt sehr frühzeitig das Gericht angerufen hat und die Eltern den Gang des Jugendamts zum Gericht als Vertrauensmissbrauch erleben.[1027]

Im Ergebnis wird es angesichts der verfassungsrechtlichen Vorgaben des Art. 6 Abs. 2 GG entscheidend darauf ankommen, dass sowohl die Art und Weise der Durchführung des Erörterungsgesprächs nach § 157 FamFG, als auch deren Folge nicht dazu führen, die Schwelle zur Kindeswohlgefährdung unzulässig zu überschreiten. Die unterschiedlichen Gefahrenschwellen gilt es weiterhin zu beachten. Erklären sich die Eltern nicht dazu bereit, konkrete Hilfen des Jugendamts oder freier Jugendhilfeträger in Anspruch zu nehmen und liegt eine Kindeswohlgefährdung nicht vor, darf auch das Familiengericht die Eltern nicht zur Annahme von Leistungen verpflichten bzw. Auflagen für den Fall der Nichtbefolgung der Hilfen bestimmen. Es entspricht nicht den verfassungsrechtlichen Vorgaben, von einer fehlenden Bereitschaft der Eltern auf ein „falsches Bewusstsein“ der Eltern zu schließen.[1028] Zumindest müssen konkrete Anhaltspunkte für eine Kindeswohlgefährdung vorliegen und die Durchführung einer Erörterung gebieten. Für Einschränkungen der elterlichen Sorge bedarf es nach wie vor des Vorliegens einer tatsächlich vorhandenen Kindeswohlgefährdung.[1029] Die verfahrensrechtliche Reaktion auf die Vorschrift des § 8a Abs. 2 S. 1, 2. Hs. SGB VIII ist konsequent, wenn die Erörterung der Kindeswohlgefährdung als Idee eines vorgelagerten Termins ohne Eingriff in das elterliche Sorgerecht auf familienverfahrensrechtlicher Ebene das entsprechende „Pendant“ für die frühzeitige Anrufung begründet. Reichen die gerichtlichen Befugnisse über das zulässige Maß hinaus und unterbleibt die zuverlässige gerichtliche

---

1025 *Veit*, BeckOK-BGB, § 1666 Rn. 56.1; *Wapler*, RdJB 2009, 21 (25).
1026 *Wapler*, RdJB 2009, 21 (27).
1027 *Hildebrandt*, ZKJ 2008, 396 ff.
1028 so auch im Ergebnis *Wapler*, RdJB 2009, 21 (28).
1029 *Götz*, in: Lipp/Schumann/Veit, FGG-Reform, S. 215 (219).

Ermittlung der Grundlagen für eine Feststellung der Kindeswohlgefährdung[1030], liegt eine Überschreitung der zulässigen Verfahrensstandards vor. Mit nur eingeschränkter Eingriffs- und Sanktionsmöglichkeit erscheint die Vorschrift des § 157 FamFG nach alledem verfassungsrechtlich zulässig.

V. Erörterung als „eigener Verfahrensabschnitt" im Verfahren – Abgrenzung zur „Anhörung" der Eltern und zum sog. „frühen ersten Termin"

Die Erörterung der Kindeswohlgefährdung nach § 157 FamFG soll als „neuer" Bestandteil des familiengerichtlichen Kinderschutzverfahrens[1031] keine Rechtsfolge i.S. des § 1666 BGB begründen, sondern einen eigenen Verfahrensabschnitt[1032] hervorbringen, in welchem das Gericht einen Termin bestimmt.[1033] Nicht eindeutig ist, wie sich die Erörterung von der Anhörung sowie von dem „frühen ersten Termin" in § 155 Abs. 2 S. 1 FamFG unterscheidet, der ebenfalls auf das Verfahren wegen Kindeswohlgefährdung Bezug nimmt und ausweislich § 155 Abs. 3 FamFG vorgibt, dass das persönliche Erscheinen der verfahrensfähigen Beteiligten zum Termin angeordnet werden soll. Die elterlichen Möglichkeiten zur Gefahrenabwendung sind zentrales Thema sowohl im Rahmen der elterlichen Anhörung als auch im Rahmen der Erörterung.

1. *Die Abgrenzung zwischen „Erörterung" und „Anhörung"*

Nach der Begründung des Gesetzgebers soll die *Erörterung* einen eigenen Verfahrensabschnitt begründen, der „neben" die Pflicht zur persönlichen *Anhörung* der Eltern tritt und mit dieser in einem Termin verbunden werden kann.[1034] Der Gesetzgeber unternimmt den Versuch, den Unterschied zwischen der Erörterung und der Anhörung besonders hervorzuheben.[1035] Hiernach führt er aus, dass die Anhörung in erster Linie der Aufklärung des Sachverhalts diene und den Eltern rechtliches Gehör gewähren solle, während die Erörterung die *Kindeswohlgefährdung* betreffe und auf eine Verhaltensänderung bei den Erziehungsberechtigten ziele, die auf der Autorität des Richters basiere und einen Hilfeprozess mit dem Jugendamt anzukurbeln

1030 *Gottschalk/Heilmann*, ZKJ 2013, 113.
1031 Hierzu bereits oben, Kap. 1. B. IV und C.
1032 BT-Drucks. 16/6308, S. 237; *Schlünder*, in: BeckOK-FamFG, § 157 Rn. 2.
1033 BT-Drucks. 16/6308, S. 237 f.
1034 BR-Drucks. 550/07, S. 21, BT-Drucks. 16/6815, S. 9, 12, 17; BT-Drucks. 16/6308, S. 237.
1035 BT-Drucks. 16/6308, S. 237; BT-Drucks. 16/6815, S. 17.

habe.[1036] Die Entscheidung hinsichtlich der jeweiligen Vorgehensweise obliegt dem Gestaltungsspielraum des Familienrichters.[1037]

a. Die Anforderung an die Anhörung der Eltern

Im Rahmen der Anhörung der Eltern nach § 160 FamFG geht es um Verfahren, die die Person des Kindes betreffen.[1038] Grundsätzlich sollen die Eltern persönlich angehört werden. In Verfahren nach §§ 1666, 1666a BGB müssen sie („sind“) angehört werden, selbst wenn eine nur vorläufige Anordnung getroffen wird.[1039] In allen anderen Kindschaftssachen kann die Anhörung auch schriftlich erfolgen.[1040] Das Gericht hat sich von dem Anzuhörenden einen persönlichen Eindruck zu verschaffen[1041] und soll sich durch den Kontakt mit den Eltern intensiv mit diesen auseinandersetzen, um ihre Eigenschaften, Verhaltensweisen, Ansichten, Ausdrucksweisen etc. zu erfahren. Entscheidungen in kindschaftsrechtlichen Angelegenheiten können in besonderem Maße in persönliche und private Beziehungen eingreifen und verlangen deshalb, dass der Richter einen unmittelbaren Eindruck von den Betroffenen erhält. Entscheidend ist die *mündliche* Anhörung der Eltern, die nicht durch die Anhörung des Verfahrensbevollmächtigten oder fernmündliche Gespräche ersetzt werden kann.[1042] Die Anhörung der Eltern bezweckt nicht nur die Sicherstellung des rechtlichen Gehörs, sondern dient der nach § 26 FamFG gebotenen Sachaufklärung.[1043] Von der Anhörung darf nur aus schwerwiegenden Gründen abgesehen werden und eine unterbliebene Anhörung ist unverzüglich nachzuholen, § 160 Abs. 3 und 4 FamFG.

Im Fall einer Beschwerde muss von dem Rechtsmittelgericht nachgeprüft werden können, ob und inwieweit die entscheidungserheblichen Fragen gestellt worden sind.[1044] Aus diesem Grund muss der wesentliche Vorgang des Termins und der persönlichen Anhörung in einer Sitzungsniederschrift niedergelegt werden, § 28 Abs. 4 FamFG. Es ist auch zulässig, dass das Gericht den Inhalt der Anhörung in einem Protokoll aufnimmt[1045] und nach seinem Ermessen einen Protokollführer

---

1036 BT-Drucks. 16/6815, S. 9, 12, 17; *Veit*, FPR 2008, 298 (601); *Fellenberg*, in: Lipp/Schumann/Veit, Kindesschutz, S. 91 (93); *Schumann*, in: MüKo-ZPO, § 157 Rn. 10; *Horndasch*, in: Horndasch/Viefhues, § 157 Rn. 3; Keidel/*Engelhardt* (2014), § 157 Rn. 1.

1037 BT-Drucks. 16/6815, S. 17; *Fellenberg*, FPR 2008, 125 (127); *Meysen*, NJW 2008, 2673 (2675).

1038 Vgl. zur Anhörung der Pflegepersonen § 161 FamFG.

1039 Keidel/*Engelhardt* (2014), § 160 FamFG, Rn. 1, 3 f.

1040 *Willutzki*, FPR 2009, 327 (330).

1041 *BGH*, Beschluss v. 11.07.1984, IVb ZB 73/83, NJW 1985, 1702 = FamRZ 1985, 169; *BayObLG*, Beschluss v. 08.07.1994, 1Z BR 9/94, FamRZ 1995, 500.

1042 Keidel/*Engelhardt* (2014), § 160 FamFG, Rn. 2.

1043 Keidel/*Engelhardt* (2014), § 160 FamFG, Rn. 2.

1044 Vgl. *OLG Saarbrücken*, Beschluss v. 25.03.2010, 6 UF 136/09, NJW-RR 2010, 1446.

1045 Vgl. §§ 159 ff. ZPO.

hinzuzieht.[1046] Aktenkundig gemacht werden der persönliche Eindruck hinsichtlich der elterlichen Fähigkeiten zur Ausübung der elterlichen Sorge sowie die Möglichkeiten der Eltern zur Abwendung der Gefahr.[1047] Die Niederschrift ist den Beteiligten kenntlich zu machen. Unterbleibt die Niederschrift des Ergebnisses der mündlichen Anhörung in den Akten, liegt ein Verfahrensfehler vor.[1048]

b. Konträrpositionen der Fachöffentlichkeit

Es besteht überwiegend Einigkeit, dass sich der Inhalt des *Erörterungsgesprächs* auf die Kindeswohlgefährdung bezieht und verfahrensgegenständlich zu prüfen ist, wie eine solche abgewendet werden kann.[1049] Es soll „mit den Verfahrensbeteiligten und dem Jugendamt (...) die Situation des Kindes, *die Gefahren für sein Wohl* und die Möglichkeiten zur Abwendung erörtert werden".[1050] Hierbei kann es um Verfahren gehen, die zur Sicherstellung des Kinderschutzes ein Zuwarten mit der Entscheidung bis zum ersten Termin rechtfertigen, sowie um solche, die ein sofortiges gerichtliches Handeln erfordern.[1051] Die Begrifflichkeiten der Anhörung und der Erörterung werden gleichwohl sehr unterschiedlich behandelt und nicht strikt voneinander getrennt: So wird etwa zwischen dem *allgemeinen* Erörterungstermin nach § 155 Abs. 2 FamFG, dem *besonderen* Erörterungstermin nach § 157 FamFG sowie der *Anhörung* unterschieden, ohne weiter zu differenzieren.[1052] Teilweise[1053] wird vertreten, das Erörterungsgespräch erfolge als „gesonderter Verfahrensabschnitt" im Rahmen der im frühen ersten Termin nach § 155 Abs. 2 FamFG vorzunehmenden Anhörung der Eltern.

Überwiegend[1054] wird vertreten, die Erörterung nach § 157 FamFG verfolge „den weitergehenden Zweck", den Eltern das Problem der Kindeswohlgefährdung bewusst zu machen und auf die gerichtlichen Möglichkeiten hinzuweisen. Sie sei deshalb ein „Mehr" im Vergleich zur Anhörung der Eltern (im Termin nach § 155 FamFG).[1055] Während sich bei der Anhörung die Rolle des Gerichts auf ein passives Zuhören beschränke, stelle das Erörtern die besondere Anforderung an das Gericht, in aktiver Weise die eigene Sichtweise der Sach- und Rechtslage, insbesondere hinsichtlich der Sachverhaltsaufklärung, darzulegen, und auf die Beseitigung von

---

1046 *Heilmann*, in: HB-VB (2010), Rn. 1194.

1047 Keidel/*Engelhardt* (2014), § 160 FamFG, Rn. 11.

1048 Vgl. *BGH*, Beschluss v. 04.04.2001, XII ZB 3/00, NJW 2001, 2472 = FamRZ 2001, 907.

1049 BT-Drucks. 16/6815, S. 17, BT-Drucks. 16/6308, S. 237; *Meysen*, in: Meysen, FamFG (2014), § 157 Rn. 6.

1050 *OLG Frankfurt am Main, Beschluss* v. 12.04.2011, 3 UF 25/11, BeckRS 2011, 26728.

1051 *Meysen*, in: Meysen, FamFG (2014), § 157 Rn. 8.

1052 *Schlünder*, in: BeckOK-FamFG, § 157 Rn. 7.

1053 *Borth/Grandel*, in: Musielak/Borth, FamFG (2013), § 157 Rn. 3.

1054 Keidel/*Engelhardt* (2014), § 157 FamFG, Rn. 4; *Fellenberg*, in: Lipp/Schumann/Veit, Kindesschutz, S. 91 (94); *Meysen*, in: Meysen, FamFG (2014), § 157 Rn. 6, 7.

1055 *OLG Frankfurt*, Beschluss v. 12.04.2011, 3 UF 25/11, BeckRS 2011, 26728.

Unklarheiten hinzuwirken.[1056] Vereinzelt[1057] wird hervorgebracht, die Erörterung sei *rechtsfolgenorientierter* als die Anhörung nach § 160 Abs. 1 S. 2 FamFG, indem sie darauf ausgerichtet sei, Gefahrenabwendungsmaßnahmen zu besprechen und nicht (bloße) Feststellungen zum Sachverhalt vorzunehmen. Schließlich wird sogar vertreten, (auch) die persönliche *Anhörung* verfolge in Fällen der §§ 1666, 1666a BGB den *„in § 157 FamFG genannten“* Zweck, mit den Eltern zu klären, wie die Gefährdung des Kindeswohls abgewendet werden kann.[1058]

c. *Wesentliche Kritik an den Abgrenzungsmerkmalen*

Kritisiert wird, dass der Gesetzgeber zur Unterscheidung zwischen Anhörung und Erörterung auf die rein formalen Kriterien der Sachverhaltsaufklärung und Gefahrenerörterung abstelle, die sich zur Differenzierung nicht eigneten, wenn weitergehende Erläuterungen unterblieben.[1059] Nicht nur habe die Anhörung in der bisherigen Regelung des § 50a Abs. 1 S. 3 FGG a.F. die Frage behandelt, wie einer Gefährung des Kindeswohls begegnet werden könne. Auch bedürfe es in einem Erörterungsgespräch einer Sachverhaltsaufklärung, da entscheidend sei, auf Grundlage des Sachverhalts und der Aussagen der Eltern zu entscheiden, ob das Verfahren eingestellt oder Maßnahmen nach § 1666 Abs. 3 BGB erlassen werden. Die Sachverhaltsaufklärung sei bereits nach dem bayerischen Entwurf, der dem Gesetzgeber als Vorlage diente, als wesentlicher Zweck des Erziehungsgesprächs bezeichnet worden.[1060]

Untermauert wird die Schwierigkeit der Abgrenzung zwischen Anhörung und Erörterung mit dem Verweis auf unterschiedliche Gefährdungsmodalitäten, die diesen zugrunde liegen würden und dazu führten, die Erörterung bereits im Vorfeld einer Kindeswohlgefährdung durchzuführen, die Anhörung aber erst nach Feststellung einer konkreten Kindeswohlgefährdung, mit der Folge, dass die Sachverhaltsermittlung im Rahmen der im Vorfeld durchzuführenden Erörterung nicht erfolgen könne.[1061] Hiergegen erfolgt der Einwand, es bestünden keine unterschiedlichen Eintritts- bzw. Verfahrenseinleitungsschwellen.[1062] Die im Gesetz verwendete Formulierung „mögliche“ Kindeswohlgefährdung weise lediglich auf die Notwendigkeit zur Aufnahme von Ermittlungen und umfassenden Aufklärung der Gefahrenlage

---

1056 *Abramenko*, in: Prütting/Helms, FamFG, § 32 Rn. 4.
1057 Haußleiter/*Fest*, § 157 Rn. 2.
1058 Keidel/*Engelhardt* (2014), § 160 FamFG, Rn. 2, 4.
1059 *Veit*, in: BeckOK-BGB, § 1666 Rn. 56.3.
1060 BR-Drucks. 296/06, S. 5; *Veit*, FPR 2008, 598 (602).
1061 *Veit*, FPR 2008, 598 (599, 602); *dies.*, in: Lipp/Schumann/Veit, Kindesschutz, S. 1 (4); *Rosenboom/Rotax* ZRP 2008, 1 (2 f.); *Zorn*, in: Bork/Jacoby/Schwab, FamFG (2013), § 157 Rn. 6.
1062 Staudinger/*Coester*, § 1666 Rn. 261, 274; so neuerdings auch *Veit*, in: BeckOK-BGB, § 1666 Rn. 56.3.

hin.[1063] Überdies wird entgegnet, Anhörung und Erörterung verfolgten unterschiedliche Ziele. Die Anhörung diene besonders dazu, dem Gericht einen persönlichen Eindruck zu verschaffen oder unbelegte Vermutungen aufzulösen. Das Erörterungsgespräch nach § 157 FamFG stelle gezielt darauf ab, die Gefahrenlage unter Einwirkung auf die Eltern und in geeigneten Fällen auch auf das Kind zu behandeln.[1064] Schließlich wird kritisch angemerkt, die Erörterung weise keine klare Konturierung des Gesprächsinhalts auf und erinnere angesichts der Vorgabe des Gesetzgebers, auf die Eltern einzuwirken und die entsprechenden Hilfen anzunehmen, an ein „Erziehungsgespräch", das aber gerade nicht implementiert werden sollte.[1065] Aufgeworfen wird die Frage, wie die Erörterung im Unterschied zur Anhörung, die ergebnisoffen geführt werde, erfolgversprechend umgesetzt werden könne, wenn diese nicht auf Freiwilligkeit und Vertrauen basiere, sondern vor dem Hintergrund möglicher Zwangsmittel erfolge, die der Richter je nach Gesprächsverlauf zum Einsatz bringen kann.[1066] Befürchtet werden nach alledem die künstliche Trennung von Anhörung und Erörterung und der Bedeutungsverlust der Erörterung, wenn der Gesetzgeber lediglich auf die Möglichkeit der Verbindung mit der Anhörung abstelle, ohne eine fundierte Erklärung hierfür zu liefern.[1067]

d. Stellungnahme und Ergebnis

Die vom Gesetzgeber deutlich intendierte Trennung von Anhörung und Erörterung, sowie der Hinweis auf die Möglichkeit der Verbindung der beiden Instrumentarien in einem Termin, ist problematisch, da nicht ersichtlich ist, inwieweit die Abwendung einer Gefahrenlage wirksam erörtert werden kann, wenn nicht vorab der Sachverhalt festgestellt worden ist.[1068] Ausführungen zur Möglichkeit der Verbindung fehlen in der Gesetzesbegründung.

Ein greifbarer Unterschied zwischen einer Anhörung und einer Erörterung lässt sich nicht erkennen. Es fehlt bereits die fundierte Begriffsbestimmung der „Erörterung der Kindeswohlgefährdung". Eine solche lässt sich weder der Begründung des Gesetzgebers entnehmen, noch dem Wortlaut der Normierung. Mit Blick auf die Ausgestaltung der in Kindschaftssachen geltenden gesetzlichen Bestimmungen wird zwar deutlich, dass dort nicht mündlich verhandelt, sondern „erörtert" wird.[1069] Der Allgemeine Teil des FamFG liefert gleichwohl keine Definition einer Erörterung, wohl aber eine Umschreibung von Inhalt und Gegenstand eines gerichtlichen

---

1063 Staudinger/*Coester*, § 1666 Rn. 88, 261, 274.
1064 Staudinger/*Coester*, § 1666 Rn. 274.
1065 *Schumann*, in: MüKo-ZPO (2010), § 157 FamFG Rn. 11; *Peifer*, NDV 2008, 395 (398); *Wapler*, RdJB 2009, 21 (28).
1066 *Wagner*, FPR 2008, 605 (606).
1067 *Oberloskamp*, in: Lipp/Schumann/Veit, Kindesschutz, S. 45 (59).
1068 *Wapler*, RdJB 2009, 21 (28).
1069 *Heilmann*, NJW 2012, 887 (890).

Termins nach Maßgabe des § 32 Abs. 1 FamFG[1070], der die Möglichkeit des Gerichts normiert, in einem gerichtlichen *Termin* die Sache mit den Beteiligten ***mündlich zu erörtern.***[1071] Eine Sache mündlich bei Gericht zu erörtern gem. § 32 FamFG bedeutet aber wiederum, zur *Aufklärung des Sachverhalts* beizutragen, der Gewährung rechtlichen Gehörs Folge zu leisten, sowie auf eine gütliche Einigung hinzuwirken.[1072] Die in § 157 Abs. 1 FamFG bestimmte *Erörterung der Kindeswohlgefährdung* geht über die Vorschrift des § 32 Abs. 1 S. 1 FamFG hinaus und begründet zugleich deren spezialgesetzliche Normierung, indem sie die Pflicht zur Durchführung der mündlichen Erörterung statuiert.[1073]

Dass die Erörterung der Kindeswohlgefährdung in § 28 Abs. 4 FamFG keine Erwähnung findet[1074], ist angesichts der Neuregelungen der allgemeinen Vorschriften des familiengerichtlichen Verfahrens im FamFG ein Indiz dafür, zwischen der Erörterung der Kindeswohlgefährdung und der Anhörung der Eltern bewusst zu unterscheiden. Die gerichtliche Verpflichtung, über die wesentlichen Vorgänge der Erörterung einen Vermerk anzufertigen, bezieht sich in § 28 Abs. 4 FamFG allein auf die „persönliche Anhörung" und den „Termin"; es werden keine Mindestvoraussetzungen über Form und Inhalt verlangt.[1075]

Auch die unterlassene Erwähnung des Erörterungsgesprächs in § 28 Abs. 4 FamFG ist nicht geeignet, die Erörterung von der Anhörung abzugrenzen. Selbst wenn erstere als *„Termin"* i.S. des § 28 Abs. 4 S. 1 FamFG i.V.m. § 32 FamFG verstanden werden kann[1076], erscheint ihre unterlassene Erwähnung nicht konsequent. In Abgrenzung zur Anhörung gelten unterschiedliche Anforderungen an die Anfertigung des Sitzungsvermerks. Über einen „Termin" wird die *allgemein* gehaltene Zusammenfassung der im Termin erfolgten Angaben für ausreichend erachtet, während der Vermerk über die „Anhörung" die *umfassende* Dokumentation des Sitzungsverlaufs erfordert.[1077] Da die Erörterung der Kindeswohlgefährdung ausweislich der gesetzlichen Begründung „über die Anhörung hinausgehen" soll, im Erörterungstermin auf die Eltern eingewirkt, diese angehalten werden sollen, mit dem Jugendamt zu kooperieren und die Ergebnisse schließlich einer nachträglichen Überprüfung unterzogen werden sollen (§ 166 Abs. 3 FamFG), überzeugt die

---

1070 *Schlünder*, in: BeckOK-FamFG § 151 FamFG Rn. 19; *Burschel*, in: BeckOK-FamFG, § 32 Rn. 1–3.

1071 *Niepmann*, in: Meysen et al., FamFG, § 32 Rn. 1.

1072 *Abramenko*, in: Prütting/Helms, FamFG, § 32 Rn. 9.

1073 BT-Drucks. 16/6308, S. 237.

1074 Vgl. etwa *Schumann*, in: MüKo-ZPO (2010), § 157 FamFG Rn. 10 unter Verweis auf die gesetzliche Vorgabe in § 28 Abs. 4 FamFG und die fehlende Gesetzesbegründung.

1075 BT-Drucks. 16/6308, S. 187.

1076 Vgl. insoweit etwa *OLG Frankfurt* v. 12.04.2011, 3 UF 25/11, BeckRS 2011, 26728 (Unterscheidung „mündliche Erörterung" und „persönliche Anhörung"); *Zorn*, in: Bork/Jacoby/Schwab, FamFG (2009), § 157 Rn. 13.

1077 Keidel/*Sternal* (2014),§ 28 FamFG, Rn. 27.

unterschiedliche Behandlung nicht. Auch deshalb nicht, weil die Sitzungsniederschrift als eine öffentliche Urkunde nach §§ 415, 418 ZPO eine Beweiskraft hinsichtlich der Richtigkeit der festgehaltenen Umstände und Vorgänge entfalten soll.[1078] Es dürfte letztlich nicht der Intention des Gesetzgebers entsprochen haben, nur die wesentlichen Vorgänge des Erörterungstermins festzuhalten, sondern insbesondere auch auf die bisherigen Bemühungen der Eltern Bezug zu nehmen, die zur Gefahrenabwendung unternommen wurden. Um eine einheitliche Handlungslogik zu konstituieren, sollte die Vorschrift des § 28 Abs. 4 FamFG um die Erörterung der Kindeswohlgefährdung erweitert werden.

Darüber hinaus fehlt es sowohl in der gesetzlichen Begründung als auch in der aktuellen gesetzlichen Ausgestaltung des § 157 FamFG an einer konkreten Handlungsanweisung. Die inhaltlichen Vorgaben zur Erörterung sind offen. Um die Besonderheit des Erörterungsgesprächs zu erkennen, bietet es sich an, in Anlehnung an *Wagner*[1079] eine Handlungsanweisung als Orientierungshilfe zu entwickeln: Mit gezielten Fragetechniken kann der Richter auf die Eltern Einfluss nehmen, indem er diesen sachlich, wertschätzend und frei von Vorwürfen begegnet, die bestehende Problematik aus der Sicht des Kindes schildert und Fragen stellt, um zu erfahren, welche Vorstellungen die Eltern verfolgen.[1080] Daran anschließend erfolgte die Empfehlung einer Hilfemaßnahme durch den Richter, die der zusätzlichen fachlichen Einschätzung des Jugendamtes bedarf und konkret ausgestaltet sein muss, um die Mitarbeit der Eltern zu erreichen. Den Abschluss der Erörterung bildete sodann die resümierende Frage des Richters, ob deutlich geworden sei, was erwartet wird und ob sich die Eltern bereit erklären, dem gemeinsam erörterten Vorgehen zu entsprechen. Im Falle des Auftretens von Störungen im Gesprächsverlauf müsste der Richter in der Lage sein einzuschätzen, ob die gefundenen Erkenntnisse umgesetzt werden können oder ob davon Abstand genommen werden muss.

Die Umsetzung der oben aufgezeigten, möglichen Vorgehensweise setzt voraus, dass den Eltern auch vor Augen geführt werden *kann*, dass sie durch eine Veränderung ihres Verhaltens der Gefahrenlage begegnen können. Erforderlich ist hierfür die entsprechende Einsicht, kognitive Fähigkeit sowie Persönlichkeitsstruktur der Eltern, das eigene Verhalten zu hinterfragen und einer Veränderung zuzuführen. Im Einzelfall ist angesichts der Schwierigkeit und Komplexität des Verfahrens die Hinzuziehung eines Verfahrensbevollmächtigten, der bestenfalls über solide Kenntnisse des Leistungsspektrums nach dem SGB VIII verfügt, erforderlich.[1081] Insbesondere muss der Richter über die entsprechende Kenntnis der Gesprächsführung verfügen und diese im Wege einer Aus- oder Fortbildung erworben haben.[1082] Schließlich

1078 Keidel/*Sternal* (2014), § 28 FamFG, Rn. 26.

1079 *Wagner*, FPR 2008, 605 ff.

1080 *Wagner*, FPR 2008, 605 (607).

1081 Zur Frage der Beiordnung eines Verfahrensbevollmächtigten, nachfolgend, Kap. 2, C. III. 2.

1082 Vgl. hierzu Kap. 1, A. II. Kap. 3, C. VI., Kap. 4, H.

setzt der effektive Handlungsverlauf voraus, dass Familiengericht und Jugendamt zielführend zusammenarbeiten und einig sind über die Art der Hilfeerbringung und deren Umsetzung.

2. Die Abgrenzung zum „frühen ersten Termin“ nach § 155 Abs. 2 FamFG

Mit Blick auf die Bezugnahme auf Verfahren wegen Kindeswohlgefährdung in § 155 Abs. 1 FamFG stellt sich die Frage, ob § 157 FamFG nur eine Konkretisierung von § 155 FamFG ist oder aber § 155 FamFG über die Vorschrift des § 157 FamFG hinausgeht.

a. Die Begründung des Gesetzgebers zu Auslegung und Anwendungsbereich des § 155 Abs. 2 FamFG

Die Vorschrift des § 155 Abs. 1 FamFG nimmt Bezug auf alle Verfahren wegen Kindeswohlgefährdung.[1083] Sie gilt nicht nur für Fälle, in denen das Verfahren infolge der Meldung des Jugendamtes nach § 8a Abs. 2 SGB VIII eingeleitet worden ist, sondern gilt unabhängig davon, welche Maßnahmen in Betracht kommen.[1084] Ausweislich § 155 Abs. 2 S. 1 FamFG besteht die Verpflichtung des Familiengerichts, die Sache mit den Beteiligten mündlich in einem Termin zu erörtern, der spätestens einen Monat nach Beginn des Verfahrens stattfinden soll. Das Jugendamt ist in dem Termin anzuhören. Im Interesse des Kindes dient der frühe erste Termin der Verhinderung einer Eskalation des Elternkonflikts. Das Gericht soll versuchen, die Eltern im persönlichen Gespräch wieder auf den Weg zur Übernahme gemeinsamer Verantwortung zu bringen. Hierfür soll es den Sachverhalt frühzeitig aufklären.[1085] Neben der Ermittlung des Sachverhalts ist es Ziel des Termins, die zugrunde liegende Problematik mit den Beteiligten *gemeinsam* zu erörtern.[1086] Gem. § 155 Abs. 3 FamFG soll das Gericht das persönliche Erscheinen der verfahrensfähigen Beteiligten – dies sind im Regelfall die Eltern – zum Termin anordnen.

Das in § 155 Abs. 1 FamFG normierte Vorrang- und Beschleunigungsgebot bringt zum Ausdruck, dass das Familiengericht auf der einen Seite das Verfahren so gestalten soll, dass es möglichst zuverlässig die Grundlage einer am Kindeswohl orientierten Entscheidung erkennen kann. Auf der anderen Seite soll es dem Beschleunigungsgebot Rechnung tragen[1087], d.h. dem Gebot, das Verfahren ohne

---

1083 Von dem Anwendungsbereich erfasst sind auch Maßnahmen wegen Kindeswohlgefährdung gegen einen Vormund oder einen Pfleger oder Abänderungsverfahren nach § 166 FamFG, vgl. *Heilmann*, in: MüKo-ZPO (2010), § 155 FamFG Rn. 21.

1084 *Heilmann*, in: MüKo-ZPO (2010), § 155 FamFG Rn. 21.

1085 BT-Drucks. 16/6308, S. 236.

1086 BT-Drucks. 16/6308, S. 236.

1087 *Heilmann*, in: HB-VB (2010), Rn. 1143.

Verzögerungen durchzuführen und in „angemessener Zeit" zu klären[1088], um dem kindlichen Zeitempfinden, den entwicklungspsychologischen Bindungsdynamiken des Kindes sowie dem Elternrecht[1089] gerecht zu werden.[1090] Es gilt der Grundsatz, dass kindschaftsrechtliche Verfahren um diejenigen Hindernisse zu bereinigen sind, die das Verfahren unnötig belasten.[1091] Mit Blick auf das Kindeswohl[1092] ist zu beachten, dass im Kindschaftsrecht Entscheidungen oder Maßnahmen nur richtig sein können, wenn sie auch rechtzeitig ergehen.[1093] Auf die Kritik des Bundesrates[1094] während des KiWoMaG-Gesetzgebungsverfahrens, die Vorschriften der § 50e Abs. 2 FGG a.F. (= § 155 Abs. 2 FamFG) und § 50f Abs. 1 FGG a.F. (§ 157 Abs. 1 FamFG) ließen nicht hinreichend erkennen, inwieweit sie sich unterscheiden, da sie beide auf Verfahren wegen Kindeswohlgefährdung Bezug nähmen, war eine Stellungnahme der Bundesregierung nur dahingehend erfolgt, dass die Erörterungsverpflichtung in § 157 FamFG (§ 50f FGG a.F.) einen *neuen* Verfahrensabschnitt begründe, der eine *spezifische Funktion* verfolge.[1095] Eine spezifizierte Ausdifferenzierung zwischen dem „frühen ersten Temin" und dem „Erörterungstermin" ist unterblieben. Vorgegeben wird in der Gesetzesbegründung allein, der Erörterungstermin könne mit dem Erörterungstermin nach § 157 FamFG *verbunden* werden.[1096]

1088 BT-Drucks. 16/6815, S. 12; Staudinger/*Coester*, § 1666 Rn. 259, wonach dem Grundsatz des Kindeswohls auch hinsichtlich der Verfahrensdauer eine Leitfunktion zukommt. Zur Dauer der Verfahren in der Vergangenheit („mehrere Jahre bereits im ersten Rechtszug") siehe *Bergschneider*, in: Brühler Schriften, 17. DFGT 2007, S. 63 (79). Vgl. auch die interdisziplinäre Untersuchung der vormundschaftsgerichtlichen Praxis von *Simitis et al.* (1979), S. 153 („3 bis 12 Monate Dauer").

1089 *BVerfG*, Beschluss v. 20.10.2008, 1 BvR 2275/08, FamRZ 2008, 2185 (2188); *EGMR*, Urteil v. 08.04.2004, 11057/02, FamRZ 2005, 585 Rn. 103 (Verletzung des Elternrechts durch die überlange Verfahrensdauer).

1090 *Heilmann* (1998), S. 24 ff.: Jüngere Kinder empfinden den Verlust einer Bezugsperson schneller als endgültig als ältere Kinder oder Erwachsene. Der Grundsatz hat Eingang in die Rechtsprechung des Bundesverfassungsgerichts gefunden und im Wege des KiWoMaG die gesetzliche Verankerung im Verfahrensrecht erfahren (§ 50e FGG a.F., § 155 FamFG), vgl. *BVerfG*, Beschluss v. 11.12.2000, 1 BvR 661/00, NJW 2001, 961 („besondere Sensibilität").

1091 So die weiteren Ausführungen im Rahmen der FGG-Reform: BR-Drucks. 309/07, S. 524; BT-Drucks. 16/6308, S. 12 zum Entwurf des § 155 FamFG-E.

1092 Vgl. *Coester*, in: Lipp/Schumann/Veit, FGG-Reform, S. 39 (40).

1093 „Justice delayed is justice denied", hierzu: *Heilmann* (1998), S. 53 m.w.N.

1094 Stellungnahme des BR v. 21.09.2007, BT-Drucks. 16/6815 (Anlage 3), S. 21.

1095 Gegenäußerung der Bundesregierung, BT-Drucks. 16/6815 (Anlage 4), S. 24.

1096 *Völker/Clausius*, in: Kemper/Schreiber, HK FamFG (2012), § 157 Rn. 2. Danach haben auch bereits zahlreiche OLG-Bezirke die Vorgabe erhalten, die Erörterung nach § 157 FamFG im frühen ersten Termin nach § 155 FamFG durchzuführen, vgl. Staudinger/*Coester*, § 1666 Rn. 264.

b. Auslegungskriterien und Stimmen der Fachöffentlichkeit

In der Fachöffentlichkeit wird die Frage nach der Abgrenzung der Erörterung nach § 157 FamFG zur Erörterung im frühen ersten Termin nach § 155 Abs. 2 FamFG kontrovers diskutiert. Überwiegend[1097] wird an der Ausgestaltung der gesetzlichen Vorgaben beanstandet, dass sich eine klare Abgrenzung nicht erkennen ließe. Ausweislich der Begründung zu § 155 Abs. 2 FamFG soll ein Termin frühzeitig anberaumt werden, um mögliche Hilfs- und Beratungsangebote nach dem SGB VIII mit den Beteiligten zu erörtern.[1098] Insoweit sei auch der Inhalt des frühen Termins die Erörterung der Sache mit den Beteiligten und die Anhörung des Jugendamtes, wobei sich die Erörterung auf die Sach- und Rechtslage beziehe und die Beteiligten die Gelegenheit erhielten, dem Gericht die verfahrensrelevanten Tatsachen sowie ihre Rechtsansichten und Verfahrensziele mündlich darzulegen.[1099] Auch die Erörterung der Kindeswohlgefährdung ziele aber darauf ab, die Eltern von der Annahme öffentlicher Hilfen zu überzeugen, um einer möglichen Kindeswohlgefährdung zu begegnen, wenn auch die Begründung des Gesetzgebers darauf abstelle, die Eltern *stärker in die Pflicht zu nehmen*, sie *stärker in den Hilfeprozess einzubinden* und auf sie *einzuwirken*.[1100] Da das Familiengericht auch im frühen ersten Termin nach § 155 Abs. 2 FamFG im Interesse des Kindeswohls in erster Hinsicht versuchen solle, die Eltern im persönlichen Gespräch davon zu überzeugen, mit dem Jugendamt zu kooperieren, liege eine Überschneidung der Inhalte des frühen ersten Termins und der Erörterung nach § 157 FamFG vor. Das verfahrensrechtliche Verhältnis zu der speziell für Verfahren nach § 1666 BGB vorgesehenen „Gefährdungserörterung“ sei nicht ersichtlich.[1101]

Vereinzelt[1102] wird vertreten, der frühe Termin nach § 155 Abs. 2 FamFG unterscheide sich von der Erörterung der Kindeswohlgefährdung dadurch, dass der Anwendungsbereich des § 155 FamFG über den des § 157 FamFG hinausreiche, da er weitere kindschaftsrechtliche Verfahren aufführt. § 157 FamFG beziehe sich allein auf Verfahren wegen Kindeswohlgefährdung. Vertreten wird auch, die Vorschrift des § 155 FamFG sei insgesamt *elternkonzentrierter* als § 157 FamFG, da das Kind im Termin im Regelfall nicht mit anwesend sein soll und überdies nicht hinreichend geklärt sei, inwieweit Wünsche und Vorstellungen des Kindes bis zum ersten Termin Eingang in das Verfahren finden könnten.[1103] Ein Grundkonsens besteht auch, dass es sich um zwei getrennte Verfahren handelt. Vorgaben zum Inhalt sind gleichwohl nicht ersichtlich. Schließlich ginge es jedoch um die Abwehr von Gefahren und im

---

1097 Vgl. etwa Staudinger/*Coester*, § 1666 Rn. 263; *Veit*, in: BeckOK-BGB, § 1666 BGB Rn. 55; *Groß*, AnwBl. 3/2010, 178.

1098 *Hennemann*, FPR 2009, 20 (21).

1099 *Heilmann*, in: MüKo-ZPO (2010), § 155 Rn. 59.

1100 Vgl. die Gesetzesbegründung in BT-Drucks. 16/6815, S. 17.

1101 Staudinger/*Coester*, § 1666 Rn. 263.

1102 *Heilmann*, in: MüKo-ZPO (2010), § 155 Rn. 47.

1103 *Veit*, in: BeckOK-BGB, § 1626 BGB Rn. 55; *Hennemann*, FPR 2009, 20 (23).

Rahmen der Erörterung um präventiven staatlichen Kinderschutz. Der verfahrensrechtliche Ort für die Wahrnehmung dieser Aufgabe sei unwesentlich.[1104]

c. *Stellungnahme und Ergebnis*

Die Begründung des Gesetzgebers trägt nicht hinreichend zur Klärung der Problemstellung bei, inwieweit eine Abgrenzung zwischen dem frühen ersten Termin und der Gefährdungserörterung erfolgt. Weder die Gesetzesbegründung noch die einschlägige Kommentierung machen deutlich, wie sich der Gesetzgeber eine Abgrenzung der Anwendungsbereiche vorstellt. Die Konturierung erscheint jedoch geboten, da inhaltliche Überschneidungen offensichtlich sind. Der pauschale Verweis in der parlamentarischen Begründung, der Erörterungstermin nach § 157 FamFG könne mit dem Termin nach § 155 FamFG verbunden werden, zeigt auf, dass es sich um zwei unterschiedliche Verfahrensschritte handelt, trägt allerdings nicht dazu bei, den Unterschied zu erklären.

Eine mögliche Rechtfertigung für die Benennung des Verfahrens wegen Kindeswohlgefährdung im Katalog der in § 155 Abs. 1 FamFG aufgeführten kindschaftsrechtlichen Verfahren könnte die notwendige Verknüpfung mit dem in der Fachöffentlichkeit überaus kontrovers diskutierten Vorrang- und Beschleunigungsgebot sein, das gerade in Verfahren wegen Kindeswohlgefährdung zur Anwendung gelangen soll, um im Interesse des Kindeswohls eine frühzeitige Problemerörterung vorzunehmen.[1105] Diese muss innerhalb einer zeitlichen Vorgabe erfolgen. Gestützt würde diese mögliche Rechtsauslegung durch die entsprechende fehlende Normierung einer zeitlichen Vorgabe für die Durchführung einer Erörterung der Kindeswohlgefährdung in § 157 FamFG. Im Einzelfall kann es allerdings notwendig sein, innerhalb von wenigen Wochen zu terminieren. Zu beachten ist, dass die frühzeitige Durchführung einer Erörterung der Kindeswohlgefährdung nicht immer kindeswohldienlich sein wird, sondern im Einzelfall sogar kontraindiziert sein kann, wenn etwa eine Suchterkrankung der Eltern vorliegt, die sich durch Diskontinuität im Verhalten und dem Willen auszeichnet, die Situation für das Kind verändern zu wollen. In derartigen Fällen ist die Situation über einen längeren Zeitraum zu „beobachten“, um dem etwaigen Rückfall der Eltern in die Drogenabhängigkeit zu

---

1104 Staudinger/*Coester*, § 1666 Rn. 265.

1105 Zum Meinungsdiskurs *Rosenboom/Rotax*, ZRP 2008, 1 (3), die angesichts des Verfahrensalltags vor deutschen Familiengerichten die Beschleunigung der Verfahren wegen Kindeswohlgefährdung als notwendig erachten; *Willutzki*, ZKJ 2008, 139 (142); kritisch: *Groß*, Anwaltsblatt 3/2010, S. 178 (Überlastung der Familiengerichte, unverhältnismäßige Ausklammerung von Unterhaltsstreitigkeiten trotz existentieller Bedeutung). Zur Kritik an der fehlenden Berücksichtigung des Grundsatzes im SGB VIII: *Coester*, in: Lipp/Schumann/Veit,FGG-Reform, S. 39 (45); *Veit*, FPR 2008, 598 (601); *Röchling*, FamRZ 2007, 431 (434).

begegnen und nicht voreilig eine Entscheidung zu treffen.[1106] Der Einwand, das Gebot der Beschleunigung, das durch das Kindeswohlprinzip geprägt und zugleich begrenzt werde, nicht zu schematisch anzuwenden[1107] und im Einzelfall mit einer Terminierung oder Entscheidung zuzuwarten, ohne das Beschleunigungsgebot zu unterlaufen[1108], ist die mögliche Erklärung für die unterbliebene Berücksichtigung einer zeitlichen Vorstellung zur Durchführung des Erörterungstermins in § 157 Abs. 1 FamFG.

In Konsequenz des Nebeneinanders von unterschiedlichen Terminen, die beide das Verfahren wegen Kindeswohlgefährdung betreffen, ist die Diskrepanz hinsichtlich Anwendung, Auslegung und Umsetzung der Erörterung in Verfahren der Kindeswohlgefährdung die Folge. Während der Vorrang- und Beschleunigungsgrundsatz als ein allgemeiner Grundsatz anzuerkennen ist, der angesichts der Anforderungen an die zügige Terminsbestimmung und die erhöhten höchstrichterlichen Vorgaben an eine beschleunigte Verfahrensdurchführung beachtet werden muss, besteht die Gefahr, die Besonderheit des gerichtlichen Erörterungstermins und dessen gesetzliche Zielrichtung zu unterlaufen. Zwar wird vertreten, dass es keinen Unterschied machen dürfe, wie die Erörterung verfahrensrechtlich verortet werde, d.h., ob im *frühen ersten Termin* nach § 155 FamFG oder gesondert nach Maßgabe des § 157 FamFG, denn entscheidend sei, ob das Gespräch frühzeitig erfolge und die Gefahrenabwendung vorgenommen werden kann.[1109] Angesichts der Kürze der Zeitspanne und des nur unvollständigen Informationsstandes muss es den Beteiligten gleichwohl auch möglich sein, zu einer sinnvollen Durchführung des Erörterungsgesprächs zu gelangen. Kontraproduktiv wäre es, einen erneuten Termin anberaumen zu müssen. Letztlich darf die Verbindung mit der Erörterung im frühen ersten Termin nicht dazu führen, die Besonderheit der Erörterung nach § 157 FamFG zu missachten.

3. Ergebnis

Im Ergebnis lässt sowohl die gesetzliche Unterscheidung zwischen der Erörterung der Kindeswohlgefährdung und der Anhörung der Eltern, als auch die Abgrenzung zum „frühen ersten Termin" eine Auslegungsvielfalt und ein unterschiedliches Verständnis von der Erörterung der Kindeswohlgefährdung erkennen. Offenkundig wird, dass die unzureichende gesetzliche Begründung und Ausgestaltung der Norm in der Praxis zu Auslegungsdivergenzen führt, die die Umsetzung des § 157 FamFG in der vom Gesetzgeber gewünschten Weise erschwert.

1106 *Schmid*, FPR 2011, 5 (6), mit Verweis auf den Sonderleitfaden des *Münchener Modells*, der die vorbezeichneten Fallkonstellationen gesondert aufführt.

1107 BT-Drucks. 16/6815, S. 16. Verhindert werden soll die frühe Terminierung beispielsweise aus allein statistischen Zwecken.

1108 BT-Drucks. 16/6308, S. 235; *Heilmann*, in: MüKo-ZPO, § 155 Rn. 29.

1109 Staudinger/*Coester*, § 1666 Rn. 265.

B. Die Ausgestaltung des § 157 Abs. 1 FamFG als „Soll"-Bestimmung

Die Ausgestaltung des § 157 Abs. 1 S. 1 FamFG erfolgt als Sollvorschrift, wonach das Gericht in Verfahren nach §§ 1666 f. BGB eine Erörterung durchführen „soll" und nicht die Erörterung der Sache mit den Beteiligten durchzuführen *hat.*[1110] Die gesetzliche Formulierung wirft die Frage auf, welche Argumentationsgrundlage und Zielrichtung der gewählten Formulierung als „Soll"- Vorschrift zugrunde liegt und welche Anforderungen an die Verpflichtung zur Durchführung einer Erörterung der Kindeswohlgefährdung bestehen.

I. Begriffsbestimmung und Anwendungsbereich

Ausweislich der amtlichen Begründung des Gesetzgebers verpflichtet § 157 Abs. 1 S. 1 FamFG als „Sollvorschrift" das Familiengericht zur obligatorischen Durchführung der Erörterung der Kindeswohlgefährdung in Fällen, in denen es von Gefährdungsmomenten erfährt.[1111] Es soll dem Gericht die Möglichkeit verbleiben, die Erörterung auszuschließen.[1112] Dies soll *in offensichtlich unbegründeten Fällen in Betracht kommen*[1113] und etwa dann, wenn die Erörterung dazu führt, eine bereits bestehende Kindeswohlgefährdung durch die Ausübung von Druck weiter zu verschärfen.[1114] Ist eine Erörterung mit den Eltern gemeinsam nicht durchführbar – etwa wegen einer vorangegangenen Gewaltsituation zwischen den Eltern -, soll ebenfalls von der Durchführung des Erörterungsgesprächs abgesehen werden.[1115] Insgesamt lässt sich der gesetzlichen Begründung nicht entnehmen, welche Anforderungen der Gesetzgeber an die Verbindlichkeit der Durchführung einer Erörterung stellt.

1110 Vgl. § 155 Abs. 2 S. 1 FamFG, der wie folgt lautet: „Das Gericht erörtert in Verfahren nach Absatz 1 die Sache mit den Beteiligten in einem Termin.

1111 Keidel/*Engelhardt*, FamFG (2014), § 157 FamFG Rn. 2.

1112 Vgl. BT-Drucks. 16/6308, S. 237, 243.

1113 *Schumann*, in: MüKo-ZPO (2010), § 157 FamFG Rn. 4; *Hornikel*, in: Lipp/Schumann/Veit, FGG-Reform, S. 207 (211).

1114 BT-Drucks. 16/6308, S. 237, 243; *Hornikel*, in: Lipp/Schumann/Veit, FGG-Reform, S. 207 (210).

1115 Zur Stellungnahme des Bundesrates und zur Gegenäußerung der Bundesregierung, vgl. Kap. 1, B.

II. Auslegung und Verständnis der „Soll"-Vorschrift in Rechtsprechung und Schrifttum

Generell bezeichnet eine Sollvorschrift einen Regelfall, der im Einzelfall eine Abweichung von dem Regelfall zulässt.[1116] Im sozial- und verwaltungsgerichtlichen Verfahren weist die Ausgestaltung einer Norm als „Soll"-Bestimmung eine staatliche Behörde an, derart zu verfahren, wie die gesetzliche Regelung es vorschreibt, mit der Möglichkeit, im *atypischen* Fall hiervon abweichen zu können.[1117] Liegen keine Umstände vor, die den Fall als atypisch erscheinen lassen, bedeutet das „Soll" ein „Muss" mit der Folge, die im Gesetz aufgeführte Handlungsanweisung zu befolgen.[1118] Beabsichtigt die Behörde, zum Nachteil des Leistungsberechtigten von einer als Sollvorschrift ausgestalteten Normierung abzuweichen, trägt sie die materielle Beweislast für das Vorliegen einer abweichenden Handlungsweise.[1119]

In familiengerichtlichen Verfahren sind die Anforderungen an das Abweichen vom Regelfall etwas abgeschwächter, wenn der *Bürger* Adressat der Norm ist.[1120] Abweichend von der verwaltungs- und sozialrechtlichen Auslegung bedarf es hierfür nicht notwendig einer atypischen Fallgestaltung, um von dem Regelfall abweichen zu können. Das „Soll" weist auf einen Zustand hin, der im Regelfall gelten sollte, aber nicht gelten „muss".

Strengere Anforderungen gelten wiederum im *Familienverfahrensrecht* nach dem FamFG, das als Verfahrensrecht dem öffentlichen Recht zugeordnet ist und den Staat mit dem Gericht als staatliche Institution adressiert.[1121] Hiernach erhalten die Sollvorschriften den Charakter einer „Muss"-Vorschrift, d.h. einer Verpflichtung zur Durchführung im Regelfall, mit der Möglichkeit, nur im Ausnahmefall von dem Grundsatz abzuweichen.

1116 Vgl. etwa *OLG Köln*, Beschluss v. 03.02.2012, 4 UF 263/11 (Ausschluss Versorgungsausgleich); *OLG Frankfurt am Main*, Beschluss v. 10.09.2003, 20 W 312/03, BeckRS 2003, 30327788 (Rechtshilfeersuchen zur Anhörung eines Betreuten).

1117 *VGH Mannheim*, Beschluss v. 24.11.2005, 9 S 2178/05; *OVG Hamburg*, Urteil v. 04.10.1991, Bf IV 83/89, BeckRS 2011, 47380.

1118 *OVG Hamburg*, Urteil v. 04.10.1991,BX IV 83/89, in: BeckRS 2011, 47380, S. 6.

1119 *BVerwG*, Urteil v. 02.07.1992, 5 C 39/90, DVBl. 1992, 1487 ff.

1120 Vgl. etwa *BGH* v. 23.12.1998, XII ZB 5/98, BeckRS 1998 30040556 („Soll"-Bestimmung des Ehenamens gem. § 1355 Abs. 1 S. 1 BGB als Ausdruck der Selbstbestimmung und Gleichberechtigung). Vgl. auch die Begründung zum Familiennamensänderungsgesetz (FamNamRG) v. 16.12.1993; hierzu: *BGH* v. 23.12.1998, XII ZB 5/98, BeckRS 1998 30040556, mit Verweis auf die Materialien zum Reformgesetz (BT-Drucks. 12/5982).

1121 Vgl. etwa *OLG Naumburg* v. 18.10.2011, 8 UF 204/11 = BeckRS 2011, 29337 zu den Anforderungen an die gerichtliche Bestellung und Beteiligung des Verfahrensbeistandes an der Anhörung des Kindes; siehe auch *BGH* v. 28.04.2010, XII ZB 81/09 = BeckRS 2010, 12894.

III. Konsequenz für das Verständnis der Erörterung nach § 157 Abs. 1 S. 1 FamFG

Adressat des § 157 FamFG ist das Familiengericht als staatliche Institution, d.h. grundsätzlich muss ein Erörterungstermin anberaumt werden, wenn eine Gefährdung des Kindeswohls aufgrund von Tatsachen möglich erscheint. Angesichts der besonderen Gefahrenlage für das Kind darf hiervon nur in Ausnahmefällen abgesehen werden; dies etwa in Fällen eines offensichtlich unbegründeten Antrags[1122] oder etwa zum Schutz eines Elternteils[1123] und wenn die Durchführung der Erörterung als nicht zielführend erscheint. Hierüber besteht in der Fachöffentlichkeit ein überwiegender Grundkonsens. Von der Durchführung eines Erörterungstermins soll auch dann Abstand genommen werden können, wenn sich die Erörterung als „sinnlos" und damit überflüssig erweist, die erforderlichen Kinderschutzmaßnahmen unabwendbar sind und einen Erörterungstermin entbehrlich machen oder schließlich der Zweck des Erörterungsgesprächs nicht erreicht werden kann.[1124] Wann dies der Fall ist, entscheidet mangels Vorgabe des Gesetzgebers der Einzelfall. Fälle der offensichtlichen Unbegründetheit und Nichterreichbarkeit des Erörterungszwecks werden in der Regel vorliegen, wenn sich etwa anfängliche konkrete Anhaltspunkte für das Vorliegen einer Kindeswohlgefährdung als unbegründet erweisen und es der Durchführung eines Erörterungstermins deshalb nicht bedarf.[1125] Auch der gegenteilige Fall kann ein Absehen von der Durchführung einer Erörterung bewirken, wenn sich etwa die Gefahrenlage für das Kind bereits derart verdichtet hat, dass der Familienrichter mit der sofortigen Trennung des Kindes von den Eltern reagieren muss.[1126] Zu beachten ist auch, dass von der Durchführung der Erörterung nach § 157 FamFG nicht abgesehen wird, wenn die Erörterung mit dem frühen ersten Termin nach § 155 Abs. 2 FamFG verbunden wird, da von der Durchführung jenes Termins nicht abgesehen werden kann.

IV. Ergebnis

Im Ergebnis ist die Durchführung der Erörterung zwar als „Sollvorschrift" ausgestaltet, läuft jedoch auf eine „Muss"-Vorschrift hinaus. In Abgrenzung zur Erörterung nach § 155 Abs. 2 FamFG, wonach in den genannten Verfahren der frühe Termin erstinstanzlich durchgeführt werden „muss" und dem Familiengericht kein

1122 *Ziegler*, in: Schulte-Bunert/Weinreich, § 157 Rn. 7; *Schlemm*, in: Bahrenfuss, § 157 Rn. 2; *Wagner*, in: Bassenge/Roth, § 157 Rn. 1; *Fest*, in Haußleiter, § 157 Rn. 6; *Veit*, in: BeckOK-BGB, § 157 FamFG, Rn. 56.2.

1123 *Fellenberg*, in: Lipp/Schumann/Veit, Kindesschutz, S. 91 (94).

1124 *Zorn*, in: Bork/Jacoby/Schwab (2009), § 157 Rn. 10; *Hammer*, in: Prütting/Helms, FamFG, § 157 Rn. 16.

1125 *Schulte-Bunert*, Das neue FamFG (2010), S. 151 Rn. 580.

1126 Staudinger/*Coester*, § 1666 Rn. 266.

Ermessensspielraum eingeräumt wird[1127], besteht die Möglichkeit, von der Erörterung ausnahmsweise abzusehen.

C. Die Erörterung mit den Eltern und „in geeigneten Fällen" mit dem Kind

I. Die Beteiligung der Eltern

Um das wesentliche Ziel der Erörterung zu erreichen, das darin besteht, die Beteiligten *„an einen Tisch zu bringen"*, sollen die Eltern *persönlich* an dem Gespräch teilnehmen und dürfen sich nicht vertreten lassen.[1128] Dies sind im Regelfall die sorgeberechtigten Eltern des Kindes. Auch ein nicht sorgeberechtigter Elternteil ist an der Erörterung zu beteiligen, wenn er rechtlicher Elternteil i.S. der §§ 1591 oder 1592 BGB ist, die Übertragung der Sorge nach § 1680 BGB in Betracht kommt oder er als alternative Betreuungsmöglichkeit für das Kind fungiert.[1129] Nach den Gesetzesmaterialien dient die Notwendigkeit der Beteiligung der Eltern der frühzeitigen Verpflichtung zur Teilnahme an der Erörterung. Es soll den Eltern aufgezeigt werden, dass es in erster Hinsicht ihnen obliegt, für den Schutz ihres Kindes zu sorgen.[1130]

Ein überwiegender Grundkonsens besteht hinsichtlich der Notwendigkeit, eine Gefährdung des Kindeswohls möglichst frühzeitig zu erkennen und den Versuch zu unternehmen, die Gefahr abzuwenden, indem die Beteiligten persönlich zu dem Termin erscheinen.[1131]

Das Gericht „hat" gem. § 157 Abs. 2 S. 1 FamFG das persönliche Erscheinen der Eltern zum Termin anzuordnen.[1132] Dem Gericht steht insoweit kein Ermessensspielraum zu.[1133] Die Anordnung des persönlichen Erscheinens zum Termin erfolgt gem. § 33 FamFG und gilt für beide Elternteile gleichermaßen. Als verfahrensfähiger Beteiligter ist jeder Elternteil selbst zu laden, auch wenn er einen Bevollmächtigten hat. Bleibt ein Elternteil dem Erörterungstermin trotz ordnungsgemäßer Ladung

1127 Ein eingeschränktes Ermessen steht dem Gericht lediglich im Hinblick auf den Zeitpunkt der Durchführung zu, hierzu: *Heilmann*, in: MüKo-ZPO (2010), § 155 FamFG Rn. 45.

1128 Zur Frage der Notwendigkeit der Beiordnung eines Verfahrensbevollmächtigten, Kap. 2, C. III. 2.

1129 *Zorn*, in: Bork/Jacoby/Schwab, § 157 Rn. 8; zum Beteiligungsrecht des nicht sorgeberechtigten Elternteils in Verfahren nach § 1666 BGB siehe *Orgis*, JAmt 2008, 243 ff.

1130 BT-Drucks. 16/6308, S. 237; BT-Drucks. 16/6815, S. 12.

1131 So etwa *Trenczek*, ZKJ 2009, 97 (104).

1132 *Schlemm*, in: Bahrenfuss, § 157 Rn. 3. Die Kosten, die den Eltern durch die Anordnung des persönlichen Erscheinens entstehen, sind notwendige Aufwendungen i.S. des § 80 FamFG.

1133 *Schlünder*, in: BeckOK-FamFG, § 157 Rn. 4.

fern, kann gem. § 33 Abs. 3 FamFG ein Ordnungsgeld gegen ihn verhängt oder die zwangsweise Vorführung angeordnet werden. Trotz anfänglicher Zweifel an der Notwendigkeit, die Erörterung in Abwesenheit eines Elternteils durchzuführen – die Ausgestaltung als „Soll-Regelung" war insoweit als ausreichend erachtet worden, um von der Erörterung absehen zu können[1134] – ist die Aufnahme einer Ausnahmeregelung in § 157 Abs. 2 S. 2 FamFG erfolgt.[1135] Hiernach kann die Erörterung abweichend von dem verfassungsrechtlich garantierten Prinzip des Rechts auf Anwesenheit und Teilnahme aller Verfahrensbeteiligten an allen Verfahrensabschnitten mit den Elternteilen jeweils gesondert und nicht zeitgleich durchgeführt werden. Vereinzelt[1136] ist die Erweiterung des § 157 Abs. 2 FamFG um Satz 2 kritisch betrachtet und als eine *bemerkenswerte verfahrensrechtliche Neuerung* bezeichnet worden. Gerade in familiengerichtlichen Verfahren sei die zeitgleiche Anhörung der Beteiligten unverzichtbar, weil es dort unterschiedliche „Wahrheiten" gebe.[1137]

In Fällen, in denen eine Kindeswohlgefährdung aufgrund einer prekären familiären Situation angenommen wird oder etwa ein Elternteil massive Angst vor dem anderen Elternteil zum Ausdruck bringt, wird überdies bezweifelt, dass sich die Durchführung einer Erörterung als sinnvoll und zielversprechend erweist. Hieran könne auch die Hinzuziehung eines Wachtmeisters sowie eine Eingangskontrolle nichts ändern.[1138] Es wird insoweit vertreten, selbst die Erörterung in Abwesenheit eines Elternteils führe in einem etwaigen Fall nicht zu einer angemessenen und effektiven Erörterung der Kindeswohlgefährdung.

Schließlich wird die gerichtliche Befugnis, das persönliche Erscheinen der Eltern zum Termin nach § 157 Abs. 2 S. 1 FamFG anzuordnen, als eine *doppelt zu Lasten der Eltern wirkende Vermutung* bezeichnet.[1139] Hieraus folge, dass nicht nur aus der Verweigerung der Eltern am Hilfeprozess auf Mängel der elterlichen Erziehungskompetenz geschlossen, sondern außerdem eine Kindeswohlgefährdung gefolgert werden könne.[1140] Trotz der verfahrensrechtlichen Erscheinensverpflichtung zum gerichtlichen Termin könne eine Erklärungspflicht der Eltern nicht begründet werden.[1141]

Dass die Anordnung zum Termin eine Erklärungspflicht auszulösen vermag, zeigt sich insbesondere in den Fallkonstellationen der unterlassenen Vorstellung zur kinderärztlichen Vorsorgeuntersuchung und fehlenden Vorlage der ärztlichen

1134 BT-Drucks. 16/6815, S. 22, 24; zu den Auswirkungen einer unterbliebenen Erörterung bei einer Mutter, die auf die Erörterung frühzeitiger Hilfen angewiesen sei: *Flügge*, FPR 2008, 1 ff.; vgl. auch *Götz*, in: Lipp/Schumann/Veit, FGG-Reform, S. 215 (223).

1135 Vgl. § 157 Abs. 2 S. 2 FamFG.

1136 *Häußermann*, in: Lipp/Schumann/Veit, FGG-Reform, S. 5 (11).

1137 *Häußermann*, in: Lipp/Schumann/Veit, FGG-Reform, S. 5 (12).

1138 *Völker/Clausius*, in: Kemper/Schreiber, HK FamFG (2012), § 157 Rn. 5.

1139 *Schumann*, in: Behrends/Schumann, S. 169 (185).

1140 Zu den verfassungsrechtlichen Problemen siehe bereits oben, Kap. 2, A. IV.

1141 *Schumann*, in: MüKo-ZPO (2010), § 157 FamFG Rn. 7.

Bescheinigung über den Gesundheitszustand des Kindes.[1142] Nach überwiegender Ansicht im Schrifttum gilt die bloße Nichtteilnahme an einer Früherkennungsuntersuchung aber nicht als gewichtiger Anhaltspunkt oder Indiz für eine Kindeswohlgefährdung.[1143] Vielmehr bietet die Unterlassung der Vorsorgeuntersuchung Anlass zur Überprüfung des Vorliegens gewichtiger Anhaltspunkte und führt dazu, die Eltern vor Gericht mit dem Vorwurf zu konfrontieren, gegen eine zugunsten des Kindeswohls bestehende Rechtspflicht verstoßen zu haben.[1144] Die Pflicht der Eltern, zum gerichtlichen Erörterungstermin nach §§ 157 FamFG zu erscheinen, wird insoweit darin bestehen, einen Vorwurf aufzuklären und sich rechtfertigen zu müssen. Die Frage, inwieweit das Jugendamt im jeweiligen Einzelfall die Anrufung des Familiengerichts „für erforderlich" halten durfte, ist – entgegen konträren Ansichten im Schrifttum[1145] und der jüngsten Entscheidung des *Hess. VGH*[1146] – der vollständigen Überprüfung vor dem Verwaltungsgericht vorbehalten.[1147]

Die Zielsetzung, die Eltern zu warnen und auf eine Kooperation mit dem Jugendamt hinzuwirken, kann adäquat umgesetzt werden, wenn das Gericht die Problematik *gemeinsam* mit den Eltern erörtert. Die gesetzlichen Neuregelungen der §§ 155, 157 FamFG sind eine Weiterentwicklung des im Wege des KindRG (1998)[1148] in § 52 Abs. 1 FGG a.F. entwickelten Grundsatzes, einvernehmliche Konfliktslösungen zu fördern und die Problematik mit den Beteiligten *gemeinsam zu erörtern.*[1149] Ein Konflikt kann nur gemeinsam behandelt werden, wenn die Beteiligten – Eltern – persönlich zum Termin erscheinen.[1150] Die Anordnung des persönlichen Erscheinens ist geeignet, um nicht nur die Anwesenheit der Eltern im Termin sicherzustellen, sondern auch den erforderlichen Hilfemaßnahmen zu einer Verbindlichkeit zu verhelfen. Zum Schutz eines Elternteils oder aus anderen

---

1142 Zur verpflichtenden Teilnahme an U-Untersuchungen vgl. bereits oben, Kap. 1, B. I. 1. ee.

1143 *Wiesner*, in: Wiesner SGB VIII, § 8a Rn. 15 m.w. N.; *Meysen*, in: Münder u. a., FK-SGB VIII, § 8a Rn. 18; *DIJuF*-Rechtsgutachten, JAmt 2012, 161 ff.

1144 Zur Begründung des Gesetzgebers zum Hessisches Kinderschutzgesetz, LT-Drucks. HE 16/7796, S. 8.

1145 Vgl. etwa *Bringewat*, in: LPK-SGB VIII (2011), § 8a Rn. 90.

1146 *Hess. VGH*, Beschluss v. 07.11.2012, 10 B 1973/12, ZKJ 2013, 82 f., vgl. auch VG Frankfurt am Main v. 11.05.2012, 7 L 1079/12.F, NJW 2012, 3528.

1147 Kritisch hinsichtlich der Begründung des *Hess. VGH* v. 07.11.2012: *Sommer*, ZKJ 2013, 68 ff. Diese kommt zu dem Ergebnis, dass eine Antragsbefugnis der Eltern vor dem VG hätte bejaht werden müssen, da dem VG die Prüfungsverpflichtung oblegen habe und nicht dem Familiengericht. In der Begründetheit hätte sodann geprüft werden müssen, ob die Nichtteilnahme an Früherkennungsuntersuchungen bereits als Indiz für gewichtige Anhaltspunkte für eine Kindeswohlgefährdung ausgereicht hätte. Zur Kritik an der derzeitigen Rechtslage: *Sommer*, S. 147 ff.; *dies.*, ZKJ 2012, 135.

1148 Kindschaftsrechtsreformgesetz v. 16.12.1997, BGBl. I, S. 2942.

1149 BT-Drucks. 16/6815, S. 16.

1150 BT-Drucks. 16/6308, S. 236.

Gründen von der gemeinsamen Erörterung abzusehen, erscheint mit Blick auf die verfassungsrechtlichen Vorgaben geboten. Generell sind die Grundrechte jedes individuellen Elternteils (ebenso wie die des Kindes) zu beachten. Die getrennte Erörterung kann sich auf diese Weise auch als eine nicht nur sinnvolle, sondern auch notwendige Maßnahme zum Schutz des *Kindes* erweisen.

II. Die Beteiligung des Kindes

Die Teilnahme des betroffenen Kindes am gerichtlichen Erörterungstermin ist nur für *geeignete* Fälle vorgesehen, § 157 Abs. 1 S. 1 FamFG. Die Ausfüllung der Begrifflichkeit „Geeignetheit" unterbleibt in den Gesetzesmaterialien. Ebenfalls finden sich keine Ausführungen für den Fall, dass eine Hinzuziehung des Kindes zum Erörterungstermin nicht erfolgt. Auch die Anordnung des persönlichen Erscheinens des Kindes lässt das Gesetz ungeregelt.

1. Die Begründung des Gesetzgebers und Kritik der Fachöffentlichkeit

Nach der Vorstellung des Gesetzgebers soll die Einbeziehung des Kindes angezeigt sein, wenn Drogenkonsum oder wiederholte Straffälligkeit des Kindes bzw. Jugendlichen Anlass zu dem Verfahren gegeben haben.[1151] Die persönliche Erörterung soll in derartigen Konstellationen die Möglichkeit bieten, Einfluss auf das Kind zu nehmen[1152], auf die Hilfemöglichkeiten nach dem SGB VIII hinzuweisen und die notwendige Akzeptanz von Maßnahmen zu fördern.[1153] Gleichzeitig können den Kindern und Jugendlichen die Folgen sorgerechtlicher Maßnahmen nach §§ 1666, 1666a BGB deutlich vor Augen geführt werden.[1154] Hierzu gehört beispielsweise der Hinweis auf die Einhaltung der Schulpflicht nach § 1666 Abs. 3 Nr. 2 BGB. Der Vorschlag Bayerns, durch die Erweiterung des § 1666 BGB Familienrichtern die Befugnis einzuräumen, in Anlehnung an § 10 JGG auch Weisungen *an das Kind* zu erteilen, ist nicht umgesetzt und weder in § 1666 BGB, noch in § 157 FamFG berücksichtigt worden. Als Begründung ist auf die Systematik der Bestimmung des § 1666 BGB verwiesen worden, die nur eine Grundlage für Anordnungen an Eltern oder Dritte biete[1155] und nicht dazu führe, unter Umgehung des Jugendstrafrechts auch strafunmündige Kinder mit Sanktionen zu belegen.[1156]

Kritisiert wird an der Begründung, der Gesetzgeber nehme zu stark auf die Drogensucht und Jugenddelinquenz als Auslöser für das Verfahren Bezug. Deutlich

---

1151 BR-Drucks. 550/07, S. 21 f.; BT-Drucks. 16/6308, S. 238; *Schlünder*, in: BeckOK-FamFG, § 157 Rn. 5.

1152 BT-Drucks. 16/6815, S. 11; Abschlussbericht der AG KiWoMaG v. 17.11.2006, S. 33.

1153 *Horndasch*, in: Horndasch/Viefhues, § 157 Rn. 5; *Schumann*, in: MüKo-ZPO (2010), § 157 FamFG Rn. 8.

1154 Keidel/*Engelhardt*, § 157 Rn. 9.

1155 Abschlussbericht der AG KiWoMaG v. 17.11.2006, S. 33; BT-Drucks. 16/6815, S. 11.

1156 BT-Drucks. 16/6815, S. 11.

bringe dieser zum Ausdruck, dass die Debatte um den Kinderschutz nicht aus Sorge um das Wohl des Kindes geführt, sondern das Verhalten junger Menschen als bedrohlich wahrgenommen werde. Die Intention des Gesetzgebers sei damit darauf gerichtet, das Sozialverhalten von jungen Menschen einer intensiven staatlichen Kontrolle zu unterziehen.[1157] Konträransichten zufolge wird die Einbeziehung des Kindes aus rechtlichen Gründen für geboten und aus psychologischen Gründen für sinnvoll erachtet.[1158] Generell könnten Kindeswohlregelungen nicht erörtert werden, ohne eine fundierte Prüfung des Kindeswohls durchzuführen. Das Kind sei hierfür einzubinden. Abhängig von seinem Alter sei die Einbeziehung in das Verfahren auch hilfreich. Unter Bezugnahme auf Erkenntnisse aus dem Bereich der Trennungs- und Scheidungsforschung[1159] verarbeiteten Kinder die Trennung der Eltern besser, wenn sie einbezogen würden und die Situation der Trennung mit gestalten könnten. Vereinzelt werden sogleich Zweifel geäußert, ob und inwieweit der Richter in einem Erörterungstermin nach § 157 FamFG in der Lage sei, auf das Kind oder den Jugendlichen Einfluss zu nehmen.[1160] Handele es sich um Kinder oder Jugendliche, die wegen Drogenmissbrauchs oder Delinquenz aufgefallen sind, brächten diese eine bestimmte „Lebens- und Leidensgeschichte“ mit. Ob das Kind oder der Jugendliche durch das Gespräch bei Gericht noch zu einer Umkehr seines Verhaltens bewegt werden könnte, sei stets fraglich und vom Einzelfall abhängig.[1161]

2. *Die Anforderungen an die Beteiligung und Anhörung des Kindes*

Die Pflicht der Beteiligung des Kindes in kindschaftsrechtlichen Verfahren ist auf völkerrechtlicher ebenso wie bundesrechtlicher Ebene im Gesetz verankert.[1162] Gleichwohl wird in der Praxis gerichtlicher und außergerichtlicher[1163] Sorgerechtsverfahren häufig von der Beteiligung des Kindes abgesehen.[1164] Vorbehalte gegen die Kindesanhörung haben vorwiegend junge und unerfahrene Richter und sie nehmen von einer Anhörung des Kindes Abstand.[1165]

1157 *Trenczek*, ZKJ 2009, 97 (105).

1158 *Walter*, FPR 2009, 23 (26).

1159 *Pryor*, in: Höfling, Interventionen zum Kindeswohl (2009), S. 63 (64 f.); *Salzgeber*, FamRZ 2010, 851 (855).

1160 *Götz*, in: Lipp/Schumann/Veit, FGG-Reform, S. 215 (221), Fn. 26.

1161 *Götz*, in: Lipp/Schumann/Veit, FGG-Reform, S. 215 (221), Fn. 26; vgl. auch *Röchling*, FamRZ 2008, 1495 (1497 und Fn. 27.).

1162 Vgl. Art. 12 UN-KRK, Art. 103 Abs. 1 GG, § 159 FamFG. Für die Jugendhilfe gilt § 8 Abs. 1 SGB VIII, vgl. auch §§ 17, 18 SGB VIII.

1163 Hierzu gehört etwa das außergerichtliche Streitbeilegungsverfahren der Mediation, vgl. etwa *Gruber/Salzgeber*, ZKJ 2011, 404 (405).

1164 Zur Kindesbeteiligung in Verfahren der Trennung und Scheidung: *Ivanits*, ZKJ 2012, 98 ff. m.w.N.

1165 *Karle/Gathmann/Klosinki*, Abschlussbericht 2010, S. 58 f.

Gem. § 159 Abs. 1 S. 1 FamFG *hat* das Gericht das Kind persönlich anzuhören, wenn es das 14. Lebensjahr vollendet hat. Die Anhörung erfolgt, wenn das Kind die nötige Reife besitzt, die Bedeutung der Entscheidung zu verstehen.[1166] Die Anforderungen an die Pflicht der *Anhörung* des Kindes sind insoweit dezidierter ausgestaltet als die Ausführungen zur Beteiligung des Kindes in § 157 FamFG. Hat das Kind das 14. Lebensjahr noch nicht vollendet, ist es persönlich anzuhören, wenn seine Neigungen, Bindungen oder sein Wille für die Entscheidung von Bedeutung sind oder die persönliche Anhörung aus sonstigen Gründen angezeigt erscheint, § 159 Abs. 2 FamFG. Hiervon umfasst sind Fallkonstellationen, die das Kind in die Lage versetzen, Empfindungen in maßgeblicher Weise zu entwickeln und diese zu artikulieren.[1167] Sinn und Zweck der Anhörung ist es, dem Kind sein Recht auf rechtliches Gehör zu gewähren, seine Interessen und Bedüfnisse zu erkennen und diese bei der Entscheidung angemessen zu berücksichtigen. Die Anhörung soll letztlich die Entscheidungsfindung bereichern. Insbesondere dient die Anhörung des Kindes der Sachverhaltsermittlung, denn durch das Gespräch mit dem Kind können Informationen über seine Person und den familiären Kontext gewonnen werden, die ohne das persönliche Gespräch mit dem Kind lediglich auf Aussagen der Eltern über das Kind basieren.[1168]

Unterbleibt die Anhörung des Kindes, besteht die Gefahr, dass das konkrete Kind und seine „Stimme" ausgeblendet werden.[1169] Von der Rechtsprechung anerkannte Fälle, in denen von einer persönlichen Anhörung des Kindes ausnahmsweise abgesehen werden kann[1170], betreffen die unverhältnismäßige psychische Belastung des Kindes und die wiederholte Anhörung des Kindes zur gleichen Thematik, die keine neuen Erkenntnisse erwarten lässt.[1171] Die Anhörung bei Gericht kann aus unterschiedlichen Gründen für ein Kind belastend sein, da Ungewissheit über den Verlauf der Anhörung bestehen kann, vor dem sich das Kind fürchtet. Bereits die Gesprächsführung kann mit einer großen Anstrengung für das Kind verbunden sein und dem Kind das belastende Gefühl vermitteln, sich einem fremden Dritten hinsichtlich privater Details offenbaren zu müssen und in einen (Loyalitäts-)Konflikt mit den eigenen Eltern zu geraten.[1172] Jüngste Untersuchungen zur Praxis der Kindesanhörung zeigen gleichwohl auf, dass die persönliche Anhörung des Kindes

---

1166 *BGH*, Beschluss vom 16.03.2011, XII ZB 407/10 (juris); *BVerfG*, Beschluss v. 13.11.2007, 1 BvR 1637/07 = FamRZ 2008, 246 (Zur Erforderlichkeit der Einbeziehung eines vierjährigen Kindes).

1167 *OLG Hamm*, Beschluss v. 02.11.1984, 15 W 303/83 = RPfleger 1985, 27; *BayObLG*, Beschluss v. 30.04.1996, 1 ZBR 36/96 = FamRZ 1997, 223; *Röchling*, FPR 2008, 481.

1168 *Ivanits*, ZKJ 2012, 98 (99).

1169 *Ivanits*, ZKJ 2012, 98 (99); *Salgo*, in: HB-VB (2010), Rn. 72.

1170 Vgl. § 159 Abs. 3 FamFG.

1171 vgl. zuletzt *OLG Brandenburg* v. 29.10.2013, 13 UF 208/13, BeckRS 2013, 19329; auch Staudinger/*Coester*, § 1666 Rn. 277 ff. m.w.N.; *Ziegler*, in: Schulte-Bunert/ Weinreich, FamFG (2012), § 159 Rn. 10.

1172 *Schweppe/Bussian*, ZKJ 2012, 13 (14 f.).

nur in seltenen Fällen eine große Belastung auslöst – vorausgesetzt, die Anhörung findet auf eine kindgerechte Weise statt.[1173] Ein lege artis durchgeführtes Gespräch mit dem Kind soll sogar zu seiner Entlastung dienen.[1174] Neuere Erkenntnisse bestätigen damit, dass sich Kinder besser fühlen, wenn sie informiert sind und dadurch Einfluss auf das Geschehen nehmen können und nicht den Eltern ausgeliefert sind. Die Erkenntnisse decken sich mit den Ergebnissen der bereits im Jahr 2000 von *Münder* u. a.[1175] durchgeführten Studie, wonach die befragten Kinder und Jugendlichen vorgaben, an Entscheidungen sowohl der Jugendhilfe als auch des Gerichts beteiligt werden zu wollen.

Den betroffenen Kindern ermöglicht die Anhörung, die eigenen Interessen kundzutun und die Person kennenzulernen, die entscheiden wird.[1176] Zumindest ermöglicht die Anhörung des Kindes ein offenes Artikulieren seiner Bedürfnislage.[1177] Dem Kind steht es hierbei zu, sich einem Gespräch mit dem Richter bzw. einzelnen Antworten auf Fragen zu verweigern.[1178]

Die Verpflichtung des Gerichts, das Kind persönlich anzuhören, resultiert aus der Beteiligtenstellung des Kindes gem. § 7 FamFG. Beteiligte eines Verfahrens sind diejenigen, deren Rechte durch den Ausgang des Verfahrens unmittelbar betroffen sind, § 7 Abs. 2 Nr. 1 FamFG. Verfahren wegen Kindeswohlgefährdung gem. §§ 1666, 1666a BGB berühren das Kind regelmäßig in seiner Rechtsstellung zu seinen Eltern.[1179] Sind Kinder noch keine 14 Jahre alt und deshalb nicht verfahrensfähig i.S. des § 9 Abs. 1 Nr. 3 FamFG, müssen sie sich im Verfahren gesetzlich vertreten lassen. Soweit eine Verfahrensfähigkeit nicht besteht, handeln für das Kind die nach bürgerlichem Recht dazu befugten Personen, § 9 Abs. 2 FamFG. Kommt eine Interessenswahrnehmung durch die Eltern nicht in Betracht, ist dem Kind ein Verfahrensbeistand oder Ergänzungspfleger zu bestellen.[1180]

§ 159 Abs. 4 FamFG stellt die Gestaltung der Anhörung in das pflichtgemäße Ermessen des Gerichts und der Richter entscheidet, ob etwa Geschwisterkinder gemeinsam oder getrennt voneinander angehört werden, in welchen Räumlichkeiten die Anhörung erfolgt[1181] und ob die Anhörung des Kindes in einem zeitlichen

---

1173 *Karle/Gathmann/Klosinski*, ZKJ 2010, 432 (434); *Lempp/Braunbehrens/Eichner/Röcker* (1987), S. 106.

1174 *Karle/Gathmann/Klosinski*, S. 96 ff.; *dies.*, ZKJ 2010, 432 (433); *Ivanits*, ZKJ 2012, 98 (101).

1175 *Münder/Mutke/Schone* (2000), S. 317 f., 329 f.

1176 *Stötzel/Prenzlow*, ZKJ 2011, 200 (201).

1177 BT-Drucks. 16/6308, S. 240.

1178 *Stötzel/Prenzlow*, ZKJ 2011, 200 (202). Vgl. insoweit auch Art. 12 UN-KRK, wonach das Kind ein Recht darauf hat, seine Meinung frei zu äußern.

1179 Zum Umgangsrecht vgl. § 1684 Abs. 1 und 2 BGB.

1180 Zu den Aufgaben und Befugnissen von Verfahrensbeistand und Umgangspfleger siehe grundlegend *Stötzel*, FPR 2009, 27 ff., *Salgo*, FPR 2011, 314 ff.

1181 Häufig erfolgt die Anhörung des Kindes in den Dienstzimmern der Richter, vgl. hierzu die Ergebnisse der Expertenbefragungen, Kap. 3, C. II.

Zusammenhang mit dem Anhörungstermin der Eltern – bzw. des Erörterungstermins – steht. Es obliegt der Entscheidung des Richters, welchen weiteren Personen die Anwesenheit bei der Anhörung gestattet wird, wobei der Verfahrensbeistand im Regelfall mit anwesend sein soll, insoweit ein solcher nach § 158 FamFG für das Kind bestellt worden ist, vgl. § 159 Abs. 4 S. 4 FamFG. Von der generellen Hinzuziehung des Verfahrensbeistandes zur Anhörung des Kindes, der dem Kind dabei helfen soll, die ungewohnte und möglicherweise bedrohlich empfundene Anhörungssituation zu überstehen, soll nur ausnahmsweise abgesehen werden, etwa wenn es im Einzelfall aus Gründen der besseren Sachaufklärung geboten erscheint.[1182] Die Gestaltung der persönlichen Anhörung steht nach alledem im Ermessen des Gerichts. Eine entsprechende Vorgabe fehlt in § 157 FamFG.

3. Diskussion, Stellungnahme und Ergebnis

In Abgrenzung zur Anhörung des Kindes nach § 159 FamFG, die über die Gewährung des rechtlichen Gehörs hinausgehend der Aufklärung der Sache dient und bei der die Berücksichtigung des kindlichen Willens im Mittelpunkt der Auseinandersetzung steht, kann es bei dem Erörterungsgespräch nach § 157 FamFG, insoweit das Kind zum Termin hinzugezogen ist, ebenfalls darum gehen, sich einen Eindruck von dem Kind zu verschaffen sowie das Erleben des Kindes bezüglich seiner Lebenssituation zu erfragen. Bei Betrachtung von Sinn und Zweck sowie Wortlaut der Vorschrift, wird es bei der Erörterung nach § 157 FamFG jedoch in erster Hinsicht um ein *Einwirken* auf das Kind und die Darlegung der möglichen rechtlichen Folgen gehen, die sich im Falle des Eintritts einer Kindeswohlgefährdung ergeben werden.[1183] Der Richter bedarf besonderer Kenntnisse zur Gesprächsführung und der Entwicklungspsychologie. Gleichwohl hat der Richter, selbst wenn er über entsprechende Zusatzqualifikationen verfügt, die Grenzen der eigenen Kompetenzen und Handlungsmöglichkeiten zu erkennen. Solche liegen regelmäßig vor, wenn es angesichts der Komplexität der Sachlage dem Richter nicht möglich ist, ein weiterführendes Gespräch zu führen. Hierzu gehört das Hinwirken auf die Annahme von Hilfen, die in einem derartigen Fall nur den gewünschten Erfolg versprechen, wenn davon ausgegangen werden kann, dass die Minderjährigen der Aufforderung des Richters auch Folge leisten werden.

Kinder- und Jugendliche in „geeigneten Fällen" in die Erörterung einzubeziehen, wird in erster Hinsicht solche Fälle betreffen, in denen es zweckmäßig und folgerichtig erscheint, auf sie einwirken zu können. Von Bedeutung wird das Alter ebenso wie das Verhalten des Kindes sein, die Anlass zur Erörterung und die in diesem Zusammenhang vorzunehmende Einwirkung gegeben haben. Es wird sich um Kinder- und Jugendliche handeln, die angesichts ihres Alters bereits in der

---

1182 *BGH*, Beschluss v. 28.04.2010, XII ZB 81/09, FamRZ 2010, 1060 mit Anm. *Völker*, 1065; *Völker/Clausius*, in: Kemper/Schreiber, HK-FamFG (2012), § 159 FamFG Rn. 8.

1183 *Lack*, S. 285.

Lage sind, ihre Situation vernünftig beurteilen zu können. Es erscheint von daher nachvollziehbar, die Einbeziehung des Kindes in die Erörterung in solchen Fällen in Erwägung zu ziehen, in denen Drogensucht und wiederholte Straffälligkeit den Anstoß zur Einleitung des Verfahrens gegeben haben.[1184] Eine Beschränkung auf derartige Fallkonstellationen lässt sich dem Gesetzeswortlaut angesichts der nicht erfolgten Aufnahme einer Vermutungsregelung in den Gesetzestext gleichwohl nicht entnehmen.[1185] Auch die Gesetzesbegründung beschränkt sich nicht auf die Fälle der Drogensucht und der wiederholten Straffälligkeit, sondern benennt diese beispielhaft als Konstellation, in der eine Hinzuziehung des Kindes oder Jugendlichen in die Erörterung erfolgen sollte.[1186] Der Gesetzgeber zeigt außerdem die Intention auf, der Subjektstellung des Kindes im Verfahren gerecht werden zu wollen. Das Kind wird in § 157 Abs. 1 FamFG als Beteiligter und – anders als in § 155 Abs. 2 und 3 FamFG – gesondert aufgeführt.[1187] Mit Blick auf die anfänglichen Intentionen und den Vorstoß Bayerns, Kinder- und Jugendkriminalität auch familienrechtlich zu begegnen, besteht gleichwohl die Gefahr, dass gerade solche Fälle zu einer Hinzuziehung des Kindes in der Praxis führen, je nach Verständnis des handelnden Richters von der Funktion des Erörterungsgesprächs.

Angesichts der gesetzlichen Ausgestaltung des § 157 FamFG und des breiten Ermessensspielraums des Gerichts hinsichtlich der Beteiligung des Kindes wird nach alledem nicht hinreichend deutlich, inwieweit die kindlichen Interessen in das familiengerichtliche Verfahren eingebracht werden und dort eine hinreichende Berücksichtigung erfahren können, wenn eine Beteiligung des Kindes unterbleibt. Es erfolgen keine Ausführungen zu den Anforderungen der Hinzuziehung einer Interessensvertretung des Kindes durch einen Verfahrensbeistand gem. § 158 FamFG.[1188] Besonders die Frühzeitigkeit der Durchführung der Erörterung gilt es sinnvoll zu nutzen.

Anders als die Anhörung, die noch um die gesetzgeberische Klarstellung für den Zeitpunkt der Durchführung der Anhörung des Kindes ergänzt werden könnte[1189], eröffnet der Erörterungstermin nach § 157 FamFG die Möglichkeit, auf öffentliche

---

1184 BT-Drucks. 16/6308, S. 238; BT-Drucks. 16/6815, S. 18. Mit Blick auf § 1666 Abs. 3 Nr. 2 BGB kommt der Einhaltung der Schulpflicht eine ebenso entscheidende Bedeutung zu.

1185 Zum Vorschlag Bayerns zur Aufnahme einer Vermutungsregelung in § 1666 BGB, siehe bereits oben, Kap. 1, B. I. 3. c.

1186 Vgl. BT-Drucks. 16/6308, S. 238.

1187 *Coester* erkennt hierin eine Schützlücke, erachtet diese jedoch für geschlossen, insoweit das Kind „in geeigneten Fällen“ in die Gefährdungserörterung nach § 157 FamFG miteinbezogen werde, Staudinger/*Coester*, § 1666 Rn. 263; missverständlich: *Veit*, in: BeckOK-BGB, § 1626 Rn. 55, wonach in § 157 FamFG die regelmäßige Beteiligung des Kindes am Erörterungstermin vorgesehen sei.

1188 Zur Notwendigkeit der Hinzuziehung eines Verfahrensbeistandes vgl. nachfolgend, Kap. 2., C. III. 1.

1189 Vgl. hierzu *Heumann*, ZKJ 2006, 200 ff.

Hilfen hinzuwirken. Der Richter hat sorgfältig in seine Erwägungen miteinzubeziehen, dass die Beteiligung des Kindes im Gerichtsverfahren der Stärkung seines Wohls dienen kann und daher nicht nur im Ausnahmefall zu erfolgen hat. Die Frage sollte nicht darauf gerichtet sein, „wie Kinder vor der Einbeziehung in das gerichtliche Verfahren zu schützen sind, sondern wie sie vor einer Nichteinbeziehung geschützt und bei einer Einbeziehung beschützt werden können."[1190] Die Zielsetzung muss durch eine klare gesetzliche Vorgabe zum Ausdruck kommen.[1191]

III. Die Hinzuziehung weiterer Beteiligter

1. *„Frühzeitige" Hinzuziehung des Verfahrensbeistands als Interessensvertreter für das Kind?*

Für Kinder ist in Verfahren nach §§ 1666, 1666a BGB ein geeigneter Verfahrensbeistand[1192] zu bestellen, soweit dies zur Wahrnehmung der Interessen des Kindes erforderlich ist, § 158 Abs. 1 FamFG. In Verfahren nach §§ 1666, 1666a BGB ist die Bestellung eines Verfahrensbeistandes erforderlich, *wenn die teilweise oder vollständige Entziehung der elterlichen Sorge in Betracht kommt*, § 158 Abs. 2 Nr. 2 FamFG. Infolge der jüngsten Diskurse[1193] ist der Bereich der Fallsituationen erweitert und die *Erforderlichkeit* der Bestellung in den jeweils aufgeführten Konstellationen in § 158 Abs. 2 FamFG durch die Ausgestaltung als „Muss-Vorschrift" betont worden.

Grund für die Notwendigkeit der gerichtlichen Bestellung[1194] eines Verfahrensbeistandes für das aufgrund seiner Minderjährigkeit noch nicht verfahrensfähige Kind ist, dass Eltern die Interessen ihrer Kinder in gerichtlichen Verfahren nicht vertreten können, wenn Interessenskollisionen bestehen. Verfahren nach §§ 1666, 1666a BGB haben erhebliche Auswirkungen auf die Belange des Kindes. Die im Wege des KindRG (1998) erfolgte Einführung der gesonderten Interessensvertretung durch den „Anwalt des Kindes"[1195] hat sich als notwendig erwiesen, nachdem die verfahrensrechtlichen Vorkehrungen zur Anhörung des Kindes als unzulänglich empfunden wurden. Im Verhältnis zum Jugendamt, das ebenso wie der Verfahrensbeistand die Subjektstellung des Kindes[1196] in Verfahren zu garantieren hat, gibt es

1190 Vgl. *Ivanits*, ZKJ 2012, 98 (104) m.w.N.
1191 Zu den Vorschlägen zu einer Optimierung des § 157 FamFG vgl. Kap. 5, A.
1192 Vormals bezeichnet als „Verfahrenspfleger".
1193 Zu den Änderungen infolge des FamFG *Prenzlow*, ZKJ 2012, 93 ff.; zu den jüngsten Entwicklungen seit Inkrafttreten des FamFG: *Lack/Salgo*, FPR 2012, 353 ff.; *Salgo*, in: HB-VB (2010), Rn. 3 ff.
1194 Vgl. § 158 Abs. 1 FamFG.
1195 Zur Entstehungsgeschichte des Verfahrensbeistandes vgl. *Salgo*, ZKJ 2009, 49 ff.; *ders.*, Der Anwalt des Kindes, S. 393 ff.
1196 Hierzu grundlegend *Gummersbach*, S. 102 ff., 271 ff., 441 ff.

Überschneidungen.[1197] Anders als das Jugendamt, das strukturell und durch das Gesetz bedingt, Hilfen für Kinder und Jugendliche regelmäßig über die Eltern zu vermitteln hat und auch diesen gegenüber durch Unterstützung verpflichtet ist[1198], fungiert der Verfahrensbeistand als Interessensvertreter nur für das Kind.[1199] Zu seinen Aufgaben gehört es, den Kindeswillen sowie die Berücksichtigung des objektiven Kindeswohls festzustellen und in das Verfahren einzubringen.[1200] Es gehört *nicht* zu seinen Aufgaben, den Sachverhalt zu ermitteln oder etwa die jeweiligen Beteiligten und das Gericht zufriedenzustellen.[1201] Er handelt zwar im Auftrag des Gerichts, jedoch als selbständiger Verfahrensbeteiligter, der keinen Weisungen unterworfen ist.[1202] Er ist nicht Gehilfe des Gerichts. Im Wege der Bestellung wird er auch nicht zum gesetzlichen Vertreter des Kindes.[1203]

Die Bestellung eines Verfahrensbeistands nach § 158 FamFG findet keine Erwähnung in § 157 FamFG und die Vorschrift des § 158 FamFG ist im Zuge des KiWoMaG und der FGG-Reform nicht um die Notwendigkeit der Hinzuziehung des Verfahrensbeistands zur Erörterung der Kindeswohlgefährdung ergänzt worden. Ob und inwieweit zu dem Erörterungstermin ein Verfahrensbeistand für das Kind bestellt werden muss, ist angesichts der fehlenden Berücksichtigung des Verfahrensbeistandes in § 157 FamFG sowie der fehlenden Erwähnung der Erörterung in § 158 FamFG in der Fachöffentlichkeit umstritten. Vereinzelt[1204] wird die Hinzuziehung des Verfahrensbeistands *im Vorfeld* einer Kindeswohlgefährdung für *nicht notwendig* erachtet, da eine Kindeswohlgefährdung nicht konkret festgestellt sei und die Vorschrift des § 158 Abs. 2 Nr. 2 FamFG ausdrücklich auf Verfahren nach den §§ 1666, 1666a BGB Bezug nehme, in denen eine (Teil-)Entziehung der Personensorge in Betracht kommt. Die Bestellung ergebe sich auch nicht aus § 158 Abs. 1 oder Abs. 2

1197 *Maywald*, in: HB-VB (2010), Rn. 1632, 1645 ff. Zu dadurch hervorgerufenen Diskrepanzen, vgl. zuletzt BR-Drucks. 308/1/12 v. 25.06.2012. Die Empfehlungen betreffen eine erneute Überprüfung der Regelungen zum Verfahrensbeistand v.a. hinsichtlich der Regelbeispiele und der Vergütungsregelung. Vorgebracht wird außerdem, dass nach Mitteilung einiger Gerichte eine Verlagerung von Aufgaben der Jugendämter auf die Verfahensbeistände stattfinde, indem diese Berichte über die famliäre Situation des Kindes anfertigten.

1198 *Maywald*, in: HB-VB (2010), Rn. 1635, 1638.

1199 *BVerfG*, Beschluss v. 06.11.2009, 1 BvR 1410/08, FamRZ 2010, 109; *OLG Saarbrücken*, Beschluss v. 12.07.2010, 9 UF 35/10, BeckRS 2010, 22240; zum Anforderungsprofil des Verfahrensbeistandes vgl. *Salgo*, in: HB-VG (2010), Rn. 33.

1200 Staudinger/*Coester*, § 1666 Rn. 272; grundlegend *Zitelmann*, Kindeswohl und Kindeswille (2001).

1201 *Salgo*, FPR 2010, 456 (458).

1202 *Bauer*, in: HB-VB (2010), Rn. 239.

1203 Rechtsmittel, die der Verfahrensbeistand im Interesse des Kindes gegen Entscheidungen des Gerichts einlegen kann, legt er im eigenen Namen und nicht im Namen des Kindes ein.

1204 *Schumann*, FPR 2011, 203 (204); *Stein*, JAmt 2009, 277 (280).

Nr. 1 FamFG, da das Gespräch nach § 157 Abs. 1 FamFG keine unmittelbaren Folgen für das Kind hervorrufe.[1205]

Der Ansicht, eine Hinzuziehung des Verfahrensbeistands zum Erörterungstermin nach § 157 FamFG sei nicht erforderlich, kann gleichwohl nicht gefolgt werden. Die gesetzliche Vorgabe in § 158 Abs. 3 S. 1 FamFG gebietet es ausdrücklich, den Verfahrensbeistand *„so früh wie möglich"* zu bestellen. Dementsprechend muss die Bestellung des Verfahrensbeistands auch im Vorfeld einer (festzustellenden) Kindeswohlgefährdung erfolgen, so dass dieser noch Einfluss auf die Gestaltung und den Ausgang des Verfahrens nehmen kann.[1206] Es muss dem Verfahrensbeistand so früh wie möglich ermöglicht werden, besonderen Einfluss auf das Ergebnis und den Verlauf des Verfahrens zu nehmen.[1207] Es geht im Termin nach § 157 FamFG um die Abwendung einer Gefahr für das Kind. Möchte das Gericht etwa von einer Maßnahme nach §§ 1666, 1666a BGB absehen, weil sich die Eltern im Rahmen des Verfahrens für Hilfen zugänglich zeigen und damit eine unmittelbare Gefährdung abgewendet werden kann, ist es von herausragender Bedeutung, ob auch der Verfahrensbeistand der gerichtlichen Vorgehensweise zustimmt oder diese ablehnt. Letztlich geht es um das Kind, das als Verfahrenssubjekt agiert und an dem Erörterungsgespräch bei Gericht auch möglichst aktiv zu beteiligen ist.[1208] Stimmt der Verfahrensbeistand den vorgeschlagenen Kompromissen nicht zu, wäre das Gericht gehalten, im Rahmen seiner Amtsermittlungspflicht den Bedenken und Einwänden des Verfahrensbeistands nachzugehen und diese zu hinterfragen, um die Verfahrensrechte des Kindes nicht zu beschneiden.[1209] Angesichts neuester Erkenntnisse[1210] führt die Hinzuziehung des Verfahrensbeistands auch nicht zu einer Verzögerung des Verfahrens.

Es kann schließlich nicht allein darauf ankommen, ob eine Kindeswohlgefährdung konkret vorliegt oder (nur) möglich erscheint. Nicht nur handelt es sich in § 158 Abs. 2 FamFG um einen nicht abschließenden Katalog möglicher Verfahrenskonstellationen, die die Bestellung eines Verfahrensbeistands erfordern. Das Erörterungsgespräch ist ein Instrumentarium, das dazu dienen soll, das Verfahren zu lenken. Auch die Erörterung erfordert die Hinzuziehung des Kindes und seines Interessensvertreters. Das Kind erhält dadurch ein ‚Sprachrohr' und ist am Verfahren ‚beteiligt'; insbesondere, wenn es wegen seines Alters persönlich nicht anwesend ist. Überdies bietet der Erörterungstermin nach § 157 FamFG nicht die Gewähr dafür, dass von sorgerechtlichen Maßnahmen nach § 1666 BGB abgesehen wird. Vielmehr bringen die jüngsten höchstrichterlichen Entscheidungen verschiedener

---

1205 *Schumann*, FPR 2011, 203 (204).

1206 *BVerfG*, Urteil v. 26.08.1999, 1 BvR 1403/99 (juris); *OLG Saarbrücken* v. 06.04.2011, 6 UF 40/11, NJW 2011, 2372; *Lack/Salgo*, FPR 2012, 353 (355).

1207 vgl. *Heilmann*, in: MüKo-ZPO (2010), § 155 FamFG Rn. 37 zur Hinzuziehung des Verfahrensbeistandes zum „frühen ersten Termin".

1208 Salgo, FPR 2010, 456 (458).

1209 Salgo, FPR 2010, 456 (459).

1210 *Hannemann/Stötzel*, ZKJ 2009, 58 (63).

Oberlandesgerichte[1211] deutlich zum Ausdruck, dass zwar Gegenstand des Erörterungstermins die Frage ist, wie einer *möglichen* Gefährdung des Kindeswohls begegnet werden kann. Ein mögliches Resultat sei auch die Einigung im Termin und die Beendigung des Verfahrens.[1212] Als Teil des Verfahrens nach §§ 1666, 1666a BGB handele es sich aber bereits um einen Termin in einem Sorgerechtsverfahren, in dessen Rahmen oder als dessen Folge ein Sorgerechtseingriff erfolgen könne, etwa im Wege einer einstweiligen Anordnung gem.§ 157 Abs. 3 FamFG i.V.m. § 1666 Abs. 3 BGB.[1213] Der Erörterungstermin nach § 157 Abs. 1 FamFG ist ein Verfahrensbestandteil des Verfahrens nach §§ 1666, 1666a BGB, in dem die teilweise oder vollständige Entziehung der Personensorge „droht“ bzw. „in Betracht kommt“. Damit ist der Anwendungsbereich des § 158 Abs. 2 Rn. 2 FamFG eröffnet und es ist die Bestellung eines Verfahrensbeistands für den Erörterungstermin nach § 157 Abs. 1 FamFG *in der Regel* erforderlich. Sieht der Richter von der Bestellung ab, ist dies in der Entscheidung zu begründen, § 158 Abs. 3 S. 3 FamFG. Die Hinzuziehung für das Erörterungsgespräch wird gleichwohl entbehrlich sein können, wenn bereits eine eigene Interessensvertretung des Kindes vorhanden ist[1214] oder wenn die Gefährdungsmitteilung des Jugendamts etwa aufgrund einer nicht durchgeführten kinderärztlichen Vorsorgeuntersuchung erfolgt ist und auf sehr vagen Verdachtsmomenten für eine Kindeswohlgefährdung basiert, die zunächst noch ermittelt werden müssen. In derartigen Fällen ist es gerade dann, wenn die Familie dem Jugendamt noch nicht bekannt ist, nicht hinreichend ersichtlich, inwieweit die teilweise oder vollständige Entziehung der Personensorge in Betracht kommt.[1215]

2. *Obligatorische Vertretung der Eltern durch einen Verfahrensbevollmächtigten?*

In der gesetzlichen Begründung zu § 157 FamFG wird darauf hingewiesen, dass die Eltern persönlich zum Termin erscheinen sollen und sich nicht vertreten lassen dürfen.[1216] Gemeint ist nicht, dass sich die Eltern nicht generell einer anwaltlichen Hilfe im Erörterungstermin bedienen dürften. Die Hinzuziehung des Rechtsanwalts rechtfertigt nicht das Fernbleiben der Eltern zum Termin. Vielmehr stellt sich die Frage der Beiordnung eines Anwalts in Abgrenzung zu Verfahren, die die obligatorische

1211 Hierzu etwa *OLG Saarbrücken* v. 10.02.2012, 6 WF 8/12, BeckRS 2012, 04926; *OLG Düsseldorf* v. 02.10.2012, II-1 WF 229/12, BeckRS 2013, 09448; *OLG Frankfurt* v. 11.02.2010, 1 WF 11/10, FamRZ 2010, 1094 ff. = FF 2010, 322 f.

1212 Zu den möglichen Beendigungsmodalitäten der Erörterung siehe nachfolgen, Kap. 2, E.

1213 *OLG Saarbrücken* v. 10.02.2012, 6 WF 8/12, BeckRS 2012, 04926.

1214 § 158 Abs. 5 FamFG, wonach die „Angemessenheit“ der Vertretung aber fehlt, wenn die Eltern die Bestellung eines Verfahrensbeistandes bewusst zu umgehen versuchen, vgl. *Hammer*, in: Prütting/Helms,FamFG § 158 Rn. 11.

1215 Vgl. hierzu Fallbeobachtung Nr. 1, Kap. 3, B. I.

1216 *Hornikel*, in: Lipp/Schumann/Veit, FGG-Reform, S. 207 (209).

Vertretung durch einen Verfahrensbevollmächtigten vorsehen[1217] sowie in Fällen, in denen die beteiligten Eltern die erforderlichen Kosten der Prozessführung nicht selbst aufbringen können und ihnen antragsgemäß ein Rechtsanwalt unter Bewilligung von Verfahrenskostenhilfe beizuordnen wäre.[1218]

Das Erörterungsgespräch nach § 157 FamFG unterliegt als Teil des familiengerichtlichen Kinderschutzverfahrens nach §§ 1666, 1666a BGB außerhalb von Verbundverfahren keinem Anwaltszwang, §§ 10, 78 Abs. 2 FamFG. Obwohl die Obligation der Hinzuziehung eines Anwalts im Zuge der FGG-Reform (2009) und gegenüber dem bisherigen Recht unter Berufung auf die „zunehmende Komplexität des materiellen Unterhaltsrechts" auf erstinstanzliche Unterhaltsstreitigkeiten erweitert worden ist, ist dies für Verfahren wegen Kindeswohlgefährdung nicht erfolgt. Ausweislich § 78 Abs. 2 FamFG kann in Verfahren, in denen eine Vertretung durch einen Rechtsanwalt nicht vorgeschrieben ist, die Beiordnung eines Rechtsanwalts im Rahmen der bewilligten Verfahrenskostenhilfe nur dann erfolgen, wenn die Vertretung durch diesen wegen der Schwierigkeit der Sach- und Rechtslage „erforderlich" erscheint. Nicht ausreichend allein ist der Umstand der „Schwere des Eingriffs".[1219]

Der Gesetzgeber des FamFG sieht grundsätzlich kein Erfordernis für die Beiordnung eines verfahrensbevollmächtigten Rechtsanwalts.[1220] Er stellt klar, dass die Beiordnung abweichend von § 121 Abs. 2, 2. Alt. ZPO in den regelmäßig nicht streng kontradiktorisch geprägten Verfahren der freiwilligen Gerichtsbarkeit nicht geboten sei, nur weil ein anderer Beteiligter anwaltlich vertreten ist. Die Interessen der Beteiligten seien durch den Grundsatz der Amtsermittlung nach § 26 FamFG, die Verpflichtung des Jugendamts zu kindeswohlgemäßem Handeln sowie die Möglichkeit der Bestellung eines Verfahrensbeistands in hinreichendem Maße gewahrt. Die Parteien hätten keine dem Zivilprozess vergleichbare Verantwortung für die Beibringung der entscheidungsrelevanten Tatsachen und im Vordergrund stünden die Interessen des Kindes, nicht die Durchsetzung der jeweils unterschiedlichen Interessen der Eltern.[1221]

Um die von Verfassungs wegen gebotene Rechtsschutz- bzw. „Waffengleichheit" Bemittelter und Unbemittelter nach Art. 3 Abs. 1 i.V.m. Art. 20 Abs. 3 GG nicht auszuhebeln[1222], stellt der *BGH*[1223] bei der Frage, wann in Amtsverfahren des FamFG

1217 Vgl. §§ 78, 114 ff. FamFG.

1218 Vgl. hierzu etwa *OLG Schleswig*, Beschluss v. 28.10.2011, 10 WF 185/11, BeckRS 2012, 02863 mit Anm. *Alberts*, FamFR 2012, 110, wonach das Familiengericht der Kindsmutter zwar Verfahrenskostenhilfe bewilligt, nicht aber einen Rechtsanwalt beigeordnet hat.

1219 *Viefhues*, in: MüKo-FamFG (2013), § 78 Rn. 7.

1220 BT-Drucks. 16/6308, S. 214; vgl. auch *Schürmann*, FamRB 2009, 58.

1221 BT-Drucks. 16/6308, S. 214.

1222 *BVerfG*, Beschluss v. 18.12.2001, 1 BvR 391/01, FamRZ 2002, 531 (532).

1223 *BGH*, Beschluss v. 23.06.2010, XII ZB 232/09, NJW 2010, 3029, hierzu: *Heinemann*, FamFR 2010, 385.

die Beiordnung eines Rechtsanwalts nach § 78 Abs. 2 „erforderlich" ist, darauf ab, ob auch ein bemittelter Rechtssuchender in der Lage des Unbemittelten einen Rechtsanwalt beauftragt hätte.

Überwiegend wird die Beiordnung eines Anwalts, der über die entsprechende Fachkompetenz verfügt[1224], für erforderlich gehalten, wenn die Sach- *oder* die Rechtslage *schwierig* ist.[1225] Entgegen des Wortlauts des § 78 Abs. 2 FamFG könne sowohl die Schwierigkeit der Sach- als auch die Schwierigkeit der Rechtslage bereits die Beiordnung eines Rechtsanwalts erfordern.[1226] Demzufolge wird die Schwierigkeit bereits darin erblickt, die Vielfalt der möglichen öffentlichen Hilfen und in Frage kommenden Maßnahmen nach §§ 1666, 1666a BGB einschätzen zu können.[1227] Entsprechend wird die Komplexität und Bedeutung der Sach- und Rechtslage erkannt, wenn es um gravierende Vorwürfe, wie etwa den Vorwurf der Verwahrlosung, der körperlichen Gewalt oder des sexuellen Missbrauchs geht. Schwierig ist die Sach- und Rechtslage auch, wenn als mögliche gerichtliche Maßnahme der Eingriff in die elterliche Sorge „droht".[1228] Insoweit die Erörterung als Bestandteil eines Verfahrens gilt, in dessen Verlauf der Sorgeberechtigte, dessen persönliches Erscheinen zum Termin anzuordnen ist[1229], mit Eingriffen in sein elterliches Sorgerecht zu rechnen habe[1230], sei die Beiordnung des Anwalts bereits für den Erörterungstermin geboten. Den Eltern dürfe die Beiordnung des Rechtsanwalts nicht versagt werden, weil sie möglicherweise im Erörterungstermin nach § 157 FamFG zu einer Lösung bzw. zur Abwendung möglicher Gefahren gelangt sind.[1231] Die Erörterung der Kindeswohlgefährdung begründe einen eigenen Verfahrensabschnitt i.S. des Verfahrens nach §§ 1666, 1666a BGB, für den sowohl Verfahrenskostenhilfe als auch die Beiordnung eines Rechtsanwalts in Betracht kämen.[1232] In die Entscheidung mit einfließen müssten ebenso die Frage der kognitiven Fähigkeiten der Betroffenen, wie die emotionale Betroffenheit und subjektiven Fähigkeiten der Sorgeberechtigten, um die Tragweite des Verfahrens zu erkennen und die Folgen der Nichtzusammenarbeit mit dem Jugendamt und den angebotenen öffentlichen Hilfen zu verstehen.[1233] Die

1224 *OLG Frankfurt*, Beschluss v. 11.02.2010, 1 WF 11/10, FamRZ 2010, 1094 f.

1225 Vgl. etwa *OLG Schleswig* v. 28.10.2011, 10 WF 185/11 = BeckRS 2012, 02863.

1226 *OLG Saarbrücken* v. 10.02.2012, 6 WF 8/12.

1227 Vgl. entsprechend *OLG Frankfurt*, Beschluss v. 11.02.2010, 1 WF 11/10, FamRZ 2010, 1094 f.

1228 *OLG Saarbrücken* v. 10.02.2012, 6 WF 8/12; *OLG Stuttgart*, Beschluss v. 11.02.2010 = FamRZ 2010, 1094.

1229 § 157 Abs. 2 S. 1 FamFG.

1230 *OLG Saarbrücken* v. 10.02.2012, 6 WF 8/12; *OLG Schleswig* v. 28.10.2011, 10 WF 185/11 = BeckRS 2012, 02863.

1231 So der erstinstanzliche Beschluss des AG Dillenburg (Verfahrensgang) v. 16.12.2009, 2 F 909/09; hiergegen: *OLG Frankfurt* v. 11.02.2010, 1 WF 11/10, FamRZ 2010, 1094 f. = FF 2010, 322 f.;

1232 *Oberloskamp*, in: AFET-Veröffentlichungen Nr. 71/2011, S. 37 (40).

1233 *OLG Schleswig* v. 28.10.2011, 10 WF 185/11 = BeckRS 2012, 02863.

vorstehenden Entscheidungen zeigen Tendenzen auf, Rechtsanwälte in die entsprechenden Verfahren einzubinden.

Gegen die Notwendigkeit der anwaltlichen Beiordnung lässt sich allein einwenden, dass eine anwaltliche Vertretung im Einzelfall kontraproduktiv sein kann. Da es im Erörterungstermin darum geht, auf die Eltern einzuwirken und ihnen deutlich zu machen, dass es um die Abwehr einer Gefahrenlage für das Kind geht, besteht die Gefahr, dass sich diese den Fragen des Gerichts verschließen, weil sie anwaltlich vertreten sind. Um einen effektiven Verlauf der Erörterung zu erzielen, sollte der Anwalt über die entsprechenden Kenntnisse des SGB VIII und das Kindesschutzverfahren verfügen, wovon nicht regelmäßig auszugehen ist. Schließlich besteht die Gefahr, dass ein Anwalt versucht ist, die Angelegenheit bewusst und künstlich zu ‚*verkomplizieren*', um die Beiordnung zu erreichen.[1234] Der Befüchtung lässt sich gleichwohl entgegnen, dass der Beteiligte, der sich dem Verfahren verschließt oder nicht offen gegenübertritt, jedenfalls anwaltlich und damit in seinen Interessen vertreten ist. Die Frage nach der Erforderlichkeit der Vertretung durch einen Anwalt stellt sich gesondert von der Frage der Qualität der Interessenswahrnehmung. Der Begründung des Gesetzgebers ist entgegenzusetzen, dass weder das Jugendamt, noch der Richter oder der Verfahrensbeistand den Interessen der Eltern verpflichtet sind. Nur der Rechtsanwalt ist zuständig für die Wahrnehmung der Interessen des betroffenen Sorgeberechtigten. Überdies setzt sich der Gesetzgeber mit seiner pauschalen Argumentation über die verfassungsrechtliche Vorgabe der „Waffengleichheit" zwischen den Rechten bemittelter und unbemittelter Rechtssuchender hinweg.[1235]

Nach alledem erscheint die unterlassene Erweiterung des Anwaltszwangs auf die Fälle der Kindeswohlgefährdung nicht gerechtfertigt. Verfahren wegen Kindeswohlgefährdung zeichnen sich nicht nur durch ein umfangreiches Normengefüge aus, sondern erfordern angesichts ihrer interdisziplinären Ausgestaltung besondere Kenntnisse und können sich deshalb als schwierig erweisen. Die Eltern treten einer Vielzahl von Beteiligten gegenüber, die in den Eltern das Gefühl der Ohnmacht und Abwertung hervorrufen können. Soll bei den Eltern im Wege des Erörterungsgesprächs die Einsicht in die Bedeutung der Gefahrenabwendung und die Akzeptanz für einen Hilfeprozess geweckt werden, gilt es zu verhindern, dass die Eltern Jugendamt und Familiengericht als ‚Verbündete" erleben, gegen die der einzelne Bürger machtlos sei.[1236] Ist es den Beteiligten mangels kognitiver Fähigkeiten nicht möglich, dem Verfahren zu folgen, dürfen diese nicht „zum Objekt staatlichen Handelns" degradiert werden.[1237] Die Erweiterung des Anwaltszwangs auf Verfahren nach §§ 1666, 1666a BGB und die Möglichkeit der Beiordnung eines

1234 Vgl. *Burschel*, in: Prenzlow, S. 63 Rn. 350.

1235 *Burschel*, in: Prenzlow, S. 63 Rn. 352.

1236 Vgl. hierzu die Erkenntnisse aus den Befragungen der Eltern in *Münder/Mutke/Schone* (2000), S. 297 ff.

1237 *OLG Saarbrücken*, Beschluss v. 10.02.2012, 6 WF 8/12, FamRZ 2012, 1157 (1158).

Anwalts kann dazu beitragen, die Interessensvertretung der Eltern zu gewährleisten und der Erörterung zu einem erfolgreichen Verlauf zu verhelfen.

3. Weitere Beteiligte

Nach Sinn und Zweck des Erörterungstermins kann es erforderlich sein, Polizeibeamte hinzuzuziehen, wenn es etwa um delinquentes Verhalten des Kindes oder Jugendlichen geht. In Betracht kommt überdies die Hinzuziehung eines Kinderpsychologen oder Klassenlehrers bzw. Schulsozialarbeiters, die wertvolle Hinweise zum Verhalten des Kindes geben können. Sind bereits Hilfen in der Familie installiert, können auch Familienhelfer einbezogen werden.[1238]

D. Erörterung der „öffentlichen Hilfen" trotz fehlender Steuerungskompetenz des Gerichts?

Das Gericht soll ausweislich § 157 Abs. 1 FamFG erörtern, wie einer möglichen Gefährdung des Kindeswohls insbesondere durch öffentliche Hilfen begegnet werden kann.

I. Problemaufriss – das Fehlen einer gerichtlichen „Anordnungskompetenz" für öffentliche Hilfen im Rahmen der Erörterung

Nach überwiegend vertretener Meinung[1239] kann das Jugendamt nicht vom Gericht verpflichtet werden, eine bestimmte sozialpädagogische Hilfe zur Verfügung zu stellen.[1240] Dies gilt auch dann, wenn die Eltern durch das *Familiengericht* zur Inanspruchnahme von Hilfen verpflichtet worden sind, § 36a Abs. 1 S. 1, 2. Hs. SGB VIII.[1241] In Verfahren nach §§ 1666, 1666a BGB hat der Richter nur die Grundrichtung

1238 Vgl. hierzu: *Hammer*, in: Prütting/Helms, FamFG, § 157 Rn. 22.

1239 Vgl. *Fellenberg*, in: Lipp/Schumann/Veit, Kindesschutz, S. 65 (69).

1240 Der Träger der öffentlichen Jugendhilfe trägt die *Kosten* für die öffentliche Hilfe, wenn die Leistung auf der Grundlage seiner eigenen Entscheidung nach Maßgabe des Hilfeplans erbracht worden ist, § 36a Abs. 1 S. 1 SGB VIII. Die Finanzierungsverantwortung folgt der Entscheidungsverantwortung. Jugendhilfe ist eine eigenständige und von der Justiz unabhängige Aufgabe der öffentlichen Verwaltung, die im Rahmen der kommunalen Selbstverwaltung wahrgenommen wird; vgl. *Fellenberg*, in: Lipp/Schumann/Veit, Kindesschutz, S. 65 (69).

1241 Mit der Verwendung des Begriffs „Hilfen" bezieht sich die Vorschrift in erster Linie auf die Hilfen zur Erziehung nach den §§ 27 ff. SGB VIII sowie die Eingliederungshilfe für seelisch behinderte Kinder und Jugendliche nach § 35a SGB VIII; nicht hingegen auf Leistungen nach §§ 22 ff., niedrigschwellige Angebote der Jugendarbeit nach § 11 SGB VIII sowie Angebote der allgemeinen Förderung

der Gefahrenabwehrmaßnahme vorzugeben.[1242] Die Ausgestaltung der jeweiligen Maßnahme obliegt dem Jugendamt. Ausweislich der gesetzlichen Ausgestaltung des § 157 FamFG obliegt es dem Familienrichter im Termin, über die Gebotenheit der Inanspruchnahme einer „öffentlichen Hilfe" zu entscheiden oder auf eine dahingehende Inanspruchnahme einer Hilfe nach dem SGB VIII *hinzuwirken.*[1243] Angesichts der Zielrichtung des Erörterungsgesprächs, zu beraten, inwieweit der Gefahrenlage (insbesondere) mit *öffentlichen Hilfen* begegnet werden kann, stellt sich die Frage, inwieweit der gerichtliche Erörterungstermin nach § 157 FamFG die erhoffte Wirkung einer Hilfeakzeptanz und verbesserten Kooperationsbemühung der Eltern erzielen kann, wenn die Erörterung zwar vor dem Familienrichter erfolgt, die Letztentscheidungskompetenz hinsichtlich der zu gewährenden „öffentlichen Hilfe" aber mangels „Anordnungskompetenz" nicht dem Familienrichter obliegt, sondern der jeweils handelnden Behörde, die als Leistungserbringer fungiert.[1244] Trotz des in der Fachöffentlichkeit geführten kontroversen Diskurses über die Frage der Notwendigkeit einer gerichtlichen Anordnungskompetenz in Fällen, in denen das Jugendamt eine vom Gericht empfohlene Hilfe ablehnt, steht die Entscheidung über die Hilfe und deren Umfang und Ausgestaltung wegen § 36a SGB VIII allein dem Jugendamt zu.[1245]

Sowohl das KiWoMaG als auch das FGG-RG haben den Versuch unternommen, die frühzeitige Zusammenarbeit von Familiengerichten und Jugendämtern i.S. einer *„Verantwortungsgemeinschaft"* zu stärken[1246] und das gerichtliche Verfahren mit dem vom Jugendamt gesteuerten Hilfeprozess noch weiter miteinander zu verzahnen.[1247] Demnach sollen Familiengerichte und Jugendämter i.S. einer Verantwortungsgemeinschaft agieren.[1248] In seiner gesetzlichen Begründung zum KiWoMaG hat es der Reformgesetzgeber allerdings unterlassen, eine Neuregelung hinsichtlich der Steuerungsverantwortung vorzunehmen.[1249] Obwohl die Expertengruppe KiWoMaG

---

der Erziehung in der Familie nach § 16 SGB VIII, vgl. hierzu: *Wiesner*, in: Wiesner SGB VIII, § 36a Rn. 12.

1242 *Schmid-Obkirchner*, in: Wiesner SGB VIII, Vor § 27, Rn. 27 ff.

1243 *Wiesner*, RdJB 2009, 13 (17).

1244 *Wiesner*, in: Wiesner, § 36a SGB VIII Rn. 18.

1245 Ausführlich bereits bei *Sommer*, S. 149 ff.; vgl. auch *Fellenberg*, in: Lipp/Schumann/Veit, Kindesschutz, S. 65 (71 ff.).

1246 *Nothhafft*, FPR 2008, 613.

1247 *Wiesner*, in: Wiesner, § 36a SGB VIII Rn. 19.

1248 BT-Drucks. 16/6815, S. 7.

1249 *Fellenberg*, in: Lipp/Schumann/Veit, Kindesschutz, 65 (66); siehe auch zuletzt die Entscheidung des *BVerfG* v. 24.03.2014, 1 BvR 160/14, ZKJ 2014, 242 ff. und hierzu: *Lack/Heilmann*, ZKJ 2014, 308 (311), worin das BVerfG ausdrücklich offengelassen hat, ob das Familiengericht gegenüber dem Jugendamt die Gewährung von Hilfen nach dem SGB VIII anordnen darf, wenn das Jugendamt bisher erbrachte Hilfemaßnahmen für gescheitert erachtet und deshalb weitere Leistungen nicht mehr erbringen will.

in ihrem Abschlussbericht feststellt, dass ausweislich der Erfahrungsberichte der Landesjustizverwaltungen die Zusammenarbeit von Justiz und Jugendhilfe überwiegend „gut funktioniere“[1250] und von Einvernehmen geprägt sei[1251], wird die Problematik relevant, wenn sich eine Übereinstimmung zwischen Jugendamt und Familiengericht in dem mündlichen Erörterungstermin nach § 157 Abs. 1 FamFG gerade nicht erzielen lässt und die Institutionen Jugendamt und Familiengericht unterschiedliche Auffassungen hinsichtlich der Erforderlichkeit einer bestimmten Hilfemaßnahme haben.

II. Konträrpositionen der Fachöffentlichkeit zur Frage der fehlenden Anordnungsbefugnis des Familiengerichts gegenüber dem Jugendamt

In der Fachöffentlichkeit ist die fehlende Anordnungskompetenz des Familiengerichts als *Gefahrenpotential*[1252] für das Erörterungsgespräch nach § 157 FamFG thematisiert worden, das sich durch die alleinige Zuständigkeit des Jugendamtes für die Gewährung von Jugendhilfeleistungen als Gefahr mit Auswirkung auf den weiteren Hilfeprozess erweise, wenn sich ein Konsens hinsichtlich der erforderlichen Art der Hilfegewährung nicht erzielen ließe. Das richterliche Gebot den Eltern gegenüber liefe ins Leere, wenn die Jugendhilfe nicht bereit sei, im Rahmen ihrer Entscheidungskompetenz die Leistung zu gewähren. Dies habe sodann Auswirkung auf die Hilfeakzeptanz der Eltern, die an der generellen Eignung einer Hilfe zweifeln könnten, wenn bereits zwischen den Institutionen Jugendhilfe und Justiz Uneinigkeit herrsche.[1253] Gefordert wird vor diesem Hintergrund die Möglichkeit des Familiengerichts, das erforderliche Einvernehmen für Jugendamt und Gericht durch eine familiengerichtliche Entscheidung zu ersetzen, wenn das Jugendamt Hilfen aus anderen als sozialpädagogischen Gründen (etwa finanzieller Art) ablehne oder die Gewährung möglicher und gebotener Hilfen bisher unterlassen habe.[1254] Überdies wird der Vorschlag unterbreitet, im Vorfeld des Erörterungstermins nach § 157 FamFG sicherzustellen, dass das Gericht und das Jugendamt „an einem Strang ziehen“ und dass hinsichtlich der Geeignetheit bestimmter Maßnahmen zwischen ihnen „kein Streit besteht“. Dies könne im Wege von Absprachen im Vorfeld des

1250 Stellungnahme der Landesjustizverwaltungen durch das BMJ, in: Abschlussbericht der AG KiWoMaG v. 17.11.2006, dort: Anlage 2.

1251 *Nothhafft*, FPR 2008, 613 (614). (Einführung einer Anordnungskompetenz des Familiengerichts gegenüber dem Jugendamt; Verbindlichkeit der in Abstimmung zwischen Familiengericht und Jugendamt getroffenen Entscheidung; Bindung des Jugendamts an seine Finanzierungszusage; Einführung konkreter Vorgaben für die Berichte der Jugendämter; Einbeziehung eines Fachgremiums bei Meinungsverschiedenheiten von Gerichten und Jugendämtern).

1252 *Willutzki*, ZKJ 2008, 139 (141).

1253 *Willutzki*, ZKJ 2008, 139 (141).

1254 *Vogel*, FF 2008, 231 (233).

Termins erreicht werden oder etwa durch die Vorlage eines schriftlichen Berichts des Jugendamts im Vorfeld des Termins, der eine Angabe über die im konkreten Fall bereits eingesetzten bzw. beabsichtigten Hilfemaßnahmen enthalte und die Möglichkeit einer weiteren Abklärung der Frage eröffne.[1255]

Schließlich könne der fehlende Konsens zwischen Familiengericht und Jugendamt in einer Verfestigung der Gefahrenlage für das Kind münden. Hierzu wird der Vorschlag unterbreitet, dem Familiengericht *de lege ferenda* die Kompetenz zur Überprüfung von Jugendamtshandeln zu übertragen und auf diese Weise den familien-, sozial- und verwaltungsrechtlichen Schutzansätzen eine Struktur zu geben, indem ein Lebenssachverhalt einheitlich behandelt und der fehlenden Fachaufsicht der Jugendämter begegnet wird.[1256] Lehne das Jugendamt das Angebot der Hilfen ab, seien zwar die Eltern auf die Möglichkeit hinzuweisen, ihren Rechtsanspruch auf die Hilfen gesondert einzuklagen. Jedoch werde die Hemmschwelle, öffentliche Hilfen anzunehmen, bei den Eltern höher sein, wenn sie vom Gericht eindringlich auf die Notwendigkeit der Annahme der Hilfen hingewiesen worden sind oder das Gericht die Annahme von Hilfen nach § 1666 Abs. 3 Nr. 1 BGB angeordnet hat. Auf die Eltern wirke die Verpflichtung wie eine Sanktion, wobei die Eltern eine „Sanktion" erwartungsgemäß nicht freiwillig vor dem Verwaltungsgericht einklagen werden.[1257] Die Folge sei der faktische Ausfall der gerichtlichen Kontrolle des jugendamtlichen Handelns, wenn das Jugendamt abweichend von der gerichtlichen Entscheidung die Gewährung der Hilfen gegenüber den Eltern ablehnt, die Kontrolle hierüber als öffentlich-rechtliche Streitigkeit den Verwaltungsgerichten nach § 40 Abs. 1 VwGO zugewiesen ist, eine Anrufung des Verwaltungsgerichts jedoch unterbleibt.[1258]

Häufig[1259] wird betont, die Steuerungskompetenz müsse beim Jugendamt verbleiben; dies auch im Rahmen des Erörterungsgesprächs nach § 157 FamFG. Auch die Moderation im Rahmen der Erörterung dürfe nicht dazu führen, dass es zu der Einführung einer Anordnungskompetenz des Familiengerichts und zugleich zu einem Verstoß gegen den Grundsatz der Gewaltenteilung kommt. Der Familienrichter sei keine Fachkraft der Jugendhilfe und könne von daher nicht beurteilen, ob fachliche Standards eingehalten worden sind oder nicht; dies könne allein durch das Jugendamt eingeschätzt werden.[1260] Es erfolgt der Einwand[1261], eine Anordnungskompetenz des Familiengerichts könne zu einer „*Rollenkonfusion*" führen, wenn etwa das Familiengericht Partei für die Eltern und gegen das Jugendamt ergreife. Die Bedürfnisse des Kindes würden möglicherweise missachtet. Generell eigneten sich Familienrichter nicht als „anwaltsähnliche Unterstützer der Eltern"

1255 *Götz*, in: Lipp/Schumann/Veit, FGG-Reform, S. 215 (222).
1256 *Sommer*, S. 244 ff.; *dies.*, ZKJ 2012, 135 (138).
1257 *Sommer*, ZKJ 2012, 135 (138); *Urban*, ZKJ 2006, 126 (132 f.).
1258 *Urban*, ZKJ 2006, 126 (133); *Sommer*, ZKJ 2012, 135 (137).
1259 *Hildebrandt*, ZKJ 2008, 396 ff.; *Meysen*, in: Lipp/Schumann/Veit, Kindesschutz, S. 75 (80 ff.).
1260 *Hildebrandt*, ZKJ 2008, 396 (402).
1261 *Tenhaken*, Jugendhilfe aktuell 3/2007, 27 (29).

und Entscheidungsträger über Leistungen, die ihnen weder bekannt sind, noch die von ihnen selbst gewährt werden könnten. Schließlich bestünde die Gefahr, dass Jugendämter und Familiengerichte in einen Helferkonflikt *mit sich wiedersprechenden Botschaften*[1262] geraten oder es zu einer *Weiterreichung von Verantwortlichkeiten*[1263] kommt, wodurch sich zwei unterschiedliche Gestaltungsaufträge vermischen und das Familiengericht letztlich eine eigene Hilfeplanung betreiben muss, die ggfs. den Vorstellungen der öffentlichen Jugendhilfe widersprechen.[1264]

III. Stellungnahme und Ergebnis

Wenngleich das Jugendamt im familiengerichtlichen Verfahren eine bedeutsame Mitwirkungsfunktion übernimmt, soll gerade das Familiengericht in das Vorfeld einer Gefährdung des Kindeswohls einbezogen werden. Bedauerlicherweise hat der Gesetzgeber in seinen jüngsten Reformbestrebungen auf eine nähere Ausgestaltung einer kooperativen Zusammenarbeit zwischen Jugendhilfe und Familiengericht verzichtet. So setzt er eine einvernehmliche Zusammenarbeit zwischen Jugendamt und Familiengericht voraus, ohne diese näher zu konturieren. Die gesetzliche Ausgestaltung von Vorgehensweisen für den Fall, dass sich zwischen Jugendamt und Familiengericht eine Einigung nicht finden lässt, fehlt. Im SGB VIII und im FamFG finden sich keine Vorgaben für den Fall, dass sich Familiengericht und Jugendamt *nicht* einig sind. Die Frage erscheint berechtigt, wie ein Erörterungsgespräch einen positiven und motivierenden Eindruck auf die Eltern machen kann, *wenn sich bereits Jugendamt und Familiengericht im konkreten Einzelfall über die möglichen Hilfen nicht einig sind.*[1265]

Selbst wenn möglicherweise der Eindruck vorherrscht, es bestünde Einigkeit zwischen Jugendhilfe und Justiz, ist es durchaus denkbar, dass Gericht und Jugendhilfe zu einer unterschiedlichen Einschätzung von Sinn und Zweck einer Jugendhilfeleistung gelangen. Dieser Konflikt vor den Augen der Beteiligten kann zum *„Schauplatz von Auseinandersetzungen"*[1266] werden, der zur Folge haben kann, dass die Eltern an Sinn und Zweck der Hilfe zweifeln. Daran anknüpfend besteht die Gefahr, dass der Richter die Effektivität einer Erörterung der Kindeswohlgefährdung in Frage stellt und zukünftig von der Durchführung einer solchen absehen wird.[1267]

Gegen die Kompetenzerweiterung der Justiz lässt sich anführen, dass es für eine Gefährdungseinschätzung und die Auswahl der in Betracht kommenden Hilfemaßnahme eines komplexen Abwägungsvorgangs bedarf, der sich ohne einschlägige Fachkenntnis nicht umsetzen lässt. Es ist unerlässlich, die Dimensionen der Gefahrenlage fundiert einschätzen zu können, wie etwa die der kindlichen Bedürfnislage

1262 *Nothhafft*, FPR 2008, 613 (616).
1263 *Meysen*, in: Lipp/Schumann/Veit, Kindesschutz, S. 75 (82 f.).
1264 *Meysen*, in: Lipp/Schumann/Veit, Kindesschutz, S. 75 (81).
1265 *Mörsberger/Wapler*, in: Wiesner SGB VIII, § 50 Rn. 73.
1266 *Willutzki*, ZKJ 2008, 139 (141).
1267 *Willutzki*, FPR 2009, 327 (329).

oder das Ausmaß der Belastung für das Kind und die erwartbaren Folgen für die kindliche Entwicklung. Ein derartiger Einschätzungsprozess erfordert nicht nur einschlägige Fachkompetenz und hinreichende personelle Ressourcen. Er erfordert auch *Zeit für Explorationen.*[1268] Dem Richter, der stets einen nur eingeschränkten Einblick in die Familie erhält und sich überdies angesichts seines Aufgaben- und Ausbildungshintergrundes nicht als sozialpädagogischer Helfer eignet[1269], ist es nur möglich, einen derart komplexen Einschätzungsprozess durchführen und abschließend bewerten zu können, wenn er ebenfalls über den entsprechenden psychosozialen Ausbildungshintergrund verfügt. Selbst wenn er die entsprechende Kenntnis hat, besteht nach wie vor die Herausforderung, eine derart umfassende Einschätzung auf der Grundlage eines mündlichen Verhandlungstermins vorzunehmen. Hieran anknüpfend lässt sich auch einwenden, dass für die Erweiterung richterlicher Kompetenzen gerade deshalb kein Erfordernis bestehen könnte, weil das Jugendamt notwendig am Verfahren nach §§ 1666, 1666a BGB zu beteiligen ist. Nach der Vorstellung des Gesetzgebers sollen die Beteiligten gemeinsam mit insbesondere dem Jugendamt, das die Hilfe zur Verfügung stellen soll, die Gefahrenlage erörtern. Der Vorteil ist, dass der Familienrichter in der Rolle der Entscheidungsinstanz verbleibt. Deutlich aufgezeigt wird den Beteiligten, dass das Gericht kein Helferorgan ist, sondern die Instanz mit der Letztentscheidungsbefugnis. Die von Richtern geäußerten Befürchtungen des Autoritätsverlustes infolge der Erörterung der Kindeswohlgefährdung können damit auch ausgeräumt werden. Scheitert die Kooperation zwischen Familiengericht und Jugendamt im Vorfeld einer festgestellten Kindeswohlgefährdung, würden die Auswirkungen aller Wahrscheinlichkeit nach nicht derart gravierend sein wie im Fall bereits konkretisierter Gefährdungsmomente. Wird die Erörterung gerade von den Jugendämtern angeregt, um mithilfe der gerichtlichen Autorität die Eltern zur notwendigen Kooperation mit der Jugendhilfe anzuhalten, sind auch bereits gewisse Hilfevorstellungen des Jugendamts vorhanden.

Für die Implementierung einer Kompetenzerweiterung des Familiengerichts bereits im Vorfeld einer Kindeswohlgefährdung und im Rahmen des Erörterungsgesprächs *de lege ferenda* spricht, dass auf diese Weise und angesichts der Letztentscheidungskompetenz des Gerichts im Falle eines eingeleiteten gerichtlichen Verfahrens wegen Kindeswohlgefährdung eine Hilfeleistung für die Familie verbindlich angeordnet werden könnte. Die im gerichtlichen Verfahren getroffene Rechtsfolge, die etwa darin bestehen könnte, die Eltern anzuweisen, eine Leistung der Jugendhilfe in Anspruch zu nehmen, wobei die Leistungserbringung zugleich mit bindender Wirkung gegenüber dem Jugendamt angeordnet würde, könnte auf diese Weise umgesetzt werden und unterliege nicht der Gefahr, an der erforderlichen Zustimmung der öffentlichen Jugendhilfe zu scheitern. Dies könnte zugleich zu einer verbesserten Funktionsfähigkeit der Rechtspflege führen, an deren

1268 *Nothhafft*, FPR 2008, 613 (616).
1269 *Flügge*, FPR 2008, 1.

Wirksamkeit Bedenken bestehen, wenn gerichtliche Entscheidungen von anderen staatlichen Stellen nicht beachtet werden.[1270] Gerade in einem frühen Stadium des Verfahrens ist es notwendig, eine Einigkeit zu erzielen. Das gerichtliche Verfahren wird von der Justiz gesteuert. Abhilfe können hier informelle Absprachen oder ein aufeinander abgestimmter Verfahrensverlauf zwischen Jugendhilfe und Justiz im Erörterungstermin bewirken. Das Jugendamt trägt zu einem effektiven Verhandlungsverlauf bei, wenn es offenlegt, ob und welche Hilfen bereits geleistet wurden und aus welchem Grund sie gescheitert sind. Macht das Familiengericht deutlich, dass es die sozialpädagogische Kenntnis des Jugendamts für die Entscheidungsfindung benötigt, besteht Rollenklarheit als Grundstein für eine gelingende Zusammenarbeit von unterschiedlichen Institutionen und Gewalten.

Jedenfalls darf ein Konflikt nicht soweit führen, dass es zu einem faktischen Ausfall der gerichtlichen Kontrolle kommt.[1271] Allein die grundlegende Klärung und Offenlegung der Kompetenzen zwischen Jugendamt und Familiengericht kann ein derartiges mögliches Szenario vermeiden.[1272] Das Familiengericht leistet insbesondere Strukturierung und muss Entscheidungsinstanz bleiben.[1273]

E. Mögliche Ergebnisse der Erörterung der Kindeswohlgefährdung

Mögliche Beendigungsmodalitäten des Erörterungstermins gehen aus dem Gesetzeswortlaut des § 157 FamFG ebenso wenig hervor wie aus der Gesetzesbegründung. Allein aus dem Abschlussbericht der AG KiWoMaG ergibt sich, dass das Ergebnis der Erörterung, wie etwa die „Weisung“ an die Eltern oder das Kind, bestimmte öffentliche Hilfen in Anspruch zu nehmen, als Rechtsfolge in Form eines „Beschlusses“[1274] gefasst werden könne.[1275] Das Gericht entscheidet gem. § 38 Abs. 1 S. 1 FamFG durch *Beschluss*, soweit durch die *Entscheidung* der Verfahrensgegenstand ganz oder teilweise erledigt wird.

Vereinzelt[1276] wird hieraus unter Bezugnahme auf die Gesetzesbegründung zu §§ 157, 166 Abs. 3 FamFG – woraus dies nicht hervorgeht[1277] – geschlussfolgert, dass

1270 *Fellenberg*, in: Lipp/Schumann/Veit, Kindesschutz, S. 65 (72); hier bezogen auf die im Bereich des Jugendstrafrechts ausgelöste Diskussion um einen gesetzgeberischen Handlungsbedarf zur richterlichen Anordnungsbefugnis.

1271 Ausführlich: *Sommer*, S. 237 ff.

1272 *Nothhafft*, FPR 2008, 613 (615 f.).

1273 *Meysen*, in: Lipp/Schumann/Veit, Kindesschutz, S. 75 (81).

1274 Der Beschluss wird mit Bekanntgabe wirksam, §§ 15, 40 Abs. 1 FamFG. Gegen Endentscheidungen des Familiengerichts ist die befristete Beschwerde möglich, §§ 58 Abs. 1, 63 Abs. 1 FamFG, die beim Familiengericht einzulegen ist, § 64 Abs. 1 FamFG.

1275 Abschlussbericht der AG KiWoMaG v. 17.11.2006, S. 34.

1276 *Schumann*, FPR 2011, 203 (205); *dies.*, in: MüKo-FamFG (2013), § 157 Rn. 12.

1277 Vgl. BT-Drucks. 16/6308, S. 237, 243.

die Eltern im Rahmen des Erörterungsgesprächs zu einer „Zusage“ bzw. „Selbstverpflichtung“ bestärkt werden sollten. So könnte das Gericht die Eltern veranlassen, die Hilfeangebote anzunehmen, unter Hinweis auf die Verbindlichkeit eines vom Träger der öffentlichen Jugendhilfe nach § 36 Abs. 2 FamFG aufgestellten Hilfeplans.[1278] Dies solle mit dem Hinweis verbunden werden, in angemessenem Zeitabstand eine gerichtliche Überprüfung gem. § 166 Abs. 3 FamFG vorzunehmen, wenn von sorgerechtlichen Eingriffsmaßnahmen abgesehen wird. Angesichts der nachträglichen Überprüfungsmöglichkeit der Entscheidung, werde die Erörterung nach § 157 Abs. 1 FamFG durch einen Beschluss nach § 38 FamFG beendet.[1279] In dem Beschluss müsse deutlich zum Ausdruck kommen, dass in Abgrenzung von einer Verfahrenseinstellung oder der Feststellung der Erledigung des Verfahrens von Maßnahmen nach §§ 1666 f. BGB abgesehen wird.[1280]

Den Konträransichten zufolge[1281] löst die Erörterung lediglich eine Warn-, Kontroll- und Appellfunktion aus und diene dazu, die Eltern in die Pflicht zu nehmen, bei der Einhaltung von Regelungen mitzuwirken und Verbindlichkeit herzustellen. Der Erörterungstermin wird verstanden als *Teil des Verfahrens* nach § 1666 BGB („In Verfahren nach...“) und nicht als Entscheidung „in der Sache“. Die Durchführung des Erörterungstermins allein bedinge nicht die Überprüfungspflicht nach § 166 Abs. 3 FamFG.[1282] Betrachte das Familiengericht nach Durchführung des Erörterungstermins die Situation noch als kindeswohlgefährdend, habe es allerdings mit Blick auf Art. 6 Abs. 2 S. 2 GG das Verfahren bis zur Entscheidungsreife weiterzuführen. Werde das Verfahren nach Durchführung des Erörterungstermins nicht durch einen förmlichen Beschluss nach § 38 Abs. 1 BGB beendet, folge die Verpflichtung zur beschleunigten weiteren familiengerichtlichen Tätigkeit und Aufklärung der Intensität der Kindeswohlgefährdung bis zum förmlichen Abschluss des Verfahrens.[1283] Insoweit der Richter im Erörterungsgespräch auf die Folgen der Nichtannahme notwendiger Hilfen hinzuweisen habe, habe er anzukündigen, dass eine gerichtliche Überprüfung erfolge, wenn eine Verschlechterung der Kindeswohlsituation eintritt. Ebenfalls solle der Richter darauf hinweisen, dass keine rechtlichen Konsequenzen

---

1278 Keidel/*Engelhardt*, FamFG (2014), § 157 Rn. 3; wohl auch *Ziegler*, in: Schulte-Bunert/Weinreich (2010), § 157 Rn. 3.

1279 *Schumann*, FPR 2011, 203 (205) mit Verweis auf die gesetzliche Begründung zu § 166 Abs. 3 FamFG.

1280 Vgl. hierzu etwa *AG Ludwigslust*, Beschluss v. 13.11.2009, 5 F 204/09, BeckRS 2010, 06606 (erforderliche Bezugnahme auf § 166 Abs. 3 FamFG im Tenor der Entscheidung).

1281 *Schlünder*, in: BeckOK-FamFG (2012), § 157 Rn. 1; *Borth/Grandel*, in: Musielak/Borth, FamFG (2013), § 157 Rn. 4; *Zorn*, in: Bork/Jacoby/Schwab, FamFG (2009), § 157 Rn. 6; *Coester*, JAmt 2008, 1 ff.

1282 *Heilmann*, in: MüKo-ZPO (2010), § 166 Rn. 25; siehe auch die Begründung des Gesetzgebers, BT-Drucks. 16/6308, S. 237.

1283 *Heilmann*, in: MüKo-ZPO (2010), § 166 Rn. 25.

drohten, sollte eine konkrete Kindeswohlgefährdung nicht festzustellen sein.[1284] Den jüngsten höchstrichterlichen Entscheidungen zufolge[1285] steht zwar im Vordergrund der Erörterung die Frage, wie einer möglichen Gefährdung des Kindeswohls begegnet werden und welche Folgen die Nichtannahme notwendiger Hilfen haben kann. Das Entscheidungsspektrum des Gerichts sei aber breit gefächert und stark einzelfallabhängig mit der Folge, dass die (bloße) Erörterung der Gefahrenabwendung bis hin zum unverzüglichen Sorgerechtseingriff erfolgen könne.[1286] Betont wird, die betroffenen Eltern müssten bei Ladung zum Erörterungstermin stets mit einem Sorgerechtseingriff rechnen, da bereits für die Anberaumung einer Erörterung gewisse Anhaltspunkte für eine Gefährdung des Kindeswohls vorzuliegen hätten. Auch nach Auffassung diverser Oberlandesgerichte ist mithin die Erörterung der Kindeswohlgefährdung lediglich ein Bestandteil des Verfahrens nach §§ 1666, 1666a BGB.[1287] Werde die vermeintlich auf freiwilliger Basis erfolgte Zustimmung des Sorgeberechtigten zur Inanspruchnahme öffentlicher Hilfen erteilt, setze die Erteilung der Auflage zumindest eine drohende Kindeswohlgefährdung i.S. des § 1666 BGB voraus, ohne die eine Auflage als eine Eingriffsmaßnahme in die elterliche Sorge nicht angeordnet werden dürfe.

Im Rahmen der Erörterung soll auf die Eltern und in geeigneten Fällen auch auf das Kind eingewirkt werden, um die Eltern zu verpflichten, sich mit dem Gericht über die Gefährdungsproblematik und die Abwendung zu einem Zeitpunkt auseinanderzusetzen, zu dem noch keine konkrete Kindeswohlgefährdung festgestellt worden ist. Mögliche Entscheidungsmodalitäten im Wege der Erörterung nach § 157 FamFG sind die Annahme der entsprechenden geeigneten und notwendigen Hilfen, um der Gefahrenlage wirksam zu begegnen, den Kontakt zwischen Eltern und Kind (wieder-)herzustellen, eine Vereinbarung zu treffen, Hilfeangebote zu unterbreiten, ein Sachverständigengutachten in Auftrag zu geben oder Zeugen zu hören etc. Es ist demzufolge entscheidend, ob und inwieweit der Richter im Erörterungstermin eine konkrete Kindeswohlgefährdung feststellt, die die Anordnung familiengerichtlicher Eingriffsmaßnahmen nach § 1666 Abs. 3 BGB erfordert und das Verfahren nach §§ 1666, 1666a BGB beendet. Die Erörterung begründet lediglich

---

1284 So auch *Schumann*, in: Lipp/Schumann/Veit, FGG-Reform, S. 229 (235).

1285 *OLG Saarbrücken* v. 10.02.2012, 6 WF 8/12, BeckRS 2012, 04926; siehe auch *OLG Frankfurt* v. 11.02.2010, 1 WF 11/10, FamRZ 2010, 1094 f. = FF 2010, 322 f.; *OLG Schleswig* v. 28.10.2011, 10 WF 185/11, NJW 2012, 1014; die Entscheidung des *OLG Frankfurt* v. 12.04.2011, 3 UF 25/11, BeckRS 2011, 26728 bestätigt dies indirekt, wonach die im Wege einer EA ergangene Entscheidung nur dann anfechtbar, wenn das Gericht erster Instanz aufgrund mündlicher Erörterung über die elterliche Sorge für ein Kind entschieden habe.

1286 *OLG Saarbrücken* v. 10.02.2012, 6 WF 8/12, BeckRS 2012, 04926.

1287 Siehe *OLG Schleswig* v. 28.10.2011, 10 WF 185/11, NJW 2012, 1014 unter Verweis auf den Beschluss des *AG Flensburg* v. 04.08.2011, 96 F 177/11. Vgl. auch die Anmerkung von *Alberts*, FamFR 2012, 110 f. zum Beschluss des OLG Schleswig; siehe auch *Götz*, FF/FamFG spezial (2009), 20 (22).

einen Verfahrensabschnitt, der im Vorfeld der Entscheidung liegt. Ist die Schwelle des § 1666 Abs. 1 BGB nicht erreicht, kann das Gericht den Eltern lediglich nahelegen, die vom Jugendamt vorgeschlagenen Maßnahmen anzunehmen und dies mit dem Hinweis verbinden, gem. § 166 Abs. 3 FamFG in angemessenem Zeitabstand eine Überprüfung der Situation vorzunehmen. Letztlich muss es dem Gericht verwehrt sein, im Wege der bloßen Erörterung der Kindeswohlgefährdung mit einem Sorgerechtseingriff zu reagieren, wenn eine konkrete Kindeswohlgefährdung nicht vorliegt.[1288] Führt der Erörterungstermin zu dem Ergebnis, dass *keine* Kindeswohlgefährdung i.S. des § 1666 BGB besteht, sollte das Gericht das Verfahren durch einen beschwerdefähigen Beschluss beenden.[1289] Aus Klarstellungsgründen kann die Beendigung als „Erledigung" oder „Einstellung" des Verfahrens" bzw. als „Absehen von Maßnahmen nach §§ 1666 f. BGB"[1290] bezeichnet werden. Der Beschluss ist zu begründen. Ist eine weitere Sachverhaltsaufklärung erforderlich, ist im Termin im Einzelnen zu besprechen, was von den Eltern verlangt wird.[1291]

Offensichtlich zielt die Erörterung auf die Kooperation zwischen den Eltern und dem Jugendamt. Zeigen die Eltern in der Erörterung die entsprechende Kooperationsbereitschaft, sind Eingriffe in die elterliche Sorge nicht erforderlich und die frühe Erörterung kann letztlich erreichen, dass ein langwieriges und schwieriges, gegebenenfalls mit Einholung eines Sachverständigengutachtens verbundenes Verfahren zum Sorgerechtsentzug unterbleibt.[1292] Bedauerlicherweise nehmen weder der Gesetzeswortlaut noch die Ausführungen des Gesetzgebers hinreichend Stellung zu den möglichen Rechtsfolgen der Erörterung der Kindeswohlgefährdung.

F. Die Prüfung des Erlasses einer einstweiligen Anordnung (§ 157 Abs. 3 FamFG)

In Verfahren wegen Kindeswohlgefährdung obliegt es dem Gericht nach § 157 Abs. 3 FamFG, unverzüglich nach Einleitung des Verfahrens – d. h. im Stadium des Erörterungsgesprächs nach § 157 FamFG[1293] – zu prüfen, inwieweit der Erlass einer einstweiligen Anordnung geboten ist, um der bestehenden Gefährdung kurzfristig entgegenwirken zu können.[1294] Es handelt sich um ein selbständiges Verfahren vor

1288 So auch *Wiesner*, in: AFET Nr. 71/2011, Ein Jahr FamFG, S. 11 (19).

1289 *OLG Hamm* v. 25.07.2011, 8 UF 50/11, FamRZ 2012, 725; *Hammer*, in: Prütting/Helms, FamFG, § 157 Rn. 27.

1290 Vgl. *AG Ludwigslust* v. 13.11.2009, 5 F 204/09, FamRZ 2010, 490.

1291 *Hammer*, in: Prütting/Helms, FamFG, § 157 Rn. 28.

1292 *Götz*, FF/FamFG spezial (2009), 20 (22).

1293 *Veit*, in: BeckOK-BGB, § 1666 Rn. 63; Staudinger/*Coester*, § 1666 Rn. 305.

1294 Zuletzt *OLG Brandenburg* v. 29.10.2013, 13 UF 208/13, BeckRS 2013, 19329; OLG Brandenburg v. 08.02.2010, 10 WF 230/09, FamRZ 2010, 1743 = ZKJ 2010, 251; BR-Drucks. 550/07, S. 13; BT-Drucks. 16/6308, S. 238; im Wege des KiWoMaG (2008) wurde die Regelung zunächst in § 50e Abs. 4 FGG (a.F.) gesetzlich verankert; hierzu: *Völker/Clausius*, in: Friederici/Kemper, § 157 Rn. 6: Abweichend von dem

oder neben dem Hauptsacheverfahren.[1295] Aus Gründen des effektiven Kindesschutzes verweist § 157 Abs. 3 FamFG auf die Prüfung einer einstweiligen Anordnung in Verfahren nach §§ 1666, 1666a BGB.[1296] Das Gericht ist befugt, auf Grundlage eines vorläufigen Ermittlungsergebnisses eine sofortige Maßnahme zur Abwendung der dem Kind drohenden Gefahr anzuordnen. Eine einstweilige Maßnahme ist erforderlich, wenn ein Kind einer Gefahr ausgesetzt ist und nicht abgewartet werden kann, bis sich die Gefahr weiter konkretisiert hat. Das Kind ist der potentiellen Gefahrenlage zu entziehen, um sodann mit der gebotenen Beschleunigung die Sachlage aufzuklären. Der Amtsermittlungsgrundsatz ist auch im Verfahren der einstweiligen Anordnung zu beachten.[1297] Für die Ermittlung der möglichen Kindeswohlgefährdung gilt der Maßstab, dass die Anforderungen an die Sachverhaltsermittlung höher sind, je weiter der Schaden in zeitlicher Ferne liegt.[1298] Eine Entscheidung ohne mündliche Verhandlung ist die Ausnahme.[1299] Voraussetzung für den Erlass einer einstweiligen Anordnung sind gem. § 49 Abs. 1 FamFG ein zu schützendes Recht sowie ein dringendes Regelungsbedürfnis.[1300] Beide Voraussetzungen erfordern eine summarische Prüfung.[1301] Die einstweilige Anordnung darf zugleich nur soweit gehen, wie es zur Beseitigung der akuten Gefahr nötig ist.[1302]

In der Folge sind nur abgeschwächte Anforderungen an den Grad der Wahrscheinlichkeit der Kindeswohlgefährdung zu stellen, wonach vereinzelt[1303] der dringende Verdacht einer Kindeswohlgefährdung für ausreichend erachtet wird, während andere[1304] auf die gewichtigen Anhaltspunkte für eine Kindeswohlgefährdung i.S. von § 8a Abs. 1 SGB VIII oder die mögliche Kindeswohlgefährdung i.S. des § 157 FamFG Bezug nehmen, um den Erlass einer einstweiligen Anordnung zu rechtfertigen. Einer erschöpfenden Sachverhaltsaufklärung bedarf es nicht und die ‚niedrige Eingriffschwelle' rechtfertigt sich mit der Einstweiligkeit der Maßnahme sowie der Dringlichkeit, das Kindeswohl zu schützen.[1305]

Wortlaut des § 157 Abs. 3 FamFG sollen auch andere Verfahren wegen Gefährdung des Kindeswohls erfasst sein, etwa solche nach § 1632 Abs. 4 BGB oder § 1682 BGB.

1295 Vgl. § 51 Abs. 3 FamFG; siehe hierzu ausführlich *Schnitzler*, FF 2012, 62 ff.

1296 Staudinger/*Coester*, § 1666 Rn. 305.

1297 Vgl. *OLG Düsseldorf*, FamRZ 1995, 182 (183).

1298 *BVerfG*, Beschluss v. 07.04.2014, 1 BvR 3121/13, Rn. 23, ZKJ 2014, 281 (283), FamRZ 2014, 907 (909).

1299 *Schnitzler*, FF 2012, 62 (65).

1300 *Veit*, in: BeckOK-BGB, § 1666 Rn. 64.

1301 *OLG Brandenburg* v. 29.10.2013, 13 UF 208/13, BeckRS 2013, 19329; *OLG Köln*, Beschluss v. 31.03.2010, 4 UF 59/10, BeckRS 2010, 12728.

1302 *Ernst*, FPR 2011, 195 (198).

1303 *OLG Koblenz* v. 29.09.2008, 13 WF 794/08, FamRZ 2009, 987 (988).

1304 Staudinger/*Coester*, § 1666 Rn. 307.

1305 Vgl. etwa *OLG Koblenz*, BeckRS 2009, 21321 = FamRZ 2009, 987 ff., wonach nicht endgültig geklärt war, ob eine Misshandlung vorliegt. Angenommen wurde jedoch eine sehr hohe Wahrscheinlichkeit, so dass die Kinder der potentiellen Gefahr im Wege einer einstweiligen Anordnung zu entziehen waren.

Problematisch ist die gleiche Unsicherheit, die wieder die Auslegung des unbestimmten Rechtsbegriffs der „möglichen" Kindeswohlgefährdung eröffnet[1306] sowie die Neugestaltung von Verfahren der einstweiligen Anordnungen, denen nicht mehr zwingend ein Hauptsacheverfahren folgt, § 52 FamFG, sondern die als selbständiges Verfahren ausgestaltet sind.[1307] Im Einzelfall können Unsicherheiten hinsichtlich des Prüfungsumfangs bestehen. Liegt etwa eine im Eilverfahren getroffene, jedoch unrichtige Entscheidung vor, ist fraglich, ob und inwieweit die falsche Entscheidung bestehen bleibt, wenn ein Hauptsacheverfahren nicht eingeleitet wird.[1308]

Die zu treffenden Maßnahmen müssen verhältnismäßig sein und es gilt das Gebot des geringstmöglichen Eingriffs. Gleichwohl dürfen keine vollendeten Tatsachen geschaffen werden. Wird eine einstweilige Anordnung als „summarisches Verfahren" in etwa scheinbar eindeutigen Fällen zu einer endültigen Gestaltung eingesetzt, ist dies ein Verstoß gegen Art. 6 GG.[1309] Ist im Wege einer einstweiligen Anordnung in elterliche Sorgerechte vorläufig eingegriffen und von einer vorherigen Anhörung der Eltern ausnahmsweise abgesehen worden, muss zwar eine Anhörung unverzüglich nachgeholt werden. Die „frühe" Erörterung mit den Beteiligten wird aber gewöhnlich nicht mehr den gewünschten Erfolg der „frühzeitigen Gefahrenabwendung" versprechen, da bereits Eingriffsmaßnahmen erfolgt sind.

G. Zusammenfassung zu Wortlaut und Anwendungsbereich des § 157 FamFG

Resümierend lässt sich zu Wortlaut und Anwendungsbereich des § 157 FamFG feststellen, dass sich hinsichtlich der Auslegung der Vorschrift Unsicherheiten zeigen. Der Richter erhält die Aufgabe, einer Gefahrenlage zu begegnen, die sich im Regelfall als noch schwer überschaubar erweist und zunächst aufgeklärt werden muss. Er soll im Beisein des Jugendamts – und im Regelfall auch weiterer Beteiligter – auf die persönlich zum Termin geladenen Eltern und in geeigneten Fällen auch auf das Kind autoritativ „einwirken" und die Bedeutung einer Kooperation mit dem Jugendamt verdeutlichen. § 157 FamFG erfordert ein verstärkt *prozesshaftes* Handeln des Richters.[1310] Die Aufgabe des Richters besteht nicht nur darin festzustellen, ob eine Gefährdung für das Wohl des Kindes vorliegt, sondern er soll als staatliche Autorität agieren, die den Eltern aufzeigen soll, dass das Gericht nicht etwa aus Gründen staatlicher Einmischung tätig wird, sondern aufgrund von

1306 hierzu bereits oben, Kap. 2, A. II. Zur Problematik der Einschätzung der Gefahrenlage auch *BVerfG*, Beschluss v. 24.03.2014, 1 BvR 160/14, BeckRS 49403.

1307 Zum Einstweiligen Rechtsschutz bei Kindschaftssachen im Verhältnis zum Hauptsacheverfahren vgl. ausführlich *Schnitzler*, FF 2012, 62 ff.

1308 *Oberloskamp*, in: AFET-Veröffentlichungen Nr. 71/2011, S. 37 (39); siehe auch *Borth/Grandel*, in: Musielak/Borth, FamFG, § 157 Rn. 8.

1309 Hierzu: Staudinger/*Coester*, § 1666 Rn. 310.

1310 Vgl. *Grabow*, in: Menne/Weber, S. 25 (37); *Flemming*, FPR 2009, 568 (570).

Anhaltspunkten, die auf eine Gefahrenlage für das Kind hinweisen und den Staat zum Einschreiten verpflichten. Je nach Fallkonstellation soll der Richter in der Rolle eines Mittlers oder Moderators agieren und die Vermittlung von Hilfen steuern. Als staatliche Autorität hat er es gleichwohl weiterhin in der Hand, eine verbindliche Entscheidung zu treffen, sollte eine Vermittlung nicht gelingen oder eine freiwillig in Anspruch genommene Hilfe keinen Erfolg versprechen.

Wenngleich der Gesetzgeber auf die gewollte Differenzierung zwischen der Erörterung der Kindeswohlgefährdung und der Anhörung der Eltern hinweist[1311], bleibt es mit Blick auf die Umsetzung offen, wie im Vorfeld einer konkret festgestellten Kindeswohlgefährdung entsprechende Hilfen erörtert werden sollen, ohne den Sachverhalt vollständig ermittelt und aufgeklärt zu haben. Es bedarf der Betrachtung der praktischen Wirklichkeit, ob und inwieweit es auf eine künstliche Trennung hinausläuft, zwischen einer Anhörung und einer Erörterung zu unterscheiden. Auch die Abgrenzung zum *„frühen ersten Termin"* nach § 155 Abs. 2 i.V.m. Abs. 1 FamFG ist nicht eindeutig, nachdem ebenso wie in § 157 Abs. 1 FamFG in der Vorrang- und Beschleunigungsnormierung des § 155 Abs. 1 FamFG auf Verfahren wegen Kindeswohlgefährdung Bezug genommen wird. Die Vorschrift des § 157 FamFG stellt gleichwohl eine Sondervorschrift für Verfahren nach §§ 1666, 1666a BGB dar, die wiederum keine zeitliche Vorgabe enthält. Dem Nebeneinander der Vorschriften der §§ 155 und 157 FamFG versucht der Gesetzgeber mit der Möglichkeit der Verbindung zu begegnen, die jedoch in der praktischen Umsetzung dazu führen kann, die Besonderheit des Erörterungsgesprächs zu übersehen.

Es zeigt sich ein kontroverser Meinungsdiskurs hinsichtlich der Bedeutung des unbestimmten Rechtsbegriffs der „möglichen" Kindeswohlgefährdung mit der Folge, dass es in der Praxis zu unzulässigen Eingriffen in die elterliche Sorge kommen kann, wenn nicht hinreichend differenziert wird, ob sich die Gefährdungsmomente verdichtet haben und einen Eingriff in die elterliche Sorge rechtfertigen. Wenn auch in der Fachöffentlichkeit wiederkehrend der Versuch unternommen wird, den Begriff der Gefährdung neu zu formulieren[1312] und die staatliche Eingriffsschwelle des § 1666 BGB neu zu definieren, erlaubt die Vorverlagerung der staatlichen Wächteramtsfunktion im Wege der familiengerichtlichen Erörterung allein abgeschwächte Einwirkungsmöglichkeiten auf die Eltern und diese auch nur dann, wenn zumindest gewichtige Anhaltspunkte für eine Kindeswohlgefährdung vorliegen und damit die vorgelagerte Schwelle zur Durchführung der Erörterung erreicht ist.[1313]. Die verdachtsunabhängige und mitlaufende Erziehungskontrolle der Eltern erweist sich als Eingriff in das verfassungsrechtlich geschützte Elterngrundrecht aus Art. 6 Abs. 2 S. 1 GG. Diese haben sich in vorgelagerten Einwirkungsmöglichkeiten zu erschöpfen, die lediglich darauf abzielen, die Eltern und in geeigneten Fällen das Kind

1311 BT-Drucks. 16/6815, S. 17, BT-Drucks. 16/6308, S. 237.

1312 So etwa *Röchling*, FamRZ 2007, 431 ff.; *Rosenboom*, S. 201 ff.

1313 Staudinger/*Coester*, § 1666 Rn. 88; *Coester*, in: Lipp/Schumann/Veit, Kindesschutz, S. 19 (40).

in die Pflicht zu nehmen, um bei der Aufklärung und Erörterung von Maßnahmen mitzuwirken.[1314] Die Erörterung ist lediglich die Vorstufe zu einem Sorgerechtseingriff nach § 1666 BGB.

An der Erörterung sind regelmäßig die Eltern, das Jugendamt im Regelfall sowie das Kind in geeigneten Fällen zu beteiligen. Um der Einbeziehung und Subjektstellung des Kindes im familiengerichtlichen Verfahren und bereits im Zeitpunkt des Erörterungsgesprächs zu genügen, erscheint die Hinzuziehung des Verfahrensbeistands dringend geboten. Hinsichtlich der Notwendigkeit der Einbeziehung bestehen angesichts der „Frühzeitigkeit" des Erörterungstermins Auslegungsdivergenzen mit dem Ergebnis, dass vereinzelt davon ausgegangen wird, dass es der Hinzuziehung eines Verfahrensbeistands zum Erörterungstermin nicht bedürfe. Seine Hinzuziehung hat jedoch stets frühzeitig zu erfolgen[1315] mit der Zielrichtung, hinreichend Einfluss auf das Verfahren und die Entscheidung nehmen zu können.

Von Bedeutung ist der nötige Konsens zwischen Gericht und Jugendamt, damit eine effektive Umsetzung des Erörterungstermins erfolgen kann. Sowohl Familiengericht als auch Jugendamt mögen gleichwohl der Meinung sein zu wissen, was für das Kind das Beste ist.[1316] Die frühzeitige Verknüpfung der unterschiedlichen Professionen hat aber nur dann Erfolg, wenn der Erörterungstermin dazu dient, den Eltern und ggfs. dem Kind transparent aufzuzeigen, welche Unterstützungsangebote der Jugendhilfe zu einer Abwendung der Gefahrenlage führen, wenn über die entsprechende Hilfe zwischen Familiengericht und Jugendamt ein Konsens besteht und das Jugendamt sich bereit erklärt, die Hilfe entsprechend umzusetzen.[1317]

1314 Staudinger/*Coester*, § 1666 Rn. 265.

1315 Vgl. § 158 Abs. 2 Nr. 2, Abs. 3 S. 1 FamFG.

1316 *Flemming*, ZKJ 2009, 315.

1317 *Lewe*, FPR 2012, 440 (442).

Kapitel 3: Die Ergebnisse qualitativer, explorativer Untersuchungen an Amtsgerichten/-Familiengerichten zur Umsetzung der Erörterung der Kindeswohlgefährdung

A. Zur Vorgehensweise und Zielsetzung der Untersuchung

Nachstehend wird die Umsetzung von Erörterungsgesprächen nach § 157 FamFG in der familiengerichtlichen Praxis explorativ untersucht. Nachgegangen wird der Frage, inwieweit eine frühzeitige Anrufung des Familiengerichts erfolgt und auf welche Weise und mit welcher Folge das Erörterungsgespräch umgesetzt wird. Ziel der Untersuchung ist es zu erfahren, wie sich das Rechtsinstitut des Erörterungsgesprächs in der familiengerichtlichen Praxis etabliert hat. Mit Blick auf die vorab aufgezeigte Fragestellung wird versucht, eine Aussage darüber zu treffen, ob, inwieweit und mit welchem Ergebnis es zu einer „frühzeitigen" Verknüpfung jugendhilferechtlicher und justizieller Aufgaben sowie einem Einwirken des Richters auf die Eltern kommt, wer an der Erörterung beteiligt ist, welches Rollenverständnis Jugendamt und Familiengericht zugrunde liegt und wie sich die Zusammenarbeit von Familiengericht und Jugendamt gestaltet. Die zu untersuchenden Aspekte orientieren sich an den Fragestellungen, die im öffentlichen Fachdiskurs existieren. Sie dienen als Grundlage für die Kategorien, die dem Untersuchungsdesign zugrunde liegen und in die abschließende Bewertung der Untersuchungsergebnisse miteinfließen.

Um eine Einsicht in die gerichtliche Umsetzungspraxis des Erörterungsgesprächs zu erhalten, das nach den bisherigen Kontroversen in der Fachöffentlichkeit als noch unbestimmt und bezüglich der Praxis seiner Anwendung als „unerforscht" gilt, wird untersucht, inwieweit mit Hilfe eines qualitativen Forschungsansatzes aus dem Bereich der Sozialwissenschaft ein Zugang zu der gerichtlichen Praxis ermöglicht werden kann, um die in der Fachöffentlichkeit aufgeworfenen Fragen mit Hilfe von Fallanalysen untersuchen zu können. Hierbei wird ein Einblick in die Praxis der Familiengerichte gewährt und aufgezeigt, inwieweit sich bereits gewisse Standards bzw. Regelmäßigkeiten in der Durchführung von Erörterungen nach § 157 FamFG zeigen.

I. Bisheriger Forschungsstand und Forschungslücken

Studien und Untersuchungen zur Erörterung der Kindeswohlgefährdung sind bislang nicht vorhanden. Im erneuten Abschlussbericht der Arbeitsgruppe

KiWoMaG[1318] sind dezidierte Ausführungen zur Umsetzung der Erörterung der Kindeswohlgefährdung noch nicht erfolgt. Lediglich Erwähnung findet das sog. „*Ermahnungs- bzw. Erziehungsgespräch*" in einer Arbeit von *Rosenboom*[1319], die sich auf die familiengerichtliche Praxis bei Kindeswohlgefährdung in Hamburg konzentriert und hierfür Akten ausgewertet und Expertengespräche geführt hat.[1320] Es erfolgt keine vertiefende Auseinandersetzung mit dem Rechtsinstitut, aber *Rosenboom* zeichnet den Diskurs nach, den es bereits zum Zeitpunkt ihrer Recherchen in den Jahren 2004 bis 2005[1321] auf der Grundlage des bayerischen Gesetzesantrags aus dem Jahre 1998[1322] zur Frage der Erforderlichkeit der Einführung eines „*richterlichen Erziehungsgesprächs*" gegeben hat und zu dem sich die von ihr befragten Familienrichter geäußert haben. Die bereits zum damaligen Zeitpunkt beobachteten Kontroversen spiegeln überwiegend den aktuellen Fachdiskurs wider, wonach der Einführung eines Erörterungsgesprächs bereits mit Skepsis begegnet worden ist. Die Bedenken beziehen sich auf die Frage der hinreichenden Berücksichtigung des Kindes an dem Gespräch, die Frage der möglichen Rollenvermischung von Jugendhilfe und Justiz[1323], wobei vereinzelt die Aufgabenwahrnehmung der Richter im Erörterungsgespräch als „Vermischung von Jugendstrafrecht und Familienrecht" empfunden wird.[1324]

Wie bereits aufgezeigt, existieren zahlreiche Unklarheiten hinsichtlich Sinn und Zweck der Gefährdungserörterung nach § 157 FamFG.[1325] Es fehlen Untersuchungsergebnisse zur bisherigen Umsetzung der Vorschrift in der Praxis. Auch liegen keine statistischen Auswertungen vor, ob und inwieweit Erörterungsgespräche der Kindeswohlgefährdung bei Gericht frühzeitig stattfinden und mit welchem Ergebnis.[1326] Die vorliegende Arbeit unternimmt den Versuch aufzuzeigen, inwieweit die aufgeworfenen Fragen ihre Entsprechung in der familiengerichtlichen Praxis finden.

II. Das Untersuchungsdesign

Gewählt wurde ein Untersuchungsansatz aus dem Bereich der empirischen Sozialforschung, der einen Zugang zur Praxis der Familiengerichtsbarkeit eröffnet und den Ablauf eines Erörterungsgesprächs nach § 157 Abs. 1 FamFG fokussieren kann.

1318 Abschlussbericht der AG KiWoMaG v. 14.07.2009 (ein Jahr nach Inkrafttreten des KiWoMaG); hierzu oben, Kap. 1, B. I. 7.

1319 *Rosenboom* (2006), S. 167 ff., 179 ff., 189 ff.

1320 u. a. wurde ein Interview mit dem Familienrichter *Rudolph*, dem Mitbegründer der „Cochemer Praxis" zur Thematik interdisziplinärer Kooperationen geführt, vgl. *Rosenboom*, S. 87 ff., 129 ff.

1321 Vgl. *Rosenboom*, S. 77.

1322 BR-Drucks. 645/98 v. 26.06.1998.

1323 *Rosenboom*, S. 169.

1324 *Rosenboom*, S. 168.

1325 Staudinger/*Coester*, § 1666 Rn. 264.

1326 Zu den aktuellen statistischen Datenerhebungen siehe bereits oben, Kap. 1, B. I. 6.

Von Bedeutung war es hierbei, einen über die juristisch-theoretische Methodologie hinausreichenden Einblick in die Thematik zu erhalten. Wenngleich es sich bei der Sozialforschung um einen „empirischen", d.h. einen „auf Erfahrung beruhenden" Untersuchungsansatz handelt[1327], versteht sich Sozialforschung als „theoriegeleitete Methodologie zur Entwicklung neuer und weiterer Theorien", wobei sich der Bereich qualitativer Sozialforschung durch eine Vielzahl unterschiedlicher Forschungstraditionen auszeichnet, die bereits auf ihre wissenschaftliche Qualität hin untersucht worden sind.[1328] Aus dieser Fachdiskussion heraus haben sich unterschiedliche Ansätze etabliert, die betrachtet worden sind, um das passende Design für die vorliegende Untersuchungsfrage zu entwickeln.

Der Zugang wurde bestimmt, nachdem die Auseinandersetzung mit dem Fachdiskurs zu § 157 FamFG in der Erkenntnis gemündet war, dass es der Betrachtung der Praxis bedarf, um erkennen zu können, wie das Erörterungsgespräch umgesetzt wird. Die Theorie verweist auf die Praxis, die es deshalb zu untersuchen galt.

1. Zur Auswahl des methodischen Instrumentariums und des qualitativen Untersuchungsansatzes

Es geht bei der nachfolgenden Analyse der Erörterungsgespräche um die Exploration eines „neuartigen" familiengerichtlichen Aufgabenbereichs und um die Entschlüsselung eines kommunikativen Prozesses. Es werden Aussagen generiert, die empirisch begründet sind.

Zur Erforschung der Fragestellung wurde der Untersuchung zunächst ein *qualitativ/ induktiver*"[1329] bzw. *„theoriegeleiteter"* Forschungsansatz zu Grunde gelegt. Um die konkrete Umsetzung des Erörterungsgesprächs in der Praxis vereinzelter Familiengerichte aufzeigen zu können, erfolgt die Verbindung zwischen einer deskriptiven und einer qualitativ-phänomenologischen Perspektive, d.h. zwischen dem Ansatz der Feldforschung und der Einzelfallanalyse – hierbei durch die qualitativen Forschungsmethoden der offenen, nicht-teilnehmenden Beobachtung und des die Beobachtung ergänzenden problemzentrierten, offenen und leitfadengestützten Experteninterviews mit Familienrichtern und Fachkräften des Kinder- und Jugendhilfesozialdienstes von Jugendämtern.

Weil das Erörterungsgespräch in seiner aktuellen Ausgestaltung erst durch das KiWoMaG (2008) eine gesetzliche Konkretisierung erfahren hat und dessen eigentliche Funktion noch nicht abschließend geklärt ist, war ein Forschungsansatz zu wählen, der den Gegenstandsbereich Erörterungsgespräch zunächst exploriert und nach der Art und Weise der Umsetzung einer derartigen Erörterung fragt. Anders als bei den *„quantitativ/ deduktiv"* bzw. *„theorietestenden"* Verfahren der *quantitativen*

1327 *Gläser/Laudel*, S. 24.

1328 Vgl. *Creswell*, S. 78 f.

1329 *Mayring*, S. 9 ff., 19 ff., 40 ff.

Sozialforschung[1330], wonach mit Hilfe von standardisierten Daten und statistischen Erhebungen im Wege breit angelegter Forschungsprozesse nach Kausalzusammenhängen gesucht wird, die in eine Beschreibung dieser Sachverhalte durch Zahlen münden und eine Reduktion sozialer Komplexität implizieren[1331], bot es sich an, einen Ansatz aus der *qualitativen Sozialforschung* zu wählen, der nach den Kausalmechanismen fragt, die unter gewissen Bedingungen erst bestimmte Effekte hervorbringen.

Die *qualitative* Forschung basiert i.d.R. auf der detaillierten Analyse eines oder weniger Fälle und der Interpretation sozialer Sachverhalte, die erst in eine verbale Beschreibung dieser Sachverhalte münden.[1332] Sie zielt darauf ab, einen Untersuchungsgegenstand zu erforschen und Hypothesen oder Erklärungsmuster zu entwickeln, um soziale Phänomene tiefgründiger zu analysieren und Sinnstrukturen sichtbar zu machen. Aus einzelnen Beobachtungen setzen sich erste Kontextvermutungen zusammen, die dann „induktiv" durch systematische weitere Beobachtungen erhärtet und anschließend überprüft werden.[1333] In der Praxis qualitativer Forschung gibt es nicht die eine richtige Methode, sondern ein methodisches Spektrum unterschiedlicher Ansätze, die je nach Fragestellung auszuwählen sind.

Aufgrund der „Neuartigkeit" des Erörterungsgesprächs galt es, einen Untersuchungsansatz zu wählen, der den Forscher in die Lage versetzt, ein noch relativ unerforschtes Rechtsinstitut mit gezielten Fragestellungen erst zu ergründen. Um die beobachteten Erkenntnisse sodann zu analysieren, galt es mögliche Strukturen zu identifizieren und diese Erkenntnisse für eine weiterführende Forschung nutzbar zu machen. Derart gestaltete Erkenntnisprozesse erlauben es grundsätzlich, empirisch begründete Aussagen darüber zu treffen, ob bestimmte Aspekte generalisierbar sind. Im Mittelpunkt der vorliegenden qualitativen Untersuchung stehen systematische und auf wissenschaftlichen Regeln basierende Beobachtungen eines bestimmten Ausschnitts der sozialen Wirklichkeit, um durch eine Verknüpfung von Theorie und Empirie[1334] zu einer Weiterentwicklung der in der Fachöffentlichkeit diskutierten Theorien beitragen zu können. Diese werden verknüpft mit Erkenntnissen, die durch offene und leitfadengestützte Expertenbefragungen generiert worden sind. Die vorliegende Untersuchung gibt einen exemplarischen Einblick in die familiengerichtliche Praxis und erhebt keinen Anspruch auf Repräsentativität.

1330 Vgl. *Gläser/Laudel*, S. 26.
1331 *Gläser/Laudel*, S. 27.
1332 *Gläser/Laudel*, S. 26.
1333 *Mayring*, S. 36.
1334 *Schirmer*, S. 56 ff.: hiernach fußt empirische Forschung auf den zwei Aspekten der *Empirie* (Erfahrung, über Beobachtung erfolgend; das, was eine Person beobachtet) und der *Theorie* (die abstrakte, gedankliche Auseinandersetzung mit einer Thematik).

2. *Gründe für die Nichtberücksichtigung anderer Forschungsmethoden*

Von einer *Aktenanalyse* familiengerichtlicher Verfahren wegen Kindeswohlgefährdung und hierbei speziell der Niederschrift von Erörterungsgesprächen nach § 157 FamFG wurde abgesehen. Zwar bietet sich die Analyse von familiengerichtlichen Akten und Urteilen bzw. Beschlüssen[1335] als Methodik an, wenn es darum geht, reale Fälle im Hinblick auf bestimmte Merkmale hin zu untersuchen. Sie bietet den Vorteil, reale Fallverläufe auszuwerten, die im Rahmen einer tatsächlichen Verhandlungssituation entschieden worden sind und den Ablauf des Verfahrens zuverlässig aufführen. Jedoch abgesehen von dem aus datenschutzrechtlichen Gründen erschwerten Zugang zu familiengerichtlichen Akten, der unzureichenden Erfassung von Verfahren nach §§ 1666, 1666a BGB in den Gerichten[1336], wonach bereits fraglich ist, ob und inwieweit Erörterungsgespräche nach § 157 Abs. 1 FamFG detailliert aufgezeichnet werden[1337], sowie der Analyse und Auswertung der Akteninhalte, die mit den zur Verfügung stehenden Ressourcen nicht in einem adäquaten zeitlichen Rahmen hätte bewerkstelligt werden können, stellte die Methodik der Aktenanalyse nicht die geeignete empirische Methode zur Untersuchung der Neuregelung dar. Aktenanalysen liefern eine rein subjektive Dokumentation der Verhandlung und skizzieren den Verlauf der Sitzung. Die gerichtlichen Erörterungen stellen außerdem lediglich auf einen Verfahrensschritt im Vorfeld einer Entscheidung ab und begründen ihrer Grundkonzeption zufolge einen dialogischen Prozess, der in Form eines Gesprächs zwischen unterschiedlichen Beteiligten stattzufinden hat. Akten können nur formelle und objektive Geschehnisse entnommen werden. Sie geben nur wenig Aufschluss über die Frage der konkreten Umsetzung eines dialogischen Prozesses. Auch eine Vergleichbarkeit zu anderen Erörterungsterminen lässt sich durch die bloße Analyse von Akten nicht dokumentieren. Jedes Erörterungsgespräch unterscheidet sich von anderen hinsichtlich der Art und Weise der Durchführung sowie hinsichtlich der Entscheidungsfindung des jeweils mit der Sache betrauten Familienrichters. In einer reinen Aktenanalyse wäre es jedoch entscheidend, eine Vergleichbarkeit herzustellen, damit unterschieden werden kann,

---

1335 Seit Einführung des FamFG zum 1.09.2009 wird die Begrifflichkeit Beschluss statt Urteil verwendet.

1336 Die gezielte Nachfrage bei Gerichten nach der Möglichkeit der Auswertung von Akteninhalten betreffend Verfahren nach §§ 1666, 1666a BGB ergab, dass die einzige Konstante in der gerichtlichen Statistik die *Zählkarte* sei, die allerdings nur darüber Auskunft gebe, dass es sich um ein *Sorgerechtsverfahren* handelt. Eine weitere Spezifizierung werde nicht vorgenommen. In den angefragten Gerichtsbezirken hatte sich überdies mit Einführung des FamFG zum 01.09.2009 das PC-System geändert und es konnte auf Verfahren vor dem Zeitraum 2009 nicht mehr bzw. nur eingeschränkt zugegriffen werden.

1337 *Schumann*, in: MüKo-ZPO, § 157 FamFG Rn. 10. Zur Frage der Berücksichtigung der Ergebnisse des Erörterungsgesprächs nach § 157 FamFG in der Sitzungsniederschrift nach § 28 Abs. 4 FamFG vgl. oben, Kap. 2, A. V. 1. d.

inwieweit die Unterschiede richter- oder fallbedingt aufgetreten sind.[1338] Aus dem alleinigen Studium von Akteninhalten können außerdem weder die Methoden der Durchführung noch die Befindlichkeiten der Beteiligten erfahren werden, da eine Akte nur das für die rechtliche Entscheidung relevante Aktenmaterial enthält. Gerade die Methoden und Befindlichkeiten der Beteiligten sowie die Besonderheiten des frühzeitigen Zusammenwirkens von Jugendhilfe und Justiz waren jedoch notwendig zur Erkenntnisgewinnung.

Von der Durchführung einer bundesweit angelegten *schriftlichen Befragung* von Familienrichtern unter Versendung eines standardisierten Fragebogens wurde ebenfalls abgesehen. Um die Richter zu erreichen, hätten sämtliche Amtsgerichte in der Bundesrepublik angeschrieben werden müssen, nach vorheriger Einholung einer Genehmigung der jeweiligen Landesjustizminister. Die Amtsgerichtsdirektoren hätten gebeten werden müssen, die entsprechenden Fragebögen an die entsprechenden Familiengerichte weiterzuleiten. Das Verfahren der schriftlichen Befragung bietet zwar den Vorteil, dass sich eine sehr große Personenzahl über eine große Distanz und unter Wahrung der Anonymität zu Forschungszwecken positionieren und bei adäquatem Rücklauf der Fragebögen ein breitgefächertes Stimmungsbild als Forschungsergebnis erzielt werden kann.[1339] Angesichts der Unklarheiten hinsichtlich der Identität der Teilnehmer an der Studie war jedoch von der Durchführung einer schriftlichen Befragung abgesehen worden. Wenngleich ein Fragebogen alle bundesweit in der Familiengerichtsbarkeit tätigen Richter hätte erreichen können, wäre das Risiko eines nur geringen Rücklaufs verblieben, je nach Umfang des Fragebogens und Interesses der angeschriebenen Richter an der Teilnahme. Bei schriftlicher Befragung bestand überdies die Gefahr, dass offen gestellte Fragen nicht ausreichend beantwortet worden wären, etwa weil Fragen schematisch gestellt und ein komplexer Lebenssachverhalt aufgrund eines standardisierten Fragenkataloges bereits im Vorfeld reduziert worden wäre. Vor diesem Hintergrund wäre ein Rückgriff auf einen quantitativen, deduktiven Untersuchungsansatz nicht zielführend gewesen, zumal ein solcher Ansatz bereits ein umfangreiches Vorwissen über die Materie vorausgesetzt hätte, um standardisiert vorgehen und nach Kausalzusammenhängen suchen zu können.[1340] Dies war hier nicht der Fall, sondern es galt, die Neuartigkeit des Rechtsinstituts erst zu untersuchen.

1338 Siehe etwa *Buckolt*, S. 89, der aus diesem Grund eine bundesweite schriftliche Richterbefragung zu einer strafrechtlichen Fragestellung durchgeführt hat.

1339 *Flick*, S. 359 ff.; vgl. etwa *Hannemann/Stötzel*, ZKJ 2009, 58 ff., die eine bundesweite Studie zur Verfahrenspflegschaft (jetzt bezeichnet als Verfahrensbeistand) im deutschen Rechtssystem im Wege einer quantitativen Fragebogenerhebung durchgeführt haben.

1340 Standardisierte Fragestellungen zu erstellen, um die Frage nach einer etwaigen Umsetzung des Erörterungsgesprächs in der familiengerichtlichen Praxis zu ermitteln, hätte die Gefahr enthalten, wichtige Erkenntnisse von vornherein auszuklammern, indem der Sachverhalt durch eine Standarisierung der Fragestellung reduziert worden wäre.

3. *Die ausgewählte Forschungsmethodik*

Als Methodik der mit der Untersuchungsfrage verbundenen wissenschaftlichen Erkenntnisgewinnung kommt für das vorliegende Untersuchungsverfahren die *nicht- teilnehmende Beobachtung* sowie die Methodik der offenen, leitfadengestützten *Expertenbefragung* in Betracht.

a. *Feldforschung – die Durchführung von nicht- teilnehmenden Beobachtungen von „Erörterungen der Kindeswohlgefährdung" an Familiengerichten*

Grundgedanke der Feldforschung ist es, einen Gegenstand möglichst in seinem natürlichen Kontext zu untersuchen, um Verzerrungen durch eine wirklichkeitsferne Außenperspektive zu vermeiden. Der Forscher begibt sich in die Umgebung des Untersuchungsgegenstandes. Die *Beobachtung* ist die Hauptmethode, die hier zum Einsatz kommt. Beobachtungen werden in vielfältiger Hinsicht im wissenschaftlichen Prozess der Datenerhebung genutzt und können bei explorativen, hypothesengenerierenden Fragestellungen dazu dienen, Einblicke in ein noch wenig bearbeitetes Forschungsgebiet zu erhalten.[1341] Allgemein wird die Beobachtung als die „ursprünglichste" Datenerhebungstechnik betrachtet und zugleich als empirische Methodik der Datenerhebung gewertet, wenn sie einem bestimmten Forschungszweck dient, systematisch geplant und aufgezeichnet wird.[1342]

Die Feldforschung möchte Aussagen darüber treffen, „wie sich der Mensch in seiner sozialen und materiellen Umwelt verhält, was er tut (...) und was ihn veranlasst, es zu tun".[1343] Der Vorteil der Feldforschung durch die Methodik der *Beobachtung* wird darin gesehen, dass – und dies anders als bei Experimenten, Fragebogenuntersuchungen oder Interviewstudien – keine Verzerrungen auftreten, indem nicht in natürlich ablaufende Prozesse eingegriffen, sondern der Handlungsprozess „als solcher" beobachtet wird.[1344] Der Forscher ist näher an der Realität beteiligt und es wird ihm ermöglicht, die Perspektive der Beteiligten aus nächster Nähe kennen zu lernen. Die Methodik der Beobachtung bietet einen direkten Zugang zu einem Verfahren und gewährt einen eigenständigen Einblick in ein Geschehen, während Interviews und Erzählungen nur Daten und Darstellungen über die jeweiligen Handlungsweisen aus der Sichtweise eines Dritten darbieten können.[1345] Die Feldforschung ist gleichwohl nur dann ein sinnvolles Untersuchungsinstrumentarium, wenn das zu untersuchende Feld dem Forscher auch zugänglich ist und dieser in

---

1341 *Schnell/Hill/Esser*, S. 397; *Mayring*, S. 82.

1342 vgl. zur Methodik der „Beobachtung" im Rahmen der Justizforschung: *Lautmann*, S. 43 ff. Seinem Forschungsansatz liegt die „teilnehmende Beobachtung" zugrunde.

1343 *Mayring*, S. 55.

1344 Vgl. *Mayring*, S. 55.

1345 *Flick*, S. 281.

dem zu untersuchenden Feld eine Position einnimmt, die ihn nicht zum Fremdkörper oder Störer werden lässt.[1346]

Als Erhebungsinstrument wurde die *offene, nicht-teilnehmende* Beobachtung gewählt. Um eine „*offene*" Beobachtung handelt es sich, wenn den beobachteten Personen bekannt gemacht wird, dass sie beobachtet werden. Entsprechend werden Beobachtungen, in denen der Beobachter nicht selbst Interaktionspartner wird und die beobachtete Handlung lediglich protokolliert, als „*nicht-teilnehmende*" Beobachtung bezeichnet.[1347] Der Forscher ist nicht auf die subjektiven Auskünfte Dritter beschränkt, sondern kann sich einen eigenen Eindruck des Ablaufs verschaffen. Er kann auf Verhaltensweisen reagieren, die sich Akteninhalten und perspektivischen Befragungen nicht entnehmen lassen.

In der vorliegenden Untersuchung wurde die Beobachtung „offen" durchgeführt und bekannt gemacht, da die Beobachterin ihre Anwesenheit erfragen musste. Den Beteiligten war bewusst, dass ein externer Teilnehmer zu Forschungs- bzw. Untersuchungszwecken an dem Gespräch anwesend ist. Die Beobachterin trat lediglich stillschweigend und nicht aktiv intervenierend in Erscheinung und nahm auf der Zuschauerbank im Gerichtssaal Platz. Die Teilnahme an den stets unter Ausschluss der Öffentlichkeit erfolgenden Gesprächen erfolgte aufgrund einer besonderen Ermächtigung des Gerichts und auf der Grundlage des Einverständnisses der an dem Gespräch beteiligten Personen. Die Teilnahme erforderte die zurückhaltende und dennoch aufmerksame Rolle der Beobachterin.

aa. Zur Festlegung der Fragestellung

Das Zentrum des Erkenntnisinteresses bildete die Frage, wie ein Erörterungsgespräch in der praktischen Wirklichkeit des gerichtlichen Verfahrens implementiert wird. Ein entsprechend an die jeweiligen Richter formuliertes Schreiben führte auf, dass sich die Untersuchung mit der Erörterung der Kindeswohlgefährdung nach § 157 FamFG beschäftige und angesichts der in der Fachöffentlichkeit vorherrschenden Unsicherheiten die Beobachtung von Erörterungsterminen für die weitergehende Untersuchung hilfreich wäre, um einen Einblick in die gerichtliche Umsetzungspraxis zu erhalten.[1348]

bb. Schwierigkeiten bei der Herstellung der Feldkontakte und der Materialsammlung

Die Schwierigkeit der Herstellung der Feldkontakte bestand zunächst darin, den Zugang zu einer ausreichenden Anzahl aktuell anhängiger familiengerichtlicher Verfahren zu erhalten, nachdem es sich bei Verfahren wegen Kindeswohlgefährdung

---

1346 zur Schwierigkeit des Feldzugangs siehe nachfolgend, Kap. 3, A. II. 3. a. bb.
1347 *Schnell/Hill/Esser*, S. 382.
1348 Zum Schreiben an die Richterschaft vgl. Anhang (1).

generell um Verfahren handelt, die nicht häufig und je nach Gerichtsbezirk sogar selten durchgeführt werden.

Der Zugang zur Richterschaft gestaltete sich ebenfalls problematisch, nachdem es in Deutschland keine Statistik über die an den Amtsgerichten/ Familiengerichten tätigen Richter gibt. Es existiert eine Auflistung der OLG-Bezirke, allerdings ohne Namensliste der in den jeweiligen Abteilungen tätigen Richter.[1349] Eine schriftliche Anfrage über den Deutschen Richterbund und Telefonate mit Familienrichterinnen und -richtern hatten ergeben, dass die Mehrzahl der Familienrichter die Teilnahme der Autorin an der nicht-öffentlichen Verhandlung eines Verfahrens wegen Kindeswohlgefährdung nicht genehmigen wollte. Selbst die bloße Anwesenheit einer Beobachterin könne sich als störend auf einen Verhandlungsverlauf auswirken, der den sensiblen Bereich von Kindeswohlbelangen betreffe. Nur sechs der insgesamt dreizehn befragten Richter erklärten sich schließlich dazu bereit, die Beobachterin zu Forschungszwecken an der Sitzung teilnehmen zu lassen und für eine anschließende Befragung zur Verfügung zu stehen. Die Zusammenarbeit gestaltete sich in allen Fällen als überaus angenehm und kooperativ.

Im Zeitraum zwischen Februar 2012 und März 2013 konnten in dem verfügbaren Rahmen insgesamt acht gerichtliche Beobachtungen an Amtsgerichten- Familiengerichten durchgeführt werden. Die qualitative Studie wurde anonymisiert durchgeführt.[1350] Auf die Nennung der Gerichtsbezirke wird verzichtet.

cc. Verwendung eines Beobachtungsbogens und Auswahl der Beobachtungskategorien

Jeder Beobachtung bei Gericht wurde ein Beobachtungsprotokoll[1351] zugrunde gelegt. Dies erfolgte in Anlehnung an die Anfertigung eines ethnographischen Beobachtungsprotokolls nach *Przyborski/Wohlrab-Sahr*[1352] und *Riemann*[1353], wonach die eigenen Beobachtungen in Form von Feldnotizen (sog. „field notes") festgehalten werden und das Vorgehen der Reflexion und Infragestellung eigener eingespielter Typisierungen und ethnischer Kategorisierungen dient – indem etwa das Beobachtete seitens des Beobachters subjektiv bewertet wird und einen möglichen Diskurs über Fehler im professionellen Handeln eröffnet. Bei der Anfertigung der ethnographischen Feldnotizen ist darauf zu achten, diese derart anzufertigen, dass es einer fremden Leserschaft möglich ist, eine Analyse des Textes vorzunehmen und eine Haltung einzunehmen, die die Ordnung und Unordnung eines sozialen Prozesses herausarbeiten kann. Es ist zwischen der eigenen, inneren Perspektive

1349 *Deutscher Richterbund*, Handbuch der Justiz (2010/2011).

1350 Qualitative Studien werden prinzipiell anonymisiert durchgeführt, vgl. www.pedocs.de, Internetadresse_31.

1351 Zur Vorlage des Beobachtunsprotokolls vgl. Anhang (2).

1352 Vgl. *Przyborski/Wohlrab-Sahr*, Kap. 3.2.1, S. 63 ff.

1353 *Riemann*, S. 254.

und der äußeren Handlung sowie zwischen den Perspektiven der unterschiedlichen Akteure zu unterscheiden und es gilt, die Sprache des Feldes zu kennzeichnen.[1354]

Neben der Zielsetzung, den Sitzungsverlauf in chronologischer Abfolge zu erfassen, war darauf zu achten, zwischen der allein objektiven und unreflektierten Beobachtung und der daran anschließenden theoretischen Reflexion und der Erfassung von Besonderheiten der Beobachtung zu trennen. Im Beobachtungsprotokoll wurde folglich zwischen der Beschreibung von Ort, Zeit und Räumlichkeit, der eigentlichen Beobachtung des Ablaufs (dies sind die empirischen Notizen)[1355], Kontextinformationen, einer methodischen Reflexion und Rollenreflexion[1356] sowie einer theoretischen Reflexion[1357] unterschieden. Die Kategorisierung der Beobachtung ermöglichte die umfassende Erfassung und Kommentierung des Materials. Auf den jeweiligen Kontext und die direkte Beobachtung von Verhaltensweisen, Ausdrucksweisen und Körpersprache bezogen, konnten zusätzlich besondere Eindrücke in das Protokoll mit aufgenommen werden.

Die Niederschrift der Beobachtungen erfolgte in Form eines Berichts und in der Form einer chronologisch sequenzierten Darstellung bzw. Beschreibung. Begonnen wurde mit der Niederschrift des Anfangs der Beobachtung, gefolgt von dem Ablauf der Ereignisse in ihrer gegebenen zeitlichen Ordnung. Jeder Bericht endete mit der Beendigung des Feldkontaktes. Festgehalten wurde ebenfalls das Erscheinungsbild von Örtlichkeit, Personen und Kontextinformationen, die im Vorfeld oder Anschluss der Beobachtung erfolgten. Die im Anschluss an die jeweiligen Beobachtungen erfolgte Erfassung des Fallverlaufs in chronologischer Abfolge verhalf zur Beibehaltung der ursprünglichen Darstellung und Strukturierung des Gesprächsverlaufs.

dd. Örtliche und zeitliche Begrenzung der Beobachtung

Die Beobachtungen erfolgten örtlich und zeitlich begrenzt. Eine örtliche Begrenzung erfuhren die Fallbeobachtungen, indem sämtliche Sitzungstermine in einem Gerichtssaal unter Anwesenheit der jeweils handelnden Akteure stattgefunden haben.[1358] Zeitlich war jede Beobachtung begrenzt auf den jeweils vom Richter anberaumten Zeitraum des Termins. Dieser variierte von einer halben Stunde bis zu zwei Stunden, je nach Sachlage. In sieben von acht Fällen waren die Erörterungstermine von den Richtern bewusst als terminlich letzter Termin am jeweiligen

---

1354 *Riemann*, S. 255.

1355 Notiert wird der genaue Sitzungsverlauf: Wer macht was und mit wem? Gibt es Routinen, bestimmte Methoden, besondere Ereignisse? Gibt es hervorgehobene Personen mit höherer Kontakthäufigkeit und besonderen Befugnissen, Gruppenbildungen, Hinweise auf relevante Beziehungen; gibt es kritische Situationen und wie ist der Umgang damit; gibt es Einflüsse von außen, die sich im Feld bemerkbar machen und wodurch?

1356 Betroffen ist die Frage, welche Bedeutung bestimmten Personen zukommt.

1357 Es erfolgt eine erste theoretische Interpretation zu dem Beobachteten.

1358 Zur Analyse der jeweiligen Beobachtungen vgl. nachfolgend Kap. 3, B.

Verhandlungstag anberaumt und auf einen Zeitpunkt terminiert, der die Möglichkeit eröffnete, die Erörterung nicht zeitlich „nach hinten" begrenzen zu müssen.

b. Die Durchführung von offenen, leitfadengestützten Experteninterviews mit Familienrichtern an Amtsgerichten und Fachkräften des Jugendamts

Da sich subjektive Bedeutungen von Geschehnissen nicht ohne weiteres aus Beobachtungen ableiten lassen, wurden zusätzlich zur Beobachtung Experteninterviews geführt, um die jeweils handelnden Akteure Familiengericht und Jugendamt als Experten für ihre eigenen Bedeutungsinhalte zur Sprache kommen zu lassen. Als Experte gilt derjenige, der aufgrund einer im Regelfall langjährigen Erfahrung über bereichsspezifisches Wissen bzw. Können verfügt.[1359] Die Expertengespräche sollten in sinnvoller Ergänzung zu den Beobachtungen dazu beitragen, weitergehende Erkenntnisse zu gewinnen. Die Interviewtechnik bietet die Möglichkeit, durch eine vertiefende Exploration der Sichtweise der handelnden Akteure einen Einblick in weitere Fallverläufe zu gewinnen, die wiederum als Resultat eines reflexiven Erfahrungswertes des Experten einen weiteren Forschungsbeitrag leisten können. Ziel war es, die Sichtweise der jeweils handelnden Akteure zu erfahren, um Gemeinsamkeiten und Unterschiede der Befragten und ihrer Professionen herauszuarbeiten und Aussagen über Wissensbestände, Interpretationen, Deutungsmuster, sowie über mögliche weitere Sichtweisen auf die Problematik zu erhalten. Die Verknüpfung verschiedener qualitativer Methoden und empirischen Datenmaterials (Triangulation) beugt subjektiven Verzerrungen vor und trägt zu einer Erhöhung der Ergebnisqualität bei.[1360]

aa. Auswahl der Untersuchungsobjekte – Erfassung der Familienrichter und Jugendamtsmitarbeiter und Kontaktaufnahme

Insgesamt wurden zwischen Februar und Juni 2012 insgesamt sechs leitfadengestützte Interviews mit Familienrichtern an Amtsgerichten durchgeführt. Die Richterbefragungen erfolgten jeweils im Vorfeld oder im Anschluss an die Beobachtungen der Erörterungstermine sowie vereinzelt auch gesondert und unabhängig von den jeweiligen Beobachtungen. Die Dauer der Gespräche variierte von ca. dreißig Minuten bis zu eineinhalb Stunden. Gezielt angefragt wurden diejenigen Richter, deren Erörterungstermine beobachtet worden sind.

Zusätzlich erfolgten fünf Experteninterviews mit Fachkräften von Jugendämtern. Der Zugang zu den agierenden Jugendamtsmitarbeitern erfolgte nach telefonischer Kontaktaufnahme im Vorfeld der Befragung. Die Kontaktherstellung erfolgte zum Teil durch direkte Ansprache im Anschluss an einen gerichtlichen Sitzungstermin. Auch die Befragungen gestalteten sich sehr angenehm und die befragten Fachkräfte präsentierten sich als überaus kooperativ.

1359 *Mayring*, S. 66.
1360 *Flick*, S. 44 ff.

Es galt, ein möglichst breites Spektrum an möglichen Fachkräften und Richtern anzufragen, nachdem für Experteninterviews solche Personen in Betracht kommen, die über eine möglichst langjährige Erfahrung und ein bereichsspezifisches Wissen verfügen. Um eine bestimmte Anzahl von Fällen zu generieren, sind jedoch im Ergebnis auch solche Personen befragt worden, die noch nicht über ein umfassendes Erfahrungsspektrum verfügen. Die Experten sind aus diesem Grunde zur Dauer ihrer bisherigen Tätigkeit als Familienrichter bzw. Mitarbeiter im Jugendamt befragt worden.[1361] Fehlendes bereichsspezifisches Wissen ist an den betreffenden Stellen kenntlich gemacht worden.

bb. Die Datenerhebungstechnik des Leitfadeninterviews, Konzeption und Aufbau

Das *Experteninterview* ist eine qualitative Forschungsmethode zur Rekonstruktion komplexer Wissensbestände über einen zu untersuchenden Gegenstand. Nicht die befragte Person selbst bildet den Gegenstand der Analyse, sondern der organisatorische oder institutionelle Zusammenhang, in der sich die Person als funktionaler Experte befindet.[1362] Experte ist somit derjenige, der ein besonderes Wissen über soziale Sachverhalte besitzt und selbst Teil des Handlungsfeldes ist, das den Gegenstand der Untersuchung bildet.[1363] Nach *Meuser* und *Nagel*[1364] ist es derjenige, der in irgendeiner Weise Verantwortung für die Implementierung oder die Kontrolle einer Problemlösung trägt oder der über einen privilegierten Zugang zu Informationen über Personengruppen oder Entscheidungsprozesse verfügt. Das Experteninterview selbst ist die Methode, das Wissen des Experten zu erschließen.[1365] Die Experteninterviews haben die Aufgabe, dem Forscher die exklusiven Erfahrungen und Wissensbestände des Experten zu vermitteln und damit einen Einblick in klar definierte Wirklichkeitsausschnitte und Erfahrungswerte zu gewähren. Demzufolge basieren die in Interviews gewonnenen Erkenntnisse auf den praxisbezogenen Einschätzungen derjenigen Menschen, die als Repräsentanten einer Organisation und deren Einbindung in Problemlösungsmechanismen und Entscheidungsstrukturen als Experten gelten.[1366]

Für die Experteninterviews wurde ein *Leitfaden* entwickelt, der *nichtstandardisiert* erfolgte, um den jeweiligen Experten die Bestimmung der Reihenfolge des Gesprächsverlaufs zu überlassen, sowie die Entscheidung darüber, in welchem Kontext die Fragen erörtert werden sollen. Das „Leitfadeninterview“ bzw. „offene

1361 vgl. Fragebogen Jugendämter, Anhang (4). Von 11 befragten Experten handelte es sich bei 3 Experten um Fachkräfte, die noch nicht über eine langjährige Berufserfahrung in dem Tätigkeitsbereich verfügten, sondern über ein Erfahrungsspektrum von bis zu einem Jahr.

1362 *Flick*, S. 139 f.; *Meuser/Nagel*, S. 442.

1363 *Schirmer*, S. 194.

1364 *Meuser/Nagel*, S. 443.

1365 *Gläser/Laudel*, S. 10.

1366 *Meuser/Nagel*, S. 443.

Interview" gehört zu den nichtstandardisierten Verfahren, bei dem sich der Forscher einer Liste offener und vorab erstellter Fragen bedient, diese aber nicht als zwingendes Ablaufmodell verwendet.[1367] Der Leitfaden dient als Gerüst und die einzelnen Themenkomplexe enthalten offen gehaltene Erzählaufforderungen, mit denen der Befragte dazu angehalten wird, seine subjektiven Einschätzungen und Erfahrungen anhand von konkreten Schilderungen von Erlebnissen sowie Beispielen aufzuzeigen.[1368] Mithilfe des Leitfadens wird die Interviewthematik eingegrenzt und einzelne Themenkomplexe werden vorgegeben. Die offene Fragetechnik und die nichtstandardisierte Vorgehensweise erlauben dennoch eine vertiefende Erörterung der Thematik. Das Gespräch wird „offen" durchgeführt, wodurch ein Maximum an Informationsgewinnung erzielt werden kann.[1369] Dem Interviewer wird Raum gegeben für Vertiefung und Nuancierung, die mit vorgegebener Kategorisierung nicht erfasst werden könnte. Die Interviewperson stellt Inhalte aus einer ganz bestimmten Perspektive dar und bewertet diese aus ihrer Sichtweise, so dass dies in der Regel nicht die individuelle Perspektive der befragten Person zeigt, sondern eine Mischung aus den Perspektiven unterschiedlicher persönlicher Aspekte, die offenes, ebenso wie verborgenes, geheimes, reflektiertes, unreflektiertes, formelles und informelles, bewusstes und unbewusstes Wissen preisgibt.[1370] Das Interview lässt den Befragten möglichst frei zu Wort kommen, ist aber ununterbrochen fokussiert auf eine bestimmte Problemstellung, die der Interviewer zunächst einführt und auf die er immer wieder zu sprechen kommt.[1371]

Die gezielte Befragung der Familienrichter sollte einen Zugang zu der bedeutsamen Frage eröffnen, wie das Erörterungsgespräch aus richterlicher Perspektive von diesem und den Beteiligten erlebt wird, in welchen Konstellationen es typischerweise zur Anwendung gelangt, wie sich die Kooperation mit dem Jugendamt gestaltet und inwieweit etwaige Zusagen der Eltern und Kinder, Hilfeangebote in Anspruch zu nehmen, nachträglich einer Überprüfung unterzogen werden sollen.

Nachdem die untersuchungsleitende Fragestellung jene nach der praktischen Umsetzung des gerichtlichen Erörterungsgesprächs nach § 157 FamFG betroffen hat, galten die Familienrichter an Amtsgerichten– Familiengerichten und die Mitarbeiter des Jugendhilfe- und Sozialdienstes der Jugendämter aufgrund ihrer beruflichen Tätigkeit als Experten auf dem zu untersuchenden Gebiet.[1372] Nach Kontaktaufnahme

1367 *Meuser/Nagel*, S. 449.

1368 *Friebertshäuser*, S. 378.

1369 Vgl. ebenso die Studie von *Simitis et.al.* „Kindeswohl", S. 315 ff., wonach neben einer ausführlichen Aktenanalyse zusätzlich Einzelinterviews als einer weiteren explorativen Methodik durchgeführt wurden, um ein Maximum an Informationsgewinn zu erhalten.

1370 *Schirmer*, S. 195.

1371 *Mayring*, S. 67.

1372 Siehe auch *Rosenboom*, S. 85, die in Hamburg die familiengerichtliche Praxis bei Gefährdung des Kindeswohls durch Gewalt und Vernachlässigung nach §§ 1666 f. BGB untersuchte und Richter an Amtsgerichten/ Familiengerichten befragte.

mit den jeweiligen Experten und einer kurzen Einleitung sowie Vorstellung der Forschungsthematik, sind in den Gesprächen die nachfolgenden Fragestellungen angesprochen worden:

In einem ersten Abschnitt ging es bei den Gesprächen mit den *Richtern*[1373] um Fragen zum Umgang mit der Kindeswohlgefährdung in der gerichtlichen Praxis, wobei Fragen gestellt wurden zur Häufigkeit, Art und Weise der Durchführung, Abgrenzung zur Anhörung sowie zur Kriterienbestimmung zur Feststellung einer „möglichen" Kindeswohlgefährdung unter Einbeziehung der Beteiligten. Sodann zielten die Fragen auf eine subjektive Einschätzung zur Aufgabenstellung und Tätigkeitszuordnung der Richter sowie zur Wirkung der Durchführung einer Erörterung der Kindeswohlgefährdung auf die Zusammenarbeit mit dem Jugendamt. Die abschließenden Fragen betrafen Rahmendaten zu Berufsalltag, Tätigkeitsdauer, Person des Richters und Weiterbildungsstand.

Der Gesprächsleitfäden für die *Jugendämter*[1374] bezog sich u. a. auf Fragen zur beruflichen Bildung und Person, Qualifikation und Weiterbildungsstand, zur Kooperation mit dem Familiengericht, Funktion und Aufgabe im Rahmen des Erörterungsgesprächs, zur Situation vor Gericht, gefolgt von Fragen zur Situation im Anschluss an die gerichtliche Erörterung, um zu erfahren, welche Folgen die Erörterung der Kindeswohlgefährdung nach § 157 FamFG auf das Verhältnis zwischen Eltern und Jugendamt begründet. Dies entsprach der Motivation, die Jugendämter ebenfalls in die Expertenbefragung zu integrieren, da das Erörterungsgespräch u. a. auf die verbesserte Kooperation von Jugendamt und Eltern abstellt und es insoweit von Interesse war zu erfahren, inwieweit die Erörterung zu einer solchen verhilft und ein gerichtliches Hinwirken den Erfolg einer späteren Kooperation beeinflussen kann. Darüber hinaus enthielt der Fragenkatalog einzelne Aspekte von aktuell in der Fachöffentlichkeit geführten Kontroversen. Abschließend erhielt der befragte Jugendamtsmitarbeiter die Möglichkeit, persönliche Einschätzungen zu äußern und konkrete Vorschläge zu benennen.

Durchgeführt wurden die Interviews in den jeweiligen Arbeitszimmern der befragten Familienrichter, sowie in den Dienstzimmern der jeweiligen Jugendamtsmitarbeiter.

c. Datenauswertung mithilfe von Gedächtnisprotokollen und Tonbandaufnahmen

Die Protokollierung der Gesprächsinhalte erfolgte in Form einer Tonbandaufnahme sowie als Gedächtnisprotokoll im Anschluss an die Befragung.[1375] Teilweise

---

1373 Zum *Fragenkatalog* an die *Richter des Amtsgerichts/Familiengerichts,* vgl. Anhang (3).

1374 Zum *Geprächsleitfaden* für die Fachkräfte der *Jugendämter*, vgl. Anhang (4).

1375 In 8 von 11 Interviews erfolgte eine Tonbandaufzeichnung mit anschließender *Transkription.* Von den 6 mit Richtern geführten Interviews sind 3 nicht auf Tonband aufgezeichnet worden. Die Ergebnisse jener Gespräche sind in einem

wurden die Ergebnisse der Interviews in einem sequentiellen Bericht festgehalten.[1376] Überwiegend wurden die Tonbandaufnahmen transkribiert[1377], wobei das Untersuchungsinteresse auf einen inhaltlich-thematischen Erkenntnisgewinn abgestellt hat.

4. *Das Auswertungsverfahren*

Als Auswertungsverfahren des hier zugrunde gelegten qualitativ orientierten Forschungsansatzes der offenen, nicht-teilnehmenden Beobachtung und der leitfadengestützten Experteninterviews mit Familienrichtern und Fachkräften des Jugendamtes bot sich die Fallanalyse in Anlehnung an das „*case-study*" Design nach *Creswell*[1378] an. Die Fallanalyse zielt darauf ab, den zu untersuchenden Gegenstand in seinem konkreten Kontext und seiner Individualität zu verstehen. Wenngleich das wissenschaftliche Denken generell darauf ausgerichtet ist, über Einzelfälle hinausgehend Aussagen zu formulieren, die Allgemeingültigkeit beanspruchen, begründet die zu starke Fokussierung auf allgemeingültige Aussagen die Gefahr, sich zu sehr vom Ausgangsmaterial, dem einzelnen Fall, zu entfernen.[1379] Schließlich muss die aus der Forschungspraxis gewonnene Erkenntnis auch wieder auf den Einzelfall der Praxis übertragen werden können. Nur an dem jeweiligen Einzelfall lässt sich die Adäquatheit von Verfahrensweisen und Ergebnisinterpretationen fortlaufend überprüfen. Anhand einzelner Fallkonstellationen können Allgemeingültigkeit beanspruchende Theorien widerlegt, Alternativerklärungen verglichen sowie Interaktions- und Kontextannahmen überprüft werden.[1380]

Gedächtnisprotokoll festgehalten worden. *Die Gedächtnisprotokolle und die Transkriptionen sind nicht Gegenstand der Druckfassung dieses Buches. Bei Bedarf kann die Autorin Auskunft über die Inhalte erteilen.*

1376 Die Ordnung der ursprünglichen Darstellung wird beibehalten und die Abfolge des Interviews nicht verändert. Die eigene Position wird nicht mit der des Informanten vermischt und es wird für den Leser verständlich dargestellt, wann es sich um eine Erzählung, eine Argumentation oder aber um eine bloße Beschreibung handelt.

1377 Als Transkription wird die Übertragung des gesprochenen Wortes in die schriftliche Fassung bezeichnet. Im Regelfall erfolgt die wörtliche Transkription, d.h. die vollständige Übertragung all dessen, was geäußert wird. Geht es um die inhaltlich-thematische Ebene, kann die Materialfülle bereits bei der Aufbereitung reduziert werden und es können Pausen, gesprächsunterstützende Äußerungen (hierzu gehören Laute wie „hmhm, hm"), Wort- und Satzabbrüche (z.B."da habe ich sie gefra//ich habe gesagt, dass.."), sowie Kommentare und paraverbale Äußerungen (z.B. ein Lachen, Seufzer, eine veränderte Lautstärke in der Stimme etc.) weggelassen werden.

1378 *Creswell*, S. 78 ff.

1379 *Mayring*, S. 25.

1380 *Mayring*, S. 27.

„Case study" bedeutet "the exploration of a bounded system over time through detailed, in-depth data collection involving multiple sources of information rich in context...", d.h. untersucht werden die Bestandteile eines bereits vorhandenen Instrumentariums und dessen Wirkung in der Umsetzungspraxis[1381], wobei das System seine Eingrenzung findet "...by time and place".[1382] Mit dem Aspekt des bounded system wird eine Abgrenzung zur Ethnographie oder der „Grounded Theory" als benachbarten Forschungstraditionen vollzogen, die – anders als die case study – auf die Entwicklung einer Theorie abstellen. Im Ethnographie-Ansatz wird etwa die Möglichkeit eröffnet, kulturelle Systeme zu untersuchen und die Grounded Theory ermöglicht wiederum die Bildung und Entwicklung neuartiger Theorie- und Erklärungsansätze.

Insoweit die vorliegende Fragestellung darauf gerichtet war, einen innenperspektivischen Zugang zu einem Verfahren zu erhalten, das ansonsten dem Außenstehenden mangels Öffentlichkeit des Verfahrens nicht zugänglich ist, bot sich das Untersuchungsdesign der Einzelfallanalyse von *cases* bzw. *Einzelfällen*[1383] durch die Beobachtung von unterschiedlichen, an Amtsgerichten durchgeführten Erörterungsgesprächen an, nachdem mit der Einzelfallanalyse die Komplexität des Erörterungsgesprächs betont und eine Hilfestellung bei der Interpretation von Zusammenhängen gewährt werden konnte. Der Einzelfallanalyse liegt der Grundgedanke zugrunde, *„sich während des gesamten Analyseprozesses den Rückgriff auf den Fall in seiner Ganzheit und Komplexität zu erhalten"*, d.h. es kann eine Vielzahl von Einzelfällen mit der Zielsetzung fokussiert werden, genaue und tiefgreifende Ergebnisse zu erhalten, um empirische Daten zu sammeln, die eine wissenschaftliche Aussage generieren. Der Forschungsprozess erfolgt methodisch kontrolliert und lässt zugleich Raum für weitere Ergänzungen.[1384]

Die Komplexität des Sachverhalts ist im Prozess der Datenanalyse durch die Bildung von Kategorien, d.h. durch die Bildung von sinnhaften Überschriften schrittweise reduziert worden.[1385] Dies erfolgte in Anlehnung an die in der Fachöffentlichkeit diskutierten Problembereiche der Erörterung der Kindeswohlgefährdung, d.h. induktiv aus dem empirischen Material sowie deduktiv aus der Theorie heraus hergeleitet. Hieraus sind die Kategorien entstanden. Analysiert wurden die

---

1381 „In case study research, one works with a smaller unit such as a program, an event, an activity, or individuals and explores a range of topics, only one of which might be cultural behavior, language or artifacts. Furthermore, in an ethnography, the researcher studies a culture-sharing group using anthropological concepts (e.g. myths, stories, rituals, social structure). These concepts may or may not be present in a case study", vgl. *Creswell*, S. 66.

1382 *Creswell*, S. 61.

1383 *Creswell*, S. 80, wonach die Einzelfallanalyse („case study") die Beschreibung eines Falles im jeweiligen Kontext ist.

1384 *Mayring*, S. 38.

1385 *Gläser/Laudel*, S. 27.

Situation bei Gericht[1386], die Einschätzung der Gefahrenlage, die Beteiligten an der Erörterung, das Ergebnis der Erörterung, die Rolle des Familienrichters und der Fachkraft des Jugendamts im Erörterungstermin, die Zusammenarbeit von Jugendamt und Familiengericht und die beobachtbaren Effekte auf die Eltern.

Die auszuwertenden Texte der Beobachtungsprotokolle und Transkriptionen dienten als Datenmaterial. Der strategische Untersuchungsansatz erlaubte die Verwendung eines breit gefächerten Spektrums unterschiedlicher Daten und Informationen (nach *Creswell*: „multiple sources of information ...", die u. a. aus ... „observations, interviews, audio-visual material and documents and reports.." bestehen können). Durch die Bildung von Untergruppen konnte die Analyse des Textmaterials einer gewissen Struktur unterworfen werden. Den Texten wurden die für die Auswertung relevanten Daten entnommen, aufbereitet und ausgewertet[1387] mit dem Ziel der Reduktion von Material[1388], um sodann die Unterschiede und Übereinstimmungen zwischen den jeweiligen Beobachtungen und Transkriptionen zu erfassen und zu analysieren, in welchen Fallkonstellationen die Erörterung konstruktiv eingesetzt worden ist und auf welche Weise. In der zusammenfassenden Gesamtbewertung ist im Wege der Zusammenführung der Beobachtungen und der Experteninterviews eine Schlussfolgerung durch einen Vergleich mit den zuvor gefundenen theoretischen Erkenntnissen erfolgt.[1389] Ein Vergleich mit den theoretischen Ansätzen soll einen Beitrag dazu leisten, die jeweiligen Sinnstrukturen des Untersuchungsgegenstandes des Erörterungsgesprächs bei Kindeswohlgefährdung zu hinterfragen.

Das zu untersuchende Material ist gesammelt, aufbereitet und in einen theoretischen Zusammenhang eingeordnet worden, um die Gültigkeit der Ergebnisse abschätzen zu können und neue Erkenntnisse zu gewinnen. Die Analyse des empirischen Materials dient vor diesem Hintergrund als Grundlage für weitere Fragestellungen, die sich der theoretischen und methodologischen Weiterentwicklung der Erörterung als Instrument der frühzeitigen Begegnung einer Kindeswohlgefährdung widmen.

B. Die Analyse ausgewählter Fallbeobachtungen an Amtsgerichten-Familiengerichten

Die nachfolgende Analyse zur Situation bei Gericht bezieht sich auf Verhandlungsverläufe im Falle eines durchgeführten Erörterungstermins in Verfahren wegen Kindeswohlgefährdung nach §§ 1666, 1666a BGB. In der Falldarstellung werden neben

1386 Wobei hierbei fokussiert worden ist, ob und inwieweit sich die Erörterung von einer Anhörung nach § 160 FamFG und dem frühen ersten Termin nach § 155 Abs. 2 FamFG unterscheidet.

1387 *Gläser/Laudel*, S. 193.

1388 *Flick*, S. 409.

1389 Nach *Creswell* wird dieser Analyseschritt als „assertions" bezeichnet.

der Beschreibung der eigentlichen Beobachtungen auch Kontextinformationen[1390] berücksichtigt, die jeweils als solche gekennzeichnet sind. Es folgen die Ergebnisse der Expertengespräche mit Familienrichtern und Fachkräften des Kinder- und Jugendhilfesozialdienstes.

I. Fall 1 – Unterlassene Vorsorgeuntersuchung für ein minderjähriges Kind (U 7a)

1. Situation bei Gericht: Terminierung und Gang des Verfahrens

In der ersten Fallbeobachtung handelt es sich nach Mitteilung des Richters um einen „typischen Fall der frühen Erörterung." Es geht um eine nicht wahrgenommene Vorsorgeuntersuchung (sog. U 7a) für ein minderjähriges Kind. Das Alter des betroffenen Kindes wird nicht genannt. Da es sich allerdings um die nicht durchgeführte kinderärztliche U 7a-Untersuchung handelt, ist davon auszugehen, dass das Kind etwa 3 Jahre alt ist. Bezeichnet ist der Termin als *„Erörterung"*. Der Richter bestimmt den Verfahrensablauf. Die Sitzung erfolgt als Verfahren wegen Kindeswohlgefährdung unter Ausschluss der Öffentlichkeit. Der Termin findet in einem Sitzungssaal statt, die Atmosphäre ist förmlich. Der Richter trägt eine Robe. Das Gericht hat innerhalb eines Monats nach Anrufung durch das Jugendamt terminiert. Der Sitzungstermin ist nur von kurzer Dauer (15 Minuten), nachdem die Kindsmutter zum Termin unentschuldigt nicht erscheint. Im Termin stellt sich heraus, dass ein Zählkartenfehler vorliegt und die Zuständigkeit der Angelegenheit in den Zuständigkeitsbereich eines anderen Richters fällt.

a. Die Beteiligten

An dem Termin nehmen der Richter sowie die zuständige Fachkraft des Jugendamts teil. Ein Verfahrensbeistand nach § 158 FamFG ist vom Gericht nicht bestellt. Die Fachkraft des Jugendamts nimmt links neben dem Richter Platz.[1391]

Der Richter, der im Anschluss an die Sitzung befragt wird, warum ein Verfahrensbeistand für das Kind nicht bestellt worden sei, trägt zur Begründung vor, diesen gewöhnlich nicht zu bestellen, wenn das Familiengericht derart frühzeitig eingeschaltet wird. Er warte in einem solchen Fall zunächst den Verlauf des ersten Termins ab und bestelle einen Verfahrensbeistand allenfalls dann, wenn das Verfahren wegen Kindeswohlgefährdung eröffnet wird und ein Entzug der elterlichen Sorge als mögliche Rechtsfolge in Betracht komme. Dies ergebe sich aus der gesetzlichen Vorgabe in § 158 Abs. 2 FamFG.

1390 Dabei handelt es sich meist um Erkenntnisse, die im Anschluss an die Sitzung erfragt werden mussten, da es um Informationen ging, die nicht aus dem Verhandlungsverlauf hervorgingen und auch nicht bei Eröffnung der Sitzung mitgeteilt worden sind.

1391 Anmerkungen der Beteiligten im Vorfeld oder Anschluss an den jeweiligen Termin sind kursiv gesetzt.

b. Inhalt und Gegenstand der Erörterung

Angesichts des unentschuldigten Nichterscheinens der Kindsmutter erfolgen allein die Feststellungen zur Sachlage.

Das Jugendamt hat eine Gefährdungsmeldung an das Gericht übersandt, nachdem sich die Zusammenarbeit mit der Mutter als prekär erwiesen habe, weil diese wiederholt nicht auf die Schreiben des Jugendamts reagiert habe und bei angekündigten Besuchsterminen nicht zu Hause angetroffen werden konnte. Die Kindsmutter ist dem Jugendamt bereits bekannt, lebt in desolaten Wohnverhältnissen. Die fünf Kinder sind von drei unterschiedlichen Vätern. Die Kindsmutter besitzt die alleinige elterliche Sorge für ihre Kinder. Sie ist nicht berufstätig. Weitere soziodemographische Angaben werden nicht genannt.

c. Gefährdungslage

Die Feststellung zur Gefährungslage erfolgt nur mit Blick auf die Aktenlage und die schriftliche Mitteilung des Jugendamts. Es ergeht der Hinweis, die Durchführung der kinderärztlichen Vorsorgeuntersuchung sei unterblieben, in der Familie herrschten desolate Wohnverhältnisse und die Mutter reagiere auf sämtliche Kontaktierungsversuche des Jugendamts nicht in geringster Weise.

d. Ergebnis der Erörterung und Festlegung des weiteren Vorgehens

Als Ergebnis des Verhandlungstermins wird die Abgabe der Sache an den zuständigen Richter bestimmt.

2. Rolle und Aufgabenwahrnehmung des Jugendamts

Der Mitarbeiter des Jugendamts unterrichtet den Richter über die vergeblichen Kontaktierungsversuche und die bereits erbrachten Leistungen für die Familie in der Vergangenheit.

3. Rolle und Aufgabenwahrnehmung des Familienrichters

Der Richter tritt in der Funktion einer Entscheidungsinstanz in Erscheinung.

4. Die Zusammenarbeit von Jugendamt und Familiengericht

Es finden sich keine zu problematisierenden Angaben in Bezug auf die generelle Zusammenarbeit zwischen dem Familiengericht und dem Jugendamt. Dass etwaige informelle Kontakte zwischen Familiengericht und Jugendamt im Vorfeld des Termins erfolgt sind, ist nicht ersichtlich.

5. Beobachtbare Effekte auf die Eltern

Beobachtbare Effekte auf die Kindsmutter lassen sich mangels Anwesenheit der Mutter im Termin nicht erkennen.

6. Fazit

Mangels Anwesenheit der Mutter im Termin lässt sich nicht die Erkenntnis generieren, welchen Verhandlungsverlauf die Sitzung genommen hätte und inwieweit sich hierbei etwa ein Unterschied zur Anhörung hätte erkennen lassen sowie welches Rollenverständnis den jeweiligen Akteuren Familiengericht und Jugendamt zugrunde liegt und mit welcher Folge. Allerdings wird offenkundig, dass der Richter den Termin als einen „typischen Fall der frühen Erörterung" deklariert hat.

Auf ein Nachfragen zu Besonderheiten hinsichtlich der Terminierung eines derartigen Erörterungstermins im Nachgang des Termins entgegnet der Richter, die „Erörterung" finde stets beschleunigt innerhalb eines Monats nach Eingang der Gefährdungsmeldung des Jugendamts statt. In Verfahren wegen Kindeswohlgefährdung hielten sich die Richter strikt an das Beschleunigungsgebot.

Dass der Richter zunächst den weiteren Verhandlungsverlauf „abwarten" möchte, deutet darauf hin, dass der Verfahrensbeistand erst dann bestellt wird, wenn der Sachverhalt einer hinreichenden Aufklärung zugeführt wird, um abschätzen zu können, welche familiengerichtlichen Maßnahmen in Betracht kommen. Als Vorlage für den vorliegenden Fall gilt der Beispielskatalog des § 158 Abs. 2 FamFG. Nicht erkennbar ist allerdings, inwieweit der Aspekt der *Frühzeitigkeit der Bestellung* in § 158 Abs. 3 FamFG berücksichtigt worden ist und inwieweit die hierfür notwendigen Anfangsermittlungen[1392] durchgeführt wurden.

II. Fall 2 – Überprüfung der Einhaltung eines Punkteplans nach Absehen von sorgerechtlichen Maßnahmen

1. Situation bei Gericht: Terminierung und Gang des Verfahrens

Der Termin, bei dem es sich um einen Fortsetzungstermin handelt, findet in einem gerichtlichen Sitzungssaal statt. Der Richter bestimmt den Verfahrensablauf. Bezeichnet wird der Termin als *„Fortsetzung der mündlichen Verhandlung"*. Es handelt sich um einen Termin zur Überprüfung von festgesetzten Maßnahmen nach § 1666 BGB. Die Atmosphäre ist förmlich, der Richter trägt eine Robe. Die betroffenen Kinder sind ein halbes Jahr und vier Jahre alt.

Als Kontextinformation erfährt die Beobachterin im Vorfeld der Verhandlung, dass das Jugendamt das Verfahren angeregt hat. Für das Jugendamt habe sich die häusliche Situation der Familie als kindeswohlgefährdend dargestellt. Die Pflege und Betreuung des Neugeborenen durch die Kindseltern sei nicht gewährleistet. Die Kindsmutter

---

1392 Vgl. BT-Drucks. 16/6308, S. 239.

unternahm bereits einen Suizidversuch. Vor sechs Monaten hat eine erste mündliche Verhandlung stattgefunden, in der „von Maßnahmen nach § 1666 BGB" abgesehen und vereinbart worden ist, eine Familienhelferin in der Familie zu installieren sowie eine Familienhebamme[1393] *für das neugeborene Kind zu bestellen. Darüber hinaus wurde festgelegt, für das ältere, vierjährige Kind eine Tagesmutter zu suchen, die das Kind von Montag bis Freitag von jeweils 9 bis 16 Uhr betreut, bis es einen Kindergartenplatz erhält.*

a. Die Beteiligten

Anwesend sind neben dem Richter und dem Jugendamtsvertreter die Kindseltern gemeinsam mit ihrem sechs Monate alten Säugling, ihrem zweiten Kind. Zusätzlich anwesend sind die Rechtsanwältin der Kindseltern, eine Familienhelferin[1394], die Verfahrensbeiständin als Interessensvertreterin der beiden Kinder, sowie die fallzuständige Mitarbeiterin des Jugendhilfesozialdienstes des Jugendamtes der Stadt. Links neben dem Richter nimmt die Mitarbeiterin des Jugendamtes Platz; dem Richter gegenüber befinden sich der Verfahrensbeistand und die Familienhelferin. Rechts neben den Richter platzieren sich die Eltern und ihre Verfahrensbevollmächtigte.

Die ca. 20 Jahre alten Kindseltern sind nicht verheiratet. Der Kindsvater hat die gemeinsame elterliche Sorge durch Sorgeerklärung erworben. Die Kindseltern sind nicht berufstätig.

b. Inhalt und Gegenstand der Erörterung

Die Einhaltung der im Punkteplan festgelegten „Verhaltensregeln" bildet den Gegenstand der Sitzung. Der Richter erteilt zunächst dem Verfahrensbeistand das Wort, sodann der Familienhelferin und schließlich gibt er das Wort an das Jugendamt und an die Eltern. Gegenstand der Auseinandersetzung im mündlichen Verhandlungstermin ist es, inwieweit die Eltern die im vergangenen Termin erarbeiteten Anforderungen umgesetzt haben. Erörtert wird die Erforderlichkeit, weiterhin eine Sozialpädagogische Familienhilfe in der Familie zu installieren. An den Kindsvater ergeht die explizite Aufforderung durch den Richter, im Haushalt mehr mitarbeiten zu müssen.

Rückblickend auf die vergangene Sitzung vor sechs Monaten wird mitgeteilt, dass der in der vergangenen Sitzung aufgestellte „*Punkteplan*" nunmehr einer

---

1393 Zu Begriff und Aufgabenspektrum der Familienhebamme vgl. etwa *Kolberg/Stadler/Wetzels*, FPR 2012, 455 ff.

1394 Diese war als „Sozialpädagogische Familienhelferin" auf der Grundlage von §§ 27, 31 SGB VIII in der Familie tätig. Der Tätigkeitsbereich einer Familienhelferin erstreckt sich grundsätzlich auf die intensive Betreuung und Begleitung von Familien in ihren Erziehungsaufgaben, bei der Bewältigung von Alltagsproblemen, ist behilflich bei der Lösung von Konflikten und Krisen sowie im Kontakt mit Ämtern und Institutionen. Sie soll Hilfe zur Selbsthilfe geben, ist im Regelfall auf längere Dauer angelegt und erfordert die Mithilfe der Familie.

Überprüfung unterzogen werden müsse. Der Richter legt ein Schreiben der Familienhebamme vor, die mitteilt, ihre Tätigkeit beenden zu wollen, nachdem sie keine Notwendigkeit mehr erkenne, in der Familie unterstützend tätig zu sein. Die Beteiligten kommen übereinstimmend zu dem Ergebnis, dass die Notwendigkeit einer Weiterbeschäftigung der Familienhebamme nicht mehr gegeben ist.

Die sozialpädagogische Familienhelferin berichtet über die Mitarbeit der Kindseltern, die sehr positiv und erfolgreich verlaufe. Auch die Verfahrensbeiständin und Mitarbeiterin des Jugendamts erklären sich mit der familiären Situation zufrieden. Bemängelt wird die Zurückhaltung des Kindsvaters, der aber nach Ansicht des Jugendamts ebenfalls zur Stabilisierung der Situation zur Bewältigung des familiären Alltags beizutragen habe. Die Mitarbeiterin des Jugendamtes schlägt vor, die Familie weiterhin durch eine sozialpädagogische Familienhilfe[1395] zu unterstützen. Die Unterstützung solle aber fortan durch einen männlichen Familienhelfer erfolgen, um nicht nur Rollenkonflikte zwischen der Familienhelferin und dem Kindsvater zu vermeiden, sondern um gezielter auf den Kindsvater Einfluss nehmen zu können. Sie schlägt vor, den Einsatz des Familienhelfers auf einmal wöchentlich für zwei Stunden festzulegen. Auf den Einwand des Kindsvaters, die bisherige Zusammenarbeit mit der Familienhelferin habe sich als unvorteilhaft erwiesen, teilt der Richter mit, kein Interesse an Interna zu haben, die die Beziehung zwischen den Eltern und der Familienhelferin betreffen. Dies sei ein privater Bereich und müsse im Verhältnis der sozialpädagogischen Familienhelferin und der Familie verbleiben. Der Richter weist den Kindsvater explizit darauf hin, im Haushalt „mehr machen" zu müssen. Die Familienhilfe richte sich auch an ihn.

c. *Gefährdungslage*

Die Überprüfung der Gefährdungssituation geschieht allein anhand der vorgelegten Berichterstattungen und des Schreibens der Familienhebamme. Auf dieser Grundlage verschafft sich der Richter einen Überblick über die Umsetzung der bislang erbrachten Hilfeleistungen in der Familie. Nachdem sowohl die Familienhebamme in ihrem schriftlichen Bericht an das Gericht keinen Bedarf erkennt, weiterhin in der Familie unterstützend tätig zu werden, als auch die Verfahrensbeiständin, die die Familie persönlich aufgesucht hat, sowie das Jugendamt und die Familienhelferin mit der Hilfeakzeptanz und Umsetzung der Hilfe in der Familie zufrieden sind, sieht der Richter keine konkrete Gefahrensituation für das Kind. Die Hinzuziehung des älteren Kindes (4 Jahre) in das Verfahren unterbleibt.

d. *Ergebnis der Erörterung und Festlegung des weiteren Vorgehens*

Im Ergebnis wird festgehalten und in das Protokoll aufgenommen, weiterhin eine Sozialpädagogische Familienhilfe im Umfang von wöchentlich zwei Stunden zu installieren. Es soll ein männlicher Familienhelfer zum Einsatz kommen, der gezielt den

1395 Vgl. die gesetzliche Vorgabe in § 31 SGB VIII.

Kindsvater in die täglichen Aufgaben des Familienlebens miteinbezieht. Das ältere Kind soll weiterhin täglich von einer Tagesmutter von 9 bis 16 Uhr betreut werden, um eine intensivere Betreuung zu gewährleisten als in einer Kindertagesstätte. Die elterliche Sorge verbleibt bei den Eltern und die Akte wird geschlossen. Nach drei Monaten soll eine Überprüfung der familiären Situation erfolgen.[1396] Hinsichtlich der angekündigten Überprüfung teilt der Richter den Kindseltern mit, dass er nach Ablauf von drei Monaten dem Jugendamt ein Schreiben übermitteln und um Stellungnahme zum Hilfeprozess bitten wird. Sollte eine Gefahrensituation für die Kinder erkannt werden, werde ein neuer Termin bei Gericht bestimmt.

2. *Rolle und Aufgabenwahrnehmung des Jugendamts*

Die Mitarbeiterin des Jugendamtes unterbreitet den Vorschlag, in der Familie weiterhin eine Sozialpädagogische Familienhilfe zu installieren. Angesichts der vorgebrachten Aspekte für den Einsatz eines männlichen Familienhelfers fließen erkennbar sozialpsychologische Erkenntnisse in die Einschätzung der Jugendamtsfachkraft mit ein. Diesen leistet der Richter Folge.

3. *Rolle und Aufgabenwahrnehmung des Familienrichters*

Gleich zu Beginn des Termins begrüßt der Richter die Beteiligten freundlich und sorgt von Anfang an für eine angenehme Atmosphäre. Der Richter leitet das Verfahren und erteilt den Beteiligten das Wort.

Die Entscheidung des Richters basiert vollständig auf dem Vorschlag der Jugendamtsmitarbeiterin. Auf der Grundlage der mündlichen Berichterstattungen der Sozialpädagogischen Familienhelferin, des Verfahrensbeistandes sowie des Jugendamtes, erfolgt der Entschluss, niedrigschwellige Hilfen in der Familie zu installieren. Der Familienrichter macht sich hierbei kein eigenes Bild von dem älteren Kind, sondern vertraut auf die Ausführungen der Beteiligten. Auf den Einwand des Kindsvaters geht der Richter nicht ein. Es wird deutlich, dass sich der Richter im Sitzungstermin nicht auf die „Beziehungsebene" einer möglichen Konfliktkonstellation zwischen den Kindseltern und der Familienhelferin begeben möchte („Interna sollen im privaten Bereich Eltern – Familienhelferin verbleiben"), sondern versucht, das Verfahren auf die wesentlichen Feststellungen zu reduzieren.

Der Richter weist während der Verhandlung darauf hin, in der Position des Richters die Befugnis zu haben, über die Angelegenheit verbindlich zu entscheiden.

Wie der Richter im Anschluss an die Verhandlung mitteilt, ist die klare Rollenzuweisung und Rollentrennung für ihn sehr wichtig. Er habe die Funktion eines „Entscheiders", während dem Jugendamt eine sozialpädagogische Aufgabenstellung zukomme, auf die er im Verfahren wegen Kindeswohlgefährdung notwendig zurückzugreifen habe.

1396 Der Richter teilte bezüglich der erneuten Überprüfung mit, dass diese rein formal erfolge, weil das Gesetz dies vorschreibe.

4. Die Zusammenarbeit von Jugendamt und Familiengericht

Die Zusammenarbeit zwischen Familiengericht und Jugendamt zeigt keine Unstimmigkeiten und Divergenzen. Ein Indiz hierfür ist, dass der Richter dem Vorschlag des Jugendamtes, einen männlichen Familienhelfer in der Familie zu installieren, in vollem Umfang Folge leistet. Informelle Absprachen mit dem Jugendamt im Vorfeld der Verhandlung sind nicht erfolgt.

Gericht und Jugendamt sind einander bereits bekannt. Der Richter stellt im Anschluss an die Sitzung klar, dass das Jugendamt immer geladen werde, da es die notwendige sozialpädagogische Beurteilung liefere.

5. Beobachtbare Effekte auf die Eltern

Die Kindseltern zeigen sich einsichtig sowohl dem Jugendamt als auch dem Richter gegenüber. Auffällig ist, dass der Kindsvater, der zunächst noch die erneute Einrichtung einer Familienhilfe in der Familie beklagt, keinen weiteren Einwand gegen den Einsatz eines Familienhelfers erhebt, nachdem er von dem Richter auf das Erfordernis der Mitarbeit im Haushalt hingewiesen wird. Indem der Richter die Einschätzung des Kindsvaters zur Familienhilfe unterbindet, macht er deutlich, dass er eine Familienhilfe in der Familie für notwendig erachtet. Dem Einwand des Kindsvaters wird keine Bedeutung beigemessen. Es wird ihm signalisiert, das gerichtliche Gebot befolgen zu müssen.

6. Fazit

Der vorliegende Fall zeigt die Autorität des Gerichts, das unter Rückgriff auf die Mitteilungen der anderen für den Hilfeprozess verantwortlichen Fachdisziplinen eine Entscheidung trifft, die die Kindseltern zu befolgen haben. Diskrepanzen in der Entscheidungsfindung lassen sich nicht erkennen, ebenso wenig wie etwaige Unklarheiten in der Rollenverteilung. Auf der Grundlage der Einschätzungen von Jugendamt, Verfahrensbeistand und der Familienhelferin erfolgt die Einschätzung über die geeigneten und notwendigen Hilfeleistungen in der Familie. Der Richter nimmt diesen Vorschlag an und führt den Eltern die Bedeutung der ausgewählten Hilfeart vor Augen, indem er den Vater gezielt zur verstärkten Mitarbeit auffordert und der Mutter signalisiert, dass eine Überprüfung der Situation in wenigen Monaten erfolgen werde. Unzureichend erscheint die Würdigung der Gefahrenlage, die Gefährdungsursachen werden ausgeblendet, insbesondere wird die Suizidalität der Kindsmutter nicht erneut aufgegriffen, wenngleich die Kenntnis des Gerichts hierüber vorliegt und der Hinweis auf eine versuchte Selbsttötung einen wichtigen Anhaltspunkt für den psychischen Zustand der Kindsmutter und die möglichen Auswirkungen auf ihre Erziehungsfähigkeit liefert. Es stellt sich die Frage, ob der Richter die Problematik des versuchten Suizides bewusst ausgeblendet hat.

Die Eltern sind an dem Prozess der Entscheidungsfindung[1397] beteiligt, wenngleich ihr Beitrag auf ihre bloße Anwesenheit beschränkt ist. Eine eher passive Rolle nimmt die Verfahrensbevollmächtigte der Eltern ein, möglicherweise weil die Eltern von dem Richter und den übrigen Verfahrensbeteiligten direkt angesprochen werden.

Es zeigt sich, dass eine Familienhelferin zum mündlichen Verhandlungstermin hinzugezogen wird, die persönlich über die Zusammenarbeit mit der Familie informieren kann.

Die gerichtliche Bestellung eines Verfahrensbeistands für die beiden Kinder ist erfolgt, offensichtlich, nachdem ursprünglich der Entzug der elterlichen Sorge als familiengerichtliche Maßnahme in Betracht gezogen worden ist. Der Richter wird in einer rein obrigkeitlichen, judikativen Funktion tätig.

Ob und inwieweit es sich um einen Erörterungstermin nach § 157 FamFG handelt, der dazu dienen soll, die Gefahrenabwendungsmodalitäten bei *möglicher* Kindeswohlgefährdung zu besprechen, erschließt sich gleichwohl nicht. Während bereits ein halbes Jahr zuvor eine Verhandlung stattgefunden hat, dort ein „Punkteplan" erstellt worden ist, den es nunmehr zu überprüfen gilt, handelt es sich um eine erneute Überprüfung der Situation in Form eines Folgetermins gem. § 1696 BGB in einem Verfahren wegen Kindeswohlgefährdung. Insoweit bereits angeordnet worden ist, eine Sozialpädagogische Familienhilfe als Leistung der Kinder- und Jugendhilfe in Anspruch zu nehmen, ist dies eine niedrigschwellige Maßnahme nach §§ 1666, 1666a BGB, die nunmehr einer gerichtlichen Überprüfung unterzogen wird. Die im Fortsetzungstermin erfolgte Anordnung der gerichtlichen Überprüfung nach drei Monaten deutet nicht auf eine erneute Überprüfungsverpflichtung nach Maßgabe des § 166 Abs. 3 FamFG hin, sondern die in der Sitzung angekündigte nochmalige Überprüfung rechtfertigt sich aus dem Umstand, dass eine kinderschutzrechtliche Maßnahme fortbesteht, die die Überprüfungspflicht des § 166 Abs. 2 FamFG ausgelöst hat. Anders als die Überprüfungspflicht nach § 166 Abs. 3 FamFG trifft das Familiengericht keine einmalige, sondern eine immer wiederkehrende Überprüfungsverpflichtung, wenn familiengerichtliche Maßnahmen (weiterhin) zur Anwendung gelangen.[1398] Die Beurteilung der Angemessenheit der Zeitabstände liegt im pflichtgemäßen Ermessen des Familiengerichts; es kann der Beginn einer Überprüfung nach drei Monaten angemessen sein, ebenso wie ein solcher in zwei Jahren.[1399]

III. Fall 3 – Fortsetzungstermin nach einstweiliger Anordnung

1. Situation bei Gericht: Terminierung und Gang des Verfahrens

Die dritte Fallbeobachtung behandelt einen Sitzungstermin von eineinhalb Stunden Dauer. Der Termin wird als „Erörterung" bezeichnet. Es handelt sich um einen

1397 Vgl. BT-Drucks. 16/6308, S. 238 („an einem Tisch").

1398 *Heilmann*, in: MüKo-ZPO, § 166 FamFG Rn. 19.

1399 Staudinger/*Coester*, § 1696 Rn. 106.

Fortsetzungstermin nach Entziehung des Aufenthaltsbestimmungsrechts für ein fünf Monate altes Mädchen im Wege eines einstweiligen Anordnungsverfahrens. Die Atmosphäre ist förmlich, der Richter trägt eine Robe. Er bestimmt den Verfahrensablauf.

a. Die Beteiligten

Beteiligt am Termin sind der Richter, der Kindsvater und die Kindsmutter, der zuständige Jugendamtsmitarbeiter des Jugendhilfesozialdienstes, der Amtspfleger sowie ein Rechtsanwalt als Verfahrensbeistand für das Kind. Der Mitarbeiter des Jugendamts und der Amtspfleger nehmen links neben dem Richter Platz, die Eltern des Kindes rechts und der Verfahrensbeistand gegenüber.

Die Kindseltern sind nicht verheiratet, erklären hierbei, der Kindsvater habe die gemeinsame Sorge für das Kind durch Sorgeerklärung erhalten. Die elterliche Sorge für das ältere Kind ist den Kindseltern bereits vor zwei Jahren entzogen worden. Dieses lebt seither in einer Pflegefamilie. Auf Grundlage der Aktenlage erfolgt die Mitteilung, dass es keinerlei Kontakt mehr zwischen den Kindeseltern und dem älteren Kind gibt. Dies wird von Seiten der Kindseltern und des Jugendamtes bestätigt. Beide sind nicht berufstätig und leben von Sozialleistungen nach dem SGB II (sog. Hartz IV). Sie sind verlobt und möchten in absehbarer Zeit die Ehe eingehen.

Dem Gericht liegt ein Bericht der Psychiatrie zur Situation der Kindsmutter vor. Danach leidet die Kindsmutter unter einer psychischen Störung, hat häufige epileptische Anfälle und ist drogenabhängig. Im Rahmen einer Entgiftungsmaßnahme wird sie mit Methadon substituiert. Der Kindsvater steht unter gesetzlicher Betreuung, absolviert eine Bewährungsstrafe und befindet sich in einer Drogenentzugs- bzw. Entgiftungsmaßnahme. Die Kindseltern sind dem Gericht bereits bekannt.

Weitere Angaben zu ihren persönlichen Verhältnissen und Hintergründen werden nicht genannt.

b. Inhalt und Gegenstand der Erörterung

Das vorliegende Verfahren betrifft das zweite Kind der Kindseltern, das an einer akuten Herzinsuffizienz leidet. Das Kind ist direkt nach der Geburt und auf Veranlassung des Krankenhauses vom zuständigen Jugendamt in Obhut genommen und in einer Bereitschaftspflegestelle untergebracht worden, nachdem das Kind aufgrund seiner Herzerkrankung nicht nur einer kontinuierlichen Betreuung, sondern der sofortigen Hilfe im Notfall bedarf, die von den Eltern angesichts ihrer Suchterkrankung und eingeschränkten Leistungs- und Funktionsfähigkeit nicht gewährleistet werden konnte. Den Eltern war das Recht der Aufenthaltsbestimmung vorläufig entzogen und auf das Jugendamt als Amtspfleger übertragen worden.[1400]

Nach Einführung in den Sachstand durch den Richter erfolgt eine ausführliche Befragung des Kindsvaters zu seinem aktuellen (Gesundheits-)zustand, wobei der

1400 Vgl. §§ 1773, 1909 ff. BGB.

Richter ihn fragt, warum er auf Krücken laufe und warum er unter Bewährungshilfe stehe. Wiederholt bringt der Kindsvater vor, er habe in seinem Leben viel falsch gemacht, befinde sich aber auf dem Weg der Besserung, wolle ein neues Leben beginnen. Der Richter lobt ihn für den Umgang mit der Tochter, der liebevoll und sensibel erfolge und der Kindsvater lächelt über ein Lob seiner Person. Sodann befragt der Richter den Kindsvater jedoch eindringlich, warum die Besuchstermine bei der Pflegekinderhilfe nicht wahrgenommen bzw. abgesagt wurden. Der Kindsvater entgegnet, er habe die Mitteilungen der Besuchstermine nicht erhalten, was daran gelegen habe, dass sein Telefon nicht funktionierte. Auch die Kindsmutter wird von dem Richter gefragt, warum sie so teilnahmslos sei, sie habe ihre fünf Monate alte Tochter erst einmal in der Pflegehilfe aufgesucht. Die Mutter nimmt hierauf eine sichtbar ablehnende Haltung ein und wirkt ansonsten teilnahmslos.

Es werden keine etwaig in Betracht kommenden Hilfemaßnahmen erörtert, sondern allein aufgezeigt, dass sich das Verhalten der Eltern in der Vergangenheit als überwiegend unerfreulich und für eine gelingende Zusammenarbeit mit der Jugendhilfe hinderlich erwiesen habe, selbst wenn der Kindsvater vereinzelt das Bemühen gezeigt habe, sich um seine Tochter liebevoll kümmern zu wollen. Ein über das bloße Feststellen des Sachverhalts hinausgehendes Einwirken auf die Eltern ist allein anhand der Erkundung des Richters erkennbar, der die Eltern befragt, warum sie die zahlreichen Besuchstermine nicht wahrgenommen hätten. Er macht die Eltern darauf aufmerksam, dass die Eltern noch keine Bindung zu ihrem Kind aufgebaut hätten.

Beide Eltern leiden unter akuten Suchtproblemen. Die Kindsmutter wirkt unbeherrscht und distanzlos gegenüber den anwesenden Verfahrensbeteiligten. Sie gibt an, ihr Kind nicht alleine betreuen zu können. Der Kindsvater wirkt sehr bemüht um das Kind, gibt jedoch zu, mit eigenen Problemen beschäftigt zu sein, die er zu bewältigen versuche. Er betont, um das Kind kämpfen zu wollen.

c. *Gefährdungslage*

Sowohl Jugendamt als auch Verfahrensbeistand erkennen eine konkrete und sogar akute Gefährdung für das Wohl des Kindes. Der Verfahrensbeistand, der zunächst um eine Stellungnahme gebeten wird, führt an, es fehle den Kindseltern an Kontinuität und Struktur in ihrem Verhalten. Die Eltern zeigten nicht die hinreichende Einsichtsfähigkeit, ihr Verhalten zum Wohl des Kindes zu verändern. Der Verfahrensbeistand sieht eine akute Kindeswohlgefährdung, sollte das Kind in die Obhut der Kindseltern zurückgeführt werden. Der fallzuständige Mitarbeiter des Jugendamts schließt sich der Auffassung des Verfahrensbeistands an und führt aus, dass Kontaktierungsversuche des Jugendamts und der Pflegekinderhilfe allein durch den Kindsvater erwidert würden, dies aber in nur unkontinuierlicher Weise. Der Amtspfleger regt an, den Kindseltern die elterliche Sorge vollständig zu entziehen, damit er die Amtsvormundschaft übernehmen könne und dadurch „handlungsfähiger“ werde.[1401]

Die Einschätzung der Gefahrenlage erfolgt auf der Grundlage der Berichterstattung des Jugendamts und der Stellungnahme des Verfahrensbeistands. Das Wohl des Kindes sei im Haushalt der Eltern angesichts der Suchterkrankung und den desolaten familiären und häuslichen Verhältnissen akut gefährdet. Verfahrensbeistand und Jugendamt sehen die Kindseltern nicht in der Lage, das Kind im notwendigen Umfang zu betreuen und die notwendige Hilfe im Bedarfsfall zu leisten. Es sei bereits nicht garantiert, dass die Kindseltern in der Lage seien, ärztliche Hilfe herbeizuholen. Gestützt wird diese Einschätzung durch die bislang unzureichende Interaktion mit dem Jugendamt, der angesichts der Suchterkrankung wechselhaften psychischen und physischen Verfassung sowie dem fehlenden Interesse an dem älteren Kind.

d. Ergebnis der Erörterung und Festlegung des weiteren Vorgehens

Dem Vorschlag des Amtspflegers, die elterliche Sorge für die fünf Monate alte Tochter vollständig zu entziehen und auf einen Amtsvormund zu übertragen, schließen sich der Richter ebenso wie der Verfahrensbeistand und der Jugendamtsmitarbeiter an. Der Richter weist die Eltern darauf hin, dass er beabsichtige, die elterliche Sorge vollständig zu entziehen, unter dem Hinweis an die Eltern, sich um rechtlichen Beistand zu bemühen. Es wird mitgeteilt, dass gegen den gerichtlichen Beschluss Rechtsmittel eingelegt werden können. Unter dem Ausdruck der Empörung verlässt die Kindsmutter den Sitzungssaal, wobei sie die Türe des Sitzungssaals unter Krafteinwirkung zuschlägt. Der Kindsvater bricht in Tränen aus.

2. Die Rolle des Jugendamts

Das Jugendamt ist vertreten durch den fallzuständigen Mitarbeiter des Jugendhilfesozialdienstes und einen Mitarbeiter der Abteilung der Amtsvormundschaften und -pflegschaften. Der Amtspfleger begehrt den Entzug der gesamten elterlichen Sorge als familiengerichtliche Maßnahme im zugrunde liegenden Verfahren. Als Begründung bringt er vor, mehr Handlungssicherheit zu benötigen, die er als Inhaber der gesamten elterlichen Sorge erhalte. Dies komme dem Kind zugute, weil es der ständigen Kontrolle und kontinuierlichen ärztlichen Betreuung bedürfe.

3. Die Rolle des Familienrichters

Der Richter verschafft sich keinen unmittelbaren Eindruck von dem Kind. Die Befragung der Kindseltern zu ihrem aktuellen Gesundheitszustand sowie die

1401 Vgl. § 1773 BGB, wonach dem Vormund die gesamte elterliche Sorge übertragen wird, d.h., sowohl die Personen- als auch die Vermögenssorge für das Kind und die Vertretung.

Aufforderung der Eltern, mitzuteilen, aus welchem Grund die Besuchskontakte mit ihrem nunmehr jüngeren Kind wiederholt unterblieben sind, trägt dazu bei, das Erziehungsverhalten der Eltern zu ergründen und die Perspektive der Kindseltern aufzuzeigen. So bringt der Kindsvater auch wiederholt sein Bemühen zum Ausdruck, für seine Tochter Verantwortung übernehmen zu wollen. Seine Äußerungen, die sein wiederholtes Fehlverhalten untermauern, zeigen jedoch, dass er aktuell nicht in der Lage ist, für das Wohl des Kindes zu sorgen und eine Gefahrenlage von ihm abzuwenden. Der Richter geht nicht näher auf die Ausführungen des Kindsvaters ein. Vielmehr versucht er, die Äußerungen auf reine Fakten zu bündeln und erklärt auch deutlich, dass das Verhalten der Kindseltern keine sichere Lebensgrundlage biete für ein herzkrankes Kind. Er macht den Kindseltern deutlich, dass ein Kind nicht nur der Liebe seiner Eltern bedürfe, sondern Eltern brauche, die im Notfall in der Lage sind, ärztliche Hilfe herbeiholen zu können. Hinsichtlich der Entscheidungsfindung schließt sich der Richter den Vorschlägen der Jugendamtsfachkräfte und des Verfahrensbeistands an.

4. Die Zusammenarbeit von Jugendamt und Familiengericht

Gemeinsam wollen Familiengericht und Jugendamt der Kindeswohlgefährdung begegnen. Der Richter fungiert in der Rolle des „Entscheiders“, das Jugendamt bringt die erforderlichen erzieherischen und sozialen Gesichtspunkte in das Verfahren mit ein. Meinungsverschiedenheiten zwischen Jugendamt und Familiengericht lassen sich nicht erkennen. Etwaige Rollendiskrepanzen sind nicht ersichtlich.

Der Richter teilt im Anschluss an die Sitzung mit, dass informelle Kontakte im Vorfeld der Verhandlung nicht stattgefunden haben.

5. Beobachtbare Effekte auf die Eltern

Die strukturierte Verfahrensführung und Einbeziehung der Eltern unter Aufforderung zur Stellungnahme vermittelt zumindest dem Kindsvater das Gefühl, gehört zu werden, wenngleich der Familienrichter am Ende der Sitzung darauf hinweist, dass er beabsichtige, die elterliche Sorge auch für das zweite Kind vollständig zu entziehen. Ein gezieltes Einwirken auf die Kindseltern, mit dem Jugendamt zu kooperieren, ist nicht ersichtlich. Vielmehr führt der Richter den Eltern vor Augen, dass es in erster Hinsicht ihnen als Eltern obliege, eine Gefahr für das Kind von diesem abzuwenden. Den Eltern wird aufgezeigt, dass ihre Fähigkeit und Bereitschaft zur Gefahrenabwehr allerdings nur unzureichend ist.

6. Fazit

Die vorliegende Fallkonstellation bedingt angesichts der Gefahrenlage für das Kind nicht die Behandlung von Hilfen im Vorfeld einer konkreten Kindeswohlgefährdung, die in Betracht kommen können, um der möglichen Gefahrenlage wirksam zu begegnen. Vielmehr liegt eine Gefahrensituation bereits vor, die einen Eingriff in die elterliche Sorge erfordert, nachdem die Eltern nicht in der Lage sind, ihre herzkranke Tochter, die auf eine besonders intensive Betreuung angewiesen ist, vor einer Gefährdung für ihr Wohl zu schützen. Die gesetzliche Intention eines frühzeitigen Einwirkens auf die Eltern lässt sich vorliegend nur dahingehend verwirklichen, dass den Eltern die gesamte elterliche Sorge entzogen und auf einen (Amts)vormund übertragen wird.

Ob und inwieweit eine über die Sachverhaltsaufklärung hinausgehende Einwirkung auf die Eltern erfolgt, ist nicht erkennbar. Der gesamte Verhandlungsverlauf dient dazu, die Sachlage darzulegen und die Berichterstattungen der Verfahrensbeteiligten zu hören. Es ist kein gemeinsames Erörtern der Situation mit den Kindseltern ersichtlich, sondern der Richter gibt den Eltern die Gelegenheit, Stellung zu nehmen.

Im vorliegenden Fall gewinnt die Rolle des Verfahrensbevollmächtigten in einem Verfahren wegen Kindeswohlgefährdung für die Eltern an Bedeutung, nachdem der Richter den Kindseltern am Ende der Verhandlung nahelegt, sich um einen anwaltlichen Beistand zu bemühen. Es wirft die generelle Frage nach der Notwendigkeit der anwaltlichen Vertretung in einem Verfahren wegen Kindeswohlgefährdung auf.[1402] Es handelt sich um einen Fortsetzungstermin in einer Sorgerechtsstreitigkeit nach einstweiliger Anordnung, wonach erstmals am Ende der Sitzung der richterliche Hinweis an die anwaltlich nicht vertretenen Eltern ergeht, einen Verfahrensbevollmächtigten hinzuzuziehen, um gegen die richterliche Entscheidung auf Entzug der elterlichen Sorge vorgehen und Rechtsmittel einlegen zu können. Inwieweit die Kindseltern im vorangegangenen Sorgerechtsverfahren anwaltlich vertreten waren, geht aus der Beobachtung nicht hervor. Der Richter hat im vorliegenden Fall angekündigt, die elterliche Sorge vollständig zu entziehen. Das Aufenthaltsbestimmungsrecht ist den sorgeberechtigten Eltern bereits entzogen worden. Wird aber der vollständige Entzug der elterlichen Sorge für das Kind in Betracht gezogen, erscheint das Argument des Gesetzgebers, die Interessen der Beteiligten seien bereits hinreichend durch die Amtsermittlung und die Möglichkeit der Bestellung eines Verfahrensbeistands gewahrt, nicht hinreichend überzeugend, um die Unterlassung einer anwaltlichen Beiordnung zu rechtfertigen. Es handelt sich um den Sorgerechtsentzug für das zweite Kind. Die Eltern sind aufgrund dessen emotional betroffen und angesichts ihrer Suchterkrankung auch kognitiv nicht in der Lage, die Vielfalt der in Betracht kommenden Hilfemöglichkeiten für ihr Kind und die Komplexität des Sorgerechtsverfahrens zu erkennen. Dabei ist es stets erforderlich, die subjektiven Fähigkeiten der sorgeberechtigten Elternteile zu beachten.[1403] Die Kindseltern bestreiten ihren Lebensunterhalt mit Hilfe von Sozialleistungen nach dem SGB II. Dies deutet darauf hin, dass sie nicht über die nötigen Mittel verfügen, um sich eines Verfahrensbevollmächtigten zu bedienen. Sind jedoch die Kindseltern nicht in der Lage, für eine hinreichende Interessenvertretung zu sorgen, ist danach

---

1402 Ausführlich bereits oben, Kap. 2, C. III. 2.

1403 *OLG Schleswig* v. 28.10.2011, 10 WF 185/11, NJW 2012, 1014 = BeckRS 2012, 02863.

zu fragen, ob eine bemittelte Partei sich in dem betreffenden Fall anwaltlicher Hilfe bedient hätte, um interessengerecht im Prozess vertreten zu sein, nachdem nach den verfassungsrechtlichen Vorgaben eine mittellose Partei nicht schlechter gestellt werden darf als eine bemittelte Partei, die die Kosten des Rechtsstreits selbst aufbringen kann.[1404] Es ist hiervon auszugehen, wenn der Entzug der elterlichen Sorge droht.

IV. Fall 4 – Prekäre Wohnsituation bei psychischer Erkrankung der Kindseltern

1. *Situation bei Gericht: Terminierung und Gang des Verfahrens*

In einer vierten Fallbeobachtung bei Gericht handelt es sich um einen als „Erörterung" anberaumten Termin, der in einem kleinen Sitzungssaal stattfindet. Die Richterin bestimmt den Verfahrensablauf. Es handelt sich um eine mögliche Gefährdung eines zehn Monate alten Kindes durch die prekäre Wohnsituation und eine mögliche Überforderung seiner Eltern. Die Atmosphäre ist förmlich, die Richterin trägt eine Robe.

Die Einleitung des gerichtlichen Verfahrens ist auf Anregung des Jugendamts erfolgt und innerhalb eines Monats nach Eingang des Antrags bei Gericht terminiert. Die zeitliche Dauer des Termins beträgt eineinhalb Stunden.

a. *Die Beteiligten*

An dem Termin beteiligt sind die Richterin, eine Mitarbeiterin des Jugendamts, die Kindseltern, die Verfahrensbeiständin für das Kind, die gesetzliche Betreuerin der Kindsmutter sowie eine Mitarbeiterin des betreuten Wohnens. Links neben der Richterin nimmt die Mitarbeiterin des Jugendamtes Platz, rechts neben der Richterin platzieren sich Kindsvater und Kindsmutter. Der Richterin gegenüber setzen sich die Verfahrensbeiständin sowie der gesetzliche Betreuer der Mutter und die Mitarbeiterin des Betreuten Wohnens. Die Kindseltern leben in einer betreuten Wohnform. Die Kindsmutter ist nicht erwerbstätig und steht unter gesetzlicher Betreuung. Weitere soziodemographische Angaben über die Kindeseltern erfolgen nicht. Das Kind ist nicht anwesend.

b. *Inhalt und Gegenstand der Erörterung*

Die Richterin führt zunächst in den Sach- und Streitstand ein. Nach den Ausführungen des Jugendamtes besuche das Kind nur sehr unregelmäßig eine Kinderkrippe, die Wohnung sei verdreckt und vermüllt. Dies sei kein Ort für ein Kleinkind, das mit der Fortbewegung begonnen habe. Die Eltern wohnen betreut, die Mutter ist geistig behindert und steht unter gesetzlicher Betreuung. Mangels Kooperation und Mitwirkung der Eltern, die sämtliche Termine mit dem Jugendamt nicht eingehalten

---

1404 *BVerfG* v. 18.12.2001, 1 BvR 391/01, FamRZ 2002, 531 (532).

und auch telefonische Rückrufbitten des Jugendamts nicht befolgt hätten, sei die Einschaltung des Familiengerichts „nach § 8a SGB VIII“[1405] erforderlich geworden.

Die Jugendamtsmitarbeiterin teilt mit, sich von der Einschaltung des Gerichts ein „Einwirken auf die Kindseltern“ zu versprechen, damit diese zukünftig mit dem Jugendamt kooperieren.[1406]

Die Verfahrensbeiständin teilt mit, die Kindseltern und das Kind persönlich aufgesucht zu haben. Sie teilt mit, dass es notwendig sei, das Kind tagsüber in einer Kinderkrippe betreuen zu lassen, da die Betreuung und Versorgung allein durch die Mutter nicht hinreichend gewährleistet sei, was bereits der Zustand der Wohnung zum Ausdruck bringe. Insgesamt habe die Kindsmutter wenig Unterstützung durch den Kindsvater erhalten. Den Haushalt versuche sie in alleiniger Verantwortung zu bewältigen. Dies bereite ihr Schwierigkeiten.

Die anwesende Mitarbeiterin des Betreuten Wohnens teilt ebenso wie der gesetzliche Betreuer der Kindsmutter mit, dass die Kindsmutter Schwierigkeiten im Umgang mit den Anforderungen des täglichen Lebens zeige. Kämen weitere Aufgaben auf sie zu, reagiere sie entmutigt und erschöpft.

Die Kindsmutter nach ihrer persönlichen Einschätzung befragt, bestätigt, Fehler gemacht zu haben. Sie sichert eine sofortige Besserung der häuslichen Situation zu. Sie habe sich nun auch einen neuen Staubsauger besorgt, mit dem sie versuchen wolle, die Wohnung sauber zu halten. Es ginge ihr um das Kind und deshalb wolle sie eine Veränderung herbeiführen.

Die Richterin spiegelt den Eltern, dass sie als Richterin in dem vorliegenden Verfahren die Rolle habe, über das Kindeswohl zu entscheiden. Hierbei ginge es ihr in erster Linie um das Kind und nur um dieses. Es sei allerdings wichtig, dass die Eltern eine Veränderung auch wünschten und hierbei die Bedürfnisse des Kindes beachteten. Wichtig sei, dass sie sich selbst nicht vergessen dürften, denn ginge es den Eltern gut, ginge es auch dem Kind gut. Sie teilt mit, dass sie davon ausgehe, dass den Eltern eine Verbesserung der Situation gelingen werde. Die Kindsmutter entgegnet, dass ihr bewusst sei, dass die Richterin ihr die elterliche Sorge wegnehmen könne und dass sie davor Angst habe.

Der Kindsvater teilt mit, dass sich die Kindsmutter in einer labilen psychischen Verfassung befinde und diese eskaliere, wenn zu viel Druck aufgebaut werde. Hätte sie zu viele Termine einzuhalten, führe dies zur Resignation. Dies nimmt die Richterin zur Kenntnis, geht aber nicht weiter darauf ein, sondern verweist auf die Möglichkeit der Gesprächsführung mit den entsprechend qualifizierten Fachkräften.

Die Kindseltern werden zum Sachstand und insbesondere zu ihrem persönlichen Befinden befragt. Den Eltern wird rechtliches Gehör gewährt, in dem die Richterin ihnen das Wort erteilt und sie bittet, sich zum Sachstand zu äußern. Zugleich weist

1405 Die Formulierung entspricht der wörtlichen Aussage der Jugendamtsmitarbeiterin im Sitzungstermin.

1406 Die Formulierung entspricht der wörtlichen Aussage der Jugendamtsmitarbeiterin im Sitzungstermin.

die Richterin die Eltern auf ihre Verantwortung hin, für das Wohl ihres Kindes sorgen zu müssen, wobei sie den Eltern signalisiert, davon auszugehen, dass die Eltern eine Verbesserung der Situation erreichen können. Die Richterin erkundigt sich bei den Kindseltern, ob diese die möglichen Folgen eines Sorgerechtsverfahrens begreifen. Die Richterin wiederholt mehrfach, dass es ihr um das Wohl des Kindes geht. Ein darüber hinausgehendes Einwirken auf die Eltern ist nicht ersichtlich.

c. *Gefährdungslage*

Die Gefährdungslage manifestiert sich im vorliegenden Fall allein in dem Verdacht der Vernachlässigung des zehn Monate alten Kindes durch die Kindseltern. Die Mutter ist überwiegend alleine mit dem Kind in der Wohnung. Diese befindet sich nach Einschätzung und Mitteilung des Jugendamts in einem desolaten Zustand, was von der Verfahrensbeiständin bestätigt wird. Die Einschätzung der Gefahrenlage basiert in erster Hinsicht auf der Berichterstattung der Jugendamtsmitarbeiterin. Gesonderte gerichtliche Ermittlungen sind nicht erfolgt.

d. *Ergebnis der Erörterung und Festlegung des weiteren Vorgehens*

Im Ergebnis erlässt die Richterin einen „Auflagenbeschluss" nach 1666 Abs. 3 BGB. Es wird angeordnet, dass die Wohnung sauber zu halten und zu putzen ist, das Kind täglich eine Kinderkrippe zu besuchen hat und überdies Termine mit dem Jugendamt regelmäßig einzuhalten sind.[1407] Es wird mitgeteilt, dass eine Überprüfung der Einhaltung des Auflagenbeschlusses erfolgen wird. Es wird ein neuer Termin in drei Monaten anberaumt.

2. *Rolle und Aufgabenwahrnehmung des Jugendamts*

Die fallzuständige Mitarbeiterin des Jugendhilfesozialdienstes des Jugendamtes zeigt die starke Intention, die richterliche Autorität zu nutzen, um den Eltern mit dem notwendigen Druck zu begegnen. Das Gericht soll den Eltern als „Drohkulisse" gegenübertreten, nachdem es die Eltern wiederholt unterlassen hätten, Termine einzuhalten und Anrufe des Jugendamts zu erwidern.

3. *Rolle und Aufgabenwahrnehmung des Familienrichters*

Die Richterin ist sehr freundlich und zeigt großes Einfühlungsvermögen im Umgang mit den Eltern. Immer wieder erklärt sie ihre Rolle im Verfahren. Sie sei es, die die Sache entscheide. Die Richterin betont, dass es dem Gericht um das Wohl des Kindes geht. Gleichwohl zeigt sie Respekt gegenüber den Eltern, indem sie der Kindsmutter widerspiegelt, dass es in der Tat wichtig sei, Veränderungen zu wollen und hierbei in erster Linie an das Kind, aber auch an sich selbst zu denken, weil

---

1407 Auf Nachfrage bei der Richterin handelt es sich um einen Beschluss nach § 38 FamFG.

auch davon das Kind profitiere. Es gelingt der Richterin, ein Vertrauensverhältnis zu den Kindseltern aufzubauen, denn diese öffnen sich zunehmend und geben ihre Ängste preis. Die Richterin geht gleichwohl nicht weiter auf die Eltern ein und verweist auf die zuständigen Fachkräfte und Gespräche mit diesen. Hiermit bringt die Richterin zum Ausdruck, dass sie sich in der Rolle der Entscheidungsinstanz befindet. Einen persönlichen Eindruck von dem Kind verschafft sich die Richterin nicht. Die Beurteilung des Vorliegens einer Kindeswohlgefährdung basiert auf dem Vortrag der Verfahrensbeiständin und des Jugendamts.

4. Die Zusammenarbeit von Jugendamt und Familiengericht

Es findet eine klare Rollenverteilung zwischen Jugendamt und Familiengericht statt, wobei der Richterin die Verhandlungsführung und Entscheidungsgewalt obliegt und dem Jugendamt die Einschätzung des Hilfebedarfs aus sozialpädagogischer Perspektive. Das Jugendamt zeigt deutlich auf, dass es die richterliche Autorität benötigt, um auf die Kindseltern einwirken zu können, nachdem diese am Hilfeprozess nicht mitwirken. Dass informelle Absprachen zwischen Familiengericht und Jugendamt im Vorfeld des Termins erfolgt sind, ist nicht ersichtlich.

Im Anschluss an den Termin teilt die Richterin mit, dass sie mit Blick auf die Verhandlungsführung keinen vorgegebenen Strukturen folgt. Solche zu etablieren, sei ihrer Ansicht zufolge auch nicht zweckmäßig, denn jede Fallkonstellation nehme einen neuen Verlauf.

5. Beobachtbare Effekte auf die Eltern

Der Mutter ist bewusst, dass der Entzug der elterlichen Sorge droht, wenn eine Gefahr für das Kind erkannt und nicht abgewendet wird sowie die Kindseltern nicht hinreichend mit dem Jugendamt kooperieren. Die klare Struktur der Verhandlungsführung unter Einbeziehung der Eltern und die Erklärung der Rolle des Gerichts, zum Wohle des Kindes handeln zu müssen, verdeutlichen den Eltern den Grund des gerichtlichen Verfahrens und die Bedeutung ihres Verhaltens, das den Anlass zur Einleitung des Verfahrens gegeben hat. Indem die Richterin den Eltern die eigenen Aussagen widerspiegelt und dabei mit eigenen Worten wiederholt, gewinnen die Eltern Vertrauen und öffnen sich zunehmend. Die Erkenntnis resultiert aus der beobachteten Offenheit und Mitteilungsbedürftigkeit der Kindseltern.

6. Fazit

Es zeigt sich hier, dass sich das Jugendamt um die rechtliche Absicherung und autoritäre Unterstützung des Familiengerichts bemüht und es das Familiengericht als eine weitere Verantwortungsinstanz einschalten möchte. Der Intention des Jugendamts, durch die richterliche Autorität den Eltern mit dem nötigen Druck zu begegnen und sie zu einer Kooperation mit dem Jugendamt zu bewegen, leistet die Familienrichterin mit einem Auflagenbeschluss Folge. Eine interdisziplinäre

Kommunikation zwischen Jugendamt und Familiengericht findet statt und führt zu der notwendigen Rollenklarheit. Sie ist geeignet, der Gefahrensituation für das Kind wirksam zu begegnen.

Dass im Ergebnis ein Auflagenbeschluss ergeht mit der konkreten Auflage, Leistungen der Kinder- und Jugendhilfe in Anspruch zu nehmen, bringt gleichwohl zum Ausdruck, dass am Ende des als „Erörterung" anberaumten Termins ein Eingriff in die elterliche Sorge durch die Anordnung familiengerichtlicher Maßnahmen nach § 1666 Abs. 3 Nr. 1 BGB erfolgt. Wenngleich es sich hierbei um eine niedrigschwellige Maßnahme unterhalb einer Sorgerechtsentziehung handelt, erfordert diese die Feststellung einer konkreten Kindeswohlgefährdung[1408], deren Vorliegen im vorliegenden Fall jedoch nicht eindeutig ist. Es fehlen außerdem die entsprechenden Ausführungen zum Grund der Anordnung der eigentlichen Maßnahme. Die Anordnung, die Wohnung sauber zu halten und zu putzen, das Kind in einer Kinderkrippe unterzubringen und Termine mit dem Jugendamt verpflichtend einhalten zu müssen, stellt sich als Sorgerechtsbeschränkung bzw. als Eingriff in die Sorgesubstanz dar. Es ist nicht mehr eine bloße staatliche Einwirkungshandlung auf die Kindseltern im Vorfeld der Eingriffsschwelle des § 1666 Abs. 1 BGB.[1409]

Ein über ein bloßes Erörtern der Sachlage hinausgehendes „Einwirken" auf die Eltern lässt sich nicht erkennen und nicht von einer Befragung der Eltern trennen. Die Erörterung findet überdies im „frühen ersten Termin" nach § 155 Abs. 2 FamFG statt und nicht gesondert.

V. Fall 5 – Termin nach Inobhutnahme des dritten Kindes

1. *Situation bei Gericht: Terminierung und Gang des Verfahrens*

Die fünfte Fallbeobachtung betrifft den als „Anhörung" bezeichneten frühen ersten Termin nach erfolgter Inobhutnahme eines Kindes im Säuglingsalter. Ausweislich der Mitteilung der Richterin im Anschluss an den Termin handelt es sich um eine *„frühe erste Erörterung"*, die einen Monat nach der Inobhutnahme des Kindes stattfindet. Der Termin ist zeitlich nach hinten nicht begrenzt. Es handelt sich um das dritte Kind der 19 und 23 Jahre alten Kindseltern. Die Sitzung findet in einem geräumigen Gerichtssaal statt und dauert eine Stunde. Die Richterin bestimmt den Verfahrensablauf. Die Atmosphäre ist förmlich. Die Richterin trägt eine Robe.

Nach Mitteilung der Richterin wird ein „Anhörungstermin" stets derart terminiert, dass keine Anschlusstermine folgen. Auf diese Weise wird gewährleistet, dass die Angelegenheit umfassend erörtert werden kann.

1408 Staudinger/*Coester*, § 1666 Rn. 87.

1409 Zum Unterschied zwischen Eingriffs- und Kontrollschwelle siehe bereits oben, Kap. 2, A. III. 2.

a. Die Beteiligten

Anwesend sind neben der Richterin und zwei Jugendamtsmitarbeiterinnen und den Kindseltern die Verfahrensbeiständin für das Kind und die Rechtsanwältin der Kindseltern. Diese nimmt im vorliegenden Fall eine die Kindseltern unterstützende Funktion ein. Links neben der Richterin sind zwei fallzuständige Mitarbeiterinnen des Jugendhilfesozialdienstes des Jugendamts der Stadt platziert[1410], rechts neben der Richterin befinden sich die Kindseltern, die anwaltlich vertreten sind. In der Mitte sitzt die Verfahrensbeiständin des Kindes.

Es lässt sich beobachten, dass die Kindseltern stets den Blickkontakt zu ihrer Verfahrensbevollmächtigten suchen, wenn sie von der Richterin persönlich angesprochen werden. Auch die an die Kindsmutter gerichtete Aufforderung, in eine Mutter-Kind-Einrichtung umzuziehen, wird gemeinsam mit der Rechtsanwältin nach einer kurzen Unterbrechung des Termins vor dem Sitzungssaal besprochen. Die Rechtsanwältin fungiert als „Sprachrohr" ihrer Mandanten, die Kindseltern äußern sich nur zurückhaltend und über ihre Verfahrensbevollmächtigte. Von der Richterin wird dies akzeptiert.

b. Inhalt und Gegenstand der Erörterung

Gegenstand des Sitzungstermins ist die Auseinandersetzung mit den in Betracht kommenden Hilfeleistungen für den Säugling. Nach Begrüßung der Beteiligten und Eröffnung des Verfahrens händigt die Richterin allen Beteiligten eine Kopie des Schreibens der Rechtsanwältin der Kindseltern aus sowie eine Stellungnahme der Verfahrensbeiständin, die sodann von den Beteiligten gelesen werden. Bezug nehmend auf die Schriftstücke teilt die Richterin mit, es habe bereits vor zwei Monaten einen Termin vor Gericht gegeben. Dort sei vereinbart worden, dass zunächst die Geburt des Kindes abgewartet werde, bevor weitere Schritte veranlasst würden. Die Eltern werden von der Richterin gefragt, ob ihnen bewusst sei, warum ihr Kind in Obhut genommen worden sei. Sie führt den Eltern vor Augen, dass ihr Verhalten Anlass dazu gegeben hat, das Kind fremdunterbringen zu müssen.

Wenige Tage nach der Geburt des Kindes war dieses in Obhut genommen worden, direkt aus der Geburtsklinik heraus. Im Wege einer einstweiligen Anordnung war der Kindsmutter das Aufenthaltsbestimmungsrecht entzogen und auf das Jugendamt übertragen worden. Das Kind befindet sich seitdem in einer Bereitschaftspflegestelle. Ein Kontakt mit dem Kind ist seit der Geburt und Inobhutnahme des Kindes erst einmalig erfolgt. Es soll nunmehr erörtert werden, wie weiterhin verfahren wird.

Als Kontextinformation erfolgt im Termin die Mitteilung, dass die Kindsmutter die elterliche Sorge alleine hat. Die Kindseltern sind nicht verheiratet. Der Kindsvater hat nur die Vaterschaft anerkannt nach § 1592 Nr. 2 BGB. Eine Sorgeerklärung liegt nicht vor. Die Eltern sind nicht berufstätig. Sie leben von Sozialleistungen

1410 Es erscheinen zwei Mitarbeiterinnen des Jugendamtes, wobei es sich bei einer der Mitarbeiterinnen um eine Praktikantin im Anerkennungsjahr handelt.

nach dem SGB II (sog. „Hartz IV“). Etwaige weitere soziodemographische Angaben werden nicht genannt.

Die Familie ist der Richterin bereits bekannt; die zwei älteren Kinder im Alter von 4 und 1 Jahr sind bereits fremduntergebracht worden nach Inobhutnahme durch das Jugendamt.[1411]

Die Richterin teilt mit, dass die Eltern mit der Erziehungssituation überfordert waren. Die Kinder seien nicht ausreichend mit Nahrung versorgt worden. Das einjährige Kind hatte nur Zuckerwasser und keine feste Nahrung erhalten. Auch der vier Jahre alte Junge hatte nicht ausreichend Nahrung bekommen und gemeinsam mit dem Kindsvater Computerspiele kriegerischen Inhalts gespielt. Die Umgangskontakte mit den Kindern erfolgten begleitet in den Räumlichkeiten des Jugendamtes. Die Pflegefamilien wünschten die Anonymität und die Adressen seien den Kindseltern nicht bekannt.

Als Begründung für die Inobhutnahme des nunmehr dritten Kindes direkt nach der Geburt, führt die Richterin gleich zu Beginn der Sitzung aus, es sei „nicht gut gelaufen“. Sie fragt die Eltern, ob ihnen bewusst und nachvollziehbar sei, warum nun auch der Säugling in Obhut genommen worden sei, was beide Kindseltern nach einem hilfesuchenden Blick zu ihrer Anwältin nickend bestätigen. Die Richterin bittet sodann die Verfahrensbeiständin um eine kurze Stellungnahme. Diese teilt mit, es müsse eine baldige Lösung für die vorliegende Situation gefunden werden, denn der Säugling befinde sich in einer Bereitschaftspflegestelle, die nur eine Übergangslösung für das Kind bedeuten kann. Ein Kontakt mit der Kindsmutter sei erst einmalig erfolgt. Bei einem weiteren Zuwarten mit der Klärung der Situation drohe die Entfremdung zwischen der Mutter und dem Kind. Vorgeschlagen wird die gemeinsame Unterbringung von Mutter und Säugling in einer Mutter-Kind-Einrichtung.

Dieser Vorschlag scheint bereits Gegenstand der vorausgegangenen Korrespondenz gewesen zu sein[1412], denn das Jugendamt teilt sodann mit, es habe sich bereits um eine Möglichkeit der Unterbringung für die Mutter und den Säugling gekümmert. Es handele sich um eine Mutter-Kind-Einrichtung in 36 km Entfernung. Dies sei der momentan einzig verfügbare Platz und es sei wichtig, die Hilfeleistung in Anspruch zu nehmen angesichts einer ansonsten drohenden Entfremdung zwischen der Mutter und dem neugeborenen Kind. Die beiden anderen Kinder, die in unterschiedlichen Bereitschaftspflegestellen untergebracht sind, könnten nachkommen, sobald die Mutter und das Neugeborene umgezogen und eine gewisse Eingewöhnungszeit überstanden hätten.

Die Richterin greift den Vorschlag auf und wirkt auf die Kindsmutter ein, die von dem Jugendamt angebotene Hilfemaßnahme dringend anzunehmen, damit keine weitere Entfremdung zwischen ihr und dem Neugeborenen eintreten werde. Für die Kindseltern erbittet die Anwältin eine kurze Sitzungsunterbrechung, um

1411 Diese Kontextinformation erhält die Autorin im Nachgang der Beobachtung.
1412 Dieser ist der Beobachterin allerdings nicht bekannt gemacht worden.

vor dem Sitzungssaal das weitere Vorgehen zu besprechen. Nach Wiederaufnahme des Verfahrens teilt die Rechtsanwältin für die Kindsmutter mit, sie wolle nicht in die Mutter- Kind-Einrichtung umziehen, sondern gemeinsam mit dem Kindsvater eine geräumige 5-Zimmer-Wohnung anmieten, die gerade renoviert werde. Diese Wohnung befinde sich weit außerhalb der Stadt X, in der sie gerade wohnten. Die Mutter-Kind-Einrichtung sei dann zu weit von dem neuen Wohnort des Kindsvaters entfernt. Sie bevorzuge den gemeinsamen Umzug mit dem Kindsvater und wolle die drei Kinder erst im Anschluss an den Umzug zu sich nehmen.

Die Richterin entgegnet hierauf, „gut, dann will sie eben nicht“ und teilt mit, dass sie beabsichtige, den im einstweiligen Anordnungsverfahren ergangenen Beschluss[1413] aufrecht zu erhalten. Im Hauptsacheverfahren werde sie ein Gutachten über die Erziehungsfähigkeit der Kindsmutter einholen und dies nehme viel Zeit in Anspruch. Sie weist die Kindsmutter darauf hin, dass auf diese Weise noch mehr Zeit verloren ginge.

Die Eltern werden direkt angesprochen, wenngleich sie anwaltlich vertreten sind.

c. *Gefährdungslage*

Die Gefährdungslage manifestiert sich in dem begründeten Verdacht der Vernachlässigung durch die Kindseltern als Folge von Überforderung. Die beiden älteren Kinder sind bereits nicht ausreichend mit Nahrung versorgt worden und haben überwiegend Zuckerwasser als Nahrung erhalten. In Bezug auf das neugeborene dritte Kind wird vermutet, dass die Überforderung der Kindseltern auch in der Erziehung und Versorgung des dritten Kindes in Erscheinung treten wird. Weitere Ausführungen zur Gefährdungslage erfolgen im Termin nicht.

d. *Ergebnis der Erörterung und Festlegung des weiteren Vorgehens*

Der im EA-Verfahren ergangene Beschluss wird aufrechterhalten, mit der Folge, dass das Aufenthaltsbestimmungsrecht beim Jugendamt verbleibt und das Kind weiterhin in der Bereitschaftspflegestelle untergebracht ist. Im Hauptsacheverfahren soll ein Gutachten zur Erziehungsfähigkeit der Kindsmutter eingeholt werden. Das Jugendamt und die Verfahrensbeiständin erklären sich mit dem Vorgehen des Gerichts einverstanden. Die Rechtsanwältin lehnt die Aufrechterhaltung des EA-Beschlusses ab.

2. *Rolle und Aufgabenwahrnehmung des Jugendamts*

Die Mitarbeiterinnen des Jugendamtes unterrichten über die bereits erbrachten Leistungen für die Familie in der Vergangenheit und die Durchführung der Umgangskontakte mit den beiden älteren Kindern. Es erfolgt die Mitteilung, dass für das Neugeborene eine rasche Lösung gefunden werden müsse, da es sich in einer

1413 Nachfolgend als EA-Beschluss bezeichnet.

Bereitschaftspflegestelle befinde, die das Kind nicht über einen längeren Zeitraum bei sich aufnehmen könne. Das Kind soll nur zur Mutter zurückgeführt werden, wenn diese in eine Mutter-Kind-Einrichtung zieht. Dort können auch die beiden älteren Kinder untergebracht werden.

3. *Rolle und Aufgabenwahrnehmung des Familienrichters*

Die Richterin übernimmt die Verhandlungsführung, agiert aber insgesamt zurückhaltend. So kann beobachtet werden, dass sowohl die Verfahrensbeiständin als auch die Mitarbeiterinnen des Jugendamtes dezidierte Vorschläge liefern, um der Gefahrenlage für das Neugeborene zu begegnen. Die Richterin schaltet sich in den Diskurs über die Art der Hilfegewährung ein, indem sie fragt, *ob sie auch etwas zur Art der Hilfegewährung sagen dürfe.* Sie verdeutlicht ihre Zurückhaltung hinsichtlich der Einschätzung des Hilfebedarfs, die sie offenbar den Fachdisziplinen Jugendamt und Verfahrensbeistand überlässt. Sie weist die Kindseltern dennoch darauf hin, dass sie die Befugnis habe, über die Angelegenheit verbindlich zu entscheiden.

4. *Die Zusammenarbeit von Jugendamt und Familiengericht*

Die Zusammenarbeit von Familiengericht und Jugendamt zeigt keine Unstimmigkeiten und Divergenzen. Informelle Absprachen zwischen Familiengericht und Jugendamt erfolgen nicht.

Im Anschluss an die Sitzung stellt die Richterin nochmals klar, dass das Jugendamt immer geladen werde, da es die notwendige sozialpädagogische Beurteilung liefert.

5. *Beobachtbare Effekte auf die Eltern*

Die Kindseltern zeigen sich nicht einsichtig sowohl dem Jugendamt als auch der Richterin und dem Verfahrensbeistand gegenüber. Ein möglicher Grund hierfür ist die Anwesenheit der verfahrensbevollmächtigten Rechtsanwältin, die oftmals das Wort ergreift. Die Kindseltern selbst wirken zurückhaltend und verschlossen. Sie suchen den Blickkontakt zur Anwältin. Dem Angebot, in eine Mutter-Kind-Einrichtung umzuziehen, um das Neugeborene wieder zu sich zu nehmen, leistet die Kindsmutter trotz nachdrücklicher Aufforderung durch die Richterin keine Folge.

6. *Fazit*

Die vorliegende Sitzung führt nicht dazu, dass die Kindseltern die ihnen angebotene öffentliche Hilfe annehmen. Den Vorschlägen der beteiligten Fachkräfte und des Gerichts wird keine Folge geleistet. Die Kindsmutter erklärt sich nicht mit dem Vorschlag einverstanden, das Neugeborene zurückzuerhalten, wenn sie mit diesem gemeinsam in eine Mutter-Kind-Einrichtung umziehen wird. Hierbei fällt auf, dass die Beteiligten allein auf die Bereitschaft der Kindsmutter abstellen, in eine derartige Einrichtung umzuziehen. Nicht eingegangen wird auf den eigentlichen Beweggrund der Kindsmutter, dort nicht einziehen zu wollen, der offenbar darin besteht, mit dem Kindsvater gemeinsam eine neue Wohnung beziehen zu wollen. Von der Kindsmutter wird der Aspekt angeführt, eine weitere Vertiefung erfolgt jedoch nicht. Es findet keine alternative Hilfemöglichkeit Berücksichtigung, die das Zusammenleben der Kindseltern ermöglichen könnte.[1414] Es wird überdies keine eindeutige Gefährdungseinschätzung vorgenommen, sondern es ergeht die Mitteilung, man habe die Kinder fremduntergebracht, *denn es sei nicht gut gelaufen.*

Inwieweit es sich um eine Erörterung i.S. des § 157 FamFG handelt oder eine Anhörung der Eltern nach § 160 FamFG, wird nicht offensichtlich. Darauf deutet bereits die Bezeichnung des Termins als „Anhörung" hin, mit der anschließenden Bemerkung, es handele sich um eine „frühe erste Erörterung". Es ist kein gezieltes Einwirken auf die Eltern erkennbar.

So teilt die Richterin sogar im Anschluss an die Sitzung mit, die Erörterung diene alleine dem Zweck, sich einen persönlichen Eindruck von der Familie zu verschaffen.

Allerdings wird offenkundig, dass die Richterin den Termin als „frühe erste Erörterung" deklariert.

Auf Nachfragen im Nachgang des Sitzungstermins zu etwaigen Besonderheiten hinsichtlich der Terminierung entgegnet die Richterin, die „Erörterung" finde stets beschleunigt innerhalb eines Monats nach Eingang der Gefährdungsmeldung des Jugendamts statt, hier innerhalb eines Monats nach erfolgter Inobhutnahme des Kindes. In Verfahren wegen Kindeswohlgefährdung sei sie gehalten, das Verfahren vorrangig und beschleunigt zu Ende zu bringen, auch dann, wenn sich die Annahmen des Jugendamts nicht bestätigten.

Es lässt sich insoweit nicht erkennen, ob und inwieweit eine Unterscheidung zwischen dem frühen ersten Termin nach § 155 Abs. 2 FamFG und dem Erörterungstermin nach § 157 FamFG vorgenommen wird. Mit Blick auf die anwesenden zwei Mitarbeiterinnen des Jugendamts, die Richterin und die Verfahrensbeiständin, scheint die Anwesenheit der Rechtsanwältin als Verfahrensbevollmächtigte für die Kindseltern eine gewisse „Balance" zu bewirken. Auffällig ist, dass die Eltern gleichwohl nicht selbst hinreichend zu Wort kommen und persönlich mitwirken. Möglicherweise nehmen sie die angebotenen Hilfemaßnahmen nicht in Anspruch, weil sie auf rechtliche Verteidigungsmittel gegen den Vorschlag des Gerichts hoffen.

VI. Fall 6 – Eineinhalb jähriges Kind von Mutter mit intellektuellen Defiziten

1. *Situation bei Gericht: Terminierung und Gang des Verfahrens*

In einer sechsten Fallbeobachtung geht es in einer halbstündigen Sitzung streitgegenständlich um die Frage, inwieweit das Kindeswohl eines eineinhalb jährigen Mädchens in der Obhut ihrer alleinerziehenden, sehr jungen Mutter gewährleistet

---

1414 Wie etwa die Sozialpädagogische Familienhilfe als ambulante Hilfe zur Erziehung nach §§ 27, 31 SGB VIII oder die Familienhebamme für das neugeborene Kind.

ist. Der Sitzungstermin ist bezeichnet als „Erörterung“. Die Richterin bestimmt den Verfahrensablauf. Der Termin findet in einem gerichtlichen Sitzungssaal in förmlicher Atmosphäre statt. Die Richterin trägt eine Robe.

a. Die Beteiligten

Anwesend ist neben der Richterin die Kindsmutter im Beisein des Kindes. Die Kindsmutter wird begleitet von ihrer Rechtsanwältin und ihren Eltern. Überdies sind anwesend die zuständige Sachbearbeiterin des Jugendamts sowie die Verfahrensbeiständin des Kindes. Links neben der Richterin nimmt die Mitarbeiterin des Jugendamts Platz; der Richterin gegenüber befinden sich die Verfahrensbeiständin. Rechts neben die Richterin platzieren sich die Kindsmutter und ihre Verfahrensbevollmächtigte sowie die Eltern der Kindsmutter.

Die Verfahrensbeiständin nimmt eine aktive Rolle ein, indem sie dezidiert über ihren Besuchskontakt und die Entwicklung des Kindes berichtet. Ihrem Eindruck zufolge sei das Kind ausgeglichen und gut an die Kindsmutter gebunden. Gleichwohl bedürfe diese noch Hilfe bei der Bewältigung der Aufgaben des täglichen Lebens. Sie unterbreitet den Vorschlag, eine Familienhelferin zu installieren und wirkt dabei neutral. Sie handelt allein im Interesse und zum Wohl des Kindes. Offen übt sie Kritik am Verhalten des Jugendamts, das nicht hinreichend hinterfragt habe, aus welchem Grund sich die Kindsmutter im letzten Monat einer Zusammenarbeit mit der Familienhelferin widersetzt haben könnte.

b. Inhalt und Gegenstand der Erörterung

Als Kontextinformation teilt die zuständige Richterin im Vorfeld der Verhandlung mit, dass das Jugendamt von der Geburtsklinik verständigt worden sei und seitdem die familiäre Situation verfolge. Das Jugendamt habe das Gericht angerufen, weil es sich ein Gutachten zur Erziehungsfähigkeit der Kindsmutter erhoffe. Gleich nach der Geburt des Kindes sei eine Familienhebamme eingesetzt worden; die Kindsmutter habe intellektuelle Defizite und sei der Ansicht, die Situation alleine und ohne fremde Hilfe bewältigen zu können. Das Jugendamt sei anderer Meinung.

Die Richterin erteilt zunächst das Wort an die Kindsmutter, sodann an die Verfahrensbeiständin und erst dann an das Jugendamt und die übrigen Verfahrensbeteiligten – hier die Eltern der Kindsmutter. Gegenstand der Auseinandersetzung ist die kindliche Entwicklung und Bindungsbeziehung des Kindes zur Kindsmutter. Erörtert wird die Erforderlichkeit, weiterhin eine Sozialpädagogische Familienhilfe in der Familie zu installieren.

Die richterliche Befragung der Mutter fokussiert zunächst die Feststellung des Sach- und Streitstandes. Befragt zum Kindsvater, erwidert die Kindsmutter, dieser sei nicht auffindbar und niemand wisse, wo er ist. Die Richterin bittet sodann die Verfahrensbeiständin um Mitteilung des Sachstandes. Diese teilt mit, die Entwicklung des Kindes verlaufe gut und das Kind wirke insgesamt ausgeglichen und gut gebunden. Bezug nehmend auf den Verlauf der Hilfe in der vergangenen Zeit, teilt die Verfahrensbeiständin mit, sie habe in der vergangenen Woche einen Hausbesuch gemacht und festgestellt, dass der Einsatz einer Familienhilfe dringend erforderlich sei. Die junge Mutter sei von der Gesamtsituation überfordert. Die personelle Besetzung der Familienhilfe sei allerdings problematisch. Im Gespräch mit der Kindsmutter habe sie festgestellt, dass diese die bisherige Familienhelferin als störend empfinde, wenn sie stets am Abendessen teilnehme. Sie wünsche sich mehr Privatsphäre. Die Verfahrensbeiständin äußert Erziehungsdefizite der Kindsmutter, hält die Einholung eines Sachverständigengutachtens zur Erziehungsfähigkeit der Kindsmutter gleichwohl für entbehrlich. Ausreichend sei die Weiterführung einer sozialpädagogischen Familienhilfe, die jedoch durch eine jüngere Familienhelferin ersetzt werden sollte. Die Verfahrensbeiständin übt Kritik am Verhalten des Jugendamts. Dieses habe der Kindsmutter wiederholt die fehlende Kooperation vorgeworfen, ohne hinreichend ihre intellektuellen Defizite zu erkennen.

Befragt von der Richterin, ob sie einen derartigen Vorschlag akzeptieren könne, entgegnet die Kindsmutter, sie könne eine Familienhelferin ein bis zweimal wöchentlich akzeptieren. Sie wünsche sich aber auch, mit ihrem Kind alleine Abend essen zu können. Sie besuche mit ihrer Tochter einmal wöchentlich einen Schwimmkurs. Zwei bis dreimal wöchentlich werde das Kind von 8 Uhr bis 12:30 Uhr in einer Kindertagesstätte betreut.

Das Jugendamt trägt sodann vor, die Mutter habe den Bedarf für sich nicht gesehen und im vergangenen Monat jegliche Hilfe abgelehnt. Die Zusammenarbeit mit dem Jugendamt sei aber wichtig, man müsse im Austausch bleiben. Weil die Kindsmutter nicht mitgewirkt habe, sei das Gericht angerufen worden.

Die Rechtsanwältin der Kindsmutter wendet ein, das Jugendamt mache „Blitzbesuche". Insgesamt sei der Kindsmutter auch bewusst, dass das Jugendamt involviert ist. Sie habe grundsätzlich nichts gegen öffentliche Hilfen einzuwenden, habe sich auch bisher ausschließlich gegen die Art und Weise der Hilfe gewehrt, nachdem die Familienhilfe personell nicht ihren Vorstellungen entsprochen habe. Sie schlägt vor, die Großeltern des Kindes verbindlich mit einzubeziehen und feste Zeiten festzulegen.

Der Vater der Kindsmutter meldet sich darauf hin zu Wort und teilt mit, momentan fast täglich bei der Tochter im Einsatz zu sein. Er habe nichts dagegen, dies schriftlich zu fixieren. An dem bisherigen Verhalten von Jugendamt und Familienhelferin bemängelt er, es sei wiederholt versucht worden, der Kindsmutter auf intellektueller Ebene mit Fragen zu begegnen, die die Bestimmung von Inhalten und Zielen betroffen hätten. Diese zu begreifen, sei seine Tochter jedoch nicht in der Lage. Stattdessen hätte das Jugendamt ihn und seine Ehefrau mit einbeziehen und praktische Hilfen geben sollen.

Die Kindsmutter wird in die Diskussion mit einbezogen und wiederholt darauf hingewiesen, dass es wichtig sei, die angebotenen Hilfen anzunehmen und mit dem Jugendamt zu kooperieren.

Die Richterin ermahnt die Kindsmutter, sich Hilfen nicht verwehren zu dürfen. Die Kindsmutter entgegnet hierauf entschieden, das Kind bei sich behalten zu wollen. Daraufhin teilt die Richterin mit, dass auch das Gericht daran interessiert sei, das Kind bei der Kindsmutter zu belassen. Das Gericht ziehe sich nun wieder zurück, wenn die Hilfen wieder angenommen werden. Das Verfahren werde „eingestellt", wenn sich alle Beteiligten damit einverstanden erklärten. Das Einverständnis erfolgt einstimmig und es ergeht abschließend der Beschluss der Verfahrenseinstellung auf Entzug der elterlichen Sorge, allerdings unter der „Auflage", Hilfen in Anspruch zu nehmen und an den Hilfeplangesprächen beim Jugendamt mitzuwirken. Es wird mitgeteilt, dass die Akte geschlossen und nur dann wieder geöffnet wird, wenn sich die Situation nachteilig für das Kind entwickeln wird.

c. Gefährdungslage

Die Überprüfung der Gefahrenlage geschieht anhand der vorgelegten Berichterstattungen. Diese allein geben der Richterin einen Überblick über die Umsetzung der Hilfeleistungen in der Familie. Sie bilden die Grundlage der Entscheidungsfindung. Eindeutige Ausführungen zur konkreten Gefahrenlage und den Auswirkungen auf das Kind unterbleiben. Weder die Schilderung der Verfahrensbeiständin noch die des Jugendamts machen deutlich, worin sich die Gefahrenlage manifestiert. Betont werden allein die intellektuellen Defizite der Kindsmutter, nicht jedoch die mögliche Schädigung, die das Kind erfährt. Die Richterin sieht keine konkrete Gefahrensituation für das Kind und beschließt eine Einstellung des Verfahrens.

d. Ergebnis der Erörterung und Festlegung des weiteren Vorgehens

Es ergeht der Beschluss, dass das Verfahren eingestellt wird. Der Kindsmutter wird gleichwohl aufgegeben, die Hilfe des Jugendamts in Anspruch zu nehmen und an den Hilfeplangesprächen im Jugendamt mitzuwirken. Die Akte wird geschlossen und soll erst dann wieder geöffnet werden, wenn ein erneuter Hinweis auf eine Kindeswohlgefährdung erfolgt. Es wird kein Termin zu einer erneuten gerichtlichen Überprüfung nach § 166 Abs. 3 FamFG bestimmt.

Auf Nachfragen zur nachträglichen Überprüfung der Entscheidung erwidert die Richterin nach Beendigung des Sitzungstermins, dass eine solche nicht erfolgt, wenn sie den Eindruck gewonnen habe, dass das Jugendamt „hinter der Sache steht".

2. Rolle und Aufgabenwahrnehmung des Jugendamts

Das Jugendamt hat das Gericht angerufen, weil es sich die Einholung eines Sachverständigengutachtens zur Erziehungsfähigkeit der Kindsmutter erhofft. Es hat das Familiengericht mit einbezogen, nachdem die Mutter im vorangegangenen Monat am Hilfeprozess nicht mitgewirkt und den Hilfebedarf nicht gesehen hat.

3. Rolle und Aufgabenwahrnehmung des Familienrichters

Die Familienrichterin übernimmt eindeutig die Rolle einer Entscheidungsinstanz. Sie ermahnt die Kindsmutter wiederholt, die ihr angebotenen Hilfen anzunehmen. Allein unter dieser Bedingung erklärt sie das Verfahren für beendet. Dies manifestiert sie in einem Beschluss und zeigt damit die Bedeutung der richterlichen

Autorität. Insgesamt ist sie freundlich und gewinnt das Vertrauen der Kindsmutter. Zugleich ist sie bestimmt und zeigt ihre Rolle im Verfahren.

4. *Die Zusammenarbeit von Jugendamt und Familiengericht*

Zwischen Jugendamt und Familiengericht findet eine klare Rollenverteilung statt, wobei der Richterin die Verhandlungsführung und Entscheidungsgewalt obliegt. Allein das Jugendamt übernimmt die Einschätzung des Hilfebedarfs aus sozialpädagogischer Perspektive. Das Jugendamt zeigt deutlich, dass es die richterliche Autorität benötigt, um auf die Kindsmutter einwirken zu können, nachdem diese am Hilfeprozess nicht mitgewirkt hat.

Informelle Absprachen zwischen Familiengericht und Jugendamt sind im Vorfeld der Erörterung nicht erfolgt.

5. *Beobachtbare Effekte auf die Eltern*

Die Kindsmutter wird aktiv in die Verhandlung mit einbezogen und äußert offen, dass ihr viel an dem Kind liege und sie zur Annahme von Hilfen bereit ist. Demzufolge besuche das Kind auch zwei bis dreimal wöchentlich eine Kita und sie habe sich um einen Schwimmkurs für das Kind bemüht. Der Richterin gegenüber bringt sie zum Ausdruck, dass sie gleichwohl Freiraum benötige und sich wünsche, mit ihrem Kind Zeit allein verbringen zu können. Das Verhältnis zum Jugendamt erscheint belastet. Es ist ein mögliches Resultat der fraglichen Beziehung zur bisherigen Familienhelferin.

6. *Fazit*

Im Ergebnis wird in der vorliegenden Fallanalyse nicht erkennbar, inwieweit ein gesondertes und über die bloße Sachverhaltsermittlung hinausgehendes Einwirken auf die Kindsmutter erfolgt, das sich von der bloßen Sachverhaltsfeststellung unterscheidet.

Überdies endet das vorliegende Verfahren mit einem Beschluss, das Verfahren einzustellen. Der Kindsmutter wird gleichwohl aufgegeben, die erforderliche Hilfe in Anspruch zu nehmen und am Hilfeplangespräch mitzuwirken.[1415] Mithin ergeht eine familiengerichtliche Maßnahme nach Maßgabe des § 1666 Abs. 3 Nr. 1 BGB, die das Vorliegen einer konkreten Kindeswohlgefährdung erfordert. Worin sich diese manifestiert, ist nicht ersichtlich.

Eine besondere Funktion kommt den Eltern der Kindsmutter zu. Diese melden sich zu Wort und gewähren einen Einblick in den Alltag des Familiengefüges, der sich aus den Ausführungen von Jugendamt und Verfahrensbeistand nicht ergibt. Der Vater der Kindsmutter erhellt mit seinen Ausführungen die Perspektive der Kindsmutter und markiert ihre Empfindungen hinsichtlich der Anforderungen, die

1415 Vgl. auch Fallbeobachtung Nr. 4, in dem ein Auflagenbeschluss ergeht.

–insbesondere auf intellektueller Ebene- an sie gestellt werden. Die Ausführungen des Vaters der Kindsmutter liefern wesentliche Anhaltspunkte dafür, aus welchem Grund die Kindsmutter ihrer Schutzfunktion für das Kind nicht hinreichend nachgekommen ist. Die fehlenden kognitiven Fähigkeiten der Kindsmutter liefern eine mögliche Erklärung für die bislang fehlende Kooperation der Kindsmutter mit dem Jugendamt, die seitens des Jugendamts und der Familienhelferin mehr Berücksichtigung hätten finden müssen.

VII. Fall 7 – Wiederholter Suchtmittelgebrauch eines 16-jährigen Mädchens

1. *Situation bei Gericht: Terminierung und Gang des Verfahrens*

Die der siebten Fallbeobachtung zugrunde liegende Sitzung findet in einem großen und geräumigen Sitzungssaal des Familiengerichts statt. Der Termin ist als „Erörterung“ bezeichnet und dauert 2,5 Stunden. Der Richter bestimmt den Verfahrensablauf. Gegenstand der Auseinandersetzung ist die Suchtproblematik der 16-jährigen Tochter[1416] und die dadurch bedingten Probleme mit den Kindseltern. Angaben zum Zeitpunkt der Terminierung erfolgen nicht. Die Atmosphäre ist förmlich und der Richter trägt eine Robe.

a. Beteiligte

Beteiligt sind neben dem Richter und den Kindseltern eine Vertreterin des Kinder- und Jugendhilfesozialdienstes des Jugendamts der Stadt sowie eine Verfahrensbeiständin für das Kind. Die Tochter sitzt zunächst vor dem Sitzungssaal.

An der Tischreihe rechts neben dem Richter nehmen die Eltern Platz; direkt gegenüber des Richterpults platzieren sich die Verfahrensbeiständin und die Jugendamtsmitarbeiterin nebeneinander. Später nimmt die Tochter an der Tischreihe links neben dem Richter Platz, mit Blick auf die Eltern gegenüber.[1417]

Als Kontextinformation zu den Eltern erfolgt die Mitteilung, dass der Vater Privatier sei und die Mutter einer Berufstätigkeit nicht nachgehe. Die Tochter besucht ausschließlich Privatschulen.

b. Inhalt und Gegenstand der Erörterung

Der Richter teilt zu Beginn der Sitzung mit, er habe die Tochter im Vorfeld angehört. Diese wolle eine Therapie machen. Er selbst empfinde die Tochter als überaus eloquent und sicher in ihrem Auftreten. Zum Hintergrund teilt er mit, dass die Tochter in der Psychiatrie gewesen sei, nachdem sie bewusstlos auf der Straße aufgefunden worden war. Sie hatte Medikamente eingenommen, um sich in einen Rausch zu

1416 Im Folgenden wird die Jugendliche „Tochter“ bezeichnet.
1417 Nachdem die Tochter den Sitzungssaal betreten hat, setzt sich die Verfahrensbeiständin neben diese.

versetzen. In der Psychiatrie sei sie an ein Bett gefesselt worden. Eine Eilrichterin sei zuständig gewesen. Im Gespräch mit dem Richter habe die Tochter gesagt, sich an den Beinen und den Armen zu „ritzen", wobei es an den Armen unangenehm sei. Er habe sie gefragt, was sie vom Jugendamt und dem vorliegenden Verfahren erwarte – sie habe gesagt, sie wolle versuchen, mit ihren Eltern zu kommunizieren. Es sei viel Druck von der Schule erfolgt, der sie belaste. Auch die Eltern hätten Druck auf sie ausgeübt. Der Richter teilt in diesem Kontext mit, dass die Tochter eine internationale Schule besuche. Im Gespräch mit der Tochter habe er bemerkt, dass sich die Tochter unter Druck gesetzt fühle und dies ein Fluchtverhalten ausgelöst hat. Ihr Verhalten habe dies deutlich gezeigt. Der von ihr geäußerte Berufswunsch einer Journalistin passe nicht mit dem Wunsch zusammen, die Schule abbrechen zu wollen.

Der Richter beabsichtigt sodann, aus dem Protokoll zu verlesen, wird aber von dem Kindsvater unterbrochen, der damit beginnt, den Vorfall zu reflektieren. Der Kindsvater teilt mit, dass er sich ein Gutachten eines Psychologen zu dem Zustand der Tochter erhoffe. Er wünsche sich, dass seine Tochter zu Hause wohnhaft bleiben kann. Die Kindsmutter berichtet sehr aufgeschlossen über den unerwarteten Aufenthalt der Tochter in der Psychiatrie. Ihre Tochter habe eine Überdosis Schmerzmittel genommen, die sie in der Hausapotheke gefunden hätte. Sie selbst benötige die Medikamente für ein Rückenleiden, was der Tochter bekannt gewesen sei. Grund für die überdosierte Einnahme des Betäubungsmittels sei eine Auseinandersetzung zwischen der Tochter und dem neuen Freund der Tochter gewesen, der sie in der Nacht alleine auf der Straße zurückgelassen habe.

Der Richter weist daraufhin, dass es sich um kein „richtiges" Verfahren nach §§ 1666, 1666a BGB handelt. Die Tochter solle auch in ca. 1 Stunde zur Sitzung hinzukommen. Er teilt mit, er nehme „Unstimmigkeiten" wahr.

Daraufhin wird der Verfahrensbeiständin das Wort erteilt und sie wird gebeten, Stellung zu beziehen. Sie teilt mit, sie habe mit dem Lehrer der Tochter telefoniert. Dieser habe nicht nur eine Drogenproblematik, sondern insbesondere emotionale Probleme bei der Tochter wahrgenommen. Die Tochter habe mitgeteilt, dass ihr Alkohol nicht schmecke. Den Tod der Oma habe sie nicht verarbeitet, zu ihrer Mutter habe sie eine schlechte Beziehung entwickelt und „verachte" sie sogar, wenngleich sie ihre Mutter nicht verletzen wolle. Andererseits habe sie eine für ihr Alter überaus enge, fast zu enge Beziehung zur Mutter, berichtet die Verfahrensbeiständin weiter. Sie schlägt vor, eine Diagnostik der Tochter durchführen zu lassen, gegebenenfalls verbunden mit einem stationären Aufenthalt in einer Klinik. Die Tochter sei damit einverstanden.

Es folgt die Sachstandsmitteilung der Jugendamtsmitarbeiterin, die schildert, dass das Verhalten der Tochter sehr wechselhaft sei. Lange Zeit ginge alles gut, dann plötzlich kehre alles ins Gegenteil. Als Kind sei sie sehr angepasst und gut erzogen gewesen, plötzlich breche sie aus sich heraus und wisse nicht mehr, was sie wolle. Die Mitarbeiterin des Jugendamts äußert die Befürchtung, dass die Drogen eine Krankheit bei dem Mädchen auslösen könnten. Drogen seien dazu geeignet, dies zu bewirken. Überdies ginge die Tochter immer wieder Beziehungen ein, die sie völlig und in unnatürlicher Weise binden und fixierten. Die Probleme müssten ergründet werden, denn sichtbar sei nur die Symptomatik. Sie schlägt vor, eine ambulante, psychologische Begutachtung der Tochter einzuholen. Der Richter erwidert auf die Vorschläge von Jugendamt und Verfahrensbeistand, dass die Einholung einer Begutachtung der Tochter über die Krankenkasse veranlasst werden müsse und ein Privatgutachten Kosten in Höhe von EUR 5.000 bis 10.000 verursachen werde.

Der Richter fragt die Eltern gezielt, wie sie sich das Verhalten ihrer Tochter erklären könnten. Der Vater teilt daraufhin mit, dass die Tochter seit ca. 1 Jahr ständig wechselnde sexuelle Beziehungen benötige. Sie habe Hoch- und Tiefphasen in den Beziehungen und sei völlig devot. Darüber hinaus habe sie extreme Prüfungs- und Versagensängste. Dem Vortrag des Kindsvaters schließt sich die Mutter an. Erst jetzt sei die Tochter in Deutschland auf der Schule. Bislang habe sie Privatschulen in Österreich und der Schweiz besucht. Es habe ein häufiger Schulwechsel stattgefunden, woraufhin der Richter einwendet, er sei zwar Jurist und könne deshalb Verhaltensäußerungen nicht abschließend bewerten, aber das könne den großen Druck erklären, in dem sich die Tochter nun befinde.

Nach Mitteilung der Verfahrensbeiständin war die Tochter bereits bei der Drogenberatung; sie habe dort aber teilweise nichts gesagt, was darauf hindeute, dass sie die Probleme als solche nicht erkenne. Der Vater teilt mit, auch die Psychiaterin in der Klinik habe extreme Verlustängste der Tochter erkannt. Er selbst fühlt sich mit der gesamten Situation überfordert.

Daraufhin schlägt die Jugendamtsmitarbeiterin dem Gericht vor, ein psychologisches Gutachten zu dem Zustand der Tochter einzuholen. Der Richter wendet ein, dass die Einholung eines Gutachtens nur möglich sei, wenn Zweifel an der Erziehungsfähigkeit der Eltern bestünden. Im vorliegenden Fall ginge es aber in erster Linie um die Feststellung des Bedarfs des Kindes. Ein Gutachten ließe sich nach dem aktuellen Sachstand über das Gericht nicht verwirklichen.

Es folgt die Diskussion der Beteiligten über die Erforderlichkeit der Einholung eines Gutachtens. Die Jugendamtsmitarbeiterin weist darauf hin, dass es auch darum ginge, das Kind bei den Eltern zu belassen. Auch der Vater bemerkt, dass eine Diagnostik ergebnisorientiert sein könnte. Die Verfahrensbeiständin teilt mit, sie sehe die Gefahr, dass sich das Mädchen nicht an die Therapiemaßnahmen halten werde, wenn sie zu Hause wohnhaft bliebe. Alternativ schlägt sie vor, dass die Eltern gemeinsam mit der Tochter eine konkrete Vereinbarung treffen und darin die Folgen aufzeigen, die sich ergeben, wenn sie die Vereinbarung nicht einhält. Der Richter greift den Vorschlag auf und teilt mit, die Tochter in die Sitzung mit einbeziehen zu wollen. Er wolle sie zugleich auf die Risiken hinweisen, die durch Freundschaften und deren Bruch entstehen können. Die Mutter merkt noch an, dass eine Intention, das Gericht eingeschaltet zu haben, darin bestünde, die richterliche Autorität zum Einsatz zu bringen. Das Gericht soll der Tochter aufzeigen, welche Konsequenzen drohen, wenn sie sich weiterhin verhält wie bisher. Der Richter entgegnet, dass er zwar die Eltern nicht persönlich kenne, aber den Eindruck habe, die Tochter empfinde die Erziehung der Eltern als Druck. Dies bestätigt die Verfahrensbeiständin, die mitteilt, dass die Tochter bereits das „Übliche" als Druck empfinde. Sie habe ihr bereits signalisiert, dass das richterliche Verfahren eine Signalwirkung haben kann, dass möglicherweise ein Unterbringungsverfahren veranlasst wird.

Daraufhin wird die Tochter in den Sitzungssaal gebeten. Sie wird nach dem Einverständnis der Teilnahme der Beobachterin befragt, die von ihr genehmigt wird. Gezielt wird die Tochter vom Richter befragt, wie eine Vereinbarung mit den Eltern aussehen könnte. Er habe soeben mit den Eltern und den übrigen Beteiligten die Situation erörtert. Nach Mitteilung der Eltern werde die Tochter immer dann auffällig, wenn eine Beziehung mit ihrem Partner Probleme bereite. Er fragt sie, wie sie dieser Situation entgegensteuern wolle, unabhängig von einer Therapie. Die Tochter entgegnet, dass sie bereit sei, eine Therapie zu machen, weil sie selbst nicht verstehe, warum sie so extrem reagiere. Sie bevorzuge es, eine Therapie zu machen, bevor sie eine Vereinbarung mit ihren Eltern treffe.

Der Richter fragt sodann weiter, ob sie wisse, warum sie in der Psychiatrie gelandet sei, wie das Verhältnis zu ihrer zu diesem Zeitpunkt noch bestehenden Beziehung gewesen sei, da dies der Auslöser für den übermäßigen Gebrauch des Betäubungsmittels gewesen ist. Die Tochter entgegnet, sie habe zu viel getrunken. Sie kenne ihre Grenzen nicht.

Der Richter sagt, dass hier und jetzt eine Vereinbarung diktiert werden soll, die die Bereitschaft erkennen ließe, bestimmte Dinge in der Zukunft zu unterlassen. Mutter und Tochter diskutieren über mögliche Abholmodalitäten. Die Tochter will Freiheiten, am Wochenende möchte sie lange ausgehen. Sie wünsche sich das Vertrauen ihrer Eltern.[1418] Der Vater äußert die Befürchtung, die Tochter könne sich in Bekanntenkreisen bewegen, die sie zum Drogenkonsum verleiten. Der Richter weist die Tochter darauf hin, dass Eltern aus einem Beschützerinstinkt heraus handelten. Er würde ebenso reagieren. Er ermahnt zu Vorsicht und Achtsamkeit. Schließlich weist der Richter die Tochter darauf hin, dass bei der Nichtbefolgung der Vereinbarung ein Unterbringungsverfahren drohe. Die Vereinbarung bzw. der Vertrag solle deshalb eingehalten werden und der Richter betont den Grundsatz des „pacta sunt servanda“[1419]; ansonsten sehe man sich wieder – worauf die Tochter sichtbar nicht sonderlich eingeschüchtert reagiert.

Allein nach telefonischer Mitteilung des handelnden Richters im Vorfeld der Erörterung teilt dieser mit, den Sitzungstermin frühzeitig nach erfolgter Gefahrenmeldung des Jugendamts terminiert zu haben. Die Tochter habe sich in einer Notlage befunden und das Gericht sei deshalb eingeschaltet worden.

Eine über die bloße Sachverhaltsfeststellung hinausgehende Einwirkung auf die Eltern und das Kind wird deutlich. Wiederholt macht der Richter die Kindseltern darauf aufmerksam, dass die Tochter unter großen Leistungsdruck gesetzt werde

---

1418 Hier wies der Richter während des Gesprächs zwischen Mutter und Tochter wiederholt darauf hin, dass die Tochter aggressiv auf die Mutter reagiere und ungehalten mit der Mutter spreche.

1419 Der Vertrag gilt als geschlossen und die Parteien sind an den Vertragsschluss gebunden.

und diesem Druck nicht standhalten könne. Hierbei wirkt der Richter gezielt auf die Eltern ein, indem er diesen ihr Verhalten als mögliche Ursache für das kindliche Verhalten vor Augen führt. So entgegnet er der Äußerung der Kindsmutter, die sich vom Gericht den Einsatz richterlicher Autorität erhofft, er habe den Eindruck, dass die Tochter die Erziehung der Eltern als Druck empfinde. Der Richter bringt den Kindseltern gegenüber zum Ausdruck, dass die Verhaltensweisen der Tochter die mögliche Folge ihres Erziehungsverhaltens sind. Die Eltern werden angehalten, ihre Erziehung zu hinterfragen. Ein Einwirken des Richters auf die Tochter i.S. eines Anhaltens zur Vornahme einer Verhaltensänderung ist ebenfalls erkennbar. Diese weist er auf die Konsequenzen eines wiederholten Drogenkonsums und die Bedeutung des Schulbesuchs mit Nachdruck hin.

Eine zusätzliche Erkenntnis in der vorliegenden Fallkonstellation liefert die Beobachtung der beteiligten Kindseltern, des Kindes und der Mitarbeiterin des Jugendamts im Vorfeld der gerichtlichen Sitzung. Die Mitarbeiterin des Jugendamtes unterhält sich freundlich mit den Eltern. Es wird offensichtlich, dass das Verfahren um ein Mädchen geht, das verhaltensauffällig ist und Drogen konsumiert. Derzeit sei sie „clean". Als die Tochter in Begleitung ihrer Verfahrensbeiständin erscheint, wirkt der Umgang zwischen ihr und ihren Eltern nicht sehr liebevoll. Die Mutter erklärt der Tochter überaus umständlich, wo sich die Toiletten befinden und sie solle sich die Saalnummer aufschreiben, damit sie den Saal wiederfinden könne. Der Vater sagt ihr, ‚sie könne auch draußen in der Kälte erfrieren'. Der erste Eindruck eines Konfliktes zwischen Eltern und Kind bestätigt sich im Verlauf der Sitzung, die gleichwohl dazu dienen soll, zwischen den Eltern und ihrer Tochter eine Kommunikationsgrundlage zu manifestieren.

c. *Gefährdungslage*

Die Gefährdungslage manifestiert sich in dem wiederholten Suchtmittelgebrauch der 16-jährigen Tochter und der damit verbundenen Gefahr der Selbstschädigung. Der konkrete Anlass für die Einleitung des vorliegenden Verfahrens ist die übermäßige Einnahme eines Schmerzmittels, das zur Bewusstlosigkeit und kurzzeitigen stationären Aufnahme in einer Psychiatrie geführt hat. Die Aussage der Tochter im persönlichen Gespräch mit dem Richter untermauert die Gefährdungsintensität. Insgesamt fühlt sie sich überfordert und verachtet ihre Eltern. Wiederholt habe sie sich an Armen und Beinen geritzt. Das selbstschädigende Verhalten der Tochter und die fehlende Bereitschaft, die Schule zu besuchen, sind die mögliche Folge einer gescheiterten Beziehung zu den Eltern.

d. *Ergebnis der Erörterung und Festlegung des weiteren Vorgehens*

Als Ergebnis wird eine Vereinbarung formuliert, worin die Tochter erklärt, auf den Genuss von Drogen zu verzichten. Die Mutter weist nochmals daraufhin, dass in der Vergangenheit bereits eine Vereinbarung getroffen, aber nicht eingehalten worden sei. Damals habe die Tochter Kokain konsumiert, sei der Schule ferngeblieben und habe den Hausarrest nicht befolgt. Die Verfahrensbeiständin schlägt daraufhin vor, in die Vereinbarung mit aufzunehmen, die Schule zu besuchen. Der Richter diktiert die nachfolgende Vereinbarung, die anschließend vorgespielt und von den Beteiligten genehmigt wird:

- (1) Die *Tochter* verpflichtet sich, keine Drogen zu nehmen und sich im Abstand von 4 Wochen einem Drogenkontrolltest zu unterziehen;
- (2) Sie stellt sicher, dass die Eltern jederzeit wissen, wo sie sich gegenwärtig aufhält;
- (3) Sie sucht das Gespräch mit dem Schullehrer und bespricht mit ihm die weiteren Perspektiven und den Schulbesuch. Ferner wird sie den Besuch der Schule sobald wie möglich wieder aufnehmen. Alternativ erklärt sie, eine Ausbildung aufzunehmen.
- (4) Die *Tochter* erklärt, dass sie eine Therapie beginnen wird, um zu klären, warum sie ein Verhalten an den Tag legt, das von den Eltern als inakzeptabel angesehen wird.
- (5) Die Eltern erklären, dass sie, soweit sich die Tochter an die vorbezeichneten Ziffern (1–4) halte, unter der Woche der Tochter erlauben, bis 22 Uhr und am Wochenende (Freitag und Samstag) bis 0 Uhr auszugehen, wenn sie mit öffentlichen Verkehrsmitteln unterwegs ist, ansonsten bis 2 Uhr, wenn sie von der Mutter abgeholt wird. Der Ort ist den Eltern vorab bekannt zu geben.

Die Vereinbarung wird von den Eltern, der Tochter, der Verfahrensbeiständin und der Jugendamtsmitarbeiterin genehmigt. Abschließend weist der Richter darauf hin, dass binnen eines halben Jahres ein Bericht vom Jugendamt angefordert und ein neuer Termin anberaumt werde, sollte sich die Tochter nicht an die Vereinbarung halten. Im Falle der Nichtbefolgung der Vereinbarung drohe ein Unterbringungsverfahren der Tochter.

2. *Rolle und Aufgabenwahrnehmung des Jugendamts*

Das Jugendamt hat das Familiengericht informiert, nachdem sich der Vorfall ereignet hat. Aus dem mündlichen Bericht der Jugendamtsmitarbeiterin geht eine Entscheidungsempfehlung an das Gericht hervor. Danach soll das Gericht ein psychologisches Gutachten zum Zustand des Mädchens einholen, um die Gründe des Verhaltens zu ermitteln.[1420] Die Jugendamtsmitarbeiterin ist nicht zufrieden, als das Gericht die entsprechende Begutachtung nicht in Auftrag geben will und von dem Vorschlag des Jugendamts abweichen möchte. Gleichwohl willigt sie am Ende der Sitzung in die Vereinbarung ein.

Die Mitarbeiterin des Jugendamtes berichtet im Anschluss an die Sitzung, dass sie insgesamt unzufrieden sei mit der richterlichen Entscheidung, denn sie sieht die

1420 Hierbei unterbreitet das Jugendamt Vorschläge, wer ein solches Gutachten anfertigen könnte.

Tochter in Gefahr und erkennt ein Versagen der Eltern. Sie rechnet damit, das Gericht bald wieder anrufen zu müssen.

3. Rolle und Aufgabenwahrnehmung des Familienrichters

Der Richter bestellt für das Mädchen einen Verfahrensbeistand. Ebenfalls hört der Richter im Rahmen der richterlichen Ermittlungstätigkeit im Vorfeld des Termins die Tochter im Beisein des Verfahrensbeistands an. Er macht sich ein eigenes Bild von der Gefährdungssituation und von dem Kind.

Aus Sicht des Familienrichters erübrigt sich eine Eilentscheidung. Stattdessen ist ein Termin zur mündlichen Verhandlung anberaumt worden. In diesem wirkt er auf die Eltern sowie das Kind persönlich ein. Es ist ersichtlich, dass er zwischen Tochter und Kindsmutter vermittelt. So bittet er die Tochter wiederholt, nicht mit Aggression auf die mütterlichen Äußerungen zu reagieren.

Mit Blick auf die Entscheidungsfindung widersetzt sich der Richter den Vorschlägen von Verfahrensbeiständin und Jugendamt, die beide die Einholung eines Gutachtens zum Zustand der Tochter vorschlagen. Die Entscheidung, eine gemeinsame Vereinbarung zwischen Eltern und Kind zu erarbeiten, basiert zwar letztlich auf der Empfehlung der Verfahrensbeiständin, wird von dieser aber erst vorgebracht, nachdem der Richter sich der Einholung eines Sachverständigengutachtens widersetzt. Das vorliegende Verfahren bezeichnet der Richter als ein „untypisches Verfahren nach §§ 1666, 1666a BGB", da er ein Fehlverhalten der Kindseltern nicht erkenne, gleichwohl eine Kindeswohlgefährdung vorliegt.

Im Verlauf der Beobachtung lässt sich erkennen, dass der Richter wiederholt auf die Tochter und die Eltern einwirkt und teilweise auch seine eigenen Erfahrungen aus seiner Jugend mit anführt. Auch teilt er mit, dass er seit über zehn Jahren als Familienrichter tätig sei und von daher auf Erfahrungswerte zurückgreifen könne. In der Gesprächsführung geht er auf die Beteiligten ein und reduziert die Grundlage der Entscheidungsfindung nicht auf eine reine Tatsachen- und Faktengrundlage. Er fragt die Tochter nach ihren Beziehungen und Ängsten.

4. Die Zusammenarbeit von Jugendamt und Familiengericht

Hinsichtlich der Zusammenarbeit von Jugendamt und Familiengericht zeigt sich, dass alle Beteiligten gemeinsam nach einer geeigneten Lösung suchen, um dem wiederholten Suchtmittelgebrauch und Fluchtverhalten des Mädchens zu begegnen. Es lassen sich gleichwohl Diskrepanzen und Unstimmigkeiten feststellen. Die Jugendamtsmitarbeiterin empfindet die Entscheidung des Richters als unzureichend. Sie rechnet damit, in absehbarer Zeit eine erneute Gefährdungsmeldung bei Gericht unternehmen zu müssen. Ebenfalls erscheint der Richter in einer nicht mehr vornehmlich vollsteckend-beurteilenden Funktion, sondern in einer solchen, die sozialtherapeutische Merkmale erkennen lässt. Zwar bringt das Jugendamt, ebenso wie die Verfahrensbeiständin, die erforderlichen erzieherischen und sozialen Gesichtspunkte in das Verfahren mit ein. Der Richter widersetzt sich aber den

Vorschlägen jener Fachkräfte und wirkt verstärkt auf die Eltern ein. Er übernimmt die Gesprächsführung mit den Eltern und dem Kind, stellt auf dieser Grundlage und des gewonnen persönlichen Eindrucks fest, dass er keine Erziehungsmängel der Eltern erblicke – gleichwohl er sieht, dass die Eltern Druck auf ihre Tochter ausüben – und sieht auf dieser Grundlage von der Einholung eines Gutachtens und einer umfassenden Diagnostik der Tochter ab. In die Tochter setzt er das Vertrauen, auf Grundlage der mit den Eltern getroffenen Vereinbarung eine Verhaltensänderung zu erreichen.

Hinweise auf etwaige informelle Kontakte zwischen Familiengericht und Jugendamt im Vorfeld der Verhandlung erfolgen nicht.

5. *Beobachtbare Effekte auf die Eltern*

Die Eltern erhoffen sich die Autorität des Gerichts, um auf die Tochter einwirken zu können. Auf die Verfügung des Richters, eine Vereinbarung mit der Tochter zu schließen, teilen die Kindseltern mit, eine solche in der Vergangenheit bereits nicht fruchtbar umgesetzt haben zu können. Die Eltern erhoffen sich eine verbindliche Entscheidung des Gerichts, die das gemeinsame Wohnen mit der Tochter ermöglicht, diese aber einer Diagnostik unterzieht, damit ihr Verhalten einer Klärung zugeführt wird.

6. *Fazit*

Es zeigt sich vorliegend eine Fallkonstellation, die unter Hinzuziehung des Minderjährigen in die Erörterung erfolgt. Die gewonnenen Erkenntnisse der separaten Anhörung des Kindes sind transparent.[1421] Die Gefährdungslage manifestiert sich in dem wiederholten Suchtmittelmissbrauch und dem elterlichen Erziehungsversagen. Die Eltern haben sich bereits im Vorfeld des aktuellen Vorfalls hilfesuchend an das Jugendamt gewandt.

Ein über die bloße Sachverhaltsaufklärung hinausgehendes Einwirken des Richters auf die Eltern und das Kind ist ersichtlich. Die Gefährdungsmomente für das Kind haben sich auch bereits verdichtet, so dass es sich als sinnvoll erweist, die Begegnung der Gefahrenlage mündlich zu erörtern. Es handelt sich um eine Fallkonstellation, die der Gesetzgeber in seiner Gesetzesbegründung zu § 157 FamFG zur Einbeziehung des Kindes in die Erörterung anführt.[1422]

Die Rolle des Richters eröffnet gleichwohl eine neue Sichtweise auf die Funktion der richterlichen Autorität. Hilfesuchend haben sich Jugendamt und Eltern im vorliegenden Fall an das Gericht gewandt. Auch dem Jugendamt gegenüber sind die Kindseltern aufgeschlossen. Eine gewisse Erwartungshaltung an die Fachdisziplinen

---

1421 Der Inhalt der im Vorfeld der Erörterung erfolgten Anhörung des Kindes wird im Erörterungstermin offengelegt, ebenso wie die Tochter nach Hinzutreten in den Erörterungstermin den bisherigen Gesprächsinhalt erfährt.

1422 Vgl. BT-Drucks. 16/6308, S. 238.

Jugendhilfe und Justiz wird erkennbar. Die Kindseltern erhoffen sich die richterliche Autorität als Abhilfe für das prekäre Beziehungsgeflecht mit ihrer Tochter. Der Richter sieht jedoch keine Veranlassung für die Einholung eines Gutachtens und begründet dies damit, keine Erziehungsmängel der Eltern zu erblicken, sondern eine konkrete Selbstgefährdung des Kindes, ohne diese jedoch hinreichend zu hinterfragen. Dies erscheint widersprüchlich, nachdem der Richter zuvor festgestellt hat, dass die Tochter einem gewissen Druck ihrer Eltern ausgesetzt ist. Jugendamt und Verfahrensbeiständin weisen das Gericht wiederholt darauf hin, dass eine Vereinbarung zwischen der Tochter und den Eltern in der Vergangenheit bereits nicht eingehalten worden sei. Auch die Kindseltern wünschen sich eine Diagnostik ihrer Tochter. Die Tochter selbst erklärt sich zu einer Untersuchung bereit. Gleichwohl hält der Richter an seiner Entscheidung fest, eine erneute Vereinbarung zwischen Tochter und Eltern zu treffen.

Der Richter macht deutlich, dass er die Letztentscheidungsgewalt in dem Verfahren hat. Zugleich setzt er sich über die Anregung des Jugendamts und die Einschätzung der Verfahrensbeiständin mit psychosozialer Profession hinweg, die die Familie bereits seit längerer Zeit begleiten. Die Gefahrenlage für das Kind ist seitens des Richters einer nur unzureichenden Bewertung zugeführt worden und das Ergebnis des Erörterungstermins birgt die Gefahr, das Kind schutzlos in der Gefährdungssituation belassen zu haben.

VIII. Fall 8 – Termin nach Entziehung des Aufenthaltsbestimmungsrechts für eineinhalb jähriges Kind

1. *Situation bei Gericht: Terminierung und Gang des Verfahrens*

Die achte Fallbeobachtung findet in einem kleinen Sitzungssaal im Amtsgericht statt und hat eine Dauer von circa einer Stunde. Ausweislich des Aushangs vor dem Gerichtssaal handelt es sich um eine *„Erörterung und Anhörung“*. Es geht um eine Sorgerechtsangelegenheit, bei der die Gefährdung des Kindeswohls an Bedeutung gewinnt. Die Richterin bestimmt den Verfahrensablauf. Es geht überdies um ausländerrechtliche und psychiatrisch-neurologische Fragen, die den Gesundheitszustand der Kindsmutter betreffen. Das Jugendamt hat einen Eilantrag auf Übertragung der elterlichen Sorge auf das Jugendamt gestellt. Im Wege der einstweiligen Anordnung hat das Gericht der Kindsmutter das Aufenthaltsbestimmungsrecht für den eineinhalb Jahre alten Sohn entzogen und auf das Jugendamt übertragen. Die Atmosphäre ist förmlich, die Richterin trägt eine Robe.

Laut Mitteilung der zuständigen Richterin im Vorfeld der Verhandlung handelt es sich um einen „frühen ersten Termin im Verfahren nach § 1666 BGB“. Nach Mitteilung der Richterin sei sie gesetzlich dazu verpflichtet, innerhalb eines Monats zu terminieren. Es handele sich außerdem nicht um eine typische Kindeswohlgefährdung.

a. Beteiligte

Anwesend sind neben der Richterin die Kindsmutter nigerianischer Herkunft und eine Dolmetscherin für die englische Sprache. Die Richterin teilt mit, der Rechtsanwalt der Kindsmutter habe seine Teilnahme am Termin entschuldigt. Links neben dem Richterpult sitzen zwei Vertreterinnen des Jugendamts. In der Mitte des Saales und gegenüber dem Richterpult platzieren sich eine Rechtsanwältin als Verfahrensbeiständin für das Kind und eine Mitarbeiterin des Jugendamts, Abteilung Vormundschaft[1423]. Unklar ist der Grund für die Anwesenheit der Amtsvormündin, nachdem der Kindsmutter lediglich Teile der elterlichen Sorge entzogen worden sind und allein das Aufenthaltsbestimmungsrecht auf das Jugendamt übertragen worden ist.[1424] Eine mögliche Erklärung ist, dass das Jugendamt den vollständigen Entzug der elterlichen Sorge angestrebt und aus diesem Grunde eine Amtsvormündin hinzugezogen hat, die nach einem möglichen Entzug der gesamten elterlichen Sorge als Inhaberin der Personen- und Vermögenssorge[1425] für das Kind in Betracht kommt. Eine weitere Frau sitzt auf der Zuschauerbank. Sie gibt sich als Freundin der Kindsmutter aus und teilt mit, der Kindsmutter Beistand leisten zu wollen. Im Verlauf der Sitzung stellt sich heraus, dass sie beabsichtigt, das Kind zu sich in Pflege nehmen zu wollen.

Die Verfahrensbeiständin hat das Kind noch nicht besucht. Sie teilt sogar mit, ein Kind dieses Alters nicht notwendig aufzusuchen, insbesondere, wenn es sich in einer Bereitschaftspflegefamilie befinde.[1426]

Problematisch ist der Aufenthaltsstatus der Kindsmutter. Diese wird deshalb zu Beginn der Sitzung gebeten, ihren Reisepass vorzuzeigen, aus dem hervorgeht, dass die Kindsmutter nicht über einen gesicherten Aufenthaltsstatus verfügt, sondern ihr Aufenthalt in der Bundesrepublik lediglich für noch einen weiteren Monat geduldet ist.

1423 In Betracht kommt im Falle eines teilweisen Sorgerechtsentzugs die Amtspflegschaft bzw. Ergänzungspfleg-schaft gem. §§ 1909 ff. BGB. Erst im Falle des vollständigen Sorgerechtsentzugs erfolgt die Anordnung einer Vormundschaft, §§ 1773 ff. BGB.

1424 So teilt auch die Richterin im Anschluss an die Sitzung mit, dass die Amtsvormündin nicht geladen worden sei.

1425 Vgl. §§ 1626, 1629 BGB.

1426 Siehe allerdings die Standards für VerfahrenspflegerInnen der Mitgliederversammlung der BAG Verfahrens beistandschaft für Kinder- und Jugendliche e.V. vom 17.02.2001, in: HB-VB (2010), Rn. 1515, wonach der persönliche Kontakt auch zu sehr jungen oder geistig behinderten Kindern zu suchen ist, um einen unmittelbaren Eindruck von der Gefühlswelt des Kindes, seinem Zuhause und seiner Interaktion mit wichtigen Bezugspersonen zu erhalten.

b. Inhalt und Gegenstand der Erörterung

Als Hintergrundinformation erfährt die Beobachterin im Anschluss an die Sitzung, dass die Mutter in der Klinik eine Frühgeburt erlitten hatte, nachdem sie einen epileptischen Anfall hatte. Die Klinik hatte das Jugendamt eingeschaltet. Noch in der Klinik erklärte sich die Mutter damit einverstanden, das Kind fremd unterbringen zu lassen. Deshalb sei eine Einschaltung des Gerichts bislang nicht notwendig gewesen. Vor einem Monat habe die Kindsmutter entschieden, das Kind bei sich haben zu wollen und habe es herausverlangt. Das Jugendamt hat daraufhin bei Gericht einen Antrag[1427] *nach § 1666 BGB gestellt mit dem Gesuch, der Kindsmutter die gesamte elterliche Sorge für das Kind zu entziehen und auf das Jugendamt zu übertragen.*

Die Richterin weist die Kindsmutter darauf hin, dass sie nichts Nachteilhaftes von ihr wolle, sondern nur das Beste für ihr Kind. Die Kindsmutter wird gefragt, ob sie zurück nach Nigeria gehen wolle, woraufhin die Kindsmutter durch ihre Dolmetscherin erwidern lässt, dass ihr Aufenthalt in Deutschland mit Schwierigkeiten verbunden sei, sie gleichwohl gemeinsam mit ihrem Sohn in Deutschland bleiben will.

Die Kindsmutter wird von der Richterin befragt, ob sie wisse, warum der Sohn nicht bei ihr wohnen und von ihr betreut werden könne und ob sie wisse, warum er nicht mehr bei ihr sei. Die Kindsmutter erwidert, dass sie krank sei, aber sie nichts dafür kann. Die deutschen Behörden hätten ihr gesagt, sie könne ihr Kind nicht behalten, weil sie krank sei. Sie wolle ihrem Kind aber nichts Böses. Noch nie sei sie mit ihrem Sohn spazieren gegangen. Sie danke der Richterin für alles, aber sie wolle einfach nur ihr Kind zurück. Wenigstens soll das Gericht den Sohn ihrer Familie in Hamburg übergeben. Die Richterin befragt daraufhin die Kindsmutter zu ihrer Erkrankung, wie sich ihre Krankheitssymptome äußerten und worunter sie genau leide. Die Kindsmutter erwidert, sie sei im Alter von 16 Jahren erkrankt; laut Aussage ihres Arztes habe sie etwas im Gehirn und ein Teil davon hätte bereits entfernt werden müssen. Hierauf erwidert die Richterin, dass sich Psychosen nicht im Gehirn befinden und sie unter Epilepsie leide. Die Mutter entgegnet, normal zu sein. Daraufhin befragt die Richterin die Kindsmutter zu ihrer Familie in Hamburg und inwiefern sie mit der Familie dort verwandt sei, woraufhin die Kindsmutter darauf hinweist, dass eine Blutsverwandtschaft mit der Familie bestehe.

Sodann wird die Verfahrensbeiständin um eine kurze Stellungnahme gebeten. Diese teilt mit, vergeblich versucht zu haben, mit der Kindsmutter in Kontakt zu treten. Von dem zuständigen Jugendamt sei ihr der aktuelle Wohnort der Kindsmutter mitgeteilt worden. Dort habe sie diese aber nicht angetroffen, da sie wieder ausgezogen sei. Daraufhin habe sie versucht, Kontakt mit dem Rechtsanwalt der Kindsmutter aufzunehmen, was jedoch ebenfalls gescheitert sei. Ein Besuch bei dem Kind sei ebenfalls unterblieben. Der Vater des Kindes sei Ire, habe die Vaterschaft anerkannt, habe aber keine elterliche Sorge. Sie habe sich bereits erkundigt über den Aufenthaltsstatus und die drohenden Probleme in aufenthaltsrechtlicher Hinsicht.

1427 Der Antrag ist angesichts der Ausgestaltung als von Amts wegen zu führendes Verfahren als Anregung zu verstehen; siehe hierzu bereits oben, Kap. 1, A. II. 2.

Der Vater müsse ermittelt werden, er sei Europäer. Die Kindsmutter sei in mehrfacher Hinsicht belastet. Der Gesundheitszustand der Mutter könne sich verbessern, sollte die Aufenthaltsproblematik geklärt werden können.

Es folgt die Diskussion über die Aufenthaltsproblematik, die mit viel Unsicherheit verbunden sei und schnellstmöglich einer Klärung zugeführt werden müsse. Offensichtlich wird, dass viele ungelöste Probleme existieren. Die Richterin fragt die Kindsmutter, welchen Namen der Kindsvater trage, woraufhin das Jugendamt den Namen des Vaters nennt. Die Richterin erklärt der Kindsmutter die Vorteile, die entstehen, wenn der Vater bekannt ist.[1428] Die Mitarbeiterin des Jugendamts der Abteilung Amtsvormundschaft schlägt vor, einen Ergänzungspfleger für aufenthaltsrechtliche Fragen zu bestellen. Weiter erklärt die Verfahrensbeiständin der Mutter, dass sie nur zum Wohle des Kindes handele und ein „Anwalt alleine für das Kind sei". Sie appelliert an die Mutter, nochmals ein persönliches Gespräch mit ihr zu führen, womit sich die Mutter einverstanden erklärt.[1429] Ein Besuchskontakt zwischen Mutter und Sohn erfolgt aktuell begleitet in der Jugendhilfestelle einmal wöchentlich. Es wird vereinbart, dass die Verfahrensbeiständin die Kindsmutter zu einem der Umgangskontakte begleitet.

Die Mutter entgegnet, sie würde gerne nach Hamburg umziehen, sollte ihre Familie dort als Pflegestelle in Betracht kommen.

Darauf meldet sich die Freundin der Kindsmutter zu Wort und teilt mit, das Kind bei sich unterbringen zu wollen. Sie werde darauf achten, dass dies auch getrennt von der Kindsmutter erfolge. Diese werde nicht bei ihr wohnen, sondern in der Nähe. Ihre Wohnung sei zu klein. Überdies lege sie Wert darauf, die Kindsmutter nicht unbeaufsichtigt mit dem Kind zu lassen, *denn davor hätte sie Angst.* Sollte sie die Verantwortung für das Kind übernehmen, erfolge dies gewissenhaft und verantwortlich.

Eine der Jugendamtsmitarbeiterinnen teilt mit, dass die Besuchskontakte nur unregelmäßig erfolgten. Oftmals komme die Mutter zu spät. Das Jugendamt schließt aktuell eine Rückführung des Kindes in den mütterlichen Haushalt aus. Die Jugendamtsmitarbeiterin weist darauf hin, dass eine Jugendhilfemaßnahme nicht gewährt werden könne, wenn sich die Mutter nicht eindeutig zu ihrem gewöhnlichen Aufenthaltsort positionieren könne. Die Überprüfung der Familie in Hamburg, die sich bereit erklärt habe, das Kind zu sich zu nehmen, müsse durch das Jugendamt vorgenommen werden. Es reiche nicht aus, wenn der Rechtsanwalt der Kindsmutter dies übernimmt. Auch will das Jugendamt nicht erst einen Termin im Folgemonat abwarten, den sich der Rechtsanwalt der Kindsmutter erbeten habe.

1428 Die europäische Staatsangehörigkeit des Kindsvaters eröffnet die Möglichkeit, einen Aufenthaltsstatus für das Kind zu vermitteln, das wiederum den Aufenthalt der Mutter als Kindsmutter eines Kindes mit europäischer Staatsangehörigkeit sichert.

1429 Hierbei fiel auf, dass die Zustimmung der Kindsmutter erfolgte, nachdem sie über die Funktion des Verfahrensbeistands aufgeklärt worden war.

Die Richterin fährt fort, nichts gegen die Familie in Hamburg einwenden zu können; sie müsse aber sichergehen, dass es dem Kind dort gut ginge. Zunächst müsste die Familie als Pflegefamilie anerkannt werden. Da die Mutter an Epilepsie und psychotischen Anfällen leide, schlägt die Richterin vor, zügig ein psychologisches Sachverständigengutachten einzuholen. Sie weist die Kindsmutter darauf hin, dass es unterschiedliche Möglichkeiten gibt, mit dem Kind zusammenzuleben. Eine Möglichkeit sei die Mutter-Kind-Einrichtung. Weiter teilt die Richterin mit, dass das Aufenthaltsbestimmungsrecht für das Kind derzeit das Jugendamt habe. Zusätzlich sei ein Ergänzungspfleger für die aufenthaltsrechtlichen Fragen zu bestellen. Es soll die Rückkehr des Kindes nach Nigeria verhindert werden. Dies würde einen kulturellen Schock für das Kind bedeuten, nachdem es bereits bei einer Bereitschaftspflegefamilie untergekommen sei. Für das Kind müsse schnell eine Lösung gefunden werden, weil das Kind beginne, sich an die Pflegeeltern zu binden, die als Bereitschaftspflegestelle dem Kind aber nur eine vorübergehende Obhut geben könnten. Die Richterin lobt das Jugendamt für das bisherige Engagement in diesem Fall. Sie erklärt der Mutter daraufhin, dass das Kind noch in einer Pflegefamilie verbleiben müsse. Zunächst werde ein Sachverständigengutachten zum Zustand der Mutter eingeholt werden müssen. Das Kind bekomme einen Ergänzungspfleger zur Seite gestellt. Das Jugendamt werde klären, inwieweit eine Hilfegewährung in Betracht kommen kann und in welcher Art und Weise.

Die Kindsmutter stellt abschließend fest, sie empfinde es als unbillig, dass sie bis heute keinen einzigen Tag *alleine* mit ihrem Sohn habe Zeit verbringen können, was die Jugendamtsmitarbeiterin mit der fehlenden Zuverlässigkeit der Kindsmutter begründet. Die Kindsmutter betont wiederholt, sie wolle einmal mit ihrem Sohn alleine sein, wenigstens für eine Stunde. Sie wolle mit ihm spazieren gehen und an der Luft sein, nicht in einem Raum im Jugendamt, umgeben von anderen Menschen und Spielsachen. Das Jugendamt erwidert, es sei ein Unterschied zwischen der Tätigkeit des Kinder- und Jugendhilfesozialdienstes und der Abteilung des begleiteten Umgangs. Es könne mit der Dame gesprochen werden, die den Umgang begleitet. Möglicherweise könne sich hier eine Lösung finden lassen, die es der Kindsmutter erlaube, einen Spaziergang mit dem Kind zu unternehmen. Auch dieser könne begleitet stattfinden. Abschließend schlägt die Richterin vor, das Gutachten des Sachverständigen abzuwarten und dann wieder erneut zu terminieren. Sie werde darauf hinwirken, dass das Gutachten vor Ablauf von drei Monaten vorliegen wird.

c. *Gefährdungslage*

Die Gefährdungslage manifestiert sich in dem Gesundheitszustand der Kindsmutter, den unvorhergesehenen epileptischen Anfällen, die offenbar eine Gefahr für das Wohl des Kindes begründen und den Anlass zur Fremdunterbringung des Kindes gegeben haben. Im Falle einer Rückführung des Kindes zur Kindsmutter erkennt das Jugendamt eine Gefahr für das kindliche Wohl. Auch die Richterin macht der Mutter deutlich, dass sie generell die Kinder bei den Kindseltern zu belassen versucht, dies aber nur möglich ist, wenn das Kind dort gut aufgehoben ist.

d. Ergebnis der Erörterung und Festlegung des weiteren Vorgehens

Die im Wege der einstweiligen Anordnung ergangene Entscheidung über die teilweise Entziehung der elterlichen Sorge wird aufrechterhalten. Das Gericht beschließt, einen Ergänzungspfleger für die Regelung der aufenthaltsrechtlichen Fragestellungen zu bestellen. Weiter soll ein psychologisches Sachverständigengutachten über die Kindsmutter eingeholt werden. Dem Gutachter soll aufgegeben werden, dieses innerhalb von drei Monaten anzufertigen.[1430]

2. Rolle und Aufgabenwahrnehmung des Jugendamts

Das Jugendamt hat das Familiengericht angerufen, nachdem die Kindsmutter das Kind von der Bereitschaftspflegestelle herausverlangt hat, was ihr als Inhaberin der elterlichen Sorge möglich war. In der Rückführung des Kindes an die Kindsmutter hatte das Jugendamt eine Gefährdung für das Wohl des Kindes erblickt. Im Wege einer einstweiligen Anordnung hatte das Gericht daraufhin das Aufenthaltsbestimmungsrecht als Teilbereich der Personensorge entzogen und auf das Jugendamt übertragen, mit der Folge, dass das Kind zunächst in einer Bereitschaftspflegestelle untergebracht wurde. Im Termin weist das Jugendamt auf die bisherigen Probleme mit der Kindsmutter hin, wonach diese Besuchskontakte unregelmäßig wahrnehme. Die Mitarbeiterinnen zeigen sich bemüht, eine Zusammenkunft von Mutter und Kind zu etablieren und Besuchskontakte zwischen beiden zu ermöglichen. Auf das Vorbringen der Kindsmutter, sie wünsche sich einen gemeinsamen Spaziergang mit ihrem Kind an der frischen Luft, entgegnen sie, dass dies im Beisein einer Fachkraft umgesetzt werden könne. Eine Entscheidungsempfehlung an das Gericht geht aus dem mündlichen Bericht des Jugendamts nicht hervor. Die Entscheidung basiert allein auf der Einschätzung der Richterin.

3. Rolle und Aufgabenwahrnehmung des Familienrichters

Die Richterin hat für das Kind sofort nach Verfahrenseröffnung einen Verfahrensbeistand bestellt. Im Termin macht sie sich ein eigenes Bild von der Gefährdungssituation für das Kind, indem sie die Beteiligten des Jugendamtes und den Verfahrensbeistand befragt. Um den Gesundheitszustand der Kindsmutter und die Auswirkungen auf das Kind im Falle einer möglichen Rückführung des Kindes zu ermitteln, hält sie die Einholung eines Sachverständigengutachtens für erforderlich. Erst im Anschluss an das Gutachten soll entschieden werden, ob und inwieweit das Kind in einer Pflegestelle untergebracht werden soll und inwieweit eine Pflegestelle in Hamburg in Betracht kommen wird.

Eine über die bloße Sachverhaltsfeststellung hinausgehende Einwirkung auf die Kindsmutter durch die Richterin lässt sich nicht erkennen. Zwar führt die Richterin

1430 Vgl. § 163 Abs. 1 FamFG, wonach das Gericht dem Sachverständigen eine Frist setzt, innerhalb derer er das Gutachten einzureichen hat.

der Kindsmutter wiederholt vor Augen, dass das Wohl des Kindes im Vordergrund stünde. Die Fragen der Richterin betreffen aber vornehmlich den Aufenthaltsstatus, ihren Gesundheitszustand und den aktuellen Wohnort, entsprechen insoweit der Feststellung des Sachstandes und zielen nicht auf eine etwaige Verhaltensänderung der Kindsmutter.

4. Die Zusammenarbeit von Jugendamt und Familiengericht

Die Zusammenarbeit von Jugendamt und Familiengericht ist frei von Meinungsdivergenzen und Rollenkonfusionen. Familiengericht und Jugendamt begegnen sich wertschätzend. So lobt die Richterin sogar die Arbeit des Jugendamtes und hebt das besondere Engagement im vorliegenden Fall hervor. Dass informelle Absprachen zwischen Familiengericht und Jugendamt im Vorfeld stattgefunden haben, ist nicht ersichtlich.

5. Beobachtbare Effekte auf die Eltern

Die Kindsmutter öffnet sich der Richterin, indem sie ihr wiederholt dankt. Sie äußert Wünsche und Beweggründe, spricht offen über ihre Erkrankung. Sie wirkt hierbei keinesfalls eingeschüchtert von der richterlichen Autorität, sondern wendet sich fast hilfesuchend an die Richterin. Das Verhältnis zum Jugendamt ist hingegen angespannt, nachdem sie dieses dafür verantwortlich zu machen scheint, dass die bisherigen Besuchskontakte nicht nach ihren Vorstellungen verlaufen sind. Mit einer Kontaktaufnahme mit der Verfahrensbeiständin erklärt sich die Kindsmutter einverstanden, nachdem diese ihre Funktion offenlegt und erklärt, sie handle allein zum Wohle des Kindes.

6. Fazit

Es stellt sich in der vorliegenden Fallkonstellation die Frage, inwieweit es sich um eine frühzeitige Erörterung der Kindeswohlgefährdung nach § 157 FamFG handelt. Es liegen keine Anhaltspunkte für ein frühzeitiges Hinwirken auf öffentliche Hilfemaßnahmen vor, die die Kindsmutter noch annehmen könnte. Das Kind befindet sich bereits seit seiner Geburt in einer Bereitschaftspflegefamilie. Es soll ein psychologisches Gutachten eingeholt werden zur Frage des Gesundheitszustandes der Mutter, wobei fraglich ist, ob dieses als Grundlage für eine Rückführung des Kindes in den mütterlichen Haushalt ausreicht und hinreichend berücksichtigt, dass das Kind seit seiner Geburt fremduntergebracht ist und Besuchskontakte mit der Kindsmutter nur unregelmäßig und selten erfolgt sind. Diskutiert wird über die in Betracht kommende Pflegestelle in Hamburg. Weitere Hilfemöglichkeiten sind nicht Gegenstand des Verfahrens und auch die Kindeswohlgefährdung als solche wird nicht grundlegend thematisiert.

Beobachtet wird gleichwohl eine funktionierende Zusammenarbeit zwischen den jeweils handelnden Fachdisziplinen. Die Kooperation wirkt effektiv, denn die

Disziplinen wissen um ihre Rollenzuweisung. Die Familienrichterin zeigt Verständnis für die Tätigkeit des Jugendamtes und honoriert offen das Engagement der dort zuständigen Mitarbeiterinnen. Deutlich wird, dass jeder seine eigene Rollenzuweisung erkennt und auch vertreten möchte. Die Richterin fungiert als Entscheidungsgewalt. Das Jugendamt betont im Kontext der Bestimmung der Pflegestelle, dass es die originäre Aufgabe des Jugendamts und nicht des Anwalts der Kindsmutter ist, eine solche zu bestimmen. Schließlich erscheint es als eine positive Folge von Transparenz, dass sich die Kindsmutter einer Kontaktaufnahme mit der Verfahrensbeiständin einverstanden erklärt, nachdem diese darlegt, im Interesse des Kindes zu fungieren. Die Offenlegung der jeweiligen Rollenfunktion der Verfahrensbeteiligten sorgt nicht nur für das nötige Verständnis zur Erfassung der Komplexität des Verfahrens, sondern trägt dazu bei, der Kindsmutter zu vermitteln, welche Handlungsmechanismen den zuständigen Fachdisziplinen zugrunde liegen und mit welcher Folge. Es zeigt sich, dass Transparenz eine positive Wirkung auf die Effektivität der Verfahrensdurchführung haben kann.

C. Die Ergebnisse der Experteninterviews mit Familienrichtern sowie Fachkräften des Jugendamts

Nachfolgend erfolgt eine Zusammenschau der Ergebnisse der sechs mit Familienrichtern und fünf mit Fachkräften des Kinder- und Jugendhilfesozialdienstes der Jugendämter geführten Experteninterviews. Die Ergebnisse der Expertengespräche werden ebenfalls den Kategorien der *Situation bei Gericht (v.a. verfahrensrechtliche Verortung; Unterschied zwischen Anhörung und Erörterung)*, den *Beteiligten* an der Erörterung, der *Einschätzung der Gefahrenlage*, den möglichen *Ergebnissen* der Erörterung, der *Rolle von Familiengericht und Jugendamt*, sowie ihrer *Zusammenarbeit* und den *beobachtbaren Effekten der Erörterung auf die Eltern* zugeordnet.[1431] Es werden überdies Aspekte aufgeführt, die von den Fachkräften ergänzend geäußert wurden. Die Familienrichter und die entsprechenden Mitarbeiter des Jugendhilfesozialdienstes diverser Jugendämter erhielten im Vorfeld der Befragung ein Anschreiben, in dem sie um ihre jeweilige Einschätzung und Stellungnahme zu § 157 FamFG gebeten wurden.[1432] Aus den Befragungen konnten Erkenntnisse gewonnen werden, die die Umsetzung der Erörterung der Kindeswohlgefährdung in der Praxis zusätzlich zu den Beobachtungen beleuchten.

1431 Zur Kategorienbildung siehe die Ausführungen oben, Kap. 3, A. II. 3. a.

1432 Vgl. das Anschreiben zur Richterbefragung sowie die Vorlage für die Befragung der Fachkräfte des Jugendamtes (Kinder- und Jugendhilfesozialdienst) im Anhang (1) und (4).

I. Die Ergebnisse der Expertenbefragungen zur Situation bei Gericht

1. *Verfahrensrechtlicher Ort für die Durchführung der Erörterung der Kindeswohlgefährdung*

Befragt zum verfahrensrechtlichen Ort für die Durchführung der Erörterung der Kindeswohlgefährdung, ob diese im frühen ersten Termin nach § 155 Abs. 2 FamFG „mit erledigt werde" oder gesondert erfolge[1433], entgegnen alle befragten Richter, dass sie nicht zwei gesonderte Gerichtstermine anberaumten, sondern die Erörterung stets *innerhalb des frühen ersten Termins*[1434] durchführten, d. h. mit dem Termin verbänden.[1435] Eine Richterin bezeichnet die Durchführung der Erörterung sogar ausdrücklich als *frühen ersten Termin.* Der Termin findet im Normalfall einen Monat nach Eingang des Antrags bei Gericht statt. Liegt eine besondere Eilbedürftigkeit vor oder ist bereits eine Inobhutnahme des Kindes gem. § 42 SGB VIII erfolgt, wird ein Termin auch innerhalb von zwei bis drei Wochen anberaumt. Vereinzelt wird hervorgebracht, dass es ohnehin schwierig sei, die Beteiligten relativ zeitnah an einen Ort zu bekommen. Habe man sie alle zusammen, *sei das der richtige Ort.*

Auf die Frage, was das Gericht unter der *„Frühzeitigkeit"* der Anrufung des Gerichts verstehe, wird überwiegend erwidert, dass die Gerichte gar nicht so früh einbezogen würden. Üblicherweise sei bis zur Anrufung des Gerichts schon sehr viel Vorarbeit durch das Jugendamt geleistet worden. Es gebe hierbei Fallkonstellationen, *in denen das Jugendamt immer wieder die eine Hilfe ausprobiert habe und dann wieder eine andere. Es sei ein langes Hin und Her.* Nur eine Richterin hebt hervor, sie habe seit der Einführung des § 8a SGB VIII beobachtet, dass die Jugendämter die Gerichte insgesamt „früher" anriefen als bisher – ohne jedoch benennen zu können, wann dies der Fall sei. Auch stünde seitdem nicht mehr der Sorgerechtsentzug an erster Stelle, sondern es werde häufig mit Auflagenbeschlüssen[1436] reagiert.

Die befragten Jugendämter treffen keine erkennbare Unterscheidung zwischen einem frühen ersten Termin und einem Erörterungstermin der Kindeswohlgefährdung nach § 157 FamFG. Sieht das Jugendamt einen Hilfebedarf in der Familie und lehne die Familie die Hilfe des Jugendamts ab, rufe es das Gericht an, mit der Anregung, eine *„Anhörung"* anzuberaumen. Zum einen verorten die befragten Jugendamtsmitarbeiter die Erörterung in den „frühen Anhörungstermin", der *„stets*

1433 Zur Abgrenzungsproblematik des § 155 Abs. 2 FamFG vgl. oben, Kap. 2, A. V. 2.

1434 Gemeint ist der frühe erste Termin nach § 155 Abs. 2 FamFG.

1435 Vgl. hierzu die Begründung des Gesetzgebers, BT-Drucks. 16/6308, S. 237, wonach der Termin nach § 155 Abs. 2 FamFG mit dem Termin nach § 157 FamFG verbunden werden kann; *Heilmann*, in: MüKo-ZPO (2010), § 155 Rn. 47.

1436 Vgl. § 1666 Abs. 3 BGB. Tatsächlich zeigt die aktuelle statistische Datenlage die Häufigkeit der gerichtlichen Auferlegung von Leistungen der Kinder- und Jugendhilfe gem. § 1666 Abs. 3 Nr. 1 BGB (in 8.360 von insgesamt 28.298 Fällen); hierzu bereits oben, Kap. 1, B. I. 6. Ausführlich zum Maßnahmenkatalog, Kap. 2, A. I. 1.d.

erfolgt und innerhalb von drei bis vier Wochen nach Antragstellung des Jugendamts durchgeführt werde. Eine Jugendamtsmitarbeiterin führt hierzu aus, noch nicht erlebt zu haben, gezielt zu einer *„Erörterung nach § 157 FamFG"*, sondern stets *„innerhalb von vier Wochen"* zu einem *„Anhörungs"*- bzw. einem *„Erörterungs- oder Anhörungstermin"* geladen worden zu sein.[1437]

Ausweislich der Expertenbefragungen stehen die Jugendämter im Vorfeld der Anrufung des Gerichts mit den Familien in einer Hilfebeziehung, haben hierbei sogar im Regelfall sämtliche Möglichkeiten ausgeschöpft und Gespräche mit den Kindseltern geführt, bevor sie sich an das Familiengericht wenden:

> *„Da muss schon nochmal versucht werden, alle Möglichkeiten auszuschöpfen, Gespräche geführt zu haben. Wenn die Familie alles abgelehnt hat, dann erst recht. Nach nur einem Gespräch machen wir das nicht."*[1438]

Meistens sei es im Rahmen der Gefährdungseinschätzung auch möglich, ein Problembewusstsein und eine Kooperationsebene ohne Gericht zu erreichen. Vereinzelt wird das gerichtliche Verfahren als Teil *des Machtkampfes zum Wohle des Kindes* empfunden. Nach nur einem Gespräch mit den Eltern und ersten Anhaltspunkten einer Kindeswohlgefährdung wird das Gericht im Regelfall noch nicht verständigt, wohl aber,

> *„wenn eine Inobhutnahme nicht ausreichend erscheint, die Eltern sich dem Hilfeprozess entziehen, einfach verschwinden, nicht kommen oder die Zusammenarbeit verweigern"*[1439],

oder aber ein Erziehungshilfebedarf gesehen wird und die Eltern die Zusammenarbeit verweigern:

> *„Wir sehen einen dringenden Bedarf und die Familie sieht das nicht so; wir arbeiten mit der Familie, führen Gespräche und die Familie lehnt alle Hilfen ab – in dem Fall würden wir frühzeitig das Familiengericht einschalten, damit die Familie die Hilfe annimmt."*[1440]

Vereinzelt betonen die befragten Jugendamtsmitarbeiter die Hemmschwelle, die mit dem Gang zum Familiengericht verbunden sei. Es sei eine Zäsur in der Zusammenarbeit mit den Eltern und bedürfe von daher einer genauen Abwägung der Gefährdung im Vorfeld der Anrufung.

1437 Die Mitteilung erfolgte als Reaktion auf die Bitte, einen *typischen* Fall nach § 157 FamFG zu benennen, in der das Gericht *frühzeitig* eingeschaltet werde, vgl. Gesprächsleitfaden Jugendamt (Anhang 4).

1438 Interview Jugendamt Nr. 2, Z. 132–134.

1439 Interview Jugendamt Nr. 1, Z. 54–56.

1440 Interview Jugendamt Nr. 2, Z. 83–86.

2. *Inhalt der Erörterung; der Unterschied zwischen* Anhörung *und* Erörterung

Befragt zum Inhalt und Verlauf der Erörterung, hierbei, inwieweit eine Trennung zwischen einer *Erörterung* nach § 157 FamFG und einer *Anhörung* der Eltern nach § 160 FamFG vorgenommen wird[1441], entgegnen alle sechs befragten Familienrichter, dass sie diese in der Praxis in einem Termin durchführen. Alle empfinden es als eine *künstliche Trennung* bzw. als *reinen Formalismus*, zwischen einer Anhörung und einer Erörterung zu trennen. So werde auch nicht ins Protokoll aufgenommen, *„erst diese Art Erörterung durchzuführen und dann jene"*. Es erfolge auch nicht die Mitteilung an die Eltern in der mündlichen Verhandlung, diese zunächst *anhören* zu wollen, um sodann mit der *Erörterung* fortzufahren. Der Übergang von der Anhörung in die Erörterung sie vielmehr fließend. Es wird davon ausgegangen, dass auch für einen objektiven Beobachter ein Unterschied zwischen der Anhörung und der Erörterung *„nicht erkennbar"* sei. Jeder Beteiligte werde zunächst angehört, *„um sodann zu diskutieren und zu erörtern"*. Eine der befragten Richterinnen teilt mit, im Termin zunächst dem Jugendamt die Möglichkeit zu gewähren, den Vorwurf auszuführen.[1442] Daran anschließend gebe sie den Eltern die Gelegenheit, sich zu den Vorwürfen zu äußern. Die Erörterung sei sodann *„die Diskussion über die möglichen Hilfeleistungen"* und das weitere Vorgehen. Vereinzelt wird vorgebracht, es finde vor Gericht *„ein großes Gespräch"* statt, in dem *alle etwas sagen* dürften. Die Eltern könnten mitteilen, ob sie mit den Hilfen einverstanden sind oder nicht. In der Praxis *„verschwimme"* dies regelmäßig mit der Anhörung und *„eine erkennbare Unterscheidung gibt es daher nicht"*. Bezeichnet wird der Erörterungstermin in der Ladung stets als „Ladung zur Anhörung" oder „Ladung zur Anhörung und Erörterung".

Befragt zur eigentlichen Bedeutung einer Erörterung in Abgrenzung zur Anhörung, teilen die Richter mit, im Wege der Anhörung rechtliches Gehör zu gewähren, während die *Erörterung* nach § 157 FamFG zum Ausdruck bringe, *„in eine Diskussion über die Gefahrenlage einzusteigen"*. Wichtig ist es einer befragten Richterin zufolge,

> *„dass die Beteiligten zu Wort kommen und jeder am Ende das Gefühl hat, seine Meinung mehr oder weniger losgeworden zu sein. Niemand soll ignoriert werden."*[1443]

Diese Auffassung wird konsensual vertreten. Befragt zum Verfahrensablauf einer Erörterung der Kindeswohlgefährdung, entgegnet ein Richter,

> *„passiert genau das, was im § 157 FamFG steht, nämlich man versucht herauszufinden, wie die Lage ist und was man machen kann und was erforderlich ist. (...) Ich muss schauen, ob eine Entziehung des Sorgerechts angezeigt erscheint oder ob es mildere Mittel gibt, die genauso geeignet sind. Insofern spiegelt der § 157 FamFG ja nur genau das wider, was*

1441 Ausführlich zum theoretischen Diskurs vgl. oben, Kap. 2, A. V. 1.

1442 Nach Mitteilung der Richter erfolgt im Regelfall ein schriftlicher Bericht des Jugendamts im Vorfeld der Verhandlung.

1443 Interview Richter (Nr. 3, *Gedächtnisprotokoll*).

ich mir überlegen muss – und das muss ich ja auch mit den Beteiligten erörtern, muss sie dazu anhören."[1444]

Dass im Zuge der Erörterung nach § 157 FamFG auf die Eltern besonders *eingewirkt* wird, wie dies der Vorstellung des Gesetzgebers zur Durchführung des Erörterungsgesprächs nach § 157 FamFG entspricht[1445], wird vereinzelt bestätigt. So ist es einer Richterin wichtig, den Eltern die Bedeutung der Angelegenheit aufzuzeigen und der Verantwortung der Eltern für den Erfolg der Hilfeleistung Nachdruck zu verleihen. Sie ist sich dabei bewusst, dass dies bei manchen Eltern nicht gelänge:

„*Manche erreiche ich halt nicht, aber ich versuche schon, die Eltern wieder auf die Spur zu kriegen und eine gewisse Einsicht zu erlangen. Das ist, glaube ich, auch das Ziel des Ganzen, dass die Eltern wieder selbst anfangen können zu denken und die Probleme des Kindes zu erkennen.*"[1446]

Ausführungen zur Art und Weise der elterlichen Lenkung finden nicht statt. Nur eine Richterin[1447] stellt fest, dass sie in sämtlichen Sorge- und Umgangsverfahren auf die Eltern *einredet* und versucht, sie „*quasi zu erziehen*"[1448], so weit dies möglich sei. In Verfahren nach § 1666 BGB sei dies zwar schwierig, denn handele es sich um eine gravierende Problematik, müsste zunächst das Kind in Sicherheit gebracht werden und man könne nicht anfangen, *noch vorher an den Eltern zu arbeiten*. Den Eltern werde trotz allem auch in derartigen Verfahren deutlich gemacht, unter welchen Umständen sie das Sorgerecht nicht behalten und unter welchen Umständen sie es ggfs. zurückerhalten können. Dies bezeichne sie als „*Warnfunktion*" der Erörterung der Kindeswohlgefährdung.

Demgegenüber repliziert ein anderer Richter, dass mit den Eltern keinesfalls ein *Erziehungsgespräch* geführt werde. Zum einen könne das in der zur Verfügung stehenden Zeit nicht geleistet werden. Darüber hinaus erhalte der Richter nur einen kurzen Einblick in die Lebenssituation der Eltern:

„*Ich sehe als Richter den Stand der Dinge und ob sie Defizite haben. Ich kann den Eltern auch sagen, dass ich meine, dass sie Defizite haben. Ob das jetzt schon Erziehung ist? Nein, ich denke eher nicht.*"[1449]

Der gerichtliche Termin dient jenem befragten Richter zufolge als eine Bestandsaufnahme. Die *Erziehung* laufe, wenn überhaupt, über die sodann eingerichteten

---

1444 Interview Richter Nr. 5, Z. 122–124; Z. 125–129.

1445 vgl. BT-Drucks. 16/6815, S. 17; BT-Drucks. 16/6308, S. 237.

1446 Interview Richter Nr. 4, Z. 72–75.

1447 Es handelt es sich bei der befragten Richterin um eine Richterin auf Probe. Sie ist seit ca. einem Jahr am Familiengericht tätig.

1448 Interview Richter Nr. 6, Z. 126.

1449 Interview Richter Nr. 5, Z. 286–288. Vgl. hierzu nachfolgend die Frage zur Rolle als Richter, wonach die eigenen Rollenwahrnehmungen der Richter ebenfalls divergieren.

Hilfen. Eine „*Warnfunktion*" begründe bereits das Verfahren selbst und die Tatsache, vor Gericht erscheinen und über die Gefahrensituation sprechen zu müssen. Mit dem Verfahren werde den Eltern deutlich gemacht, dass sie sich nicht so verhalten dürfen wie bisher. Es müssten die Konsequenzen aufgezeigt werden, die drohen, wenn die Hilfen nicht angenommen werden, um ihnen klar zu machen, dass eine Gefährdung bestehe und Hilfen notwendig seien, und wenn sie diese nicht annehmen, sorgerechtliche Maßnahmen angeordnet werden.

Vereinzelt wird vorgebracht, dass den Eltern im mündlichen Sitzungstermin bewusst die Gelegenheit gegeben werde, die eigene Meinung zu äußern, um auf diese Weise auch zu erfahren, welche v.a. emotionale Dynamik dem elterlichen Verhalten zugrunde liegt:

> *„Also manchmal ist so eine gewisse Emotionalität, die sich bei der Erörterung bildet, auch ganz gut, weil dann eigentlich erst die richtigen Ansichten zum Vorschein kommen. Auch deswegen lasse ich teilweise Diskussionen ein paar Minuten laufen – auch wenn sie hitziger werden – weil es ganz interessant ist zu erfahren, was dabei so zwischen den Eltern herauskommt."*[1450]

Inwieweit sich die Erörterung der Kindeswohlgefährdung nach § 157 FamFG von einem Hinwirken auf Einvernehmen nach § 156 FamFG unterscheidet, wird von der befragten Richterschaft kontrovers aufgefasst. Für einen Teil der Richter ist das Hinwirken auf Einvernehmen einem Erörterungsgespräch vergleichbar. Vereinzelt wird sogar kein Unterschied gesehen, denn beide stellten auf eine Lösungsfindung ab. Dem gegenüber gibt der andere Teil der Richterschaft vor, sehr wohl zwischen einem Hinwirken auf Einvernehmen und einer Erörterung der Kindeswohlgefährdung zu unterscheiden, denn liege eine Kindeswohlgefährdung vor, sei nicht mehr viel Raum für ein Einvernehmen. Es könne überprüft werden, ob die Kindeswohlgefährdung nur bei einem Elternteil vorhanden ist, der andere aber die Kinder gut auffangen kann, oder ob die Eltern sich einig sind und der geeignete Elternteil die Kinder betreut.

> *„Ein bisschen Spielraum gibt es da sicherlich, aber im klassischen Fall ist ein Elternteil sowieso nicht greifbar und bei dem Elternteil, bei dem die Kinder leben, ist es katastrophal – da ist dann auch kein Spielraum da, um etwas einvernehmlich zu regeln."*[1451]

In diesem Kontext wird geäußert, dass den Gesprächen eine unterschiedliche Qualität zukommt:

> *„Bei § 157 FamFG und der Erörterung der Kindeswohlgefährdung muss ich zum Ausdruck bringen, dass ich die Staatsgewalt wahrnehme und durchaus auch derjenige sein kann, der dann entscheidet, dass das Kind nicht in der Familie bleiben kann. Bei § 156 FamFG bin ich eher derjenige, der noch stärker versucht, beratend und mit dem Ziel einer Vereinbarung tätig zu werden. § 156 FamFG ist eher so ein Gespräch ‚am runden Tisch', § 157 FamFG*

1450 Interview Richter Nr. 4, Z. 428–432.
1451 Interview Richter Nr. 6, Z. 221–223.

macht das auch, weil wir natürlich auch versuchen, etwas im Einvernehmen zu regeln, aber da bin ich am Ende derjenige, der das Sagen hat."[1452]

Auf die Frage, ob das Gericht sodann der richtige Ort sei, um eine Kindeswohlgefährdung zu erörtern, wird entgegnet, dass das definitiv der Fall sei, denn alle Professionen kämen dort zusammen und erhielten die Möglichkeit, an einem *neutralen Ort* die Angelegenheit zu behandeln.

Die Jugendämter verorten die Erörterung in den frühen ersten Termin. Die Erörterung sei in der Regel eine Hilfestellung, um mit den Eltern „*ins Gespräch zu kommen*". Der Richter gehe auf die Eltern ein und hinterfrage deren Motivation, wenngleich er seine Entscheidungsgewalt im Blick behalte. Es komme auch vor, dass der Richter den Vorschlag des Jugendamts nochmals aufgreift und die Eltern befragt, inwieweit sie sich vorstellen können, die Hilfe zu installieren. Im Verlauf ihrer Schilderungen über die Erörterung nach § 157 FamFG, bezeichnen die befragten Jugendamtsmitarbeiter diese immer wieder als „*Anhörung*". So wird etwa geäußert, das Jugendamt rege eine *Anhörung* an, sobald es einen Hilfebedarf erkenne, dieser aber von der Familie abgelehnt wird. In dem *Anhörungstermin* bei Gericht werde mit den Eltern *alles Weitere* besprochen. Dass es eine Trennung zwischen einer Anhörung der Eltern und einer Erörterung der Kindeswohlgefährdung geben soll, wird vereinzelt sogar als praxisfern befunden:

„*Als Praktiker eine Trennung zu machen finde ich schwierig, denn alles, was gesagt wird, wird auch von den anderen Seiten bewertet und auch ‚erörtert'. Es ist eigentlich nicht zu trennen, sondern geht ineinander über. Ich halte es auf jeden Fall immer für sinnvoll, die Eltern anzuhören, mit denen zu sprechen und ihre Beweggründe herauszufinden.*"[1453]

3. Veränderungen zur bisherigen Rechtslage?

Auf die Frage, ob die Implementierung des § 157 FamFG zu einer Neuerung hinsichtlich der Gefährdungserörterung nach der bisherigen Rechtslage geführt hat, entgegnen die befragten Richter übereinstimmend, dass sich zumindest in der praktischen Umsetzung *keine* Veränderung durch die Neufassung erkennen ließe. *Es sei immer schon so gewesen, dass mit den Eltern eine Erörterung durchgeführt wird, wenn es um eine Kindeswohlgefährdung geht.* Vereinzelt wird von einer Richterin mit langjähriger Erfahrung vorgebracht, es lasse sich zwischen der Vorschrift des § 157 FamFG und der Gefährdungserörterung nach § 50a Abs. 1 S. 3 FGG a.F. *kein neuer Wortlaut* erkennen.[1454] Sie habe deshalb auch zunächst der Gesetzesänderung von 2008 kritisch gegenüber gestanden. Ihrer Auffassung zufolge ist die Einführung einer Erörterung der Kindeswohlgefährdung ein reines *Politikum*. Sie beobachte

---

1452 Interview Richter Nr. 5, Z. 347–353.

1453 Interview Jugendamt Nr. 1, Z. 247–251. Es handelt es sich um einen Sozialarbeiter im ASD mit 20jähriger Berufserfahrung.

1454 Interview Richter (Nr. 1, *Gedächtnisprotokoll*); siehe zur bisherigen Rechtslage und der Frage der „Neuartigkeit" der Erörterung der Kindeswohlgefährdung, Kap. 1., C.

gleichwohl, dass die Jugendämter die Gerichte nun früher anriefen und nicht mehr in erster Linie den Sorgerechtsentzug anregten. Vereinzelt wird überdies festgestellt, als „neuartig" bislang allein die frühe Terminierung empfunden zu haben.[1455]

Auch die Jugendämter erkennen keinen Unterschied zur bisherigen Rechtslage, sondern allein der Kontakt zur Richterschaft habe sich intensiviert, seitdem die Jugendämter vermehrt in die kindschaftsrechtlichen Verfahren hinzugezogen werden. Bezogen auf die Durchführung der Erörterung der Kindeswohlgefährdung nach § 157 FamFG, nehmen insbesondere die bereits langjährigen Mitarbeiter des Kinder- und Jugendhilfesozialdienstes des jeweiligen Jugendamtes keine erkennbaren Unterschiede in der Praxis wahr:

> *„Das Gericht hat ja ein eigenes Ermessen, kann nach eigenem Ermessen ermitteln. Meistens gab es dann einen Anhörungstermin. Die Eltern waren da, wir haben unsere Stellungnahme abgegeben und unsere Sichtweise geschildert. Dann wurde auch erörtert. Es gab eine Anhörung und eine Diskussion über die Hilfen oder die Gefährdungssituation. (...) Die Eltern hatten immer schon das Recht, etwas dagegen zu sagen."*[1456]

Auf die Frage nach der Effektivität eines Hinwirkens auf eine Kooperation *vor Gericht*, nachdem sich etwa die Zusammenarbeit zwischen dem Jugendamt und den Eltern bereits als fruchtlos erwiesen habe, entgegnen die befragten Jugendamtsmitarbeiter überwiegend, dass dies trotzdem für sinnvoll erachtet werde; die Besprechung der Angelegenheit vor dem Richter habe eine *andere Qualität*:

> *„Sitzt man an einem Besprechungstisch in einem Büro im Jugendamt, geht es hin und her, rauf und runter. Wird aber bei Gericht ein Verfahren eröffnet, hat dies eine andere Qualität."*[1457]

II. Die Beteiligten an der Erörterung – zur Hinzuziehung des Kindes und des Verfahrensbeistandes

Die Kindseltern werden nach den Ausführungen der Richter immer persönlich geladen, dies nach Ausführung einer Richterin auch dann, wenn zwischen den Eltern eine Gewalthandlung erkennbar war oder auch, wenn eine Schutzanordnung ergehen müsste. Das Kind selbst ziehen die Richter in der Regel nicht zum Termin hinzu. Begründet wird dies von allen befragten Richtern mit der damit verbundenen Belastung für das Kind.[1458] Allen Richtern ist wichtig, dass die Kinder im Verfahren entlastet werden. Überdies möchten die Richter zunächst die Eltern kennenlernen, gerade wenn es um ein Verfahren wegen Kindeswohlgefährdung geht. Sie möchten erfahren, wie die Eltern sind und welche Eigenschaften sie mitbringen. Im Regelfall wird das Kind separat im Dienstzimmer des Richters und im Vorfeld der Erörterung

1455 Interview Richter (Nr. 2 und Nr. 3, *Gedächtnisprotokolle*).
1456 Interview Jugendamt Nr. 1, Z. 159–163, Z. 331–332.
1457 Interview Jugendamt Nr. 1, Z. 194–196.
1458 Differenziert wird außerdem nach dem Alter und der Reife des Kindes.

angehört. Dort habe es die Möglichkeit zu malen und in einer weniger formalen Umgebung zu sein. Zum Verfahren „hinzugezogen" werden Kinder ab einem Alter von ca. 3 Jahren.[1459] Drei Richterinnen äußern explizit, ein Kind erst ab dem 14. Lebensjahr hinzuzuziehen.

Die Jugendämter erachten es für überaus bedeutsam, das Kind zum Erörterungstermin nicht hinzuzuziehen. Dies könne allenfalls bei Jugendlichen erfolgen, sollte aber bei Kindern stets getrennt voneinander erfolgen. Entscheidend sei letztlich der mögliche Antagonismus, sich gegen die Eltern entscheiden zu müssen.

> *„Die Kinder fragen sich, was da passiert, denken oft an etwas ganz Schlimmes und sind sehr, sehr aufgeregt."*[1460]

Danach gefragt, inwieweit jedoch das Kind, insoweit es die entsprechende Einsicht besitze, um dem Verfahren zu folgen, durch die Hinzuziehung zum Verfahren die Gelegenheit erhielte, an dem Verfahren mitzuwirken und die entsprechenden Hilfen zu erörtern, wird entgegnet, dass dies auch alleine mit dem Kind besprochen werden könne.

Auf die Frage, inwieweit das Gericht der geeignete Ort sei, um die Eltern und die Kinder kennenzulernen und eine Einschätzung zur Kindeswohlgefährdung zu treffen, wird seitens der Richterschaft vorgebracht, dass es sicherlich geeigneter wäre, die Kinder und auch die Eltern in ihrer eigenen Umgebung kennenzulernen, dass hierfür die zeitlichen Ressourcen des Gerichts aber definitiv nicht ausreichten. Die Richter bedienen sich für diese Aufgabe eines Verfahrensbeistands, der sich einen persönlichen Eindruck verschaffen und mehrere Treffen durchführen kann. Das jeweilige Umfeld der Betroffenen persönlich zu erkunden, wird auch letztlich nicht als originäre Aufgabe der Justiz betrachtet, der nicht die Aufgabe und Befugnis zukomme, noch weiter in die Privatsphäre der Familie einzudringen, in die ohnehin bereits hineingeschaut werde. So äußert eine Richterin, dass sie auch nicht dafür geschult sei, bei den Familien etwas anzuschauen und sich darüber eine Meinung zu bilden. Sie brauche hierfür die Unterstützung der jeweiligen Fachkräfte[1461], die ihr die Sachlage *„filtern"* und in *„Fakten schildern"* sollen.

Zur Frage, ob ein Verfahrensbeistand bereits zur Erörterung nach § 157 FamFG hinzugezogen wird, entgegnen vier von sechs Richtern, dass sie *„immer"* einen Verfahrensbeistand für das Kind bestellen; dies bereits zum „ersten Erörterungstermin". Zwei Richterinnen halten die Hinzuziehung eines Verfahrensbeistandes zu einem Zeitpunkt, zu dem das Familiengericht *sehr frühzeitig* eingeschaltet wird und ein

1459 Gemeint ist hiernach aber offensichtlich die *Anhörung* des Kindes nach § 159 FamFG.

1460 Interview Jugendamt Nr. 2, Z. 410–411.

1461 Gemeint sind Jugendamt und Verfahrensbeistand.

Entzug der elterlichen Sorge noch nicht in Betracht kommt, nicht für notwendig, denn es ginge zunächst darum, die Familien kennenzulernen.[1462]

Die Richter begründen die Notwendigkeit der Bestellung eines Verfahrensbeistandes zum Termin mit der schwierigen Loyalitätslage, in der sich das Kind befinde und deshalb eine gesonderte Hilfestellung erfordere. Der Verfahrensbeistand sei eine weitere „neutrale" Person, die als überaus hilfreich betrachtet wird. Er sei „objektiver" als das Jugendamt. Werde das Verfahren wegen Kindeswohlgefährdung eröffnet und berichte der Verfahrensbeistand, was er noch in Erfahrung gebracht habe, mache dies das ganze Verfahren noch ein wenig neutraler, „*weil dann noch mal ein Dritter da ist, der auch nochmal darauf geschaut hat.*"[1463]

Auf die Frage, wer ansonsten noch an der Erörterung beteiligt werden könnte, wird erwähnt, es käme die Hinzuziehung von Lehrern in Betracht, Psychologen oder Betreuern für die Eltern. In der Regel sei es nicht erforderlich, weitere Personen gesondert zu laden, wenn das Jugendamt bereits Gespräche geführt und die Ergebnisse in seinem Bericht berücksichtigt habe. In der Regel werde der Darlegung des Jugendamts Glauben geschenkt, so dass eine gesonderte Hinzuziehung von weiteren Beteiligten entbehrlich sei.

Nach Mitteilung der Jugendämter ist ein Verfahrensbeistand in einem Verfahren wegen Kindeswohlgefährdung nach §§ 1666, 1666a BGB stets mit anwesend. Zur Erforderlichkeit einer *frühzeitigen* Hinzuziehung des Verfahrensbeistands in die Erörterung nach § 157 FamFG befragt, bestehen aber Meinungsdivergenzen. Zwei der befragten Fachkräfte des Jugendamts kritisieren, dass sich der Aufgabenbereich des Verfahrensbeistandes nicht grundlegend von dem des Jugendamts unterscheide, da bereits das Jugendamt mit der Familie zusammenarbeite und diese im Regelfall auch einzuschätzen wisse.[1464] Überdies wird beklagt, dass sich das Gericht überwiegend auf den Vortrag des Verfahrensbeistandes stütze.[1465] Diesen habe das Gericht auch nach eigenem Ermessen bestellt. Der Verfahrensbeistand habe einen Einblick in die familiäre Situation, jedoch nicht so viel mit den Eltern gesprochen wie die Fachkräfte des Kinder- und Jugendhilfesozialdienstes. Es wird als befremdlich empfunden, dass die Verfahrensbeistände einen höheren Stellenwert hätten als das Jugendamt. Von drei der fünf befragten Jugendamtsmitarbeiter wird jedoch vorgebracht, die Rollenfunktion und Bedeutung des Verfahrensbeistandes mittlerweile akzeptiert zu haben. Anders als das Jugendamt könne der Verfahrensbeistand intensiver mit den Kindern und Eltern arbeiten. Jedenfalls habe dieser die Möglichkeit, die Familie zeitnah aufzusuchen und sich auf den Einzelfall zu fokussieren.

1462 Jene Richterinnen gehen von Fallkonstellationen der unterlassenen kinderärztlichen Vorsorgeuntersuchung aus, die zur frühzeitigen Einschaltung des Gerichts geführt hat.

1463 Interview Richter Nr. 5, Z. 118–119.

1464 Vgl. etwa Interview Jugendamt Nr. 2, Z. 423–431.

1465 Auch die vorab aufgezeigten Fallbeobachtungen machen deutlich, dass der Richter in der Regel dem Vorschlag des Verfahrensbeistandes Folge leistet. Diesem wird auch im Regelfall zunächst das Wort erteilt.

III. Die Ergebnisse der Expertengespräche zur Einschätzung der Gefahrenlage, insbesondere zur Annahme einer „möglichen“ Kindeswohlgefährdung

Befragt zur Bedeutung der im Gesetzeswortlaut des § 157 FamFG verwendeten Formulierung der *„möglichen Kindeswohlgefährdung“* aus der jeweiligen Fachperspektive, entgegnen die Richter, dass eine solche bei jeglichen Anhaltspunkten angenommen werde, die auf eine Gefahr für das Kind hindeuten. Beispielhaft aufgeführt werden insbesondere die nicht durchgeführte kinderärztliche Vorsorgeuntersuchung für ein Kleinkind, die psychische Störung der Eltern, die das Wohl des Kindes nicht garantiere, bis hin zur Wohnung, die *„zugemüllt“* und *„verdreckt“* sei. Eine Kindeswohlgefährdung wird hiernach angenommen, *„wenn Anhaltspunkte dafür vorliegen, dass eine Kindeswohlgefährdung sich ergeben könnte“*. Vereinzelt wird vorgebracht, dass sich Fallkonstellationen einer „möglichen“ Kindeswohlgefährdung, die im Vorfeld einer konkreten Kindeswohlgefährdung an Bedeutung erlangen, allein im Fall der nicht durchgeführten kinderärztlichen Vorsorgeuntersuchung[1466] erschöpfen. In derartigen Fällen sei die einzige Information des Jugendamtes, dass an den verpflichtenden Untersuchungen nicht teilgenommen worden sei.

Den Richtern zufolge liegt eine Kindeswohlgefährdung erst vor, wenn *noch weitere* Umstände hinzukommen. *„Eine Gefährdung habe an sich schon etwas Vages, eine mögliche sei noch davor“*. Weitere Fallkonstellationen, in denen eine „frühzeitige Erörterung“ stattfinden könnte, der Richter aber nur einen *„vagen Hinweis“* erhalten habe, gebe es *„eigentlich nicht“*.

Befragt zu der Verknüpfung mit der frühzeitigen gerichtlichen Anrufung nach fehlender Mitwirkung der Eltern am Abschätzungsprozess der Gefährdung nach § 8a Abs. 2 S. 1, 2. Hs. SGB VIII, entgegnet ein Richter, *dass sich diese Fälle nicht wirklich von jenen Fällen unterschieden, in denen sich tatsächlich bereits eine Gefahrenlage verdichtet habe*:

> *„Das Jugendamt bekommt dann eine Information und ermittelt, es ergibt sich ein Verdacht, dass etwas sein könnte und die Eltern sind aber nicht zu erreichen oder reagieren nicht auf die Ladung des Jugendamtes. Wenn mir das vom Jugendamt gemeldet wird, verfahre ich im Prinzip genauso wie im § 1666-er BGB Verfahren auch. Ich bestelle einen Verfahrensbeistand, um mehr Informationen zu bekommen, und mache einen Termin.“*[1467]

Nach Ansicht der befragten Jugendämter ist der Begriff der möglichen Kindeswohlgefährdung gleichbedeutend mit einer „latenten“ Gefahr. Eine solche liege vor, wenn das Jugendamt die Gefahrenintensität noch nicht hinreichend einschätzen könne.[1468] Typischerweise liege eine *mögliche* Kindeswohlgefährdung vor und

1466 Sog. „U-Untersuchungen“.
1467 Interview Richter Nr. 5, Z. 245–250.
1468 Zur Verwendung des Begriffs „latente“ Kindeswohlgefährdung vgl. die § 8a-Statistik (2012), Statistiken der Kinder- und Jugendhilfe, Internetadresse_20.

veranlasse die frühzeitige Anrufung des Gerichts, wenn sich die Eltern „*entziehen*" oder „*untertauchen*", beim Jugendamt nicht erschienen oder die Zusammenarbeit verweigerten. Eine latente Kindeswohlgefährdung bedeute in diesem Kontext, dass sich die Kindeswohlgefährdung „*am Rande*" bewege, sich bereits Auffälligkeiten am Kind zeigten. „*Es gebe dann eben keine akute, sondern eine latente, d.h. schleichende oder vermutete Kindeswohlgefährdung.*" Eine „*konkrete*" Kindeswohlgefährdung liegt nach Auffassung eines der befragten Jugendamtsmitarbeiter wiederum vor,

> „*wenn wir aufgrund der Auffälligkeiten der Kinder denken, dass etwas Schlimmes in der Familie ist, aber wir kommen an die Familie nicht heran; die Eltern erzählen irgendwelche Geschichten – oder erzählen wenig oder etwas Falsches – und wir kommen da nicht weiter. Da machen wir eine Mitteilung ans Gericht.*"[1469]

Vereinzelt wird erwähnt, es handele sich um eine reine *Interpretationssache*. Wenn das Gericht sage, eine Kindeswohlgefährdung liege nicht vor und das Jugendamt auch nichts weiter von der Familie höre, was auf eine Kindeswohlgefährdung hindeuten könne, werde das so hingenommen. „*Je jünger allerdings das Kind ist, desto weniger schnell lassen wir uns abwimmeln*".[1470] Eine Kindeswohlgefährdung sei in der Regel etwas, was mit sexuellem Missbrauch oder ähnlicher Dynamik zu tun habe oder aber mit physischer oder psychischer Vernachlässigung oder Beeinflussung einherginge,

> „*also wo es wirklich darum geht, dass man körperlich nichts nachweisen kann (...). Bei kleinen Kindern, die vernachlässigt werden, reagieren die Richter in der Regel immer. Bei älteren Kindern nicht unbedingt.*"[1471]

Teilweise verweisen die Jugendamtsmitarbeiter auf eine *Checkliste*, die ihnen bei der Beurteilung der Gefahrenlage zugrundeliege.[1472] Die Einschätzung einer Gefährdung erfolge im Regelfall gemeinsam im Fachteam bzw. nach Rücksprache mit dem Teamleiter in der Abteilung.

IV. Die möglichen Ergebnisse der Erörterung

Auf die Frage, wie der Richter in der Regel einen Erörterungstermin nach § 157 FamFG beende, werden vielfältige Beendigungsmodalitäten genannt. Ein mögliches Ergebnis ist eine Vereinbarung und wenn erforderlich auch ein Beschluss. Es komme auch vor, dass zu Protokoll gegeben wird, die Erörterung sei ergebnislos geblieben oder die Mitteilung ergehe, dass eine Entscheidung im Dezernatsweg getroffen

---

1469 Interview Jugendamt Nr. 1, Z. 59–63.
1470 Interview Jugendamt Nr. 4, Z. 336–337.
1471 Interview Jugendamt Nr. 4, Z. 340–343.
1472 Interview Jugendamt Nr. 5, Z. 126–129; darin festgehalten werden mögliche Verletzungsmerkmale und deren Wiederholbarkeit, aber auch die Berücksichtigung einer Verantwortungsübernahme der Kindseltern für die Entstehung der Verletzungen.

werde. Insgesamt ist die Beendigung nach Mitteilung der Richterschaft abhängig vom Verlauf des Verfahrens. Vereinzelt gäbe es auch keinen konkreten Abschluss des Gesprächs. Stelle sich etwa im Termin heraus, dass infolge der Erörterung die Eltern bereit seien, eine Familienhilfe o.ä. anzunehmen, werde das ins Protokoll aufgenommen. Ein Richter führt aus:

> „*Wenn sie also bereit sind, das zu tun und ich nach dem Gespräch auch überzeugt bin, dass sie das machen werden, nehme ich also auf, dass die Eltern bereit sind, mit dem Jugendamt zusammenzuarbeiten und Familienhilfe anzunehmen. Wenn dies aus meiner Sicht und aus der Sicht der anderen Beteiligten ausreichend ist, dann endet das Protokoll mit der Aussage, dass Maßnahmen betreffend die elterliche Sorge nicht erforderlich sind und mit dieser Annahme der Hilfen auch mein Verfahren beendet ist.*“[1473]

Erklärten sich die Eltern nicht bereit, entsprechende Hilfen anzunehmen, müsse überlegt werden, ob entsprechende Auflagen gemacht würden. Eine neu berufene Familienrichterin entgegnet, dass sie infolge der *Erörterung* auch durchaus Teil- oder Komplettsorgerechtsentzüge beschließe.[1474]

Nach Mitteilung der Jugendämter wird das Erörterungsgespräch in der Regel durch eine schriftliche Vereinbarung beendet, worin sich die Eltern verpflichten, mit dem Jugendamt zu kooperieren. Eine solche sei ein Kompromiss, der gerichtlich protokolliert werde und von daher verbindlicher sei als eine Zusage der Eltern gegenüber dem Jugendamtsmitarbeiter allein. Gehe es um eine Kindeswohlgefährdung, erwarten die Jugendämter aber grundsätzlich von den Gerichten, dass eine verbindliche Entscheidung getroffen werde und dass sich der Termin nicht in einer bloßen Erörterung der Angelegenheit erschöpfe. Auf die Frage hin, inwieweit man das erneute Verhandeln bei Gericht als wiederholten Gesprächsführungsprozess empfinde, wird geantwortet, dies werde so nicht empfunden. Vielmehr sei es die Aufgabe des Jugendamtes, im Vorfeld des Termins mit den Eltern die in Betracht kommenden Hilfemöglichkeiten zu besprechen und die Hilfeakzeptanz einzuschätzen. Verweigerten sich die Eltern der Hilfe und bestünden Divergenzen, sei das Familiengericht einzuschalten, welches im Wege der Erörterung auf die Folgen hinweisen könne, aber im Regelfall eine Entscheidung treffe.

Als positiv hervorgehoben wird von allen Jugendamtsmitarbeitern die Vorgabe, im Falle eines Absehens von Eingriffsmaßnahmen in die elterliche Sorge die Entscheidung im Nachgang gerichtlich überprüfen zu müssen.[1475]

1473 Interview Richter Nr. 5, Z. 255–261.
1474 Interview Richter Nr. 6, Z. 166.
1475 Zu § 166 Abs. 3 FamFG siehe bereits oben, Kap. 1, B. I. 3. e.

V. Zu Rolle und Aufgabenwahrnehmung des Jugendamts im Erörterungstermin

1. *Intention der frühzeitigen Hinzuziehung des Familiengerichts*

Ausweislich der Expertenbefragung der Jugendämter – und dies entspricht ebenfalls der persönlichen Einschätzung der befragten Richter an den Amtsgerichten – dient die frühe Hinzuziehung des Familiengerichts der frühzeitigen Herstellung von Verbindlichkeit. In erster Hinsicht kommt es dem Jugendamt darauf an, die richterliche Autorität für den Hilfeprozess mit der Familie zu nutzen und eine weitere Instanz hinzuziehen zu können („*es ist einfach eine höhere Instanz, die mehr Gewicht hat gegenüber den Eltern*“), die die Befugnis hat, den Hilfeprozess zu initiieren oder wiederherzustellen. Werde eine Meldung bei Gericht unternommen[1476], solle damit erreicht werden, dass die Eltern *unter Druck* einer Zusammenarbeit mit der Jugendhilfe zustimmen oder alternativ eine gerichtliche Auflage ergehe, welche Hilfe in Anspruch genommen werden müsse.

Zur persönlichen Einschätzung befragt, wie seitens des Jugendamtes darauf reagiert werde, wenn das Gericht im Erörterungstermin ebenfalls „nur“ ein Gespräch mit den Eltern führt, wird entgegnet, dass dies allein jedenfalls unzureichend sei. Generell werde es angestrebt, eine Vereinbarung zu treffen oder eine Entscheidung zu bekommen. Die *liebgewonnene Cochemer-Praxis*[1477] dürfe nicht in die Gefährdungsgeschichte *hineingebastelt* werden.[1478] Liege eine Gefährdungslage vor, entstehe auch im Vorfeld der gerichtlichen Anrufung die Hilfebeziehung nur im „Zwangskontext“. Den Eltern werde aufgezeigt, unter welchen Voraussetzungen das Familiengericht angerufen wird. Ihnen sei bewusst, welche Konsequenzen drohten, wenn sie die erforderliche Hilfe nicht akzeptierten. Nach Auffassung eines Jugendamtsmitarbeiters erweise es sich oftmals als problematisch, wenn das Gericht angerufen werde, der Richter aber sodann meint, *er könne noch etwas Positives bewirken*. Komme er etwa dem Wunsch eines Elternteils und dessen anwaltlicher Vertretung im Termin nach, nochmals eine Erziehungshilfe zu installieren, um weitergehende gerichtliche Maßnahmen abzuwenden, bedeute dies eine mögliche Verzögerung der Schutzwirkung für das Kind, wenn nach Auffassung des Jugendamtes eine

---

1476 Diese wird wiederholt als „*§ 8a-Meldung*“ bezeichnet und erfolgt in Abgrenzung zum Antrag nach § 1666 BGB. Insoweit sich die vorliegenden Fragen gezielt auf die frühzeitige Gefahrenmeldung und den Erörterungstermin nach § 157 FamFG richten, ist davon auszugehen, dass die Befragten unter der § 8a-Meldung die frühzeitige Anrufung des Familiengerichts verstehen, die im Falle der fehlenden Mitwirkung der Eltern an der Gefährdungsabschätzung erfolgt.

1477 Zur *Cochemer Praxis* vgl. bereits oben, Kap. 1, B. II. 1.

1478 Kritisch *Salgo*, FPR 2010, 456 (458), wonach jedenfalls bei festgestellter akuter Kindeswohlgefährdung und nicht festgestellter Sicherheit des Kindes kein Raum für langwierige Verhandlungen zur Steigerung der Hilfeakzeptanz verbleiben könne, vgl. auch bereits oben, Kap. 1, B. II.

Gefahrensituation bestehe. Hier entsteht der Wunsch des Jugendamtes nach Unterstützung durch das Familiengericht bei der Herstellung von Verbindlichkeit und der Konkretisierung der gefundenen Hilfe, anstatt die Hilfe erst gemeinsam zu suchen. Es sei die Aufgabe des Jugendamtes, die Hilfe zu ermitteln und sozialpädagogisch zu begründen.

2. *Weiterreichung von Verantwortlichkeiten?*

Nach den Ergebnissen der Befragung ist sich das Jugendamt auch bei Anrufung des Familiengerichts seiner eigenen Rolle und Verantwortlichkeit bewusst. Es selbst bleibe auch verantwortlich für die Familie und das Kind. Anders als das Familiengericht, das lediglich einen situativen Einblick in das Familiengefüge erhalte, verbleibe die Verantwortung für das Wohl des Kindes weiterhin bei dem Jugendamt, das bei erneuten Anhaltspunkten für eine Kindeswohlgefährdung mit einer ggfs. wiederholten Gefährdungsmeldung bei Gericht zu reagieren habe. Die frühzeitige Hinzuziehung des Familiengerichts wird als Chance gesehen, einen Hilfeprozess zu beginnen mit der Folge, das Kind bei den Eltern zu belassen.

3. *Rollenklarheit hinsichtlich des eigenen Aufgabenbereichs?*

Nach den Ergebnissen der Expertengespräche mit Familienrichtern und Jugendamtsmitarbeitern gibt es eine überwiegend klare Rollenaufteilung zwischen Jugendamt und Familiengericht. Dem Jugendamt ist bewusst, dass der Familienrichter die Letztentscheidungsbefugnis hat und die nötige Verfahrensstruktur liefert. Da das Jugendamt stets beteiligt sei, könne es eigene Aufgaben übernehmen. Die Auffassung des Richters könne auch durchaus von der des Jugendamts abweichen. Nach der überwiegend vertretenen Auffassung der Jugendamtsmitarbeiter habe die Erfahrung und Persönlichkeit des handelnden Richters einen entscheidenden Einfluss auf den Gang des Verfahrens. Bevorzugt werde mit Richtern zusammengearbeitet, die erfahren sind und mit solchen, die souverän handeln und die Meinung des Jugendamtsmitarbeiters akzeptierten.[1479]

VI. Zur Rolle des Familienrichters im Erörterungstermin

1. *Neue Rollenzuweisung durch Erörterung?*

Ihre Rolle im Erörterungstermin nehmen die befragten Richter überwiegend als die eines *Entscheiders* wahr. Anders als die Jugendämter und der Verfahrensbeistand habe der Richter nicht eine sozialpädagogische, sondern eine beurteilende Aufgabenstellung zu bewältigen, die in einer *Entscheidung* münde. Es herrscht eine überwiegend eindeutige Rollentrennung vor. Dem Vorliegen einer Rollenklarheit wird auch eine große Bedeutung beigemessen. Die Richter sind stets um eine förmliche

1479 Hierzu etwa Interview Jugendamt Nr. 4, Z. 223–232.

Atmosphäre bemüht, die die Entscheidungsmacht und richterliche Autorität besonders zum Ausdruck bringt. Betont wird hierbei, stets eine Robe zu tragen und die Erörterung in einem Sitzungssaal abzuhalten.[1480]

Auf die Frage, ob infolge der Erörterungsverpflichtung eine „neue" Rollenzuweisung erfolgt sei, ob sich die Richter etwa in der Rolle eines Mediators oder Schlichters wiederfänden, entgegnen fünf von sechs befragten Richtern, dass die Rolle des Richters in Verfahren wegen Kindeswohlgefährdung jedenfalls eine andere sei als in den übrigen familiengerichtlichen Verfahren. Einer Richterin zufolge ist die Rolle des Richters ein

> *„Mitteldring zwischen allem. Wichtig ist jedenfalls Erfahrung. Alles basiert auf Erfahrung, auch das Wissen um die jeweilige Hilfe. Auch die Gesprächsführung mit den Eltern wird nicht zuvor und extra erlernt. Hier könnte es schon während der Ausbildung mehr Angebote geben."*[1481]

Vereinzelt wird die Rollenzuweisung beschrieben als

> *„...Moderation; es wird viel geredet und der Richter lässt nicht mehr alles nur auf sich wirken, sondern er versucht, vermittelnd tätig zu werden und die Eltern darauf hinzuweisen, vieles richtig gemacht zu haben, aber ... Das ist schon eher Moderation."*[1482]

Eine der befragten neu berufenen Richterinnen sieht sich sogar in einer *Erzieherrolle*:

> *„Ich fühle mich schon in der Rolle des Entscheiders, aber nicht so sehr eines juristischen Entscheiders, sondern mehr nach anderen Kriterien, die man vielleicht eher als Sozialarbeiterkriterien bezeichnen könnte oder als ich-rede-auf-die-Eltern-ein-und-sehe-zu, dass-sie-etwas-verändern.*[1483] *Manchmal fühle ich mich auch wie ein Kindergärtner, wenn Eltern sich streiten."*[1484]

Wie ein Strafrichter fühlen sich die befragten Richter nicht. Es ginge nicht um die Bestrafung für ein Verhalten der Eltern, sondern um das Wohl des Kindes.[1485]

Auch die Jugendämter erkennen in der richterlichen Funktion eine Entscheidungsinstanz, die die Letztentscheidungsgewalt übernimmt. Als Gefahr dieser Letztentscheidungsgewalt wird der Aspekt einer „*Scheinkooperation*" angeführt. Erkläre sich beispielsweise ein Elternteil bereit, eine Hilfe anzunehmen, werde jedoch nach Einschätzung des Jugendamts das Kindeswohl weiterhin nicht gewährleistet, sei entscheidend, dass das Jugendamt diese Einschätzung auch fundiert vorbringen

1480 Weit verbreitet ist etwa zu beobachten, dass Scheidungstermine im Dienstzimmer des handelnden Richters durchgeführt werden.
1481 Interview Richter (Nr. 1, *Gedächtnisprotokoll*).
1482 Interview Richter Nr. 4, Z. 340–343.
1483 Interview Richter Nr. 6, Z. 193–197.
1484 Interview Richter Nr. 6, Z. 202–203.
1485 Interview Richter Nr. 5, Z. 327–332.

könne, weil ansonsten der Richter den Kindseltern die Möglichkeit eröffne, sich zurückzuziehen und die Kooperationsbeziehung mit dem Jugendamt aufzukündigen. In der Folge habe dies gravierende Auswirkungen auf die weitere Zusammenarbeit mit der Familie und den Schutz der kindlichen Belange.

2. Zu den Qualifikationsanforderungen an die Richter

Befragt zur Einschätzung hinsichtlich der Qualifikation der Richter zur Durchführung eines Verfahrens wegen Kindeswohlgefährdung und des Angebots an Weiterbildungen, wird deutlich, dass die Richter durch ihre juristische Ausbildung und berufliche Vorerfahrung in der Regel nicht auf die spezifischen Anforderungen in Bezug auf Verfahren wegen Kindeswohlgefährdung, die Besonderheiten des Kindschaftsrechts, insbesondere nicht auf psychosoziale Fragestellungen vorbereitet werden. So basiere letztlich alles auf Erfahrung, auch die Kenntnisse über das mögliche Hilfespektrum nach dem SGB VIII. Es wird von den Richtern mitgeteilt, dass die Anzahl der Verfahren wegen Kindeswohlgefährdung im Verhältnis zu den übrigen familiengerichtlichen Verfahren weniger als 20 Prozent des Fallaufkommens betrage. Ein Richter wünscht sich hierbei den Einblick in die Verfahrensabläufe der Jugendämter, etwa die Einsicht in den Ablauf eines Hilfeplanverfahrens, da dies nicht Bestandteil seiner juristischen Ausbildung gewesen sei und es ihm oftmals als Richter Schwierigkeiten bereite, die Vorgehensweisen des Jugendamts nachvollziehen zu können.[1486]

Es bestehen keine verpflichtenden Fortbildungsangebote. Zwar existierten interdisziplinär gestaltete Arbeitskreise, etwa zwischen Familiengericht, Jugendamt, Verfahrensbeiständen und teilweise auch Anwälten, in denen eine Auseinandersetzung zwischen den Professionen erfolge. Sie dienten auch dem Kennenlernen der jeweils anderen Profession. Sie fänden aber nur ca. einmal jährlich statt und die Teilnahme sei nicht verpflichtend.

3. Mehrbelastung durch das Erörterungsgespräch?

Befragt dazu, inwieweit die Durchführung eines Erörterungstermins nach § 157 FamFG eine Mehrbelastung bedeutet, entgegnen zwei der sechs befragten Richterinnen und Richter, dass die Durchführung einer Erörterung sehr viel Zeit in Anspruch nehme, Sitzungstermine bis zu zwei Stunden Dauer verzeichnen könnten und die Zählweise nach der Personalbedarfsberechnung der Richter (sog. Pebb§y)[1487] unzureichend sei. Oftmals gebe es sehr umfangreiche Folgetermine. In der zeitlichen Bemessung eines Verfahrens wegen Kindeswohlgefährdung werde aber gerade die Sitzungsdauer und damit das Erfordernis, sich einen persönlichen Eindruck von

1486 Interview Richter Nr. 5, Z. 390–408.

1487 In der Berechnung der Personalbedarfsplanung erfolgt eine Berechnung nach der jeweiligen Bezeichnung des Geschäfts und der dafür angesetzten durchschnittlichen Bearbeitungszeit pro Verfahren.

der familiären Situation zu verschaffen, der nicht punktuell erfolgen könne, nur unzureichend berücksichtigt. Vereinzelt wird vermerkt, dass man sich die erforderliche Zeit jedoch nehme und es auch vorkomme, dass es 21 Uhr abends werde, bis die Sitzung beendet sei. Überwiegend empfinden sich die Richter allerdings als voll ausgelastet.

VII. Die Ergebnisse der Expertenbefragungen zur Zusammenarbeit von Jugendamt und Familiengericht

1. *Zur Verantwortungsverteilung zwischen Familiengericht und Jugendamt*

Die befragten Richter bewerten die Zusammenarbeit mit dem Jugendamt als bedeutsam und wichtig. Als Fachbehörde für sozialpädagogische Belange sei das Jugendamt generell hinzuzuziehen. Die Aufgabenbereiche zwischen Familiengericht und Jugendamt divergierten hierbei grundsätzlich und würden unterschieden. Das Jugendamt sei zuständig für die Gewährung der Hilfe[1488] und die Feststellung der Gefahr. Der Richter sei wiederum derjenige, der den Fall entscheidet. Für einen Teil der befragten Richter trägt das Jugendamt notwendig dazu bei, die Hilfe einzuschätzen und die Gefahr für das kindliche Wohl festzustellen. Vereinzelt wird die Mitwirkung des Jugendamts als hilfreich erachtet, um das Familiengefüge, das dem Jugendamt besser bekannt sei als dem Familiengericht, in das Verfahren einzubringen. Grundsätzlich teilen die Richter die Auffassung, dass der reibungslose Ablauf zwischen Gericht und Jugendamt von den jeweiligen Akteuren abhänge. Es wird als wichtig und sinnvoll befunden, dass die jeweilige Fachkraft, die mit der Familie arbeitet, zur Erörterung erscheint und nicht eine andere. Die Zusammenarbeit zwischen Familiengericht und Jugendamt wird nach Ansicht der Familienrichter mithin als insgesamt positiv bewertet. Ist das Verhältnis zwischen dem Jugendamt und den Kindseltern und/ oder dem Minderjährigen derart prekär, dass eine Kooperation auch für die Zukunft zu scheitern droht, teilt eine Richterin im Gespräch mit, dass sie in einem solchen Fall sogar unterstützend in Erscheinung trete, indem sie den Eltern vor Augen führe, dass sie die Letztentscheidung treffen werde und nicht das Jugendamt. Sie versuche dann, den Eltern zu erklären, aus welchem Grund das Jugendamt wie gehandelt habe, dass aber sie als Richterin den Fall entscheiden werde.

Fälle von Meinungsverschiedenheiten kommen im Wege von abweichenden Entscheidungen gleichwohl vor. Die Richter weisen aber die Jugendämter auf die Möglichkeit hin, Beschwerde gegen die gerichtliche Entscheidung einzulegen, ebenso wie sie den Eltern den Hinweis erteilen, vor dem Verwaltungsgericht gegen eine Entscheidung des Jugendamtes klagen zu können. Für eine gelingende Zusammenarbeit wichtig ist einer befragten Richterin die Transparenz zwischen

---

1488 Zur Anordnungs- und Steuerungskompetenz des Jugendamts oben, Kap. 1, A. III, Kap. 2, D.

Familiengericht und Jugendamt. Wissen die Akteure stets um alle Vorgänge, könne der Situation auch gemeinsam begegnet werden.[1489] Nur einer Richterin zufolge kommt es vor, dass sie oftmals abweichend vom Jugendamt entscheidet. Dies sei der Fall, wenn das Jugendamt eine Hilfe installieren wolle, sie selbst aber nicht der Überzeugung sei, dass dies notwendig ist. Den umgekehrten Fall, dass sie eine gerichtliche Maßnahme anordne, das Jugendamt die konkrete Maßnahme aber nicht umsetze, habe sie noch nicht erlebt.[1490]

Auch das Jugendamt erkennt keine Rollenvermischung oder Rollenübernahme seitens des Familiengerichts durch die Erörterung möglicher Hilfemaßnahmen. Das Jugendamt werde im Regelfall zu den gerichtlichen Terminen geladen und sei von daher in den Hilfeprozess eingebunden. Vereinzelt wird aus der Sicht der Jugendämter die Zusammenarbeit mit dem Familiengericht als problematisch empfunden, wenn sich Familiengericht und Jugendamt nicht gleichwertig begegneten. Hierzu äußert eine Jugendamtsfachkraft, dass sie sich *nicht auf Augenhöhe* mit dem Gericht erblicke. Im Gericht bestimme der Richter über den Gang des Verfahrens, erteile das Wort, führe die Gespräche und treffe die Entscheidung. Die Zusammenarbeit mit dem Gericht wird von daher auch als „*anstrengend*" beschrieben. Anhörungen, die mehr als eineinhalb Stunden Dauer beanspruchen, werden vereinzelt als „*Zumutung*" bezeichnet. Dies aber nur, wenn Erörterungen im Dienstzimmer der Richter erfolgten. Ereigne sich die Erörterung in einem Sitzungssaal und in förmlicher Atmosphäre, haben die Jugendämter überwiegend positive Erfahrungen gemacht:

> „*Erörterungen vor Gericht haben häufiger mehr Hand und Fuß, selbst wenn das Gericht von dem abweicht, was das Jugendamt vorschlägt. Es gibt bei Gericht eine Vorgabe, an der man sich dann abarbeiten kann.*"[1491]

Wichtig ist den befragten Jugendamtsmitarbeitern, dass die Richter wissen, dass das Jugendamt alles unternommen hat, um vor Einschaltung des Gerichts eine tragfähige Lösung für das Kind zu finden. Von entscheidender Bedeutung werden auch die Persönlichkeit des Richters und seine Vorerfahrung betrachtet:

> „*Wann immer ich etwas über Richter weiß, stelle ich mich darauf ein*".[1492]

Im Verhältnis zwischen Jugendamt und Gericht gestaltet sich nach Auffassung einer Jugendamtsmitarbeiterin die Entscheidungsfindung nicht als Vorgabe des Jugendamts mit anschließender Übernahme durch das Gericht, sondern vielmehr als „*ein Hinarbeiten auf einen Konsens*", der möglicherweise mit Widrigkeiten verbunden ist. Entscheidend sei, wie der Richter mit den Eltern kommuniziere, was er bereits wisse, wie gut er den Bericht des Jugendamtes gelesen habe. Eine entscheidende Rolle spiele hierbei wieder die subjektive Einstellung des Richters zum Verfahren.

1489 Interview Richter (Nr. 1 und 2, *Gedächtnisprotokoll*).
1490 Interview Richter Nr. 6, Z. 75.
1491 Interview Jugendamt Nr. 4, Z. 354–356.
1492 Interview Jugendamt Nr. 4, Z. 366–367.

Zur Optimierung des Erörterungsgesprächs schlägt sie vor, auf eine Sitzordnung bei Gericht zu achten und darauf, dass man als Elternteil nicht gezwungen werde, neben dem Jugendamt zu sitzen, welches das Kind von den Eltern wegnehmen wolle. Die Sitzung sollte stets in einem geräumigen Gerichtssaal stattfinden, der es ermögliche, eine räumliche Distanz zu wahren:

> *„Wir bekommen ja auch Drohungen. Mein Wunsch wäre es wirklich, dass die Richter immer in den Sitzungsraum gehen, weil das für unsere Klienten einfach eine Wirkung hat. Sie sollen wissen, dass es jetzt um ganz viel geht."*[1493]

Zur Frage der nachträglichen Überprüfungsverpflichtung nach § 166 Abs. 3 FamFG und der Arbeitsteilung zwischen Familiengericht und Jugendamt, teilen die Jugendämter mit, sie würden im Regelfall nach ca. drei Monaten von den Familiengerichten gebeten werden, mitzuteilen, ob eine Veränderung in der familiären Situation eingetreten sei. Die neuartige Möglichkeit der nochmaligen Überprüfung der Gefahrenlage nach § 166 Abs. 3 FamFG wird fast einstimmig für sinnvoll und effektiv erachtet. Nur eine Jugendamtsmitarbeiterin, die seit Februar 2009 im Kinder- und Jugendhilfesozialdienst tätig ist, teilt mit, sie habe noch keinen Fall erlebt, in dem eine nachträgliche Überprüfung veranlasst worden sei. Vielmehr habe sie erfahren, dass Richter eine Kindeswohlgefährdung verneinen und überdies abgelehnt hätten, Hilfen zur Erziehung in der Familie zu installieren. Sie selbst hätte auch von der Richterin nichts mehr gehört und keine Rückfrage erhalten. *„Das gab es da nicht, dass nach drei Monaten wieder überprüft wird."*[1494]

Danach befragt, ob und inwieweit die frühzeitige Hinzuziehung des Familiengerichts eine mögliche *Verlagerung von Verantwortlichkeit* bewirkt, wird überwiegend entgegnet, dass eine Abgabe von Verantwortlichkeiten nicht eintrete, sobald das Gericht hinzugezogen werde, sondern eine weitere Instanz hinzutrete. Das Gericht könne einen anderen Druck ausüben als das Jugendamt. Beide seien verschieden.

Auf die Frage, für wie sinnvoll es erachtet wird, die Eltern verstärkt in den Erörterungsprozess mit einzubinden und seitens der Justiz auf die Eltern hinzuwirken, damit sie verstehen, worum es gehe, wird von Seiten des Jugendamts entgegnet, dass es zunächst die Richter seien, die verstehen müssten, worum es geht und dies verinnerlicht haben sollten. Für die Richter könnte es eine schwierige Aufgabe sein, den richtigen Zugang zu den Eltern zu finden und ein Verständnis zu entwickeln. In Bezug auf die Eltern wird es von Seiten des Jugendamts überwiegend als Überforderung empfunden, diese in eine Erörterung einzubeziehen.[1495] Eltern, mit denen die befragten Jugendamtsmitarbeiter zu tun haben, wünschten sich selbst eine Person, die ihnen die Entscheidungen abnimmt und die Verantwortung für sie trägt. Je komplexer der Sachverhalt sich gestalte, desto schwieriger sei es für die Eltern, sich eindeutig zu positionieren. *„Je klarer das getrennt ist, schwarz und weiß,*

1493 Interview Jugendamt Nr. 4, Z. 398–401.
1494 Interview Jugendamt Nr. 4, Z. 317–318.
1495 Interview Jugendamt Nr. 4, Z. 417–425.

desto einfacher ist es für die Eltern, zu verstehen, was richtig und was falsch ist." So hätte die überwiegende Zahl der Eltern selbst nicht gelernt, in eine Diskussion oder ein gemeinsames Gespräch eingebunden zu werden. In ihrer eigenen Kindheit habe es keine Gesprächskultur gegeben. Es sei insofern eine Überforderung der Eltern, dies bei Gericht bewältigen zu müssen:

> *„Mit den Eltern zu diskutieren, was sie denn denken, wie sie es hinkriegen könnten, eine Gefährdung abzuwenden – die gehen ja davon aus, es gibt gar keine Gefährdung. Das Kind geht in den Kindergarten, es ist gewaschen und hat zu essen – das ist ja dreimal mehr als die Eltern es selbst in ihrer Kindheit erlebt haben. Wo soll man denn anfangen zu sprechen?*"[1496]

2. Kooperationsvereinbarungen im Gerichtsbezirk und Gestaltungsvorschläge?

Die Befragung der Richter und Fachkräfte der Jugendämter hat ergeben, dass Absprachen im Vorfeld von mündlichen Verhandlungsterminen nicht erfolgen, hierfür aber Arbeitskreise stattfinden. Diese seien nicht verpflichtend und nicht häufig. So finde ein Arbeitskreis zwischen Jugendämtern und Familiengerichten in erster Linie statt, um die jeweiligen Ansprechpersonen kennenzulernen. Teilweise finden auch Tagungen zu einzelnen Themen statt. Überwiegend fehlten jedoch die vertiefte Kenntnis der Handlungsmöglichkeiten nach dem SGB VIII und eine intensive Auseinandersetzung mit kinder- und jugendhilferechtlichen Fragestellungen.

Die Bildung von Sonderdezernaten wird übereinstimmend nicht für sinnvoll erachtet. Ein bis zwei Kindeswohlgefährdungsverfahren im Monat seien zeitlich und auch emotional zu bewältigen. Auch für Richter seien Kindeswohlgefährdungsverfahren belastend. Vereinzelt wird vorgebracht, dass eine zu starke emotionale Befindlichkeit bei den Richtern ausgelöst werde, sollten die Richter im Familiengericht ausschließlich Verfahren wegen Kindeswohlgefährdung behandeln. Nach einem Kindeswohlgefährdungsverfahren seien die Richter erfreut, eine Unterhaltsberechnung durchführen zu können.[1497] Der Idee, die Richterbank interdisziplinär zu besetzen, treten die Richter skeptisch entgegen.[1498] Es seien genügend Personen in das Kindeswohlgefährdungsverfahren involviert. Die entscheidenden Fachdisziplinen seien anwesend und der Verfahrensbeistand übernehme die zusätzlichen Aufgaben. Dies wird als ausreichend betrachtet. Es hätte allein den Vorteil, sich mit anderen nochmals austauschen zu können. Dieses Bedürfnis haben die Richter generell in Verfahren wegen Kindeswohlgefährdung. Wichtiger wird die Implementierung einer Supervision für Richter befunden. Auch unter den befragten Jugendamtsmitarbeitern herrscht insoweit Konsens. Die aktuelle Besetzung sei ausreichend.

1496 Interview Jugendamt Nr. 4. Z. 426–431.

1497 Interview Richter Nr. 1, (*Gedächtnisprotokoll*).

1498 Siehe hierzu v.a. Interview Richter Nr. 5, Z. 373–385; *Sommer*, S. 280 ff.

VIII. Beobachtbare Effekte auf die Kindseltern

Generell wird den Eltern von dem Jugendamt vorab angekündigt, das Gericht einzuschalten. Dies wird zum Teil als Vertrauensmissbrauch gegenüber den Eltern gewertet, bietet vereinzelt aber auch die Chance, einen neuen Zugang zu den Eltern zu erhalten. Nach Auffassung einer Richterin benötigen die Eltern nochmals eine Instanz, die auf die Sache schaut. Es sei ein gewisses Vertrauen in den Stand des Richters vorhanden, so dass die Eltern sagen:

> „*Wenn das der Richter sagt, dann wird das stimmen.*“[1499]

Einer weiteren Auffassung eines Richters zufolge, habe bereits das gesamte Verfahren wegen Kindeswohlgefährdung eine Warnfunktion für die Eltern. Die Eltern ließen sich sodann davon beeindrucken, bei Gericht zu sein. Im Regelfall erschienen die Eltern auch bei Gericht. Entscheidend sei aber nicht der Erörterungstermin als solcher, sondern die Gesamtsituation, d.h., vor Gericht erscheinen zu müssen. Dies betreffe wiederum nur manche Eltern. *Ein Großteil sei relativ schmerzlos* und sehe das Erscheinen bei Gericht als *ähnliches Treffen wie ein Termin beim Jugendamt.*

Vereinzelt wird seitens der befragten Richterschaft vorgebracht, die möglichen Effekte der Gefährdungserörterung auf die Eltern nicht einschätzen zu können. Entscheidend sei allein die jeweilige Konstellation im Einzelfall:

> „*Die Eltern fühlen sich vor Gericht in der Rechtfertigungsposition. Sie haben das Gefühl, sie müssen erklären, warum bestimmte Dinge gelaufen sind, wie sie laufen. Ansonsten kann man da wenig allgemeine Aussagen treffen. Manchmal erlebt man Eltern, die so ein bisschen genervt sind, sich halt unverstanden fühlen und denken, sie machen eigentlich alles richtig und das Jugendamt nimmt Dinge falsch wahr oder verfolgt eigene Interessen. Das ist wirklich das Einzige, was man da allgemeingültig festhalten kann.*“[1500]

Nach überwiegender Ansicht wird der Richter eine Erörterung effektiv mit dem Ergebnis durchführen, dass eine dauerhafte Kooperation mit den Eltern zum Wohl des Kindes gelingt, wenn die Eltern *mitwirken*. Wichtig sei, dass alle Handlungen transparent durchgeführt werden.

Nach Auffassung der Jugendämter haben die Eltern vor Gericht stets mehr Respekt und fürchten das Gericht eher als das Jugendamt:

> „*Da sitzt eine weitere Instanz, die auch sagen kann, die Kinder müssen weg.*“[1501]

Auf die Frage, inwieweit sich die frühzeitige Hinzuziehung des Familiengerichts auf die weitere Zusammenarbeit mit den Eltern auswirkt, entgegnet eine Jugendamtsmitarbeiterin, dass der Schritt, das Gericht hinzuzuziehen, stets genau überlegt werden müsse.[1502] Die frühzeitige Anrufung des Familiengerichts könne sich als

---

1499 Interview Richter Nr. 4, Z. 160–161.
1500 Interview Richter Nr. 6, Z. 259–264.
1501 Interview Jugendamt Nr. 3, Z. 194.
1502 Interview Jugendamt Nr. 3, Z. 203–205.

schwierig erweisen und es müsse deshalb *genau hingeschaut* werden. Nur eine Jugendamtsmitarbeiterin positioniert sich eindeutig gegen eine stets mit mehr Respekt verbundene Wirkung bei den Eltern, wenn diese vor Gericht erscheinen müssen. So habe sie bereits Richter erlebt, die sich in der Sitzung und vor den Augen der Eltern an das Jugendamt gewandt und gefragt hätten, was nun zu machen sei. Sie empfindet es unpassend, wenn Richter versuchten, pädagogisch agieren zu wollen. Wende sie sich an das Gericht, dann allein, weil die bisherigen Bemühungen fruchtlos verlaufen seien und sie nunmehr die nächsthöhere Instanz benötige. Dies könne nicht deutlich werden, wenn der Richter nicht für eine förmliche und souveräne Gestaltung des gerichtlichen Verfahrens sorge und die Sitzung etwa im Besprechungsraum und nicht in einem gerichtlichen Sitzungssaal durchführe. Die besten Erfahrungen mache sie mit Richtern, die sich eine Robe anzögen, den Sitzungssaal buchten und allein durch die Sitzordnung deutlich machten, „*dass es hier um etwas Wichtiges geht.*" Für sie sei es entscheidend, dass gerade in einem Kindeswohlgefährdungsverfahren nicht eine gemeinschaftliche Überlegung hinsichtlich eines möglichen Hilfenkataloges erfolge, sondern deutlich werde, dass man sich vor Gericht befinde und der Richter eine Entscheidung treffen werde. Wird den Eltern die Bedeutung der gerichtlichen Erörterung bewusst, habe der Termin den entsprechenden Effekt auf die Eltern erreicht.

Kapitel 4: Gesamtergebnis der Untersuchung und Konsequenzen der Erörterung für die Anwendung in der Praxis

In Gegenüberstellung zu den theoretischen Ansätzen und gesetzgeberischen Vorstellungen erfolgt nachfolgend eine Ergebnisanalyse der Beobachtungen und der Experteninterviews. Aufgezeigt werden mögliche Gemeinsamkeiten und Unterschiede, die sich durch die unterschiedlichen Feldzugänge zur Themenstellung ergeben. Die Abschnitte schließen mit den jeweils schlussfolgernden Erkenntnissen. Wie bereits ausgeführt, erheben die Untersuchungsergebnisse keinen Anspruch auf Repräsentativität und Allgemeingültigkeit. Der Untersuchung liegt ein qualitativer Untersuchungsansatz zugrunde, der einen exemplarischen Einblick in die Umsetzung der Erörterung der Kindeswohlgefährdung nach § 157 FamFG gibt. Die vorliegende empirische Untersuchung möchte allein den Versuch unternehmen, Sachverhaltskonstellationen aufzuzeigen, die Fallstrukturen erkennen lassen und Themenschwerpunkte veranschaulichen können. Der entsprechende Einzelfall steht *exemplarisch* für den jeweiligen Untersuchungsaspekt.[1503]

A. Die Ergebnisse zu Anlass und Einleitung der Erörterung der Kindeswohlgefährdung nach § 157 FamFG

Generell ist die Einleitung des familiengerichtlichen Verfahrens nach §§ 1666, 1666a BGB abhängig von einer Anregung bzw. Übermittlung von Tatsachen. Üblicherweise erfolgt die Anrufung der Familiengerichte seitens der Jugendämter, die bereits im Vorfeld den Versuch unternommen haben, mit den Eltern eine Hilfebeziehung zu installieren.[1504] Es überschreitet den Kompetenzbereich der Jugendämter, die Eltern zur Annahme von Leistungen zu verpflichten und elterliche Sorgerechte zu entziehen.[1505] Das Erörterungsgespräch zielt insoweit als familienverfahrensrechtliches Gegenstück zu § 8a Abs. 2 S. 1, 2. Hs. SGB VIII auf eine gemeinsame Erörterung möglicher Gefahrenabwendungsmodalitäten bei Gericht, d.h. mit einer anderen Autorität und möglichst bereits zu einem Zeitpunk, zu dem sich die Kindeswohlgefährdung noch nicht derart verfestigt hat, dass öffentliche Hilfen nicht mehr sinnvoll die Gefahrenlage abwenden können.[1506]

1503 Zur Vorgehensweise bei einem qualitativen Untersuchungsansatz vgl. Kap. 3, A.

1504 Vgl. etwa *Ernst*, FPR 2011, 195 (199); *Münder u. a.*, Die Praxis des Kindschaftsrechts, S. 119; zur Einleitung des Verfahrens wegen Kindeswohlgefährdung siehe oben, Kap. 1, A. I. 2.

1505 Zum Aufgabenspektrum des Jugendamts vgl. oben, Kap. 1, A. III. 2.

1506 BT-Drucks. 16/6308, S. 237.

Die Beobachtungen der exemplarischen Verhandlungsverläufe bei Gericht zeigen auf, dass in sämtlichen Verfahren die Einleitung des Verfahrens durch einen „Antrag“ bzw. eine Anregung des Jugendamts erfolgt. In keinem der Fälle ist eine direkte Anrufung des Familiengerichts durch eine Person oder andere Institution vorausgegangen. Wenden sich die Jugendämter mit einer Gefahrenmeldung an das Familiengericht, verknüpfen sie hiermit die Erwartung, das Gericht als „nächsthöhere Instanz“ und „Autorität“ zu benötigen, um den vorgeschlagenen Hilfen durch Ermahnungen, Verwarnungen oder Auflagen mehr Nachdruck zu verleihen oder den Eltern die elterliche Sorge vollständig zu entziehen:

In der ersten Fallbeobachtung erfolgt dies aufgrund der nicht durchgeführten kinderärztlichen Vorsorgeuntersuchung und der fehlenden Möglichkeit der Kontaktaufnahme zur Kindsmutter, die nunmehr mit justiziellen Mitteln ermöglicht werden soll.[1507] Die richterliche Autorität dient in der zweiten Fallbeobachtung der Wiederherstellung des Hilfeprozesses. Der Richter soll den beteiligten Eltern und insbesondere dem Kindsvater die Bedeutung der Familienhilfe nochmals verdeutlichen. In der dritten Fallbeobachtung strebt das Jugendamt einen vollständigen Sorgerechtsentzug an. Bislang sind nur Teilbereiche entzogen und auf einen Amtspfleger übertragen worden. Das Jugendamt benötigt hier das justizielle Handlungspotenzial, damit die elterliche Sorge den Eltern vollständig entzogen und auf einen Vormund übertragen werden kann. In der vierten Fallbeobachtung teilt die Jugendamtsmitarbeiterin explizit mit, von dem Gericht ein gesondertes Einwirken auf die Kindseltern zu erwarten, damit diese den Hilfeprozess unterstützen. Die Jugendamtsmitarbeiterin verfolgt bereits ein klares Konzept der in Betracht kommenden Hilfe, formuliert jedoch die Erwartung, das Gericht zu benötigen, um den Eltern „den Ernst der Lage“ aufzeigen zu können, nachdem die Eltern nicht die erforderliche Einsicht in den Hilfeprozess gezeigt hätten. Besonders benötigen die Jugendämter die gerichtliche Autorität in den Fallbeobachtungen Nr. 5 und 6, wonach das Jugendamt das Ziel verfolgt, eine gerichtliche Anordnung über Hilfen zur Erziehung nach §§ 27 ff. SGB VIII zu erreichen bzw. Hilfen zur Erziehung wiederherzustellen. In den übrigen Fallkonstellationen geht es um die Zielsetzung, ein psychologisches Gutachten einzuholen und den Betroffenen die Situation vor Augen zu führen. Die Autorität des Richters ist auch hierbei von Bedeutung.

Den Ergebnissen der Expertenbefragungen zufolge wenden sich die Jugendämter an das Familiengericht, wenn Auffälligkeiten der Kinder Anlass dazu geben, die Hintergründe genauer zu hinterfragen. Gewähren die Eltern dem Jugendamt keinen Zugang oder bestehen Zweifel an der Glaubwürdigkeit der Aussagen der Eltern, regen sie an, ein Verfahren nach §§ 1666, 1666a BGB zu eröffnen. Die richterliche Autorität erhoffen sich die Jugendämter, um den Kindseltern verbindlich vorschreiben zu können, die erforderliche Hilfe anzunehmen; etwa, indem der Richter auf die

1507 Hiernach kann das persönliche Erscheinen zum Termin gerichtlich angeordnet werden, § 157 Abs. 2 FamFG.

Folgen hinweist, die drohen, wenn die Eltern die ihnen angebotenen Hilfeleistungen nicht annehmen.

Gleichwohl teilen vier der fünf befragten Jugendamtsmitarbeiter mit, im Vorfeld der gerichtlichen Anrufung stets den Versuch zu unternehmen, der Situation mit Erziehungshilfen zu begegnen. Ein Entzug der elterlichen Sorge gilt es möglichst zu vermeiden. Einer Richterin zufolge regten die Jugendämter bei einer Gefährdungsmeldung nicht mehr überwiegend den Sorgerechtsentzug an, sondern verfolgten häufig das Ziel, der Situation mit einer Auflage an die Eltern zu begegnen.[1508] Der Auffassung der Jugendämter zufolge müssen in der Regel zunächst erst alle jugendhilferechtlichen Möglichkeiten ausgeschöpft werden, bevor das Gericht angerufen wird. Entsprechend geben fünf der sechs befragten Familienrichter an, nicht allzu frühzeitig hinzugezogen zu werden, sondern in der Regel erst zu einem Zeitpunkt, zu dem bereits sehr viel Vorarbeit auf Seiten des Jugendamts geleistet worden ist. Dies vollzieht sich wiederum in Übereinstimmung mit den der Untersuchung zugrunde liegenden Fallbeobachtungen, wonach der gerichtlichen Anrufung stets eine gescheiterte Hilfebeziehung zwischen Jugendamt und Eltern vorausgegangen ist. Vereinzelt ist offenkundig, dass die Schwelle zur Kindeswohlgefährdung bereits überschritten war.[1509]

Insgesamt zeigen sich hinsichtlich Anlass und Einleitung der Erörterung der Kindeswohlgefährdung unterschiedliche Erwartungen und Beweggründe. Dass gerichtliche Verfahren vielfältig und individuell ausgestaltet sind, ist eine erwartbare Beobachtung. Auffällig ist jedoch mit Blick auf die von dem Gesetzgeber intendierte Durchführung der Erörterung *unterhalb der Schwelle zur Kindeswohlgefährdung*[1510], dass die Familiengerichte nicht immer derart angerufen werden, dass noch über Möglichkeiten der Gefahrenabwendung im Vorfeld einer konkreten Kindeswohlgefährdung befunden werden könnte. Vereinzelt ist es offenkundig, dass eine Kindeswohlgefährdung i.S. einer gegenwärtigen und aktuellen Gefahr bereits anzunehmen ist, deren Fortlauf mit ziemlicher Sicherheit in einer erheblichen Schädigung des Kindes mündet.[1511] Anlass und Einleitung des Verfahrens nach §§ 1666 f. BGB und die Durchführung der Erörterung der Kindeswohlgefährdung nach § 157 FamFG sind insoweit davon abhängig, ob die Angelegenheit rechtzeitig zur Kenntnis des Gerichts gelangt. Entscheidend ist die Intention des Jugendamtes, die Aufschluss darüber gibt, aus welchem Grunde das Jugendamt das Familiengericht hinzugezogen hat. Den vorliegenden Beobachtungen und auch Gesprächen mit den Jugendämtern zufolge, ziehen die Jugendämter das Familiengericht erst dann hinzu, wenn sich die Gefahrenlage für das Kind derart verdichtet hat, dass die Gefahr nicht mehr allein mit den Eltern abwendbar war.

1508 Interview Richter Nr. 1 (*Gedächtnisprotokoll*).
1509 Vgl. Fallbeobachtungen Nr. 3.
1510 BT-Drucks. 16/6308, S. 237.
1511 Wie insbesondere in der Fallbeobachtung Nr. 3.

Deutlich geworden ist überdies, dass in gerichtlichen Erörterungsterminen die justiziellen Handlungsmöglichkeiten zum unmittelbaren Einsatz gelangen sollen. Dass der Gang zum Gericht den Eltern nicht nur von den Jugendämtern angedroht, sondern auch umgesetzt wird, scheint eine effektive Wirkung zu entfalten. Nicht nur führt die Hinzuziehung des Gerichts in den überwiegenden Fallbeobachtungen zur Akzeptanz der angebotenen Hilfeleistungen.[1512] Die Verfahren münden auch nicht notwendig in einer Entscheidung, die in einem teilweisen oder vollständigen Sorgerechtsentzug besteht. Die Beobachtungen spiegeln insoweit die Tendenzen, die sich in der aktuellen statistischen Datenlage zeigen.[1513]

Dem Erörterungsgespräch kommt eine gewisse Warnfunktion zu. Der Einsatz richterlicher Autorität als Motivation für das Jugendamt, das Gericht anzurufen, ist auch kein *Allheilmittel*[1514], sondern dient der gezielten Hinzuziehung einer „höheren" Instanz, nachdem nicht alle Familien allein mit jugendhilferechtlichen Hilfestellungen erreicht werden können. Die justiziellen Handlungsbefugnisse ergänzen insoweit die Handlungsmöglichkeiten des Jugendamts im notwendigen Umfang.

B. Ergebnisse zu Dauer, Ablauf und den örtlichen Begebenheiten der Erörterung der Kindeswohlgefährdung nach § 157 FamFG

Nach den Ergebnissen der Fallbeobachtungen fanden sämtliche Sitzungstermine in einem Sitzungssaal des Gerichts und nicht mehr, wie dies vereinzelten Expertengesprächen zufolge offenbar in der Vergangenheit praktiziert worden ist, in den Dienstzimmern der Richter statt. Die Richter trugen stets eine Robe und es herrschte eine amtliche und förmliche Atmosphäre. Die Sitzungsräumlichkeiten waren geräumig und hell. Die Sitzordnung im Gerichtssaal entsprach in allen beobachteten Fallkonstellationen einer einheitlichen Anordnung, wonach der Richter stets am Richterpult Platz nahm und sich links neben den Richter die jeweilige Vertretung des Jugendamts platzierte. Die Kindseltern und ihre ggfs. hinzugezogene anwaltliche Vertretung saßen stets rechts neben dem Richter und mit Blick auf das Jugendamt. Die weiteren Beteiligten, wie etwa der Verfahrensbeistand, (Amts)vormund oder (Amts)pfleger, Familienhelfer oder der gesetzliche Betreuer für einen Elternteil, nahmen gegenüber dem Richterpult in der Mitte des Sitzungssaales Platz. Die Dauer der Sitzungstermine betrug eine halbe Stunde bis zu zweieinhalb Stunden. Die Terminierung der Verhandlung erfolgte in sieben von acht Fällen zeitlich derart,

1512 Ausgenommen hiervon ist Fallbeobachtung Nr. 5, wonach die Kindsmutter den Umzug in eine Mutter-Kind- Einrichtung ablehnt.

1513 Zur statistischen Datenlage hinsichtlich der Anzahl der Sorgerechtsentzüge vgl. bereits oben, Kap. 1, B. I. 6. In 15.067 von 28.298 gerichtlichen Maßnahmen nach § 1666 BGB erfolgte im Jahr 2013 ein teilweiser oder vollständiger Sorgerechtsentzug; in 8.360 von 28.298 Fällen erfolgten Gebote nach § 1666 Abs. 3 Nr. 1 BGB.

1514 *Neumann*, DRiZ 2007, 65 (66).

dass die Sitzung mangels eines Termins im Anschluss an die Sitzung jeweils zeitlich nach hinten unbegrenzt durchgeführt werden konnte. Als Begründung wurde vorgebracht, ohne Zeitdruck verhandeln und den Fall umfassend besprechen zu wollen, was gegen eine zeitliche Vorabfestlegung spreche; eine zeitliche Begrenzung der Fallbesprechung könne dazu führen, dass die Sitzung nicht zu einem sinnvollen Abschluss gebracht werde.

In den sieben von acht Fallbeobachtungen, in denen ein Verfahrensbeistand für das Kind bestellt und im Termin anwesend war[1515], hat der Familienrichter in seiner das Verfahren leitenden Funktion zunächst um die Stellungnahme des Verfahrensbeistandes gebeten, das Jugendamt Leistungsangebote geprüft und diese angeboten. Das Gericht hat den Kindseltern die Notwendigkeit der Annahme der Hilfeleistung nochmals vor Augen geführt und die Verantwortung für den Erfolg sodann wieder an die Familie und Jugendhilfe übergeben. Dies ist in fünf[1516] von acht Fällen durch die Ankündigung der Überprüfung der Entscheidung am Ende der Sitzung erfolgt. Der erneute Termin ist festgelegt und den Eltern ist verdeutlicht worden, dass das Verfahren nicht abgeschlossen ist. Die Anhörung des Kindes erfolgte separat.

Die Richter- und Jugendamtsbefragungen zeigen auf, dass es den Akteuren wichtig ist, in Verfahren nach §§ 1666, 1666a BGB eine förmliche Atmosphäre hervorzubringen. Die Richter betonen die Notwendigkeit, den Eltern im Erörterungstermin mit Autorität begegnen und Druck ausüben zu können. Um das Gespräch bei Gericht nicht zu persönlich und informell wirken zu lassen, finden die Erörterungstermine beabsichtigterweise in einem Sitzungssaal und nicht im Dienstzimmer des Richters statt. Dort erfolgen allein die separaten Anhörungen des Kindes. Die hoheitliche Atmosphäre soll insbesondere dazu dienen, den Eltern die Bedeutung des Verfahrens und die Konsequenzen eines gerichtlichen Verfahrens zu vermitteln. Begründet wird dies mit der räumlichen Distanz zu den beteiligten Kindseltern, die auch zum Teil mit Bedrohungen auf das Jugendamt reagierten.

Nach den Ergebnissen der Expertengespräche wird gewöhnlich zunächst den Verfahrensbeiständen das Wort erteilt, nachdem dem Gericht bereits ein schriftlicher Bericht des Jugendamts vorliegt, jedoch die Einschätzung des Verfahrensbeistandes neue Erkenntnisse und zusätzliche Sichtweisen vorhält, die unabhängig vom Jugendamt und auch konträr dazu erfolgen.

Zusammenfassend lässt sich aus den Fallbeobachtungen und Expertengesprächen zu Dauer, Ablauf und örtlicher Begebenheit der Erörterung resümieren, dass die förmliche Atmosphäre eine ebenso entscheidende Bedeutung für das Erörterungsgespräch hat wie die unbegrenzte zeitliche Dauer, um den Beteiligten die hinreichende Möglichkeit zu gewähren, sich äußern zu können. Auf die Gesprächsatmosphäre achten die beteiligten Professionen in besonderer Weise. Die Beobachtungen lassen deutlich erkennen, dass die Richter wiederholt auf ihre Rolle

1515 Allein in Fallbeobachtung Nr. 1 war kein Verfahrensbeistand bestellt.
1516 Nicht umfasst sind die Fallbeobachtungen 1, 3 und 6.

im Verfahren hinweisen. Mit Blick auf den Ablauf der Verhandlung lässt sich eine gewisse Standardisierung erkennen.

Die gesetzgeberische Intention einer Erörterung *„an einem Tisch“*[1517] wird nicht als eine Erörterung *„am runden Tisch“* verstanden. Vielmehr sind ausweislich der Fallbeobachtungen alle für den Fall entscheidenden Akteure an einem Ort versammelt, um die Gefahrenlage zu besprechen. Dies entspricht der Intention des Gesetzgebers, wonach alle Beteiligten beraten sollen, wie und auf welche Weise der Gefährdung begegnet werden kann. Sowohl die Fallbeobachtungen als auch die Expertengespräche zeigen gleichwohl kein *gemeinsames* Erarbeiten der angemessenen Hilfeleistung durch die Beteiligten, sondern ein obrigkeitliches Verhalten des Richters in einer förmlichen Atmosphäre bei Gericht. Deutlich wird, dass der Richter die Disposition über die Angelegenheit auch nicht auf die Kindseltern überträgt – was in einem amtswegig geführten Verfahren im Übrigen auch nicht zulässig sein kann.

Bewusst wird die Letztentscheidungsbefugnis auf die Person des Richters als Autorität gelenkt. Auch werden die Schnittstellen und Abgrenzungen zu einem Hinwirken auf Einvernehmen gem. § 156 FamFG geäußert. Vereinzelt wird zwar erwähnt, dass sich ein Unterschied zwischen einem Hinwirken auf Einvernehmen und einer Erörterung der Kindeswohlgefährdung nicht feststellen ließe. Einigkeit herrscht jedoch darüber, dass eine Erörterung der Kindeswohlgefährdung auf eine verbindliche Entscheidung durch den Richter am Ende der Sitzung abstelle. Nach den Ergebnissen der Beobachtungen erarbeiten die Beteiligten anders als in einem Mediations- oder Schlichtungsverfahren[1518] die erforderlichen Hilfen nicht gemeinsam, sondern Jugendamt und Verfahrensbeistand äußern ihre bereits im Vorfeld des Termins erarbeiteten Vorstellungen. Der Richter verdeutlicht diese nochmals den Eltern und trifft eine Entscheidung am Ende der Sitzung.

C. Ergebnisse zu Inhalt und Gegenstand des Verfahrens

I. Verfahrensrechtliche Verortung und „Frühzeitigkeit“ der Erörterung der Kindeswohlgefährdung

Der Wortlaut des § 157 FamFG enthält anders als § 155 FamFG keine zeitliche Vorgabe zur Durchführung des Verfahrens und es ist allgemein fraglich, ob und inwieweit eine zu lange Verfahrensdauer zu einer Verzögerung von Schutzmaßnahmen für das Kind führen kann, nachdem der Richter angewiesen wird prozesshafter zu agieren als bisher. Nach der Vorgabe des Gesetzgebers erhält das Gericht die Möglichkeit, die *Erörterung* nach § 155 Abs. 2 FamFG mit dem Gespräch zur *Erörterung über die*

1517 BT-Drucks. 16/6308, S. 238.

1518 Das Mediationsverfahren zeichnet sich durch die eigenständige Erarbeitung eines Lösungskonzeptes unter Hinzuziehung eines neutralen Dritten, des Mediators, aus. Die Lösungsmöglichkeiten werden selbständig, wenngleich angeleitet, erarbeitet und nicht von einem Richter vorgegeben. Überdies basieren Mediation und Schlichtung auf Freiwilligkeit und erfolgen nicht im Zwangskontext.

Kindeswohlgefährdung nach § 157 FamFG zu verbinden.[1519] Gem. § 155 Abs. 2 S. 2 FamFG soll der Termin spätestens einen Monat nach Beginn des Verfahrens stattfinden. Eine nähere Konturierung zu Art und Weise der Verbindung zwischen § 155 Abs. 2 und § 157 FamFG nimmt der Gesetzgeber nicht vor.[1520]

Sämtliche Termine, die bei Gericht beobachtet werden konnten, fanden innerhalb eines Monats nach Eingang einer Gefährdungsmeldung statt. Wie stets in gerichtlichen Verfahren zu beobachten, weisen die Fälle unterschiedliche Fallmuster auf. Auffällig ist jedoch, dass es in zwei der acht Fallbeobachtungen um Konstellationen geht, in denen bereits eine akute Kindeswohlgefährdung festgestellt worden ist, die auf der Grundlage des § 42 SGB VIII zur Inobhutnahme des Kindes geführt hat.[1521] Die weiteren Beobachtungen betreffen die durch den wiederholten Gebrauch von Suchtmitteln ausgelöste Gefahrenlage[1522], sowie einen Fortsetzungstermin nach zuvor angeordneter Maßnahme nach § 1666 BGB.[1523] Die übrigen Verfahren betreffen Fallkonstellationen, in denen sich die fehlende Mitwirkung der Kindseltern am Hilfeverfahren als problematisch erweist[1524] oder die Wahrnehmung einer kinderärztlichen Vorsorgeuntersuchung unterblieben ist.[1525] Letztere Fallkonstellation wird als „typischer Fall der frühen Erörterung“ bezeichnet.[1526] Dies bestätigen auch die befragten Richter in den anschließenden Expertengesprächen. Die Fallkonstellation Nr. 7 wird hingegen als ein „untypischer Fall“ des Verfahrens wegen Kindeswohlgefährdung nach §§ 1666, 1666a BGB benannt. Es liegt nach alledem ein ungleiches Verständnis hinsichtlich des Inhalts der Erörterung nach § 157 FamFG vor.

Die divergierenden inhaltlichen Vorstellungen spiegeln sich in der unterschiedlichen Begriffsverwendung der Terminierung wider. Laut Aushang vor dem Gerichtssaal werden die Termine in fünf der acht Verfahren als „Erörterung“, in einem Fall als „Erörterung und Anhörung“, in einem weiteren Fall als „Anhörung“ und schließlich als „Fortsetzung der mündlichen Verhandlung nach § 1666 BGB“ bezeichnet. Im Vorfeld der Sitzungstermine teilten die Richter der Beobachterin mit, es handele sich um *„frühe erste Termine nach § 157 FamFG“*. Hinsichtlich der Terminierung ist gleichwohl eine einheitliche Handhabung erkennbar. Offenbar anberaumen die Gerichte die Erörterungen unter Beachtung des Vorrang- und Beschleunigungsgrundsatzes nach § 155 Abs. 2 FamFG *frühzeitig*. Etwaige Probleme hinsichtlich der persönlichen Ladung der Eltern zum Termin sind nicht ersichtlich.

Die Ergebnisse der Experteninterviews deuten darauf hin, dass die Erörterung stets im frühen ersten Termin nach § 155 Abs. 2 FamFG erfolgt. Es werden nicht zwei gesonderte Gerichtstermine anberaumt, sondern nur *ein* früher Termin. Begründet

1519 BT-Drucks. 16/6308, S. 237.
1520 Vgl. hierzu die Ausführungen oben, Kap. 2, A. V. 2.
1521 Fallbeobachtungen Nr. 3, 5.
1522 Fallbeobachtung Nr. 7.
1523 Fallbeobachtung Nr. 2.
1524 Fallbeobachtungen Nr. 4, 6, 8.
1525 Fallbeobachtung Nr. 1.
1526 Fallbeobachtung Nr. 1.

wird dies mit dem Erfordernis, alle Beteiligten des Verfahrens zusammenbringen zu müssen, um die Angelegenheit umfassend erörtern zu können. Vereinzelt wird die Erörterung der Kindeswohlgefährdung in den Befragungen sogar als „früher erster Termin“ bezeichnet.

Die Benennung des Termins ist ebenso facettenreich wie die mit der Durchführung des Termins verbundene Vorstellung. Für die einen Richter ist das Erörterungsgespräch ein Verfahrensbestandteil gleich zu Beginn des Verfahrens, das im unmittelbaren Anschluss an die Anhörung der Eltern erfolgt und eine Diskussion mit den Verfahrensbeteiligten zum Ausdruck bringt. Für die anderen ist es eine Besprechung der Gefahrenlage, wie sie schon seither praktiziert worden ist, ohne weitere Differenzierung. Vereinzelt erfolgt die Auffassung, es werde im Rahmen der Erörterung nach § 157 FamFG versucht herauszufinden, *„wie die Lage ist“*.[1527] Den Expertengesprächen mit den Jugendämtern zufolge wird die Erörterung nicht nur als „Anhörung“ bezeichnet, sondern es handelt sich den Auffassungen der Jugendämter zufolge um ein Gespräch, das im Rahmen des Verfahrens wegen Kindeswohlgefährdung bei Gericht geführt wird, zu dem im Regelfall innerhalb weniger Wochen seitens des Gerichts geladen wird und in dem nochmals über die Gefahrenlage gesprochen und ggfs. auf die Eltern eingewirkt werden kann.

Insgesamt deutet die ungleiche Etikettierung und die mit dem Verfahren verbundene Absicht der Durchführung der Erörterung darauf hin, eine unterschiedliche Vorstellung von dem Rechtsinstitut des Erörterungsgesprächs nach § 157 FamFG zu haben. Untermauert wird diese Erkenntnis durch die zahlreichen Vorgespräche, die im Vorfeld der vorliegenden Untersuchung mit Familienrichtern, Rechtsanwälten sowie Mitarbeitern des Jugendamts geführt wurden und wonach der Begriff der „Erörterung der Kindeswohlgefährdung“ eine unterschiedliche Deutung erfuhr.

In den beobachteten Fallkonstellationen erfolgt eine – fast schon schematische – Terminierung innerhalb eines Monats nach Beginn des Verfahrens, es wird aber eine Trennung zwischen der Anwendung der Vorschrift des § 155 Abs. 2 und § 157 FamFG nicht deutlich. Es findet sodann eine zügige Durchführung des Verfahrens statt. Verzögerte Schutzmaßnahmen für das Kind sind nicht ersichtlich. Allein in einer der Fallbeobachtungen[1528] ist nach Ansicht der Jugendamtsmitarbeiterin damit zu rechnen, dass der Schutz des Kindes nicht hinreichend gewährleistet sei. Nach den Ergebnissen der Expertengespräche mit den Richtern steht der Schutz des Kindes stets im Vordergrund und es unterbleibt der Versuch, etwaige Verhaltensmuster und Hintergründe zu erfragen. Der Termin dient allein als eine Art ‚Bestandsaufnahme‘.

1527 Interview Richter Nr. 5, Z. 123.

1528 Vgl. Fallbeobachtung Nr. 7 (wiederholter Suchtmittelgebrauch eines 16-jährigen Mädchens).

II. Die Abgrenzung zur „Anhörung" nach den Ergebnissen der Untersuchung

Trotz Absehens von der Begriffsverwendung *Erziehungsgespräch* soll es nach Auffassung des Gesetzgebers die Aufgabe der Gerichte sein, in dem Gespräch den Eltern *den Ernst der Lage vor Augen zu führen und auf mögliche Konsequenzen hinzuweisen*[1529]. In Abkehr von der Anhörung der Eltern soll der Schwerpunkt der Erörterung weniger auf der Sachverhaltsaufklärung als auf der gemeinsamen Suche nach Möglichkeiten zur Gefahrenabwehr liegen.[1530] In der Fachöffentlichkeit wird die Gefahr einer künstlichen Trennung von Erörterung und Anhörung konstatiert.[1531] Es wird die eigentliche Zielrichtung und Wirkung der Erörterung in Frage gestellt, wenn sie zusätzlich zur Anhörung erfolgt.[1532]

Der beispielhaft gewonnene Einblick in die gerichtliche Praxis lässt keine beobachtbare Aufteilung zwischen der bloßen Feststellung des Sachverhalts und des gesonderten Erörterns der Kindeswohlgefährdung erkennen. Vielmehr wird den Eltern rechtliches Gehör gewährt und es erfolgen sodann die Stellungnahmen der übrigen Verfahrensbeteiligten. Nach Mitteilung der befragten Familienrichter ist die Erörterung die an die Anhörung *„anschließende Diskussion über die Gefahrenlage"*. In der Umsetzung sind Anhörung und Erörterung aber nach Auffassung der Richter „ein und dasselbe". Eine Trennung wird als „künstlich" und als „reiner Formalismus" empfunden.[1533] Von den Jugendämtern wird die Erörterung sogar als „Anhörung" bezeichnet. Sowohl die Fallbeobachtungen als auch die Ergebnisse der Expertenbefragungen zeigen auf, dass eine Trennung zwischen einer Anhörung und einer Erörterung nicht vorgenommen wird.

Ein über die bloße Sachverhaltsfeststellung hinausgehendes „Einwirken" auf die Eltern bzw. das Kind i.S. eines gesonderten „Ermahnens" konnte nur teilweise beobachtet werden. In Fall 3 werden keine in Betracht kommenden Hilfen besprochen, sondern den Eltern wird aufgezeigt, dass sich ihr Verhalten in der Vergangenheit als nicht kindeswohldienlich erwiesen hat. In Fall 4 ermahnt die Richterin die Kindseltern zur Verantwortungsübernahme. Sie weist wiederholt darauf hin, dass es ihr um das Wohl des Kindes geht. Eine darüber hinausgehende Vertiefung möglicher Hilfen erfolgt nicht. Auch in Fall 5 wird die Kindsmutter auf die Notwendigkeit hingewiesen, sich zum Einzug in eine Mutter-Kind-Einrichtung bereit zu erklären. Es erfolgt gleichwohl kein weiteres Eingehen auf die Beweggründe der Kindsmutter, davon Abstand nehmen zu wollen. Auch die Fallbeobachtung Nr. 8 lässt eine über die bloße Sachverhaltsfeststellung hinausgehende Einwirkung auf die

---

1529 BT-Drucks. 16/6815, S. 12; Pressemitteilung des BMJ v. 24.04.2008, S. 1; *Willutzki*, ZKJ 2008, 139 (141); *Schlauß*, ZKJ 2007, 9 (10).

1530 *Fellenberg*, in: Lipp/Schumann/Veit, Kindesschutz, S. 91 (94).

1531 Keidel/*Engelhardt* (2014), FamFG, § 157 Rn. 1.

1532 *Oberloskamp*, in: Lipp/Schumann/Veit, Kindesschutz, S. 45 (59).

1533 Zu den Ergebnissen der Expertenbefragungen zu Inhalt und Verlauf der Erörterung vgl. oben, Kap. 3, C. I. 2.

Kindsmutter nicht erkennen. Die Erörterung mit den Eltern über die Gefährdungssituation und die Folgen der Nichtabwendung wird in den Fallbeobachtungen Nr. 2, 6 und 7 zum Ausdruck gebracht. In Fall 2 werden die Eltern darauf hingewiesen, weiterhin eine Familienhilfe akzeptieren zu müssen. An den Kindsvater ergeht die gezielte Aufforderung der Mitarbeit im Haushalt. Auch in Fall 6 ist Gegenstand der Auseinandersetzung die kindliche Entwicklung und Frage der Notwendigkeit, eine Sozialpädagogische Familienhilfe weiterhin installieren zu müssen. Fallbeobachtung Nr. 7 entspricht der gesetzgeberischen Vorstellung von der Durchführung einer Erörterung bei Gericht[1534] unter Hinzuziehung des Minderjährigen. Zum Ausdruck wird das Bild des Richters *mit dem erhobenen Zeigefinger* gebracht, der auf den Minderjährigen einzuwirken versucht, der wegen des wiederholten Suchtmittelgebrauchs gefährdet erscheint.

Befragt zur konkreten Vorgehensweise im Rahmen eines Erörterungsgesprächs nach § 157 FamFG, antworten die Richter, dass die Erörterung *die Diskussion über die Gefahrenlage* zum Ausdruck bringe und die Beteiligten dort zu Wort kommen und rechtliches Gehör finden können. Der Richter habe die Aufgabe herauszufinden, ob ein Sorgerechtsentzug angezeigt erscheint oder der Gefahrenlage auch mit milderen Mitteln begegnet werden kann. Nur vereinzelt teilen die Richter die Intention mit, auch auf die Eltern „einreden" und sie „erziehen" zu wollen. Dies erfolge aber weniger in Verfahren wegen Kindeswohlgefährdung, in denen der Schutz des Kindes im Vordergrund steht. Den Eltern werde deutlich gemacht, unter welchen Voraussetzungen sie die elterliche Sorge behalten können. Die Jugendämter erkennen in der Erörterung ein „Sprechen mit den Eltern über ihre Beweggründe", das sich nicht von der Anhörung trennen lässt.

Resümierend lässt sich festhalten, dass vereinzelt in den der Untersuchung zugrunde liegenden Verfahren wegen Kindeswohlgefährdung, ein Erörtern der Gefahrenlage i.S. eines gesonderten und über die bloße Sachverhaltsfeststellung hinausgehendes Einwirken auf die Eltern und ggfs. das Kind erfolgt. Hierbei erfolgt aber nicht eine detaillierte Gefährdungsdiskussion mit den Eltern unter Hinterfragung der Beweggründe und des bisherigen Erziehungsverhaltens, sondern der Richter greift die Vorschläge des Verfahrensbeistandes und des Jugendamts auf und führt sie den Kindseltern nochmals deutlich vor Augen. Nicht selten erschöpft sich das vom Gesetzgeber intendierte „gesonderte Einwirken" auf die Kindseltern in der Wiedergabe des Vorschlags. Eine Trennung zwischen einer Anhörung und einer Erörterung ist eine künstliche Trennung. Die Warnfunktion entfaltet das Verfahren selbst, nicht die gesonderte Beeinflussung der Eltern.

1534 Vgl. BT-Drucks. 16/6308, S. 238: „Eine gemeinsame Erörterung mit dem Kind wird in der Regel notwendig sein, wenn die Drogensucht oder wiederholte Straffälligkeit des Kindes bzw. Jugendlichen Anlass zu dem Verfahren gegeben hat, um auf die gefährdeten Kinder einzuwirken."

D. Ergebnisse zu den Beteiligten an der Erörterung

Der Gesetzgeber zielt auf die gemeinsame Erörterung der Kindeswohlgefährdung und auf einen effektiven Gesprächsverlauf, der mit den verantwortlichen Beteiligten gemeinsam erreicht werden soll.[1535] Anders als in § 155 FamFG findet die Hinzuziehung des Kindes in § 157 Abs. 1 FamFG Erwähnung.

An der Erörterung beteiligt waren in den vorliegenden Fallkonstellationen neben dem Richter stets die Erziehungsberechtigten des betroffenen Kindes. In den überwiegenden Fällen erschienen die Kindseltern zum Termin gemeinsam. Überwiegend hatte die Mutter das alleinige elterliche Sorgerecht. In keinem der Fallkonstellationen waren die Kindseltern verheiratet. Teilweise hatten sie jedoch die gemeinsame elterliche Sorge durch Sorgeerklärung erlangt.[1536] In allen Fallkonstellationen war mindestens ein Vertreter des Jugendamts mit anwesend. In allen Fällen war die Anrufung des Gerichts seitens des Jugendamts erfolgt. Bis auf eine Fallbeobachtung[1537] haben die Eltern der persönlichen Ladung unproblematisch Folge geleistet. In fünf der acht Fälle waren die Eltern anwaltlich vertreten.[1538] Vereinzelt war eine Familienhelferin mit anwesend[1539], sowie der gesetzliche Betreuer[1540], eine Freundin[1541], oder die Eltern der Kindsmutter[1542].

Nur in Fall 7 war das betroffene Kind selbst in den Erörterungstermin miteinbezogen worden. Nach dem Ergebnis der Expertenbefragungen herrscht ein Grundkonsens, dass Kinder separat von dem Richter angehört werden. Ab einem Alter von ca. 14 Jahren wird eine Hinzuziehung des Kindes in die Erörterung erwogen.

In sieben der acht Fallbeobachtungen war ein Verfahrensbeistand für das Kind bestellt. Er nahm ebenfalls an den gerichtlichen Verhandlungsterminen teil.[1543] Die Hinzuziehung des Verfahrensbeistandes nach § 158 FamFG in den Erörterungstermin findet in der gesetzlichen Begründung zu § 157 FamFG keine gesonderte Erwähnung. In der Fachöffentlichkeit herrscht Uneinigkeit über die Notwendigkeit der Hinzuziehung.[1544] Ausweislich der Ergebnisse der Expertengespräche wird ein Verfahrensbeistand in Verfahren nach §§ 1666, 1666a BGB in der Regel bereits

1535 BT-Drucks. 16/6815, S. 17.

1536 Vgl. § 1626 a BGB.

1537 Vgl. Fallbeobachtung Nr. 1, in der die Kindsmutter trotz Ladung nicht zum Termin erschienen ist.

1538 Vgl. Fallbeobachtungen Nr. 2, 5, 6, 7, 8.

1539 Vgl. Fallbeobachtung Nr. 2.

1540 Vgl. Fallbeobachtung Nr. 4.

1541 Vgl. Fallbeobachtung Nr. 8.

1542 Vgl. Fallbeobachtung Nr. 6.

1543 Auffällig war hierbei, dass der Verfahrensbeistand immer zuerst und vor dem Jugendamt das Wort erteilt bekam. Überdies platzierte sich der Verfahrensbeistand stets an der Tischreihe, die dem Richterpult gegenüberlag.

1544 Vgl. oben, Kap. 2, C. III. 1.; zur Bestellung eines Verfahrensbeistands *Salgo*, FPR 2010, 456 (458).

mit Eröffnung des Verfahrens bestellt. Erfolgt die gerichtliche Terminierung „sehr frühzeitig", gehen die Meinungen der befragten Fachkräfte auseinander. Vereinzelt liegen unterschiedliche Vorstellungen hinsichtlich des Erfordernisses der Hinzuziehung eines Verfahrensbeistandes vor, wonach ein Verfahrensbeistand erst dann bestellt wird, wenn ein Verfahren wegen Kindeswohlgefährdung eröffnet und ein Entzug der elterlichen Sorge als mögliche Rechtsfolge in Betracht gezogen wird. Andere möchten zunächst den Verfahrensverlauf abwarten und die Eltern des Kindes kennenlernen. Vereinzelt teilen die Richter auch mit, sie bestellten einen Verfahrensbeistand immer, d.h. bereits zum Zeitpunkt der Eröffnung des Verfahrens, aber auch nur dann, wenn zumindest erste Anhaltspunkte für eine Gefährdung vorliegen und somit die Anfangsermittlungen abgeschlossen seien.

Überwiegend wird die Hinzuziehung des Verfahrensbeistandes für sinnvoll und notwendig erachtet, insoweit dieser als weitere neutrale Instanz agiere, die sich zusätzlich zum Jugendamt mit der Situation des Kindes intensiv befasse. Verfahrensbeistände befragten die Schule, den Kindergarten etc. und stellten insoweit zusätzliche Erkenntnisse und einen detaillierten Blick auf die Situation des Kindes zur Verfügung. Aus den getroffenen Feststellungen lässt sich gleichwohl nicht abschließend resümieren, dass ein Verfahrensbeistand stets auch in einem frühen Verfahrensstadium hinzugezogen wird, da hiernach die Meinungen der befragten Richter divergieren. Jedenfalls wird anhand der vorliegenden Untersuchung ein solcher bestellt, wenn Sorgerechtseingriffe nach § 1666 BGB als mögliche familiengerichtliche Maßnahmen in Betracht kommen.

E. Die Ergebnisse zur Gefährdungseinschätzung und zur Bedeutung der „möglichen" Kindeswohlgefährdung

Die exemplarischen Fallbeobachtungen zeigen unterschiedliche Gefahrenlagen auf. Der ersten Fallbeobachtung zufolge haben die desolaten Wohnverhältnisse in der Familie sowie die unterlassene Wahrnehmung einer kinderärztlichen Vorsorgeuntersuchung zur Annahme einer Kindeswohlgefährdung geführt. Die Feststellung der Gefahrenlage in Fallbeobachtung Nr. 2 erfolgt auf der Grundlage der Berichterstattung des Verfahrensbeistandes und des Jugendamts. Eine konkrete Kindeswohlgefährdung wird nicht (mehr) erkannt.[1545] In Fall 3 erkennen sowohl Verfahrensbeistand als auch Jugendamt eine konkrete Kindeswohlgefährdung für das kranke Kind. Den Fallkonstellationen 4 und 5 liegt der Verdacht einer Kindesvernachlässigung wegen Überforderung der Kindsmutter zugrunde: Während in Fall 4 die Beteiligten die desolaten Wohnverhältnisse und die unregelmäßigen Kontakte mit dem Jugendamt beklagen, erfolgt in Fall 5 lediglich der Hinweis des begründeten Verdachts einer Kindeswohlgefährdung nach bereits erfolgter Vernachlässigung

---

1545 Vgl. Fallbeobachtung Nr. 2, wonach es sich um einen Fortsetzungstermin und Überprüfung eines Punkteplans handelt. Sorgerechtliche Maßnahmen sind der Sitzung vorausgegangen.

der beiden älteren Kinder. In der sechsten Fallkonstellation findet die Betonung intellektueller Defizite der Kindsmutter Erwähnung und maßgeblich in den Fällen 7 und 8 sind das selbstschädigende Verhalten der 16 jährigen Tochter sowie der prekäre Gesundheitszustand der Kindsmutter.

Die Fallbeobachtungen lassen erkennen, dass der handelnde Richter im Regelfall auf den Sachvortrag des Verfahrensbeistands und des Jugendamts als Grundlage der gerichtlichen Entscheidung vertraut. Überwiegend[1546] erfolgt weder die gesonderte Feststellung über das Ausmaß der Kindeswohlgefährdung, noch hinsichtlich der anzuwendenden Maßnahme. Selbst wenn das Verfahren mit der Anordnung einer familiengerichtlichen Maßnahme nach § 1666 Abs. 3 BGB beendet wird, unterleibt die Prüfung, ob und inwieweit mit der für die Anordnung einer Maßnahme nach § 1666 BGB erforderlichen Sicherheit feststeht, dass das Wohl des Kindes gefährdet ist.[1547] Auch eine Inaugenscheinnahme des Kindes unterbleibt. Nur teilweise wird ersichtlich, dass der Richter weitere Ermittlungen angestellt hat.

In sieben von acht Fällen haben sich die Gefährdungsmomente bereits verdichtet. Entweder ist bereits eine Inobhutnahme erfolgt oder es ist mit einer konkreten Schädigung des kindlichen Wohls zu rechnen. Das Moment der Frühzeitigkeit einer Gefahr im Vorfeld einer festgestellten Kindeswohlgefährdung fehlt in den überwiegenden Fallanalysen. Allein in Fall 1 handelt es sich um Verdachtsmomente, die sich noch nicht konkretisiert haben.

Nach den Ergebnissen der Expertengespräche wird von Seiten der Familienrichter ein Erörterungstermin anberaumt, *wenn Anhaltspunkte dafür vorliegen, dass sich eine Kindeswohlgefährdung ergeben könnte.* Es handelt sich hiernach stets um mehr als um einen vagen Hinweis, den das Gericht erhält, um einen Erörterungstermin einzuberufen. Fälle, in denen nur ein fraglicher Hinweis auf etwas erfolgt, gelangen nach Mitteilung der Richter nicht zur Kenntnis des Gerichts. Die Fälle der unterlassenen kinderärztlichen Vorsorgeuntersuchung werden als die *typischen Fallkonstellationen* für ein frühzeitiges Anrufen des Familiengerichts im Wege des § 157 FamFG betrachtet. Befragt zum subjektiven Verständnis einer frühzeitigen gerichtlichen Anrufung nach fehlender Mitwirkung der Eltern am Abschätzungsprozess der Gefährdung, wird vorgebracht, *dass sich diese Fälle nicht von jenen Fällen unterschieden, in denen sich tatsächlich eine Gefahrenlage verdichtet hat.* Insgesamt zeigt sich, dass die befragten Familienrichter entweder eine *mögliche* Kindeswohlgefährdung bei jeglichen Anhaltspunkten annehmen, die auf eine Gefahr für das Kindeswohl hindeuten oder aber eine solche erst bejahen, wenn „weitere Umstände" hinzukommen, ohne diese näher zu bestimmen. Die Richter zeigen bezüglich der Auslegung des unbestimmten Rechtsbegriffs der Kindeswohlgefährdung Unsicherheiten. Nach Ansicht der Jugendämter ist der Begriff der „möglichen" Kindeswohlgefährdung

---

1546 Vgl. v.a. die Fallbeobachtungen Nr. 2 („es ist nicht gut gelaufen"), Fallbeobachtung Nr. 4 (zugemüllte Wohnung) und Fallbeobachtung Nr. 6 (intellektuelle Defizite der Mutter).

1547 So etwa in Fallbeobachtung Nr. 4.

gleichbedeutend mit einer latenten Gefahr, d.h. einer Situation, in der die Gefahrenintensität noch nicht hinreichend eingeschätzt werden kann.

Entscheidend ist letztlich die Abwägung im Einzelfall. Dass in der Praxis eine Trennung zwischen einer *latenten Gefahr*, die sich etwa durch die *zugemüllte* und *verdreckte* Wohnung ergibt, und *Anhaltspunkten, die auf eine Gefahr für das Kind hindeuten*, vorgenommen wird, erscheint nicht der praktischen Handhabung zu entsprechen. Selbst wenn zunächst eine Kindeswohlgefährdung noch nicht *konkret* feststeht, ist nicht erkennbar, inwieweit eine solche festgestellt wird und aufgrund welcher Kriterien. Mit einer „möglichen" Gefährdung des Kindeswohls wird zwar etwas verbunden, was noch *vor* einer Kindeswohlgefährdung liegt. In der praktischen Umsetzung ist es aber problematisch festzustellen, wann es sich um eine Gefahrenlage handelt, die sich *im Vorfeld einer Kindeswohlgefährdung* oder *an der Grenze* zu einer konkreten Kindeswohlgefährdung befindet.[1548] Die Gespräche mit den Experten verdeutlichen die Auslegungs- und Deutungsvielfalt der Begrifflichkeit.

F. Ergebnisse zur möglichen Beendigung der Erörterung nach § 157 FamFG

Als mögliche Ergebnisse einer Erörterung kommen Vereinbarungen oder etwa Ermahnungen in Betracht. Ein mögliches Ergebnis ist überdies das Absehen von der Anordnung gerichtlicher Maßnahmen gem. § 1666 Abs. 3 BGB mit der Folge der nachträglichen Überprüfung der Entscheidung i.S. von § 166 Abs. 3 FamFG. Die gesetzliche Ausgestaltung und auch die amtliche Begründung des Gesetzgebers lassen die konkreten Beendigungsmodalitäten offen.

Die Ergebnisse der Fallbeobachtungen zeigen auf, dass die in den mündlichen Sitzungsterminen getroffenen Ergebnisse variieren. In sieben der acht Beobachtungen ergeht am Ende der Sitzung ein „Beschluss". Im ersten Fall wird ein neuer Termin bestimmt, im zweiten wird beschlossen, von sorgerechtlichen Eingriffsmaßnahmen abzusehen und einen Termin für eine erneute Überprüfung der Sachlage anzuberaumen. In der dritten Beobachtung ergeht die Ankündigung über einen Beschluss nach § 1666 Abs. 3 Nr. 6 BGB über den Entzug der gesamten elterlichen Sorge. Im vierten Fall erfolgt ein Auflagenbeschluss gem. § 1666 Abs. 3 Nr. 1 BGB mit dem Inhalt, die Wohnung sauber zu halten und zu putzen sowie mit der Vorgabe, das Kind täglich in der Kinderkrippe betreuen zu lassen und die Termine mit dem Jugendamt einzuhalten. Im fünften Fall wird beschlossen, den EA-Beschluss aufrecht zu erhalten, d.h. das Kind weiterhin in der Obhut der Bereitschaftspflegefamilie zu belassen. In der sechsten Fallkonstellation erfolgt eine Einstellung des Verfahrens, wobei im Wege des Beschlusses der Kindsmutter aufgegeben wird, die notwendigen Hilfen in Anspruch zu nehmen und an den Hilfeplangesprächen des Jugendamts mitzuwirken. In

1548 Hierzu etwa: *OLG Frankfurt am Main* v. 11.02.2010, 1 WF 11/10, FamRZ 2010, 1094; *Schumann*, in: MüKo-ZPO (2010), § 157 FamFG Rn. 5.

Fall 7 wird eine Vereinbarung zwischen den Kindseltern und der 16 jährigen Tochter getroffen und in Fall 8 ergeht der Beschluss, dass ein Gutachten eines psychologischen Sachverständigen über den Zustand der Kindsmutter eingeholt wird. Allein in der siebten Fallbeobachtung wird eine gerichtliche „Vereinbarung" zwischen den Eltern und der Tochter getroffen, die anschließend von den Beteiligten genehmigt wird.[1549] Zusätzlich zu der Vereinbarung erfolgt die Mitteilung des Richters, dass innerhalb eines halben Jahres ein Bericht des Jugendamts eingefordert wird und die Überprüfung erfolgt, inwieweit den in der Vereinbarung getroffenen Auflagen Folge geleistet worden ist.

Auch nach Ansicht der befragten Experten reichen die möglichen Ergebnisse der Erörterungen von einer Protokollierung über eine Vereinbarung bis hin zu einem Beschluss. Entscheidend ist der Verlauf des Verfahrens. Nach dem Ergebnis der Fachkräftebefragung in Jugendämtern besteht ein breiter Konsens darüber, dass als Ergebnis der frühen Hinzuziehung des Gerichts eine verbindliche Entscheidung des Gerichts getroffen werden soll. Dies sei die Aufgabe des Gerichts und es habe auch die Kompetenz, eine verbindliche Entscheidung zu treffen. Auch die Richter positionieren sich hierzu einstimmig, dass sie als rechtsprechende Instanz dazu verpflichtet seien, eine Entscheidung mit Verbindlichkeitscharakter zu treffen.

In nur einer Fallkonstellation erfolgt ein Absehen von (weiteren) sorgerechtlichen Maßnahmen.[1550] In Fallbeobachtung Nr. 7 unternimmt der Richter den Versuch, im Rahmen des Erörterungstermins einen Konsens zwischen den Kindseltern und dem Kind zu finden. Das Gefahrenpotenzial für das Kind gerät in den Hintergrund. Insbesondere setzt sich der Richter über die Vorschläge der sozialpädagogischen Fachkräfte hinweg. Inwieweit eine „Scheinanpassung" der beteiligten Kindseltern und des Kindes erfolgt, lässt sich nicht abschließend feststellen. Jedenfalls deutet das richterliche Verhalten auf eine Überschätzung der Effektivität der gerichtlichen Ermahnung und letztlich getroffenen Vereinbarung hin, mit der möglichen Folge einer nur kurzfristigen Verhaltensmodifikation des Kindes und letztlich unnötigen Verzögerung der Verbesserung der Situation des Kindes.[1551]

Die Ergebnisse der Beobachtungen zeigen überwiegend Eingriffe in die elterlichen Sorgerechte. Nicht bloße Ermahnungen im Vorfeld einer konkret festgestellten Kindeswohlgefährdung oder Protokollierungen sind die überwiegende Folge der beobachteten und als Erörterung anberaumten Gerichtstermine, sondern der Beschluss über niedrigschwellige Maßnahmen nach § 1666 Abs. 3 BGB. Die nochmalige Überprüfung der Gefahrenlage im Falle des Absehens von einer Maßnahme nach Maßgabe des § 1666 Abs. 3 BGB wird teilweise angekündigt, § 166 Abs. 3 FamFG.

1549 Zum Inhalt der Vereinbarung siehe Fallbeobachtung Nr. 7, Kap. 3, B. VII. 1. d.
1550 Vgl. Fallbeobachtung Nr. 2.
1551 *Meysen*, NJW 2008, 2673 (2675); *Willutzki*, ZKJ 2008, 139 (142).

G. Ergebnisse zur Rolle und Aufgabenwahrnehmung durch das Jugendamt

Das Jugendamt fungiert entweder als Lieferant fachlicher Informationen, die das Gericht benötigt, um das notwendige Wissen über den psycho-sozialen Hintergrund und die bisher erbrachten Hilfeleistungen zu erlangen oder aber als Prozessbeteiligter, der sich aktiv ins Geschehen einbringt und gemeinsam mit dem Gericht zu einer sinnvollen Absprache oder Entscheidung gelangt. Neben der eigenen Sachverhaltsermittlung und der Anhörung der Betroffenen basiert die richterliche Entscheidung im Regelfall ganz wesentlich auf dem fachlich begründeten Vorschlag des Jugendamts über die für das Kind oder den Jugendlichen geeignete und notwendige Hilfeleistung. Die Entscheidung beruht aber auch weit überwiegend auf dem Vorschlag des für das Kind von dem Gericht bestellten Verfahrensbeistands. Dass zwischen den Funktions- und Aufgabenbereichen von Jugendamt und Verfahrensbeistand Überschneidungen und daher Divergenzen bestehen, wird deutlich. Geäußert werden Vorbehalte gegenüber der Rolle des Verfahrensbeistands, *dessen Aussage das Gericht häufig mehr Bedeutung beimesse als dem des Jugendamtes.*[1552] Die Beobachtungen spiegeln die in der Fachöffentlichkeit diskutierten Diskrepanzen.[1553]

Nach dem Ergebnis der empirischen Untersuchung besteht die Zielsetzung der Einbeziehung des Gerichts darin, die richterliche Autorität für den Hilfeprozess mit der Familie zu nutzen. Aus der Befragung ergibt sich deutlich, dass die Jugendämter die gerichtliche Verfahrensstruktur als gewichtig empfinden. Dass der Richter die Letztentscheidungsbefugnis hat, ist den handelnden Jugendamtsmitarbeitern bewusst. Das frühzeitige Hinzuziehen der Familiengerichtsbarkeit im Wege des Erörterungsgesprächs bietet überdies den Vorteil, dass eine zusätzliche Erkenntnisquelle zur Einschätzung der Gefahrenlage zur Verfügung steht.

In Fall Nr. 4 äußert die Jugendamtsmitarbeiterin ausdrücklich den Grund der Hinzuziehung des Gerichts.[1554] Die Jugendämter sind sich ihrer nur begrenzten Handlungsmöglichkeiten bewusst und möchten die justiziellen Mittel gezielt zum Einsatz bringen. Aus der Verantwortung gegenüber dem Kind werden sie im Fall der Hinzuziehung des Gerichts nicht entlassen. Werden gerichtliche Entscheidungen nicht als ausreichend empfunden, wenden sie sich erneut an das Gericht. Dass der Richter mit den Eltern die Gefahrensituation zu erörtern hat, empfinden die befragten Jugendamtsmitarbeiter nicht als Einmischung in die eigene Kompetenz, sondern als Unterstützung. Die Jugendämter seien stets beteiligt und könnten insoweit die eigenen Aufgaben übernehmen. Generell wird die Zusammenarbeit mit

---

1552 Vgl. Interview Jugendamt Nr. 2, Z. 466–470; auch Interview Jugendamt Nr. 3, Z. 363–365.

1553 Vgl. hierzu Kap. 2, C. III. 1.

1554 Die zuständige Fachkraft des Jugendamts teilt im Termin mit, sie verspreche sich von der Hinzuziehung des Gerichts die richterliche Autorität und einen verstärktes Einwirken und Ermahnen der Eltern, die angebotenen Hilfen anzunehmen und an dem Hilfeprozess mitzuwirken.

erfahrenen Richtern bevorzugt. Diverse Fortbildungen zu den verfahrensrechtlichen Entwicklungen nach dem FamFG haben stattgefunden.

H. Ergebnisse zur Rolle und Aufgabenwahrnehmung durch den Familienrichter

I. Eine neue Aufgabenzuweisung?

In Verfahren nach §§ 1666, 1666a BGB hat der Richter als neutrale und unabhängige Entscheidungsinstanz die Aufgabe, das Verfahren zu lenken, eigene Ermittlungen anzustellen und das Verfahren einem möglichst verbindlichen Ergebnis zuzuführen, um Gefahren für das Wohl des Kindes in effektiver Weise zu begegnen.[1555] Die von unbestimmten Rechtsbegriffen geprägte materiell-rechtliche Grundnorm des § 1666 BGB eröffnet dem Richter einen erhöhten Gestaltungsspielraum, der ihn vor besondere Herausforderungen stellt.[1556]

Wie bereits aufgezeigt, verlangen die Gesetzgeber des KiWoMaG (2008) und des FamFG (2009) von dem Richter ein verstärktes und frühzeitiges Einwirken auf die Eltern. Im Wege des Erörterungsgesprächs nach § 157 FamFG sollen Richter zu einer Verhaltensänderung veranlasst werden. Ihre Aufgabe ist es nunmehr, die Eltern unter Hinweis auf ihre verfassungsrechtliche Pflichtenstellung gegenüber ihren Kindern aus Art. 6 Abs. 2 S. 1 GG in die Gefährdungserörterung einzubinden und an der Gefahrenabwendung zu beteiligen. Die gesetzliche Begründung umschreibt ein justizielles Handeln, das sozialpädagogische Konturen aufweist und den Richter zu einer psychosozialen Intervention veranlasst. In der Fachöffentlichkeit wird dies als problematisch befunden, da ein gerichtliches Verfahren in erster Linie der Rechtsfindung dient und auf eine Entscheidung abzielt. Eine zunehmende „*Pädagogisierung des Rechts*“ führt nach vereinzelt hervorgebrachter Kritik in der Fachöffentlichkeit zu einer problematischen „*Rollendiffusion*“ zwischen Sozialverwaltung und Justiz.[1557]

Den exemplarischen Fallbeobachtungen entsprechend erfolgt bis auf eine Fallkonstellation[1558] kein beobachtbares Hinterfragen von Verhaltensweisen und Hintergründen, sondern allein eine Sondierung von Tatsachen. Vor allem in den Fallbeobachtungen Nr. 4 und Nr. 5 lässt sich erkennen, dass die handelnden Richter zwar den Kindseltern das Wort erteilen, konkrete Fragen stellen und insgesamt für eine angenehme Gesprächsatmosphäre sorgen. Sobald sich die Kindseltern jedoch öffnen und etwaige Beweggründe oder Hintergrundinformationen äußern, findet keine weitere Auseinandersetzung mit den Anmerkungen statt.[1559] Stets weisen die

---

1555 Zum Aufgabenspektrum des Familienrichters in Verfahren nach §§ 1666, 1666a BGB, Kap. 1, A. II.

1556 Vgl. hierzu bereits *Münder/Mutke/Schone*, S. 350.

1557 *Flügge*, FPR 2008, 1; *Schumann*, FPR 2011, 203 ff.

1558 Vgl. Fallbeobachtung Nr. 7.

1559 Vgl. Fallbeoachtungen Nr. 4 und 5 zur Situation bei Gericht.

handelnden Richter darauf hin, auf das Vorgebrachte der Kindseltern nicht weiter eingehen zu wollen. Dies sei nicht die Aufgabe des Gerichts, sondern ließe sich allein in den zukünftigen Gesprächen mit den jeweiligen Fachkräften klären. Der Vorsatz der Richter, die entsprechenden Fakten zu bündeln[1560] sowie die überwiegende Zurückhaltung der Richter, eine Hilfemaßnahme selbst vorzuschlagen[1561], bringt zum Ausdruck, das der Richter trotz Gesprächsführung mit den Eltern in erster Hinsicht als Entscheidungsorgan fungiert.

Allein in Fallbeobachtung Nr. 7 tritt der Richter nicht nur als Entscheidungsorgan in Erscheinung. Zwischen Tochter und Mutter erscheint er in streitschlichtender bzw. vermittelnder Weise. Er zeigt auf, in die Verhaltensänderung und Einsicht der Tochter zu vertrauen und wirkt auf eine Vereinbarung zwischen den Beteiligten hin. Gleichwohl weist er die Tochter auf die Folgen hin, die drohen, wenn sie den vereinbarten Verhaltensregeln keine Folge leistet. Die Vorschläge von Verfahrensbeistand und Jugendamt greift der Richter hier nicht weiter auf.

Auch den persönlichen Einschätzungen der befragten Richter und Jugendamtsfachkräfte zufolge empfinden diese die Rollenzuweisung des Richters in einem Erörterungstermin wegen Kindeswohlgefährdung als die eines Entscheidungsorgans. Nach Ansicht der Richter fließen jedoch zahlreiche außerjuristische Aspekte in die Entscheidungsfindung mit ein, die ein breites Aufgabenspektrum eröffneten. Die Richter sehen sich in der Rolle des Mediators und Vermittlers, sowie in der eines ‚nicht-juristischen Entscheiders' bis hin zu einem *„Mittelding aus allem"*.[1562]

Zusammengefasst entspricht die Aufgabenzuweisung des Richters im Erörterungstermin nach § 157 FamFG nicht einem rein juristischen Vorgehen. Wenngleich sich manche Richter in der Rolle des Erziehers wiederfinden, ist ihnen in Verfahren wegen Kindeswohlgefährdung wichtig, dass sie eine förmliche Atmosphäre vermitteln und als Autorität den Kindseltern gegenübertreten. Demzufolge finden sämtliche Fallbeobachtungen in einem Gerichtssaal in förmlicher Atmosphäre statt. Die Richter tragen stets eine Robe. Sie möchten den Eltern zu erkennen geben, dass sie die staatliche Legitimation besitzen, in das elterliche Sorgerecht einzugreifen. In der Funktion eines Strafrichters erkennen sie sich hierbei nicht. Es geht den Richtern nicht um die elterliche Bestrafung für vergangenes Verhalten, sondern um die Begegnung der Gefahrenlage für das Kind.[1563] Außerjuristische Erkenntnisse fließen in die Entscheidungsfindung mit ein, nachdem ein Verfahren wegen Kindeswohlgefährdung interdisziplinär ausgestaltet ist. Gleichwohl lässt sich die in der Fachöffentlichkeit geäußerte Kritik einer „Pädagogisierung des Rechts" in den zugrundeliegenden Fallbeobachtungen nicht erkennen und wird auch nicht durch

1560 Vgl. Fallbeobachtung Nr. 3.

1561 Vgl. Fallbeobachtung Nr. 5. Die entsprechenden Vorschläge der Hilfeleistungen werden zwischen Verfahrensbeistand und Jugendamt erörtert. Die Richterin bringt sich nur zurückhaltend ein und fragt, ob sie etwas zu der Hilfe sagen dürfe.

1562 Vgl. Interview Richter Nr. 1 (*Gedächtnisprotokoll*).

1563 Siehe hierzu oben, Kap. 2. A. V. und als Ergebnis der Expertengespräche Kap. 3. C. VI. 1.

die Expertengespräche bestätigt. Es findet eine klare Rollentrennung statt. Dies dürfte auch dem bislang vorherrschenden Rollenverständnis gerichtlicher Tätigkeit entsprechen, wonach die Justiz nicht als „Helferorgan" zu fungieren hat.[1564]

II. Fehlende fachliche Befähigung zur Durchführung der Erörterung?

Den Ausgangspunkt gerichtlichen Handelns in einem Verfahren nach §§ 1666, 1666a BGB bildet eine generell problemergründende und problemanalysierende Tätigkeit, um zu einer in die Zukunft gerichteten Entscheidungsfindung zu gelangen.[1565] Hierbei hat der Richter eine professionelle Distanz unter Vermeidung einer übermäßigen Identifikation mit den Betroffenen einzuhalten, um genügend fachliche Autorität zu entfalten.[1566]

Nach dem Ergebnis der Richterbefragungen fehlt es an einer gesetzlichen Verankerung einer qualifizierten Aus- und Weiterbildung für Familienrichter. Demzufolge verfügen die Richter weder über vertiefte Kenntnisse des Verfahrens wegen Kindeswohlgefährdung, noch über solche des Kinder- und Jugendhilferechts, nachdem diese nicht verpflichtender Bestandteil ihrer juristischen Hochschulausbildung gewesen sind. Besondere Qualifikationen in der Gesprächsführung oder der Pädiatrie sind ebenso wenig vorhanden wie Kenntnisse in der Psychologie und Sozialpädagogik. Obwohl einzelne Richter darauf hinweisen, dass sich das Kindeswohlgefährdungsverfahren nicht als ein rein juristisches Verfahren, sondern als ein solches erweise, auf das der Richter in seiner juristischen Ausbildung fachlich nicht hinreichend vorbereitet werde, teilen sie mit, nur vereinzelt an Fortbildungsveranstaltungen teilzunehmen. Fallübergreifende Arbeitskreise finden statt, jedoch nicht in verpflichtender Weise. Nach Ansicht der Richter basiert die effektive Durchführung des Verfahrens allein auf Erfahrung. Die Anzahl der gerichtlichen Verfahren wegen Kindeswohlgefährdung beträgt jedoch weniger als 20 Prozent des gesamten Fallaufkommens, so dass es einer gewissen Dauer familienrichterlicher Tätigkeit bedarf, bis die entsprechenden Kenntnisse erlangt werden können.

Die Fachkräfte der Jugendämter teilen mit, Fortbildungsveranstaltungen regelmäßig zu besuchen. Auch zu den Neuerungen im Familienverfahrensrecht hat es Veranstaltungen gegeben. Nach Auffassung der Jugendämter könnte es aber durchaus noch weitere Angebote geben. Generell arbeiten die Jugendämter bevorzugt mit Richtern zusammen, die über eine bestenfalls langjährige berufliche Erfahrung und ein Verständnis für die andere Profession verfügen.

1564 *Meysen*, in: bke (2010), S. 67 (80).
1565 *Münder/Mutke/Schone*, S. 31.
1566 *Bergmann*, FPR 2011, 297 (299).

Trotz des Vorschlags der Expertengruppe KiWoMaG[1567] und wiederholten Forderung nach einer Optimierung der Kenntnisse der im Familienrecht tätigen Juristen in den Bereichen des Kinder- und Jugendhilferechts, den Fachdisziplinen der Soziologie, Psychologie, der Pädagogik, insbesondere im Bereich der frühkindlichen Bindung[1568], fehlt eine gesetzliche Verankerung einer verpflichtenden Richterfortbildung bis heute.[1569] Dass auf eine fachlich über formale Rechtskenntnisse hinausgehende Qualifikation nicht verzichtet werden kann, wobei dies nicht nur Geltung für Familienrichter beanspruchen kann, ist bereits Gegenstand eines öffentlichen Fachdiskurses.[1570] Eine Vorgabe zur Teilnahme der Familienrichter an Arbeitskreisen und Netzwerken findet sich seit dem 01.01.2012 in § 3 KKG, wonach Familiengerichte in Netzwerke einbezogen werden *sollen*, um in einem gegenseitigen Austausch mit anderen Professionen im Kinderschutz zu stehen. Durch das Netzwerk soll gegenseitig über das Angebots- und Aufgabenspektrum des jeweils anderen informiert werden. Es dient der Klärung struktureller Fragen. Die als „Soll-Regelung" ausgestaltete gesetzliche Vorgabe richtet sich an den örtlichen Träger der Jugendhilfe mit der Vorgabe, die verbindliche Zusammenarbeit im Kinderschutz als Netzwerk zu organisieren, § 3 Abs. 3 KKG. Eine Verpflichtung des jeweiligen Richters an der Teilnahme an entsprechenden Netzwerken und Arbeitskreisen ist hiermit nicht verbunden. Eine weitere gesetzliche Vorgabe für die strukturelle Zusammenarbeit ergibt sich aus § 81 SGB VIII.

I. Ergebnisse zur Zusammenarbeit von Familiengericht und Jugendamt

Nach der traditionellen Rollenzuweisung von Jugendhilfe und Justiz entscheiden Gerichte über einen Ist-Zustand, während sich das Denken und Handeln der Jugendhilfe in einem fortlaufenden Prozess befindet.[1571] Nach dem Willen des Gesetzgebers soll nunmehr das Verfahren vor den Familiengerichten „prozesshafter" gestaltet werden und der Richter nicht mehr nur punktuelle Entscheidungen treffen, sondern auch auf Hilfen hinwirken, beraten und vermitteln.[1572] In der Fachöffentlichkeit

---

1567 Abschlussbericht der AG KiWoMaG v. 17.11.2006, S. 52; BT-Drucks. 16/6815, S. 10; siehe auch bereits oben, Kap. 1, B. I. 4.

1568 Vgl. bereits *Leonardy*, DRiZ 1977, 353 (359, 367); *Salgo*, FamRZ 1984, 221 (226 f.); *Walter*, FPR 2009, 23 (27); *Bergmann*, FPR 2011, 297 (299); *Wever*, FF 2012, 427 (428, 430); *Sommer*, ZKJ 2012, 135 (139).

1569 *Bergmann*, FPR 2011, 297 (299): „Für Fachanwälte ist eine jährliche Fortbildung Pflicht. Für Familienrichter ist sie bislang freiwillig."

1570 zur Forderung nach einer erweiterten Qualifikation der Jugendrichter vgl. etwa *Breymann*, ZJJ 2011, 88, wonach sich neuen Untersuchungen zufolge 83,5% der Jugendrichter und 67,4% der Staatsanwälte als unzureichend ausgebildet einschätzen.

1571 *Trenczek*, in: Münder et. al., FK-SGB VIII, Vor §§ 50–52 Rn. 7.

1572 Vgl. zu den Verfahrensgrundsätzen nach dem FamFG oben, Kap. 1, B. IV.

wird im Wesentlichen auf die Gefahr einer Vermischung der Aufgabenbereiche von Jugendhilfe und Justiz hingewiesen, die mit dem möglichen Verlust der Fokussierung auf die eigenen Funktionsbereiche einhergeht.[1573]

Die Fallbeobachtungen lassen bis auf Fallkonstellation Nr. 7 keine Unstimmigkeiten zwischen den Fachdisziplinen aus Jugendhilfe und Justiz erkennen. Bis auf eine Fallbeobachtung[1574] folgt das Gericht stets dem Vorschlag von Verfahrensbeistand und/ oder Jugendamt. Auch diese sind sich bis auf die Fallkonstellation Nr. 6, in der die Verfahrensbeiständin Kritik am Verhalten des Jugendamts übt, überwiegend einig.[1575] Gleichwohl weisen die befragten Richter und Jugendamtsmitarbeiter auf die Problematik einer möglichen Uneinigkeit zwischen Jugendamt und Familiengericht hin. Zwei der befragten Richter betonen zwar das grundsätzlich gute Verhältnis zu den Jugendämtern. Aus ihrer Sichtweise zeigen sich keine Unstimmigkeiten bzw. Meinungsdivergenzen zwischen Gericht und Jugendamt. Das Jugendamt biete die notwendige sozialpädagogische Hilfestellung, das Gericht sei das erforderliche Entscheidungsorgan. Allerdings gebe es immer „schwarze Schafe", die die Zusammenarbeit erschwerten. Dies bestätigen auch die übrigen Familienrichter in den Befragungen. So könne es vorkommen, dass eine divergierende Auffassung des Familiengerichts hinsichtlich einer zu gewährenden Hilfeleistung als kritisch betrachtet wird und das Jugendamt damit reagiere, dass es die Hilfegewährung verweigert. Sowohl Familiengericht als auch Jugendamt ist hierbei bewusst, an welcher Stelle die eigene Befugnis endet. Die Familienrichter sagen deutlich, dass die Entscheidung über die eigentliche Hilfegewährung im Ergebnis bei den Jugendämtern verbleibt, nachdem das Familiengericht nicht über die entsprechende Anordnungsbefugnis verfüge. Das Gericht verweise im Fall bestehender Uneinigkeit zwischen Gericht und Jugendamt und einer darauf basierenden Entscheidung auf die Möglichkeit, Rechtsmittel gegen die gerichtliche Entscheidung einzulegen. Auch dic Jugendämter berichten von Diskrepanzen hinsichtlich der Entscheidungsfindung. Besonders bei fehlender Erfahrung des handelnden Richters fühlen sich Jugendamtsmitarbeiter in ihrem Vortrag bei Gericht nicht bestätigt. Die Folge sei die Notwendigkeit einer erneuten Gefahrenmeldung bei Gericht. Vereinzelt vollzieht sich die Entscheidungsfindung einer geeigneten Hilfemaßnahme bei Gericht nicht als die Übernahme der vorgeschlagenen Leistung durch den Richter, sondern als mühevolles Hinarbeiten auf einen Konsens.

Die Justiz benötigt für den Erörterungstermin nach § 157 FamFG die besondere fachspezifische Kenntnis der Jugendhilfe. Das Jugendamt ist wiederum auf eine verbindliche Entscheidung der Justiz angewiesen, wenn das eigene Handlungsspektrum nicht ausreicht, um den Schutz des Kindes zu garantieren. Das Jugendamt wird stets zum Verfahren hinzugezogen, da es die entsprechenden Fachkenntnisse liefert.

1573 Hierzu etwa *Wapler*, RdJB 2009, 21 (29).

1574 Vgl. Fallbeobachtung Nr. 7.

1575 Vgl. Fallbeobachtung Nr. 6 zur Situation bei Gericht.

Wirken an der Erörterung sowohl Familiengericht als auch Jugendamt mit, setzt dies eine funktionierende Zusammenarbeit zwischen Jugendamt und Familiengericht voraus, die jedoch wiederum von einer klaren Kooperationsstruktur zwischen den beiden Institutionen abhängig ist. Fachliche Standards für eine Zusammenarbeit von Jugendhilfe und Justiz sind bislang kaum vorhanden. Vereinzelt gibt es Kooperationsvereinbarungen und Arbeitskreise[1576] zwischen Gerichten und Jugendämtern, in denen die jeweiligen Arbeitsweisen erläutert und den jeweils anderen Akteuren vorgestellt werden.[1577] Zur jeweiligen Aufgabenverteilung zwischen Familiengericht und Jugendamt führt der Gesetzgeber aus, dass diese in *Verantwortungsgemeinschaft*[1578] erfolgen soll. Ein Erörterungsgespräch über öffentliche Hilfen der Jugendhilfe erfordert gleichwohl Einigkeit hinsichtlich der in Betracht kommenden Hilfemaßnahmen, nachdem das Familiengericht eine Maßnahme anordnen kann, jedoch das Jugendamt selbständig entscheidet, ob es die Hilfemaßnahme gewährt. Besteht Einigkeit zwischen Jugendamt und Familiengericht, entspricht dies dem optimalen Verfahrensverlauf. Probleme ergeben sich, wenn sich eine Einigkeit nicht erzielen lässt und ein Konflikt zwischen Jugendamt und Familiengericht offen vor den Augen der betroffenen Eltern ausgetragen wird. Der Gesetzgeber sieht weder im SGB VIII noch im FamFG eine Vorgehensweise für den Fall vor, dass zwischen Jugendamt und Familiengericht eine Uneinigkeit besteht.[1579] Vielmehr setzt der Gesetzgeber voraus, dass eine einvernehmliche Zusammenarbeit zwischen Jugendamt und Familiengericht von vornherein existiert.

Die Gefahr einer Delegation von Verantwortlichkeiten, indem das Jugendamt das Familiengericht frühzeitig einschaltet, um nicht nur eine weitere Instanz als *„Leihautorität“*[1580] *zur Hilfe zu holen*, sondern auch, um sich hinter die gerichtliche Autorität als *„großen Bruder“* zurückziehen zu können, lässt sich in der vorliegenden Untersuchung nicht erkennen. Weder ziehen sich ausweislich der Fallbeobachtungen etwa die Jugendämter nach erfolgter Einschaltung des Gerichts zurück, noch empfinden die befragten Experten eine frühzeitige Hinzuziehung des Gerichts als Vermischung von Aufgabenbereichen. Dass das Jugendamt generell durch die Anrufung des Familiengerichts nicht aus der originären Verantwortung entlassen wird, sondern weiterhin den konkreten Hilfebedarf für die Familie zu überprüfen

1576 Hierzu gehören etwa der *„Sonderleitfaden zum Münchener Modell“*, hierzu bereits oben, Kap. 1, B. II. 1; auch *Gartenhof* et al., ZKJ 2011, 285 ff.

1577 Vgl. hierzu etwa den Bereich der Jugendgerichtshilfe. Vereinzelt gibt es Kooperationsvereinbarungen zwischen Jugendgerichtshilfe und Jugendhilfestrafvollzug, in denen z. B. niedergelegt ist, zu welchem Zeitpunkt die Jugendstrafvollzugshilfe in das Verfahren einzubeziehen ist, in welcher Weise sie an Diversionsentscheidungen mitzuwirken hat, wer die Ansprechpersonen in den beteiligten Institutionen sind, etc., vgl. hierzu: *Mörsberger/Wapler*, in: Wiesner SGB VIII, § 52 Rn. 57c m.w.N.

1578 BT-Drucks. 16/6815, S. 8.

1579 *Mörsberger/Wapler*, in: Wiesner SGB VIII, § 50 Rn. 73.

1580 *Meysen*, NJW 2008, 2673 (2676).

hat[1581], ist den befragten Jugendamtsmitarbeitern bewusst. Auch bringe es im Falle der Anrufung des Familiengerichts die notwendige fachspezifische Kenntnis in das Verfahren mit ein. Es sei aus diesem Grunde am Verfahren beteiligt.

Die Anrufung des Gerichts wird seitens der Jugendämter nicht als Vertrauensbruch gegenüber den Eltern gewertet, sondern als Möglichkeit bezeichnet, einen Hilfeprozess so früh wie möglich zu begründen. Den Eltern teilen die Jugendämter die Gründe für die Einschaltung des Familiengerichts im Vorfeld mit.

J. Ergebnisse zu den beobachtbaren Effekten der Erörterung auf die Eltern

Der Erörterungstermin bietet für die Eltern die Möglichkeit, an der Diskussion über die Notwendigkeit der Gefahrenabwendung und den jeweiligen Lösungsprozess beteiligt zu werden. Die Funktion eines frühzeitigen Zusammenwirkens der Beteiligten im Erörterungstermin wird aber unterlaufen, wenn die Eltern die Einschaltung des Gerichts als „Misstrauensbekundung" empfinden.[1582] Das Familiengericht gilt möglicherweise als „Drohkulisse", sobald die Eltern dem Jugendamt nicht hinreichend kooperativ erscheinen.[1583]

Den exemplarischen Fallbeobachtungen lassen sich keine nachteiligen Effekte auf die Kindseltern entnehmen. Bis auf eine Fallkonstellation[1584] leisten sämtliche Eltern der Ladung zum Termin Folge und bringen in der Verhandlung zum Ausdruck, die Person des Richters zu respektieren und dessen Hinweis anzunehmen. In den Fällen, in denen die Beteiligten anwaltlich nicht vertreten sind, wirken die Kindseltern gleichwohl eingeschüchtert.[1585] Eine mögliche Erklärung ist die Vielzahl der Verfahrensbeteiligten, die eine einschüchternde Wirkung auf die Kindseltern entfalten können, nicht zuletzt, wenn ihre Funktion nicht hinreichend offengelegt ist.[1586] Teilweise lässt sich den Fallbeobachtungen entnehmen, dass sich die Kindseltern öffnen und aktiv in das Fallgeschehen einbringen.[1587] Eine mögliche Erklärung ist der den Kindseltern gegenübergebrachte Respekt des Richters.

Den Ausführungen der Experten zufolge hat ein gerichtliches Verfahren stets sehr unterschiedliche Effekte auf die Eltern. Der Schritt des Jugendamts, sich an das Gericht zu wenden, erfordere stets eine umfassende Einschätzung im Vorfeld der Anrufung. In Reaktion auf die Eröffnung des gerichtlichen Verfahrens reagierten

1581 Vgl. *Götz*, FF/FamFG spezial (April 2009), 21 (22).
1582 Vgl. *Coester*, JAmt 2008, 1 (6); *Rosenboom/Rotax*, ZRP 2008, 1 (2).
1583 *Mörsberger/Wapler*, in: Wiesner SGB VIII, § 50 Rn. 78.
1584 Fallbeobachtung Nr. 1.
1585 Vgl. Fallbeobachtungen Nr. 3, 8.
1586 Vgl. etwa Fallbeobachtung Nr. 8: Nachdem die Verfahrensbeiständin ihre Rolle im Verfahren offenlegt erklärt sich die Kindsmutter bereit, ein persönliches Gespräch mit der Verfahrensbeiständin zu führen. Vgl. zum Erleben der Eltern auch *Kohaupt*, in: Kinderschutzzentrum, S. 22 (27).
1587 Vgl. etwa Fallbeobachtung Nr. 4.

die Eltern eingeschüchtert bis hin zu rechfertigend. Teilweise führe die effektive Durchführung einer Erörterung zu einer Kooperation mit den Eltern. Nach Mitteilung der Jugendämter empfinden die Eltern die frühzeitige Anrufung des Gerichts gleichwohl nicht immer als Vertrauensbruch, da ihnen im Vorfeld mitgeteilt werde, dass das Jugendamt das Gericht einschalten wird. Von daher ist den Eltern im Zeitpunkt der mündlichen Verhandlung im Regelfall bekannt, aus welchem Grund ein gerichtliches Verfahren eröffnet worden ist und welche Folgen drohen.

Welche Wirkung die frühzeitige Hinzuziehung auf die Eltern hat, lässt sich vorliegend nicht abschließend feststellen. Beobachtet werden konnte aber, dass die Kindseltern dem richterlichen Hinweis überwiegend Folge leisten und sich mit der weiteren Vorgehensweise und Entscheidungsfindung einverstanden erklären.[1588] Nach direkter Ansprache melden sich die Eltern zu Wort. Die Anrufung des Gerichts zeigt auch positive Effekte, wenngleich aktuelle Studien aufzeigen, dass Eltern gerichtliche Interventionen als konfliktverschärfend und kritischer bewerten als etwa die Inanspruchnahme von Beratungsleistungen.[1589]

K. Zusammenfassung und Fazit

Zusammengefasst zeigt die vorliegende Untersuchung, dass eine überaus unterschiedliche Vorstellung der betroffenen Institutionen sowie der Fachöffentlichkeit in Bezug auf die Vorschrift des § 157 FamFG vorhanden ist. Abgesehen von den Regelmäßigkeiten, die hinsichtlich der Durchführung des Erörterungstermins zu erkennen sind, wie der Durchführung des Termins in einem Sitzungssaal in förmlicher Atmosphäre, der – bis auf eine Konstellation erfolgten – Hinzuziehung des Verfahrensbeistands oder der Ladung des Jugendamts zum Termin, sind Grund und Anlass für die Durchführung der Erörterung nicht eindeutig.

Der Gesetzgeber hat den Versuch unternommen, den Anwendungsbereich des Erörterungsgesprächs auf solche Gefährdungssituationen zu beziehen, die sich als besonders problematisch erweisen, weil sie zwischen der „Nichtgewährleistung einer dem Wohl des Kindes oder Jugendlichen entsprechenden Erziehung" i.S. der §§ 27 ff. SGB VIII und der „Gefährdung" des Kindeswohls i.S. des § 1666 BGB angesiedelt werden. Es soll sich um Fallkonstellationen handeln, in denen das Jugendamt über Hinweise auf eine für das Wohl des Kindes gefährdende Entwicklung verfügt, ohne zu wissen, ob eine Gefährdung vorliegt, gefolgt von Situationen, in denen das Jugendamt eine tatsächlich vorhandene Kindeswohlgefährdung noch nicht erkannt hat, jedoch konkrete Anhaltspunkte für eine Gefährdung vorliegen, die langfristig zu einer Schädigung der kindlichen Interessen führen, wenn die

1588 In Fallbeobachtung Nr. 5 schließt sich Kindsmutter nicht dem richterlichen Vorschlag an, das Kind nur unter der Maßgabe zurückzuerhalten, dass sie gemeinsam mit dem Neugeborenen in eine Mutter-Kind-Einrichtung ziehen wird.

1589 *Fichtner*, ZKJ 2012, 46 (50 f.).

Eltern die erforderlichen Hilfen nicht annehmen.[1590] Vor diesem Hintergrund hat die Neuregelung des § 157 FamFG nicht erkennbar dazu geführt, einer Gefahrenlage „frühzeitiger" zu begegnen. Vielmehr betreffen alle Fallkonstellationen Situationen, in denen sich die Gefährdungsmomente bereits verdichtet haben und eine Kindeswohlgefährdung als gegenwärtig vorhanden angenommen wird. Eine Fallkonstellation im Vorfeld einer Gefährdung konnte bis auf Fallbeobachtung Nr. 1, in der die Durchführung der kinderärztlichen Vorsorgeuntersuchung U 7a nicht unternommen wurde, nicht beobachtet werden. Aber auch in jener Fallbeobachtung kamen weitere Umstände hinzu, die das Handeln des Jugendamts beeinflussten.[1591] Teilweise haben Berichte des Jugendamts vorgelegen, in denen die Gefährdungssituation als dringlich beschrieben worden ist. Teilweise ist eine Inobhutnahme des Kindes auf Grundlage des § 42 SGB VIII erfolgt oder das Kind fremduntergebracht worden. Vereinzelt[1592] hat das Jugendamt das Familiengericht hinzugezogen, weil es sich davon eine Einwirkung auf die Eltern und das Kind, deren Einsicht in den Hilfeprozess und ihre Hilfeakzeptanz verspricht. Das Gericht reagiert in einem derartigen Fall gleichwohl mit einem Auflagenbeschluss als Ergebnis der Erörterung[1593] und damit mit einer Entscheidung, die das Vorliegen einer konkreten Kindeswohlgefährdung i.S. des § 1666 Abs. 1 BGB voraussetzt.[1594] Es zeigt sich, dass die Jugendämter für die Konstellationen „im Vorfeld der Gefährdung" offensichtlich eine gerichtliche Unterstützung nicht benötigen.

Sämtliche Termine sind trotzdem als Erörterungstermine ausgewiesen. Auch die Ergebnisse der Expertenbefragungen zeigen auf, dass eine Trennung zwischen einer *möglichen* und einer *konkreten* Kindeswohlgefährdung in der praktischen Umsetzung nur bedingt durchführbar ist. *Fälle, in denen nur vage Hinweise erfolgen,* gibt es nach Aussage der Richter nicht. Die Neuregelung des § 157 FamFG erscheint vor diesem Hintergrund eine Auslegung zu erfahren, die sowohl Fälle betreffen soll, in denen eine konkrete Kindeswohlgefährdung vorliegt, als auch Fälle, in denen sich das Erfordernis einer frühzeitigen Erörterung im Vorfeld einer konkreten Kindeswohlgefährdung als notwendig und sinnvoll erweist. Mit Blick auf die unterschiedliche Deutung des Begriffs der *möglichen Kindeswohlgefährdung* zeigen die Ergebnisse der Beobachtungen ebenso wie die Expertengespräche auf, dass in der Praxis die Trennung zwischen einer *möglichen* und einer *konkreten* Kindeswohlgefährdung nicht die erhoffte Umsetzung erfährt, sondern in der Gefahr für das Wohl des Kindes immer das Risiko eines Schadens gesehen wird. Folglich ist die Verwendung der Begrifflichkeit „mögliche" Kindeswohlgefährdung in § 157 FamFG unter gleichzeitiger Einbindung der Erörterung in das Verfahren nach §§ 1666, 1666a

1590 *Wapler*, RdJB 2009, 21 (24).

1591 Vgl. Fallbeobachtung Nr. 1 (prekäre Wohnsituation, alleinerziehende Mutter, unterschiedliche Kindsväter).

1592 Vgl. Fallbeobachtungen Nr. 4 und 6; in Fall 7 besteht zumindest die Gefahr, dass sich das Mädchen wiederholt selbstschädigen wird.

1593 Vgl. Fallbeobachtung Nr. 4.

1594 Hierzu: Staudinger/*Coester*, § 1666 Rn. 87.

BGB nicht hinreichend verständlich. Eine mögliche Ursache ist, dass die Vorschrift im Gesetz nicht richtig positioniert ist. Auch die Unbestimmtheit der Formulierung des § 157 FamFG eröffnet einen weiten Auslegungsspielraum.

Die Einbeziehung des Kindes erfolgt in nur einer Fallkonstellation, in der es um den wiederholten Suchtmittelmissbrauch und diverse Suizidversuche einer Minderjährigen geht und die direkte Einwirkung auf die Minderjährige sinnvoll ist. Ein möglicher Grund für die Beschränkung der Einbeziehung des Kindes auf diesen Fall ist das Alter der betroffenen Kinder in den übrigen beobachteten Fällen. Befinden sich die Kinder im Säuglings-, Kindergarten- oder Vorschulalter, sind sie nicht am Erörterungstermin beteiligt. Sie sind gleichwohl regelmäßig durch einen Verfahrensbeistand vertreten, der mit Eröffnung des Verfahrens vom Gericht bestellt wird. Nur im Fall der unterlassenen Vorsorgeuntersuchung ist ein Verfahrensbeistand nicht bestellt. Offenbar haben sich die Richter an der gesetzlichen Vorgabe des § 158 Abs. 2 Nr. 2 FamFG orientiert. Die Beiordnung des Rechtsanwalts unterbleibt in sämtlichen Fällen.

Die Erkenntnis vereinzelter Richter, *alles sei so wie bisher*[1595], lässt darauf schließen, dass sich die Neuregelung des § 157 FamFG in der Fortführung der bisherigen praktischen Handhabung erschöpft, wonach die Erörterung überwiegend der Sachverhaltsfeststellung und der Gewährung rechtlichen Gehörs diente.[1596] Ein Unterschied zur bisherigen Gefährdungserörterung nach § 50a Abs. 1 S. 3 FGG a.F. ist nicht ersichtlich, weder aus der Perspektive des Jugendamts und der Gerichte, noch ausgehend von der durchgeführten Untersuchung. Letztlich ist die Erörterung der Kindeswohlgefährdung die verfassungsrechtlich gebotene Vorstufe zu einem Sorgerechtseingriff und ein Verfahrensschritt im Vorfeld einer Entscheidung nach § 1666 BGB, in welchem das Familiengericht auf die Eltern einwirken soll. Die nicht einheitliche Handhabung der Erörterung der Kindeswohlgefährdung unter Hinweis darauf, eine Neuregelung habe nichts an der bisherigen Rechtslage geändert, erinnert insoweit an die Diskussion um die Einführung des § 8a SGB VIII in das SGB VIII, die ebenfalls als überflüssig befunden wurde, jedoch zunehmend an Bedeutung gewonnen hat.[1597] Auch die Erörterung hat ein neues gesetzliches Format erhalten und ist nicht mehr bloß eine Ergänzung zur allgemeinen Anhörungsverpflichtung der Eltern. Auch zielt die Neuregelung auf eine einheitliche Anwendung in der Praxis. Gleichwohl ist ein Unterschied zwischen der Anhörung, die der Sachverhaltsaufklärung dient und der Erörterung, die das gezielte Einwirken auf die Eltern und das Erörtern der Gefahrenlage zum Ausdruck bringt, nicht erkennbar. Vielmehr erschöpft sich die Erörterung der Gefahrenlage in der Sachverhaltsfeststellung und der Diskussion möglicher Hilfemaßnahmen. Bis auf

1595 Vgl. etwa Interview Richter Nr. 1 (*Gedächtnisprotokoll*).

1596 Zur bisherigen Rechtslage nach § 50a Abs. 1 S. 3 FGG a.F. im Vergleich zu § 157 FamFG, vgl. ausführlich oben, Kap. 1, C. I. und II.

1597 Vgl. hierzu oben, Kap. 1, B. I. 1. C. dd.

eine beobachtete Fallkonstellation[1598] ist nicht offenkundig, dass der Richter „mit erhobenem Zeigefinger“ ermahnend auf die Eltern einwirkt. Die Eltern erhalten die Gelegenheit sich zu äußern. Sodann erhalten aber Jugendamt und Verfahrensbeistand die Aufforderung, einen konkreten Vorschlag zu unterbreiten, den der Richter lediglich mit eigenen Worten wiederholt. Überwiegend wird die Erörterung sogar als „Anhörung“ bezeichnet. Auch findet eine tiefgreifende Auseinandersetzung mit den Eltern nur vereinzelt statt und eine weitergehende Ermittlungsbemühung des Richters oder eine Inaugenscheinnahme des Kindes unterbleiben in sämtlichen Fällen. Eine mögliche Erklärung ist, dass eine Trennung von Anhörung und Erörterung in der Praxis mit Schwierigkeiten verbunden ist, nachdem es von der jeweiligen Situation abhängt, inwieweit eine Gefahr besprochen werden kann. Eine weitere Erklärung ist, dass auch die Erörterung der Sachverhaltsfeststellung bedarf und die Unterscheidung zwischen einer Anhörung und einer Erörterung insoweit eine künstliche Trennung ist.

Ein Unterschied zwischen dem „*frühen ersten Termin*“ nach § 155 Abs. 2 FamFG und dem Erörterungstermin nach § 157 FamFG ist ebenfalls nicht erkennbar. Die Untersuchung zeigt auf, dass eine Erörterung stets innerhalb eines Monats durchgeführt wird. Dies entspricht den Vorgaben des Gesetzgebers und dem Meinungsstand im öffentlichen Schrifttum, wonach die Erörterung mit dem frühen ersten Termin verbunden werden kann. Dass die Vorschrift des § 157 FamFG den Institutionen Familiengericht und Jugendamt als Spezialvorschrift für Verfahren wegen Kindeswohlgefährdung bekannt ist, lässt sich auf der Grundlage der Untersuchungsergebnisse gleichwohl nicht feststellen. Anders als das in § 155 FamFG normierte Vorrang- und Beschleunigungsgebot ist die Vorschrift des § 157 FamFG vereinzelt nicht vertraut. Bewusst zur Anwendung gelangt gleichwohl die Verpflichtung, in Verfahren wegen Kindeswohlgefährdung den Erlass einer einstweiligen Anordnung nach Maßgabe des § 157 Abs. 3 FamFG zu prüfen. Es zeigt sich, dass in zwei der acht beobachteten Fälle[1599] eine einstweilige Anordnung im Vorfeld des „Erörterungstermins“ erfolgt ist.

Insoweit die Eltern persönlich zum Termin geladen sind und erscheinen müssen, wird ihnen aufgezeigt, Mitverantwortung für das Gelingen der Gefahrenabwendung zu tragen. Dies mag in manchen Eltern das Gefühl der Ohnmacht erzeugen[1600] oder den Eindruck erwecken, in der Erziehung versagt zu haben und sich nunmehr vor „Dritten“ rechtfertigen zu müssen. Dies ist eine denkbare Verhaltensstruktur, wenn die Situation vor Gericht bereits Erlebtes in Erinnerung ruft oder die Beziehung zu dem Jugendamt mit negativen Erfahrungen einhergeht. Nach dem Ergebnis der Fallbeobachtungen kann festgestellt werden, dass die Erörterung bei Gericht den überwiegenden Eltern und auch Minderjährigen, soweit diese hinzugezogen wurden, vermittelt hat, gehört zu werden und am Prozess der Entscheidungsfindung

---

1598 vgl. Fallbeobachtung Nr. 7.
1599 Vgl. Fallbeobachtungen Nr. 3 und 8.
1600 *Münder/Mutke/Schone*, S. 297 ff.

sowie der Auswahl der Maßnahmen beteiligt zu sein. Die familiengerichtlich gelenkte „Freiwilligkeit" von Hilfe hat in jenen Fällen, in denen der Gefahrenlage noch mit öffentlichen Hilfen begegnet werden konnte, die Chance eröffnet, die Eltern für die Annahme von Hilfen zu gewinnen.[1601] Anders als in Verfahren, die der Disposition der Eltern unterliegen, ist die Erörterung möglicher Gefahrenabwendungsmodalitäten gleichwohl kein „gemeinsames" Verhandeln, sondern der Versuch des Gerichts, den Kindseltern und in geeigneten Fällen auch dem Kind vor Augen zu führen, dass sie sich mit der Gefährdungssituation auseinandersetzen müssen. Hierbei geht es um die Sicherheit des Kindes und um einen Aspekt, der *nicht* verhandelbar, sondern vorrangig sicherzustellen und nach strengen Maßstäben von Amts wegen zu prüfen ist.[1602]

Vereinzelt wird in den beobachteten Fallkonstellationen nicht auf eine Hilfeakzeptanz der Eltern hingewirkt. Nach festgestellter Kindeswohlgefährdung war es offenbar erforderlich, den Schutz des Kindes sicherzustellen und der Situation mit gezielten und verbindlichen Maßnahmen zu begegnen.[1603] Es wird insoweit deutlich, dass das Verfahren wegen Kindeswohlgefährdung ein Verfahren ist, das nicht der Disposition der Eltern untersteht. Das Verhalten des Richters bringt zum Ausdruck, dass er die Letztentscheidungsbefugnis hat. Auf seine Rolle im Verfahren und auf die ihm obliegende Befugnis, die ggfs. in einem Entzug der elterlichen Sorge mündet, weist der Richter besonders hin, wenn auch nicht ersichtlich ist, dass den beteiligten Sorgeberechtigten etwa nicht bewusst wäre, dass das Gericht mit einem Sorgerechtsentzug reagieren kann. Anders als etwa im Streitbeilegungsverfahren der Mediation, wonach die Entscheidungsfindung unter Anleitung eines neutralen Dritten auf einem freiwilligen und selbständig erarbeiteten Lösungskonzept basiert[1604], erfolgt die Entscheidungsfindung im Erörterungstermin nach § 157 FamFG trotz Auseinandersetzung mit der Gefahrenlage unter Zusammenführung der Betroffenen und Beteiligten des Verfahrens im Kontext der Unfreiwilligkeit, d. h. im Zwangskontext. Den Eltern werden die Konsequenzen aufgezeigt, die drohen, wenn sie die erforderlichen Hilfen nicht annehmen und nicht mit dem Jugendamt kooperieren.

Die Ergebnisse des Erörterungsgesprächs sind sehr unterschiedlich und reichen von einer Vereinbarung über die Einstellung des Verfahrens bis hin zu gerichtlichen Eingriffsmaßnahmen in die elterliche Sorge nach § 1666 Abs. 3 BGB.

Als „Erzieher" tritt der Richter nicht in Erscheinung. Durch die Anwesenheit des Jugendamts im Termin ist gewährleistet, dass die sozialpädagogische Fachkompetenz im Erörterungstermin vertreten ist. Eine Rollenklarheit zwischen

---

1601 Zu den Chancen des frühzeitigen Hinwirkens auf Hilfen siehe etwa *Meysen*, in: bke (2010), S. 67 (81).

1602 *Salgo*, FPR 2010, 456 (458).

1603 Siehe allerdings Fallbeobachtung Nr. 7, wonach sich der Richter über die Einschätzung von Jugendamt und Verfahrensbeistand hinwegsetzt.

1604 *Hösl*, S. 29 ff.; zu einzelnen Begrifflichkeiten und Bestandteilen der Mediation vgl. *Duss-von Werdt*, S. 12 ff.

Familiengericht und Jugendamt scheint bis auf Fallkonstellation Nr. 7 zu bestehen. Auch nach den Ergebnissen der Expertengespräche zeigen sich Rollendiskrepanzen in der Zusammenarbeit nur dann, wenn keine Kenntnis vom Aufgaben- und Kompetenzbereich des jeweils anderen besteht. Begegnen sich Jugendhilfe und Justiz mit Respekt und dem nötigen Fachverständnis füreinander, nimmt die Erörterung einen effektiven Verlauf. Die Zusammenarbeit zwischen beiden Institutionen gelingt, wenn sowohl Jugendamt als auch Familiengericht transparent handeln. Hierzu gehört die rechtzeitige Vornahme der Gefährdungsmitteilung an das Gericht. Schließlich ist in keiner der Fallkonstellationen ersichtlich, dass die Jugendämter den Gang zum Gericht gescheut haben, weil die Hinzuziehung des Gerichts etwa das Vertrauensverhältnis zwischen der Jugendhilfe und Eltern/ Kind belastet und das Gefährdungsrisiko für das Kind damit erhöht hätte, anstatt es zu reduzieren.

Die vorliegende Untersuchung gibt nur einen exemplarischen Einblick in die familiengerichtliche Praxis. Die Unsicherheiten, die im Fachdiskurs über die Norm hervorgebracht werden, setzen sich aber in der praktischen Wirklichkeit fort. Resümierend lässt sich festhalten, dass die Norm des § 157 FamFG die aufgezeigten Regelmäßigkeiten aufweist, insgesamt aber einen Spielraum hervorruft, der je nach individueller Wahrnehmung der handelnden Akteure zu unterschiedlichen Verfahrensabläufen führt.

Kapitel 5: Vorschläge und Ausblick

A. Vorschläge

Die nachfolgenden Vorschläge ergeben sich als Konsequenz aus der Zusammenschau des öffentlichen Fachdiskurses unter Berücksichtigung der Analyse der aufgezeigten exemplarischen Fallbeobachtungen sowie der Ergebnisse der Experteninterviews.

- Eine Konkretisierung des § 157 FamFG ist geboten: Insoweit § 157 FamFG gegenständlich auf eine Verpflichtung zur Gesprächsführung abstellt und damit den Eindruck erweckt, eine rein verfahrensrechtliche Bestimmung zu statuieren, korrespondiert sie zugleich mit den inhaltlichen Regelungen zur Feststellung einer Kindeswohlgefährdung nach den §§ 8a SGB VIII und §§ 1666, 1666a BGB.[1605] In Anlehnung an die gewichtigen Anhaltspunkte in § 8a Abs. 1 SGB VIII und die Maßgabe, dass eine mögliche Kindeswohlgefährdung weder voraussetzt, dass eine Gefahr aktuell vorliegt oder gegenwärtig ist, noch eine Schadenswahrscheinlichkeit in dem Maße vorhanden sein muss, dass sich bei der weiteren Entwicklung eine erhebliche Schädigung mit ziemlicher Sicherheit voraussehen lässt, wird vorgeschlagen, den Begriff der „möglichen Kindeswohlgefährdung" sprachlich durch die Formulierung „konkret mögliche Gefährdung des Kindeswohls" zu präzisieren.[1606]
- Es wird vorgeschlagen, die Vorschrift des § 8a SGB VIII in Absatz 2 um den Verweis auf die Durchführung des Erörterungstermins zu erweitern. *§ 8a Abs. 2 S. 1 SGB VIII n.F.* lautete sodann wie folgt:

  > „Hält das Jugendamt das Tätigwerden des Familiengerichts für erforderlich, hat es das Gericht anzurufen; dies *hat es zur Durchführung einer Erörterung nach den Vorgaben des § 157 FamFG bei konkret möglichen Anhaltspunkten für eine Kindeswohlgefährdung auch*, wenn die Erziehungsberechtigten nicht bereit oder in der Lage sind, bei der Abschätzung des Gefährdungsrisikos mitzuwirken."

  Mit der Erörterung bei Gericht soll erreicht werden, dass die Eltern eine Kooperation mit dem Jugendamt eingehen und öffentliche Hilfen in Anspruch nehmen. Das Jugendamt darf deshalb mit der Anrufung des Gerichts nicht zu lange zuwarten. Es soll im Vorfeld dem Familiengericht einen kurzen schriftlichen Bericht und die Hilfepläne vorlegen.[1607] Neben einer kurzen Schilderung der wesentlichen Tatsachen und der Gründe für die Anrufung des Gerichts sollten die

---

1605 *Czerner*, ZKJ 2012, 246 (251); *Fest*, in: Haußleiter, § 157 Rn. 5; Keidel/*Engelhardt* (2014), FamFG, § 157 Rn. 2.
1606 So auch *Coester*, in: Lipp/Schumann/Veit, Kindesschutz, S. 19 (38).
1607 Angelehnt ist der Vorschlag an *Oberloskamp/Lewe*, FPR 2009, 553 ff.

bisherigen Hilfeangebote aufgeführt werden und die Gründe für ihr Scheitern, um den bisherigen Hilfeverlauf nachzuzeichnen. Hierzu gehört die gesetzliche Ausgestaltung einer Handlungsgrundlage für eine einzelfallbezogene Kooperation zwischen Jugendamt und Familiengericht, um die Kommunikation im Vorfeld eines Termins und die Koordination notwendiger Schutzmaßnahmen zu ermöglichen.[1608]

- Die Unterscheidung zwischen dem Erörterungstermin nach § 155 Abs. 2 FamFG und der Erörterung des § 157 FamFG gilt es deutlicher zu betonen. Dies kann durch eine weitere Konkretisierung des § 157 FamFG gelingen. Eine Alternative ist die Zusammenführung der Tatbestände durch die Einfügung des § 157 FamFG in die Norm des § 155 FamFG oder den Verweis in § 155 FamFG auf § 157 FamFG (und § 156 FamFG).
- Vorgeschlagen wird, *verpflichtende* Fortbildungen für Jugendamt und v.a. Familienrichter gesetzlich zu implementieren. Fortbildungen sollten teilweise interdisziplinär ausgestaltet sein, um in die Verfahrensweisen und Arbeitsmethoden der jeweils anderen Fachdisziplin einzuführen. Die Angebote sind durch eine Supervision für Richter zu ergänzen. Die vorliegende Untersuchung zeigt die Schwierigkeit der Einschätzung der Gefahrenlage, d.h. die Einschätzung darüber, wann erste Anhaltspunkte einer Kindeswohlgefährdung vorliegen und wann wiederum die Gefährdungsschwelle einer konkreten Kindeswohlgefährdung i.S. des § 1666 BGB überschritten ist. Die Strukturen der Jugendhilfe und Inhalte psychosozialer Fragestellungen sind den juristisch ausgebildeten Familienrichtern zum Teil nur wenig bis nicht bekannt. Auch die hinreichende Qualifikation der professionellen Akteure trägt dazu bei, dass die Norm in der vom Gesetzgeber erhofften Weise zur Anwendung gelangt. Der Familienrichter wird im Rahmen des Erörterungsgesprächs in der Lage sein, die Situation umfänglich zu erfassen, wenn ihm die Methoden der Gesprächsführung und Kindesanhörung vertraut sind.[1609]
- Die Vorschrift des § 158 Abs. 3 FamFG, wonach der Verfahrensbeistand „so früh wie möglich zu bestellen ist", ist um die *Notwendigkeit der Bestellung eines Verfahrensbeistands für den Erörterungstermin nach § 157 FamFG zu erweitern, wenn bereits der Erörterungstermin die Hinzuziehung des Verfahrensbeistands erfordert, um die Interessen des Kindes zu vertreten.* Auch das Bemühen um anwaltlichen Beistand der Kindseltern ist im Einzelfall geboten und sollte seitens des Richters mindestens durch einen Hinweis an die Eltern Berücksichtigung finden, wenn die Komplexität der Fallkonstellation eine Hinzuziehung erfordert.
- Das empirische und statistische Datenmaterial ist um die noch differenziertere Erfassung eines Berichtsmonitorings zu erweitern, das sämtliche Handlungen des Gerichts und damit auch Zusagen und Nicht-Entscheidungen miteinschließt. Dadurch kann weiteres Datenmaterial zur Erfahrung im Umgang mit § 157 FamFG erfasst werden. Überdies kann ein derartiges Berichtswesen dazu beitragen, die

1608 Vgl. *Grabow*, in: AFET-Veröffentlichungen Nr. 71/2011, S. 29 (35f.).
1609 Vgl. auch *Salgo*, FamRZ 1984, 221 (227).

durch die Neuregelung erzielten Effekte und Wirkungen nicht nur langfristig, sondern auch bundesweit zu erfassen und vergleichbar zu beobachten.[1610]
- Schließlich sollte eine Verlaufsforschung bzw. Langzeitstudie zur Umsetzung der Erörterung in der Praxis und insbesondere zur Effektivität des Absehens von Maßnahmen in Verfahren wegen Kindeswohlgefährdung durchgeführt werden. Die hieraus gewonnenen Erkenntnisse geben Aufschluss über die Folgen, die entstehen, wenn von gerichtlichen Sorgerechtseingriffen abgesehen wird oder Maßnahmen unterhalb eines Sorgerechtsentzuges angeordnet werden.

B. Ausblick – Möglichkeiten und Grenzen der Erörterung der Kindeswohlgefährdung in der familiengerichtlichen Praxis

Der Erörterungstermin nach § 157 FamFG eröffnet die Möglichkeit, den Eltern mithilfe richterlicher Autorität mehr Nachdruck hinsichtlich der Annahme öffentlicher Hilfen zu verleihen.[1611] Der Familienrichter wird zum Motivator für die Inanspruchnahme von Sozialleistungen, zu deren Inanspruchnahme das Jugendamt die Eltern alleine nicht bewegen konnte. Die Erörterung präzisiert insoweit als Verfahrensschritt im Vorfeld einer Entscheidung nach § 1666 BGB die Arbeitsteilung von Jugendamt und Familiengericht und nutzt die jeweiligen Handlungsmodalitäten zur Verbesserung des behördlichen sowie gerichtlichen Kinderschutzes unter Wahrung des elterlichen Gefahrenabwendungsprimats und des in § 1666a BGB normierten Verhältnismäßigkeitsgrundsatzes: Der Familienrichter soll frühzeitig und unter Mitwirkung des Jugendamtes „auf die Eltern einwirken“. Die Eingriffsschwelle für Einschränkungen der elterlichen Sorge nach §§ 1666, 1666a BGB ist hierbei unverändert hoch geblieben ist. Die Verfahrensvorschrift des § 157 FamFG kann die Zusammenarbeit zwischen Familiengericht und Jugendamt optimieren, wenn Jugendamt und Familiengericht aufeinander abgestimmt handeln.[1612] Die verschiedenen Beteiligten Justiz, Jugendhilfe, Eltern, Kind, Verfahrensbeistand etc. an einen Tisch zu bekommen, ist erfolgversprechend, wenn die „interdisziplinäre“ Besetzung der Beteiligten zu einer umfassenden Sichtweise der Problematik beiträgt und der Subjektstellung des Kindes Rechnung trägt. Hierbei darf die Begründung des Gesetzgebers nicht dahingehend (miss-)verstanden werden, dass sich die Hinzuziehung des Kindes auf die dort aufgeführten Konstellationen der Jugenddelinquenz und Drogensucht beschränkt. Die effektive Interessensvertretung des Kindes ist durch die Beiordnung eines Verfahrensbeistandes sicherzustellen, dessen frühzeitige Hinzuziehung bereits positive Wirkungen gezeigt hat.

Die Erörterung der Kindeswohlgefährdung erweist sich als sinnvolles gerichtliches Handlungsinstrument, wenn es darum geht, das Familiengericht deshalb

1610 Vgl. *Kurz-Adam*, in: AFET-Veröffentlichungen Nr. 71/2011, S. 23 (27).
1611 *Willutzki*, FPR 2009, 327 (329).
1612 *Ziegler*, in: Schulte-Bunert/Weinreich, § 157 Rn. 6.

anzurufen, weil die Eltern nicht bereit oder in der Lage sind, bei der Abschätzung von Gefährdungsrisiken mitzuwirken (§ 8a Abs. 2 S. 1, 2. Hs. SGB VIII). Verfassungsrechtliche Bedenken werden diesbezüglich nicht geteilt. Insbesondere stellt sich die Anrufung des Gerichts nicht als unzulässige Eingriffsmaßnahme in elterliche Sorgerechte unter Umgehung der Eingriffsschwelle des § 1666 Abs. 1 BGB dar, sondern als zulässige Informationsbeschaffungsmaßnahme bzw. als Gefahrenerforschungseingriff im Vorfeld einer konkret festgestellten Kindeswohlgefährdung.[1613]

Ist eine Kindeswohlgefährdung bereits konkret festgestellt worden oder handelt es sich sogar um eine akute Gefahrensituation für das Wohl des Kindes, liegt es nach dem Grundverständnis des staatlichen Wächteramts nicht mehr im Verantwortungsbereich der Eltern zu entscheiden, ob sie die Gefahr von dem Kind abwenden wollen und auf welche Weise. Vor allem besteht kein Raum für Verhandlungen und gerichtliche Versuche, eine mögliche Hilfeakzeptanz bei den Eltern hervorzurufen, solange die Sicherheit des Kindes nicht gewährleistet ist. Zwar kann die Autorität des Gerichts durchaus eine Wirkung entfalten. Es gilt jedoch sorgfältig zu prüfen und letztlich transparent seitens des Jugendamts aufzuzeigen, inwieweit die Jugendämter in derartigen Gefährdungskonstellationen die Möglichkeiten für einvernehmliche Lösungen bereits ausgeschöpft haben unter Benennung der Gründe für ihr Scheitern.[1614] Das empirische Datenmaterial der vorliegenden Untersuchung zeigt, dass die Anrufung des Gerichts in den überwiegenden Fällen das Ergebnis einer bereits gescheiterten Hilfebeziehung bzw. des Nichtzustandekommens einer einvernehmlichen Lösung mit den Betroffenen ist. Es verbietet sich insoweit, das Erörterungsgespräch als ein weiteres Hilfeplangespräch zu interpretieren, das über den Gerichtssaal zeitlich und räumlich hinausgehen soll. Das Gericht alleine wird im Regelfall nicht in der Lage sein, manifeste Strukturen in der Familie zu verändern. Die Erörterung eröffnet gleichwohl dem Jugendamt die Möglichkeit, die notwendige Hilfe im Zwangskontext zu installieren und das Kind auf diese Weise zu schützen.

Obwohl sich das Erörterungsgespräch nicht als eine Konfliktlösungsmethode vergleichbar der Mediation darstellen kann, kann es einen lösungsorientierten und in gewisser Weise neuartigen Ansatz im Kinderschutzverfahren bieten, wenn es die förderliche Wirkung hervorbringt, dass die Gefahrensituation umfassend eingeschätzt und der notwendige Hilfeprozess mit der Jugendhilfe angekurbelt wird. Die Herangehensweise darf sich aber nicht als ein Konzept erweisen, das alle am Kinderschutz beteiligten Fachdisziplinen zusammenführt, um einen Konsens zu erarbeiten.[1615] Vielmehr gilt es, die Chance zu nutzen, den Prozess der Gefahrenabwehr gemeinsam interdisziplinär zu gestalten, der am besten dann gelingt, wenn den Verantwortlichen ein abgestimmtes Verständigungssystem zugrunde liegt. Die frühe Kontaktaufnahme erzeugt Spielräume und auch das Familiengericht muss,

---

1613 Hierzu ausführlich oben, Kap. 2, A. IV.

1614 *Salgo*, FPR 2010, 456 (458); vgl. *Münder/Mutke/Schone*, S. 113 ff.

1615 So etwa *Behrendt/Jopt*, in: FS für Rudolph, S. 153 (161 ff.).

bevor eine Eingriffssituation entsteht, ein konkretes alltagsbezogenes Bild von der familiären Situation erhalten. Hierfür ist es dienlich, wenn die handelnden Akteure über Kenntnisse der internen Verfahrensabläufe in den Jugendämtern verfügen und diese verstehen. Kann das Gericht etwa als Gesprächsgrundlage im Erörterungstermin den Hilfeplan verwenden, kann es auf der Grundlage der entsprechenden Hilfeplanung in die Abläufe und Handlungsmuster der Jugendhilfe einbezogen werden.[1616] Jedenfalls erfordert die Zielsetzung einer gemeinsamen Arbeits- und Verfahrensplanung unterschiedlicher Akteure die Verwendung gemeinsamer Begrifflichkeiten.[1617]

Wenngleich der Richter im Rahmen des Verfahrens wegen Kindeswohlgefährdung als *Vermittler* agiert und das Hinwirken auf eine Verhaltensänderung der Eltern auch dem richterlichen Selbstverständnis entspricht[1618], geht es im Verfahren nach §§ 1666, 1666a BGB allein um das Wohl und insbesondere den Schutz des Kindes. Wichtig ist, dass der Richter nicht erzieherisch einwirkt und dadurch in den beteiligten Pädagogen das Gefühl der Unzufriedenheit hervorruft. So zeigt auch die vorliegende Untersuchung, dass die Übernahme pädagogischer Funktionen nicht dem richterlichen Selbstverständnis entspricht und das Gericht der Kenntnisse außerjuristischer Professionen bedarf. Das prozesshafte und justizielle Begleiten eines Hilfeprozesses stellt den Familienrichter vor die Herausforderung, sich der Familie anzunehmen und Hilfestellungen aufzuzeigen. Hierzu bedarf es der Mitwirkung des Jugendamts. Aus den empirischen Vorgaben lässt sich ableiten, dass eine Zusammenarbeit gelingt, wenn das Familiengericht das Jugendamt als Fachdisziplin für psychosoziale Fragestellungen und das Jugendamt das Familiengericht als Entscheidungsinstanz anerkennt.

Die Erörterung kann mithin ein gewinnbringendes Resultat erzeugen, wenn es darum geht, die richterliche Autorität zur Durchsetzung der notwendigen Hilfen frühzeitiger zu nutzen als bisher. Der Vorteil für das Jugendamt, das im Vorfeld einer jeden gerichtlichen Anrufung sorgfältig abzuwägen hat, ob die Hinzuziehung des Gerichts den erhofften Erfolg bewirken kann, wird darin bestehen, die Eltern mithilfe der richterlichen Autorität frühzeitig für den Hilfeprozess zu gewinnen, um der möglichen Gefährdungssituation für das Kind zu begegnen. „Es ist die Macht des Gerichts, im Einzelfall anders zu intervenieren als die Jugendhilfe es kann."[1619] Die Feststellung des Jugendamts, dass das eigene Handlungsinstrumentarium erschöpft ist, gilt es zu erkennen und durch die Hinzuziehung des Familiengerichts zu nutzen. Der Richter wird zum Motivator für die Inanspruchnahme von Sozialleistungen, zu deren Inanspruchnahme die Sozialbehörden die Eltern alleine nicht bewegen können. Für das Gericht wiederum bietet die Erörterung den Vorteil,

---

1616 *Flemming*, FPR 2009, 568 (570), wonach der Vorschlag erfolgt, als richterliche Gesprächsgrundlage einen Kinderschutzbogen zu verwenden.

1617 Vgl. *Flemming,* FPR 2011, 309 (312); *ders.*, FPR 2009, 339 (344).

1618 Staudinger/*Coester*, § 1666 Rn. 260.

1619 *Walter*, FPR 2009, 23 (27).

die Gefahrenlage frühzeitig aufzuklären und auf die Handlungsmöglichkeiten der Jugendhilfe eingehen zu können, um schließlich dem Grundsatz der Verhältnismäßigkeit zu genügen. Letztlich zielt der Gesetzgeber mit dem Erörterungsgespräch nicht auf eine mit Rechtsnormen begründbare Entscheidungsfindung, sondern auf die Gefahrenabwendung durch zusätzlich unterstützendes, prozesshaftes richterliches Handeln[1620], das die elterliche Hilfeakzeptanz in das Fallgeschehen mit einfließen lässt. Die jüngsten gesetzlichen Entwicklungen zeigen auf, dass das staatliche Wächteramt wieder verstärkt zum Einsatz kommen soll. Angestrebt werden gleichwohl Entscheidungen, die sich als weniger eingriffsintensiv erweisen.

Effektiver Kinderschutz im Vorfeld einer konkreten Kindeswohlgefährdung erfordert von den handelnden Professionen nicht nur die entsprechenden Qualifikationen, sondern auch die entsprechenden Ressourcen. Hierbei bedarf es eines Richters, der nicht nur gut aus- und fortgebildet ist, sondern der auch die Grenzen der eigenen Professionalität erkennt.[1621] Auch in den Jugendämtern ist sicherzustellen, dass die entsprechenden personellen Ressourcen und Fachkompetenzen vorhanden sind.[1622] Wird die Erörterung der Kindeswohlgefährdung in § 157 FamFG als Ausprägung des Verhältnismäßigkeitsgebotes betrachtet, kann es als wirksames Instrumentarium zum Schutz des Kindes dienen. Etabliert wird eine „*Win-Win*"-Situation[1623] für Familiengericht und Jugendamt erst dann, wenn die Erörterung als Verfahrensgrundlage dient, die die interinstitutionelle Verständigung zwischen Jugendhilfe und Justiz ermöglicht.[1624]

Die Neuregelung des § 157 FamFG eröffnet die Chance der Kommunikation, die es zu nutzen gilt. Damit diese Chance eine Umsetzung erfahren kann, ist das Verständnis der Norm notwendig, das voraussetzt, dass die Norm Auslegungsdivergenzen vermeidet. Soll die Vorschrift des § 157 FamFG als Konkretisierung der familienrichterlichen Wächterverantwortung Anwendung finden und den Grundsatz der Verhältnismäßigkeit in besonderer Weise zum Ausdruck bringen[1625], bedarf es einer Klarstellung der eigentlichen Zielrichtung der Normierung. Diese beginnt mit der eindeutigen verfahrensrechtlichen Verortung im Gesetz und setzt sich in der zu konkretisierenden Erläuterung der entsprechenden Gefahrenschwelle fort. Eine gesetzliche Überarbeitung des § 157 FamFG erscheint nach alledem geboten, um letztlich das Wohl des Kindes noch besser gewährleisten zu können.

1620 *Flemming/Profitlich*, in: Deutsches Institut für Urbanistik (2009), Das aktive Jugendamt, S. 45.
1621 So auch zuletzt *Heilmann*, ZKJ 2014, 264 (Editorial).
1622 *Rieger*, ZKJ 2009, 312 (314).
1623 *Wiesner*, in: AFET-Veröffentlichung Nr. 71/2011, S. 11 (21).
1624 *Flemming*, FPR 2009, 568 (571).
1625 Staudinger/*Coester*, § 1666 Rn. 265.

Literaturverzeichnis

Abramenko, Andrik, in: Prütting, Hanns; Helms, Tobias (Hrsg.). FamFG. Gesetz über das Verfahren in Familiensachen und in den Angelegenheiten der freiwilligen Gerichtsbarkeit. Mit FamGKG. Kommentar. 3. Auflage, Köln 2014, (zit.: Abramenko, in: Prütting/Helms, FamFG, § Rn.).

Alberts, Hermann: Entscheidungsbesprechung zu OLG Schleswig, Beschluss v. 28.10.2011, 10 WF 185/11 (Anwaltsbeiordnung im Sorgerechtsverfahren bei Kindeswohlgefährdung), FamFR 2012, 110.

Alle, Friederike: Kindeswohlgefährdung. Das Praxishandbuch, 2., aktualisierte Auflage, Freiburg 2012 (zit.: Alle, S.).

Badura, Peter, in: Maunz, Theodor; Dürig, Günter (Begründer), Herzog, Roman; Scholz, Rupert; Herdegen, Matthias; Klein, Hans (Hrsg.). Grundgesetz Kommentar. 71. Ergänzungslieferung, München 2014 (zit.: Badura, in: Maunz/Dürig, GG-Kommentar (2014), Art. 6 Rn.).

Bahrenfuss, Dirk (Hrsg.): FamFG. Gesetz über das Verfahren in Familiensachen und in den Angelegenheiten der freiwilligen Gerichtsbarkeit. Kommentar. 2., völlig neu bearbeitete und wesentlich erweiterte Auflage, Berlin 2013 (zit.: Bearbeiter, in: Bahrenfuss (2013), § Rn.).

Balloff, Rainer: Schutz und Rechte des Kindes: Rechtlicher Rahmen zum neuen FamFG, zu einigen Vorschriften im Familienrecht (BGB), Kinder- und Jugendhilferecht (SGB VIII) und das geplante Kinderschutzgesetz, in: Körner, Wilhelm; Deegener, Günther (Hrsg.), Erfassung von Kindeswohlgefährdung in Theorie und Praxis, Lengerich 2011, S. 56–82 (zit.: Balloff, in: Körner/Deegener, S.).

Bassenge, Peter, in: Hoppenz, Rainer: Familiensachen. 8., völlig neu bearbeitete und erweiterte Auflage, Heidelberg 2005, § 50a FGG, (zit.: Hoppenz/Bassenge, § Rn.).

Bassenge, Peter; Roth, Herbert: Gesetz über das Verfahren in Familiensachen und in den Angelegenheiten der freiwilligen Gerichtsbarkeit. Rechtspflegergesetz. Kommentar. 12., völlig neu bearbeitete und erweiterte Auflage, Heidelberg 2009 (zit.: Bearbeiter, in: Bassenge/Roth, § Rn.).

Bauer, Axel, in: Salgo, Ludwig; Zenz, Gisela; Fegert, Jörg; Bauer, Axel; Weber, Corina; Zitelmann, Maud (Hrsg.): Verfahrensbeistandschaft. Ein Handbuch für die Praxis. 2., überarbeitete und aktualisierte Auflage, Köln 2010 (zit.: Bauer, in: HB-VB (2010), Rn.).

Behrend, Katharina; Jopt, Uwe: Kinder sind Kinder! – Plädoyer für ein lösungsorientiertes Vorgehen auch bei Kindeswohlgefährdung, in: Müller-Magdeburg, Cornelia (Hrsg.), Verändertes Denken – zum Wohle der Kinder, Festschrift für Jürgen Rudolph, Baden-Baden 2009, S. 153–163 (zit.: Behrend/Jopt, in: FS für Rudolph, S.).

Behrends, Okko; Schumann, Eva (Hrsg.): Gesetzgebung, Menschenbild und Sozialmodell im Familien- und Sozialrecht. Abhandlungen der Akademie der Wissenschaften zu Göttingen. Neue Folge, Band 3. Berlin, New York 2008 (zit.: Bearbeiter, in: Behrends/Schumann, S.).

Bergmann, Margarethe: Jugendamt und Familiengericht beim Kindesschutz, ZKJ 2009, 404–406.

Bergmann, Margarethe: Das gesetzliche Netzwerk im Familienverfahren. Der Familienrichter im Verhältnis zum Jugendamt und zum verfahrensbevollmächtigten Anwalt, FPR 2011, 297–299.

Bergschneider, Ludwig: Was bringt die FGG-Reform? In: Deutscher Familiengerichtstag e.V. (Hrsg.), Siebzehnter Deutscher Familiengerichtstag vom 12. bis 15. September 2007 in Brühl, Band 15, 2008, S. 63–88, (zit.: Bergschneider, 17. DFGT 2007, Brühler Schriften, S.).

Binschus, Wolfgang: Wie kann der Gefährdung eines Kindes begegnet werden? In: ZfF 2008, 112–116.

Böckenförde, Ernst-Wolfgang: Elternrecht – Recht des Kindes – Recht des Staates. Zur Theorie des verfassungsrechtlichen Elternrechts und seiner Auswirkung auf Erziehung und Schule, in: Krautscheidt, Joseph; Marré, Heiner (Hrsg.), Essener Gespräche zum Thema Staat und Kirche, Band 14, Münster 1980, S. 54–98, (zit.: Böckenförde, in: Essener Gespräche, S.).

Bork, Reinhard; Jacoby, Florian; Schwab, Dieter (Hrsg.). FamFG. Kommentar zum Gesetz über das Verfahren in Familiensachen und in den Angelegenheiten der freiwilligen Gerichtsbarkeit. Bielefeld 2009, (zit.: Bearbeiter, in: Bork/Jacoby/Schwab, FamFG (2009), § Rn.).

Bork, Reinhard; Jacoby, Florian; Schwab, Dieter (Hrsg.). FamFG. Kommentar zum Gesetz über das Verfahren in Familiensachen und in den Angelegenheiten der freiwilligen Gerichtsbarkeit. 2., neu bearbeitete Auflage, Bielefeld 2013 (zit.: Bearbeiter, in: Bork/Jacoby/Schwab, FamFG (2013), § Rn.).

Borth, Helmut; Grandel, Mathias, in: Musielak, Hans-Joachim (Hrsg.). Familiengerichtliches Verfahren. 1. und 2. Buch, 4., neubearbeitete Auflage München 2013, (zit.: Borth/Grandel, in: Musielak/Borth, FamFG (2013), § Rn.).

Bremische Bürgerschaft (Landtag, 16. Wahlperiode): Bericht des Untersuchungsausschusses zur Aufklärung von mutmaßlichen Vernachlässigungen der Amtsvormundschaft und Kindeswohlsicherung durch das Amt für Soziale Dienste, Drucksache 16/1381 v. 18.04.2007. Internetadresse_32.

Breymann, Klaus: Was müssen Jugendrichter/Innen eigentlich wissen und können? (Zwischenruf), ZJJ 2011, 88.

Bringewat, Peter: Tod eines Kindes: Soziale Arbeit und strafrechtliche Risiken. Baden-Baden 1997 (zit.: Bringewat, Tod eines Kindes (1997), S.).

Bringewat, Peter: Schutz des Kindeswohls – eine Aufgabe des Strafrechts?! In: ZKJ 2007, 225–231.

Bringewat, Peter, in: Kunkel, Peter-Christian (Hrsg.): Sozialgesetzbuch VIII. Kinder- und Jugendhilfe. Lehr- und Praxiskommentar. 4. Auflage 2011, § 8a SGB VIII (zit.: Bringewat, in: LPK-SGB VIII, § Rn.).

Buchholz-Schuster, Eckardt: Beurteilung und Umsetzung des KICK in der Praxis bayerischer Jugendämter. Eine Erkundungsstudie, ZKJ 2007, 467–475.

Buchholz-Schuster, Eckardt: Recht im Spannungsfeld zwischen sozialpädagogischer und juristischer Methodik (Teil 1), ZKJ 2009, 470–477.

Buchholz-Schuster, Eckardt: Recht im Spannungsfeld zwischen sozialpädagogischer und juristischer Methodik (Teil 2), ZKJ 2010, 17–21.

Buckolt, Oliver: Die Zumessung der Jugendstrafe. Eine kriminologisch-empirische und rechtsdogmatische Untersuchung. 1. Auflage Baden-Baden 2009, (zit.: Buckolt, S.).

Bumiller, Ursula; Harders, Dirk; Schwamb, Werner: FamFG: FamFG. Freiwillige Gerichtsbarkeit. 11. Auflage München 2014 (zit.: Bumiller/Harders, § Rn.).

Bundesjugendkuratorium: Schutz vor Kindeswohlgefährdung: Anmerkungen zur aktuellen Debatte – Stellungnahme des Bundesjugendkuratoriums, ZKJ 2008, 200–205.

Bundesverband für Erziehungshilfe e.V. (Hrsg.): Ein Jahr FamFG. Auswirkungen auf Verfahren bei Kindeswohlgefährdung. Bundesverband für Erziehungshilfe (AFET)-Veröffentlichung Nr. 71/2011, Hannover 2011 (zit.: Bearbeiter, in: AFET-Veröffentlichung Nr. 71/2011, S.).

Burschel, Hans-Otto: Kapitel „Sorge aus richterlicher Sicht“, in: Reinhard Prenzlow (Hrsg.). Handbuch Elterliche Sorge und Umgang. Pädagogische, psychologi sche und rechtliche Aspekte, 1. Auflage Köln 2013, S. 29–70 (zit.: Burschel, in: Prenzlow, S. Rn.).

Burschel, Hans-Otto, in: Hahne, Meo-Micaela; Munzig, Jörg (Hrsg.). Beck'scher Online Kommentar FamFG. Stand: 01.09.2014, Edition: 13, München (zit.: Burschel, in: BeckOK-FamFG, § Rn.).

Busch, Manfred; Fieseler, Gerhard: Änderungen der Jugendhilfe durch KICK. Ein Überblick zu den wesentlichen Änderungen, Jugendhilfe aktuell 5/2005, 254–258.

Büte, Dieter, in: Johannsen, Kurt; Henrich, Dieter (Hrsg.). Familienrecht. Scheidung, Unterhalt, Verfahren, 6. Auflage, München 2014 (zit.: Büte, in: Johannsen/Henrich (2014), § Rn.).

Büttner, Peter; Wiesner, Reinhard: Zur Umsetzung des Schutzauftrags nach § 8a SGB VIII in der Praxis. Erfahrungen aus der praktischen Arbeit und Fortbildung, ZKJ 2008, 292–297.

Coester, Michael: Das Kindeswohl als Rechtsbegriff. Die richterliche Entscheidung über die elterliche Sorge beim Zerfall der Familiengemeinschaft. Frankfurt am Main 1983 (zit.: Coester, Kindeswohl, S.).

Coester, Michael: Die Bedeutung des Kinder- und Jugendhilfegesetzes (KJHG) für das Familienrecht, FamRZ 1991, 253–263.

Coester, Michael: Inhalt und Funktion der Kindeswohlgefährdung – Erfordernis einer Neudefinition?, JAmt 2008, 1–9.

Coester, Michael: Inhalt und Funktion des Begriffs der Kindeswohlgefährdung – Erfordernis einer Neudefinition?, in: Lipp, Volker; Schumann, Eva; Veit, Barbara (Hrsg.), Kindesschutz bei Kindeswohlgefährdung – neue Mittel und Wege? 6. Göttinger Workshop zum Familienrecht 2007, Göttingen 2008, S. 19–43 (zit.: Coester, in: Lipp/Schumann/Veit, Kindesschutz, S.).

Coester, Michael, in: Staudinger, Julius von (Begründer). Kommentar zum Bürgerlichen Gesetzbuch mit Einführungsgesetz und Nebengesetzen. Buch 4 Familienrecht, §§ 1638–1683 (Elterliche Sorge 2 – Vermögenssorge, Kindesschutz, Sorgerechtswechsel), Neubearbeitung Berlin 2009 (zit.: Staudinger/Coester, § Rn.).

Coester, Michael: Kinderschutz. Übersicht zu den typischen Gefährdungslagen und aktuellen Problemen, FPR 2009, 549–552.

Coester, Michael: Verfahren in Kindschaftssachen, FF 2009, 269–281.

Coester, Michael: Verfahren in Kindschaftssachen, in: Lipp, Volker; Schumann, Eva; Veit, Barbara (Hrsg.), Reform des familiengerichtlichen Verfahrens. 1. Familienrechtliches Forum Göttingen 2009, S. 39–64 (zit.: Coester, in: Lipp/Schumann/Veit, FGG-Reform, S.).

Coester, Michael: Der staatliche Eingriff in das Elternrecht, in: Deutscher Familiengerichtstag e.V. (Hrsg.). Brühler Schriften zum Familienrecht. Achtzehnter Deutscher Familiengerichtstag vom 16. bis 19. September 2009 in Brühl, Band 16, 2010, S. 60–78 (zit.: Coester, in: Brühler Schriften, 18. DFGT, S.).

Coester-Waltjen, Dagmar; Lipp, Volker; Schumann, Eva; Veit, Barbara (Hrsg.). „Alles zum Wohle des Kindes?“ Aktuelle Probleme des Kindschaftsrechts. 2. Familienrechtliches Forum Göttingen, Band 12, Göttingen 2012, (zit.: Bearbeiter, in: Coester-Waltjen/Lipp/Schumann/Veit, Alles zum Wohl des Kindes, S.).

Creswell, John W.: Qualitative Inquiry and Research Design. Choosing among five approaches. Second edition, Thousand Oaks, London, New Delhi 2006, (zit.: Creswell, S.).

Czerner, Frank: Der Schutz des ungeborenen Kindes vor der eigenen Mutter durch zeitliche Vorverlagerung zivil- und strafrechtlicher Regelungen? Überlegungen zum Abschlussbericht „Familiengerichtliche Maßnahmen bei Gefährdung des Kindeswohls“ vom 14. Juli 2009 bei Alkoholembryopathie, ZKJ 2010, 220–227.

Czerner, Frank: Optimierung des staatlichen Schutzauftrages bei (vermuteter) Kindeswohlgefährdung durch die Novellierungsgesetze vom KICK (01.10.2005) bis zum BKiSchG (01.01.2012)? (Teil 1), ZKJ 2012, 246–251.

Denninger, Erhard; Rachor, Frederik (Hrsg.): Handbuch des Polizeirechts. Gefahrenabwehr, Strafverfolgung, Rechtsschutz, 5., neu bearbeitete und erweiterte Auflage, München 2012, (zit.: Bearbeiter, in: Lisken/Denninger, Handbuch Polizeirecht, Rn.).

Dethloff, Nina: Familienrecht. Ein Studienbuch. 29., wesentlich überarbeitete Auflage, München 2009, (zit.: Dethloff, § Rn.).

Dettenborn, Harry: Kindeswohl und Kindeswille. Psychologische und rechtliche Aspekte, 2., überarbeitete Auflage, München 2007. (zit.: Dettenborn, S.).

Deutscher Familiengerichtstag e.V.: Sechzehnter Deutscher Familiengerichtstag vom 14. bis 17. September 2005 in Brühl. Ansprachen und Referate, Berichte und Ergebnisse der Arbeitskreise, Bielefeld 2006 (zit.: Bearbeiter, in: Brühler Schriften, 16. DFGT 2005, S.).

Deutscher Familiengerichtstag e.V.: Siebzehnter Deutscher Familiengerichtstag vom 12. bis 15. September 2007 in Brühl. Ansprachen und Referate, Berichte und Ergebnisse der Arbeitskreise, Bielefeld 2008 (zit.: Bearbeiter, in: Brühler Schriften, 17. DFGT 2007, S.).

Deutscher Familiengerichtstag e.V.: Achtzehnter Deutscher Familiengerichtstag vom 16. bis 19. September 2009 in Brühl. Ansprachen und Referate, Berichte und Ergebnisse der Arbeitskreise, Bielefeld 2010 (zit.: Bearbeiter, in: Brühler Schriften, 18. DFGT 2010, S.).

Deutscher Richterbund (Hrsg.): Handbuch der Justiz 2010/2011. Die Träger und Organe der rechtsprechenden Gewalt in der Bundesrepublik Deutschland. 30. Jahrgang. Heidelberg, München, Landsberg, Frechen, Hamburg 2010, (zit.: Deutscher Richterbund, Handbuch der Justiz (2010/2011).

Deutscher Verein: Empfehlungen zur Umsetzung der gesetzlichen Änderungen im familiengerichtlichen Verfahren, NDV 2010, 206–214.

Deutsches Institut für Jugendhilfe und Familienrecht (DIJUF) e.V. (Hrsg.): Verantwortlich handeln – Schutz und Hilfe bei Kindeswohlgefährdung. Saarbrücker Memorandum, Köln 2004 (zit.: Saarbrücker Memorandum, in: DIJuF, Verantwortlich handeln (2004)).

Deutsches Institut für Jugendhilfe und Familienrecht (DIJuF) e.V.: Rechtsgutachten vom 16.02.2012, JAmt 2012, 161–164.

Diederichsen, Uwe, in: Palandt. Bürgerliches Gesetzbuch mit Nebengesetzen, 71., neubearbeitete Auflage, München 2012, §§ 1616–1921 BGB (zit.: Palandt/Diederichsen (2012), § Rn.).

Discher, Britta; Schimke, Hans-Jürgen: Die Rolle der insoweit erfahrenen Fachkraft nach § 8a Abs. 2 SGB VIII in einem kooperativen Kinderschutz, ZKJ 2011, 12–16.

Dittmann, Aline: Praxis und Kooperation der an familiengerichtlichen Verfahren beteiligten Professionen. Eine zweistufige qualitative Untersuchung, ZKJ 2014, 180–184.

Diwell, Margret, in: Schulz, Werner; Hauß, Jörn: Familienrecht. Handkommentar, 2. Auflage Baden-Baden 2012, (zit.: Diwell, in: Schulz/Hauß, Art. 6 GG, Rn.).

Dodge, Kenneth; Dishion, Thomas; Lansford, Jennifer: Deviante Peer-Einflüsse in der Intervention und der Jugendpolitik, ZJJ 2007, 190–197.

Duss-von Werdt, Joseph: homo mediator. Geschichte und Menschenbild der Mediation. Stuttgart 2005 (zit.: Duss-von Werdt, S.).

Egeler, Roderich: Wie leben Kinder in Deutschland? Statement, Pressekonferenz am 03.08.2011 in Berlin. Statistisches Bundesamt. (Internetadresse_9).

Ehler, Karl: Familienrecht – Wie subsumiert man eigentlich Emotionen?, FPR 2013, 500–503.

Engelhardt, Helmut, in: Keidel, Theodor (Begr.); Engelhardt, Helmut; Sternal, Werner (Hrsg.): FamFG. Gesetz über das Verfahren in Familiensachen und in den Angelegenheiten der freiwilligen Gerichtsbarkeit. Kommentar, 18., überarbeitete Auflage 2014, München 2014 (zit.: Keidel/Engelhardt, FamFG (2014), §, Rn.).

Ernst, Rüdiger: Der Maßnahmenkatalog des § 1666 BGB, FPR 2008, 602–605.

Ernst, Rüdiger: Familiengerichtliche Maßnahmen bei Kindeswohlgefährdung, FPR 2011, 195–199.

Fellenberg, Barbara: Das sogenannte „Erziehungsgespräch" beim Familiengericht – neue Aufgaben für den Familienrichter? In: Lipp, Volker/Schumann, Eva/Veit, Barbara (Hrsg.), Kindesschutz bei Kindeswohlgefährdung – neue Mittel und Wege?, Göttingen 2008, S. 91–97, (zit.: Fellenberg, in: Lipp/Schumann/Veit, Kindesschutz, S.).

Fellenberg, Barbara: Entwurf eines Gesetzes zur Erleichterung familiengerichtlicher Maßnahmen bei Gefährdung des Kindeswohls, FPR 2008, 125–129.

Fellenberg, Barbara: Familiengerichtliche Anordnung versus Entscheidungskompetenz des Jugendamts, in: Lipp/Schumann/Veit (Hrsg.), Kindesschutz bei Kindeswohlgefährdung – neue Mittel und Wege?, Göttingen 2008, S. 65–73, (zit.: Fellenberg, in: Lipp/Schumann/Veit, Kindesschutz, S.).

Fendrich, Sandra; Pothmann, Jens: Einblicke in die Datenlage zur Kindesvernachlässigung und Kindesmisshandlung in Deutschland. Möglichkeiten und Grenzen von Gesundheits-, Kriminal- und Sozialstatistiken, in: Bundesgesundheitsblatt 2010 v. 28.09.2010, (zit.: Fendrich/Pothmann, in: Bundesgesundheitsblatt 2010, S.). Internetadresse_33.

Fendrich, Sandra; Wilk, Agathe: Zahlen und Fakten zur Fremdunterbringung und Rückführung von Kindern und Jugendlichen in der Jugendhilfe – Eine Analyse auf der Grundlage der Kinder- und Jugendhilfestatistik, FPR 2011, 529–534.

Fest, Timo, in: Haußleiter (Hrsg.) FamFG. Gesetz über das Verfahren in Familiensachen und in den Angelegenheiten der freiwilligen Gerichtsbarkeit. Kommentar. München 2011 (zit.: Fest, in: Haußleiter, § Rn.).

Fichtner, Jörg: Hilfen bei Hochkonflikthaftigkeit? Forschungsergebnisse zu Merkmalen und möglichen Interventionen in belasteten Nachtrennungsfamilien, ZKJ 2012, 46–54.

Fieseler, Gerhard; Herborth, Reinhard (Hrsg.): Recht der Familie und Jugendhilfe. Arbeitsplatz Jugendamt/ Sozialer Dienst. 7., überarbeitete Auflage, Köln 2010 (zit.: Fieseler/Herborth, S.).

Flemming, Winfried: Das aktive Jugendamt, ZKJ 2009, 315–318.

Flemming, Winfried: Das FamFG macht eine Vereinheitlichung der Standards bei Verdacht auf Kindeswohlgefährdung notwendig, FPR 2009, 568–571.

Flemming, Winfried: Das erweiterte Netzwerk im Familienverfahren – in verschiedenen Rollen zum gemeinsamen Ziel, FPR 2011, 309–314.

Flemming, Winfried; Profitlich, Gregor, Neue Anforderungen an die Kooperation von Familiengericht und Jugendhilfe. Aufgabenklärung und Rollenverständnis, in: Deutsches Institut für Urbanistik GmbH (Hrsg.): Das aktive Jugendamt im familiengerichtlichen Verfahren, Dokumentation der Fachtagung am 01. und 02. Oktober 2009 in Berlin, Berlin 2010, S. 45 48., (zit.: Flemming/Profitlich, in: Deutsches Institut für Urbanistik (2009), Das aktive Jugendamt, S.).

Flick, Uwe: Qualitative Sozialforschung. Eine Einführung. 3. Auflage, Reinbek bei Hamburg 2010 (zit.: Flick, S.).

Flügge, Sibylla: Rechtspädagogik als Risiko, FPR 2006, 1–4.

Flügge, Sibylla: Gerichtssaal als Elternschule? Neue Gefährdungen durch die geplante Reform des familiengerichtlichen Verfahrens, FPR 2008, 1–4.

Friebertshäuser, Barbara; Prengel, Annedore (Hrsg.): Handbuch Qualitative Forschungsmethode in der Erziehungswissenschaft, Weinheim und München 1997, (zit.: Friebertshäuser, S.).

Früh, Mario, in: Büchergilde Gutenberg, Auswahl von Mario Früh. Lust auf Goethe. Bedenkliches eines Weltbürgers. 1. Auflage, Frankfurt am Main und Wien 1999 (zit.: Auswahl von Mario Früh, Lust auf Goethe. Bedenkliches eines Weltbürgers, S.).

Fuchs-Rechlin, Kirsten: Kindstötungen – Was sagt die Statistik? In: KomDat Jugendhilfe 2006. Sonderausgabe, 3–5.

Gartenhof, Martina; Hartman-Hilter, Birgit; Loebel, Anke; Normann, Katrin; Salzgeber, Joseph; Schmid, Jürgen; Weber von Koslowski, Beate: Das Münchener Modell in der Praxis. Kriterienkataloge für Mitwirkende am Verfahren in Kindschaftssachen, ZKJ 2011, 285–291.

Gern, Wolfgang: „Gewalt in der Familie – Kinderrecht vor Elternrecht". Diakonie und Caritas stellen großen Bericht einer neuen Kommission zum Schutz der Heranwachsenden vor, in: Frankfurter Rundschau v. 03.07.2009, F 5. Interview.

Gernhuber, Joachim; Coester-Waltjen, Dagmar: Familienrecht, 6. völlig neu bearbeitete Auflage, München 2010 (zit.: Gernhuber/Coester-Waltjen (2010), § Rn.).

Gissel-Palkovich, Ingrid: Die Sicherung des Kindeswohls. Überlegungen zu konzeptionellen und strukturellen Voraussetzungen für die Arbeit der öffentlichen Kinder- und Jugendhilfe, in: Goldberg, Brigitta; Schorn, Ariane (Hrsg.), Kindeswohlgefährdung: Wahrnehmen – Bewerten – Intervenieren. Beiträge aus Recht, Medizin, Sozialer Arbeit, Pädagogik und Psychologie, Opladen und Farmington Hills, MI 2011, S. 103–141 (zit.: Gissel-Palkovich, in: Goldberg/Schorn, S.).

Gläser, Jochen; Laudel, Grit: Experteninterviews und qualitative Inhaltsanalyse als Instrumente rekonstruierender Untersuchungen, 4. Auflage Wiesbaden 2010 (zit.: Gläser/Laudel, S.).

Gottschalk, Yvonne; Heilmann, Stefan: Anmerkungen zur Entscheidung des BVerfG – Beschluss vom 29.11.2012, 1 BvR 335/12 – zur Frage des Ausschlusses des Umgangs der leiblichen Eltern mit ihrem in einer Pflegefamilie lebenden Kind, ZKJ 2013, 113–114.

Götz, Isabell: Verfahren bei Kindeswohlgefährdung. Anmerkungen aus der gerichtlichen Praxis, in: Lipp, Volker; Schumann, Eva; Veit, Barbara (Hrsg.), Reform des familiengerichtlichen Verfahrens, 1. Familienrechtliches Forum Göttingen 2009, S. 215–227 (zit.: Götz, in: Lipp/Schumann/Veit, FGG-Reform, S.).

Götz, Isabell: Verfahren bei Kindeswohlgefährdung. Anmerkungen aus der Sicht der gerichtlichen Praxis, FF/FamFG spezial 2009, 20–24.

Grabow, Christian: Das neue kindschaftsrechtliche Verfahren. Ein kurzer Abriss, in: Menne, Klaus; Weber, Matthias (Hrsg.): Professionelle Kooperation zum Wohle des Kindes. Hinwirken auf elterliches Einvernehmen im familiengerichtlichen Verfahren (FamFG). Weinheim und München 2011, S. 25–40, (zit.: Grabow, in: Menne/Weber, S.).

Grabow, Michael: Ein Jahr FamFG – Auswirkungen auf Verfahren bei Kindeswohlgefährdung aus familienrichterlicher Perspektive, in: Ein Jahr FamFG. Auswirkungen auf Verfahren bei Kindeswohlgefährdung. Bundesverband für Erziehungshilfe (AFET)-Veröffentlichung Nr. 71/2011, Hannover 2011, S. 29–36, (zit.: Grabow, in: AFET-Veröffentlichung Nr. 71/2011, S.).

Groß, Ingrid: FamFG in der Praxis: Erste Erfahrungen, Anwaltsblatt 2010, 178.

Gruber, Wolfgang; Salzgeber, Joseph: Mediation als Intervention im Rahmen der familienpsychologischen Sachverständigentätigkeit, ZKJ 2011, 404–409.

Grundmann, Thomas; Lehmann, Stefanie: Das neue Bundeskinderschutzgesetz und dessen Umsetzung in den Statistiken der Kinder- und Jugendhilfe, in: Statistisches Bundesamt, Wirtschaft und Statistik, März 2012, 225–231,. Internetadresse_34.

Gummersbach, Hanne: Die Subjektstellung des Kindes. Die verfahrensrechtliche Neuerung des Anwalts des Kindes in§ 50 FGG, Bielefeld 2005 (zit.: Gummersbach, S.).

Hammer, Stephan, in: Prütting, Hanns; Helms, Tobias (Hrsg.). FamFG. Gesetz über das Verfahren in Familiensachen und in den Angelegenheiten der freiwilligen Gerichtsbarkeit. Mit FamGKG. Kommentar. 3. Auflage, Köln 2014, § 157 FamFG (zit.: Hammer, in: Prütting/Helms, FamFG, § Rn.).

Hampe-Grosser, Andreas: Aufgaben des Jugendamts beim Kinderschutz. Alltag im Hochrisikobereich, FPR 2009, 564–567.

Hannemann, Anika: Das Gesetzesvorhaben zur Erleichterung familiengerichtlicher Maßnahmen bei Gefährdung des Kindeswohls, UJ 2008, 337–343.

Hannemann, Anika; Stötzel, Manuela: Die Verfahrenspflegschaft im deutschen Rechtssystem, ZKJ 2009, 58–67.

Häußermann, Röse: Das neue Familienverfahrensrecht, in: Lipp, Volker; Schumann, Eva; Veit, Barbara (Hrsg.), Reform des familiengerichtlichen Verfahrens. 1. Familienrechtliches Forum Göttingen 2009, S. 5–38, (zit.: Häußermann, in: Lipp/Schumann/Veit, FGG-Reform, S.).

Haußleiter, Martin (Hrsg.) FamFG. Gesetz über das Verfahren in Familiensachen und in den Angelegenheiten der freiwilligen Gerichtsbarkeit. Kommentar. München 2011 (zit.: Bearbeiter, in: Haußleiter, § Rn.).

Heilmann, Stefan: Kindliches Zeitempfinden und Verfahrensrecht. Eine Untersuchung unter besonderer Berücksichtigung des Gesetzes über die Angelegenheiten der freiwilligen Gerichtsbarkeit, Neuwied, Kriftel 1998, (zit.: Heilmann (1998), S.).

Heilmann, Stefan: Wann muss das Jugendamt eingreifen? Eine Behörde zwischen Elternrecht und Kindeswohl, in: Zentrum Bayern Familie und Soziales, Bayerisches Landesjugendamt (ZBFS). BLJA Mitteilungsblatt 1/2002, (zit.: Heilmann, in: ZBFS, BLJA Mitteilungsblatt 1/2002, S.). Internetadresse_35.

Heilmann, Stefan: Auswirkungen des KICK auf die Zusammenarbeit zwischen Kinder- und Jugendhilfe und Justiz, S. 1–10, 12.03.2006, Internetadresse_16.

Heilmann, Stefan: Jugendhilfe und Familiengericht. Verantwortungsgemeinschaft zum Schutz des Kindes?, in: Elz, Jutta (Hrsg.), Kooperation von Jugendhilfe und Justiz bei Sexualdelikten gegen Kinder, Wiesbaden 2007, S. 89–104 (zit.: Heilmann, in: Elz, S.).

Heilmann, Stefan, in: Rauscher, Thomas; Krüger, Wolfgang (Hrsg.), Münchener Kommentar zur Zivilprozessordnung, 3. Auflage München 2010, (zit.: Heilmann, in: MüKo-ZPO (2010), § Rn.).

Heilmann, Stefan, in: Salgo, Ludwig; Zenz, Gisela; Fegert, Jörg; Bauer, Axel; Weber, Corina; Zitelmann, Maud (Hrsg.): Verfahrensbeistandschaft. Ein Handbuch für die Praxis. 2., überarbeitete und aktualisierte Auflage, Köln 2010 (zit.: Heilmann, in: HB-VB (2010), Rn.).

Heilmann, Stefan: Das Verfahren in Kindschaftssachen – Übersichten, ZKJ 2011, 426–427.

Heilmann, Stefan: Die Gesetzeslage zum Sorge- und Umgangsrecht. Eine Bestandsaufnahme unter Einbeziehung aktueller Rechtsprechungstendenzen, NJW 2012, 16–22.

Heilmann, Stefan, in: Rauscher, Thomas; Krüger, Wolfgang (Hrsg.), Münchener Kommentar zum Gesetz über das Verfahren in Familiensachen und in den Angelegenheiten der freiwilligen Gerichtsbarkeit (FamFG), 2. Auflage München 2013, Buch 2: Verfahren in Familiensachen. Abschnitt 3. Verfahren in Kindschaftssachen, (zit.: Heilmann, in: MüKo-FamFG (2013), § Rn.).

Heilmann, Stefan: Editorial, ZKJ 2014, 264.

Heilmann, Stefan: Zu den Auswirkungen der aktuellen Rechtsprechung des Bundesverfassungsgerichts auf die Praxis des Kinderschutzes. Zugleich eine Anmerkung zum Beschluss des BVerfG v. 19.11.2014 – 1 BvR 1178/14 –, FamRZ 2015, 92–96.

Heilmann, Stefan: Schützt das Grundgesetz die Kinder nicht? Eine Betrachtung der bisherigen Kammerrechtsprechung des BVerfG im Jahr 2014, NJW 2014, 2904–2909.

Heilmann, Stefan; Salgo, Ludwig: Kindesmisshandlung und die Problemfelder des Rechts, in: Jacobi, Gert (Hrsg.), Kindesmisshandlung und Vernachlässigung. Epidemiologie, Diagnostik und Vorgehen, 1. Auflage Bern 2008, S. 423–448 (zit.: Heilmann/Salgo, in: Jacobi, Kap., S.).

Heinemann, Jörn: Beiordnung eines Rechtsanwalts im Rahmen der Verfahrenskostenhilfe. Besprechung von BGH, Beschluss v. 23.06.2010, XII ZB 232/09, BeckRS 2010, 17431, FamFR 2010, 385.

Heiß, Beate; Heiß, Hans (Hrsg.): Das Mandat im Familienrecht, 1. Auflage Baden-Baden 2010, (zit.: Heiß/Heiß, Das Mandat im Familienrecht (2010), Teil, S. Rn.).

Heiß, Hans, in: Heiß, Beate; Heiß, Hans (Hrsg.). Das Mandat im Familienrecht, 1. Auflage Baden-Baden 2010, Teil 4, V. (zit.: Heiß/Heiß, Das Mandat im Familienrecht (2010), Teil, S. Rn.).

Hennemann, Heike: Die Umsetzung des Vorrangs- und Beschleunigungsgrundsatzes – Schnelle Terminierung und Fristsetzung bei schriftlicher Begutachtung, FPR 2009, 20–23.

Herget, Kurt; Lorenz, Arndt, in: Richard Zöller (Begr.). Zivilprozessordnung mit FamFG (§§ 1–185, 200–270, 433–484) und Gerichtsverfassungsgesetz, den Einführungsgesetzen, mit internationalem Zivilprozessrecht, EU-Verordnungen, Kostenanmerkungen. Kommentar. 29., neubearbeitete Auflage Köln 2012 (zit.: Herget/Lorenz, in: Zöller. FamFG (2012), § Rn.).

Herschelmann, Michael; Zeisberg, Katrin: Zum aktuellen Umgang von Erzieherinnen mit dem § 8a SGBVIII. Ergebnisse einer empirischen Untersuchung zum Unterstützungsbedarf, KJug 4/2010, 55. Jahrgang, 119–124.

Hessischer Landkreistag; Hessischer Städtetag: Hessisches Kindergesundheitsschutzgesetz: Evaluation durch die Jugendämter, JAmt 2010, 115–117.

Heumann, Alexander: § 165 FamFG-Entwurf aus der Sicht des Anwalts, ZKJ 2006, 200–203.

Hildebrandt, Johannes: „...in der Hoffnung, dass Sie nicht das Jugendamt alarmieren." Anmerkungen zur Balance zwischen Dienstleistungs- und Schutzauftrag des Jugendamts im Kontext des neu gefassten § 1666 BGB, ZKJ 2008, 396–404.

Hoffmann, Josef: Soziale Gerechtigkeit für Kinder. Zur Chancengleichheit des Aufwachsens im Sozialstaat des Grundgesetzes, 1. Auflage Baden-Baden 2006, (zit.: Hoffmann, Soziale Gerechtigkeit für Kinder, S.).

Höfling, Siegfried (Hrsg.): Interventions for the Best Interest of the Child in Family Law Procedures. Interventionen zum Kindeswohl. Studies and Comments 8. München 2009.(zit.: Bearbeiter, in: Höfling, Interventionen zum Kindeswohl (2009), S.).

Hohmann-Dennhardt, Christine: Kinderrechte ins Grundgesetz – warum?, FPR 2012, 185–187.

Hölbling, Pamela: Eltern sind Schicksal. Ebenso wie die Epoche oder die Region, in die ein Kind hineingeboren wird, ZKJ 2010, 366–369.

Hölbling, Pamela: Starker Staat bei schwachen Eltern?, ZKJ 2010, 388–391.

Hoppenz, Rainer: Familiensachen. 8., völlig neu bearbeitete und erweiterte Auflage, Heidelberg 2005, (zit.: Hoppenz/Bearbeiter, § Rn.).

Horndasch, Klaus-Peter; Viefhues, Wolfram (Hrsg.): FamFG – Kommentar zum Familienverfahrensrecht. 2. Aktualisierte und erweiterte Auflage, Köln 2011 (zit.: Bearbeiter, in: Horndasch/Viefhues, § Rn.).

Horndasch, Klaus-Peter; Viefhues, Wolfram (Hrsg.): FamFG – Kommentar zum Familienverfahrensrecht. 3. Auflage, Köln 2014 (zit.: Bearbeiter, in: Horndasch/Viefhues (2014), § Rn.).

Hornikel, Dirk: Die Neuregelung des Verfahrens bei Kindeswohlgefährdung: Ein Blick auf die gesetzlichen Grundlagen, in: Lipp, Volker; Schumann, Eva; Veit, Barbara (Hrsg.), Reform des familiengerichtlichen Verfahrens. 1. Familienrechtliches Forum Göttingen 2009, S. 207–214, (zit.: Hornikel, in: Lipp/Schumann/Veit, FGG-Reform, S.).

Hüßtege, Rainer, in: Thomas, Heinz; Putzo, Hans; Reichold, Klaus; Hüßtege, Rainer; Seiler, Christian. Zivilprozessordnung. ZPO. Kommentar. 33. Auflage München 2012 (zit.: Hüßtege, in: Thomas/Putzo ZPO, § Rn.).

Ivanits, Natalie: Elterliches Einvernehmen und Kindesbeteiligung, ZKJ 2012, 98–104.

Jacobi, Gert (Hrsg.): Kindesmisshandlung und Vernachlässigung. Epidemiologie, Diagnostik und Vorgehen. 1. Auflage Bern 2008 (zit.: Bearbeiter, in: Jacobi, Kap. S.).

Jacoby, Florian: Der Regierungsentwurf für ein FamFG, FamRZ 2007, 1703–1710.

Jaeger, Wolfgang: Verfahren in Kindschaftssachen, FPR 2006, 410–415.

Jansen, Paul (Begr.); Schuckmann, Hans-Joachim; Sonnenfeld, Susanne (Hrsg.): FGG. Gesetz über die Angelegenheiten der freiwilligen Gerichtsbarkeit. 3. Auflage Berlin 2006, (zit.: Jansen/Bearbeiter, § Rn.).

Jarass, Hans: Das Grundrecht auf Achtung des Familienlebens, FamRZ 2012, 1181–1185.

Jestaedt, Matthias, Staatlicher Kindesschutz unter dem Grundgesetz – Aktuelle Kindesschutzmaßnahmen auf dem Prüfstand der Verfassung, in: Lipp/Schumann/Veit (Hrsg.), Kindesschutz bei Kindeswohlgefährdung – neue Mittel und Wege?, Göttingen 2008, S. 5–18 (zit.: Jestaedt, in: Lipp/Schumann/Veit, Kindesschutz, S.).

Jestaedt, Matthias: Elternpflicht als Kindesrecht? Jugendhilferecht am verfassungsrechtlichen Scheideweg, JAmt/ZKJ Sonderheft 2010, 32–36.

Jestaedt, Matthias, in: Münder, Johannes; Wiesner, Reinhard; Meysen, Thomas (Hrsg.): Kinder- und Jugendhilferecht. Handbuch, 2. Auflage, Baden-Baden 2011 (zit.: Bearbeiter, in: Münder/Wiesner/Meysen, Handbuch KJHR, Kap., Rn.).

Johannsen, Kurt; Henrich, Dieter (Hrsg.). Familienrecht. Scheidung, Unterhalt, Verfahren, 6. Auflage, München 2014 (zit.: Bearbeiter, in: Johannsen/Henrich (2014), § Rn.).

Jordan, Erwin (Hrsg.): Kindeswohlgefährdung. Rechtliche Neuregelungen und Konsequenzen für den Schutzauftrag der Kinder- und Jugendhilfe, Weinheim, München 2006 (zit.: Bearbeiter, in: Jordan, Kindeswohlgefährdung, S.).

Kannengießer, Christoph, in: Schmidt-Bleibtreu, Bruno; Klein, Franz (Hrsg.): Kommentar zum Grundgesetz, 9. Auflage, Neuwied und Kriftel 1999 (zit.: Kannengießer, in: Schmidt-Bleibtreu/Klein, Art. Rn.).

Karle, Michael; Gathmann, Sandra; Klosinski, Gunther: Rechtstatsächliche Untersuchung zur Praxis der Kindesanhörung nach § 50b FGG. Köln 2010, (zit.: Karle/Gathmann/Klosinki, Praxisuntersuchung 2010, S.).

Karle, Michael; Gathmann, Sandra; Klosinski, Gunther: Zur Praxis der Kindesanhörung in Deutschland. Ein Abschlussbericht, ZKJ 2010, 432–434.

Katzenstein, Henriette: Literatur und Materialien zu § 8a SGB VIII. Ein Überblick, ZKJ 2008, 148–153.

Katzenstein, Henriette: Schutz für Kinder – Möglichkeiten zur Hilfe und ihre Grenzen, JAmt 2009, 9–14.

Katzenstein, Henriette: Formelle Beteiligung des Jugendamts im familiengerichtlichen Verfahren: Fach- oder Machtfrage?, FPR 2011, 20–23.

Keidel, Theodor (Begr.); Engelhardt, Helmut; Sternal, Werner (Hrsg.): FamFG. Gesetz über das Verfahren in Familiensachen und in den Angelegenheiten der freiwilligen Gerichtsbarkeit. Kommentar, 18., überarbeitete Auflage 2014, München 2014 (zit.: Keidel/Bearbeiter (2014), FamFG, §, Rn.).

Kemper, Rainer (Hrsg.): FamFG-FGG-ZPO. Kommentierte Synopse. 1. Auflage 2009, (zit.: Kemper, Synopse, S.).

Kemper, Rainer, in: Saenger, Ingo (Hrsg.): Zivilprozessordnung. FamFG/ Europäisches Verfahrensrecht. Handkommentar. 5. Auflage, Baden-Baden 2013, (zit.: Saenger/Kemper, ZPO (2013), § Rn.).

Kemper, Rainer; Schreiber, Klaus (Hrsg.). Familienverfahrensrecht, Handkommentar. 2. Auflage, Baden-Baden 2012 (zit.: Bearbeiter, in: Kemper/Schreiber, HK-FamFG (2012), § Rn.).

Kindler, Heinz: Kinderschutz im BGB, FPR 2012, 422–427.

Kindler, Heinz; Lillig, Susanna: Was ist unter „gewichtige Anhaltspunkte" für die Gefährdung eines Kindes zu verstehen? Probleme und Vorschläge zu einem neuen Begriff im Kinderschutzrecht, IKK-Nachrichten, 1–2/2006, 16–19.

Kindler, Heinz; Lillig, Susanna: Der Schutzauftrag der Jugendhilfe unter besonderer Berücksichtigung von Gegenstand und Verfahren zur Risikoeinschätzung, in: Jordan, Erwin (Hrsg.): Kindeswohlgefährdung. Rechtliche Neuregelungen und Konsequenzen für den Schutzauftrag der Kinder- und Jugendhilfe. 3. Auflage Weinheim und München 2008, S. 85–109 (zit.: Kindler/Lillig, in: Jordan, S.).

Knödler, Christoph: Ausgewählte Probleme aus dem FamFG für die Praxis der Sozialen Arbeit in Kindschaftssachen, ZKJ 2010, 135–142.

Köckeritz, Christine: Beitrag der amtlichen Statistik zu den Gefährdungsmeldungen nach § 8a SGB VIII zur Evaluation des Bundeskinderschutzgesetzes, ZKJ 2014, 11–15.

Köckeritz, Christine; Dern, Susanne: Umsetzung Schutzauftrag nach § 8a SGB VIII in Baden-Württemberg, Hochschule Esslingen. Internetadresse_17.

Kohaupt, Georg: Hurry Slowly! Oder: was man nicht kann erfliegen, muss man erhinken. Konflikthafter Kontakt zu Eltern bei Kindeswohlgefährdung, in: Kindeswohlgefährdung. In-Beziehung-Kommen bei schwierigen Familienkonflikten. 30 Jahre Kinderschutz-Zentrum Berlin, Berlin 2005, S. 22–31, (zit.: Kohaupt, in: Kinderschutzzentrum, S.).

Kolberg, Jan Hendrik; Stadler, Lena, Wetzels, Peter: Prävention von Misshandlung und Vernachlässigung junger Kinder, FPR 2012, 455–459.

Körkel, Joachim; Drinkmann, Arno: Wie motiviert man ‚unmotivierte' Klienten? In: Sozialmagazin 2002, 27. Jahrgang Nr. 10, S. 26–34.

Kretzschmar, Sima; Meysen, Thomas: Reform des Familienverfahrensrechts. Reformziele und Regelungsmechanismen: eine Auswahl. FPR 2009, 1–5.

Kroiß, Ludwig; Seiler, Christian: Das neue FamFG. Erläuterungen. Muster. Arbeitshilfen, 1. Auflage, Baden-Baden 2009 (zit.: Kroiß/Seiler, Das neue FamFG, §, Abschnitt, S.).

Kunkel, Peter-Christian: Das Gesetz zur Weiterentwicklung der Kinder- und Jugendhilfe (KICK), RdJB 2006, 256–263.

Kunkel, Peter-Christian (Hrsg.): Sozialgesetzbuch VIII. Kinder- und Jugendhilfe. Lehr- und Praxiskommentar. 4. Auflage 2011 (zit.: Bearbeiter, in: LPK-SGB VIII, § Rn.).

Kunkel, Peter-Christian: Das Bundeskinderschutzgesetz – „Meilenstein" oder „Mühlstein"?, ZKJ 2012, 288–295.

Kurz-Adam, Maria: Ein Jahr FamFG – Auswirkungen auf Verfahren bei Kindeswohlgefährdung aus Sicht eines (Großstadt)-Jugendamtes, in: Ein Jahr FamFG. Auswirkungen auf Verfahren bei Kindeswohlgefährdung. Bundesverband für Erziehungshilfe (AFET)-Veröffentlichung Nr. 71/2011, Hannover 2011, S. 23–27, (zit.: Kurz-Adam, in: AFET-Veröffentlichung Nr. 71/2011, S.).

Lack, Katrin: Die Beteiligtenstellung des Jugendamtes in Kindschaftssachen, ZKJ 2010, 189–194.

Lack, Katrin: Möglichkeiten und Grenzen der Gesetzgebung zur Effektivierung des Kinderschutzes. Bielefeld 2012, (zit.: Lack, S.).

Lack, Katrin; Heilmann, Stefan: Kinderschutz und Familiengericht. Verfassungsrechtliche Vorgaben für die familiengerichtliche Intervention bei Kindeswohlgefährdung, ZKJ 2014, 308–315.

Lack, Katrin; Salgo, Ludwig: Entwicklung der Verfahrensbeistandschaft seit Inkrafttreten des FamFG. Empirische Grundlagen, Rechte und Pflichten des Verfahrensbeistands, FPR 2012, 353–358.

Lautmann, Rüdiger: Justiz – die stille Gewalt. Teilnehmende Beobachtung und entscheidungssoziologische Analyse, 1. Auflage Wiesbaden 2011, (zit.: Lautmann, S.).

Lempp, Reinhart; von Braunbehrens, Vera; Eichner, Ernst; Röcker, Doris: Die Anhörung des Kindes gemäß § 50 b FGG, in: Bundesanzeiger des Bundesministeriums der Justiz, Köln 1987, (zit.: Lempp/Braunbehrens/Eichner/Röcker (1987), S.).

Leonardy, Helmut: Der Familienrichter – ein großer Wurf geriet zu kurz, DRiZ 1977, 353–371.

Leutheusser-Schnarrenberger, Sabine: Belastung der Familiengerichte durch die FGG-Reform, FPR 2009, 42–45.

Lewe, Jörg: Die Pflicht des Jugendamts und des Gerichts zur Zusammenarbeit bei Kindeswohlgefährdungen, FPR 2012, 440–443.

Lipp, Volker; Schumann, Eva; Veit, Barbara (Hrsg.): Kindesschutz bei Kindeswohlgefährdung – neue Mittel und Wege?. 6. Göttinger Workshop zum Familienrecht 2007, Göttinger juristische Schriften, Band 4, Göttingen 2008 (zit.: Bearbeiter, in: Lipp/Schumann/Veit, Kindesschutz, S.).

Lipp, Volker; Schumann, Eva; Veit, Barbara (Hrsg.), Reform des familiengerichtlichen Verfahrens. 1. Familienrechtliches Forum Göttingen 2009 (zit.: Bearbeiter, in: Lipp/Schumann/Veit, FGG-Reform, S.).

Marx, Ansgar: Obligatorische Sorgerechtsmediation? Überlegungen nach kritischer Analyse des kalifornischen Modells, ZKJ 2010, 300–305.

Matzke, Michael; Fritsch, Konstanze: Kindeswohlgefährdung bei Kinder- und Jugenddelinquenz, FPR 2012, 459–462.

Mayring, Philipp: Einführung in die Qualitative Sozialforschung. Eine Anleitung zu qualitativem Denken. 5., überarbeitete und neu ausgestattete Auflage, Weinheim und Basel 2002 (zit.: Mayring, S.).

Maywald, Jörg: Kindeswohl – was ist das? – Anmerkungen aus sozialwissenschaftlicher Sicht, in: Tagungsdokumentation zur Fachtagung in Bernburg, 21./22.04.2005. Kindeswohl und Kindeswille in Sorge- und Umgangsrechtsstreitigkeiten. Belange der Kinder und Umsetzung durch die betroffenen Institutionen, veranstaltet vom Landesverwaltungsamt – Landesjugendamt Sachsen-Anhalt, Verband Anwalt des Kindes Sachsen-Anhalt, Fachzentrum für Pflegefamilien Sachsen-Anhalt Stiftung Ev. Jugendhilfe St. Johannis, S. 12–21 (zit.: Maywald, in: Tagungsdokumentation zur Fachtagung Kindeswohl und Kindeswille (2005), S.).

Maywald, Jörg, in: Salgo, Ludwig; Zenz, Gisela; Fegert, Jörg; Bauer, Axel; Weber, Corina; Zitelmann, Maud (Hrsg.): Verfahrensbeistandschaft. Ein Handbuch für die Praxis. 2., überarbeitete und aktualisierte Auflage, Köln 2010 (zit.: Maywald, in: HB-VB (2010), Rn.).

Menne, Klaus; Weber, Matthias (Hrsg.): Professionelle Kooperation zum Wohle des Kindes. Hinwirken auf elterliches Einvernehmen im familiengerichtlichen Verfahren (FamFG), Weinheim und München 2011, (zit.: Bearbeiter, in: Menne/Weber, S.).

Meuser, Michael; Nagel, Ulrike: Experteninterviews – vielfach erprobt, wenig bedacht: ein Beitrag zur qualitativen Methodendiskussion. In: Garz/Detlef; Kraimer, Klaus: Qualitativ-empirische Sozialforschung. Konzepte, Methoden, Analysen. Opladen 1991, (zit.: Meuser/Nagel, S.).

Meyer-Seitz, Christian; Frantzioch, Petra; Ziegler, Rainer; Die FGG-Reform: Das neue Verfahrensrecht. Texte, Erläuterungen, Materialien, Arbeitshilfe, 1. Auflage Köln 2009 (zit.: Meyer-Seitz/Frantzioch/Ziegler, FGG-Reform, S.).

Meysen, Thomas: Familiengerichtliche Anordnungen von Maßnahmen nach § 1666 BGB und Entscheidungskompetenz des Jugendamts – Aus Sicht der Jugendhilfe, in: Lipp/Schumann/Veit, Kindesschutz bei Kindeswohlgefährdung – neue Mittel und Wege?, Göttingen 2008 (zit.: Meysen, in: Lipp/Schumann/Veit, Kindesschutz, S.).

Meysen, Thomas: Familiengerichtliche Maßnahmen bei Gefährdung des Kindeswohls – Geändertes Recht ab Sommer 2008, JAmt 2008, 233–242.

Meysen, Thomas: Neuerungen im zivilrechtlichen Kinderschutz, NJW 2008, 2673–2678.

Meysen, Thomas, in: Münder, Johannes; Meysen, Thomas; Trenczek, Thomas (Hrsg.): Frankfurter Kommentar zum SGB VIII. Kinder- und Jugendhilfe, 6., vollständig überarbeitete Auflage, Baden-Baden 2009 (zit.: Meysen, in: Münder et al., FK-SGB VIII (2009), § Rn.).

Meysen, Thomas: Erziehungsberatung, Jugendamt und Familiengericht, in: Bundeskonferenz für Erziehungsberatung e.V. Das Kind im Mittelpunkt. Das FamFG in der Praxis. Fürth 2010, S. 67–81 (zit.: Meyen, in: bke (2010), S.).

Meysen, Thomas: Kindesschutz zwischen Prävention und Intervention, in: Coester-Waltjen, Dagmar; Lipp, Volker; Schumann, Eva; Veit, Barbara (Hrsg.). „Alles zum Wohle des Kindes?“ Aktuelle Probleme des Kindschaftsrechts. 2. Familienrechtliches Forum Göttingen, Band 12, Göttingen 2012, S. 155–182, (zit.: Meysen, in: Coester-Waltjen/Lipp/Schumann/Veit, Alles zum Wohl des Kindes, S.).

Meysen, Thomas, in: Münder, Johannes; Meysen, Thomas; Trenczek, Thomas (Hrsg.): Frankfurter Kommentar zum SGB VIII. Kinder- und Jugendhilfe, 7., vollständig überarbeitete Auflage, Baden-Baden 2013 (zit.: Meysen, in: Münder et al., FK-SGB VIII, § Rn.).

Meysen, Thomas (Hrsg.): Das Familienverfahrensrecht – FamFG. Praxiskommentar mit Einführung, Erläuterungen, Arbeitshilfen, 2. Auflage, Köln 2014 (zit.: Bearbeiter, in: Meysen, FamFG (2014), § Rn.).

Meysen, Thomas; Eschelbach, Diana: Das neue Bundeskinderschutzgesetz, 1. Auflage Baden-Baden 2012 (zit.: Meysen/Eschelbach, BKiSch, S.).

Meysen, Thomas; Finke, Fritz, in: Thomas Meysen (Hrsg.), Das Familienverfahrensrecht – FamFG. Praxiskommentar mit Einführung, Erläuterungen, Arbeitshilfen, 2. Auflage, Köln 2014 (zit.: Meysen/Finke, in: Meysen, FamFG (2014), § Rn.).

Meysen, Thomas; Schindler, Gila: Schutzauftrag bei Kindeswohlgefährdung: Hilfreiches Recht beim Helfen, JAmt 2004, 449–466.

Mies, Petra: Kinderrecht vor Elternrecht. Diakonie und Caritas stellen großen Bericht einer Kommission zum Schutz der Heranwachsenden vor, Frankfurter Rundschau 65. Jahrgang (3. Juli 2009), F5.

Mörsberger, Thomas, Wapler, Friederike, in: Wiesner, Reinhard (Hrsg.), SGB VIII Kinder- und Jugendhilfe Kommentar, 4. Auflage München 2011, Anhang 2, (zit.: Mörsberger/Wapler, in: Wiesner SGB VIII, Anh. 2, Rn.).

Mörsberger, Thomas: Schutzauftrag gem. § 8a SGB VIII als „Dienst nach Vorschrift“? In: JAmt 2008, 341–347.

Mörsberger, Thomas: „Kindeswohl“ wird zum Schlagwort. Es dominiert Aktionismus. Zur Entwicklung des Kinderschutzes in Gesetzgebung und Praxis. Ein Zwischenruf, SRa 2009, 90–95.

Mörsberger, Thomas; Restemeier, Jürgen: Helfen mit Risiko. Zur Pflichtenstellung des Jugendamtes bei Kindesvernachlässigung. Dokumentation eines Strafverfahrens gegen eine Sozialarbeiterin in Osnabrück, Neuwied, Kriftel, Berlin 1997 (zit.: Bearbeiter, in: Mörsberger/Restemeier, Helfen mit Risiko, S.).

Müller-Magdeburg, Cornelia (Hrsg.): Verändertes Denken – zum Wohle der Kinder. Festschrift für Jürgen Rudolph. 1. Auflage Baden-Baden 2009 (zit.: Bearbeiter, in: FS für Rudolph, S.).

Müller-Magdeburg, Cornelia: Das familiengerichtliche Verfahren als Einladung zu einer Flussfahrt, in: Müller-Magdeburg, Cornelia (Hrsg.): Verändertes Denken – zum Wohle der Kinder. Festschrift für Jürgen Rudolph. 1. Auflage Baden-Baden 2009, S. 86–93, (zit.: Müller-Magdeburg, in: FS für Rudolph, S.).

Münchmeier, Richard: Sozialpädagogik und Recht, JAmt/ZKJ Sonderheft 2010, 9–12.

Münder, Johannes: Verhältnis zwischen Hilfen nach dem SGB VIII und familiengerichtlichen Maßnahmen nach § 1666 BGB, FPR 2003, 280–285.

Münder, Johannes: 20 Jahre SGB VIII – Motor für die Entwicklung der Kinder- und Jugendhilfe? In: NDV 2010, 378–383.

Münder, Johannes, in: Münder, Johannes; Meysen, Thomas; Trenczek, Thomas (Hrsg.): Frankfurter Kommentar zum SGB VIII. Kinder- und Jugendhilfe, 7., vollständig überarbeitete Auflage, Baden-Baden 2013 (zit.: Münder, in: Münder u. a., FK-SGB VIII, § Rn.).

Münder, Johannes; Ernst, Rüdiger; Behlert, Wolfgang (Hrsg.): Familienrecht. Eine sozialwissenschaftlich orientierte Darstellung, 7. Auflage Baden-Baden 2013 (zit.: Münder/Ernst/Behlert, Familienrecht, S. Rn.).

Münder, Johannes; Meysen, Thomas; Trenczek, Thomas (Hrsg.): Frankfurter Kommentar zum SGB VIII. Kinder- und Jugendhilfe, 6., vollständig überarbeitete Auflage, Baden-Baden 2009 (zit.: Bearbeiter, in: Münder et al., FK-SGB VIII (2009), § Rn.).

Münder, Johannes; Meysen, Thomas; Trenczek, Thomas (Hrsg.): Frankfurter Kommentar zum SGB VIII. Kinder- und Jugendhilfe, 7., vollständig überarbeitete Auflage, Baden-Baden 2013 (zit.: Bearbeiter, in: Münder u. a., FK-SGB VIII, § Rn.).

Münder, Johannes; Mutke, Barbara: Kindeswohl zwischen Jugendhilfe und Justiz – Ergebnisse eines Forschungsprojektes, in: Sozialpädagogisches Institut im SOS-Kinderdorf e.V. (Hrsg.). Autorenband 5 der SPI-Schriftenreihe. München 2001, S. 90–141(zit.: Münder/Mutke, in: Sozialpädagogisches Institut im SOS-Kinderdorf (2001), S.).

Münder, Johannes; Mutke, Barbara; Schone, Reinhold: Kindeswohl zwischen Jugendhilfe und Justiz. Professionelles Handeln in Kindeswohlverfahren, Münster 2000 (zit.: Münder/Mutke/Schone, S.).

Münder, Johannes; Mutke, Barbara; Seidenstücker, Bernd; Tammen, Britta, Bindel-Kögel, Gabriele: Die Praxis des Kindschaftsrechts in Jugendhilfe und Justiz, München 2007 (zit.: Münder u. a., Die Praxis des Kindschaftsrechts, S.).

Münder, Johannes; Smessaert, Angela: Die Sicherstellung des Kinderschutzes nach § 8a Abs. 2 SGB VIII. Eine Untersuchung von Vereinbarungen aus der Praxis, ZKJ 2007, 232–236.

Münder, Johannes; Trenczek, Thomas: Kinder- und Jugendhilferecht. Eine sozialwissenschaftlich orientierte Darstellung, 7. Auflage, Köln 2011 (zit.: Münder/Trenczek, Kinder- und Jugendhilferecht, S.).

Münder, Johannes; Wiesner, Reinhard; Meysen, Thomas (Hrsg.): Kinder- und Jugendhilferecht. Handbuch, 2. Auflage, Baden-Baden 2011 (zit.: Bearbeiter, in: Münder/Wiesner/Meysen, Handbuch KJHR, Kap., Rn.).

Muscheler, Karlheinz: Familienrecht. 3. Auflage, München 2013 (zit.: Muscheler, S.).

Myers, Lorette; Pothmann, Jens: Kinderschutz kommunal. Empirische Befunde zu Gefährdungseinschätzungen von Jugendämtern, ZKJ 2012, 20–25.

Nahrwold, Mario: Inobhutnahme und Anrufung des Familiengerichts. Einfluss der Neuregelungen im Familienrecht auf die Kooperation von Jugendamt und Familiengericht, in: Goldberg, Brigitta; Schorn, Ariane (Hrsg.), Kindeswohlgefährdung: Wahrnehmen – Bewerten – Intervenieren. Beiträge aus Recht, Medizin, Sozialer Arbeit, Pädagogik und Psychologie, Opladen und Farmington Hills, MI 2011, S. 143–168 (zit.: Nahrwold, in: Goldberg/Schorn, S.).

Neumann, Ralph: Die Familiengerichte sollen es richten, DRiZ 2007, 66–67.

Niepmann, Birgit, in: Meysen, Thomas (Hrsg.): Das Familienverfahrensrecht – FamFG. Praxiskommentar mit Einführung, Erläuterungen, Arbeitshilfen, 2. Auflage, Köln 2014 (zit.: Niepmann, in: Meysen, FamFG (2014), § Rn.).

Niestroj, Hildegard: Vom Leidensweg des Benjamin-Pascal S. Eine Dokumentation. Forum Internetzeitschrift des Landesverbandes für Kinder in Adoptiv und Pflegefamilien S-H e.V. (KiAP) und der Arbeitsgemeinschaft für Sozialberatung und Psychotherapie (AGSP). Internetadresse_5.

Nothhafft, Susanne: Verantwortungsgemeinschaft zwischen Familiengerichten und Trägern der öffentlichen Jugendhilfe in kindschaftsrechtlichen Verfahren. Ein Spannungsfeld zwischen Steuerungsverantwortung der Jugendämter und Hilfeplanung durch Familiengerichte, FPR 2008, 613–616.

Oberloskamp, Helga: Das Jugendamt zwischen Hilfe und Kontrolle – neue Herausforderung für die Jugendhilfe?, in: Lipp, Volker; Schumann, Eva; Veit, Barbara (Hrsg.): Kindesschutz bei Kindeswohlgefährdung – neue Mittel und Wege? 6. Göttinger Workshop zum Familienrecht 2007, Göttinger juristische Schriften, Band 4, Göttingen 2008, S. 45–63 (zit.: Oberloskamp, in: Lipp/Schumann/Veit, Kindesschutz, S.).

Oberloskamp, Helga, in: Reinhard Wiesner (Hrsg.), SGB VIII Kinder- und Jugendhilfe Kommentar, 4. Auflage München 2011, Anhang 3 – FamFG (zit.: Oberloskamp, in: Wiesner, SGB VIII, Anh. 3, Rn.).

Oberloskamp, Helga: Ein Jahr FamFG – Auswirkungen auf Verfahren bei Kindeswohlgefährdung aus wissenschaftlicher Sicht, in: Ein Jahr FamFG. Auswirkungen auf Verfahren bei Kindeswohlgefährdung. Bundesverband für Erziehungshilfe (AFET)-Veröffentlichung Nr. 71/2011, Hannover 2011, S. 37–46, (zit.: Oberloskamp, in: AFET-Veröffentlichung Nr. 71/2011, S.).

Oberloskamp, Helga; Borg-Laufs, Michael; Mutke, Barbara: Gutachtliche Stellungnahmen in der sozialen Arbeit, 7., überarbeitete Auflage, Köln 2009 (zit.: Oberloskamp/Borg-Laufs/Mutke, S.).

Oberloskamp, Helga; Lewe, Jörg: Risikoeinschätzung bei möglicher Kindeswohlgefährdung – Umsetzung des § 8a SGBVIII im Kontext des FamFG, FPR 2009, 553–557.

Oelkers, Harald: Die Rechtsprechung zur elterlichen Sorge – eine Übersicht über die letzten fünf Jahre, FamRZ 1995, 1097–1111.

Olk, Thomas; Otto, Hans-Uwe (Hrsg.): Soziale Arbeit als Dienstleistung. Grundlegungen, Entwürfe und Modelle. München, Unterschleißheim 2003, (zit.: Olk/Otto, Soziale Dienstleistung, S.).

Olzen, Dirk, in: Münchener Kommentar zum Bürgerlichen Gesetzbuch: BGB Band 8: Familienrecht II (§§ 1589–1921), SGB VIII, 6. Auflage München 2012, § 1666 BGB (zit.: Olzen, in: MüKo-BGB (2012), § 1666 Rn.).

Orgis, Christiane: Beteiligungsrecht des nicht sorgeberechtigten Elternteils in Verfahren nach § 1666 BGB, JAmt 2008, 243–246.

Palandt: Bürgerliches Gesetzbuch mit Nebengesetzen, 71., neubearbeitete Auflage, München 2012 (zit.: Palandt/Bearbeiter (2012), § Rn.).

Peifer, Ulrike: Die Neuerungen im Bereich des familienrechtlichen Verfahrens. Ein erster Überblick, NDV 2008, 395–400.

Pieroth, Bodo; Schlink, Bernhard; Kniesel, Michael (Hrsg.): Polizei- und Ordnungsrecht mit Versammlungsrecht, 7. Auflage München 2012 (zit.: Pieroth/Schlink/Kniesel, §, Rn.).

Pothmann, Jens: Inobhutnahme – eine Hilfe mit unterschiedlichen Gesichtern, in: Thomas Rauschenbach (Hrsg.), KomDat. Kommentierte Daten der Kinder- und Jugendhilfe, September 2012, Heft Nr. 2/12, 15. Jahrgang, Dortmund 2012 (zit.: Pothmann, in: KomDat, Heft Nr./Jahr, S.).

Pothmann, Jens: Erweiterte Wissensbasis zum kommunalen Kinderschutz. Gefährdungseinschätzungen der Jugendämter im Spiegel amtlicher Daten, ZKJ 2014, 8–11.

Pothmann, Jens; Wilk, Agathe: Jugendhilfe zwischen Dienstleistung und Intervention. Empirische Analysen zu den Hilfen zur Erziehung, in: Rauschenbach, Thomas; Schilling, Matthias (Hrsg.), Kinder- und Jugendhilfereport. 3. Bilanz der empirischen Wende. Weinheim, München 2011, S. 87–107, (Pothmann/Wilk, in: Rauschenbach/Schilling 2011, S.).

Prenzlow, Reinhard: Gleiches Recht für alle Kinder!? Vom Verfahrenspfleger zum Verfahrensbeistand – Was hat sich geändert? In: ZKJ 2012, 93–97.

Prenzlow, Reinhard (Hrsg.): Handbuch Elterliche Sorge und Umgang. Pädagogische, psychologische und rechtliche Aspekte, 1. Auflage Köln 2013 (zit.: Bearbeiter, in: Prenzlow, S., Rn.).

Proksch, Roland: Rechtstatsächliche Untersuchung zur Reform des Kindschaftsrechts. Begleitforschung zur Umsetzung des Kindschaftsrechtsreformgesetzes. Köln 2002, (zit.: Proksch, Rechtstatsachenforschung, S.).

Proksch, Roland: Förderung von Einvernehmen in streitigen Kindschaftssachen nach FamFG. Rolle, Aufgabe, Selbstverständnis der Sozialen Dienste bei der Mitwirkung in Verfahren vor den Familiengerichten, JAmt 2010, 215–225.

Proksch, Roland: Reform des familiengerichtlichen Verfahrens durch das FamFG – Möglichkeiten für Mediation, ZKM 2010, 39–43.

Prütting, Hanns; Helms, Tobias (Hrsg.). FamFG. Gesetz über das Verfahren in Familiensachen und in den Angelegenheiten der freiwilligen Gerichtsbarkeit. Mit FamGKG. Kommentar. 3. Auflage, Köln 2014 (zit.: Bearbeiter, in: Prütting/Helms, FamFG, § Rn.).

Pryor, Jan: Children's Perspectives on Law Procedures, in: Höfling, Siegfried (Hrsg.): Interventions for the Best Interest of the Child in Family Law Procedures. Interventionen zum Kindeswohl. Studies and Comments 8. München 2009.(zit.: Pryor, in: Höfling, Interventionen zum Kindeswohl (2009), S.).

Przyborski, Aglaja; Wohlrab-Sahr, Monika: Qualitative Sozialforschung. Ein Arbeitsbuch. 2., korrigierte Auflage, München 2008 (zit.: Przyborski/Wohlrab-Sahr, Kap., S.).

Raack, Wolfgang: Kindesschutz nicht ohne Kooperation mit den Familienrichter/innen und Gerichtsvollzieher/innen, ZKJ 2008, 181–184.

Raack, Wolfgang: Schulschwänzer – Keiner darf verloren gehen! In: FPR 2012, 467–471.

Rachor, Frederik, in: Denninger, Erhard; Rachor, Frederik (Hrsg.): Handbuch des Polizeirechts. Gefahrenabwehr, Strafverfolgung, Rechtsschutz, 5., neu bearbeitete und erweiterte Auflage, München 2012, (zit.: Bearbeiter, in: Lisken/Denninger, Handbuch Polizeirecht, Rn.).

Reinfelder, Hans: Das neue FamFG und seine Auswirkungen auf die öffentliche Jugendhilfe, in: Zentrum Bayern Familie und Soziales, Bayerisches Landesjugendamt (ZBFS), Sonderdruck aus dem Mitteilungsblatt Nr. 4 Juli/ August 2009, S. 1–16, (zit.: Reinfelder, BLJA Mitteilungsblatt 4/09, S.).

Rieger, Ingrid: Das neue FamFG – Zur Rolle des Jugendamts – Kompetenzzuwachs oder Überforderung, ZKJ 2009, 312–314.

Riemann, Gerhard: Zur Bedeutung ethnographischer und erzählanalytischer Arbeitsweisen für die (Selbst-)Reflexion professioneller Arbeit. Ein Erfahrungsbericht, in: Völter, Bettina; Dausien, Bettina; Lutz, Helma; Rosenthal, Gabriele (Hrsg.), Biographieforschung im Diskurs, Wiesbaden 2005, S. 248–270, (zit.: Riemann, S.).

Röbel, Sven: Im Nebel verschwunden, in: Der SPIEGEL v. 06.03.2006, S. 50.

Röchling, Walter:Die Reform des SGB VIII durch das Gesetz zur Weiterentwicklung der Kinder- und Jugendhilfe (Kinder- und Jugendhilfeweiterentwicklungsgesetz – KICK), FamRZ 2006, 161–165.

Röchling, Walter: Anmerkungen zum Abschlussbericht der Arbeitsgruppe „Familiengerichtliche Maßnahmen bei Gefährdung des Kindeswohls“ v. 17.11.2006, FamRZ 2007, 431–435.

Röchling, Walter: Neue Aspekte zu Kinderschutz und Kindeswohl? – Zum Entwurf eines „Gesetzes zur Erleichterung familiengerichtlicher Maßnahmen bei Gefährdung des Kindeswohls“, FamRZ 2007, 1775–1779.

Röchling, Walter: Das Gesetz zur Erleichterung familiengerichtlicher Maßnahmen bei Gefährdung des Kindeswohls, FamRZ 2008, 1495–1498.

Röchling, Walter: Kindeswille und Elternrecht, FPR 2008, 481–483.

Rosenboom, Esther: Die familiengerichtliche Praxis in Hamburg bei Gefährdung des Kindeswohls durch Gewalt und Vernachlässigung nach §§ 1666, 1666a BGB. Eine qualitative Untersuchung, Bielefeld 2006.

Rosenboom, Esther: Kindeswohlgefährdung – eine Untersuchung der familiengerichtlichen Praxis in Hamburg, ZKJ 2007, 55–57.

Rosenboom, Esther; Rotax, Horst-Heiner: Ein kleiner Meilenstein auf dem Weg zum besseren Kindesschutz, ZRP 2008, 1–3.

Rudolph, Jürgen: „Kinderschutz“ im Netzwerk, FPR 2009, 574–579.

Saenger, Ingo (Hrsg.): Zivilprozessordnung. FamFG/ Europäisches Verfahrensrecht. Handkommentar. 5. Auflage, Baden-Baden 2013, (zit.: Saenger/Bearbeiter, ZPO (2013), § Rn.).

Salgo, Ludwig: Soll die Zuständigkeit des Familiengerichts erweitert werden? In: FamRZ 1984, 221–228.

Salgo, Ludwig: Der Anwalt des Kindes. Die Vertretung von Kindern in zivilrechtlichen Kindesschutzverfahren. Eine vergleichende Studie. 2. Auflage, Frankfurt am Main 1996 (zit.: Salgo, Anwalt des Kindes, S.).

Salgo, Ludwig: § 8a SGB VIII – Anmerkungen und Überlegungen zur Vorgeschichte und zu den Konsequenzen der Gesetzesänderung. Teil 1, ZKJ 2006, 531–535.

Salgo, Ludwig: § 8a SGB VIII. Anmerkungen und Überlegungen zur Vorgeschichte und zu den Konsequenzen der Gesetzesänderung, Teil 2, ZKJ 2007, 12–16.

Salgo, Ludwig, in: Salgo, Ludwig; Zenz, Gisela; Fegert, Jörg; Bauer, Axel; Weber, Corina; Zitelmann, Maud (Hrsg.): Verfahrensbeistandschaft. Ein Handbuch für die Praxis. 2., überarbeitete und aktualisierte Auflage, Köln 2010 (zit.: Salgo, in: HB-VB (2010), Rn.).

Salgo, Ludwig: Mitwirkung am Zustandekommen einer einvernehmlichen Regelung. Aufgaben und Pflichten des Verfahrensbeistands, FPR 2010, 456–463.

Salgo, Ludwig: Ergänzungspfleger oder Verfahrensbeistand – zum Stand der Diskussion, FPR 2011, 314–319.

Salgo, Ludwig: Stellungnahme zum Gesetzesentwurf der Bundesregierung. Entwurf eines Gesetzes zur Stärkung eines aktiven Schutzes von Kindern und Jugendlichen (Bundeskinderschutzgesetz – BKiSchG), ZKJ 2011, 419–425.

Salgo, Ludwig: Aus Fehlern lernen – Stellungnahme für den Sonderausschuss „Zum Tode des Mädchens Chantal“, ZKJ 2013, 150–156.

Salgo, Ludwig: Für mehr juristische Hilfe im Jugendamt. In Stadtverwaltung fehlt Fachwissen/ „Strategien gegen Wegsehen nötig“, in: Frankfurter Allgemeine Zeitung v. 27.05.2014, S. 40 (Ressort Hochschule). Interview.

Salgo, Ludwig; Zenz, Gisela; Fegert, Jörg; Bauer, Axel; Weber, Corina; Zitelmann, Maud (Hrsg.): Verfahrensbeistandschaft. Ein Handbuch für die Praxis. 2., überarbeitete und aktualisierte Auflage, Köln 2010 (zit.: Bearbeiter, in: HB-VB (2010), Rn.).

Salzgeber, Joseph: Der lösungsorientierte Sachverständige und die Hochkonfliktfamilien – Was steht dem Herstellen von Einvernehmen noch im Weg?, FamRZ 2010, 851–857.

Salzgeber, Joseph: Familienpsychologische Gutachten, 5. Auflage 2011 (zit.: Salzgeber, Rn.).

Schäffner, Bianca; Reich, Kerstin; Wulf, Rüdiger: Prävention von Kindeswohlgefährdungen, ZKJ 2008, 64–67.

Schindler, Gila; Schmid-Obkirchner, Heike: Die Zukunft der Kinder- und Jugendhilfe, JAmt/ZKJ Sonderheft 2010, 1–6.

Schirmer, Dominique: Empirische Methoden der Sozialforschung. Grundlagen und Techniken. Paderborn 2009 (zit.: Schirmer, S.).

Schlauß, Stefan: Mehr Schutz für gefährdete Kinder. Arbeitsgruppe des Bundesministeriums der Justiz legt Empfehlungen für eine Verbesserung des familiengerichtlichen Schutzes von Kindern vor, ZKJ 2007, 9–12.

Schlemm, Christfried, in: Bahrenfuss, Dirk (Hrsg.). FamFG. Gesetz über das Verfahren in Familiensachen und in den Angelegenheiten der freiwilligen Gerichtsbarkeit. Kommentar. 2., völlig neu bearbeitete und wesentlich erweiterte Auflage, Berlin 2013 (zit.: Schlemm, in: Bahrenfuss (2013), § Rn.).

Schlünder, Rolf, in: Hahne, Meo-Micaela; Munzig, Jörg (Hrsg.). Beck'scher Online Kommentar FamFG. Stand: 01.09.2014, Edition: 13, München (zit.: Schlünder, in: BeckOK-FamFG, § Rn.).

Schmid, Jürgen: Die verfahrensrechtlichen Änderungen im Gesetz zur Erleichterung familiengerichtlicher Maßnahmen bei Gefährdung des Kindeswohls. Die Bedeutung des Gesetzes im Hinblick auf die geplanten Änderungen des Verfahrensrechts nach dem FamFG, FPR 2008, 618–619.

Schmid, Jürgen: Das Beschleunigungs- und Vorranggebot – erste Erfahrungen in der Praxis, FPR 2011, 5–8.

Schmid-Obkirchner, Heike, in: Wiesner, Reinhard (Hrsg.), SGB VIII Kinder- und Jugendhilfe Kommentar, 4. Auflage München 2011 (zit.: Schmid-Obkirchner, in: Wiesner, SGB VIII).

Schmidt-Bleibtreu, Bruno; Klein, Franz (Hrsg.): Kommentar zum Grundgesetz, 9. Auflage, Neuwied und Kriftel 1999 (zit.: Bearbeiter, in: Schmidt-Bleibtreu/Klein, Art. Rn.).

Schnell, Rainer; Hill, Paul B.; Esser, Elke: Methoden der empirischen Sozialforschung. 9. Aktualisierte Auflage, München 2011 (zit.: Schnell/Hill/Esser, S.).

Schnitzler, Klaus: Einstweiliger Rechtsschutz bei Kindschaftssachen im Verhältnis zum Hauptsacheverfahren und der Beschleunigungsgrundsatz, FF 2012, 62–66.

Schone, Reinhold: Probleme und Hürden bei der Umsetzung des § 8a SGB VIII, in: Deutsches Jugendinstitut e.V. (Hrsg.). IKK-Nachrichten, 1–2/2006, § 8a SGB VIII. Herausforderungen bei der Umsetzung, München 2006, S. 20–28, (zit.: Schone, in: IKK-Nachrichten 1–2/2006, S. 20).

Schone, Reinhold: Zu den Herausforderungen bei der Umsetzung des § 8a Abs. 2 SGB VIII, KJug 2/2007, 36–41.

Schulte-Bunert, Kai (Hrsg.): Das neue FamFG. 2. Auflage, Köln 2010 (zit.: Schulte-Bunert, Das neue FamFG (2010), S.).

Schulte-Bunert, Kai; Weinreich, Gerd (Hrsg.): Kommentar des FamFG. Mit FamGKG. 4. Auflage Köln 2014 (zit.: Bearbeiter, in: Schulte-Bunert/Weinreich, FamFG, § Rn.).

Schumann, Eva: Kindeswohl zwischen elterlicher und staatlicher Verantwortung, in: Behrends, Okko; Schumann, Eva (Hrsg.), Gesetzgebung, Menschenbild und Sozialmodell im Familien- und Sozialrecht. Abhandlungen der Akademie der Wissenschaften zu Göttingen. Neue Folge, Band 3. Berlin, New York 2008, S. 169–225 (zit.: Schumann, in: Behrends/Schumann, S.).

Schumann, Eva: Stärkung und Schutz des Kindeswohls. Stehen die aktuellen Reformen mit Art. 6 GG in Einklang? In: Lipp, Volker; Schumann, Eva; Veit, Barbara (Hrsg.), Reform des familiengerichtlichen Verfahrens. 1. Familienrechtliches Forum Göttingen 2009, S. 229–258 (zit.: Schumann, in: Lipp/Schumann/Veit, FGG-Reform, S.).

Schumann, Eva, in: Rauscher, Thomas; Krüger, Wolfgang (Hrsg.), Münchener Kommentar zur Zivilprozessordnung, 3. Auflage München 2010, (zit.: Schumann, in: MüKo-ZPO (2010), § Rn.).

Schumann, Eva: Das Erörterungsgespräch bei möglicher Kindeswohlgefährdung, FPR 2011, 203–207.

Schumann, Eva, in: Rauscher, Thomas; Krüger, Wolfgang (Hrsg.), Münchener Kommentar zum Gesetz über das Verfahren in Familiensachen und in den Angelegenheiten der freiwilligen Gerichtsbarkeit (FamFG), 2. Auflage München 2013,

Buch 2: Verfahren in Familiensachen. Abschnitt 3. Verfahren in Kindschaftssachen, (zit.: Schumann, in: MüKo-FamFG (2013), § Rn.).

Schürmann, Heinrich: Die Verfahrenskostenhilfe nach dem FamFG, FamRB 2009, 58–60.

Schweppe, Katja; Bussian, Jörg: Die Kindesanhörung aus familienrichterlicher Sicht. Zugleich ein Diskussionsbeitrag zu den Beschlüssen des Arbeitskreises 23 auf dem 19. Deutschen Familiengerichtstag, ZKJ 2012, 13–20.

Schwerin, Margarete, Gräfin von: Auswahl und Qualifikation von Familienrichtern(innen) – Familienrichter(innen) auf Probe – Fortbildung der Familienrichter(innen). (Interview). FF 2012, 470–473.

Seier, Nicole: Reform des § 1666 BGB und Verfassungsschutz, FPR 2008, 483–487.

Siegfried, Matthias: Kindstötung. Der hohe Wächter- und Schutzauftrag des Jugendamtes. Geltendes Recht und Vorschlag eines neuen § 8a V SGB VIII/ § 8b SGB VIII, FPR 2008, 264–268.

Simitis, Spiros; Rosenkötter, Lutz; Vogel, Rudolf; Boost-Muss, Barbara; Frommann, Jürgen; Hopp, Jürgen; Koch, Hartmut; Zenz, Gisela: Kindeswohl – Eine interdisziplinäre Untersuchung über seine Verwirklichung in der vormundschaftsgerichtlichen Praxis, Frankfurt am Main 1979, (zit.: Simitis et al. (1979), Kindeswohl, S.).

Sommer, Anja: Das Verhältnis von Familiengericht und Jugendamt. Kooperation zum Wohle des Kindes? Frankfurt am Main, Berlin, Bern, Brüssel, New York, Oxford, Wien 2012 (zit.: Sommer, S.).

Sommer, Anja: Strukturdefizite im Kindschaftsrecht. Warum verwaltungsgerichtliche Kompetenzen dem Familiengericht zugewiesen werden sollten, ZKJ 2012, 135–140.

Sommer, Anja: Zur verwaltungsgerichtlichen Überprüfung der Gefährdungsmitteilung des Jugendamts an das Familiengericht nach § 8a SGB VIII. Zugleich Anmerkung zu den Entscheidungen des VG Frankfurt, „18.09.2012, 7 L 2673/12 = ZKJ 2012, 406 f. und VGH Kassel, 07.11.2012, 7 L 2673/12", ZKJ 2013, 68–70.

Staub-Bernasconi, Silvia: Soziale Arbeit als Handlungswissenschaft. Systemtheoretische Grundlagen und professionelle Praxis. Ein Lehrbuch. Bern 2007 (zit.: Staub-Bernasconi, S.).

Staudinger, Julius von (Begründer): Kommentar zum Bürgerlichen Gesetzbuch mit Einführungsgesetz und Nebengesetzen. Buch 4 Familienrecht, §§ 1638–1683 (Elterliche Sorge 2 – Vermögenssorge, Kindesschutz, Sorgerechtswechsel), Neubearbeitung Berlin 2009 (zit.: Staudinger/Bearbeiter, § Rn.).

Stein, Angelika: Das Zusammenspiel von SGB VIII und FamFG bei Trennung und Scheidung einerseits und Kindeswohlgefährdung andererseits – Wesentliche Verfahrensunterschiede, JAmt 2009, 277–282.

Sternal, Werner, in: Keidel, Theodor (Begr.); Engelhardt, Helmut; Sternal, Werner (Hrsg.): FamFG. Gesetz über das Verfahren in Familiensachen und in den

Angelegenheiten der freiwilligen Gerichtsbarkeit. Kommentar, 18., überarbeitete Auflage 2014, München 2014 (zit.: Keidel/Bearbeiter (2014), FamFG, §, Rn.).

Stößer, Eberhard, in: Prütting, Hanns; Helms, Tobias (Hrsg.). FamFG. Gesetz über das Verfahren in Familiensachen und in den Angelegenheiten der freiwilligen Gerichtsbarkeit. Mit FamGKG. Kommentar. 3. Auflage, Köln 2014, § 162 FamFG (zit.: Stößer, in: Prütting/Helms, FamFG, § Rn.).

Stötzel, Manuela: Verfahrensbeistand und Umgangspfleger – Aufgaben und Befugnisse, FPR 2009, 27–30.

Stötzel, Manuela: Möglichkeiten der Interventionen der professionellen Verfahrensbeteiligten, FPR 2010, 425–428.

Stötzel, Manuela; Prenzlow, Reinhard: Die Kindesanhörung im familiengerichtlichen Verfahren, ZKJ 2011, 200–204.

Tammen, Britta: Der Schutzauftrag der Jugendhilfe bei Kindeswohlgefährdung im neuen Paragraph 8a SGB VIII. Ein Beitrag aus der Tagung: Drahtseilakt Kinderschutz, Balance zwischen Stärkung und Wächteramt, Bad Boll, 15.–16. Mai 2007, (zit.: Tammen, in: Evangelische Akademie Bad Boll, S.). Internetadresse_36.

Tenhaken, Beate: Das Spannungsfeld des Jugendamtes in gerichtlichen Verfahren gemäß § 1666, Jugendhilfe aktuell 2007, 27–36.

Teubner, Gunther: Generalklauseln als sozio-normative Modelle, in: Hassemer, Winfried; Hoffmann-Riem, Wolfgang; Weiss, Manfred (Hrsg.): Generalklauseln als Gegenstand der Sozialwissenschaften. Schriften der Vereinigung für Rechtssoziologie, Band 1. 1. Auflage Baden-Baden 1978, S. 13–35, (zit.: Teubner, in: Generalklauseln als Gegenstand der Sozialwissenschaften (1978), S.).

Tillmanns, Kerstin: Münchener Kommentar zum Bürgerlichen Gesetzbuch: BGB Band 8: Familienrecht II (§§ 1589–1921), SGB VIII, 6. Auflage München 2012, § 8a SGB VIII (zit.: Tillmanns, in: MüKo-BGB (2012), § Rn.).

Trenczek, Thomas: Inobhutnahme. Krisenintervention und Schutzgewährung durch die Jugendhilfe. §§ 8a, 42 SGB VIII. 2. Auflage, Stuttgart 2008, (zit.: Trenczek, Inobhutnahme (2008), S.).

Trenczek, Thomas: Familiengerichtliches Verfahren und Mitwirkung der Jugendhilfe nach dem FGG-Reformgesetz, ZKJ 2009, 97–106.

Trenczek, Thomas, in: Münder, Johannes; Meysen, Thomas; Trenczek, Thomas (Hrsg.). Frankfurter Kommentar zum SGB VIII. Kinder- und Jugendhilfe, 7. Auflage, Baden-Baden 2013 (zit.: Trenczek, in: Münder u. a., FK-SGB VIII, § Rn.).

Unger, Joachim, in: Schulte-Bunert, Kai; Weinreich, Gerd (Hrsg.), Kommentar des FamFG. Mit FamGKG. 4. Auflage Köln 2014 (zit.: Unger, in: Schulte-Bunert/Weinreich, FamFG, § Rn.).

Urban, Ulrike: Wo kein Kläger, da kein Rechtsbruch? In: ZKJ 2006, 126–135.

Uslucan, Haci-Halil: Migration und Kindeswohl. Anforderungen an kultursensible Beratung und Begutachtung, ZKJ 2010, 46–48.

van Els, Hans: KiWoMaG. Zugleich eine Anmerkung zum Beschluss des OLG Köln vom 11.3.2008 – 4 UF 119/07, FF 2009, 157–159.

Veit, Barbara: Das Gesetz zur Erleichterung familiengerichtlicher Maßnahmen bei Gefährdung des Kindeswohls im Überblick, FPR 2008, 598–603.

Veit, Barbara, in: Bamberger, Georg/Roth, Herbert (Hrsg.). BGB. Beck'scher Online-Kommentar. München 2014 (zit.: Veit, in: BeckOK-BGB, § 1666 Rn.).

Viefhues, Wolfram, in: Rauscher, Thomas; Krüger, Wolfgang (Hrsg.), Münchener Kommentar zum Gesetz über das Verfahren in Familiensachen und in den Angelegenheiten der freiwilligen Gerichtsbarkeit (FamFG), 2. Auflage München 2013, Buch 1: Allgemeiner Teil, Abschnitt 6 (§§ 76–79), (zit.: Viefhues, in: MüKo-FamFG, § Rn.).

Vogel, Harald: Gesetz zur Erleichterung familiengerichtlicher Maßnahmen bei Gefährdung des Kindeswohls, FF 2008, 231–234.

Völker, Mallory; Clausius, Monika: Friederici, Peter; Kemper, Rainer: Familienverfahrensrecht. Handkommentar. 1. Auflage, Baden-Baden 2009, (zit.: Völker/Clausius, in: Friederici/Kemper, § Rn.).

Völker, Mallory; Clausius, Monika, in: Kemper, Rainer; Schreiber, Klaus (Hrsg.). Familienverfahrensrecht, Handkommentar. 2. Auflage, Baden-Baden 2012 (zit.: Völker/Clausius, in: Kemper/Schreiber, HK-FamFG (2012), § Rn.).

Völker, Mallory; Clausius, Monika: Sorge- und Umgangsrecht in der Praxis, 5. Auflage, Bonn 2012 (zit.: Völker/Clausius (2012), §, S. Rn.).

Wagner, Heiko, in: Bassenge, Peter; Roth, Herbert: Gesetz über das Verfahren in Familiensachen und in den Angelegenheiten der freiwilligen Gerichtsbarkeit. Rechtspflegergesetz. Kommentar. 12., völlig neu bearbeitete und erweiterte Auflage, Heidelberg 2009 (zit.: Wagner, in: Bassenge/Roth, § Rn.).

Wagner, Wiebke: Also lautet der Beschluss, dass der Mensch was lernen muss ... Die Erörterung der Kindeswohlgefährdung nach § 50f FGG oder das richterliche „Erziehungsgespräch", FPR 2008, 605–608.

Walter, Eginhard: Hinwirken auf Einvernehmen – Welche Zusatzqualifikation braucht das Gericht?, FPR 2009, 23–27.

Wapler, Friederike: Staatliche Reaktionsmöglichkeiten bei Kindeswohlgefährdungen – Verfassungsrechtliche Aspekte der jüngsten Gesetzesänderungen, RdJB 2009, 21–33.

Weber-Hornig, Monika; Kohaupt, Georg: Partnerschaftsgewalt in der Familie – Das Drama des Kindes und Folgerungen für die Hilfe, FPR 2003, 315–320.

Weinreich, Gerd; Klein, Michael (Hrsg.): Fachanwaltskommentar Familienrecht. 5. Auflage, Köln 2013 (zit.: Bearbeiter, in: Weinreich/Klein (2013), § Rn.).

Weisbrodt, Franz: Kinderschutz zwischen Familiengericht und Jugendamt. Neujustierung des Spannungsfelds. Konsequenzen des FamFG und der Landeskinderschutzgesetze, JAmt 2010, 53–59.

Wellenhofer, Marina: Familienrecht. 2. Auflage München 2011 (zit.: Wellenhofer, S. Rn.).

Wellenhofer, Marina: Haftung im Familienrecht, FPR 2012, 529–535.

Wever, Reinhardt: Das Große Familiengericht, FF 2012, 427–435.

Wiedenlübbert, Eckard: Kindeswohl und Kindeswohlgefährdung in Sorge- und Umgangsstreitigkeiten, in: Tagungsdokumentation zur Fachtagung in Bernburg, 21./22.04.2005. Kindeswohl und Kindeswille in Sorge- und Umgangsrechtsstreitigkeiten. Belange der Kinder und Umsetzung durch die betroffenen Institutionen, veranstaltet vom Landesverwaltungsamt – Landesjugendamt Sachsen-Anhalt, Verband Anwalt des Kindes Sachsen-Anhalt, Fachzentrum für Pflegefamilien Sachsen-Anhalt Stiftung Ev. Jugendhilfe St. Johannis, S. 22–27 (zit.: Wiedenlübbert, in: Tagungsdokumentation zur Fachtagung Kindeswohl und Kindeswille (2005), S.).

Wieser, Eberhard: Die vier „Angelegenheiten“ des neuen FamFG, JR 2009, 353–354.

Wiesner, Reinhard: Das Wächteramt des Staates und die Garantenstellung der Sozialarbeiterin/ des Sozialarbeiters zur Abwehr von Gefahren für das Kindeswohl, ZfJ 2004, 161–172.

Wiesner, Reinhard: Gesetzgeberische Absichten zur Verbesserung des Schutzes von Kindern und Jugendlichen vor Gefahren für ihr Wohl durch das Kinder- und Jugendhilfeweiterentwicklungsgesetz (KICK), IKK-Nachrichten 1–2/2006, 4–8.

Wiesner, Reinhard: Kinderschutz aus der Sicht der Jugendhilfe, ZKJ 2008, 143–147.

Wiesner, Reinhard: Leistungen der Kinder- und Jugendhilfe nach dem SGB VIII, FPR 2008, 608–613.

Wiesner, Reinhard: Das Gesetz zur Erleichterung familiengerichtlicher Maßnahmen bei Gefährdung des Kindeswohls, RdJB 2009, 13–20.

Wiesner, Reinhard: Das Jugendamt – ein „Mädchen für alles“? Was sagt das KJHG? Ein Statement vom „Architekten“ des Kinder- und Jugendhilfegesetzes, in: Deutsches Institut für Urbanistik GmbH, Das Jugendamt der Zukunft – „Mädchen für alles“ oder „Restjugendamt“? Versuch einer Positionsbestimmung. Dokumentation der Fachtagung am 15. Und 16. April 2010 in Berlin, Berlin 2010, S. 11–18 (zit.: Wiesner, in: Deutsches Institut für Urbanistik 2010, Das Jugendamt der Zukunft, S.).

Wiesner, Reinhard (Hrsg.): SGB VIII Kinder- und Jugendhilfe Kommentar, 4. Auflage München 2011, (zit.: Bearbeiter, in: Wiesner, SGB VIII).

Wiesner, Reinhard, in: Münder, Johannes; Wiesner, Reinhard; Meysen, Thomas (Hrsg.). Kinder- und Jugendhilferecht. Handbuch, 2. Auflage, Baden-Baden 2011 (zit.: Wiesner, in: Münder/Wiesner/Meysen, Handbuch KJHR, Kap., Rn.).

Wiesner, Reinhard: Kindeswohlgefährdung im FamFG – Was wollte der Gesetzgeber? In: Ein Jahr FamFG. Auswirkungen auf Verfahren bei Kindeswohlgefährdung.

Bundesverband für Erziehungshilfe (AFET)-Veröffentlichung Nr. 71/2011, Hannover 2011, S. 11–22, (zit.: Wiesner, in: AFET-Veröffentlichung Nr. 71/2011, S.).

Willutzki, Siegfried: Familiengericht und Jugendamt – neue Formen der Zusammenarbeit, ZfJ 1994, 202–204.

Willutzki, Siegfried: Empfehlungen des 13. Deutschen Familiengerichtstages., NJW 2000, 1464–1467.

Willutzki, Siegfried: Der Schutzauftrag des Jugendamtes im neuen Recht, FPR 2008, 488–492.

Willutzki, Siegfried: Kinderschutz aus Sicht des Familiengerichts. Zu den Reformplänen des Gesetzgebers, ZKJ 2008, 139–143.

Willutzki, Siegfried: Kindschaftssachen im neuen FamFG – Ein Überblick, FPR 2009, 327–330.

Willutzki, Siegfried: 35 Jahre Familiengerichte – Sorgerecht für nichteheliche Väter – Unterhaltsrechtsreform. (Interview). FF 2012, 134–137.

Wuchterl, Kurt: Lehrbuch der Philosophie, 3. Auflage Bern 1989 (zit.: Wuchterl, S.).

Zenz, Gisela: Kindesmisshandlung und Kindesrechte. Erfahrungswissen, Normstruktur u. Entscheidungsrationalität. 1. Auflage Frankfurt am Main 1979 (zit.: Zenz (1979), S.).

Zenz, Gisela: Kindesmisshandlung und Kindesrechte. Erfahrungswissen, Normstruktur u. Entscheidungsrationalität. 1. Auflage Frankfurt am Main 1981 (zit.: Zenz (1981), S.).

Ziegler, Theo, in: Weinreich, Gerd; Klein, Michael (Hrsg.), Fachanwaltskommentar Familienrecht. 5. Auflage Köln 2013, § 1666 BGB, (zit.: Ziegler, in: Weinreich/ Klein (2013), § Rn.).

Ziegler, Theo, in: Schulte-Bunert, Kai; Weinreich, Gerd (Hrsg.): Kommentar des FamFG. Mit FamGKG. 4. Auflage Köln 2014 (zit.: Ziegler, in: Schulte-Bunert/ Weinreich, FamFG, § Rn.).

Zitelmann, Maud: Kindeswohl und Kindeswille im Spannungsfeld von Pädagogik und Recht, Frankfurt am Main 2001 (zit.: Zitelmann, Kindeswohl und Kindeswille, S.).

Zitelmann, Maud: Kindeswohlgefährdung und Inobhutnahme. Hinweise und Ergebnisse aus einer bundesweiten Studie, in. Lewis, Graham; Riehm, Rüdiger; Neumann-Witt, Andreas; Bohnstengel, Lutz; Köstler, Sabine; Hensen, Gregor (Hrsg.), Inobhutnahme konkret – Pädagogische Aspekte der Arbeit in der Inobhutnahme und im Kinder- und Jugendnotdienst, 1. Auflage, Frankfurt am Main 2009, S. 75–101 (zit.: Zitelmann, in: Lewis et al., Inobhutnahme konkret, S.).

Zöller, Richard (Begr.): ZPO. Zivilprozessordnung mit FamFG (§§ 1–185, 200–270, 433–484) und Gerichtsverfassungsgesetz, den Einführungsgesetzen, mit internationalem Zivilprozessrecht, EU-Verordnungen, Kostenanmerkungen.

Kommentar. 29., neubearbeitete Auflage. Köln 2012 (zit.: Bearbeiter, in: Zöller. FamFG (2012), § Rn.).

Zorn, Dagmar, in: Jansen, Paul (Begr.); Schuckmann, Hans-Joachim; Sonnenfeld, Susanne (Hrsg.): FGG. Gesetz über die Angelegenheiten der freiwilligen Gerichtsbarkeit. 3. Auflage Berlin 2006, (zit.: Jansen/Zorn, § Rn.).

Zorn, Dagmar, in: Bork, Reinhard; Jacoby, Florian; Schwab, Dieter (Hrsg.). FamFG. Kommentar zum Gesetz über das Verfahren in Familiensachen und in den Angelegenheiten der freiwilligen Gerichtsbarkeit. Bielefeld 2009, (zit.: Zorn, in: Bork/Jacoby/Schwab, FamFG (2009), § Rn.).

Zorn, Dagmar, in: Bork, Reinhard; Jacoby, Florian; Schwab, Dieter (Hrsg.). FamFG. Kommentar zum Gesetz über das Verfahren in Familiensachen und in den Angelegenheiten der freiwilligen Gerichtsbarkeit. 2., neu bearbeitete Auflage, Bielefeld 2013 (zit.: Zorn, in: Bork/Jacoby/Schwab, FamFG (2013), § Rn.).

Internetverzeichnis

Internetadresse _1

http://www.bmfsfj.de/RedaktionBMFSFJ/Internetredaktion/Pdf-Anlagen/ergebnis protokoll-mpk,property=pdf,bereich=,sprache=de,rwb=true.pdf.

Internetadresse _2

http://beck-aktuell.beck.de/sites/default/files/rsw/upload/Beck_Aktuell/referenten entwurf-bmj_1_1_1_1_1.pdf.

Internetadresse _3

http://www.destatis.de/DE/Publikationen/Thematisch/Soziales/KinderJu gendhilfe/PflegeVormundBeistandschaftPflegeerlaubnis5225202137004.pdf?__blob=publicationFile.

Internetadresse _4

http://www.agsp.de/html/a81.html.

Internetadresse _5

http://www.agsp.de/html/a83.html.

Internetadresse _6

http://www.spiegel.de/panorama/justiz/unterernaehrtes-maedchen-mutter-von-lara-mia-zu-drei-jahren-haft-verurteilt-a-796942.html

Internetadresse _7

http://www.kinderhilfe.de/blog/artikel/die-kinder-und-jugendhilfe-bedarf-grund legender-reformen.

Internetadresse _8

http://www.destatis.de/DE/PresseService/Presse/Pressemitteilungen/2014/08/PD14_288_225.html.

Internetadresse _9

https://www.destatis.de/DE/PresseService/Presse/Pressekonferenzen/2011/Mik ro_Kinder/statement_egeler.pdf?__blob=publicationFile.

Internetadresse _10

http://www.bmj.de/SharedDocs/Downloads/DE/pdfs/AG_Kindeswohl_Abschluss bericht_2009.pdf?__blob=publicationFile.

Internetadresse _11

http://www.bmjv.de/SharedDocs/Downloads/DE/pdfs/AG_Kindeswohl_Abschluss bericht_2006.pdf?__blob=publicationFile.

Internetadresse _12

http://www.gesmat.bundesgerichtshof.de/gesetzesmaterialien/16_wp/kindeswohl/pm_bmj_11_07_07.pdf.

Internetadresse _13

http://www.deutscher-verein.de/05-empfehlungen/Kinder_und_Jugendhilfe/Emp fehlungen_zur_Festlegung_fachlicher_Verfahrensstandards_in_den_Jugendaem tern_bei_Gefaehrdung_des_Kindeswohls.

Internetadresse _14

http://www.destatis.de/DE/Publikationen/Thematisch/Soziales/KinderJu gendhilfe/PflegeVormundBeistandschaftPflegeerlaubnis5225202117004.pdf?__blob=publicationFile.

Internetadresse _15

http://www.destatis.de/DE/ZahlenFakten/GesellschaftStaat/Soziales/Sozialleistun gen/KinderJugendhilfe/Tabellen/EntzugElterlichenSorge.html.

Internetadresse _16

http://www.hefam.de/koll/hlm20061203.pdf.

Internetadresse _17

http://www.kvjs.de/fileadmin/dateien/kvjs-forschung/Schutzauftrag-Abschluss-lang.pdf.

Internetadresse _18

https://broschueren.nordrheinwestfalendirekt.de/herunterladen/der/datei/studie-kindeswohlgefa-hrdung-pdf/von/studie-kindeswohlgefaehrdung-ursachen-erschei nungsformen-und-neue-ansaetze-der-praevention/vom/mfkjks/979.

Internetadresse _19

http://www.destatis.de/DE/PresseService/Presse/Pressemitteilungen/2013/07/PD13_251_225.html.

Internetadresse _20

http://www.destatis.de/DE/Publikationen/Thematisch/Soziales/KinderJugendhilfe/Gefaehrdungseinschaetzungen5225123127004.pdf?__blob=publicationFile.

Internetadresse _21

http://www.stern.de/panorama/studie-zu-sexuellem-missbrauch-kinder-und-jugendliche-werden-seltener-opfer-1740022.html.

Internetadresse _22

http://www.kas.de/upload/ACDP/CDU/Koalitionsvertraege/Koalitionsvertrag2005.pdf.

Internetadresse _23

http://www.bundesregierung.de/Content/DE/Bulletin/2009/06/71–2-bmj-bt.html.

Internetadresse _24

http://www.gesmat.bundesgerichtshof.de/gesetzesmaterialien/16_wp/fgg/refe_juni_05.pdf.

Internetadresse _25

http://www.gesmat.bundesgerichtshof.de/gesetzesmaterialien/16_wp/fgg/refe_erg_14_02_06.pdf.

Internetadresse _26

http://www.gesmat.bundesgerichtshof.de/gesetzesmaterialien/16_wp/fgg/pm_bmj_9–5-07.pdf.

Internetadresse _27

http://www.muenchener-anwaltverein.de/media/2012/08/Cochemer_Praxis_EBE.pdf.

Internetadresse _28

http://www.bka.de/nn_242508/SharedDocs/Downloads/DE/Publikationen/PolizeilicheKriminalstatistik/ImkBerichteBis2011/pks2005ImkKurzbericht,templateId=raw,property=publicationFile.pdf/pks2005ImkKurzbericht.pdf.

Internetadresse _29

http://www.bmi.bund.de/SharedDocs/Downloads/DE/Veroeffentlichungen/2_periodischer_sicherheitsbericht_langfassung_de.pdf?__blob=publicationFile.

Internetadresse _30

dip21.bundestag.de/dip21/btd/08/001/0800111.pdf.

Internetadresse _31

http://www.pedocs.de/frontdoor.php?source_opus=1069&la=de.

Internetadresse _32

https://www.bremische-buergerschaft.de/uploads/media/BerichtUA-Kindeswohl_5cc.pdf.

Internetadresse _33

www.fruehehilfen.de/fileadmin/user_upload/fruehehilfen.de/pdf/Bundesgesund heitsblatt_Artikel_Fendrich.pdf.

Internetadresse _34

www.destatis.de/DE/Publikationen/WirtschaftStatistik/Sozialleistungen/Umset zungKinderschutzgesetz032012.pdf.

Internetadresse _35

www.blja.bayern.de/textoffice/fachbeitraege/Waechteramt0102.html.

Internetadresse _36

http://www.ev-akademie-boll.de/publikationen/online-dokumente/online-doku mente-rss-detailansicht/cHash/272988bd5ebf7c3c9200aa8115c3c1e5/newsID/746/ print.html.

Internetadresse_37

http://www.destatis.de/DE/Publikationen/Thematisch/Soziales/KinderJu gendhilfe/PflegeVormundBeistandschaftPflegeerlaubnis5225202137004.pdf?__ blob=publicationFile.

Anhang

A. Anschreiben an die Richter (Anhang 1)

An das
Amtsgericht – Familiengericht

Frankfurt, xx.xx.xxxx

Richterbefragung zur Erörterung der Kindeswohlgefährdung gemäß § 157 FamFG

Sehr geehrte Damen und Herren,

im Rahmen einer Untersuchung zur Frage der Umsetzung der „Erörterung der Kindeswohlgefährdung" in der familiengerichtlichen Praxis bitte ich Sie vielmals um Ihre Unterstützung durch Ihre Einschätzung und Stellungnahme zur Umsetzungspraxis von Erörterungsgesprächen nach § 157 FamFG in Ihrem Amtsgerichtsbezirk.

Da in der Fachöffentlichkeit nach wie vor nicht abschließend geklärt ist, welche Funktion und welchen Inhalt das Gespräch tatsächlich einnehmen kann, sowie auf welche Art und Weise die Erörterung in Verfahren wegen Kindeswohlgefährdung nach §§ 1666, 1666a BGB methodisch durchgeführt wird, werden Sie höflich um Ihre fachliche Beurteilung gebeten, die alleine Forschungszwecken dient. Die hier gefundenen Kontroversen zu den Anforderungen und Grenzen einer Erörterung bei Kindeswohlgefährdung sollen mit Ihren persönlichen Erfahrungen zu dieser Problematik verglichen werden. Ihre Einschätzungen tragen wesentlich zum Erlangen neuer Erkenntnisse im Bereich des Kinderschutzes bei.

Die Untersuchung erfolgt im Rahmen einer von Prof. Dr. Ludwig Salgo (Goethe Universität Frankfurt am Main) betreuten juristischen Dissertation. Für Ihre Mühe und Hilfe bedanke ich mich vielmals.

Mit freundlichen Grüßen
Carola Berneiser

B. Vorlage Beobachtungsprotokoll (Anhang 2)

Beobachtungsprotokoll Datum:________/ Protokoll-Nr.:________________

Ort, Zeit	Beobachtungen	Kontextinformation	Methodische und Rollen-Reflexion	Theoretische Reflexionen
Wo befinde ich mich zu welchem Zeitpunkt? Sitzanordnung? Beschreibung der Örtlichkeit	Wie sieht das Feld aus? Welche Abläufe gibt es? Gibt es Standards? Gibt es hervorgehobene Personen, mit besonderen Befugnissen? Wie gehen Personen mit Anwesenheit der Forscherin um? Kritische Situationen und Umgang damit? Einflüsse von außen, die sich im Feld bemerkbar machen?	Durch welche Rahmenbedingungen wird das Feld mitbestimmt? Welche Infos stammen nicht aus aktueller Beobachtung?	Wie ist meine Rolle als Forscherin im Feld? Gilt es, besonderen Personen noch mehr gesonderte Aufmerksamkeit zu widmen? Wie wirkt Situation auf mich?	Wie lässt sich das bisher Beobachtete in vorläufiger Weise theoretisch fassen? Welche Zusammenhänge deuten sich an? Gibt es erste theoretische Interpretationen?

C. Fragebogen Richter (Anhang 3)

Fragebogen Familienrichter/innen am Amtsgericht

<u>Vor dem Interview ausfüllen</u>:

Geschlecht des Gesprächspartners
weiblich ☐
männlich ☐

Datum: ....
Familiengericht in .... (Ort/ Bundesland)
Uhrzeit Beginn des Interviews: ....

Dauer des Interviews: ....
Überprüfung der Aufnahme:
JA ☐
NEIN ☐

Beigefügtes Material:

<u>A. Zum Umgang mit Kindeswohlgefährdung in der gerichtlichen Praxis:</u>

1. Wie hoch ist der Anteil der Verfahren nach §§ 1666, 1666a BGB im Vergleich zu anderen Verfahren, die Ihnen vorliegen?
   Weniger als ein Viertel ☐ ein Viertel bis ein Drittel ☐ mehr als ein Drittel ☐
   ca. .... Verfahren pro Monat

2. Gibt es Besonderheiten in Ihrem Amtsgerichtsbezirk, wie etwa spezielle Kooperationsvereinbarungen zwischen Jugendämtern und Familiengerichten in Bezug auf eine Zusammenarbeit in Kinderschutzverfahren?
   JA ☐ 2.1: seit wann? ....
   ....
   2.2: mit wem und mit welchem Inhalt?...
   ....
   NEIN ☐

3. Wie häufig haben Sie in den vergangenen 12 Monaten eine „*Erörterung der Kindeswohlgefährdung*" nach § 157 FamFG durchgeführt?
Weniger als 12 x ☐ ca. 12 bis 45 x ☐ mehr als 45 x ☐

4. Wie häufig davon waren Kinder aktiv beteiligt?
Weniger als 10 x ☐ ca. 10 bis 45x ☐ mehr als 45 x ☐

5. Ab welchem Alter? Waren Kinder auch gemeinsam mit Eltern im Termin?
....
....

6. Wird für das Kind im Erörterungstermin ein Verfahrensbeistand nach § 158 FamFG bestellt?
JA ☐ 6.1: Begründung/ Kriterien?: ....
NEIN ☐ 6.2: Begründung für Nichtbestellung: ....
....

7. Wo ist der verfahrensrechtliche Ort für die Durchführung der Erörterung der Kindeswohlgefährdung?
7.1 Im frühen ersten Termin, innerhalb der Erörterung nach § 155 Abs. 2 FamFG ☐
7.2 Es erfolgen zwei getrennte Erörterungen nach §§ 155 Abs. 2 S. 1, 157 FamFG ☐
7.3 Wie wird es in der Ladung bezeichnet? (Anhörung? Erörterung?) ....
....

8. Wie ist der Verlauf einer „Erörterung der Kindeswohlgefährdung"? Können Sie bitte ein Erörterungsgespräch aus Ihrer Erfahrung heraus genauer beschreiben? (*Ablauf und Dauer, Art der Kenntniserlangung, Folge*)
8.1: Ablauf? ....
....
....
8.2: Inhalt? ....
....
8.3: Inwiefern „Erörterung"? ....
....
8.4: Unterschied „Anhörung"? ....
....
8.5: Rollenverteilung JA/ Gericht? ....
....
8.6: Berichterstattung des JA im Vorfeld? ....
....
8.7:Folge, wenn keine Einigkeit hinsichtlich Art der Hilfegewährung? ....
....

8.8: Beendigung wodurch? (Beschluss nach § 38 FamFG? Inhalt?) ....
....

9. Gemäß § 157 Abs. 1 FamFG „soll" das Gericht erörtern, wie einer möglichen Gefährdung des Kindeswohls begegnet werden kann.
9.1: Wann ist die Erörterung geeignet, wann nicht? (*Wann würden Sie ganz davon absehen? Was ist bei psychisch kranken Eltern? Was bei gewalttätigen?*)
....
....
9.2: Welche Kriterien wenden Sie zur Feststellung einer „*möglichen*" Kindeswohlgefährdung an?
....
....
9.3: Inwieweit werden Eltern befragt, wie Sie selbst die Gefahrenlage einschätzen? Einwirken auf Eltern iSe „Erziehungsgesprächs" oder reden Sie mit Eltern „über" Kinder?
....
....

10. Erfolgt eine Erörterung auch dann, wenn ein EA-Verfahren vorausgegangen ist?
JA ☐ 10.1 Rechtsfolge? ....
10.2 Erfolgt eine Gefahrenerörterung? ....
NEIN ☐

11. Erfolgt eine nachträgliche Überprüfung der Entscheidung, wenn Sie das Vorliegen einer Kindeswohlgefährdung verneinen?
JA ☐ 11.1. In welchem Zeitraum? ...... (Wochen) ....(Monate) ....(Jahre)
☐ 11.2. Durch wen und wie oft? ....
11.3. Wird ein weiterer gerichtlicher Termin anberaumt?
JA ☐ NEIN ☐
NEIN ☐

12. Haben Erörterungsgespräche bereits erste Erfolge gezeigt/ haben sich Eltern an Abmachungen gehalten?
JA ☐ 12.1. Wie konkret? ....
....
....
☐ 12.2. Wie ist die Zusammenarbeit zwischen Jugendamt und Eltern, nachdem das Jugendamt das Familiengericht eingeschaltet hat? ....
....
....

NEIN ☐ 12.3. Aus welchen Gründen nicht?..
....
....

NICHT BEKANNT ☐

B. Subjektive Einschätzung zum Erörterungsgespräch und Abschluss

Abschließend würde ich Ihnen gerne in paar Fragen zu Ihrer persönlichen Einschätzung zu Sinn und Funktion der „Erörterung der Kindeswohlgefährdung" stellen.

1. Stellt die Erörterung bei Kindeswohlgefährdung mit Blick auf die Pensenschlüssel der Familienrichter eine *Mehrbelastung* dar?
   JA ☐
   NEIN ☐

2. Sehen Sie sich eher in der Rolle des entscheidenden Richters oder eher in der Rolle des Sozialpädagogen, der frühzeitig in einen *Hilfeprozess eingebunden* wird, wenn Sie ein Erörterungsgespräch durchzuführen haben?
   ....
   ....

3. Fühlen Sie sich wie ein Jugendstrafrichter, Schlichter oder Mediator?
   JA ☐, wie ....
   NEIN ☐

4. Ist es eine neue Rolle des Richters?
   JA ☐
   NEIN ☐

5. Welche Qualifikationen sind erforderlich? Interdisziplinäre Richterbank?
   ....
   ....

6. Ist das Gericht der Ort, um jemanden kennenzulernen und eine Kindeswohlgefährdung zu erörtern?
   JA ☐
   NEIN ☐

7. Worauf achten Sie besonders bei der Durchführung der Erörterung der Kindeswohlgefährdung?
   ....
   ....

8. Wie ist Ihre Einschätzung? Welchen Stellenwert hat in der Erörterung der Kindeswohlgefährdung der Richter für die *Eltern*?
....
....

9. Können Sie aus Ihrer bisherigen Erfahrung feststellen, ob sich durch das Erörterungsgespräch eine *Verbesserung der Situation für das Kind* gezeigt hat?
....
....

10. Halten Sie das frühzeitige Einbeziehen des Gerichts – noch vor dem Feststellen einer Kindeswohlgefährdung für ein sinnvolles Vorgehen, um den Eltern den „Ernst der Lage" vor Augen zu führen?
JA ☐ 10.1.: ....
....
NEIN ☐ 10.2.: ....
....

11. Können Sie bitte abschließend noch ein Wort zur generellen Zusammenarbeit mit den Jugendämtern sagen?
....
....

<u>C. Gibt es Aspekte, die nicht angesprochen wurden und die Sie noch ergänzen möchten? Eigene Vorschläge?</u>
....
....

<u>D. Angaben zu Person und Berufsalltag:</u>

1. Wie lange sind Sie im Mai 2012 bereits als Familienrichter/ in tätig?
Weniger als 3 Jahre ☐ 3 bis 6 Jahre ☐ mehr als 6 Jahre ☐

2. Gibt es *wesentliche* Aufgabenbereiche und *Schwerpunkte* Ihrer richterlichen Tätigkeit im Familiengericht? (*Mehrfachnennungen möglich*)

JA	☐	2.1:	Ehesachen/ Lebenspartnerschaftssachen	☐
		2.2:	Güterrechtliche Verfahren	☐
		2.3:	Unterhaltsverfahren	☐
		2.4:	Sorge- und Umgangsrechtsverfahren	☐
		2.5:	Sonstiges	☐
NEIN	☐	(keine Gewichtung)		

3. Gibt es verpflichtende Weiterbildungen im juristischen/ außerjuristischen Bereich?

JA	□	3.1:	im juristischen Bereich	€ Häufigkeit ...... /Jahr
		3.2:	im außerjuristischen Bereich	€ Häufigkeit ...... /Jahr
NEIN	□			

Ich danke Ihnen vielmals für Ihre Mitwirkung!

Datenschutzerklärung: Gemäß den Bestimmungen des Datenschutzgesetzes (BDSG) werden die übermittelten Daten selbstverständlich höchst vertraulich behandelt und nicht an Dritte weitergegeben.

D. Fragebogen Jugendämter (Anhang 4)

Fragebogen zum familiengerichtlichen „Erörterungsgespräch bei Kindeswohlgefährdung“

Fachkräfte des Jugendamtes (ASD/ Kinder- und Jugendhilfesozialdienst)

Grund der Einbeziehung der Jungendämter in die Befragung:
Die Beobachtung bei Gericht zeigte nur einen momentanen Ausschnitt eines umfangreichen Geschehens; Interviews mit Richtern beleuchteten allein die Perspektive der Justiz:

Das Jugendamt arbeitet mit der Familie im Nachgang zum Erörterungstermin bei Gericht zusammen. Es kann die Kooperationsbereitschaft der Eltern einschätzen, da ein anderer Zugang zur Familie besteht. Das Jugendamt hat als Initiator des Verfahrens im Regelfall im Vorfeld des gerichtlichen Termins mit den Eltern zusammengearbeitet. Es ist Beteiligter des gerichtlichen Verfahrens und Leistungsbehörde für die zu erbringenden Angebote; es hängt maßgeblich von dem Jugendamt ab, ob das Familiengericht frühzeitig eingeschaltet wird und von Anhaltspunkten einer Kindeswohlgefährdung erfährt.

Gesprächsleitfaden Jugendamt

A. Angaben zur Person

1. Qualifikation und Tätigkeit beim JA/ Gründe für Berufswahl
2. zeitliche Dauer der Tätigkeitsausübung
3. Tätigkeitsschwerpunkt
4. derzeitige Zufriedenheit mit der Berufsausübung
5. Erfahrungsaustausch mit Kolleginnen und Kollegen
6. Das Angebot und das Wahrnehmen von Weiterbildungsveranstaltungen

B. Fragen zum gerichtlichen Erörterungsgespräch nach § 157 FamFG – zur Situation vor Gericht

1. Seit 2008 soll das *Gericht* in Verfahren nach §§ 1666 f. BGB mit den Eltern und ggfs. dem Kind erörtern, wie einer möglichen Kindeswohlgefährdung begegnet werden kann und welche Folgen die Nichtannahme notwendiger Hilfen haben kann: idR erfolgt die Einleitung des Verfahrens durch eine Anregung des JA – Können Sie eine typische Fallkonstellation benennen, in der das Gericht *frühzeitig* eingeschaltet wird? Mit welcher Intention?

2. Gespräch soll stattfinden, wenn die Kindeswohlgefährdung *möglich* ist. Welches sind Kriterien hierfür?

3. Wie schnell findet die Erörterung statt? Erfolgt die Erörterung im frühen ersten Termin oder gesondert? (Ladung? Wer ist alles dabei? Auch Verfahrensbeistand?)

4. Erörtert werden sollen Hilfemöglichkeiten, insb. „öffentliche Hilfen". Konkrete Bedeutung? Erörterung durch wen? Inwieweit wirkt der Richter auf die Zusammenarbeit mit dem Jugendamt hin? Wie ist die Arbeitsteilung von Richter und Jugendamt?

5. Werden Hilfen vor Gericht gemeinsam entwickelt?

6. Welche Aufgabe hat der Richter im Gespräch? Übernimmt der Aufgaben des Jugendamts? Wäre es sinnvoll, weitere Personen hinzuzuziehen?

7. Absprachen im Vorfeld? Gibt es bereits im Vorfeld konkrete Vorschläge?

8. Inwieweit erfolgt die eigenständige Überprüfung durch den Richter, ob eine Kindeswohlgefährdung vorliegt und kindliche Belastungssymptome betroffen sind? Inwieweit erfolgt die Prüfung durch das Jugendamt?

9. Erfolgen die Gespräche mit den Eltern oder auch mit dem Kind? Inwieweit werden Kinder an der Erörterung beteiligt?

10. Nach den gesetzlichen Vorgaben sind Eltern aktiv an der Entscheidungsfindung zu beteiligen. Welche Anforderungen sind an die Eltern zu stellen? (u. a. wie empfinden Eltern das Gespräch?)

11. Kommt es vor, dass andere Beteiligte hinzugezogen werden, etwa wenn es um die Anordnung von Gesundheitsmaßnahmen geht?

12. Angenommen, im Vorfeld haben bereits im Jugendamt Kooperationsversuche mit Eltern stattgefunden, diese sind aber gescheitert. Für wie sinnvoll halten Sie das zusätzliche Ermahnen und Hinweisen durch den Richter in einem solchen Fall?

13. Sie haben bereits auf Eltern eingewirkt und erhoffen sich von dem Gericht eine verbindliche Entscheidung/ Regelung für das weitere Vorgehen: Inwieweit ist es aus Ihrer Perspektive sinnvoll, dass das Gericht ebenfalls ein Gespräch führt und nicht verbindlich entscheidet?

14. Inwieweit führt die Erörterung der Kindeswohlgefährdung dazu, dass Eltern Hilfen ablehnen? Ruft Zwang zur Teilnahme am Gerichtstermin Widerstand hervor? Eingriff in Vertrauensbeziehung Jugendamt – Familie? Auswirkung auf weitere Zusammenarbeit?

15. Welche Ergebnisse haben Gerichte nach Ihrer bisherigen Erfahrung bislang zur geeigneten Abwendung der Gefährdung und als Ergebnis der Erörterung getroffen? Verbindlich genug? (inwieweit sinnvolle Hilfestellung erfolgt – mit Blick auf weitere Zusammenarbeit)
16. Wie wirken sich Uneinigkeiten zwischen Jugendamt und Familiengericht hinsichtlich der Hilfemaßnahme aus?
17. Ist die Erörterung eine neue Aufgabe? Hat sich seit 2008 etwas in der Praxis verändert? Wie war die Rechtslage vorher? (wirkt Richter mehr auf Eltern ein als vorher?)

C. Zur Situation im Anschluss an die gerichtliche Erörterung

1. Was ist, wenn Kindeswohlsituation unverändert fortbesteht, d. h. es verbessert sich die Situation für das Kind nicht, wird aber auch nicht schlechter – Dauerkontrolle/ Dauerbegleitung?
2. Ankündigung der nachträglichen Überprüfung (idR nach 3 Monaten) als neue Hilfeperspektive?
3. Verhältnis zu Eltern – besser? Schlechter? Haben Eltern Einsicht oder sind sie misstrauisch gegenüber dem Handeln des Jugendamtes?

D. Auseinandersetzung mit verschiedenen Positionen der Fachöffentlichkeit

1. Rollenkonfusion und Verantwortungsverlagerung von Kompetenzen durch frühe Erörterung der Kindeswohlgefährdung bei Gericht?
2. Richter übernimmt Aufgaben des Jugendamts; der Richter soll prozesshaft handeln – Aufgabe allein der psychosozialen Professionen?
3. Sollte die Verpflichtung des Jugendamts konkretisiert werden, unter bestimmten Kategorien das Familiengericht frühzeitig anzurufen?
4. Ist ein kurzer schriftlicher Bericht im Vorfeld notwendig?
5. Erfolgt die schrittweise Überprüfung des Hilfeverlaufs durch sowohl das Jugendamt als auch durch das Familiengericht durch die wechselseitige Nutzung von Ressourcen?
6. Wird das Ergebnis der Erörterung „gemeinsam“ erarbeitet?
7. Inwieweit sollten weitere als die in § 157 FamFG aufgeführten Personen in Erörterung einbezogen werden?

E. Persönliche Stellungnahme/ Vorschläge

1. Auswirkung auf personelle und wirtschaftliche Ressourcen
2. Was ist gut an der Erörterung, was problematisch und veränderungsbedürftig?
3. Ist die Einwirkung auf die Eltern durch das Gericht zur Gefahrenabwendung sinnvoll?
4. Haben Sie eigene Vorschläge zur Optimierung
   a. des Erörterungsgesprächs?
   b. des Kindeswohlgefährdungverfahrens insgesamt?

F. Gibt es wichtige Aspekte, die nicht angesprochen wurden und die Sie noch ergänzen möchten?

....
....
....
....

Datenschutzerklärung: Gemäß den Bestimmungen des Datenschutzgesetzes (BDSG) werden die übermittelten Daten vertraulich behandelt und nicht an Dritte weitergegeben. Jederzeit kann Auskunft über Ihre gespeicherten Daten erteilt werden. Bei Verlangen werden diese gelöscht.

Studien zum deutschen und internationalen Familien- und Erbrecht

Herausgegeben von Martin Lipp, Christoph Benicke, Marina Wellenhofer und Bettina Heiderhoff

Band 1 Jessica Kriewald: Statusrelevante Erklärungen des Familienrechts. 2009.

Band 2 Martin Gilbert: Unmoralische Angebote, Grundrechtskitsch und die kalte Hand des Erblassers. 2009.

Band 3 Anja Vellmer: Religiöse Kindererziehung und religiös begründete Konflikte in der Familie. Eine rechtsübergreifende Darstellung familiärer religiöser Konflikte und der staatlichen Instrumentarien zu ihrer Lösung. 2010.

Band 4 Uta Heidenreich: Auskunfts- und Wertermittlungsansprüche des Pflichtteilsberechtigten. 2010.

Band 5 Ulla Möhn: Vertrauensschutz im intertemporalen Scheidungsunterhaltsrecht. Zugleich eine Analyse des § 36 Nr. 1 EGZPO. 2010.

Band 6 Gabriele Metternich: Verfügungsverhalten von Erblassern. Eine empirische Untersuchung als Beitrag zur Rechtstatsachenforschung und Reformdiskussion auf dem Gebiet des Erbrechts. 2010.

Band 7 Patrick Schroer: Europäischer Erbschein. Mit rechtsvergleichender Darstellung. 2010.

Band 8 Isabella Toscano: Ehescheidungen mit grenzüberschreitendem Bezug. Von divergierenden nationalen Scheidungsvoraussetzungen zu einem einheitlichen europäischen Scheidungsrecht? 2011.

Band 9 Ulrich Kühle: Die gerichtliche Überprüfung von Erb- und Pflichtteilsverzichtsverträgen im Spiegel ehevertraglicher Inhaltskontrolle. 2011.

Band 10 Gregor Blüm: Härtefälle im Recht des Versorgungsausgleichs. Eine legitimationszentrierte Untersuchung der Rechtsprechung zur Generalklausel des § 1587c Nr. 1 BGB a. F. unter Berücksichtigung der Neuerungen in der Härtefallregelung des § 27 VersAusglG. 2011.

Band 11 Linda Schlegel: Die Bedeutung des vorehelichen Zusammenlebens im Scheidungsfolgenrecht. 2011.

Band 12 Tobias Breitling: Rechtsfolgen von sittenwidrigen Bedingungen in Verfügungen von Todes wegen. Erblasserwille und objektives Recht. 2012.

Band 13 Anja Sommer: Das Verhältnis von Familiengericht und Jugendamt. Kooperation zum Wohle des Kindes? 2012.

Band 14 Pia Maria Schulze: Das deutsche Kindschafts- und Abstammungsrecht und die Rechtsprechung des EGMR. 2012.

Band 15 Sebastian Schaufert: Das Verbot der Doppelverwertung von Vermögenspositionen bei Unterhalt und Zugewinn. 2012.

Band 16 Natalie Ivanits: Die Stellung des Kindes in auf Einvernehmen zielenden gerichtlichen und außergerichtlichen Verfahren in Kindschaftssachen. 2012.

Band 17 Robert Bauer: Die Neuerungen im ehelichen Güterrecht. Eine kritische Untersuchung der Rechtslage nach der Reform von 2009. 2013.

Band 18 Birthe Schekahn: Tatsächliche Unterhaltsleistungen faktischer Lebensgefährten im Todesfall. Ein Vorschlag für eine Reform des § 844 Abs. 2 BGB und zugleich eine Definition der faktischen Lebensgemeinschaft. 2013.

Band 19 Michelle Favier: Die gemeinsame rechtliche Elternschaft von eingetragenen Lebenspartnern durch die Annahme eines Kindes. 2014.

Band 20 Holke-Leonie Doench: Mediation als kindgerechtes Verfahren. 2014.

Band 21 Katharina Frank: Eheverträge als effektives Gestaltungsinstrument. Die Grenzen der Privatautonomie im englischen und deutschen Sachrecht sowie im europäischen Zivilverfahrens- und Kollisionsrecht. 2015.

Band 22 Renata von Pückler: Der Ausgleich konkurrierender Ehegattenunterhaltsansprüche. 2015.

Band 23 Sandra Schröder: Wer hat das Recht zur rechtlichen Vaterschaft? Vorschlag zur Neugestaltung der rechtlichen Stellung des biologischen Vaters im Abstammungsrecht bei Bestehen einer sozial-familiären Beziehung zwischen Kind und rechtlichem Vater. Unter Berücksichtigung interdisziplinärer und historischer Aspekte. 2015.

Band 24 Kerstin Aust. Das Kuckuckskind und seine drei Eltern. Eine kritische Würdigung der bestehenden Rechtslage mit Vorschlägen für interessengerechte Regelungen unter rechtsvergleichenden Aspekten aus dem EMRK-Raum. 2015.

Band 25 Marc Alexander Voigt: Abstammungsrecht 2.0. Ein rechtsvergleichender Reformvorschlag vor dem Hintergrund der Methoden der künstlichen Befruchtung. 2015.

Band 26 Carola Berneiser: Die verfahrensrechtliche Neuregelung der Erörterung der Kindeswohlgefährdung in § 157 FamFG. 2015.

www.peterlang.com

www.ingramcontent.com/pod-product-compliance
Ingram Content Group UK Ltd.
Pitfield, Milton Keynes, MK11 3LW, UK
UKHW021821290926
8980IPUK00004B/198

9 783631 661734